上海WTO事务咨询中心经典译丛　王新奎 主编

Pierre Sauvé / Martin Roy
[加] 皮埃尔·绍韦　马丁·罗伊 主编
王琛 译

服务贸易研究手册

Research Handbook on Trade in Services

上海人民出版社

目　　录

第一部分　实 证 视 角

第二部分　法律视角

目　录

第三部分　政治经济学和发展视角

简介和概述

皮埃尔·绍韦、马丁·罗伊

背景和考虑

跨境提供服务的历史与跨境商业活动一样漫长，可以追溯到几千年前。但是，关于服务贸易的研究显得相当年轻，无论是将服务作为经济活动的一个客体，还是作为经济外交的一个主题，情况都是如此。

服务被首次列入多边贸易议程，是在筹备1986年秋天启动的乌拉圭回合谈判过程中。如果从贸易政策的视角看，实质上服务业早在30年前就已经存在。在那段相对短暂的时间跨度内，无论是从增进我们对服务经济的理解，探索其深层次的监管复杂性，更好地衡量服务对增长和发展的贡献的角度，还是在增进我们对个人、企业或国家从不断增加的服务贸易交换中获得收益及此类收益（和潜在损失）来源的理解上，如果说在上述方面已经取得进展，几乎没有人会提出质疑。话虽如此，由于服务而联系在一起的政府、学界和其他利益攸关方，继续面临重大的分析和政策挑战，也是一个不争的事实。必须承认的是，现在想要在“服务贸易讨论”的前面添加“新的”这样一个修饰词语，变得更加困难，但是服务部门不断变化的、由创新驱动的结构，继续产生着边学边做的重要结果。

最能支撑上述观点的证据当然是下面这项事实了，即世贸组织多哈发展议程已经进入第15个年头（截至本书成稿时。——译者注），成员仍然在落实乌拉圭回合谈判及其在服务贸易领域冗长的未完成事宜，这在当代贸易外交界所有议题中是独一无二的。[1]同时，数字技术领域的巨大进步创建了一个商业交易的世界，这是全球服务贸易体系的缔造者们当初无法预见的，更不用说因此起草相关治理规则了。服务作为中间投入物进入货物生产和交换，参与贸易的比例不断增加，这一现象被称为“服务化”。[2]服务贸易本身可以被细分在不同地理位置生产，无需考虑时间和空间因素，而后者仍然对货物贸易产生影响。所有这些都足以证明，规则制定和市场开放的生态体系，与乌拉圭回合谈判大幕拉开时相比,几乎没有什么相似之处了。

本书从实证经济学、法学和全球政治经济学等多个学科的角度,盘点了迄今在服务贸易领域开展的研究,探索了持续困扰分析人士的一系列政策问题,并引导专家将注意力转向服务经济面临的一系列新老议题,以及服务经济在跨境交易中与日俱增的重要性。过去 20 年服务贸易在规则制定和市场开放方面取得了实质性进步,但这一点更多是通过单边行为和优惠贸易协定实现的,而不是全球性的活动。在完全释放服务部门改革的潜力方面,留给各经济体及其民众的空间仍然相当大。

本书共包括三部分 21 章,分别处理当代服务贸易在实证经济学、法学和政治经济学或发展视角方面遇到的核心挑战,旨在为服务贸易这个主题事项的研究提供参考。这个主题事项证明,"一刀切"的、广泛普遍的观点是不正确的,而且服务贸易的实质范围继续由技术快速变革、信息收集、市场结构、消费者偏好、规制方法等因素塑造确定,而且还受到市场和国家之间界限变化的影响。

实 证 视 角

本书的第一部分包括七份研究,涉及从经济学角度理解服务经济和服务贸易的最新进步。在世贸组织秘书处服务贸易司任职的马丁·罗伊(Martin Roy)为读者描绘了一幅总体画面,全面介绍了当代服务贸易很多最相关指标的最新趋势,本书随后的很多研究是以此为基础的。他所撰写的章节题为"描绘服务贸易政策日益演变的版图:贸易保护和自由化的最新模式"。第一章一开始回顾了 2008—2009 年经济和金融大危机之后,各国普遍认同的抵制保护主义的目标,以及加强透明度呼声的增加,如何实现了在更大程度上对贸易政策变化的监督。二十国集团(G20)领导人在 2008 年一致同意,指示世贸组织(WTO)、经济合作与发展组织(OECD)和联合国贸发会议(UNCTAD)监督并公开报告成员贸易和投资政策的变化情况。虽然可以说注意力很大程度上被放在分析危机之后影响货物贸易政策的变化上,但是罗伊撰写的这一章概述了 2000 年以来服务贸易政策不断演变的版图,这些政策变化无论是进行自由化改革,还是朝着更加保护的方向迈进,其影响往往更多是实质性的,而且不太容易逆转。

该章以世贸组织和世界银行联合开发的综合贸易信息门户(I-TIP)服务数据库(作者牵头负责世贸组织在此方面的相关工作)包含的相关信息为基础,对过去 15 年服务市场的政策制定及市场回报的显著变化进行了全方位的扫描。

特别强调了这一时期政策开放度的相关趋势，描绘了持续存在的限制措施的关键内容，还描述了那些采取或维持最多贸易便利措施及贸易限制措施的国家和部门的特征。罗伊撰写的这一章还从受影响的服务提供方式，以及最常见的市场可竞争性壁垒等角度，对正在进行中的政策变化情况进行了分析。该章末讨论了这一时期的政策变化与服务领域国际承诺的联系，这些国际承诺是在世贸组织《服务贸易总协定》(GATS)和优惠贸易协定下作出的。

本书的第二章是由世贸组织秘书处的安德里亚斯·毛雷尔(Andreas Maurer)、乔斯林·马格德莱娜(Joscelyn Magdeleine)和雷内·兰斯(Rainer Lanz)撰写的。他们将注意力放在生产不断碎片化和价值链日益崛起带来的测算挑战上。这一进程在制造业部门早已发现，但在服务生产和交换领域的崛起是近期才出现的，而且规模很大。数字革命，持续的政策自由化特别是在投资体制方面的自由化，以及有能力、能流动的服务提供商不断增多，这三者之间的互动在很大程度上让这种测算成为可能。至于三者之间的互动，将在鲁帕·钱达(Rupa Chanda)撰写的第十六章中进行详细论述。

第二章的题目是“全球价值链世界中的服务贸易测算”，按时间顺序记述了2002—2012年间数据可获得性和服务数据关键趋势方面的明显改进。该章描述了国际统计框架修订带来的核心概念和定义方面的最新进步，这种统计框架适用于居民和非居民之间的贸易，通过外国附属机构提供的国际服务(也被称为外国附属机构服务贸易，FATS)，以及个人临时出国提供的服务(也被称为服务贸易模式4)。

该章描述了很多前沿性议题是如何从统计学角度被测算衡量的，例如无工厂货物生产者(所谓的以合同或服务为基础的制造业)的统计学待遇、服务的经营或中介服务的定义。通过这种方式，该章进入了一个全新的统计领域。

近期各国的政策重心体现在货物和其他服务中的服务作出的贡献(即增加值贸易的概念)，这种政策变化备受欢迎，该章对其统计学涵义进行了讨论。如果使用增加值贸易的概念，跨境服务贸易在全球贸易中的份额是传统收支平衡计算方式的两倍之多。该章进一步关注了在供应链的背景下，测算服务贸易的最新进展情况。在此过程中，作者勾勒了服务贸易统计和政策使用未来发展的路线图，而改进过的、更精炼的指标可以在此方面发挥作用。

本书的第三章题目是“贸易成本和全球服务价值链”，由经合组织的塞巴斯蒂安·米鲁多(Sébastien Miroudot)与纽约贸易发展咨询公司的本·谢泼德(Ben Shepherd)联合撰写。第三章栩栩如生地描述了前面第二章描述的统计领域的最新进展被用于通报服务贸易政策制定的情况。

米鲁多和谢泼德从推动经济活动、提高生产率、支持进出口的角度，回顾了全球价值链的崛起及在价值链内部发挥各种作用的服务（包括国际交换的服务），进一步强调了服务贸易政策的重要性。从某种视角看，全球价值链商业模式不可能在没有跨境运输、物流、分销、融资和商业服务的情况下运行。但是，服务在全球价值链中的作用不限于此。服务还直接进入在全球价值链内部交易的货物（和其他服务）的生产环节。

米鲁多和谢泼德撰写的这一章使用了经合组织的增加值数据库，在关于增加值贸易测算和贸易成本测算的方法论基础上开展工作，并将这些最新进展用于评估生产碎片化和服务产业全球价值链的关键驱动力。该章估算对比了中间服务与最终服务的贸易成本，进口经济体吸收的中间服务与出口到第三国的中间服务的贸易成本，以及转向的服务贸易的贸易成本。本章将上述服务贸易成本估算与经合组织新近开发的服务贸易限制指数（STRI）合并在一起，分析某些选定服务部门的贸易成本决定因素。

米鲁多和谢泼德的研究工作得出了几项重要政策结论。举例而言，他们注意到，所有服务部门的最终贸易成本要大于中间贸易成本，而且其减少程度更加缓慢。他们的研究还提供了充分的实证支撑，论证了限制性服务贸易政策与贸易成本水平之间的联系。有证据证明，中间贸易成本相比最终贸易成本对已实施的服务贸易政策更加敏感。考虑到中间服务贸易对全球价值链时代货物和服务生产和贸易贡献日益增加，这是一项非常重要的结论。

米鲁多和谢泼德的工作进一步明确，为什么服务贸易谈判人员不应将其注意力全部放在服务贸易壁垒上，这是因为服务出口商使用货物作为投入物，在进口方面也受到影响。同等重要的一项政策推论就是，服务部门维持的限制水平损害了工业制成品的出口。一项事实也给该章提供了实证支持，即如果很多制造业产业不受到服务投入物壁垒的限制，它们将能够出口更多的产品。作者准确地得出结论，日益关注服务壁垒是从价值链角度看待贸易政策的重要视角。

欧洲国际政治经济中心的埃里克·范德马雷尔（Eric van der Marel）撰写的第四章“李嘉图对服务的贡献：服务部门规制和货物的比较优势”探索了影响服务的政策可能构成货物贸易比较优势的一种来源。该章研究了一个问题，即各国在自由化之外实施补充性国内监管政策的能力，是否能够构成货物贸易比较优势的一个来源。这个问题在迄今有关贸易的文献中几乎没有获得实证方面的关注。埃里克·范德马雷尔回忆到，近年来很多服务部门经历了影响深远的服务和投资自由化，他也注意到服务市场要求补充性的国内监管措施，以便优化市场结构并创造有竞争力的环境。这将最终影响下游货物产业的生产和贸易模式，最终成为比较优势的潜在重要来源。

范德马雷尔将他的问题放在日益增加的关于货物—服务联系的文献中。他注意到，确定货物比较优势的绝大多数因素也在服务业中发挥着重要作用，但是在部门、国家和收入水平上有所差异。例如，服务业的特征是劳动密集程度更高，相比货物而言，熟练工人的供应很有可能是服务而非货物比较优势的一个更强有力来源。

范德马雷尔作出一项假设，机构的一项具体特征，即对关键投入物（上游）服务产业的监管能力，对可以观察到的（下游）货物生产的贸易模式产生了十分强劲的影响。任何使用大量服务投入物的产业都将受到服务市场组织方式的强烈影响。该章回忆到，考虑到服务产业普遍存在市场失灵的事实，服务市场的监管强度超过平均水平。范德马雷尔的研究为一个概念提供了支持，即在关键（服务）投入产业能够采取平稳监管政策的国家，一旦采取贸易自由化举措，可以更加容易地出口对此类监管服务依赖较大的货物。

范德马雷尔撰写的这一章承认，自由化和监管的双重进程是复杂的，而且受到多种因果关系的约束。因此，他督促其他人在解读其研究结论时保持谨慎，呼吁对更多国家和部门进行更大程度的实证审查。的确，每个部门或国家都没有预先设定好的模板，监管机构和体制的设计和做法都很有可能呈现出各国的具体特征。

各国越来越寻求优惠贸易协定来获得所谓的“WTO＋”和“WTO-X”承诺，即比世贸组织《服务贸易总协定》下主流承诺更深层次的承诺（WTO＋），或者在还不受多边纪律约束的部门作出承诺（WTO-X）。但是，正如管辖货物贸易的多边协定那样，优惠贸易协定就服务贸易作出的承诺在实际条款的雄心水平上呈现出巨大反差。因此，值得探究的一个问题是，如果这些条款中包含的不同自由化程度因素被考虑在内，此类优惠贸易协定是否真正带来服务贸易的增长。

伯尔尼大学世界贸易研究院的阿尼鲁达·欣加尔（Anirudh Shingal）撰写的第五章题为“超越 0 /1 假设：服务协定中的异质性条款对服务贸易的影响评估”。这一章回顾了体现服务贸易承诺的优惠贸易协定的泛滥及双边服务贸易数据可获得性的改进如何促进了研究服务贸易改革理论和实证评估的文献，这类文献不断增多。但是，这些文献在评估协定的贸易影响时，还没有认真考虑不同优惠贸易协定中市场开放水平的程度差异。

欣加尔撰写的章节重新回顾了上述议题，他使用了世贸组织研究院开发的贸易协定设计数据库（DESTA），并考虑了不同优惠贸易协定中服务条款的异质性问题。这一数据库编纂了 1947—2010 年间 587 个优惠贸易协定设计特征的信息。该章以结构重力模型方面的最新进展作为其实证分析的基础。阿尼鲁达·欣加尔的研究结果显示了一个值得额外研究的悖论:对可观察到的服务条款中异质性的解释,降低了预测的贸易影响的范围;最大的服务贸易数据流动并不与优惠贸易协定中更多的服务条款相联系。

世界银行的塞巴斯蒂安·赛斯(Sebastián Sáez)和达丽亚·塔廖尼(Daria Taglioni)撰写的第六章题为"培育服务出口的竞争力:衡量标准和政策选项"。该章节回顾了服务在增加各国竞争力方面发挥的关键战略性作用。服务不仅日益成为各国出口多元化的重要来源,也开始进入很多下游竞争力产品的生产。如同米鲁多和谢泼德、范德马雷尔的研究显示的,出口到全球市场上的绝大多数货物的竞争力,不仅取决于获得初级原材料投入物,还取决于关键服务投入物,包括有效、价格优惠的公用设施(如信息通信技术、能源)、运输和物流、金融服务(如银行、会计和保险)以及其他商业服务(如咨询、法律、营销、电信)。对于这样的结论,我们不应该感到惊讶。

两位专家利用其在世界银行主持开展的研究,提出了一种全面的概念框架,用以开展服务产业贸易竞争力的研究和诊断。他们在该章使用的方法论确认了对服务部门竞争力产生重要影响的主要障碍,以及各国可以采取的恰当的应对之策,这些政策旨在作用于具体服务部门,并增强服务在发展和增长战略中的核心作用。

第七章开启了本书后面部分对服务贸易自由化和国内规制互动带来的挑战(参见第九章至第十一章)的探索,该章由世界银行的马丁·莫利努埃沃(Martín Molinuevo)和塞巴斯蒂安·赛斯撰写,题目是"服务贸易和规制改革:发展中国家可以采取的方法论"。

该章回忆到,服务部门政策和法规在外资拥有权、市场准入、服务提供商运营等方面设立限制,经常不尊重透明度和非歧视的基本原则。国内监管环境的质量不仅取决于法规的制定进程,还取决于监管机构的质量。在很多发展中国家,技术能力和执法能力方面的不足经常让此类机构苦恼不已。

影响服务贸易的法规改革要求评估一国是否也应重新设计、加强或创建监管机构,负责发布和执行本国或区域的法律和法规。决策者需要解决法规和框架这两方面的问题,只有在这个框架下设计、通过和实施法规,才能充分享受服务贸易的益处,并且减缓不可避免的负面风险。

关于服务贸易的实证文献确认了影响这一部门表现的一系列因素。其中的主要因素是法规、监管机构和政府治理的水平和质量。但是,各国在进行政策改革时,通常会面临很多不同的选择。马丁·莫利努埃沃和塞巴斯蒂安·赛斯撰写的章节提出了一套方法论，帮助各国确认服务贸易面临的限制措施，评估这些限制措施的影响，并且在存在限制措施的领域制定合适的监管替代方案。这套方法论还涉及改革的机构设置和机构安排，因为政府管理并实施法律法规的方法有可能影响贸易和投资环境。

法 律 视 角

本书的第二部分探索了服务贸易决策者在法律和规则制定上面临的一系列新旧挑战。20 年前，GATS 为代表的多边法律秩序创立。此后，服务贸易相比货物贸易快速崛起，这七章盘点了迄今在服务贸易领域有限的司法活动，以及服务贸易与货物贸易的明显对比。相关研究的注意力还集中在乌拉圭回合谈判遗留的一些未决规则制定方面的挑战上，特别是那些与非歧视的国内规制、必要性和相称性，以及更加复杂的有关服务贸易规则制定的政治经济学问题。该部分研究了一些前瞻性的挑战，这些挑战是由乌拉圭回合谈判结束以来数字贸易和相关跨境数据流动的显著增多和贸易治理议题引发的，后者最近体现在围绕隐私权或保留国内政策空间事项存在的不同的集体偏好而展开的辩论中。这些辩论的参与范围更加广泛，有时候甚至是全社会范围的。

来自墨西哥城泛美大学的埃里克・勒鲁(Eric Leroux)撰写了第八章“GATS 判例法 20 年：它尝起来是美酒吗”。他评估了过去 20 年的服务贸易争端案件判例，并注意到，在谈判没有取得进展的情况下，在 GATS 下取得的绝大多数重要进展主要来自世贸组织争端解决机构。迄今为止，涉及 GATS 的诉讼相对较少，这本身就反映了乌拉圭回合谈判在市场开放上的收获有限。勒鲁认为，案例法的关键部分触及协定解释和适用的几个关键议题，这在过去 20 年间的贸易治理领域开始凸显出来，并被认为是所有现行世贸组织协定中最复杂而且最模糊的领域。

勒鲁注意到，虽然一些争议题目能够通过谈判人员冗长的讨论得以澄清，例如 GATS 的市场准入和国民待遇义务的关系，但这一任务主要还是由随后的司法解释完成的。考虑到世贸组织成员数量如此众多且情形各异，不可能在日内瓦通过明确的协商一致原则作出决定并缔结协定，这一结论丝毫不令人惊讶。

勒鲁撰写的这一章认真而详细地审查了 GATS 判例，评估了通过争端解决方式处理、决定和解决的关键问题。在问及世贸组织争端解决机构是否成功澄清了谈判进程遗留的灰色区域时，勒鲁提出一种观点，总体而言，GATS 显示了优质红酒的特征——随着时间推移,正在变得更好。话虽如此,他认为需要对世贸组织的决策机制做出体制性改变,还主张推进一系列(适用于影响货物和服务贸易的决定的)普遍的建议和针对 GATS 的具体建议,以便加强世贸组织的司法裁决功能,并增强司法决定的合法性和有效性。

德国埃朗根-纽伦堡大学的马克斯·克拉热夫斯基(Markus Krajewski)撰写了第九章"国内规制和服务贸易:区域和双边贸易协定的经验教训"。在这一章中,他从比较区域主义的视角,回顾了服务贸易法律中长期存在的争议问题。制定非歧视性的国内法规,仍然是 GATS 规则制定议程的未尽事宜的一项关键要素。

克拉热夫斯基注意到,虽然谈判人员在 GATS 国内规制工作组已经开展谈判工作,并且在最近几年取得了相当程度的共识,但此类共识的达成可能意味着制定出的纪律相当松散,无法在必要性和适当性方面制定有意义的规则。目前,各方还无法根据 GATS 第 6.4 条的谈判授权,就国内规制纪律形成一致措辞。

自从乌拉圭回合谈判结束以来,我们见证了世贸组织成员之间缔结的优惠贸易协定不断增多,迄今绝大多数协定体现了服务贸易的详细规则和市场开放承诺。这些鲜活的试验让我们不得不提出一个问题,即优惠贸易协定能否在国内规制上做出世贸组织成员证明其自身无法做到(或者说不愿意做)的事情,以及任何此类谈判实现的进步能否影响并作为 GATS 的一种模板。

克拉热夫斯基的研究显示,优惠贸易协定中在国内规制方面制定的纪律更加先进,但远远没有像成员想象的那样显著。但是,很多优惠贸易协定,包括那些新近出品的"红酒"(即最新的优惠贸易协定。——译者注),以监管章节为重要特征,规定了针对具体部门的纪律,以及旨在推动更大规制合作和一致性的最新规则(但这些规则的约束性和可实施特征普遍很弱)。克拉热夫斯基撰写的章节显示,如果是在具体部门层面,而不是在普遍、水平层面,制定有效的服务监管纪律可能将更加现实。这对 GATS 和其他诸边或超大型区域谈判都适用,这一教训也值得吸取。

本书的第十章是佛罗伦萨欧洲大学研究院的伯纳德·霍克曼(Bernard Hoekman)和纽约哥伦比亚大学的彼得罗斯·马弗罗迪斯(Petros Mavroidis)联合撰写的,题目是"服务的技术性贸易壁垒协定"。两人的联合研究探索了服务产业标准制订纪律的形式和内容的可能范围,从而在某种程度上补充了克拉热夫斯基关于 GATS 第 6 条纪律的思考。

众所周知,服务贸易保护主义完全来自国内规制,这让服务贸易谈判与货物贸易中非关税措施的扭曲及禁止贸易和扭曲的讨论有些类似。反过来,规制措施又受到政治经济学考虑及解决信息不对称和网络效应导致的扭曲的初衷的影响。

霍克曼和马弗罗迪斯回顾，就目前而言，GATS不要求世贸组织成员采取“有效率”的规制措施。因此，那些纯粹由政治因素驱动的规制措施，被理解为是为了支持和保护当地服务提供者而非纠正市场扭曲，而当前没有有效的国际纪律来阻止这些措施的制定。

与此同时，近年来，技术和监管方面服务的标准化程度已经大幅度提高。但是，标准化的努力是由世贸组织之外的实体推进的。霍克曼和马弗罗迪斯进一步指出，与GATT不同，GATS的主要特征既不是关于标准的纪律，也不是一个旨在搭建桥梁、连接标准化群体的精密体系，其所有出发点都是为了确保国内标准中的“保护主义”部分或其余部分也要得到削减，如果这些部分并非无法取消的话。

虽然GATS第6.4条中包含的建立资质、许可和技术标准的谈判授权是朝着上述方向迈进的一步，但霍克曼和马弗罗迪斯认为，服务群体还没有足够地关注GATT《技术性贸易壁垒协定》的字面意思和具体实践，而实际上从中可以获得很多有价值的教训。在其撰写的章节中，两位作者从《技术性贸易壁垒协定》的原理入手，因为该协定规定了货物贸易和标准化群体的联系，并且提出了类似纪律是否及如何做出调整以适应服务贸易的问题。他们的主要观点是，面对贸易群体开始习惯与监管群体互动这一不争的事实，《技术性贸易壁垒协定》能够提供有用的基础，用来反思在这些群体之间进行更深层次和更定期对话的必要性和恰当方法。

尽管如此，霍克曼和马弗罗迪斯认为，各方能够从《技术性贸易壁垒协定》引发的监管互动的不足获得一些重要教训，例如可以在服务贸易中设计一个类似的支柱，并作出适当改进，以更好地回应贸易群体日趋变化的需求与民间团体的关注。本章通过探索服务标准制定的原理和做法得出结论，还特别关注服务标准的目标和特征、在国际层面涉及的机构、国际决策进程，以及国内层面适用的实施机制。在此背景下，本章节确认了在GATS领域可能出现的《技术性贸易壁垒协定》。

荷兰蒂尔堡大学的帕纳约蒂斯·德里马特西斯(Panagiotis Delimatsis)撰写了第十一章“服务业的标准制定：规则制定的新前沿和欧盟的作用”，他进一步探索了克拉热夫斯基、霍克曼和马弗罗迪斯在前面几章中启动的对话。德里马特西斯回忆了不断增加的标准化努力如何回应消费者的需求，他们要求获得更加优质更加安全的产品，并且增强获取技术创新产品的机会。此类需求同样相同地受到一项期望的刺激，即通过减少那些阻碍更自由跨境商务的不必要或重复的监管壁垒来扩大全球贸易。

德里马特西斯注意到，在准确界定法律边界的方面，标准化最能诠释不断增加的复杂性。标准化是一种类似法律的自我规制，可以作为联合规制的一种形式，当然这要取决于具体情形和法律背景。标准化还可以涉及混合的公私伙伴关系。但是，关于国际标准化进程及其特征问题，大家所知甚少。如果说货物市场的标准化仍然有些模糊的话，那么服务领域的标准制定基本上是未被涉足的领域。这其实并不令人惊讶。由于服务作为“体验产品”的特征，服务领域的标准化更加困难。但是，对这个领域的兴趣在不断增加。德里马特西斯回忆到，在有争议的《欧盟服务指南》及随后的《单一市场法》中，欧委会已经被呼吁在制定自愿的欧洲标准时发挥引领作用，以便利服务的兼容性，而欧盟第 1025/2012 号法规提供了欧盟内服务标准制定新时代的法律基础。

作为一个输出规则的规范性力量，欧盟通过与关键贸易伙伴的优惠贸易协定输出其标准和标准制定进程。德里马特西斯在回顾此类进展时，描述了制定服务规则的有前景的新领域，分析了标准制定程序和机构，以便确认此类创新努力如何成功推动服务贸易的扩大，并推动监管的健全和治理的改善。在此过程中，本章列举了很多部门的改进，还特别关注金融服务和职业服务在监管标准化方面的最新进步。

在 GATS 规则最初被构想出来时，贸易和投资治理领域的新一代议题还不是特别显著，其中就包括贸易和投资影响力（强势但不完全）在新兴国家的不断增长，以及国有企业在越来越多的服务部门和市场中表现活跃。与这一趋势平行的是，近期新兴国家对外直接投资的增长速度令人叹为观止。此类新进展，以及由此导致的制定新纪律的呼声，构成华盛顿特区彼得森国际经济研究所的加里·赫佛鲍尔（Gary Hufbauer）和日内瓦国际贸易与可持续发展中心（ICTSD）的谢莉·史蒂芬森（Sherry Stephenson）联合研究的基础。

他们在自己擅长的领域非常勤勉地完成了任务，他们联合撰写的第十二章题为“服务业与国有企业”，总结了（普遍薄弱的）可获得的主要来自发达国家的数据，对主要国家服务产业的国有企业规模，并（在同样参差不齐的数据基础上）评估了此类国有企业在跨境贸易（GATS 模式 1）和跨境外国直接投资（GATS 模式 3）方面的重要性。

随后，赫佛鲍尔和史蒂芬森进一步确认了 GATS 和选定的部分优惠贸易协定在纪律方面的一些主要差距。这些纪律方面的差距体现在国有企业做法对贸易、投资和损害竞争的可能影响上，无论是在本国市场（例如，使用其行政权力阻挠外国竞争者）还是国际竞争（例如，接受高额补贴的实体进入外国市场、薄弱的财务问责和报告体系）。

这一章介绍了最新的《跨太平洋伙伴关系协定》(TPP)中的有关纪律,以及正在进行的、旨在达成《服务贸易协定》(TiSA)的诸边谈判的拟议纪律。该章以经合组织国家之间首先制定的竞争中立原则概念为基础,提出了关于国有企业的新纪律或额外纪律的一系列政策建议。在他们看来,这些建议可以在世贸组织 GATS 框架下和优惠贸易协定中得到有效采用。

如果本书仅针对服务部门改革及服务贸易和投资领域最具挑战性的研究前沿议题,却对数字革命及其对服务交付和治理问题的影响没有前瞻性研究,那么显然就有些粗心大意了。来自卢塞恩大学的米拉·布里(Mira Burri)撰写的第十三章和世贸组织秘书处服务贸易司李·塔特希尔(Lee Tuthill)撰写的第十四章,就承担着这样的使命。这两份研究就如何更好地调整全球商务规则以适应数字时代,以便在网络自由与合法监管权利之间达成平衡,提出了有价值的观点。迄今,关于增长和政策的理论一直深受强劲的监管节制观点的影响。

米拉·布里在撰写"设计面向未来的数字贸易多边规则"时,回忆了互联网革命和数字环境如何推动了创新活动的显著增长,这些创新活动将继续对经济的很多部门产生影响深远的外溢效应。数字货物和服务已经日趋成为各国(既包括发达国家,也包括发展中国家)增长的重要引擎,也是各国经济、发展和贸易战略的明确优先领域。

布里注意到,无论是与数字化相关的技术快速发展,还是其日趋增加的社会重要性,都没有通过一种全面的方式反映在国际经济法中。特别是世贸组织法律规则是在数字时代前起草的,几乎没有通过一致的、积极的方式进行调整。由于调整性治理存在不温不火的迹象,现有世贸组织规则是否仍然有用而且能够适应新的数字经济,或者其被认为已经过时,无法处理电子商务和数字革命出现带来的结构性变化,是值得提出的合适问题。

在回答上述问题时,布里撰写的章节列出了世贸组织面临的关键问题和数字治理挑战,这既是因为乌拉圭回合谈判在规则制定方面的未竟议程及其电子商务工作计划,也考虑了最新的数字贸易壁垒,例如强制本地化要求。非常重要的是,该章审查了在优惠贸易协定中对数字贸易事项的监管回应,这些监管回应并不均衡,有东拼西凑之嫌。该章还简要说明了在这个领域应当改进的多边纪律的一些要素。布里认为,此类要素形式可以多样,可以是扩大后的《信息技术协定》(ITA),正在进行的诸边服务贸易协定谈判新纪律,或者划分贸易治理中货物和服务边界的专门的数字经济贸易协定,但这要取决于世贸组织成员的政治意愿和承诺。布里的章节评估了不同政策选项的利弊,并且确认了面向未来的数字贸易多边纪律的核心要素。

在李·塔特希尔撰写的“贸易规则在跨境数据流动方面的作用”中,如同布里所做的那样,他回忆到,贸易谈判人员最近已经开始解决所谓的“新世纪”议题,这些议题与通过跨境数据流动体现的商业服务贸易相关。有充足的证据显示,随着以在线信息为特征的服务提供商的经营活动开始遍布全球,他们现在比过去更加频繁地面临壁垒。很多最近的优惠贸易协定(例如美国—韩国自贸协定、TPP)突出了一些条款,旨在帮助缓解跨境数字贸易带来的问题,部分是受信息技术产业提出的关注刺激。

李·塔特希尔的章节审查了与在线服务流动相关的问题,并且评估了那些可能代表了服务领域贸易和投资的壁垒。该章随后审查了拟议的条款,产业和政府希望通过这些条款建立管理跨境数据流动的贸易原则,包括在 GATS 框架下的多边条款。李·塔特希尔还评估了 GATS 条款及各种贸易谈判正在考虑的其他建议的可能影响。她处理的主要问题包括:这些提案是否及如何充分或不充分地处理已经确认的贸易壁垒,或者提出数字时代贸易治理的可信的解决方案。

政治经济学和发展视角

本书的第三部分处理了一系列政治经济学挑战,这些挑战显示了服务和经济发展之间的联系已经密不可分。考虑到本书前面部分揭示和叙述的联系,这并不令人惊讶,但是这种挑战的规模,无论是在实践层面,还是在更重要的理论层面和决策层面,都不应该被低估。这种变化还没有在多边层面表现出来,主要反映了多哈谈判停滞的谈判动态,而服务没有充分发挥令人赞赏的润滑剂作用,谈判仍然是在农业和非农市场准入议题上蹒跚前行。

优惠贸易协定谈判的显著特点是在自愿基础上讨论双边投资协定,旨在保护和吸引更多外国直接投资特别是服务领域直接投资,三分之二的跨境投资流动已经在近几十年更加集中。更值得注意的是,由于采取了单边自由化措施,发展中国家对于有效的服务送抵对实现发展的核心重要性,已经显示出更大的开放度和可接受性,这要超过大家经常假定或认可的程度。在如此短的时间内出现如此重大变化,是最值得关注的,特别是如果有人考虑到,在乌拉圭回合谈判启动之前及启动之初,发展中国家强烈反对将服务放在多边贸易议程上。

在记录发生变化的谈判版图及通过推动竞争的服务部门改革、继续加强供应能力和深度参与服务谈判收获更大发展收益的前景时,随后的七份研究处理了一系列发展政策挑战及其政治经济基础。这些研究涉及:服务贸易协定的谈判结构选择;在快速变化的全球人口趋势下,增强劳动力流动性的前景;在容易出现市场集中和国家干预的部门,在贸易和投资自由化之外,竞争法和促进竞争的市场法规发挥的至关重要的补充作用;发展中国家的企业不断融入商业服务供应链;如果发展中国家特别是那些受资源匮乏限制严重的国家,要更充分地利用其谈判获得的市场开放,以及最近达成但还没有实施的、旨在向最不发达成员提供非互惠市场准入优惠的世贸组织部长决定带来的许诺和不足,那么向这些发展中国家提供能力支持的重要性。本研究手册在最后部分对服务贸易的多边参与问题进行了历史回顾,询问了在贸易治理对总体增长、发展和社会正义的重要性更加明显的情况下,我们现在的处境是什么,以及最重要的是未来会朝着什么方向前进。

本书的第三部分从第十五章开始,耶路撒冷希伯来大学的托马尔·布劳德(Tomer Broude)和日内瓦大学国际研究所的沙伊·摩西(Shai Moses)联合撰写了“服务贸易自由化的正面清单和负面清单行为动态:审视 TiSA 谈判”。该章采用一种法律和经济学方法来研究服务谈判的动态,探索正面清单和负面清单的互动,以及多边主义、诸边主义和双边主义的连续统一体。

布劳德和摩西认为,从认知心理学和行为经济学的角度,特别是从前景理论、禀赋效应和框架效应的角度,预测各国将普遍倾向于采用正面清单方式而不是负面清单方式,但在双边层面和一些区域或诸边层面,此类倾向意见可以有所缓解。由于很难评估在全球化经济下服务收益的价值,导致一国不确定从贸易伙伴作出的减让获得收益。在这种大背景下,非歧视性市场开放的前景也将使各方不愿意在多边贸易自由化中作出承诺。

作者假定,认知效应对谈判立场、条约设计及约束承诺的形式和水平产生可以感知的影响。在其看来,正面清单和负面清单方法的原理即便不完全相同也非常类似,但谈判人员依然很敏锐地觉察到规划负面清单承诺或正面清单承诺的重要性。如果谈判人员对一项协定最可取的选择结构方面存在不同看法,而且这些立场都已根深蒂固,那么最终采用第三种选择,例如服务贸易协定谈判中采用的混合方法,就说明谈判人员可能受到认知妥协效应的影响。如果谈判人员当初面临的是二元选择,他们不可能同意接受现在最终采用的条约设计。布劳德和摩西认为,虽然从行为学的角度看,负面清单方式看似更能实现更高水平的服务领域市场开放承诺,但是在实践中,谈判立场的复杂性使其无法或者很难得出任何此类结论。

在“人口和劳动力市场:对模式 4 贸易的影响”中,印度管理学院的鲁帕·钱达(Rupa Chanda)处理了在贸易协定中就潜在的劳动力流动性问题达成协议的问题,这是在服务贸易治理中被热烈争论的一个题目。对于那些拥有不同水平的技术劳动力禀赋的国家来说,这是最困扰谈判人员的事情。

钱达撰写的章节强调了人口、贸易与移民之间的密切联系,以及由此对通过劳动力临时跨境流动的服务贸易的影响。他盘点了当前和未来的全球人口失衡状况,认为服务贸易模式 4 可以作为有用的渠道,帮助解决劳动力市场短缺和技能赤字问题,这对劳动力输出国和输入国来说是互利的。但是,这些机遇能否有效变成现实,受到劳动力输入国模式 4 贸易惩罚性壁垒以及输出国供应能力限制的约束。钱达提出建议认为,东道国需采取行动来缓解边境和边境后壁垒,这些措施现在阻挠了外国工人进入并在本国停留,而劳动力输出国需要通过教育和培训、劳动力市场政策和支持机构框架等,更多关注模式 4 出口的供给侧挑战。

钱达在本章中强调了一项事实,如果不更多地关注劳动力输出国的能力和质量问题,它们将无法利用其人口盈余,而且也面临通过模式 4 出口服务与满足国内劳动力市场需求之间的权衡问题。如果没有合适的政策回应,人口红利很容易就变成人口负债。钱达还提出,除了采取单边措施,劳动力输出国和输入国还需要积极推动达成双边劳动力协定,以及涵盖服务、投资和劳动力流动性的广泛的经济合作和伙伴协定,以便从其人口补充性方面获得收益。

第十七章题为“全球商业服务和价值链不断变化的版图:新兴经济体是否正在接管”,是由联合国拉丁美洲和加勒比经济委员会的安德鲁·贝里(Andrew Berry)和南诺·马尔德(Nanno Mulder),以及荷兰格罗宁根大学的蒂蒙·博恩(Timon Bohn)联合撰写的。该章研究了过去 20 年新兴经济体日益参与到全球商业服务和价值链的问题。

印度很早就崛起成为众多商业服务的提供国,随后其他发展中成员和转型经济体也开始实质性进入这一部门,例如巴西、中国、哥伦比亚、哥斯达黎加、毛里求斯、墨西哥、波兰、俄罗斯、卢旺达、塞内加尔、南非和菲律宾。这个部门正在快速增长,甚至是展示出一种反周期趋势,在 2008—2009 年金融和经济危机后带来的全面压力中逆势上扬。现在,来自非洲、亚洲、东欧和拉美的发展中国家越来越多地参与到不同复杂程度和增加值的商业服务全球价值链进程中。

贝里、博恩和马尔德开篇就使用了按照总额和增加值计算的出口数据,对新兴国家不断参与商业服务的全球价值链进行了数据分析。作者还利用了全球价值链文献的几个指标,记录了新兴国家在商业服务的全球贸易和投资中令人印象深刻的上升趋势及其体现在最终货物和服务中的不断提高的比例。随后,本章描述了全球新兴国家如何在商业服务价值链的三个主要部分(信息技术外包、商业程序外包和知识程序外包)中不断扩散和升级。该章确认了一些便利了发展中国家不断参与商业服务贸易和日趋融入全球价值链的赋能因素和基础政策选项。

约瑟夫·威尔逊(Joseph Wilson)直至最近一直执掌巴基斯坦竞争委员会,他撰写了第十八章"竞争法在开放发展中国家服务市场方面的作用"。他在这一章中阐述的观点是,要确保从服务市场开放中受益,除了贸易和投资自由化和推动竞争的健全法规之外,竞争法和政策也必须作出重要贡献。

他在文章中回顾指出,绝大多数发展中国家(包括南亚发展中国家)的服务业监管体制与其在国际协定下的约束承诺关系不大,这些国家通过最近几十年向外国竞争者开放本国服务市场,市场竞争能力已经得到很大改善。但是,威尔逊基于对巴基斯坦和更广泛的次区域令人困惑的市场开放倡议的一系列案例研究,提出的主要看法是,这些开放倡议虽然很有必要,但谈判达成的市场开放不足以确保获得预期效率和消费者福利收益。因此,需要让强劲的竞争体系落实到位,为所有市场主体提供公平的竞争环境,而无需考虑其规模、国别或所有权特征。

威尔逊提出,在有效竞争体系缺位的情况下,服务贸易自由化的潜在收益可能无法惠及消费者。的确,需要在贸易自由化(包括外国直接投资)和可信的竞争政策之间建立直接联系,这是威尔逊在第十八章的各种案例研究中强烈认同的一项结论。

本书第十九章的题目是"发展中国家的服务贸易协定",是由哈佛大学肯尼迪学院的克雷格·范格拉斯泰克(Craig VanGrasstek)和联合国贸发会议的米娜·马沙耶赫(Mina Mashayekhi)联合撰写的。该章探索了发展中国家总体上在优惠贸易协定谈判中采取明显不同方法的原因,特别是针对那些在服务贸易方面作出实质性承诺的优惠贸易协定。一方面,数量有限但不断增长的国家开始热情地拥抱优惠贸易协定带来的机遇,其中很多协定似乎不被视为多边自由化的替代,而是对多边自由化的补充。另一方面,数量众多但不断减少的国家从更深层次的政策担忧角度看待服务领域的贸易和投资自由化,不管这些自由化是在歧视性的基础上,还是在最惠国待遇基础上进行。

范格拉斯泰克和马沙耶赫的章节显示,第一类国家已经与大量的贸易伙伴商谈优惠贸易协定,并且愿意在优惠贸易协定中就服务和其他领域作出超过世贸组织承诺的开放承诺。第二类国家经常将其优惠贸易协定谈判限于本地区贸易伙伴,当协定涉及服务贸易时,它们很少在现有多边承诺基础上做出大幅度改进。第二类国家的做法让人不得不思考服务优惠贸易协定的政策相关性,以及优惠贸易协定中服务的期待收益。

在这两类极端国家之间，范格拉斯泰克和马沙耶赫找到了有中间目标和实践经验的其他国家，其中很多国家正在从签署数量少、开放水平低的优惠贸易协定朝着签署数量多、开放水平高的优惠贸易协定转变。他们的研究章节显示，在各国就这些不同政策选项之间作出选择方面的，能够确认一些模式。整体来看，选择谈判数量多、水平高的优惠贸易协定的国家通常人均收入水平更高，而且还具备其他一些要素。这些国家更加积极地参与全球市场（例如更多是贸易密集型经济体），在参与竞争方面的准备更加充分（例如拥有更大的、更先进的服务部门，更复杂的监管体系和执法能力）。第二类国家通常对总体贸易自由化而非获得进入更大市场优惠准入机会表现出更多兴趣，因为绝大多数此类国家也同样积极地参与多边谈判。发展中国家之间的差距是地区性的，也是理性的。一些国家（特别是拉美地区的国家）比其他国家（特别是非洲国家）拥有更强烈的意愿参与优惠贸易协定；在一个地区内，富裕国家的企业更有能力在国外参与国际竞争，这些国家相比其邻国也更愿意谈判优惠贸易协定。

作者注意到，很难说上述因素是造成这些国家决定谈判优惠贸易协定的原因还是结果，但是在实践中，很清楚的是，出价的不同趋势扩大了这些参与或不参与全球化的发展中国家之间的差距。

范格拉斯泰克和马沙耶赫得出结论，服务贸易的竞争力既不是优惠贸易协定的前提条件，也不是其副产品，而是一个政策问题。贸易谈判最有可能实现的意向结果，不是其被看作公共政策的一个独立领域，而是其被理解为国内经济改革的补充。并不是所有的发展中国家都同样做好了开展此类改革的准备。将优惠贸易协定看作替代而非补充，是一些国家的一种错误观点。从他们的分析中，我们可以获得一项重要结论，那就是国内改革与区域和多边自由化的充分设计、步伐和先后顺序，是确保协调一致的政策和监管组合的关键。

本书的第二十章是由伯尔尼大学世界贸易研究院的皮埃尔·绍韦（Pierre Sauvé）和以巴巴多斯为基地的非加太国家国际贸易咨询公司的娜塔莎·沃德（Natasha Ward）联合撰写的。他们对世贸组织成员部长在2011年日内瓦举行的第八届部长级会议上的一项决定进行了关键解读。这一决定是通过一项豁免，让成员可以解除其在GATS下向所有贸易伙伴提供非歧视待遇的法律义务。本章的题目是“针对最不发达国家的服务贸易豁免：通向可行的提案”[3]。该章提出了一个问题，为什么在这项豁免决定通过五年后，实施部长们达成的决定被证明仍然是一件很困难的事情。该章一开始就将注意力转向很多概念性和政治经济学的考虑上，而这些是负责提出具体豁免请求（和出价）的人士在推动豁免机制实施时应该考虑的。在这样做的过程中，该章的目标是缩小关于服务豁免的对话范围，以便知道在豁免的可操作性方面，什么是可行的、相互接受的、有商业价值的、发展友好型的提案。

绍韦和沃德认为，服务豁免机制许诺解决在提供服务方面的重要外部壁垒和内部供给侧瓶颈，这一机制就其初衷而言，是对最不发达国家有用的一项进步。但是，该章指出，最不发达国家在服务市场上面临的很多出口困难具有明显的区域或邻国特征，因此可能更适合与其相邻的国家找到解决方案，尤其是绝大多数最不发达国家是与其他最不发达国家进行贸易和投资，特别是在撒哈拉以南非洲地区。在考虑世贸组织的豁免决定及其实施情况前，我们可能会有强烈动机和原因，在辅助原则基础上，确定是否存在有效的双边或区域政策解决方案，能够快速跟踪或调整来弥合基础性的市场准入和供给侧问题。技术援助旨在帮助最不发达国家政府以更大的准确性实施植根于经济一体化计划的不同区域公共产品，并推动此类区域内参加方之间更大程度的物质和数字层面的联通性，这能够产生更大的、更直接的、更可持续的发展红利。

该章进一步提出，除了最不发达国家贸易和投资活动的强烈的区域内涵，对比更加明显的现实是，最不发达国家通常面对的是有害的供给侧限制，采取有针对性的技术援助、享受促贸援助群体支持的国内政策倡议代表了第一最佳选项。的确，如果在实际利用向最不发达国家提供的任何优惠方面，最不发达国家服务提供商的供应能力仍然实质性受到限制，将注意力集中在削减绝大多数先进的服务进口国维持的壁垒，也只能是收获寥寥。

最后，绍韦和沃德注意到，虽然最不发达国家服务豁免机制已经被赞誉为GATT授权条款在服务领域的等价物，但最不发达国家应该知道其差别。货物贸易的特惠是更容易提供和利用的，因为世贸组织成员能够清楚地评估并测算通过关税特惠方式提供的出价。相比之下，取消或部分削减服务贸易的监管壁垒涉及更复杂的政策决定，很有可能导致一些成员对最不发达国家的要价持警惕态度。

本书的最后一章题为"服务贸易谈判：身处何方，去往何处"，是由伦敦玛丽女王大学的加布里埃尔·盖里(Gabriel Gari)撰写的。该章指出了多边服务贸易谈判进展不顺的基础性原因，并且讨论了解决问题的各种方式。盖里回忆了GATS起草过程中的关键时刻，以及从协定的实施和法律解释中获得的教训。他提出，与GATS谈判现在所处背景相挂钩的因素，不足以解释GATS缺乏谈判动力的问题。

在该章一开始，盖里回忆了服务贸易自由化面临的挑战，他称之为"特质性"挑战。虽然被广为接受的观点是服务贸易壁垒的谈判方式不同于货物贸易壁垒，但服务贸易谈判人员在很大程度上还是依靠在GATT下使用的相同程序和做法。

盖里进一步注意到，多边贸易体制作为国际贸易的基本架构，在其创建以来的较短时间内经历了结构性转型。盖里还特别认为，几组矛盾越来越难以调和：一是巴西、中国、印度等新兴贸易大国崛起，与发展中成员特殊与差别待遇条款提供的谈判灵活性之间的矛盾；二是不断增长而且情形各异的世贸组织成员群体、日趋复杂的贸易议程与大型谈判回合之间的矛盾，后者受到一揽子协议规则和明确协商一致决策机制的约束。

展望未来，盖里提出，那些愿意在服务贸易自由化上迈步前行的成员应该被允许在世贸组织内这样做，但谈判应该是在"多变几何"(是指如果部分世贸组织成员有意推动某一议题的谈判，相关成员则组成关于某个议题的某个谈判组合，围绕不同议题可能出现各种不同组合。——译者注)的基础上，通过开放和透明的方式进行，并且在可行的情况下在最惠国待遇基础上将谈判结果扩大到非参加方。该章探索了世贸组织和GATS提供的各种法律渠道，用以缔结诸边协定并在最惠国待遇基础上予以扩大，并且提出了一些关于当前现状的考虑。在盖里看来，考虑到各方现在对服务贸易自由化具体收益的强烈认知，以及越来越多地意识到多边解决方案在实现发展方面的内生优势，获得真正"关键多数"的世贸组织成员支持而谈判的一揽子协议，可能是一项能够实现的目标。

该章在结束时提出，要确保服务贸易的有效自由化，有必要超越狭隘的市场准入方法，并通过在世贸组织内外的各种非谈判倡议来补充谈判议程。在世贸组织内，此类非谈判倡议可以是增强影响服务贸易措施的透明度，加强贸易监督和监测活动，澄清模糊方面，以及针对发展中国家的技术援助。在世贸组织之外，可以是执行相关部门监管合作的合适机制，就服务贸易自由化对贸易和发展各种组合的影响开展进一步的学术研究，等等。

注释

1. 关于WTO《服务贸易总协定》(GATS)未竟规则制定议程的更完整的讨论，参见Pierre Sauvé, "Completing the GATS Framework Addressing Uruguay Round Leftovers", *Aussenwirtschaft*(Swiss International Economic Review), 2002, Vol.57, No.3, pp.310—341。

2. 提出这个有些别扭但能引发共鸣的术语，归功于瑞典国家贸易署。参见Emily Aner and Magnus Renthzog, *Everybody is in Services: The Impact of Servicification of Manufacturing on Trade and Trade Policy*, Stockholm: National Board of Trade, 2012, http://www.kommers.se/Documents/dokumentarkiv/publikationer/2012/skriftserien/report-everybody-is-in-services.pdf。

3. 这项豁免向WTO成员提供法律庇护，允许其在服务贸易和谈判中向最不发达国家提供优惠市场准入机会，有效期是从豁免决定通过之日起的15年。

第一部分

实 证 视 角

第一章

描绘服务贸易政策日益演变的版图：贸易保护和自由化的最新模式

马丁·罗伊[1]

第一节 简 介

在经济危机的背景下，抵制保护主义成为各国的共同目标，由此实现了在更大程度上对各国贸易政策变化的监督。二十国集团(G20)领导人在2008年峰会宣言中作出指示，由世贸组织会同经合组织和联合国贸发会议，监督并公开通报G20成员贸易和投资政策的变化情况。这推动了各国在采取新的贸易便利措施和贸易限制措施时，不断提高政策措施的透明度。

国际社会对贸易便利措施或贸易限制措施的关注增多，但主要是集中在货物贸易方面，只有非常有限的注意力被放在影响服务贸易的措施及其具体特征上。[2]但是，影响服务贸易的措施及其透明度改善问题，确实亟需更多关注。第一，服务领域措施信息的匮乏由来已久，这让有关改革和保护影响的分析变得更加困难。同样地，这让谈判进程更加艰难，特别是考虑到多边谈判还无法约束现有市场准入水平的情况。第二，考虑到服务业在国内经济中的权重，以及服务业与其他部门的相互联系，贸易便利措施或贸易限制措施的正面或负面效果可能更加广泛。例如，假定在经济危机的背景下，影响服务业的保护主义措施增加，将对世界经济和世界贸易产生重要影响：虽然服务贸易在世界贸易中份额较小(略高于20%)，但是如果将商品交易中的服务投入物考虑在内，服务贸易额占世界贸易额的比例将达到45%。此外，上述服务贸易额还没有考虑国际上服务提供的主要方式，即商业存在(模式3)，考虑到现在全球绝大多数的外国直接投资都集中于服务业，保护主义措施的增多将产生更加深远的影响。

最后，近期政策变化的方向和特征应该能够提供很多信息，帮助了解正在进行的多边服务贸易谈判或优惠贸易协定谈判带来的机遇或限制。贸易自由化改革的增多，应该可以提供一个有助于各国约束更多市场准入机会的环境。但是，贸易限制措施的爆发，不太可能提供一种让各国作出更多承诺的机制。与之类似，了解哪些国家、服务部门和服务提供方式与贸易限制措施或贸易便利措施是联系在一起的，能够为推动谈判提供有益的见解。

本章以世贸组织和世界银行联合开发的综合贸易信息门户服务数据库(I-TIP)的相关信息为基础，[3]概述了2000年以来服务贸易政策的变化情况，特别强调了贸易限制度和开放度随着时间变化的相关趋势，并审查了出现最多贸易限制措施或贸易便利措施的国家、服务部门和服务提供方式的特征。

本章第二节描述了分析所需要使用的数据，并简要讨论了在服务政策变化的方向和特征方面，我们所能够期待的普遍的政治经济学观点。第三节展示了政策变化的分析结果。最后一节是结论部分。

第二节 使用的数据信息和预期结果

世界银行和经合组织开展的研究工作让我们可以描绘出服务贸易现有限制措施的概况。从这种概况中，我们可以获得很多信息：服务贸易的限制水平仍然很高；经合组织国家的保护水平较低；亚洲发展中国家的限制水平往往高于拉美或非洲发展中国家；运输和专业服务的保护水平总体上高于金融、电信或零售服务。[4]

尽管如此，现有限制措施不一定能够告诉我们近期政策趋势的很多信息。从文献中，我们可以了解到，开展服务业政策改革通常比货物贸易相关部门改革更加复杂。的确，影响服务贸易的措施体现在国内监管体制上。改革需要考虑多种多样的监管目标，而且往往逐步实施。因此，我们很有把握的一点是，已实施措施的现有模式大致反映了长期以来一直付诸实施的政策。就了解服务贸易政策制定的最新方向而言，此类现有模式可能并不是最具有启发意义的。

服务贸易政策趋势的信息不像货物贸易那样容易获取。虽然世界银行和经合组织继续其最近在收集数据方面的努力，将使我们在未来能够更加系统地跟踪随着时间推移的有关趋势，但是目前这些数据设置还只能提供一种静态画面。此外，与货物贸易领域的相关协定不同，世贸组织《服务贸易总协定》(GATS)下的通报义务并没有构成已实施政策演变信息的一项重要来源。

的确，根据GATS的通报义务授权，成员只需通报少量的本国政策。GATS第3.1条的通报义务有三方面的重要不足。第一，它只规定通报新的措施或现有措施的变化。因此，成员没有义务从更加总体的角度对正在付诸实施的措施进行通报。第二，通报义务只对那些成员已做出具体承诺的部门有重要意义，这一点对我们的研究来说更加重要。由于世贸组织多数成员没有在多数服务部门做出承诺，这一缺陷十分重要。第三，通报义务限于那些“对服务贸易有重大影响”的措施。虽然GATS的范围与“影响服务贸易”的措施相关，但“重大影响”含义有些不太明确，可能构成另外一种不足。最后，成员不太可能采取积极行动通报新的限制政策，特别是在这些政策可能违反其现有GATS义务的情况下。

虽然此类因素不是成员不遵守GATS第3.3条的合理理由，但在现实中，却是成员履行相关义务水平较低的原因之一。正如世贸组织秘书处于2014年5月向服务贸易理事会报告的那样，从1995年GATS生效到2013年，秘书处收到通报措施514项，平均每年27项。[5]更突出的是，同期共有73个成员（欧盟成员国分别计算）作出了一项以上的通报。换言之，大多数成员根本没有提交任何通报，绝大多数提交通报的成员只有几项通报。的确如此，因为阿尔巴尼亚、中国和瑞士等三个成员的通报数就占514项通报总数的近一半。

考虑到上面提到的这些不足，我们主要依靠I-TIP服务数据库里查找到的信息（https://i-tip.wto.org/services/）。I-TIP服务数据库是一个关于服务政策信息的独特资源，帮助成员轻松地从众多公共资源（世界银行、亚太经合组织、万国邮政联盟、世贸组织）获取已实施服务政策的信息，包括允许按照部门和成员查询信息。[6]对本章而言，该数据库让我们能够考虑那些对已实施政策作出改变的情形，不管这些改变意味着更大的自由化还是更高的限制程度。

在I-TIP数据库内，就强调政策变化的角度而言，来自世贸组织的相关信息最多，特别是贸易政策审议、总干事贸易监督报告及GATS第3.3条下的通报。当然，不能简单说此类信息是详尽无遗的。贸易政策审议每几年举行一次，总干事监督报告是最近几年才有的，而我们此前说过，GATS通报有其自身局限性。但是，从多样性、数量和质量等方面看，这在我们迄今使用过的资源中是最完整的。其他此类资源中提到的措施，例如全球贸易政策预警系统或不同成员的监督活动（如欧盟的市场准入数据库或美国贸易代表办公室每年发表的国别对外贸易政策壁垒评估报告），都是从其他信息来源中摘取的，而这些信息来源也都已汇总在I-TIP服务数据库中。

这里使用的数据包括了2000年以来已实施的服务体制发生的政策变化，而且涉及所有世贸组织成员。为了避免纳入只对外国服务提供者有轻微影响、对服务贸易影响有限的广泛措施，这里提到的政策变化被限定为包括影响外国服务提供者市场准入机会和经营条件的措施。此类措施通常符合GATS第16条和第17条规定的市场准入或国民待遇的范围。[7]

从我们对服务贸易政策的现有认识看,我们期待发现什么政策趋势呢?一方面,服务壁垒总体上高于货物,服务面临的国际约束比货物更加有限,这一事实可能让我们发现,新的贸易限制措施是违背贸易开放倡议的。[8]另一方面,服务驱动了各经济体的竞争力,也是所有其他当地产业(包括出口)的重要支撑,其基础设施的部门特性也许降低或抵消了对保护的需求。下游产业客户对廉价投入品的需要,以及对垂直一体化和国际供应链的日趋依赖,可能驱动单边自由化,并帮助遏制保护主义。[9]各服务部门都是跨境供应链的关键,也是其他部门的关键投入(例如金融、电信、运输和分销服务),我们可以期待这一因素将发挥重要影响。

而且,服务贸易涵盖投资,这也遏制了各国采取贸易限制措施。的确,成员并不经常采取措施限制通过模式3方式提供的服务,因为这将对位于本国的优秀企业及其雇员产生负面影响。[10]

就服务提供方式而言,我们可以推测,相比模式4而言,模式3将吸引更多的贸易开放措施,因为模式4涉及外国自然人的临时移动,这在过去已经被证明是更具政治敏感性的议题。该领域的多边承诺有限,足以反映这一问题。模式1(跨境交付)与货物贸易类似,因此可能被认为相比模式3将招致更多的限制措施,但与此同时,服务贸易的日趋电子化,也使各国政府实际上很难对跨境服务流动设置壁垒。[11]

综合上面提到的这些原因,我们也可以预见,发展中国家的贸易自由化水平低于发达经济体:发展中国家的现有限制水平更高;限制其提高壁垒能力的承诺更少(无论是在世贸组织还是在优惠贸易协定中);本国的服务出口商因为担心在国外市场上遭遇对等待遇,将抵制采取限制性措施,但由于发展中国家的服务出口商更少,因此相比发达经济体的政治权重更轻一些。

就部门而言,经济危机及随后出现的贸易下降让我们作出推测,在新的限制性措施中,金融部门措施的比例较高。我们也可以推测,现在限制水平相对较高的部门,可能出现更多的限制性措施,贸易自由化倡议将更少。例如,相对于电信或分销服务,运输和专业服务可能出现更多的限制性措施。

第三节　服务领域新的贸易自由化和限制措施的模式

截至2014年底,I-TIP数据库包含了2000年以来360项政策变化的记录。[12]图1.1显示了2000年至2014年的年均政策变化数量,并且对贸易自由化政策和贸易限制政策进行了区分。该图显示,总体而言,贸易开放倡议的数量明显超过贸易限制政策。在这一时期通报的360项政策变化记录中,77%是自由化措施,23%是朝着更加限制贸易的方向。这与货物贸易领域更加黯淡的情况形成反差,也与此前可能作出的预期相矛盾,因为这些预期是根据当前高保护水平低承诺水平的现状而作出的。

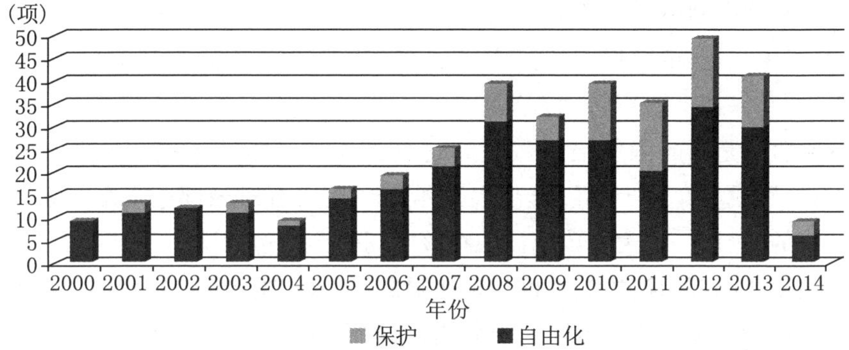

图1.1　随着时间推移的政策变化情况

贸易便利化改革措施贯穿这一时期,尽管出现了金融危机,但这种努力仍在继续。2014年政策变化数量较少,仅仅反映了改革发生时间与通报时间的迟滞。虽然服务改革经常过于复杂,难以落实到位,但政策变化的总数也反映出服务贸易的动态,证明了各国应对不断变化的经济现实的举措是正确的。

尽管如此,限制措施的数量及其在总体政策变化中的占比在经济危机后有所增加,这也显示,就一些国家、服务部门或服务提供方式而言,朝着贸易保护主义迈进的步伐超过了贸易自由化的努力:国际承诺的价值不仅体现在相当有限的、自身能够催生新的自由化的领域,还体现在约束现有准入水平、防止从开放现状倒退的情况。考虑到贸易开放的约束水平和实施水平之间存在差距,很明显,采取这些新的贸易限制措施是有可能的。

图1.2显示了贸易便利政策和限制政策的变化情况在服务部门之间的分布

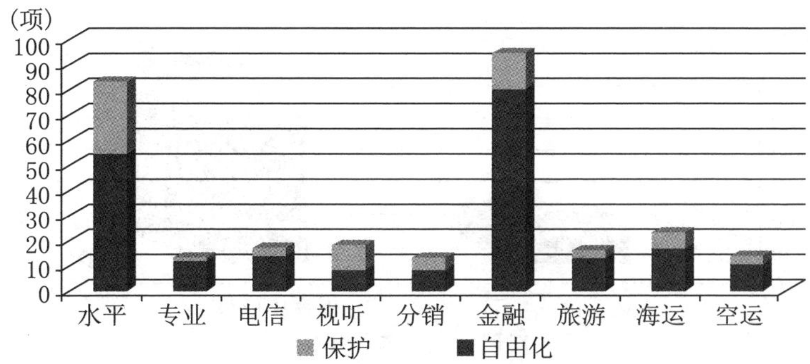

图1.2　按部门统计的政策变化情况

情况。绝大多数政策变化要么与金融服务相关，要么在本质上是跨部门的。令人惊讶的是，尽管发生金融危机，很多机构陷入困境，但各国在金融部门采取的新措施呈现出压倒性的开放倾向(86%)。

水平贸易限制措施的政策变化较高，有些出人意料(占比达34%，而所有部门的贸易政策限制措施在政策变化总数中的占比是23%)。的确，政治经济学文献显示，组织完备、精力集中的国内产业在获得保护方面效率更高，而跨部门的保护需求(和保护企图)则更加有限。

视听服务是新的限制措施数量超过新的贸易开放改革措施数量的唯一部门，只有个别成员在这个部门作出多边承诺。在所有对该部门采取了新的贸易限制政策的成员中，绝大多数成员未在该部门作出多边承诺。

政策变化的部门模式似乎也与现在限制措施的部门模式有所不同。具有贸易限制作用的政策变化的占比高于分销、海运和视听服务部门的总体平均水平，但低于电信、金融、旅游和专业服务的总体平均水平。这与现在的保护模式形成明显反差。根据世界银行统计，专业服务的相对限制水平更多，而分销服务限制水平更少一些。

图1.3显示，贸易限制措施的比例在发展中经济体和发达经济体之间有些类似：在发展中经济体的政策变化中，23%是具有贸易限制性质的，而发达国家的这一比例是21%。因此，虽然发展中经济体在所有政策变化中的份额较大，占所有措施的84%，其贸易限制措施的绝对数量相对更大，但是发展中经济体和发达经济体在贸易开放政策和限制政策的变化组合中的份额是类似的。有一种假设认为，由于发展中成员作出的承诺更少，服务的出口利益更小，服务体制的限制更多，因此发展中经济体在开放程度上大幅度低于发达经济体，但目前可获得的信息无法证明这一假设的正确性。

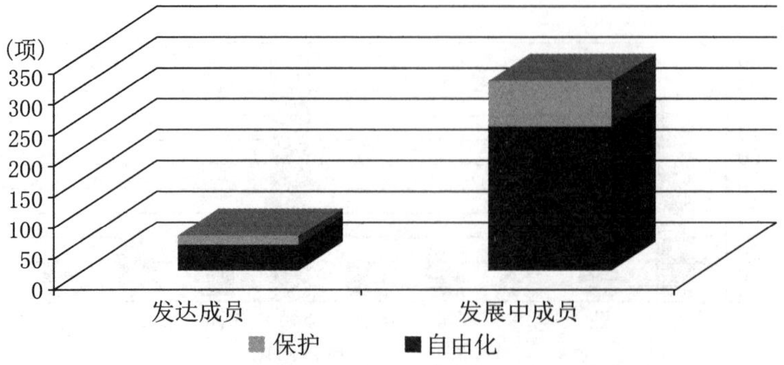

图1.3　根据成员发展水平统计的政策变化情况

迄今,中国是数据库中政策变化数量最多的成员,这很自然地反映了中国加入世贸组织以来政策的不断演进。但是,中国政策变化情况数值较高的部分原因还在于,在世贸组织资源库内,除了贸易政策审议,中国还由于其加入议定书而受到过渡性审议机制条款的约束。在数据库涉及中国的 51 项政策变化中,绝大多数是便利贸易的措施(47 项)。此类自由化措施几乎完全集中在模式 3 上,只有一项自由化政策变化不是与商业存在相关的。在这些措施中,很多是跨部门的,其他一些措施是因为逐步实施世贸组织承诺(例如在电信、分销服务方面)及上海自由贸易试验区的设立,后者放宽了在工程、建筑、教育、医疗、旅游、运输或金融服务等部门对外国服务提供者的限制。[13]

如果按照地区划分来分析政策变化情况,能够发现很多有意思的观点,具体参见图 1.4。从贸易增速和贸易谈判参与程度的角度看,亚太地区最具活力,从贸易政策的变化角度也是如此。亚太地区的政策变化情况最多,无论是贸易限制措施还是贸易便利措施——虽然后者占据主导地位。贸易开放措施很明显在拉美地区之外的其他地区占据优势,拉美地区是唯一的贸易限制措施的政策变化数量超过贸易便利措施的地区。当然,这不是说所有拉美国家在过去 15 年都变得更具限制性。该地区的不同国家走上了完全不同的道路,这一现象是显而易见的:该地区绝大多数限制贸易的政策变化来自少数几个国家,而贸易自由化改革在其他国家占据主导地位。

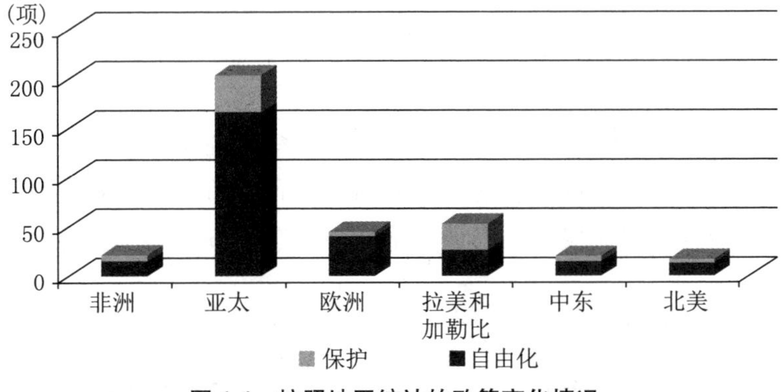

图 1.4　按照地区统计的政策变化情况

关于服务提供方式的情况,也让人有些惊讶不已。图 1.5 显示,模式 3 是各国采取最多自由化措施的领域,这和我们的预期较为吻合。但是,就绝对值而言,该领域限制贸易的政策变化数量也是最多的。跨境提供是贸易限制措施比例最高的领域,这也符合贸易政治经济学的观点。该图也显示,尽管出现技术进步,各国政府仍有途径在这一服务提供方式下采取限制措施。具体范例包括商业存在要求、信用卡消费限制、对某些跨境保险和再保险经营项目的禁止措施等。除了个别的方面,这已足以说明,在该服务提供方式下约束现有开放水平的价值在于能够有利于防止未来采取限制措施。

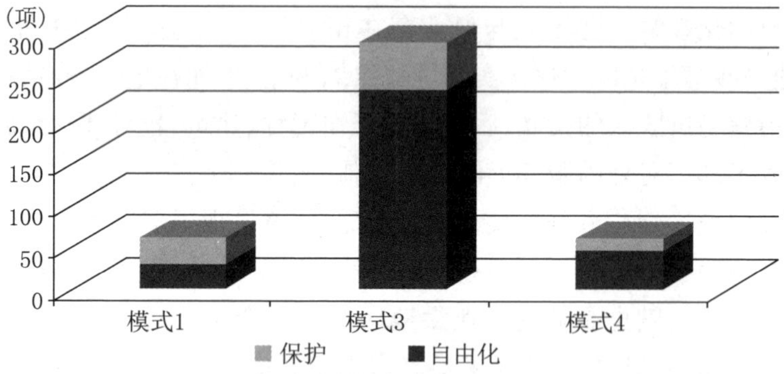

图 1.5　根据服务提供方式统计的政策变化情况

更加令人惊讶的是,模式 4 与贸易限制措施比例最低的领域联系在一起,各国在此方面采取的贸易限制措施数量最少。但是,模式 4 可不仅仅是成功抵制了保护主义压力的服务提供方式。尽管服务的这种提供方式被认为十分敏感,各国不愿在国际协定中作出约束性承诺,但过去几年各国政府还是在此方面采取大量自由化措施。在模式 4 上采取的贸易便利化措施,包括扩大符合临时停留条件的自然人范围、延长停留时间、放宽与外国自然人入境相关的各种程序和要求等形式。

观察模型图片的另外一种方式是观察贸易便利措施(或贸易限制措施)按照服务提供方式,在不同发展水平的国家之间的分布。图 1.6 显示,对所有成员来说,大多数贸易便利措施发生在模式 3,而且对发展中成员来说更是如此。就发

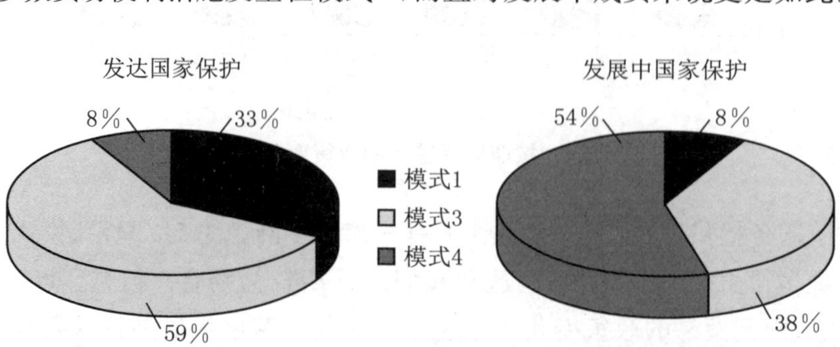

图 1.6　按照服务提供方式统计的发达国家和发展中国家的贸易便利措施的分布情况

达国家而言，便利贸易的政策变化更多与模式 4 相关，约占所有此类措施的三分之一。

图 1.7 说明，限制贸易的政策变化模式在发展中国家与发达国家之间差别明显。就后者而言，最具贸易限制作用的措施与模式 3 相关，模式 1 的比例也很高（33%）。相比之下，在发展中国家，大多数的贸易限制措施影响模式 4，但我们也要记住，发达国家限制措施的绝对数量较低，而且发达国家在这一方面采取了更多的贸易便利措施。与模式 4 相关的大量限制措施涉及劳动力市场测试。

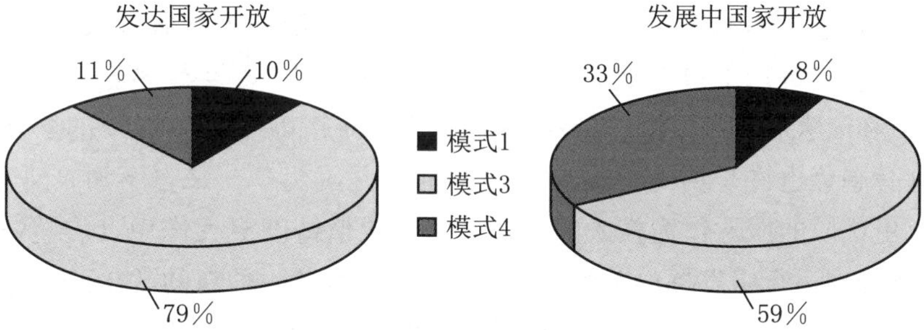

图 1.7　根据服务提供方式测算的发达国家和发展中国家的贸易限制措施的分布情况

数据库还包括已实施的贸易壁垒类型的信息。就模式 3 而言，绝大多数此类贸易壁垒采取了限制市场准入的方式，正如 GATS 第 16 条规定的那样。数量限制措施，无论是在供应商、交易或业务的数量还是在别的方面，无论其是否具有歧视性，相比外资股权限制这一传统工具或者法律实体类型限制来说都是更加常见的。尽管如此，从图 1.8 可以看出，仍有 40%的此类政策变化涉及歧视性措施，违反 GATS 第 16 条规定。例如，这些措施采取了资费、资质、授权批准、许可程序或要求的形式，在外国服务和本国服务、外国服务提供者和本国服务提供者之间构成歧视。

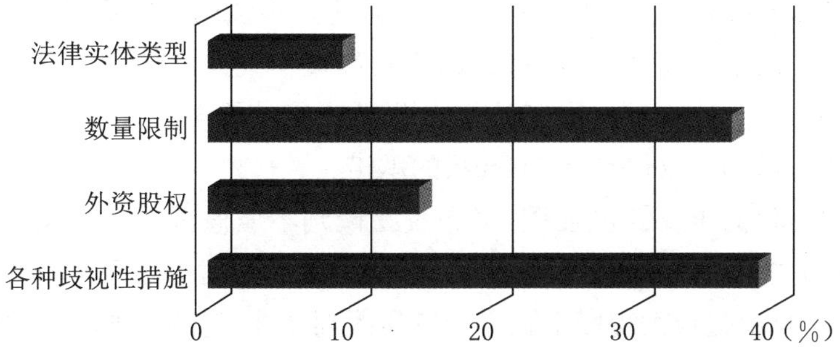

图 1.8　根据措施类型统计的、影响模式 3 的限制贸易的政策变化情况

第四节　结　　论

回顾2000年以来服务领域的政策变化情况，我们可以看出，服务贸易朝着自由化方向进行了重要推进，尽管发生经济危机，但这一趋势仍在继续。虽然优惠贸易协定有时也能带来新的自由化，[14]但绝大部分此类改革措施还是以单边方式采取的。这种自由化趋势显示，政府需要重视减少服务贸易壁垒带来的经济利益，这将惠及本国消费者，吸引外国直接投资，增加依靠服务投入的本国企业的竞争力，如货物出口企业。考虑到保护主义压力，以及很多服务部门、服务提供方式和国家居高不下的贸易限制程度，这种趋势并非预料中的必然现象。同时，这一趋势也许是因为——或者至少部分是因为——来自下游产业用户对更廉价、更优质的服务作为投入的需求。全球价值链的更大作用，以及各种服务在价值链合理运行中发挥的关键作用，可能已经引发一种新的政治经济学动态，这一新动态与传统上在货物贸易领域流行的情况是不同的。对此开展进一步研究，测试这些假想的正确性，将是很有价值的。

发展中国家的政策变化在数量上比发达国家更多，无论是贸易限制措施还是贸易便利措施。但是，与大家可能的合理预期不同，发展中国家作为一个群体，并没有成比例地采取比发达国家更多的贸易限制措施；贸易限制措施在两个群体的政策变化总数中的比例有些类似。按照服务提供方式分析的政策变化也与预期有所不同，主要是因为模式4与自由化政策变化的比例更高相关，模式1与限制措施政策变化的比例更高相关，模式3与限制贸易的政策变化的绝对数值最高相关。

虽然自由化倡议的数量持续超过贸易限制措施，但近年来新的贸易限制措施在数量上不容忽视，而且这些措施的影响通常非常重大，因为其影响着重要的经济部门和服务提供方式，特别是模式3。这进一步强调在世贸组织内开展政策变化监督工作的必要性，因为这将有助于提高透明度并且便利关于此类行动影响和成本的讨论。这些新的限制政策也凸显了贸易承诺的价值，包括那些有时候被人嗤之以鼻的、“仅仅是”约束现状的承诺。

单边自由化的重要性也强调，服务贸易谈判不应该被重商主义的考虑所主导，因为重商主义的核心是，各国只有在其他国家提供对等互惠的基础上才作出承诺。确实，自由化很大程度上独立于贸易谈判之外，是出于本国利益的考虑。

总体而言，已实施的体制正在发生的这种演进，也可以成为贸易谈判的先兆。推进单边自由化为各国作出承诺提供了一个积极环境：在政府采取大胆的改革举措来修改现有做法的背景下，从政治上讲，同意约束某种水平的准入机会应该是更加容易的事情。单边自由化还增加了在贸易协定中作出进一步承诺的可能性，因为政府和国内行为主体看到了通过国际协定约束承诺为改革提供的信誉和确定性。而且，大量新的限制政策持续增加，也说明需要改进世贸组织成员的服务贸易承诺水平。当前，很多服务部门还没有作出开放承诺，很多部门的承诺水平就贸易限制度而言要高于已实施的体制。很明显，承诺水平与已实施的做法相一致，能够预防出现新的贸易限制措施，或者至少在这些措施木已成舟并已违反国际承诺的情况时，提供一种解决方案。

但是，考虑到政策变化的趋势，应该在什么平台作出国际承诺呢？虽然近年来服务领域的优惠贸易协定激增，但可以获得的信息显示，已经开展改革的很多国家要么没有参与到这个不断演进的区域贸易协定网络，要么即便参与，也没有参与那些有雄心作出承诺的优惠贸易协定。这说明世贸组织服务谈判有可能作出进一步承诺，GATS最有可能整合世界各地发生的单边自由化措施，并且在最能预防未来出现保护主义的领域达成承诺。优惠贸易协定实际上能够涵盖的国家范围有限，也就意味着其只能通过有限的方式来实现这些目标。《服务贸易协定》(TiSA)是目前进行的最大的，也是最重要的优惠贸易协定谈判，能够充分证明这一点。[15]

虽然 TiSA 谈判参加方出口额占全球服务贸易出口额的三分之二以上，但图 1.9 显示，不管是测算贸易限制措施，还是贸易便利措施，非参加方(如印度、巴西、南非、东盟国家和中国)在 2000 年以来的总政策变化数量中的占比更高。正如大家期待的那样，TiSA 参加方实施到位的政策变化中，贸易便利措施的比例超过非 TiSA 参加方，但差距不大。无论是参加方还是非参加方，自由化方面的

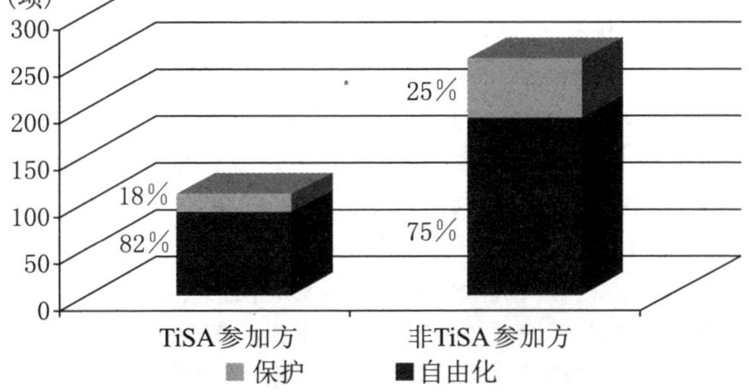

图 1.9　根据是否参加 TiSA 谈判统计的政策变化情况

政策变化数量都超过了贸易限制措施。图 1.9 所强调的是，绝大多数贸易政策活动，特别是朝着更大规模的自由化迈进的举措，正在 TiSA 谈判之外发生。这特别强调一种观点，即服务领域优惠贸易协定只能部分实现其最重要的目标（巩固自由化并阻止未来的保护主义）。考虑到谈判涵盖的成员范围，TiSA 将无法约束近期在世界范围已经发生的大量自由化改革，也不可能阻止将来被采取的相当大量的贸易限制措施。

也许更重要的是，如果只利用优惠贸易协定，TiSA 将无法充分利用朝着自由化迈进的势头，以及作出更大承诺的倾向。这可能导致机会从中流走！这样看来，还要取决于那些还没有参加 TiSA 谈判的成员，或者还没有参与各种志在未来的优惠贸易协定的成员，并确保其贸易谈判人员在世贸组织内能够有权制定谈判立场，而且这种立场要与那些已经将市场开放改革措施落实到位的决策者相一致。

注释

1. 本章所表达的观点只代表作者本人，不代表 WTO 或其成员的立场或观点，也不预断成员在 WTO 下的权利和义务。文中所有错误，均由作者承担。作者感谢 Yaxuan Chen、Stefan Froschl、Laura Gomez Bustos、Khadiga Hafez、Joscelyn Magdeleine、Habone Osman Moussa、Kätlin Pertel、Ester Rubio、David Smart、Ngan Vu 和 Evgeniia Zhuravleva。

2. 参见 European Commission，"Tenth Report on Potentially Trade-Restrictive Measures Identified in the Context of the Financial and Economic Crisis"，Brussels，2012.5.1—2013.5.31，http://trade.ec.europa.eu/doclib/docs/2013/september/tradoc_151703.pdf；Simon Evenett，"The Global Trade Disorder；the 16th GTA Report"，CEPR，GTA，2014，http://www.globaltradealert.org/sites/default/files/GTA16.pdf。

3. https://i-tip.wto.org/services/.

4. Ingo Borchert and Aaditya Mattoo，"the Crisis Resilience of Services Trade"，World Bank Policy Research Working Paper(WPS4917)，Washington DC，2009。还可参见经合组织服务贸易限制指数数据库(OECD STRI)，http://www.oecd.org/tad/services-trade/services-trade-restrictiveness-index.htm。

5. WTO，"Council for Trade in Services—Report of the Meeting Held on 8 May 2014"，Note from the Secretariat，Geneva，2014.5.27，S/C/M/117.

6. I-TIP 服务数据库是一个综合数据库，不仅可以查询实施体制的信息，还可以了解 GATS 承诺和最惠国待遇豁免、区域贸易协定中的服务承诺以及服务统计。

7. 少数被认为便利贸易或提供保护的其他措施也被涵盖在内，因为不过分拘泥于法律条文，并且尝试在国民待遇/市场准入所涵盖的内容与其无法涵盖的内容之间进行细微区分，是更加可取的做法。很多在 GATS 第 3.3 条下通报的很多政策变化没有涵盖在数据库里，因为这些措施不能被认为是符合市场准入或国民待遇范围内的措施，而从通报中规定的描述看，这些改变也不会对外国供应商的准入条件和经营条件产生重大影响。而且，数据库没有包括政府采购政策信息，因为这些信息基本上是被排除在 GATS 涵盖范围之外的。

8. Gawanda、Hoekman、Cui 研究了各国对金融危机的政策应对，并发现 WTO 约束水平对各国在货物贸易方面的政策影响有限，具体参见 Kishore Gawande, Bernard Hoekman, and Yue Cui, "Global Supply Chains and Trade Policy Responses to the 2008 Crisis", *The World Bank Economic Review*, 2014。

9. Kishore Gawande, Bernard Hoekman, and YueCui, 2014，同上；Richard Baldwin, "Unilateral Tariff Liberalization", *The International Economy*, 2010, 14, pp.10—43。

10. 参见 Rudolf Adlung and Martin Roy, "Turning Hills into Mountains? Current Commitments under the General Agreement on Trade in Services and Prospects for Change", *Journal of World Trade*, 2005, 36(6), pp.1161—1194。

11. Adlung and Roy, 2005，同上；Bernard Hoekman, Aaditya Mattoo and André Sapir, "The Political Economy of Services Trade Liberalization: A Case for International Regulatory Cooperation?", *Oxford Review of Economic Policy*, 2007, 23(3), pp.367—391; Aaditya Mattoo and Sacha Wunsch-Vincent, "Pre-Empting Protectionism in Services: The GATS and Outsourcing", *Journal of International Economic Law*, 2004, 7(4), pp.765—800。

12. 为便于参考，我们认为"政策变化"和"措施"这两个术语可以相互替换。但是，从严格意义上讲，政策变化记录的数量不必然是措施数量。的确，政策变化可能涉及一系列不同措施，例如对不同部门的外资股权上限的各种修改与对董事会成员国籍要求的修改，或者同步放宽企业间雇员和独立执业人员（模式 4）的居留期限一起。因此，本章提到的政策变化总数涵盖了在某一时间点实施的政策变化，而不是可能受到影响的措施类型的总数。举例来说，计算服务政策变化情况确实不像计算反倾销调查数量那样简单直接。尽管如此，我们随后将在对壁垒进行分类的基础上分析政策变化。

13. WTO, Report to the TPRB from the Director-General on the Financial and Economic Crisis and Trade-Related Developments(2009.3.1—2009.6.19), 2009.7.15, p.23, para.65 and p.60, Annex 4.

14. Martin Roy, Juan Marchetti, and Hoe Lim, "Services Liberalization in the New Generation of Preferential Trade Agreements: How Much Further than the GATS?", *World Trade Review*, 2007, 6(2), pp.155—192.

15. 截至 2015 年 5 月 1 日，TiSA 谈判涉及 24 个成员：澳大利亚、加拿大、智利、哥伦比亚、哥斯达黎加、欧盟、中国香港、冰岛、以色列、日本、韩国、列支敦士登、墨西哥、新西兰、挪威、巴基斯坦、巴拿马、巴拉圭、秘鲁、瑞士、中国台湾、土耳其、美国和乌拉圭。虽然谈判是在日内瓦进行，但 TiSA 并不是 WTO 的一项谈判。

第二章
全球价值链世界中的服务贸易测算

安德里亚斯·毛雷尔、乔斯林·马格德莱娜、雷内·兰斯[1]

第一节 简 介

“服务业对国际贸易的重要性超过我们肉眼所及。”[2]服务贸易统计记录了居民和非居民之间的国际交易，统计显示服务贸易占世界贸易的比例一直稳定在20%左右。如果以增加值方式测算世界贸易，服务增加值贸易占比将超过40%。这是服务业进入货物生产带来的结果，在知识产权领域也是如此。从国内角度看，服务业占各国国内生产总值的比例超过70%，在全球就业总数中的占比接近一半。

从增加值测算的贸易数据可以看出，服务业在国际竞争力、发展和参与国际交换中发挥着重要作用：

> 由于服务越来越多地体现在制成品生产中，其在确定一国出口产品竞争力方面发挥着关键作用。此外，服务也是帮助各国提升在全球价值链中地位、升级参与更高增加值环节活动的重要工具……更总体地说，利用这种新方式测算全球经济得出的初步结果显示，货物和服务中间投入品贸易对日益紧密联系的经济体的重要性……[3]

21世纪的贸易将投资、货物、服务和知识产权紧密联系在一起。无论是全球价值链还是区域价值链，都使用了高效的基础设施，并依靠服务来组织分散式生产。鲍德温将此称为“贸易—投资—服务的联系”。如果再考虑到体现在生产中并能被发现的知识产权，就变成了“贸易—投资—服务—知识产权的联系”。[4]

在此类环境下，建立可供比较的跨国数据库很重要，由此可以测算不同形式的服务在国际上的流动情况。国际货物贸易统计记录了货物跨越各国边境的情况，也包括了体现在其中但又无法区分的服务和知识产权的价值。通过增加值方式开展的贸易统计，为解释这一现象提供了有益的分析参考。

对增加值贸易的估算体现了服务业的重要性，但是就知识产权领域而言，确认相关信息则更加困难。例如，我们很难估算计算机或视听服务等服务类别中许可的使用份额，或者支持并推销国际交换的那些货物或服务品牌的规模。[5]

本章首先在第二节中分析了服务贸易[6]不断演进的模式，相关分析以现有能够获得的数据为基础。同时，国际统计框架在21世纪前十年进行了修订，《国际收支和国际投资头寸手册》(BOP)和随后的《国际服务贸易统计手册》(MSITS)已经适应《2008年国民账户手册》带来的概念和定义调整，以确保统计框架的一致性。第三节对这些修订后的概念进行了简要概述，相关修订在跨国比较的基础上能够何种程度得到实施，仍然有待确定。第四节展示了增加值贸易的结果。第五节讨论了服务碎片化的概念化和进行测算的问题。在结束前，第六节指出了在服务贸易领域可能影响经济统计发展的新现象。

第二节　服务贸易模式的最新趋势

本节将介绍服务贸易的最新趋势。这一工作是通过分析相关《国际收支和国际投资头寸手册》统计和《外国附属机构统计》(FATS)完成的。[7]《国际收支和国际投资头寸手册》测算居民和非居民之间的服务贸易，《外国附属机构统计》测算外国附属机构的(服务)活动。就《外国附属机构统计》而言，其与服务的出口和进口(模式1、2和4)最相关的变量是这些附属机构的服务产出(模式3)。

自从2002年第一份《国际服务贸易统计手册》(MSITS 2002)获得批准以来，服务贸易统计数据的可获得性和质量得到显著改善。例如，现在已经有140个国家报告金融服务贸易统计，比21世纪初增加了3倍多。计算机和信息服务也是如此，同期报告增长8倍。但是，双边贸易流动的信息仍然几乎无法获得，特别是在南美和中美、非洲或中东地区。经济发展通常与数据范围的改进息息相关，这让大家在解读数据时很难将这两个方面区分开来。

一、在危机时期，服务贸易比货物贸易更具韧性

2000—2013年，按名义价值计算，商业服务贸易额从不足2万亿美元增加到超过4万亿美元。虽然2000—2001年互联网危机对国际贸易的影响几乎可以忽略不计，但是2008—2009年金融危机导致了国际贸易的急剧下降，特别是货物贸易方面。服务国际贸易受到的影响略小，图2.1显示了货物和商业服务在两次危机中的各自增速。在解释这一现象的原因中，其中之一是“很多交易的服务

需求周期性更小，生产对融资的依赖更小”。[8]潜在的重要教训来自发展中经济体出口多元化发展的对比情况。

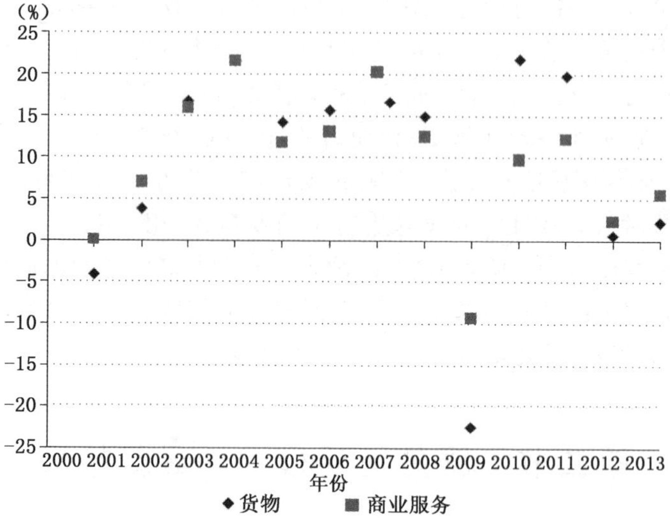

资料来源：联合国—世贸组织—国际贸易中心的服务贸易统计数据库。

图 2.1　2000—2013 年世界货物和商业服务出口变化情况

二、 发展中国家和地区参与全球服务贸易的程度提高

北美和欧洲地区的发达国家都见证了其在 2000—2013 年商业服务出口总额中相对份额的下降。

这些国家在世界贸易中的联合份额由 62%下降到 51%(包括欧盟内部贸易)，而其他地区的份额相应增加。图 2.2 显示，亚洲地区的增幅绝对值最高，从 27%增长到 32%。

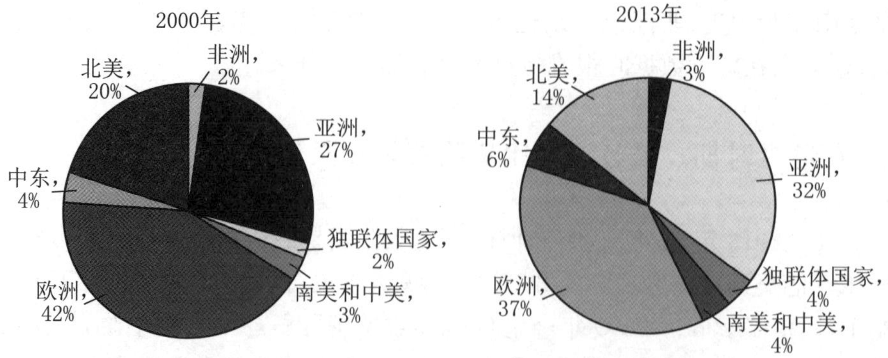

资料来源：联合国—世贸组织—国际贸易中心的服务贸易统计数据库。

图 2.2　2000 年和 2013 年按地区统计的商业服务世界出口情况

三、 运输和旅行服务贸易的下降

同期,运输和旅行服务的累计份额从 55%降低到 45%。与之形成对比的是,“其他商业服务”类别的份额大幅度提高,该类别包括了广泛的新服务和旧服务门类,从电信、计算机、建筑、金融、其他商务服务到研发和知识产权不等。图 2.3 显示,其他商务服务(包括专业服务和经常没有定义的服务)的份额也相对提高,从 22%增长到 27%。

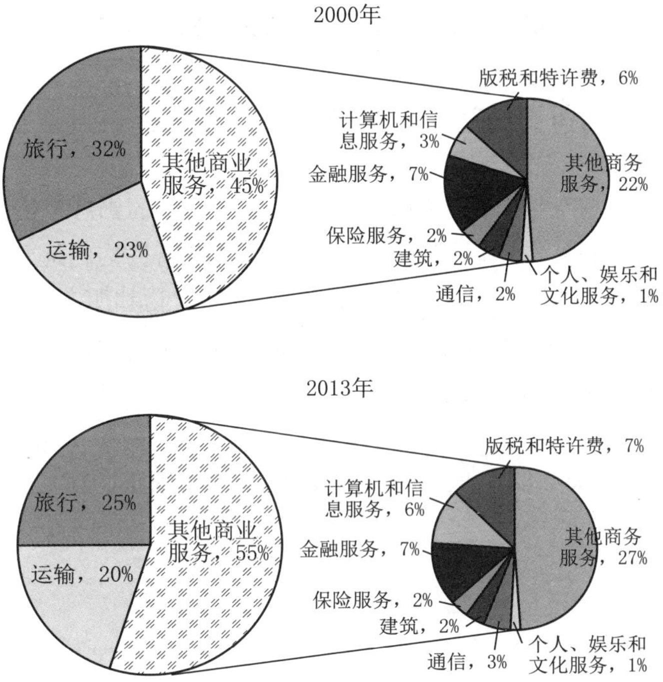

资料来源:联合国—世贸组织—国际贸易中心的服务贸易统计数据库。

图 2.3　2000 年和 2013 年按部门统计的商业服务世界出口情况

四、 南南服务贸易的增长

图 2.4 预测了不同经济体群体之间的双边服务贸易情况。相关预测解释了南南服务贸易的相对重要性显著提高,从 8%增长到 13%。事实上,与发达国家之间的贸易份额下降形成鲜明对比的是,南北贸易和南南贸易都呈现了份额增长的态势。

原产地 \ 目的地	发达经济体	发展中经济体和转型经济体
发达经济体	62	12
发展中经济体和转型经济体	18	8

原产地 \ 目的地	发达经济体	发展中经济体和转型经济体
发达经济体	48	18
发展中经济体和转型经济体	21	13

图 2.4　2000—2012 年南南贸易增长情况

五、 外国附属机构更具活力，服务跨国公司的影响力正在提升

《外国附属机构统计》测算了以商业存在形式提供的国际服务情况，当然该统计还包括其他内容。该统计分产业描述了外国附属机构的运营情况，涉及其销售额及/或产出、就业等。这一统计显示，如果就货物和服务在各产业的销售额或产出之间进行区分，主营货物生产的企业同时也是重要的服务提供者，反之亦然。例如，美国企业的外国附属机构提供的服务中，6%是由生产货物的产业提供的。

如果将美国的海外跨国公司拥有多数股份的外国附属机构提供的服务与居

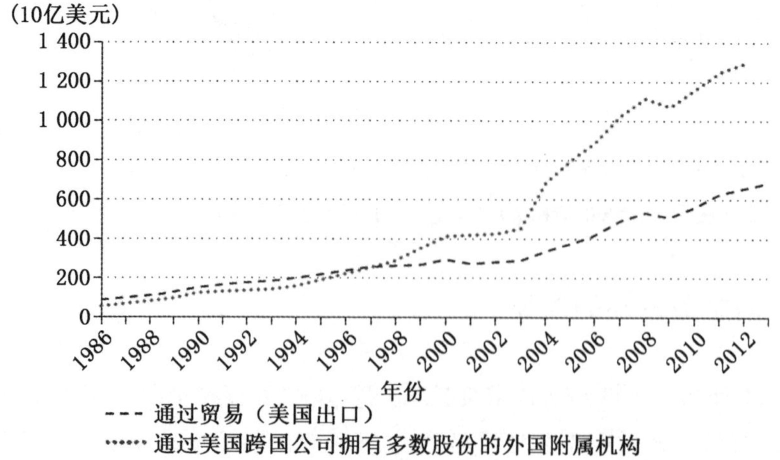

资料来源：美国商务部经济分析局，2013 年 10 月。

图 2.5　1986—2012 年美国海外附属机构向外国人提供的服务情况

民和非居民之间的服务贸易进行比较，统计结果显示，通过商业存在方式提供的服务[9]比通过模式1、模式2和模式4提供的服务出口更具活力，市场份额更高。就美国而言，2000年以来，通过商业存在形式提供的服务增长了三倍多，超过2012年服务出口额近90%(见图2.5)。

《外国附属机构统计》还证明了外国附属机构活动对本国经济的重要性。正如图2.6显示的，欧盟的18个成员国中，跨国公司外国附属机构的平均增加总值占服务增加总值的四分之一。但是，就外国附属机构对服务增加值的重要性而言，不同国家之间的差距相当大。在匈牙利和爱尔兰，外国附属机构占服务增加值总额的比例超过40%，但在意大利、法国、斯洛文尼亚和西班牙，相关份额只有15%。外国附属机构可能在国内服务部门的营业额中比例更高，这是因为这些国外企业在其服务提供过程中，相比国内企业而言，包含了更多的进口投入，包括从母公司的进口。

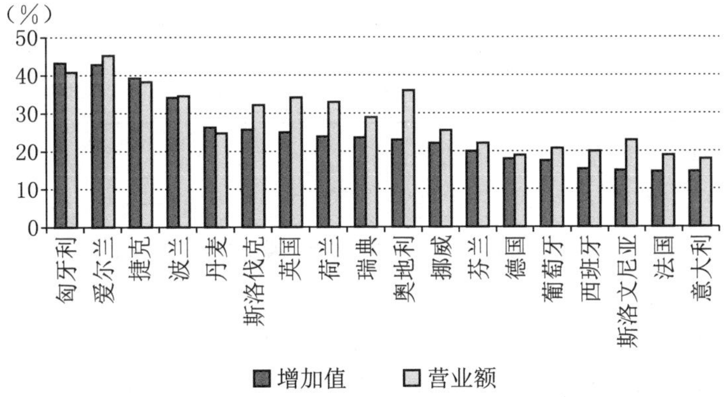

资料来源：Lanz和Maurer，2015年，基于经合组织的跨国公司活动数据库。

图2.6　2010年按照国家统计的跨国公司在服务方面的内部活动份额

六、发达经济体仍然是创新和知识产权领域的最大贸易国

收支平衡数据提供了与创新和技术转让相关的指标，例如与研发服务、视听、计算机、建筑和广告服务相关的特许权、许可费。2013年，全球特许权和许可费达到3 100亿美元，美国、欧盟、日本和瑞士是最大的接受方(见表2.1)。虽然我们并不总能区分出相关成分，但很多交易货物是包括了知识产权成分的。

表 2.1　2012 年和 2013 年按区域划分的特许权和许可费接受国情况

十亿美元和%

	金　额		占　比		年度变化		
	2012 年	2013 年	2012 年	2013 年	2005—2013 年	2012 年	2013 年
出　口							
世　界	295	310	100.0	100.0	9	1	6
北　美	128	134	48.4	43.2	7	3	5
南美和中美	1	1	0.4	0.4	8	1	−2
欧　洲	120	130	36.5	42.0	11	−3	9
欧盟 28 国	99	108	30.7	34.9	10	−5	9
独联体国家	1	1	0.2	0.3	16	18	15
非　洲	0	0	0.2	0.1	−1	−19	3
中　东	1	1	0.4	0.4	7	26	9
亚　洲	42	42	14.0	13.6	8	8	0

资料来源:《国际贸易统计 2014》,世贸组织。

七、在服务贸易交易的收支平衡中找到模式 4 的方法

正如此前注意到的,按照收支平衡测算的服务贸易额涉及居民和非居民之间的国际交易。虽然某些交易很明显是与服务的某一具体提供方式相关,例如,一位医生通过电子邮件交易的方式(模式 1)向一位病人提供医疗诊断,但其他的服务则涉及不同提供方式的组合。

例如,就一位计算机服务提供商与其客户的单笔交易而言,如果是开发定制软件,提供商可能需要派遣一名计算机专家前往顾客所在的东道国,开发软件的部分内容,同时其他相关工作则可以在提供商所在的母国完成,随后通过电子邮件方式转交计算机专家,由其与待在母国的其他专家共同完成项目。此类常规交易扩大了服务提供方式的组合。涉及模式 4 部件的范例还可能频繁出现在各种服务中,例如计算机服务、其他商务服务(专业服务,例如律师,建筑师,与农业、采矿相关的服务等)或者个人、文化或娱乐服务。[10]要确认此类交易中的模式 4 部件,需要合同服务提供者或临时居住在东道国的独立专业人员的信息。服务贸易额则在收支平衡中记录为相关服务类别的出口或进口。

图 2.7 总结了建议的统计分配情况，以预测按照服务提供方式测算的国际服务额一览表。表格确认了用于收支平衡服务交易中，占据主导地位的提供方式。

要收集与模式 4 相关的信息，需要对现有调查进行修改或补充，以便确认一项服务合同或某一单笔支付能否被归为单种服务提供方式或多种服务提供方式的组合。

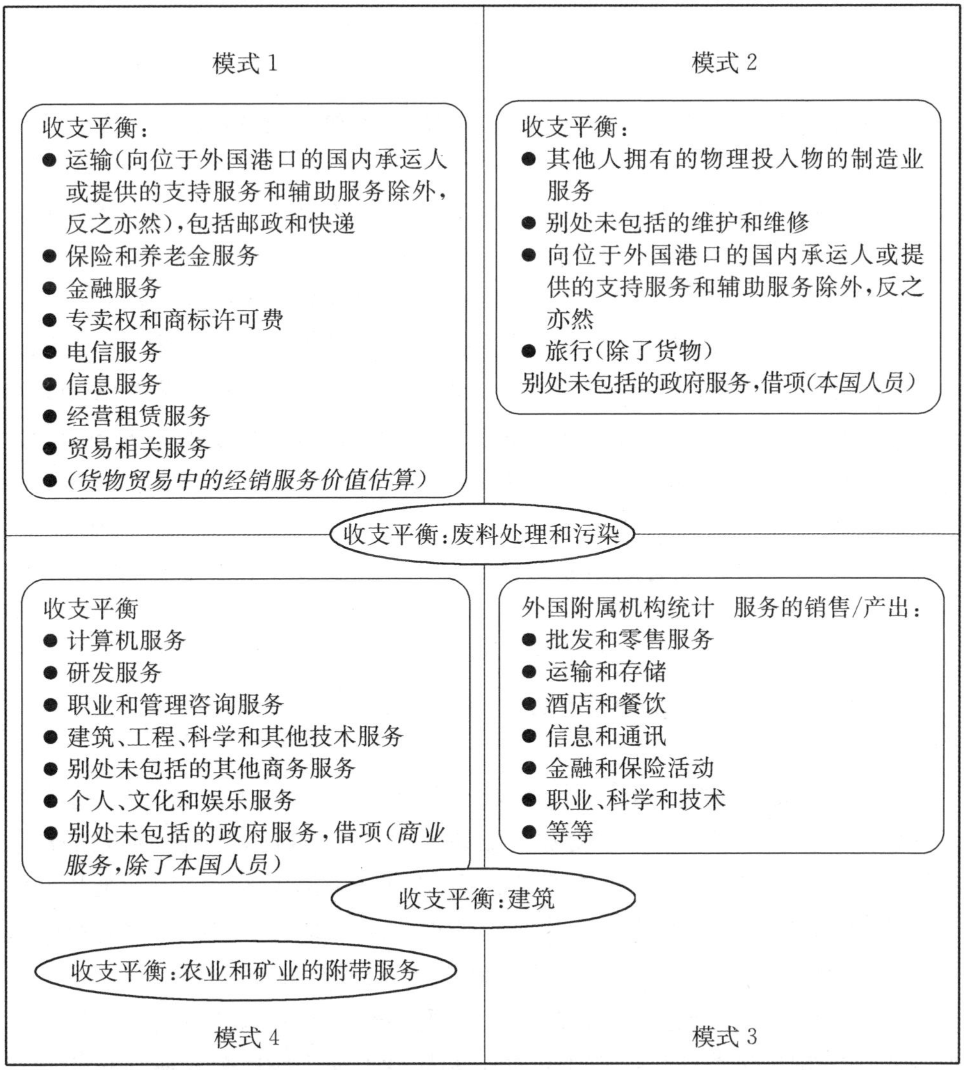

注：分配可能在经济体之间有所不同（经济的一般需求，以及考虑更具体的部门需求、数据收集体系的到位、资源等）。斜体事项在 BPM6/EBOPS 中没有单独可获得。

资料来源：Maurer 和 Magdeleine，2011 年。

图 2.7　将《外国附属机构统计》和收支平衡数据分配到各种服务提供方式的简化版情况

第三节 全球生产:统计框架告诉我们的内容

与服务相关的全球生产安排特别重要,也影响了2008年版《国民账户体系》(SNA2008)、第6版《国际收支和国际投资头寸手册》(BPM6)和2010年版《国际服务贸易统计手册》(MSITS2010)中现有贸易概念的实施。

一、 涉及他人所有投入的制造业服务能否反映经济现实

与第5版《国际收支和国际投资头寸手册》形成对比的是,第6版《国际收支和国际投资头寸手册》排除了“货物送到国外进行加工”但所有权没有发生变化的货物交易。相反,加工费被记录为“对他人拥有的实物投入的制造服务”。

第6版《国际收支和国际投资头寸手册》统计概念的变化可能带来一国贸易的货物—服务分割的重要改变,即便是货物和服务的总体平衡不发生改变。当然,这也取决于一国加工活动的规模和特征。应该注意的是,以海关为基础的货物贸易统计主要涉及货物的流动,将继续考虑用于加工的货物。因此,一国公布的贸易总数的差额(即国民账户/收支平衡减去货物贸易统计)可能在未来有所增加,这是因为统计框架之间的概念性差异造成的。另一要素涉及测算和合理分配加工费用的实际难度。

二、 知识产权相关产品在BPM6中的确认问题

在如何归类和测算与知识产权相关的交易问题上,第6版《国际收支和国际投资头寸手册》和2010年版《国际服务贸易统计手册》都提供了更加清晰的概念性指导。“特许和许可费”已经被重新命名为“别处未涵盖的知识产权使用费”,“研发服务”已经按照类别进一步细分,以便更清楚地将相关国际支付概念化(服务和由此导致的资产,即专利、工业程序和设计、研发带来的版权等)。

很多的相关技术转让交易是在跨国公司内部进行的,因此贸易(交易)的估价可能会被扭曲,因为使用的定价可能会实质性地受到跨国公司附属机构所在地的主流税收政策的影响。知识产权资产的经济所有权也可能成为合理测算交易的额外壁垒。跨国公司可能选择在一个国家而不是其他国家注册其专利或工业程序,是基于“利益最大化”的角度考虑,而注册国可能与知识产权拥有者的国

家不同(即获取利润的实体可能因为拥有资产而面临损失)。这再次给汇总统计数据带来挑战,因为并不是所有国家都能清楚确认此类复杂的技术方法。

还有其他一些情形,企业可能没有附属机构,但是其客户企业可能外包某一产品的全部生产环节(即虚拟制造),并且向制造商提供生产此类货物的所有知识。下面的部分将专门讨论处理无工厂货物生产者的问题。

三、 非工厂货物生产者的适当确认和归类问题

无工厂生产者向合同商外包其制造活动,包括原材料投入物的采购,同时拥有各自相关知识产权的所有权。国际统计机构和专家目前正在讨论此类安排。无工厂生产者可以被认为是从事分销活动。但是,统计学家认为,无工厂生产者可以被归为制造业的亚群体,以便更好确认和评估其经济重要性。

无工厂生产者经常通过技术、专门技能和产品设计的方式提供实质性服务投入物。同时,无工厂生产者还通过提供对原材料投入加工至关重要的技术规格控制生产程序,包括合同商的贡献等。无工厂生产者进一步控制提供给消费者的最终产品的准入和交付。

在将无工厂生产者确定为制造业的特别类别时,其产出将反映销售给(外国)消费者的货物的整体价值,而不是作为分销者的贸易差额。无工厂生产者向其合同商提供知识产权产品,随后这些也体现在最终生产的货物中。合同商通常获取生产的原材料投入物,因此也就增加了投入品价格和存货波动的风险。

无工厂生产安排下合同商是否提供了一项制造业服务的问题,与合同商在加工安排下的问题类似,都是与生产的货物的经济所有权相关的。在加工安排下,委托人拥有用于生产的投入物的实质性部分。这意味着委托人将如期拥有最终产品。从逻辑上讲,合同商可以被认为是提供制造业服务。

四、 货物的转手买卖

在全球生产安排下,国内实体从海外供应商那里购买货物,并且在没有对货物作出进一步改变的情况下,将其重新销售到海外消费者手里。这一安排的关键特征是:第一,货物从来没有进入国内实体所在的领土,销售额也没有存入该国内实体的账户;第二,货物的实体形式,在该国内实体拥有的过程中,并没有发生变化。根据2008年版《国民账户核算体系》和第6版《国际收支和国际投资头寸手册》中规定的转手买卖记录原则,转手商所在国在采购货物时记录负出口,

在出售货物时记录出口。进口额和出口额的差额代表该转口商人获得的贸易利润。在第5版《国际收支和国际投资头寸手册》中,货物转手买卖的贸易利润被记录在服务贸易下,而在第6版《国际收支和国际投资头寸手册》中,则被记录在货物贸易下。

五、 服务的转手买卖

服务分包是在没有任何实质性改变服务的情况下采购和销售服务。国际统计标准(第6版《国际收支和国际投资头寸手册》和2010年版《国际服务贸易统计手册》)将其称为服务分包:[11](购买并随后销售相同服务的)中介机构,服务生产者和服务消费者分别位于不同国家。这种与服务相关的三角交易可能在收支平衡方面让妥善记录这些交易变得更加复杂。考虑到跨国公司在此类多维度商业模式中的重要作用,测算甚至变得更加困难。

服务(特别是通过数字形式的服务)的日趋可追溯性,以及不断变化的商业模式,让上述现象变得更加重要,例如服务交易的中间机构或软件或视听下载等无形知识产权产品的分销。当前,国际统计手册建议"在服务商的经济体内,进口和出口的服务值按全值记录",以避免双边不对称性。[12]但是,如果该活动对一国经济体很重要,数据汇总人员也可以在净值基础上公布额外数据。关于这一问题,还需要作出进一步研究,以便更好地理解这一不断增多的现象。[13]

第四节　增加值贸易

国际投入—产出表和相关增加值贸易统计的发展,使分析服务在全球价值链中发挥作用成为可能。[14]增加值贸易以原产地和部门为基础,分配贸易带来的生产所增加的价值,不管其来源是国外还是国内。就服务而言,增加值贸易计算直接服务出口和出口货物中的服务投入物的增加值。[15]特别是,出口货物中的服务投入物是由国内中小企业生产的,这些企业通常比较擅长利基市场操作,并且以跨国公司供应商的身份参与全球价值链。

根据全球价值链参与指数,超过半数的发达经济体和发展中经济体的出口与全球价值链相关(世贸组织,2014)。虽然全球价值链内的服务贸易占发达经济体和发展中经济体出口的比例分别只有16%和10%,全球价值链内的服务增加值内容却更加重要,占发达经济体和发展中经济体出口的比例分别达到22%和17%。

图2.8采用了更广泛的视角,可以看出,如果按照增加值计算,服务业占全球贸易的40%。发达经济体出口中的服务成分明显高于发展中经济体。特别是,服务的增加值占发达经济体出口的比例达到46%,而在发展中经济体出口中的比例只有33%。中国香港、新加坡、冰岛、印度和欧盟五个经济体的出口中,服务占比超过50%。与之对比,对于沙特阿拉伯、文莱和印度尼西亚等初级产品出口方而言,其出口中的服务成分最低。

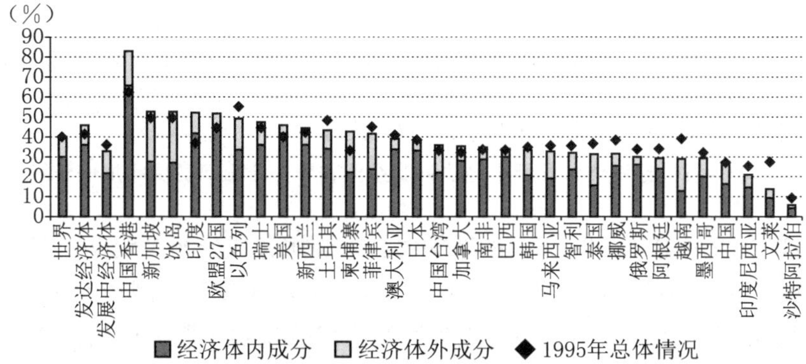

资料来源:经合组织—世贸组织的增加值贸易数据库。

图2.8　1995年和2008年总出口中的服务增加值成分

制造业的服务化

服务通常被认为是全球价值链中的"黏合剂"。以瑞典为例,投入—产出表显示,服务在生产一个单位食物中所占的比例不足五分之一,而在生产一辆机动车中的比例可以达到四分之一。无论是在生产过程还是销售环节,制造业中的服务日趋增多,这已经被描述为制造业的"服务化",也被称为"服务主义"或者"制造业服务"(Low, 2013)。换言之,"服务经常融入货物或与货物捆绑在一起,并且作为中间投入物被间接交易进入货物生产"(PECC, 2011)。

图2.9提供了制造业活动出口中的增加值分解,阐述了制造业服务化的重要性。在发达经济体制造业出口额中,服务占比几乎接近三分之一。与之对比的是,发展中经济体出口中包含的服务增加值更少一些(26%),这是因为其经济体内成分相对更少造成的。关于外国服务在制造业出口中的增加值占比,在发达经济体和发展中经济体中比较类似,分别是11%和12%。

图2.9还分解了按照增加值测算的服务出口情况。在这样做的过程中,大家可以先看到服务价值链或服务网络情况。服务出口包括发达经济体90%的服务

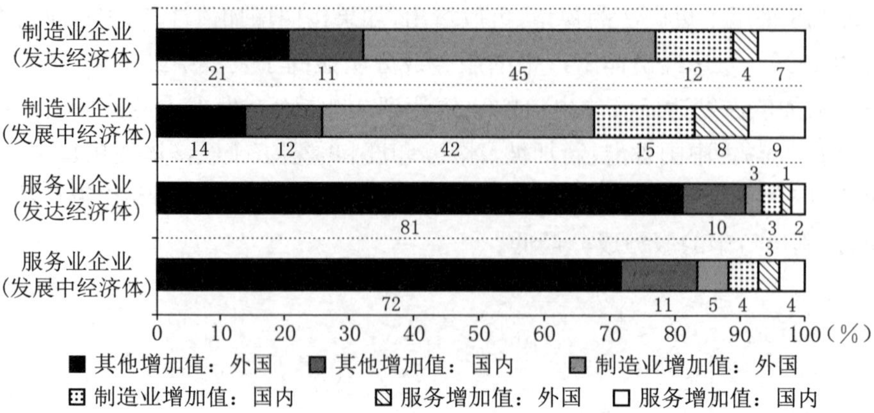

资料来源：经合组织—世贸组织的增加值贸易数据库。

图 2.9　发达经济体和发展中经济体制造业和服务业出口贸易增加值分解

增加值，以及发展中经济体 83%的增加值。外国服务成分相对较低，在发达经济体和发展中经济体的出口占比只有 10%，略低于外国服务在制造业出口中的比例。因此，虽然服务出口中更高的服务增加值成分说明了服务网络的重要性，但外国服务成分相比国内服务更低，这与制造业情况不同，还是说明国际碎片化的空间依然很大。

现有的增加值贸易统计数据受到很多因素的限制。现在的统计数据更多集中在累计层面，掩盖了被累计部门内部的生产碎片化情况。而且，在制造业企业内部进行的服务活动，可以被分配到货物增加值和货物贸易上，取决于一国分析企业或机构的能力。受数据限制，国际投入—产出表的构建也要求一些假设和预测。例如，根据生产假设，出口企业和非出口企业在投入物使用和增加值方面是同质化的，很有可能造成对出口中外国服务成分的低估。最后，增加值贸易预测现在还没有记录资本和劳动力的流动，而这些对测算和理解的服务在全球价值链中的作用至关重要。一些此类议题在下一节中会有所涉及。

第五节　服务碎片化的概念化以及测算

波特的价值链方法一直都是讨论制造业碎片化的核心。[16] 此类想法能否扩大到服务部门？如果一个价值链的每个步骤都增加价值，是否可以在这个供应链中提供服务？服务分类有不同方法，从生产服务到消费服务不等，按照统计框架也有转换服务到附加值服务不同。转换服务包括设计消费者货物条件改变的服务(例如修复),人员身体条件变化的服务(外科医疗),或者人员精神条件改变的服务(教育)。但是,这些服务通常体现在消费者或人员身上。增加值服务涉及批发服务、零售服务、转手买卖及金融机构服务等。

经常被提到的是,货物和服务之间的边界越来越模糊。IBM 公司近年来从货物生产公司变成了服务供应商,这就是企业改变其产品特征的一个最佳案例,因此这也显示了对一个企业的创新帮助,通过调整其产品符合消费者需求,使之继续在市场上存在。

诺特博姆(Notteboom, 2006)评论说,波特价值链理论的一般化说明,货物生产碎片化的特征正在被移植到服务产业及相关的服务产出上。

但是,什么类型的"供应链"在生产最终服务过程中发挥作用?价值链中的中间投入物品的概念能否被适用于服务,即用于生产最终服务的中间服务?就网络导航而言,这些是否更涉及直线联系,还是通过一个枢纽网络,例如在物流业中不断出现的情况?

GATS 不仅考虑了跨境提供方式,还涵盖通过资本和工人移动提供的国际服务。这可以体现在网络环境中的服务生产,也可以被考虑为通过生产碎片化或价值链提供的服务,在这个价值链中,网络生产的服务在每一步都增加价值。要测算此类交易,需要一个国内和国际交易的概念,这些交易联系在一起生产一个提供给消费者的服务。这一点是如何实现的呢?就此而言,如果要进行统计,我们需要各种服务提供方式,包括模式 3。在全球层面,关于服务提供方式相对重要性的预测显示,模式 3 迄今在国际上是最重要的服务提供方式(见表 2.2)。

表 2.2　按照提供服务的服务的重要性(2011 年预测)

提供方式	预测份额
模式 1 跨境提供	30%
模式 2 境外消费	10%
模式 3 商业存在	55%
模式 4 自然人移动	不足 5%

资料来源:世贸组织,http://www.thepeoplewhoshare.com/blog/what-is-the-sharing-economy/, 2014 年 10 月 29 日访问。

最理想的情形是,进口、国内交易和出口联系在一起,这将能够在生产的全过程追踪交易,详细了解生产什么、在一国内使用了什么、出口的占比是多少。从统计学角度讲,这要求将贸易流与生产信息合并在一起考量。一些发达经济体现在已经开发了按照企业特征开展的此类服务统计。

第六节 知识与共享经济驱动商业

第三节讨论了货物生产的外包。就统计而言,这在货物贸易统计中记为一项货物(用于加工的货物)的国际交易,而如果货物的委托人或发送者仍然是其拥有者,从收支平衡角度讲,这一货物则被记录为一项服务。

从市场准入的角度看,供应链生产可以对这一问题有不同分析。不仅增加出口很重要,进口也很重要,也需要得到考虑,以便让企业继续保持竞争力。在此方面,沿着对有效的供应链生产至关重要的服务类别,进行服务部门谈判,是非常有益的。物流当然在价值链动态中发挥关键作用,但是该部门的信息经常无法在服务贸易统计中单独获得。[17]因此,本章提出,以 2010 年版《国际服务贸易统计手册》的现有概念为基础,统计编制人员提供了关于物流的补充数据,这显示了一种替代的数据展示方式,按照扩大的国际收支服务分类展示。

技术的改革和进步对新服务的动态产生影响,也影响测算其对服务贸易的贡献。但是,帮助交付新服务的新技术可能带来特殊的测算挑战。例如,服务的转手贸易并不是在所有现行统计框架下得到测算,但可能是一个重要并且不断增加的商业模式。[18]

所有上述服务现在都是从生产角度考虑的。但是,未来从消费模式的角度看待服务的变化是很重要的,因为这将对研究生产什么服务及如何生产是有影响的。在此方面,一个新的现象已经出现,也就是大家常说的共享经济。其概念和内容被定义为:

> 围绕人力资源和社会资源的共享而构建的一个社会经济生态体系。共享经济包括不同人群和组织共享货物和服务的创造、生产、分配、贸易和消费。虽然共享经济现在还是雏形,但一系列服务和创业公司已广为人知,它们通过技术实现对等网络(P2P)交换,但这仅仅是开始:就其整体和潜力而言,共享经济是一个新的替代社会经济体系,以共享和合作为核心,贯穿经济社会生活的方方面面。[19]

衡量信息通信技术发展情况的伙伴关系(这是 2004 年由国际电信联盟等部分国际组织启动的一项国际倡议,旨在提高信息通讯产业数据和指标的可获得性与质量——译者注)提出了信息通信技术和信息通信技术能动型服务的定义,以便确认这些统计框架内的内容,从而制定具体指标。

电子商务作为服务的一种交付方式,在第 6 版《国际收支和投资头寸手册》

中得到确认。但是，在服务角度下进行的测算，仍然围绕电子交付产品的费用问题展开。

第七节　结　　论

随着时间的变迁，服务贸易的发展有必要反映到各种统计体系的演进中。换言之，统计框架应调整适应不断变化的经济形势。

为了在收支平衡和国外分支机构统计中测算国际服务供应，2010 年版《国际服务贸易统计手册》统计框架的实际调整带来了新的服务类别，这些需要从概念上调整适应不断变化和快速发展的经济环境。

在这一迅速发展的领域，数据需求通常要求很细，无论是服务类别还是按照贸易伙伴测算的贸易流。虽然国际统计框架刚刚经历调整，但是制定和使用替代体系也会衍生出更多细节。大数据等新的数据来源也可以帮助我们根据新开发的技术和概念，更加密切地跟踪服务贸易的发展。但是，大数据的准确内容仍然需要明确界定。

另外一项有意思的倡议是巴西的对外服务贸易一体化体系（SISCOSERV）。巴西是按照企业规模和国际标准产业分类，通过提供非常具体的数据，来制定此类替代体系的。

在现有的统计框架下，很多统计学家正在尝试用各种方法，按照服务提供方式来编制贸易数据，这将有助于更好地证明服务网络的重要性。此类宏观数据可以辅之以连接商业和贸易注册者的微观数据，以便为企业层面的服务生产和使用提供参考。这样做将有助于展示企业的异质性，因为现在的统计工具，例如投入—产出表，是以企业的同质性为基础开展研究的。

参考文献

Azevêdo, R.(2014), WTO, International Trade Statistics Report 2014.

Baldwin, R.(2011), 21st Century Regionalism: Filling the Gap between 21st Century Trade and 20th Century Trade Rules, CEPR Policy Insight No.56(London, UK, Centre for Economic Policy Research).

Borchert, I., and Mattoo, A., (2009), "Services trade—the collapse that wasn't", in: Baldwin, R. 2009, *The Great Trade Collapse: Causes, Consequences and Prospects*.

Gonzalez, A.(2014), International Trade Forum, Trade in Services, Issue 1.

Hoekman, B.(2014), Supply Chains, Mega-Regionals and Multilateralism; A Road Map for the WTO, CEPR Press, London.

Lanz, R., and Maurer, A.(2015), Services and Global Value Chains—Some evidence on Servicification of Manufacturing and Services Networks, WTO Staff Working Paper, ERSD-2015-03.

Low, P.(2013), "The role of services in global value chains", in Elms, D. K., and Low, P.(eds.), *Global Value Chains in a Changing World*, Geneva: World Trade Organization.

Magdeleine, J., and Maurer, A.(2008), Measuring GATS Mode 4 trade flows, ERSD-2008-05.

Maurer, A. and Magdeleine, J.(2011), Measuring trade in services in mode 4, in: *Service Sector reforms*, *Asia-Pacific Perspectives*, edited by Pierre Sauvé, Gloria Pasadilla, and Mia Mikic, ADB Institute, 2011.

Notteboom, T.(2006), "The time factor in liner shipping services", *Maritime Economics and Logistics*, 8(1), (pp.19—39). http://dx.doi.org/10.1057/palgrave.mel.9100148.

Pacific Economic Cooperation Council(2011), "State of the Region 2011-12".

Porter, M.(1985), *Competitive Advantage*: *Creating and Sustaining Superior Performance*, New York: Free Press.

UNECE(2014), Report of UN ECE's Task Force on Global Production(2014), unpublished manuscript.

WIPO(2013), World Intellectual Property Report, 2013: Brands-Reputation and Image in the Global Marketplace.

World Trade Report(2014), Trade and Development: recent trends and the role of the WTO.

World Trade Organization(2014), International Trade Statistics Report.

注释

1. 本章作者在 WTO 秘书处工作。但是，本章观点不代表 WTO 或其成员的立场或观点，也不代表秘书处任何职员的官方立场。Aude Lanois、Antonella Libertatore 对本章亦有贡献。

2. Gonzalez, 2014.

3. Azevedo, 2014.

4. Baldwin, 2011.

5. WIPO, 2013.

6. GATS 第 1.3 条中提到的“行使政府职权时提供的服务”被排除在外。从统计学上讲，这接近于减掉没有被包括在总体服务中的政府服务。这一差额是被标记出来的商业服务。统计来自世贸组织—联合国贸发会议（WTO-UNCTAD）根据《国际收支和国际投资头寸手册》（第 5 版）（*the fifth edition of the Balance of Payments Manual*, BPM5）编纂的数据库。

7. 虽然本章没有详细阐述，但是在分析服务贸易时，其他数据也很值得研究，例如部门的量化统计（比如学生数量和国际旅客数量）或者各国实际采取的影响服务贸易的政策以及 GATS 和区域贸易协定中有关服务的承诺信息等。在此方面，WTO 和世界银行于 2013 年发布了服务贸易的综合贸易信息门户（I-TIP），旨在通过在一个界面提供所有相关政策和统计信息，缩小信息鸿沟。I-TIP 服务门户包含 4 个模块，分别提供了关于 GATS 约束承诺、区域贸易协定承诺、WTO成员已经实施的服务体系以及成员的具体服务贸易统计等信息。就贸易统计而言,其显示了国际收支贸易流、外国直接投资,可以获得的外国分支机构统计数据以及描述各服务部门表现的指标等。这个数据库比较独特,汇集了关于服务贸易的所有相关信息。参见 https://www.wto.org/english/res_e/statis_e/itip_e.htm。

8. Borchert and Mattoo, 2009.

9. 服务提供包括货物生产行业的服务产出,以及批发商和零售商的分销服务、补充保险和通过银行分支机构提供的服务。保险公司预期的损失被减掉。图表还显示了2004年统计的暂停。

10. MSITS, p.24, Table 1.

11. 与之形成对比的是,在《国际收支和国际投资头寸手册》(第6版)(BPM6)中,"转手买卖"涉及转手买卖下的货物。

12. 净额记录可能低估对方(供应商和消费者)的暴露度,并且取消双边细节,因为净数值通常是根据商人的出口目的地计算,而不是根据其从哪里进口的国家计算,因此也就导致了贸易数据的双边不对称性。但是,如果该活动对一个经济体很重要,数据编制人员也可以在净值基础上公布额外数据。

13. UNECE, 2014。关于这一主题的更多内容,已经包括在《联合国欧洲经济委员会全球生产指南》(the Guide on Global Production of the UNECE)(2015)中。

14. 该部分内容来自 Lanz and maurer, "Services and Global Value Chains-Some evidence on Servicification of Manufacturing and Services Networks", WTO Staff Working Paper, 2015, ERSD-2015-03。

15. 换言之,就是国内生产的、计入国内产品的服务产出。生产此类服务的企业既包括本国企业,也包括外商独资企业。关于以货物或服务产品"体现的服务"这一术语的恰当的术语描述,参见 Low, 2013。

16. Porter, 1985.

17. Hoekman, 2014.

18. UN ECE, 2014.

19. Matofska, B., 2014, http://www.thepeoplewhoshare.com/blog/what-is-the-sharing-economy, 2014年10月29日访问。

第三章

贸易成本和全球服务价值链

塞巴斯蒂安·米鲁多、本·谢泼德[1]

第一节　简　介

虽然服务在所有经济活动中占比接近三分之一,但服务贸易在全球贸易中的份额很小。如果从收支平衡角度看,服务贸易的份额在五分之一到四分之一之间。但是,最近的研究(经合组织,2013)强调指出,很多服务其实也被交易,不过是体现在货物中。如果采用增加值方法测算,服务贸易几乎占据全球贸易的半壁河山。很多原因能够解释这一现象的出现。一方面,这可以归因于技术进步和贸易投资自由化,服务的可贸易性日趋增加。另一方面,这是生产碎片化的结果,体现了服务在连接全球价值链中地理分散活动方面至关重要的作用。在实现货物、人员和资本的流动方面,世界经济前所未有地更加依靠运输、物流、金融服务和一系列商务服务。关于全球价值链的所有新的证据都强调了服务投入物在国际贸易中的重要性。

有关货物贸易的文献也已经开始评估生产碎片化对贸易成本及其分析的影响(Noguera, 2012)。理论模型也被开发出来,重力模型被扩大到适用服务领域(Anderson et al., 2014),以及关于服务贸易成本的实证测算(Miroudot et al., 2013a)。在本章中,我们提出,通过新的贸易成本测算方法对服务投入物与可供最终消费的服务进行区分,可以将全球价值链视角与服务贸易的分析进一步相结合。我们还利用有关机构近期发布的服务贸易壁垒信息,研究这些贸易成本的政策确定因素。

第二节　服务在全球价值链中的作用

一、 全球价值链中的服务链条

从亚当·斯密到最近的增长理论，劳动分工一直处于有关生产率增长解释原因的核心。全球价值链可以被视为国际劳动分工发展的最新水平。从 20 世纪 90 年代中期到 21 世纪前几年的情况看，全球价值链推动了生产率的提高。不仅是信息技术革命，国际贸易也促进了经济增长，特别是中间产品和服务贸易改进了资本和劳动力的跨部门和跨国分配。服务业在价值链中发挥了重要作用，因为这让企业能够管理分散于各国的生产进程（Jones and Kierzkowski，2001）。如果没有这些服务链条（比如运输、电信、物流、金融），就不会有全球价值链的出现。

二、 服务作为增值活动

但是，服务不仅仅是全球价值链的"黏合剂"，服务自身已经日趋成为"增值活动"（Demirkan et al.，2011；Low，2013）。服务在几个层面支撑着企业创新。处于价值链前端的研发和设计活动越来越多地被外包出去，并且成为全球价值链的服务投入物。即便研发活动是在企业内部进行的，也依靠培训、教育等服务维系必要的人力资本。技能改善，例如咨询服务和其他商务服务等，能够帮助处于价值链任何环节的企业提高生产率。另外一种创新是产品创新。越来越多的企业通过将货物和服务捆绑在一起，提高企业的增加值。企业不再销售产品，而是销售解决方案；消费者服务成为其增加值战略中不可分割的组成部分。生产者和消费者之间的互动带来了更高水平的定制活动。这些定制的解决方案也提高了生产率，并为经济增长作出了贡献。

三、 服务价值链

生产碎片化长期以来一直出现在制造业，现在越来越多地出现在服务业。德·贝克和米鲁多（De Backer and Miroudot，2013）指出，几个服务部门的价值链长度和外国投入物使用情况有所增加，例如金融服务和商务服务。这些服务不是一个线性价值链生产出来的,而是由一个活动网络生产出来,这个网络更像是"一个蜘蛛"而非"一条蛇"(Baldwin and Venables, 2010)。格里芬和费尔南德斯-斯塔克(Gereffi and Fernandez-Stark, 2010)深入讨论了商务服务的全球价值链,对水平活动(即任何企业都需要的服务)和垂直活动(即作为制造业某一具体价值链组成部分的服务)作出了明确区分。

第三节 在生产碎片化的情况下预测服务贸易成本

一、 重力和服务贸易成本

测算服务贸易面临挑战(Broussolle, 2014),因为无法很容易地获得全面的服务贸易双边数据。这能够解释为什么相当长时间以来,重力文献主要集中在货物贸易上。但是近来可以看到,适用于货物的情况对服务来说也有参考意义(Walsh, 2008)。

安德森等(Anderson et al., 2014)提供了关于重力等式的一个理论基础,并且将其应用于分析双边服务贸易数据。结构重力模型将以用户价格计算的双边贸易解释为进口国支出和出口经济体销售额的一个函数,表示为世界产出的份额(贸易的无摩擦价值)和受到与其他伙伴的贸易成本影响的可变双边贸易成本(贸易成本引起的贸易扭曲)。

假定各国有完全相同的偏好或技术,即超越不同服务 k 的一个全球共同的固定替代弹性 σ^k,结构重力等式如下:

$$X_{ij}^k=\frac{Y_i^k \cdot Y_j^k}{Y^k}\left(\frac{t_{ij}^k}{P_j^k \cdot \Pi_i^k}\right)^{1-\sigma^k} \tag{3.1}$$

X_{ij}^k代表从 i 国向 j 国出口的服务金额(按照目的地价格计算),Y_i^k 代表 i 国服务 k 的销售额(到所有目的地,按目的地价格计算),Y_j^k 代表 j 国服务 k 的开支(来自所有原产地),Y^k 代表世界服务 k 的产出(所有国家的所有销售/开支的总和)。$t_{ij}^k \geqslant 1$ 是 i 国和 j 国之间关于服务 k 的一个双边贸易成本变量,但双边贸易也受到与其他贸易伙伴的贸易成本的影响,用两个多边阻力条件总结如下:

Π_i^k 是外向型多边阻力,并且汇总 i 国的服务 k 生产者们承担的所有双边贸易成本范围。P_j^k 是内向型多边阻力,考虑的是 j 国服务 k 购买者所承担的所有双边贸易成本范围。很遗憾的是,这两个多边阻力条件无法直接观察到。

$$(\Pi_i^k)^{1-\sigma^k} = \sum_j \left(\frac{t_{ij}^k}{P_j^k}\right)^{1-\sigma^k} \frac{Y_j^k}{Y^k} \tag{3.2}$$

$$(P_j^k)^{1-\sigma^k} = \sum_i \left(\frac{t_{ij}^k}{\Pi_i^k}\right)^{1-\sigma^k} \frac{Y_i^k}{Y^k} \tag{3.3}$$

诺维(Novy, 2013)提出,在(Head and Ries, 2001)基础上,通过一种不要求多边阻力信息的方法来计算贸易成本。这里难办的事情是将描述从 i 国到 j 国贸易流动的重力等式(3.1)乘以从 j 国到 i 国贸易的对应等式。我们获得的结果是:

$$X_{ij}^k X_{ji}^k = \left(\frac{Y_i^k Y_j^k}{Y^k}\right)^2 \left(\frac{t_{ij}^k t_{ji}^k}{\Pi_i^k \Pi_j^k P_i^k P_j^k}\right)^{1-\sigma} \tag{3.4}$$

用上述等式代替式(3.1)给出的外向多边阻力和内向多边阻力的乘积,并重新排列,拟议的贸易成本衡量标准是:

$$\tau_{ij}^k \equiv \left(\frac{t_{ij}^k t_{ji}^k}{t_{ii}^k t_{jj}^k}\right)^{\frac{1}{2}} - 1 = \left(\frac{X_{ii}^k \cdot X_{jj}^k}{X_{ij}^k \cdot X_{ji}^k}\right)^{\frac{1}{2(\sigma-1)}} - 1 \tag{3.5}$$

τ_{ij}^k 测算相对于国内贸易成本 $\tau_{ii}^k \tau_{jj}^k$ 的双边贸易成本 $\tau_{ij}^k \tau_{ji}^k$,是利用几何方式来测算双向贸易壁垒。数字 1 被减掉,以获得一个关税等值。

米鲁多(2013a)使用了这种方法来评估服务的贸易成本,并将其与货物的贸易成本进行比较。从某种意义上说,它是“自上而下”的,因为它从观察到的贸易和生产模式中推断出贸易成本。它抓住了影响国际服务贸易的各种成本因素(包括不可观察的贸易成本)。这种方法论是以理论为基础的,依靠的是一种恒等关系式而不是计量经济学估算。

二、 中间和最终服务贸易成本

从服务贸易总额到增加值贸易,第一步是将贸易分解为中间贸易流动和最终贸易流动。

我们现在使用下标 m 作为中间服务,使用下标 f 作为最终服务,而不是对应于不同服务种类的下标 k。从 i 国到 j 国的服务贸易总额定义为:

$$X_{ij} \equiv X_{ij}^m + X_{ij}^f \tag{3.6}$$

为便于展示，我们只有两类服务，但 m 和 f 也可以被视为不同种类的中间服务和最终服务，而且该方法可以推广到中间产品和最终产品(不对货物和服务进行区分)。

跟随诺格拉(2012)的研究，我们将重力等式(3.1)分解为中间贸易流和最终贸易流：[2]

$$X_{ij}^{m}=\frac{Y_{i}\alpha_{j}Y_{j}}{Y}\left(\frac{t_{ij}^{m}}{\Pi_{i}^{m}P_{j}^{m}}\right)^{1-\sigma} \tag{3.7}$$

$$X_{ij}^{f}=\frac{Y_{i}(1-\alpha_{j})Y_{j}}{Y}\left(\frac{t_{ij}^{f}}{\Pi_{i}^{f}P_{j}^{f}}\right)^{1-\sigma} \tag{3.8}$$

其中，α_j 是销售总额的中间支出份额。出于简化起见，我们假设不同中间产品和最终产品的替代弹性相同，但是我们也可以在上述等式中有不同的弹性。[3]与诺格拉(2012)不同，我们没有假设贸易成本(和多边阻力条件)对中间产品和最终产品的影响是完全相同的，原因正是因为我们感兴趣的是分析这两者之间的差异。

下一步是看看外向型多边阻力和内向型多边阻力的结果。关于中间服务，我们使用等式(3.7)计算 i 国的国际贸易(X_{ii}^{m})和 j 国的国际贸易(X_{jj}^{m})。我们将得到：

$$\Pi_{i}^{m}P_{i}^{m}=\left(\frac{Y_{i}^{2}\alpha_{i}}{YX_{ii}}\right)^{\frac{1}{1-\sigma}}t_{ii}^{m} \tag{3.9}$$

$$\Pi_{j}^{m}P_{j}^{m}=\left(\frac{Y_{j}^{2}\alpha_{j}}{YX_{jj}}\right)^{\frac{1}{1-\sigma}}t_{jj}^{m} \tag{3.10}$$

双向的中间服务重力等式结果将是：

$$\begin{aligned}[X_{ij}^{m}X_{ji}^{m}&=\alpha_{i}\alpha_{j}\left(\frac{Y_{i}Y_{j}}{Y}\right)^{2}\left(\frac{t_{ij}^{m}t_{ji}^{m}}{\Pi_{i}^{m}P_{i}^{m}\Pi_{j}^{m}P_{j}^{m}}\right)^{1-\sigma}\\&=\alpha_{i}\alpha_{j}\left(\frac{Y_{i}Y_{j}}{Y}\right)^{2}\left[\frac{t_{ij}^{m}t_{ji}^{m}}{\left(\frac{Y_{i}^{2}\alpha_{i}}{YX_{ii}}\right)^{\frac{1}{1-\sigma}}t_{ii}^{m}\left(\frac{Y_{j}^{2}\alpha_{j}}{YX_{jj}}\right)^{\frac{1}{1-\sigma}}t_{jj}^{m}}\right]^{1-\sigma}\\&=X_{ii}^{m}X_{jj}^{m}\left(\frac{t_{ij}^{m}t_{ji}^{m}}{t_{ii}^{m}t_{jj}^{m}}\right)^{(1-\sigma)}\end{aligned}$$

以及

$$\frac{t_{ij}^{m}t_{ji}^{m}}{t_{ii}^{m}t_{jj}^{m}}=\left(\frac{X_{ii}^{m}X_{jj}^{m}}{X_{ij}^{m}X_{ji}^{m}}\right)^{\frac{1}{\sigma-1}} \tag{3.11}$$

与之类似的，对于最终服务：

$$\frac{t_{ij}^{f}t_{ji}^{f}}{t_{ii}^{f}t_{jj}^{f}}=\left(\frac{X_{ii}^{f}X_{jj}^{f}}{X_{ij}^{f}X_{ji}^{f}}\right)^{\frac{1}{\sigma-1}} \tag{3.12}$$

因此，如果将几何方法计算双向壁垒考虑在内，我们就获得了关于中间服务和最终服务的贸易成本的两种测算结果：

$$\tau_{ij}^{m}\equiv\left(\frac{t_{ij}^{m}t_{ji}^{m}}{t_{ii}^{m}t_{jj}^{m}}\right)^{\frac{1}{2}}-1=\left(\frac{X_{ii}^{m}X_{jj}^{m}}{X_{ij}^{m}X_{ji}^{m}}\right)^{\frac{1}{2(\sigma-1)}}-1 \tag{3.13}$$

$$\tau_{ij}^{f}\equiv\left(\frac{t_{ij}^{f}t_{ji}^{f}}{t_{ii}^{f}t_{jj}^{f}}\right)^{\frac{1}{2}}-1=\left(\frac{X_{ii}^{f}X_{jj}^{f}}{X_{ij}^{f}X_{ji}^{f}}\right)^{\frac{1}{2(\sigma-1)}}-1 \tag{3.14}$$

第四节　数据设置和统计议题

一、 世界投入—产出数据库(WIOD)

要预测服务贸易成本，本章依靠的是世界投入产出数据库(Timmer et al., 2014)。这一数据库包括了按时间序列排列的世界投入产出表，涵盖年份为1995—2011年，包括40个经济体的详细数据(27个欧盟国家和13个其他主要先进和新兴经济体)。这一数据库的优势在于这些表格与各国国民账户是一致的，在各国之间进行了协调，统计了17个服务行业的所有跨国和跨产业交易，并且对中间服务和最终服务进行了区分。WIOD既有国内销售的信息，也有服务的进出口信息，而所有这些对于计算贸易成本来说都是必要的。

要构建这些表格，需要使用大量数据，但是主要信息来自国际供给—使用表格。相比收支平衡数据，这是服务贸易更可依赖的一种来源。但是，各国表格没有双边内涵，贸易需要在贸易统计基础上分配到贸易伙伴身上，而贸易统计的质量通常较低。还需要使用平衡程序，以确保数据在各国之间是一致的，并且解决在各国国民账户和贸易统计中报告的贸易流动之间出现的差异。这些调整是以一些假设为前提的，这可能对预测贸易成本带来一些偏见，但我们仍然认为，相比收支平衡数据，这些数据更加可信一些。

二、 经合组织服务贸易限制指数

要评估服务贸易壁垒，我们使用了一项新的数据库的信息。这个新的数据库最近由经合组织公布，提供了18个部门的服务贸易限制指数(STRIs)。相比世界银行开发的类似指数，经合组织的服务贸易限制指数涵盖了更广泛的贸易壁垒，因为前者只关注GATS的相关限制。同时，经合组织数据库的信息更新一些，而且是经过所有国家完全核对证实的。这一数据库的信息涵盖40个经济体(所有经合组织国家和金砖国家)。无论是从涵盖国家还是涵盖产业角度看，STRI的国别范围与WIOD并不完全相同，要求更多的数据累加，还需要与次一级的32个国家共同工作。

第五节 1995—2011年服务贸易成本演进的主要结论

前面两节陈述了计算中间服务和最终服务贸易成本的一种方法论，并且讨论了相关数据来源。本节将对这些数据适用这种方法论，并且对相关结果进行概述。

图3.1介绍了1996—2011年中间服务和最终服务的贸易成本情况。这个图显示了在某一给定年份在可获得的数据方面各国之间的简单平均情况。两种情形的贸易成本都通过从价税等值方式予以体现，这意味着，两个部门的共同替代弹性的假设在确定贸易成本的相对水平上发挥了作用。马上就可以发现，很明显，就整个期间而言，中间服务的贸易成本低于最终服务。2011年，最终服务的

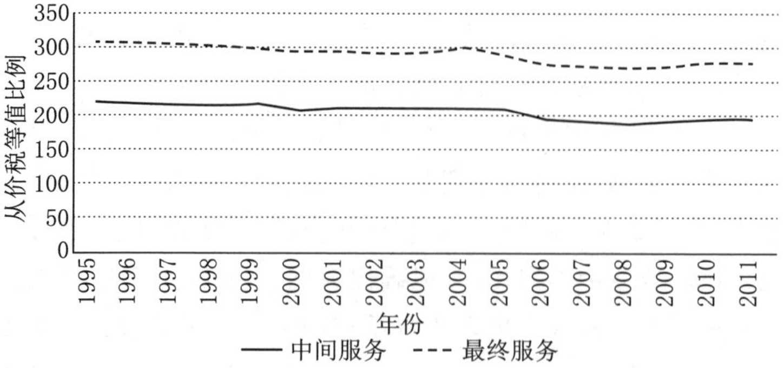

资料来源:作者测算。

图3.1 1995—2011年所有服务的贸易成本

贸易成本是 277%的从价税等值，而中间服务是 194%。从经济学角度讲，这个差异是很重要的。有重要的一点值得强调，涉及的数字是很高的，要比货物贸易高很多，但是这一结论与此前的工作是一致的(Miroudot et al., 2013a)。

贸易成本体现的总体模式对两个情形来说是高度类似的。总体趋势很明显是向下的，特别是从 2004—2005 年以来。有证据显示这一趋势已经停止，甚至在 2008—2009 年贸易大滑坡以来出现轻微逆转，虽然涉及的变化相对较小。这一发现与全球金融危机和持续出现的贸易滑坡导致价值链的较高扰乱程度是一致的。但是，货物部门的数据显示，价值链从经济冲击中相对快速恢复，哪怕是沉重的经济冲击。对于这一点，我们期待服务部门也会出现，但是明显滞后一些。因此，很有可能的是，更新一些的数据将显示出贸易成本继续下降的趋势。

这一期限开始和结束时的结果进一步增强了两种贸易成本的时间道路的相似性。中间贸易成本下降 11.5%，最终贸易成本下降 9.3%。虽然中间贸易成本下降程度略快一些，但是差别不是很悬殊。基于累加数据得出的总体结论是，无论是中间服务，还是最终服务，贸易成本都在沿着一个相对类似的下行道路，下行的速度也是类似的。我们希望强调一点，贸易成本的相对下降考虑了不同的基准，正如诺维(2013)所显示的，替代弹性对参数的选择相对不敏感。

虽然累计结果提供了有用信息，但是更重要的是深入到部门层面，审查一下由于部门的具体特性导致的最终贸易成本和中间贸易成本随着时间演进的不同方式，包括影响在海外做生意的服务企业成本的法规和其他措施。

图 3.2 显示了中间贸易成本的部门结果。尽管时间推移，但按照部门划分的从价税等值的等级相对稳定：中间贸易成本在运输部门最低，然后是商业服务、邮政和电信服务。建筑服务的贸易成本持续保持最高水平。但是有意思的是，

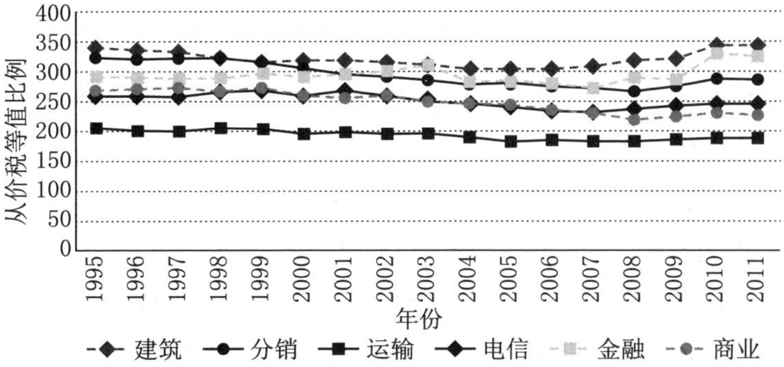

资料来源：作者测算。

图 3.2　1995—2011 年按照部门划分的中间服务贸易成本

金融和分销服务的位置在样本的第二部分发生变化。到 2011 年,分销服务的中间服务成本相比金融服务实质性地降低。原因的一个重要原因是 2009 年以来金融贸易成本的大幅度增加。巧合的一点是在这一时期,很多国家在全球金融危机之后采取的紧缩性审慎措施和其他法规,以及总体的重新定价的风险,似乎已经减少了这个部门对跨境活动的兴趣。

金融部门有重要危机的特殊情形,除了这个例外,中间贸易成本的部门趋势与累计趋势是相似的:贸易成本在降低,但是不同部门的降低速度不同。贸易成本的最大降低来自商业服务部门(15%),然后是分销(12%)、运输(8%)和电信(6%)。建筑服务的贸易成本增幅非常小(1%),但是实质上可以被认为是停滞的。在金融服务,贸易成本增加了 12%,绝大部分是在 2009—2010 年期间。

图 3.3 显示,最终贸易成本的总体模式与中间贸易成本的情况非常相似,但是有一些重要的差异。正如累计数据所显示的,最终服务的贸易成本要高于中间服务。这一发现在所有部门都可以得到证实,差异可以很大,就商业服务和建筑服务而言超过 40%。

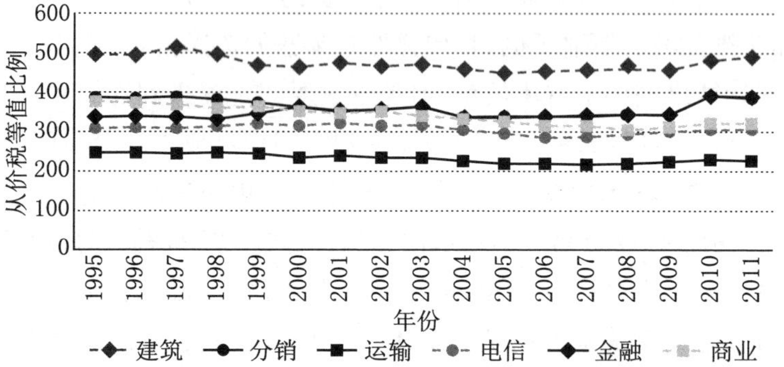

资料来源:作者测算。

图 3.3　1995—2011 年按照部门划分的最终服务贸易成本

就最终贸易成本在部门之间的分布情况看,贸易成本最高的部门是建筑服务,成本最低的部门是运输;这一模式在中间服务上也存在。其他四个部门中有三个的贸易成本都遵循了一种聚合的道路,这一时间段结束时水平非常类似,在建筑和运输服务之间。金融服务再次与总体趋势不符,在这一时期的绝大多数时候都保持停滞,但在 2009 年以后攀升到一个值得注意的较高水平上。这一现象的原因最有可能是与中间服务一致:这是对全球金融危机的政策和市场反应。

最终贸易成本的水平总体呈现下降趋势,但并没有像中间服务那样一致或值得注意。下降趋势最大的是商业服务,这一时期下降幅度是 15%,之后是分销

(13%)。其他部门的变化相对较小:运输是8%,建筑、邮政和电信是1%。正如我们注意到的,金融服务再次凸显出来,同期贸易成本增加了15%。

通过比较图3.2和图3.3,基于对中间服务和最终服务的贸易成本数据,我们可以得出三个重要结论。第一,部门数据从累计数据来看支持了一种看法,即最终贸易成本比中间贸易成本要高很多。第二,最终贸易成本和中间贸易成本普遍呈现下降趋势,但是下降速度在不同部门之间相差悬殊。这一趋势在中间贸易成本上更加显著。第三,金融服务部门是唯一中间贸易成本和最终贸易成本都大幅度增加的部门。这一增加在很大程度上源于全球金融危机导致的监管变化,这也说明政策和重新定价风险等市场因素可能发挥了重要作用。为进一步探索实施的服务贸易政策和贸易成本结果之间的联系,下节将介绍根据非常具体的计量经济学模型得出的结论,在这个模型中,中间和最终贸易成本是与服务贸易限制数据和一系列控制变量相关的。

第六节　经济分析:服务贸易壁垒和贸易成本

本章的这一部分分析了最终服务和中间服务的贸易成本的决定因素。根据诺维和陈(Novy and Chen, 2011),这一方法是要明确计量经济学模型,贸易成本作为因变量,一系列假设影响贸易成本的重力类似变量作为他变量。模型对最终服务和中间服务进行了单独的估算。关键的相关变量是STRI:我们期待其拥有一个积极的、统计上显著的系数,这将意味着更具限制作用的服务贸易政策往往增加贸易成本。这种结果将符合范德马雷尔和谢泼德(Van der marel and Shepherd, 2013)的研究结果,但是增加了如下内涵:关注的是贸易成本而不是贸易流动;区分了中间产品贸易和最终产品贸易;使用的是经合组织STRI,而不是世界银行的数据库。关于前者的优点,上面已经有所阐述。

如果先看看数据,混合估计是使用了出口部门和进口部门的固定效果,以考虑没有观察到的异质性。设计固定效果的灵活性意味着,就可观察到的而言,只需要关注差那些在双边变化较大的、在部门层面的数据。两个估算等式如下,并且再次将最终服务贸易和中间服务贸易区别对待。

$$\log(\tau_{ij}^{f,k}) = b_1\log(STRI_{ij}^{k}) + b_2\log(\text{距离}_{ij}) + b_3\,\text{共同语言}_{ij} + b_4\,\text{殖民地} + b_5\,\text{相同国家} + b_0 + \sum_{i=1}^{N_i}\sum_{k=1}^{K} d_i^k + \sum_{j=1}^{N_j}\sum_{k=1}^{K} d_j^k + e_{ij}^k \tag{3.15}$$

$$\log(\tau_{ij}^{m,k}) = b_1 \log(STRI_{ij}^k) + b_2 \log(\text{距离}_{ij}) + b_3 \text{共同语言}_{ij} + b_4 \text{殖民地} + b_5 \text{相同国家} + b_0 + \sum_{i=1}^{N_i} \sum_{k=1}^{K} d_i^k + \sum_{j=1}^{N_j} \sum_{k=1}^{K} d_j^k + e_{ij}^k \quad (3.16)$$

STRI来自经合组织数据库，被转化为一个双边变量，采取了出口商和进口商得分的几何平均值；距离、共同语言、殖民地、相同的国家都来自CEPII的距离数据库。d 术语是固定效果，e 是误差项。正如上面解释所提到的，i 和 j 分别代表出口商和进口商，f 和 m 分别代表最终产品贸易和中间产品贸易。指数 k 提到的是在各自类型的服务内部的部门。

等式3.15和3.16都是线性对数模型，与标准重力模型有强烈的相似性，因为其是从标准重力模型推导出来的。因此，估算方法的选择是一个问题。席尔瓦和腾雷罗(Santos Silva and Tenreyro, 2006)的研究显示，误差项中的异方差性——这在实践中非常有可能出现——不仅导致估算标准误差的不一致性，而且就像经典的线性模型那样，还导致参数估计的不一致性。作者为使用泊松伪最大似然估计(PPML)估算器作为普通最小二乘法(OLS)替代方案提供了一个令人信服的范例。在脆弱的假定下，PPML也是一致的，特别是可以轻易调整，对异方差性显示完全活力。作为一个PML估算器，它还不要求数据在实际上作为泊松分布；一致性所需要的就是正确指定条件均值函数。因此，我们在本章中利用PPML来预测所有模型，并且有信心认为，我们获得的预测是一致的，而OLS等替代方案则无法实现这个。

估算结果体现在表3.1中。关于相同国家假设的例外，所有重力模型控制都有预期迹象和合理量级的系数，并且1%的水平是在统计上显著的，无论对最终贸易模型还是中间贸易模型都是这样。在距离上彼此相隔的经济体的贸易成本更高，但是那些有共同语言或者一方曾是另一方殖民地的经济体，显示了较低的贸易成本。

关键的相关变量是STRI。在两个模型中，都有一个积极的系数，那就是在统计上有意义的1%。对于最终贸易，STRI中每增加10个百分点(即意味着较高水平的限制度)，与贸易成本增加2.7%是相联系的。对于中间产品贸易，STRI的类似变化与贸易成本增加3.1%是相联系的，虽然中间产品贸易的弹性略大于最终产品贸易的弹性。当然，这进一步确认了中间产品贸易相比最终产品贸易对政策限制措施更加敏感，两者之间的差异在统计学上并不重要，因此应该谨慎解释这两者之间的明显差异。但是，总体上看，可以得出这样一个确凿的结论，即无论是对最终服务贸易还是中间服务贸易来说，政策都是确定服务贸易成本的一项重要决定因素。

表 3.1 中介绍的预测结果提供了关于贸易成本与中间服务和最终服务之间联系的一种总体看法。但是,不同的部分可能回应不同,这就意味着总体预测方法虽然对确认平均效果有用,但可能无法灵活地发现某些类型的跨部门异质性。要处理这种可能性,需要逐部门地对等式 3.15 和 3.16 进行重新估算。出口商—进口商和进口商—出口商固定效果需要被替换为出口商和进口商固定效果。除了这些,预测模型是完全相同的,但在某个时间一次只能适用于一个部门。

表 3.1　合并模型的预测结果

	(1)	(2)
	最终服务	中间服务
STRI 对数	0.265	0.307
	(0.000)	(0.000)
距离对数	0.148	0.156
	(0.000)	(0.000)
共同语言	−0.161	−0.179
	(0.000 1)	(0.001)
殖民地	−0.178	−0.185
	(0.000)	(0.000)
相同国家	−0.082	−0.122
	(0.256)	(0.129)
N	5 510	5 626
拟合度(R2)	0.681	0.625

资料来源:作者计算。

贸易成本数据涵盖 6 个部门:建筑、分销、运输、邮政和电信、金融、商业服务。在这 6 个部门中,运输需要从部门预测中拿掉,因为在不同国家间的 STRI 中的变化不足。因此,该数据只展示了剩余 5 个部门的数据。表 3.2 涵盖建筑、分销、邮政和电信,表 3.3 涵盖金融和商业服务。

表 3.3 中对前三个部门的结果是混合的。除了相同国家假设的例外,重力控制变量有合适的迹象,而且在统计上有显著的合理量级的系数。相比之下,6 个模型中,只有 3 个有积极而且统计上显著的 STRI 系数;其他剩余部门的统计显著性没有超过 10 个百分点或以上。邮政和电信的结果最为强劲,这个部门在国

表 3.2　部门模型的回归结果

	(1)	(2)	(3)	(4)	(5)	(6)
	CSN 最终产品	CSN 中间产品	DIS 最终产品	DIS 中间产品	PTC 最终产品	PTC 中间产品
STRI 对数	−0.030 7	0.197	0.171	0.042	0.154	0.195
	(0.819)	(0.263)	(0.001)	(0.447)	(0.094)	(0.038)
距离对数	0.152	0.188	0.129	0.154	0.187	0.195
	(0.000)	(0.000)	(0.000)	(0.000)	(0.000)	(0.000)
共同语言	−0.160	−0.139	−0.112	−0.103	−0.222	−0.181
	(0.039)	(0.075)	(0.038)	(0.085)	(0.033)	(0.083)
殖民地	−0.228	−0.220	−0.158	−0.195	−0.275	−0.274
	(0.025)	(0.038)	(0.013)	(0.000)	(0.000)	(0.001)
相同国家	0.045	−0.019	−0.135	−0.108	−0.020	−0.095
	(0.584)	(0.837)	(0.085)	(0.177)	(0.862)	(0.428)
N	644	728	958	964	946	946
拟合度(R2)	0.809	0.795	0.689	0.598	0.502	0.535

资料来源：作者计算。

表 3.3　部门模型的回归结果(续)

	(1)	(2)	(3)	(4)
	FIN 最终产品	FIN 中间产品	BUS 最终产品	BUS 中间产品
STRI 对数	−0.053	0.187	0.398	0.871
	(0.649)	(0.144)	(0.016)	(0.000)
距离对数	0.145	0.131	0.098	0.099
	(0.000)	(0.019)	(0.000)	(0.000)
共同语言	−0.192	−0.213	−0.058	−0.125
	(0.056)	(0.059)	(0.310)	(0.104)
殖民地	−0.149	−0.165	−0.062	−0.034
	(0.047)	(0.067)	(0.288)	(0.569)
相同国家	−0.196	−0.222	−0.095	−0.151
	(0.071)	(0.079)	(0.170)	(0.057)
N	970	972	956	998
拟合度(R2)	0.546	0.493	0.710	0.618

资料来源：作者计算。

际范围内存在着广泛交易。有意思的是,中间产品贸易的系数要大于最终贸易,这提供了一些证据,服务贸易限制对中间品贸易的重要性要大于最终贸易。但是,预测的相对不准确意味着两个系数之间的差异不是在统计上显著的,因此在解读时应该慎重。

相比之下,就分销部门而言,这是唯一的最终贸易,有着预期、正向的、统计上显著的系数。对这个部门来说,一个潜在重要因素是实际服务贸易壁垒的特征,以及那些被 STRI 所捕捉的服务贸易壁垒的特征。STRI 主要关注零售服务,虽然数据在理论上涵盖了零售和批发服务。这两者的一个重要差异是,批发贸易的壁垒往往是与竞争政策相关的,而这并没有在 STRI 中得到考虑。STRI 关注零售店开门时间等议题,而这些是对服务贸易的真实政策限制措施。考虑到这一关注,以及最终产品贸易相比中间产品贸易在部门活动上有一个更沉重的批发对零售比重,要解释分销部门的结果,在最终产品相对中间产品贸易的政策数据和贸易成本之间可能需要一个更好的"配合"。

数据也是建筑服务的一个重要议题。众所周知,建筑服务在国际贸易数据中的记录情况是比较差的。相对而言,很少真正的建筑服务贸易通过收支平衡记录,被记录下来的有时候还与其他类型服务一起,例如建筑材料供应(货物贸易)或者职业服务(工程和建筑)。本章中计算的贸易成本依靠与国民账户重新协调过的贸易数据,但有证据证明这一部门在国民账户贸易部分中被严重低报,即便是从其他来源证实是重要出口国的国家(如法国、日本和美国)。考虑到这些,看起来有可能数据可信赖性问题影响这个部门,结果相比其他部门不是特别强劲,也丝毫不令人吃惊。

表 3.3 展示了金融服务和商业服务这两个剩余部门的结果。就金融服务而言,重力模型控制变量都具有预期迹象、量级和统计显著性的参数。相比之下,在商业服务部门,只有距离(在两个模型下)和相同国家假设(中间产品贸易)是在统计上显著的,虽然所有参数都有预期迹象和量级;共同语言假设在中间品贸易模型中是边缘显著的(差不多是 0.104)。

STRI 结果在不同部门之间差异也是非常大的。就金融服务而言,相关参数只是在中间贸易回归中是积极迹象,其统计显著性是在 15 个百分点上,在标准的 10 个百分点上不显著。相比之下,在两个商业服务模型中,STRI 系数是积极迹象,具有合适的量级和高度的统计显著性。的确,商业服务系数在观察到的任何部门中都是最大的。有意思的是,中间品贸易的系数是最终产品贸易系数的两倍多,在 10 个百分点的水平上,这一差异有轻微的显著性。就商业服务而言,没有充分的证据表明,服务贸易壁垒对中间服务贸易的负面影响要大于对最终服务贸易的负面影响。

就数据“贴合性”而言，金融服务的情况与分销服务有些类似，前面已经有所讨论。虽然存在影响金融服务贸易的纯粹的贸易限制，但也有竞争政策和边境后监管立场等影响外国企业在一个给定市场做生意能力的方面。此外，STRI 捕捉了相当数量的限制，这些与零售金融服务更加相关，而不是批发金融服务。因此，看起来有道理的是，数据可依赖性至少部分解释了金融服务缺少统计显著性的结果，考虑到另外一个高度国际化部门(商业服务)的强劲结果，这乍一看似乎有些令人吃惊。

第七节　结论:主要政策含义

本章利用新的数据，首次展示了关于服务贸易成本的证据，区分了跨境提供的用于最终消费的服务，以及跨境提供的作为中间品的服务。本章通过一个与理论相一致的方法论对数据进行了分析，从观察到的各国贸易和生产模式推断出贸易成本的水平。我们发现，所有部门的最终贸易成本高于中间贸易成本，而且正在缓慢减少。虽然两种类型的贸易成本都普遍呈现下降趋势，但是金融服务是一个重要例外。证据显示，全球金融危机发生以来，金融服务的贸易成本已经大幅度提高。

本章中的第二组实证研究与政策在确定贸易成本中发挥的作用特别相关。我们利用经合组织新的服务贸易限制指数，发现了限制性服务贸易政策和贸易成本水平之间存在明显联系的证据，虽然在一些部门的关系更加紧密一些，在另外一些部门不是这样。有意思的是，我们发现的一些证据显示，中间贸易成本相比最终贸易成本对实施的服务贸易政策更加敏感。考虑到中间服务贸易对全球价值链时代服务和货物生产和贸易的重要性，这称得上是一项重要发现。

很多服务现在以体现在货物中的方式被交易，这一事实意味着服务贸易谈判人员不应将其注意力限于服务贸易壁垒上。对货物的贸易保护对服务贸易产生间接影响，一些作者已经建议关注一种新的服务提供方式，也就是所谓的“模式 5”，以考虑这种间接的服务贸易(Cernat and Kutlina-Dimitrova, 2014)。因为服务贸易出口商也使用货物作为投入物，他们也受到进口方的影响。米鲁多等(2013b)显示，一些产业的关税在服务出口额中的比例是无法忽略不计的。例如，向游客提供服务的旅店和餐厅(服务贸易模式 2)就会产生与高关税相关的成本，而后者存在于农业和食品上游行业中。

一个结果是服务部门发现的贸易限制度对制成品出口产生损害性影响。经济的“服务化”意味着，如果制造业不会受到其服务投入物壁垒的限制，很多制造业部门的出口将会更多(瑞典国家贸易署，2012)。

全球价值链的崛起和服务(包括在国际上交易的服务)在其中发挥的各种作用，从推动经济活动、提高生产率和支持进出口的角度，进一步证实了服务政策的重要性。从一种角度看，服务很重要，因为其是全球价值链的“黏合剂”。如果没有运输、物流和分销及金融和商业服务的跨境流动，全球价值链商业模式不可能发挥作用。但是，这不是服务在全球价值链中发挥的唯一作用。服务还直接进入全球价值链内交易的货物(和其他服务)的生产过程。众所周知，服务贸易政策的自由化(按照广泛理解，也包括边境后壁垒)能够对经济的其他部分产生重要的撞击效应，特别是通过提高使用服务投入物的企业的生产率。面对全球价值链在全球生产和货物中的作用不断增强，这一结论显得更加正确。更加关注服务壁垒，是从价值链角度看待贸易政策的一项重要内容(参见世界经济论坛和世界银行，2013)。

参考文献

Anderson, J., C. Milot and Y. Yotov(2014). “How much does geography deflect services trade? Canadian answers”, *International Economic Review* 55(3), 791—818.

Anderson, J., and E. van Wincoop(2003). “Gravity with gravitas: a solution to the border puzzle”, *American Economic Review*, 93, 170—192.

Baldwin, R. and A. Venables(2010). “Spiders and snakes: Offshoring and agglomeration in the global economy”, NBER Working Papers No.16611.

Broussolle, D.(2014). “Service, trade in services and trade of services industries”, *Journal of World Trade* 48(1), 31—58.

Cernat, L. and Z. Kutlina-Dimitrova(2014). “Thinking in a box: A ‘mode 5’ approach to service trade”, DG Trade Chief Economist Note No.1, March.

De Backer, K. and S. Miroudot(2013). “Mapping global value chains”, OECD Trade Policy Papers No.159. Paris: OECD Publishing.

Demirkan, H., J. Spohrer and V. Krishna(eds)(2011). *The Science of Service Systems*. New York: Springer.

Gereffi, G. and K. Fernandez-Stark(2010). “The offshore services value chain: Developing countries and the crisis”, in: O. Cattaneo, G. Gereffi and C. Staritz(eds.), Global Value Chains in a Postcrisis World: A Development Perspective, Washington DC: The World Bank, 335—372.

Head, K. and J. Ries(2001). “Increasing returns versus national product differentiation as an explanation for the pattern of US-Canada trade”, *American Economic Review* 91(4), 858—876.

Jones, R. and H. Kierzkowski(2001). "A framework for fragmentation", in: S. Arndt and H. Kierzkowski(eds), *Fragmentation: New Production Patterns in the World Economy*, New York: Oxford University Press, 17—34.

Low, P.(2013). "The role of services in global value chains", Real Sector Working Paper, Fung Global Institute.

Miroudot, S., J. Sauvage and B. Shepherd(2013a). "Measuring the cost of international trade in services", *World Trade Review* 12(4), 719—735.

Miroudot, S., D. Rouzet and F. Spinelli(2013b). "Trade policy implications of global value chains. Case studies", OECD Trade Policy Paper No.161. Paris: OECD Publishing.

National Board of Trade(2012). "Everybody is in services. The impact of servicification in manufacturing on trade and trade policy", *Kommerskollegium* 2012:6. Stockholm: National Board of Trade.

Noguera, G. (2012). "Trade costs and gravity for gross and value added trade", job market paper, UC Berkeley and Columbia University.

Novy, D.(2013). "Gravity redux: Measuring international trade costs with panel data", *Economic Inquiry* 51(1), 101—121.

Novy, D. and N. Chen(2011). "Gravity, trade integration, and heterogeneity across industries", *Journal of International Economics* 85(2), 206—221.

Organisation for Economic Co-operation and Development(2013). Interconnected Economies. Benefiting from Global Value Chains. Paris: OECD Publishing.

Santos Silva, J. and S. Tenreyro(2006). "The log of gravity", *Review of Economics and Statistics* 88(4), 641—658.

Timmer, M., E. Dietzenbacher, B. Los, R. Stehrer, and G. de Vries(2014). "The World Input-Output Database: Content, concepts and applications", Groningen Growth and Development Centre Research Memorandum 144. Groningen: University of Groningen.

Van der Marel, E. and B. Shepherd(2013). "Services trade, regulation, and regional integration: Evidence from sectoral data", *World Economy* 36(11), 1393—1405.

Walsh, K.(2008). "Trade in services: Does gravity hold?", *Journal of World Trade* 42(2), 315—334.

WEF and World Bank(2013). Enabling Trade: Valuing Growth Opportunities. Geneva: WEF.

注释

1. 本章观点只代表作者本人,无论如何不应代表作者所供职的机构,包括经合组织或经合组织成员国。

2. 这一模型扩大了 2003 年 Anderson、Wincoop 的工作,增加了一个中间产品合成物,被用于生产最终商品和其他中间品,混合了国内增加值。家庭有针对最终产品的固定的替代弹性(CES)偏好,企业也通过一个 CES 累加器混合了各种国内和国外中间品。关于这一模型和假设的具体细节,参见 Noguera, 2012。

3. 正如 Novy(2013)和 Noguera(2012)所指出的,如果看看贸易成本随之的变化情况,或者看看双边贸易的变化情况,σ 的价值并不重要。这就是为什么我们并不担心这种简化的原因。

第四章

李嘉图对服务的贡献：服务部门规制和货物的比较优势

埃里克·范德马雷尔

第一节 简 介

影响政策的服务部门究竟在多大程度上构成一国在货物贸易领域的比较优势来源？本章通过调查各国在采取补充贸易自由化的国内规制政策方面的能力，看看这种能力是否构成其在货物贸易领域的比较优势，对前面提到的问题进行分析。虽然很多服务部门在近年来经历了贸易自由化，但是服务市场也需要国内规制政策作为补充，以便优化市场结构、创造有竞争力的环境。这最终将影响下游货物产业的生产和贸易模式，也就是大家通常所说的比较优势。

近年来，在解释生产和贸易的模式方面，国际贸易文献已经看到比较优势概念的复兴。这种复兴是从一些研究工作开始的。这些工作显示，各国生产力水平的基础性差异可以决定其比较优势，从而预测国际贸易的流动。[1]同时，其他几项研究显示，在确定比较优势的其他决定要素上，各国也是存在一些差异的，例如，实际要素禀赋[2]或国内法律机构[3]甚至国内劳动力市场机构[4]，都能够解释贸易模式问题。佐(Chor，2011)将比较优势的上述所有来源融合到一个共同框架中，尝试量化各国专业化水平和产业贸易流带来的福利效应。[5]

虽然这些工作的关注都只是解释货物贸易，但是同样可以为解释服务专业化模式的各种来源提供一种好的工作方向。因此，最近的研究也量化了服务贸易比较优势的绝大多数此类决定因素。[6]但是，本章将这两类文献联系在一起，分析产业比较优势的额外来源，即由于在货物生产过程中使用服务而产生的比较优势。

上面提到的所有实证研究中，对来自比较优势的贸易模式方面进行解释的基本设置是，企业的生产率水平是由一个系统部分和一个随机部分组成，系统部分是由一个国家的特征和一个产业的特征或密集度之间的互动构成的。各国都有自己的要素禀赋，但是在向某一具体产业提供正确禀赋的能力方面存在差异，而该产业的生产过程急需这种禀赋。在此背景下，必须从一个更加广泛的视角看待禀赋问题。禀赋可以是真实的要素禀赋，例如高技能劳动力或资本；也可以涵盖国内机构，例如法治力量或其他国内治理结构。因此，比较优势是由国家属性和产业属性的互动构成的，这些对任何专业化模式来说都是正确的"配置"。

关于比较优势来源的实证研究结果，不仅对货物领域有政策相关性，对服务领域更是如此。服务部门的决策制定，往往比其他产业更加复杂。出现这一现象，是由很多原因造成的。一个原因在于服务贸易的定义广泛，跨境服务只代表服务交易的一种渠道。提供服务的其他方式还包括海外建立（模式 3）、自然人移动提供服务（模式 4）和消费者移动（模式 2）。这些服务提供方式之间的关系复杂，既相互补充，又相互取代。此外，影响服务贸易的政策法规还经常与服务部门自身之外的其他政策相关。例如，保健服务的出口受到移民和劳动力市场法规的影响，包括那些与工资支付、税收、社会保障及职业资格承认相关的法规。

最后，最重要的是，服务部门经常遭受市场失灵的伤害，监管政策旨在纠正这些失灵，但如果这些措施不是通过一种经济上有效率、没有增加不必要的成本的方式得到实施，也许会对市场产生扭曲作用。总体而言，建立一个开放的服务部门，意味着对外国服务提供者开放本国市场，同时还要对国内服务部门进行再规制，以确保服务生产以市场原则为基础。后面这个问题通常不是非常直接，因为这些市场失灵要求补充性的国内监管政策。服务的这些补充性政策是非歧视的，旨在处理服务部门的市场结构问题。这些政策还可用于实现合理的政策目标，例如关于保健或电信服务的平等准入机会或通用提供条款。如果这些监管框架没有得到合理设计，将进一步增加成本，并且降低福利收益。由于低效率的国内法规（仅次于贸易限制成本）导致此类问题长期存在，以及随之产生的经济损失规模，经常因为各国薄弱的监管能力而得到放大。

因此，本章显示，各国在监管服务市场方面存在的能力差异，是确定货物生产和贸易模式的一个额外决定因素。换言之，有效的监管将对各国货物产业的生产率水平创造一种正向移动：因为服务经常被作为货物生产过程中的投入物，服务市场得到有效组织，可以成为这些产业比较优势的一种额外来源。而且，一些产业依靠服务作为其投入物结构的组成部分，这种生产率的转移将在这些产业感受尤为强烈。虽然一些服务部门相比其他部门需要的监管考虑更多，但是在那些需要"良好"监管框架的服务部门，各国提供良好的、非歧视性的监管做法的能力，将在实际效果上构成那些使用服务最多的产业的比较优势的一种来源。

本章其他部分的组织结构如下：第二节是关于比较优势及其对服务贸易相关性的文献的概览。第三节提出，各国对服务市场进行有效率的组织来辅助自由化的监管能力，也是货物比较优势的一种来源，本节还提供了衡量这种观点的一个简单实证策略。第四节显示了这种计量经济学练习的结果。最后两节进行了总结并强调了政策含义。

第二节　货物和服务的比较优势

一些实证文献通过国家与产业特征的相互作用确认比较优势，这些实证文献现在越来越多。一些早期研究使用了这种方法，将国家和产业信息考虑在内，从实证角度证明赫克歇尔—俄林贸易定理。[7]通过将相对要素禀赋界定为国家特征，将相对要素集中度界定为产业特征，可以发现，如果各国能够更加密集地使用其富足要素，就能够在美国市场上获得一个更大的份额。为展示赫克歇尔—俄林定理生产和贸易结构而使用的要素，包括以相对价值计算的技能劳动力、资本禀赋和原材料的富足度，以及各自密集度之间的互动。[8]

在更近一些的时间段，国际贸易文献还强调了比较优势的新的力量。对赋能经济活动来说，以法治和产权体系为形式的国内机制经常是有必要的。在关于不完全合同的早期文献中，这一概念已经得到承认。[9]如果经济行为体的生产过程依靠很多合同，那么其可以使用合同执行机制来克服所谓的要挟问题。一些国家比其他国家的国内产权体系更加强劲，各国在机构方面的差异，构成比较优势的一种额外来源。例如，已经明确显示的是，产业层面的投入物集中度将确定一个强劲的法律体系能够解决的套牢问题。[10]因此，互动变量包括一个产业特征，即投入物集中度，以及一个国家的组成部分，即一国国内法律体系的强度。

其他文件也对这一问题进行了研究。例如，纳恩(Nunn，2007)[11]评估了每个产业使用的投入物在多大程度上是定制的或者专属的，让产业层面的这一变量与一国的法治强度进行互动。这一逻辑背后的原因是，在合同中通常很难界定一种投入物的专属性特征，需要强劲的合同执行机制。因此，有强劲法治的国家将在密集使用定制投入物的产业具有专长。与之类似的，科斯蒂诺特(Costinot，2009)[12]研究显示，就工作任务而言，在更加复杂的产业上有专长并且有出口贸易的国家，通常具有强力的国内机构，并且有相对较大的技能劳动力禀赋。例如，化工等复杂产业需要更高的针对新工人的前期固定培训成本，因为其生产过程是更加技能密集型的。因此，有大量技能工人储备的国家，事实上能够满足化工产业的生产需要。

所有这些工作都集中在货物贸易上，尽管服务贸易的重要性日趋增加，但相对来说，几乎没有开展什么工作，来研究驱动服务专业化和服务出口的原因。首次尝试是范德马雷尔做出的。[13]他分析了货物比较优势的来源是否适用于服务方面。他得出结论认为，上面提到的绝大多数比较优势来源也适用于服务部门：劳动力技能是一项重要决定因素。此外，他的研究结果还强调了货物和服务的一些重大差异。例如，相比货物贸易模式，高技能劳动力和中等技能劳动力似乎在确定服务贸易模式方面发挥着更加重要的作用。可以假定，之所以得出这一结论，是因为服务在总体上是劳动密集型的。

在关注服务时，超过传统要素禀赋的一些因素也被发现发挥着重要作用。一些最近的研究包括用于信息通信技术的资本储备。[14]这是因为信息通信技术的使用已经极大地扩大了服务贸易的范围，因此也就成为确定比较优势的一个重要因素。

其他研究关注的是服务贸易的机制性决定因素。研究结果显示，更好的国内机制与更大的更有活力的国内服务部门高度相关，例如各国间的法治力量。[15]但是，这一研究没有使用任何加乘策略，也没有使用贸易数据，因此无法说明关于贸易模式的预测。[16]其他研究发现，有更好法律体系的国家显示了更高的贸易水平，彼此之间更有可能在那些被认为更加复杂的服务方面开展贸易。[17]在那些对要挟问题更加敏感的服务部门，也发现了这一相同的模式。[18]

关于比较优势的所有这些见解，都对服务业发展产生了直接的政策含义。因为部门密集度是所涉服务部门内生的，假定部门强度随着时间推移保持稳定，政策措施应该集中在国家层面。一些最近的研究讨论了一系列经济层面的政策措施，这些措施不仅影响服务贸易的绝对值，还影响比较优势引发的贸易模式。[19]这些所谓的服务贸易国内“赋能器”，包括旨在创造一个更大的高等教育人群池、能够增加互联网或宽带普及的措施或者改进法治或贸易相关物流基础设施的政策。必须承认的是，所有这些政策措施涉及经济的所有部门，只能在一个更长的时间框架内得到实施。

第三节　监管能力作为比较优势的一种来源

除了上面提到的这些赋能器，本章还研究监管能力对服务生产、使用和交易方式的影响。在此前的研究中，我们看到，部门层面的监管强度要求国内监管治理结构的更好安排，以辅助服务市场自由化进程。[20]反过来，这确定了在那些明确被认为对良好监管治理更为敏感的服务部门，哪些国家有可能在相关部门贸易上展现出更高水平。服务部门贸易自由化进程复杂，原因是与上面提到的一些特征相关的：第一，服务贸易的定义广泛，通过不同方式提供；第二，源自服务业合理监管政策目标的跨部门溢出效应；第三，这些措施所追求的合理目标，以及这些措施因国内政治经济俘获而变成成本增强型监管障碍的可能性之间的微妙相互作用。

通常，如果货物市场运行良好，竞争可以被认为是监管的一种替代方案。如果好的治理结构被制定出来并且落实到位，政府监管人员将承担国内机构的作用，使市场竞争力和经济增长成为可能。[21]在更大的程度上，这一点对服务业来说也正确。图4.1显示，无论是对服务总体还是具体到金融服务部门，服务市场的贸易开放度（或者外部竞争力）（横轴）与政府执行良好监管治理的程度（纵轴）之间呈现反向关系。[22]贸易开放度是由世界银行服务贸易限制指数（STRI）展示的，这一指数测算各国在多大程度上开放其国内服务市场。良好规制治理是由世界银行的监管质量指数衡量的，可以在治理指标数据库中找到这一指数。这一指数充分体现了政府制定和执行推动私有部门发展的正确政策和法规的能力。

图4.1显示，德国和美国等国家已经展现了将良好监管政策落实到位的能

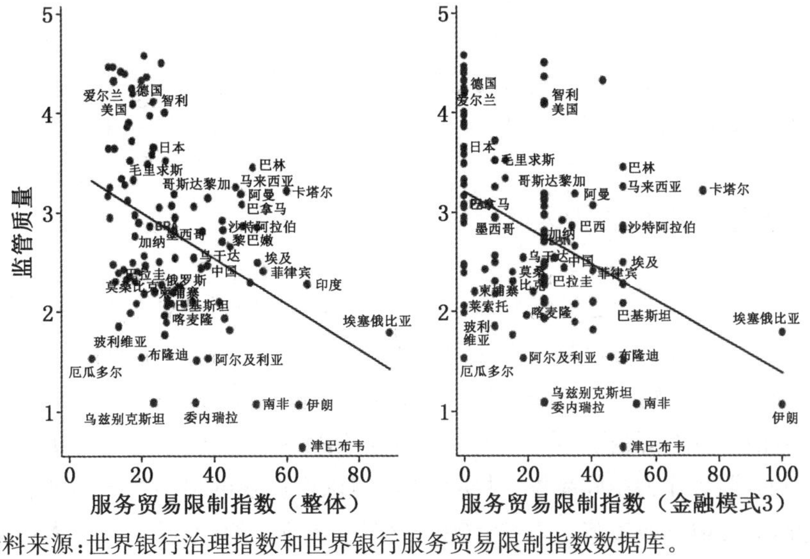

资料来源：世界银行治理指数和世界银行服务贸易限制指数数据库。

图4.1　贸易开放与监管质量的关系

力,其国内服务市场基本上没有贸易限制措施。必须承认的是,两个变量之间还存在一些重合,因为监管质量还包括歧视性的贸易壁垒(主要是在货物领域)。但是,这个指数的一个实质性部分包括一国创造有效和竞争性市场的更广泛的监管能力,处理支持贸易开放的、非歧视性的国内监管政策,例如取消不公平的竞争做法和提高服务部门的竞争法规效率。就这一点而言,这显示了总体上那些政府更有可能提供好的监管模板来创建有效市场,包括对服务部门。

换言之,就服务业而言,对稳健的监管政策的需求,来自这一部门相关的市场失灵问题。作为最优自由化进程的组成部分,在贸易限制措施已经被取消后,服务业需要得到进一步再规制。从这个角度看,引入了(外部)竞争的服务开放市场,不可能轻易被视为一个有效的服务市场,因为国内监管人员将需要制定、设计和实施额外的政策来塑造贸易自由化。图 4.1 显示的负面关系准确地指出,就服务而言,在贸易自由化已经发生之后,监管机构和外部竞争力(即贸易自由化)在建立一个有效运转的、有竞争力的国内市场方面,存在一种补充关系。因此,政府的国内监管能力可能变成确定该国服务生产和贸易的一个重要因素。换言之,具有较复杂监管机构、能够提供良好监管方法的国家,将发现其更容易生产那些过于复杂、需要再监管的服务。

由此导致的结果是,服务监管机构被要求承担额外任务,以增强自由化。莫利努埃沃和赛斯(Molinuevo and Sáez)提供了对一种设置的有用描述,而监管机构正是在这种设置下运行。他们指出,监管机构应该拥有:第一,政府提供的良好授权,能够独立监管服务市场,并拒绝其他利益攸关方的外部压力;第二,规范市场的强大能力,能够了解这个部门的技术专长;第三,强大的财政基础,能够进行有效监管。在监管能力的这些核心特征上,各国存在较大差异。例如,伊朗等监管能力不足的国家,最有可能缺少一个或多个此类最优再监管的机制性因素。

一、 服务作为货物的投入物

虽然监管治理结构能够解释服务生产和作为一项最终货物的贸易,但绝大多数服务实际上是作为货物产业生产过程的投入物。但是,这不意味着服务投入物不能被交易。相反,米鲁多等(Midroudot et al.)预测,[23]约 73%的全球服务贸易总体流动是中间品投入物,而货物的中间品贸易流动只占 56%。正如这些作者所发现的,服务作为中间品投入物的程度,对国内产业的更高产出绩效有直接影响。因此,服务监管政策将对下游货物产业产生影响。的确,其他研究人员研究企业层面数据发现,服务部门的改革与制造业产业的生产率表现之间存在着一种积极联系。[24]这些作者进一步指出，这些改革可能涉及歧视性和非歧视性的政策，例如废除垄断、实现国有企业的私有化或者令外资企业在国内市场上表现活跃。

更近一些的增加值贸易文献已经显示，服务贸易投入物的重要性，要比此前考虑得还要多一些：服务在以总额为基础的全球贸易中的份额不足全部贸易的四分之一，如果在增加值贸易基础上考虑，服务占比将大幅度提高。例如，服务的比例将占美国、英国、法国、德国和意大利等国总出口增加值的 50%以上，而且占中国总出口的比例也将近三分之一。[25]根据增加值计算，服务占所有制造业产品出口的比例平均是约三分之一。

考虑到服务在下游产业表现和货物产业增加值中的重要性，本章关注各国的监管能力对使用服务作为投入物的制造业出口模式的影响。更具体的是，这里使用的确认策略考虑了产业依靠不同服务投入物的程度，以及来自自由化市场的服务投入物的情况。

总之，产业发展既取决于歧视性的贸易壁垒取消情况，也取决于自由化之后的监管政策能够得到何种程度的有效实施。这一主张遵循了图 4.1 中的逻辑：更加依靠服务的货物产业有可能更加依靠一国管理这些服务市场的监管方面的能力，这正是本章试图寻求的比较优势的决定因素。

二、 实证设置

这里采用的方法很自然地遵循了一种方法论，国家特征与产业特征是相互作用的，由乔[26]提出、范德马雷尔[27]进一步发展的服务模型已经显示出这一点。乔以大家熟知的伊顿和科图姆(Eaton and Kortum)的李嘉图贸易模型为基础，使用最近文献中提到的此类互动条件，研究跨国产业层面的贸易来解释观察到的专业化模式。[28]因此，比较优势在产业和国家部分的互动条件中得到反映。

因为我们感兴趣的是服务进入货物产业的下游影响，我们的产业测算需要对这一影响进行定性。同时，我们需要盘点产业在自由化已经发生后暴露在有效的国内监管框架下的情况。因此，我们的产业水平指数关注两个议题：第一，每个产业使用一项服务生产一项货物的强度；第二，每项此类服务的自由化程度。前者可以通过利用投入物产出表，计算服务强度或每个产业对一系列服务投入物的依赖度来实现。[29]后者部分则需要反映每个服务部门的外部竞争的水平。这种外部竞争部分反映了产业企业在进行外包服务时依靠非歧视性的监管政策的情况。这是因为取消贸易壁垒以便让企业进入国内市场，让企业对各国能够(或者无法)提供的其他监管政策更加敏感。

这两个要素构成了每个货物产业 i 的所谓“服务依存指数”(SDI),具体公式如下：

$$SDIi = \sum s\theta is \cdot 监管水平 s \tag{4.1}$$

θis 代表每个服务部门投入物的数量 s 占每个制造业产业总体投入物的份额。第二个术语叫作“自由化水平”,这个指标测算一个服务市场被客观考虑的自由化(意味着没有贸易限制)程度,因此更加依靠良好的国内监管政策,进一步增加服务市场的竞争性压力和服务的可交易性。在等式 4.1 中,我们只考虑了电信、运输、金融服务(包括保险服务)和职业服务,因为这些部门涵盖在我们测算自由化程度的数据中。[30]

虽然监管依存度指数的第一个术语非常直接,等式 4.1 的第二部分需要得到进一步阐释。我们如何以一种客观的方式进行测算,一个服务部门相比其他部门是否免受贸易限制和禁止外部竞争压力的政策程序的影响?我们需要考虑一项事实,投入物可以来源于国内,也可以来自海外,计算这一方面的一种方式是使用那些对可交易服务的限制度进行定量的信息。因此,我们使用世界银行的指数(STRI),提出关于各服务部门现有自由化状态的一种中立指标。必须承认,不是所有国家都以平等的方式开放了其不同的服务部门。但是,为获得一个没有偏见的系数,我们需要将世界平均作为各部门的一个代理,然后乘以 -1 获得一个随着自由化水平增加的数值。一项事实证明了将每个部门的世界级单独平均作为一个代理是正确的,即其片名与所有世界地区高度相关,包括美国,表 4.1 对此有所阐述。

表 4.1　世界 STRI 和其他地区的对应表格

	美国	南亚地区	经合组织	中东和北非地区	拉美和加勒比地区	欧洲和中亚	东亚和太平洋地区	非洲
世界	0.813 4	0.955 4	0.945 4	0.950 0	0.955 7	0.953 8	0.971 6	0.908 3

资料来源:作为自己使用世界银行 STRI,对所有部门进行计算。

表 4.1 显示,总体上,在世界绝大多数国家,相同一组服务部门仍然受到竞争性限制的损害。对所有地区来说,职业服务是面临限制最多的部门,之后是运输服务,然后(在绝大多数情形下)是电信服务。在除了中东和北非地区的所有情形下,金融服务的限制最少。因为排名在各个地区之间比较类似。我们有信心,STRI 世界平均数值提供了每个部门贸易限制度情况的一种代表性画面,即便不是所有国家都在相同程度上开放了其服务部门。

如果我们将关于自由化状态的测算数值乘以服务投入物占比的指数，可以获得一个指数，我们称之为 SDI。这个指数的值有所不同，主要取决于外包服务的数量和服务获得的方式。表 4.2 显示了重新调整过的这一指数。通常情况是，如果一个产业使用服务作为其投入物的实质性部分，并且面对开放的服务市场，这个产业经常被发现是技能密集型的，例如化工和精炼石油产品。同时，我们也发现另外的极端情形是纺织品和食品业。[31]

表 4.2　附带产业描述的 SDI 系数排名

ISIC 编码	产业描述	RI 系数	服务投入物占比
26	其他非金属矿产品	0.463	0.131
37	可回收	0.395	0.206
24	化工品和化工产品	0.359	0.104
23	焦炭，精炼石油产品	0.276	0.092
16	烟草产品	0.274	0.080
18	衣服；皮革	0.160	0.086
30	办公和计算设备	0.162	0.128
19	皮革产品	0.171	0.132
17	纺织品	0.171	0.107
15	食品和饮料	0.180	0.143

注：服务投入物使用的是针对第三节中描述的选择的五个部门。
资料来源：作者根据经济分析局美国投入—产出使用表格和世界银行 STRI 自行计算。

第四节　监管比较优势

正如前一节所指出的，我们对具体部门的测算，需要在服务市场开放后，辅之以各国层面的变量。这种变量测算以机构形式展现的稳健监管结构或框架，这些机构接受好的授权，并拥有专长和财政资源。监管治理或能力已经被研究人员认为是一种核心特征。他们认为，在一个服务部门的市场开放已经发生后，监管机构在实施有效的监管政策方面发挥着核心作用。[32]其他研究注意到，服务市场的监管改革涉及再监管，并且指出，过时的监管政策成本昂贵且没有效率，应该被寻求市场效率的合适的监管措施所取代，包括对外国准入的限制。[33]这包括在一个授权下加强监督、检测和分析相关服务市场信息的能力，以追求政策的中立性。

罗伊[34]还使用了监管能力的概念,但在这一案例下是为解释各国在GATS作出承诺的倾向。在服务贸易的大背景下,他将监管能力定义为:第一,各国评估任何贸易自由化承诺影响和伴随含义的能力;第二,各国评估贸易自由化的监管回应,以及因此实施补充性政策的能力。很明显,因为我们处理的是服务市场的自主开放和再监管,而不是成员在世贸组织的任何承诺,我们的研究兴趣在于如何界定和测算一国监管结构的坚固性。

几个指数已经被开发出来,进行监管治理的跨国比较。一个明显的指数是世界银行世界治理指标的监管质量指数,该指数描述了各国制定和实施稳健的政策法规的能力,以便允许并推动私有部门发展。[35]但是,正如前面所讨论的,这一指数还包括关税和其他早已实施的传统贸易政策,这让其对于我们关注服务部门的重要性大为减少。罗伊使用了一个替代指标,作为监管能力的代替物,免受任何贸易政策和实施做法的影响,这一指标是来自国际风险指数的"政府官员品质"。[36]如果官僚体制免受政治压力影响,并且能够在不对政府变动敏感的情况下,具有有效制定和管理政策的专长,则这个指标的数值增加。而且,这个指标还涵盖官僚体制能否建立招聘专长和培训的机制。所有这些方面,与莫利努埃沃和赛斯[37]在界定其监管框架概念中提到的要素密切吻合。

我们使用互动条件的两个部分,一方面是测算所谓各制造业产业服务依存度的产业信息,另一方面是政府监管能力的国家范围指标,我们对变量进行了世界所有进口商和出口商的双边贸易联系的回归分析,因此得出:

$$X_{odi}=G_{od}+RI_i\times BQ_o+SEC_i\times COU_o+\delta_o+\gamma_{di}+\varepsilon_{odi} \tag{4.2}$$

X_{odi}代表出口商o和进口商d在每个产业i的双边贸易,数据来自国际预测研究中心的国际商品贸易分析数据库(CEPII CHELEM)。因为我们使用的是并矢量贸易数据,因此我们被要求纳入测算贸易成本的标准重力变量,例如距离、前殖民联系、共同语言和毗邻性。这些被纳入重力向量,并且在出口商和进口商水平上有所不同。等式(4.2)右边的第二个术语是我们感兴趣的变量,代表比较优势的监管来源。第三个术语是一个互动术语,控制文献中发现的比较优势的各种其他决定因素,例如赫克歇尔—俄林贸易定理和贸易的机制性力量。我们还控制在出口商层面被发现共线的所有其他议题δ_o,以及进口商部门γ_{di},也就是所谓的固定效应。最后,术语ε_{odi}代表满足通常假设的错误项。所有变量选择的年份都是2005年。

表4.3展示了回归分析结果。在这个表格中,我们先用产业层面变量分别与

不同的国家范围指标互动,这些指标对应着我们关于政府实施补充性监管政策的监管能力的定义。列 1 代表这一变量与政府官员品质的互动结果。这个互动术语得出的结论是积极的、重要的,因此具有较高监管能力的国家能够更好地在那些被认为服务依赖度较高的产业进行出口,这一观点得到支持。我们在列 2 中将指数与来自治理指标的监管质量指数进行互动,发现了类似的积极而重要的结果。我们还与贸易文献中关于国内机构的标准替代物进行了互动,这种替代物叫作 LEGAL,反映了国内法律体系和产权的力量。[38]如同列 3 显示的,这里的解释能力似乎更加薄弱。

表 4.3　SDI 指数与不同的国家范围指标

	1	2	3	4	5
			货物 X_{odi}		
SDIi × BQo	0.058 9***			0.072 6***	0.077 8***
	(0.008 26)			(0.016 6)	(0.016 4)
SDIi × RQo		0.035 5***		−0.090 3***	−0.018 3
		(0.008 29)		(0.018 7)	(0.020 7)
SDIi × LEGALo			0.013 0*	0.033 6*	0.008 64
			(0.007 83)	0.018 2	(0.018 4)
SDIi × ln(H/L)o					−0.097 6***
					(0.009 25)
SDIi × ln(K/L)o					0.027 0***
					(0.007 13)
固定效应 δ_o			是		
固定效应 γ_{di}			是		
重力			是		
观察	96 312	96 667	95 468	91 961	89 331
拟合度	0.652	0.651	0.656	0.657	0.658
均方根误差	2.308	2.320	2.293	2.285	2.269

注:国家组中的强劲标准误差项在括号中。*** p 小于 0.01, ** p 小于 0.05, * p 小于 0.1。因变量是国际标准工业分类(ISIC)Rev 2 位编码的货物双边贸易。出口商、进口商部门和所有重力决定因素对固定效应的回归得到纠正。所有变量都是标准化的。

在最后两列中,我们引入了一些全国范围的控制变量,与 SDI 进行互动。第一，在列 4 中，我们放入了三个全国范围的变量，发现其与政府官员品质的互动结果最强，而与监管质量的互动结果是负面而重要的。列 5 显示，我们关于描述监管能力的第一次互动术语是我们最倾向的变量，因为其似乎最稳定，即便是在输入各国高技能和物理资本禀赋水平（分别是 H/L 和 K/L）进行纠错后。[39] 附带说一下，最后这两个术语显示，在资本方面相对富足的国家往往在服务依赖型产业上拥有较高的专业性。对于那些在高技能劳动力上有相对禀赋的国家，反过来说观点也是正确的。这些国家往往远离那些依靠服务的产业。[40]

表 4.4 提供了一些见解，是关于我们的互动变量与所有此前研究中发现的比较优势的其他来源是如何相关的。列 1 显示了我们偏好的与政府官员品质的互动结果。列 2 控制了一项事实，我们的监管能力变量无法描述任何国家规模或

表 4.4　比较优势的监管来源

	1	2	3	4	5
	货物 X_{odi}				
SDIi × BQo	0.058 9***	0.249***	0.071 8***	0.220***	0.098 8***
	(0.008 26)	(0.008 49)	(0.008 49)	(0.014 0)	(0.015 5)
SDIi × ln(GDPpc)o		−0.230***		−0.173***	−0.203***
		(0.012 8)		(0.012 9)	(0.014 0)
ln(hs)i × ln(H/L)o			0.269***	0.261***	0.252***
			(0.107***)	(0.008 86)	(0.008 84)
ln(cs)i × ln(K/L)o			(0.009 06)	0.103***	0.097 7***
				(0.009 09)	(0.009 01)
HIi × LEGALo					0.182***
					(0.014 9)
固定效应 δ_o			是		
固定效应 γ_{di}			是		
重力			是		
观察	96 312	94 736	92 045	90 469	89 331
拟合度	0.652	0.653	0.662	0.662	0.664
均方根误差	2.308	2.307	2.258	2.259	2.248

注：国家组中的强劲标准误差项在括号中。 *** p小于 0.01， ** p小于 0.05， * p小于 0.1。因变量是国际标准工业分类(ISIC)Rev 2 位编码的货物双边贸易。出口商、进口商部门和所有重力决定因素对固定效应的回归得到纠正。所有变量都是标准化的。

发展水平，因为这两个在某种程度上可以是相关的。该列显示，我们的互动变量仍然很重要而且稳定。随后，我们引入反映赫克歇尔—俄林贸易定理标准力量的两个变量，分别是高技能水平和资本强度，这两个都乘以表 4.3 中显示的一国的技能和资本富裕度。我们感兴趣的变量没有发生变化，其重要性依然很强劲，即便是 GDP 条件被包括在内（列 4）。比较优势的最后一个来源关注机构影响力。要涵盖这一方面，我们开发并且纳入了经常使用的一种变量，测算各产业对企业投入物结构套牢问题的敏感程度。[41]将测算结果与 LEGAL 互动，从而使我们获得预期的迹象和重要性，具体参见列 5。

总之，我们看到，监管作为比较优势的一种来源，确实发挥了仅次于其他国内机构的特别和单独作用。我们的指数确实捕捉了国内经济中一些不同的东西，即为伴随自由化而实施合适监管框架的能力。

第五节　政 策 含 义

我们实证研究的结果，可以通过图 4.2 得以生动的展示。有的国家，例如德国，其强劲的国内机制众所周知，因此有较高的监管能力，我们可以发现其更容易在一些产业出口，这些产业依靠服务投入物和组织良好的服务市场。相反的情况也是正确的。从我们使用的指标看，委内瑞拉监管服务市场的能力较低，因此他们货物产业的出口价值下降，是因为出口越来越依靠那些最能在一个稳健的监管框架内提供的服务。

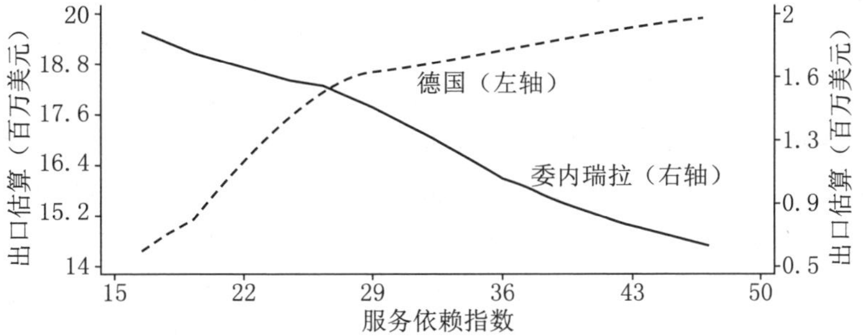

资料来源：作者计算。

图 4.2　服务依赖指数与监管能力

为什么各国希望改进其监管能力？总体而言，如果一国的服务市场开放，并且实施了补充性监管政策，其服务业就更加具有生产力，成本也会有所降低。这种改进的绩效最终将扩展到产业上,特别是那些高度依赖服务的产业,该国的比较优势将得到增强,经济增长也会更快速。

接下来,很自然想到的问题是,什么构成了好的补充性监管政策,能够有效地确认、设计并实施对其他产业的服务供给。正如此前所描述的,一个有明确授权的独立监管机构能够完美地发挥出这些品质,只要其独立于任何政治经济学动机或其他利益集团,并能够获得正确的信息和资源。世界范围可以找到几个范例,包括澳大利亚生产力委员会,该机构收集和审查关于不同监管议题的微观经济信息,以帮助政府实施更好的政策。其他范例是维护服务市场的各国竞争主管部门,或者负责监管电信服务或监督金融市场的具体部门机构。

独立监管机构的第一个优先领域是发现各服务部门存在的不同政策壁垒,并对其进行分类。单独依靠监管机构不可能成功完成贸易壁垒的确认工作,这就意味着一个合适的战略需要商业联盟以及消费者协会的参与,以期在发现关键的市场竞争性的同时,确认有效的供给关注。该进程向监管办公室的专家们提供了一个有用的反馈机制。此外,该领域的其他利益攸关方也可以为确定、测算和评估这些壁垒的成本作出贡献,例如,在所涉服务部门具有专长的独立研究机构或学术教员。

再监管的第一个阶段要求在信息和人力技能方面都获得实质数量的资源。在收集了定量和定性的信息之后,包括法律专家和经济学家在内的一系列专家将开展分析。在这一阶段,专家还应该考虑服务与经济其他部门的很多互动。虽然各国已经作出重大努力来改变,但在此方面的一个真实挑战是数据的匮乏问题。同时,服务部门经常涵盖动态活动,新商业由于技术的日趋使用而被迅速开发出来。一个范例是涉及数据待遇的服务的崛起。在数据流动方面,新的监管措施近期已经被开发出来,目标是保护个人数据的自由使用和防止滥用。但是,一些措施被发现是具有保护主义性质的。[42]监管机构应该开发的专长是,区分那些在纠正市场失灵方面真正有效,而不构成非必要保护主义的监管政策。

在此方面,对监管人员来说,最具挑战的是在自由化已经发生后引入合适的监管框架,也就是所谓的再监管进程。因为服务遭受导致不完美竞争的市场失灵的损害,制定合适的政策,通过一种有效的方式来增强竞争,是一项极端困难的任务。因此,关于服务业的经济学文献区分了两种不同的水平:第一,取消有关国内去监管改革问题的歧视性壁垒,例如取消配额、行政程序和阻碍外国服务提供商进入市场的其他壁垒;第二,服务自身市场结构的组织,例如废除垄断、引入真正竞争以取消卡特尔安排或许可要求和定价政策。

这两种水平可以在市场上单独发挥作用。很明显,与第二个水平相关的是,监管人员制定额外的监管措施，以优化市场并将其落实到位。例如，一些研究得出结论认为，尽管在海运服务部门采取了贸易自由化政策，但只要市场结构区分有效的竞争，具有垄断地位的企业依然能有较大的“寻租”空间。[43]在电信部门，各国取消了一些在允许外资控股方面的最明显的歧视性政策，但其他监管措施依然能够阻止市场准入机会。[44]研究显示，由于金融服务存在严重的信息不对称问题，与每个分部门服务提供相关的特定监管政策，有效地确定了每个此类市场分割中的外国竞争水平。[45]这些范例阐述了额外的监管政策和有效竞争之间的直接联系。

改革的最后阶段是实施设计出的监管政策，在理想状态下，这应该成为一个全面的改革项目的组成部分。研究也已显示实施阶段是何等重要。例如，芬克等(Fink et al.)发现，[46]如果电信部门的私有化和竞争政策配合一个自动监管机构执行额外的监管政策作为辅助，则能够产生更大利益。他们还发现，相比先进行私有化再引入竞争，同时采取竞争和私有化能够带来更大程度的效率。因此，改革的顺序问题构成实施战略的重要组成部分，监管人员应将其考虑在内。

第六节　结　　论

本章描述了实证文献中关于比较优势的最新进展情况。货物和服务比较优势的来源既包括技能、资本等传统要素禀赋，也包括导致一国在某个特定部门具有专长的机制性决定因素。虽然可能有所差异，但确定货物比较优势的绝大多数要素也在服务方面发挥着重要作用。例如，服务是劳动密集型产业，技能劳动力似乎在服务领域比货物领域更能作为比较优势的一个强有力来源。

本章已经提出，监管能力作为制度的一个具体特征，也构成解释货物贸易模式的一种强劲力量。这是因为服务经常被用作货物生产的投入物，因此一些产业相比其他产业更依赖服务作为投入物结构的组成部分。这种依存性取决于这些投入物的来源方式。使用大量投入物的产业也高度依赖服务市场的组织方式。服务往往是监管密集型的，因为其受到很多市场失灵的损害。在贸易自由化发生后，如果一国拥有一个监管机构来实施充分的补充监管政策来解决市场失灵问题，会发现出口那些更多依赖服务的产品将变得更加容易。

必须承认，自由化和再监管的过程是比较困难的。对每个部门或国家来说，没有预先设置好的模板，因此监管机构需要针对每个现有的服务部门进行调整适应。在此方面，还需更多研究，以探索什么才是真正值得拥有的，以便在提高福利收益的同时创造有效率的市场。

注释

1. J. Eaton and S. Kortum, "Technology, Geography, and Trade", *Econometrica*, 2002, 70(5), pp.1741—1779.

2. P. Debaere, "Relative Factor Abundance and Trade", Journal of Political Economy, 2003, 111(3), pp.589—610; J. Romalis, "Factor Proportions and the Structure of Commodity Trade", *American Economic Review*, 2004, 91(1), pp.67—97.

3. 参见 A. Levchenko, "Institutional Quality and International Trade", *Review of Economic Studies*, 2007, 74(3), pp.791—819; N. Nunn, "Relationship-Specificity, Incomplete Contracts, and the Pattern of Trade", *The Quarterly Journal of Economics*, 2007, 122(2), pp.569—600; A. Costinot, "On the Origins of Comparative Advantage", *Journal of International Economics*, 2009, 77(2), pp.255—264。

4. A. Cuñat and M. J. Melitz, "Volatility, Labor Market Flexibility, and the Pattern of Comparative Advantage", *Journal of the European Economic Association*, 2012, 10(2), pp.225—254.

5. D. Chor, "Unpacking Sources of Comparative Advantage: A Quantitative Approach", *Journal of International Economics*, 2011, 82(2), pp.152—167.

6. 范例包括 E. van der Marel and B. Shepherd, "International Tradability Indices for Services", World Bank Policy Research Paper Series No.6712, Washington DC: The World Bank, 2013; E. van der Marel, "Determinants of Comparative Advantage in Services", GEM Working Paper, Paris: Sciences-Po Paris, 2011。

7. Romalis, 2004,同注 2。

8. 强度被定义为某个特定部门对一项禀赋的相对使用情况。这些因素可以是劳动力(技能或者非技能)、资本(物质或信息技术相关)或者原材料。最近的贸易文献还指出,一些产业使用法治等国内机制的强度较高,因为这些部门对供应链的断裂更加敏感,或者这些部门更加复杂。

9. 参见 S. Grossman and O. Hart, "The Costs and Benefits of Ownership: A Theory of Vertical and Lateral Integration", *Journal of Political Economy*, 1986, 94, pp.691—719。

10. Levchenko, 2007,同注 3。

11. Nunn, 2007,同注 3。

12. Costinot, 2009,同注 3。另一范例是 K. Manova, "Credit Constraints, Equity Market Liberalizations and International Trade", *Journal of International Economics*, 2008, 76(1), pp.33—47。后面的这份研究显示,金融发展水平较高的国家将在更多依靠外部信贷的出口产业上具有专长并从事出口。

13. Van der Marel, 2011,同注 6。

14. 参见 van der Marel, 2011,同注 6,以及 van der Marel and Shepherd, 2013,同注 6。

15. M. Amin and A. Mattoo, "Do Institutions Matter More for Services?", Policy Research Working Paper Series 4032, Washington DC: The World Bank, 2006。

16. 注意服务贸易数据的匮乏是众所周知的,数据收集非常困难。但是,近来已经做出了重要努力,以实质性提高服务贸易数据的质量。

17. 参见 van der Marel, 2011,同注 6,以及 van der Marel and Shepherd, 2013,同注 6。

18. Van der Marel、Shepherd(2013)研究了各国是否通过使用对数估算器的方式彼此之间开展服务贸易联系。他们发现，比较优势的来源导致各国有更大的可能性在彼此之间进行贸易。

19. S. Sáez, D. Taglioni, E. van der Marel, C. Hollweg and V. Zavacka, "Valuing Services in Trade: A Toolkit for Competitiveness Diagnostics", Washington DC: The World Bank, 2015.

20. Van der Marel, 2011，同注 6。

21. J.G. Reis and T. Farole, "Trade Competitiveness Diagnostic Toolkit", Washington DC: The World Bank, 2012.

22. 正如 Sáez 等(2015)所发现的，同注 19。

23. S. Miroudot, R. Lanz and A. Ragoussis, "Trade in Intermediate Goods and Services", OECD Trade Policy Papers 93, Paris: OECD, 2009.

24. J.M. Arnold, B.S. Javorcik and A. Mattoo, "Does Services Liberalization Benefit Manufacturing Firms? Evidence from the Czech Republic", *Journal of International Economics*, 2011, 85(1), pp.136—146; J.M. Arnold, B.S. Javorcik, M. Lipscomb and A. Mattoo, "Services Reform and Manufacturing Performance: Evidence from India", Policy Research Working Paper Series 5948, Washington DC: The World Bank, 2012.

25. OECD, "Implications of Global Value Chains for Trade, Investment, Development and Jobs", Paris: OECD, 2013.

26. Chor, 2011，同注 5。

27. Van der Marel, 2011，同注 6。

28. Eaton and Kortum, 2002，同脚 1; Romalis, 2004，同注 2; Levchenko, 2007, 同注 3; Nunn, 2007, 同注 3；以及 Costinot, 2009，同注 3。

29. 我们使用经济分析局(BEA)的 1997 年美国投入物产出使用表，此前所有的关于比较优势的实证研究都是如此。之所以选择 1997 年，是因为这是在我们的双边贸易因变量前，以避免任何潜在的内生变量。

30. 我们的分析没有考虑零售部门，因为其基本上是对终端消费者提供服务，而不是对下游产业。参见 G. Barone and F. Cingano, "Services Regulation and Growth: Evidence from OECD Countries", *The Economic Journal*, 2011, 121(555), pp.931—957。

31. 当然，该指数不是完全地由一个服务部门已经开展的自由化程度，或者各产业使用的服务投入物比例确定的。例如，化工和焦炭产业与衣服和纺织品产业都使用了可比较的相同数量的服务投入物(约 10%)。但是，这些部门的指数存在差异，反映了从已经开放(或还没有开放)的市场使用的完全不同的服务投入物。

32. B. Hoekman, A. Mattoo, and A. Sapir, "The Political Economy of Services Trade Liberalization: A Case for International Regulatory Cooperation?", *Oxford Review of Economic Policy*, 2007, 23(3), pp.367—391.

33. B Hoekman and P. Messerlin, "Liberalizing Trade in Services: Reciprocal Negotiations and Regulatory Reform", in P. Sauvé and R. Stern(eds.), *Services 2000: New Directions in Services Trade Liberalization*, Washington DC: Brookings Institution, 2000, pp.487—508.

34. M. Roy, "Democracy and the Political Economy of Multilateral Commitments on Trade in Services", *Journal of World Trade*, 2011, 45(6), pp.1157—1180.

35. D. Kaufmann, A. Kraay and M. Mastruzzi, "Governance Matters VIII: Aggregate and Individual Governance Indicators 1996—2008", Policy Research Working Paper Series 4978, Washington DC: The World Bank, 2009.

36. Roy, 2011,同注 34。

37. Molinuevo and Sáez,参见本书第七章。

38. J. Gwartney and J. Lawson, "Economic Freedom of the World 2012", Vancouver: The Fraser Institute, 2012.

39. 数据(H/L)来自 R. Barro and J. Lee, "A New Dataset of Educational Attainment in the World: 1950—2010", *Journal of Development Economics*, 2013, 104(C), pp.184—198。这一数据代表获得高等学历的人口的比例,数据(K/L)来自会议理事会,并且代表物质资本在总资本中的比例。

40. 部分解释源于一项事实,在高技能方面富足的国家是那些拥有产业专长的国家,这些产业需要更高比例的被高度监管(和高技术密集度)的服务,比如职业服务。

41. Levchenko, 2007,同注 3。

42. M. Bauer, H. Lee-Makiyama, E. van der Marel and B. Verschelde, "The Costs of Data Localisation: Friendly Fire on Economic Recovery", ECIPE Occasional Paper No.3, 2014。

43. J.F. Francois and I. Wooton, "Trade in International Transport Services: The Role of Competition", *Review of International Economics*, 2001, 9(2), pp.249—611.

44. C. Beltz Soltys, "Internet-Induced Liberalization and Reciprocity: The Case of Telecommunications", in J. Bhagwati(ed.), *Going Alone: The Case of Relaxed Reciprocity in Freeing Trade*, MIT Press, 2002.

45. L.J. White, "Unilateral International Openness: The Experience of the US Financial Services Sector", in J. Bhagwati, 2002, 同注 44。

46. C. Fink, A. Mattoo and R. Rathindran, "Liberalizing Basic Telecommunications: The Asian Experience", World Bank Policy Research Working Paper No.2718, Washington, D.C.: World Bank, 2001.

第五章

超越 0/1 假设：服务协定中的异质性条款对服务贸易的影响评估

阿尼鲁达·欣加尔[1]

第一节 简 介

1995 年以来，贸易外交出现一个显著特征，就是货物领域优惠贸易自由化和规则制定的步伐问题。最近，在服务贸易领域也发现了类似趋势。在 2000 年以前，81 个优惠贸易协定向世贸组织通报并且已经生效。其中，73 个协定包含专门处理货物贸易问题的条款，占比高达 90%。截至 2014 年 8 月，又有 182 个优惠贸易协定生效，其中 114 个协定还包含了关于服务贸易的条款，占 63%。这一进展说明，服务贸易的总体重要性日趋增加。各国越来越多地感觉到，需要在一个更牢固的机制和规则制定的基础上看待服务贸易，优惠贸易协定谈判的吸引力在于能够在更加快速的基础上实现这一目标。[2]

同时，文献研究也在不断演进，利用理论模型和实证分析，研究服务贸易协定的贸易影响。而且，很多双边服务贸易数据库的发布支持了这种努力，特别是经合组织开发的双边服务贸易数据库。[3] 自从文献发布以来，几位作者[4] 利用这一数据设置来审查服务协定对服务贸易流动总体和分解情况的贸易影响。其他数据库的发布，包括联合国服务数据库（UNSD）和服务贸易数据库（TSD）[5]，为评估服务贸易的影响提供了进一步帮助。

但是，没有太多文献研究服务优惠贸易协定条款的差异，并且审查服务协定的贸易影响。朱安·马尔谢蒂（Juan Marchetti）[6] 将服务优惠贸易协定分为两类，一是“规定深层次一体化的协定”，二是“设想实现服务贸易具体限制的自由化而非监管协调的协定”。前者是积极类型的一体化协定，旨在寻求协调至少是最基本的监管要求，欧盟和欧洲经济区域国家的协定是最好的例证。后者是负面类型的一体化协定,过去十年间的其他服务优惠贸易协定属于这一类。

从马尔凯蒂更加完整的详细说明中可以看出,欧盟协定对服务贸易的影响是服务贸易增加了15%,略高于负面类型的一体化服务协定(服务贸易增加13%)。其他文献还研究了条款的多样性问题,以评估其对外国直接投资流动的影响,包括优惠贸易协定/双边投资协定"黑匣子"中的争端解决条款。[7]

在本章中,我们利用贸易协定设计数据库(DESTA),重新审视服务协定的贸易影响,并考虑了其中不同类型的条款。这个数据库编纂了1947年至2010年间587个优惠贸易协定的信息,超越了将服务优惠贸易协定划分为积极一体化协定和负面一体化协定的范畴。[8]我们的实证分析将基于结构重力模型预测的最新进展。[9]除了将服务优惠贸易协定的成员资格作为内生因素,我们还将审议服务优惠贸易协定的贸易影响,并考虑零贸易流动的情况。这些解释了我们的研究结果与马尔凯蒂研究结果之间的差异。

我们的研究结果显示,由于服务协定中不同类型条款的存在,在相当程度上降低了预测贸易影响的程度。这一结果对贸易边际预测、并入零贸易流动的预测及对不同样本的选择(所有,包括欧盟、非欧盟、北北、南北)来说都是强力的。

第二节　评估服务协定的影响

和双边货物贸易比较相似,双边服务出口(X_{ijt},在时间点 t 从 i 国出口到 j 国)也是受相同的"重力"影响,例如出口国和进口国的GDP、价格和双边贸易成本。[10]后者通常是几项因素的指标,包括两国首都之间距离、(限制性)服务法规的异质性几率,以及共同的国际边境、语言、殖民渊源、法律体系和优惠贸易协定的参加方(就本章而言,是服务优惠贸易协定或服务贸易协定 STA_{ijt})。

根据经验,我们将得到下面的模型:

$$\ln X_{ijt}=\mu_{ij}+\alpha_{it}+\gamma_{jt}+\rho_t+\delta STA_{ijt}+\varepsilon_{ijt} \tag{5.1}$$

所有的双边贸易成本体现在成对固定效应 μ_{ij}、出口时间 α_{it} 和进口时间 γ_{jt} 效应,固定效应在(1)中控制各自GDP的影响,根据最近的文献,[11]还考虑一个面板数据设置中的不同时间因素。ε_{ijt} 代表错误项。

但是,模型5.1并没有考虑绝大多数双边贸易数据中的重要特征,也就是"出口零”的存在。[12]考虑到双边服务贸易数据，这一点更加正确，后者往往报告实质数量的缺失观察项。

最后，模型 5.1 假定服务贸易协定成员资格是外生的。但是，作为与此前工作的一项重要偏离，研究人员[13]已经基于一种直觉，开始将优惠贸易协定成员资格视为内生的，即如果各国存在“自我选择”[14]加入一项协定的倾向，将优惠贸易协定成员资格作为外生的，就意味着低估贸易效果的量级。[15]例如，谈判北美自贸协定的决定与一项事实之间并非没有关联，即美国、加拿大和墨西哥早已是彼此重要的贸易伙伴。但是，认为这一决定是独立的，将减少北美自贸协定的预估的贸易影响的量级。

最近的文献[16]已经提供一种精简版的重力模型的估算。这种模型与理论是相符的，让优惠贸易协定成员资格的影响内生化，并且还考虑了两种边际的贸易。重要的是，在模型 5.1 中纳入成对的、进口时间和出口时间的固定影响，也让服务优惠贸易协定变量的内生待遇成为可能。[17]

第三节　数　　据

X_{ijt}来自经合组织的双边服务贸易数据库。这些包括 35 个出口国(地区)和 238 个进口国(地区)在 1999—2010 年间的 6 095 对贸易伙伴关系(国家清单详见附录方框 5.1)。其中，203 个贸易伙伴报告说其服务出口是负值，如果存在报告错误，这些金额将被计为零。[18]此外，在 44 322 项观察数据中，有 7 147 项服务出口数据被发现没有报告，因此也被假定为零。[19]这就导致样本中出口为零的项目数量达到 19 700 项，占样本总数的 44.4%。

遗憾的是，本章中使用的经合组织数据只涵盖服务提供的两种方式：跨境交付(模式 1)和境外消费(模式 2)。通过模式 3 提供的贸易，虽然占全球服务贸易流动的比例超过三分之一，并没有被纳入经合组织数据库。考虑到这一限制，以及服务互惠自由化旨在便利商业存在的事实，通过纳入服务中外国直接投资的双边数据，在本章中审查相关结果是有用的。

即便如此，相比联合国服务数据库，经合组织数据库在进口国(地区)的数量方面涵盖范围更好一些，后者的数据只从 2000 年开始。相比之下，服务贸易数据库(TSD)的数据从 1981 年开始，并且使用了镜像流动的方式，可能提供比经合组织数据库更好的涵盖范围，但是前者在截至 1995 年以前的数据充斥着很多零贸易流动的情况。

关于贸易协定的数据来自世贸组织的区域贸易协定信息体系数据库(RTA-IS),在这里 STA=1 代表着 1958—2010 年间在 GATS 第 5 条下通报的协定,0 则代表其他情况。因为我们的数据只涵盖 1999—2010 年,如果一项贸易协定是在 1999 年以前达成的,STA 变量值在 1999—2010 年是 1。另一方面,如果协定在 1999 年以后生效,变量值在服务优惠贸易协定生效当年及以后的年份是 1,否则是 0。

要考虑服务优惠贸易协定中发现的不同类型的条款,我们只使用了迪尔等(Dür et al., 2014)提出的一个变量,也就是 DESTA(一个深度变量的合集,数值是 0、1 或 2)。此外,我们还创建了一个新的变量 DEPTH,通过增加选择性的在服务优惠贸易协定服务条款中的变量,提供了一种合集,变量值是 0、2、4、5、6、7、8。本章附录中规定了构建这些变量时使用的方法论的细节,但实质上这些指标的更大值指向相关优惠贸易协定中大量的服务实质性条款。

附录表 5A.1 显示了所有变量的平均值及最低值、最高值和标准偏离。

图 5.1 显示了我们研究样本中的贸易伙伴并矢量,这些国家(地区)在 1999—2010 年双边服务出口额超过 100 亿美元。我们通过比对 1999—2010 年这些出口平均值发现,29 对贸易伙伴(在 6 095 个贸易伙伴并矢量中占比 0.5%)的双边服务出口超过 100 亿美元,而且有意思的是,超过一半(18 对)有一项在 2010 年生效的服务贸易协定。

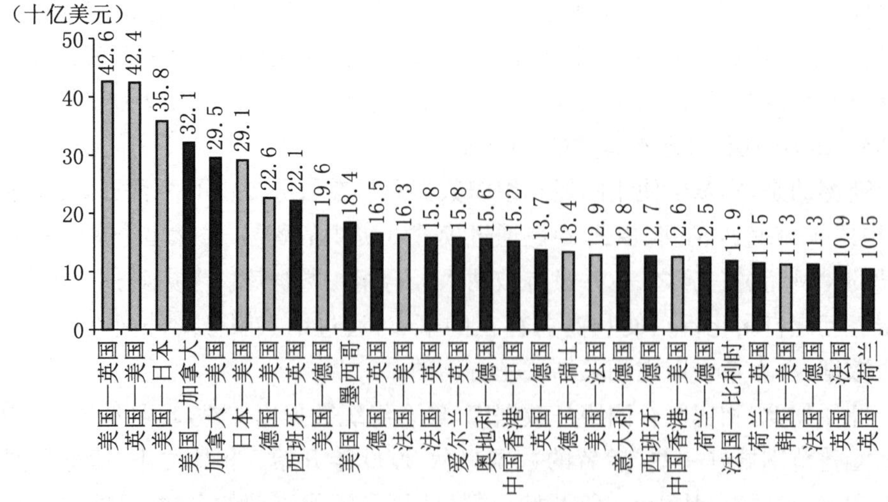

注:黑体部分的对数在 2013 年有一个服务贸易协定;淡黑色的则没有。
资料来源:经合组织。作者自己计算。

图 5.1 服务出口流动最多的对数(1999—2010 年平均)

表 5.1 显示,1999—2010 年的(正面)双边服务出口的等分分布和服务贸易协定的存在情况。最上面的等分分布($n=385$,占样本中所有贸易伙伴对数的 6.3%)的平均服务出口额是 37 亿美元,几乎一半的此类并矢量拥有一个在 2010 年生效的服务贸易协定。表 5.1 还显示,1999—2010 年双边服务出口的分布高度偏向最顶端的等分,最顶端比最低端高 28 000 倍以上。

表 5.1　双边服务出口的十分位数分布(1999—2010 年平均)

Deciles($n=3\,850$)	平均 X_{ij}(百万美元)	服务贸易协定
D1	3 776.8	0.49
D2	395.0	0.35
D3	133.1	0.32
D4	53.7	0.26
D5	24.8	0.27
D6	11.5	0.17
D7	5.3	0.20
D8	2.2	0.16
D9	0.7	0.15
D10	0.1	0.07
D1/D10	28 072.4	7.3

资料来源:经合组织。作者自己计算。

更重要的是,随着等分逐步降低,谈判一项服务协定的意愿也在下降,这强调了两个变量之间的内生联系。在我们的样本中还可以发现,有服务协定的所有并矢量的双边服务出口比没有服务协定多 5.7 倍。

最后,图 5.2(底下的面板)显示了我们数据库中服务优惠贸易协定的比例密集度,这是根据按照 DEPTH 变量测算的服务协定以及服务出口(百万美元)相比 DEPTH(顶上的面板)的平均值的深度。从底下的面板可以很明显地看出,没有一项优惠贸易协定的(DEPTH=0)在我们的数据库中是多数(密集度是 87.9%),之后的深度是 5 和 8,密集度分别是 6.9%和 3.5%。但是,正如顶端的面板显示的,最大的服务贸易流动是与深度系数 2 相关的(183 亿美元),之后是 5(19 亿美元)和 8(9.16 美元)。因为深度系数 2 在我们数据库中的观察数量最少(在底端面板的密集度为 0.02%),很有可能的是,通过一项协定的深度来评估服务贸易影响将降低估算的平均待遇效果的量级。

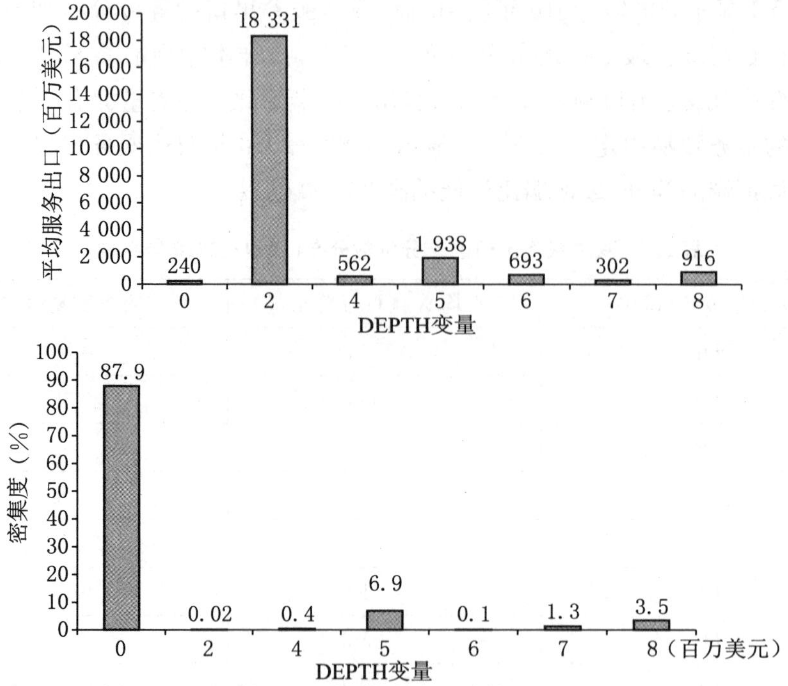

资料来源：经合组织和 Dür 等，2014 年；作者自己计算。

图 5.2　服务优惠贸易协定中的实质性条款与平均服务出口流动(1999—2010 年平均)

第四节　估算事项

我们的等式可以通过使用普通最小平方法(OLS)对线性对数进行估计。但是，这排除了出口零的待遇(因为零的对数没有界定)，出口零的范围在我们的数据库中相当高(44.4%)。在出口零的情况下，选择合适的估计量取决于生成错误项的过程。据最近的文献，[20]我们发现，我们的研究数据的特征在于平均比率的常数方差，这意味着要使用泊松伪最大似然估计(PPML)来进行推理。重要的是，PPML[21]仍然是在过渡分散的情况，这一点对我们的数据来说也是正确的。[22]

遗憾的是，具有若干高纬固定效应的 PPML 导致没有集合。即便是使用最近文献中提到的不同的变通策略，情况也没有发生改变。[23]

考虑到在估算这些等式时至少需要两个高纬固定效应，另一个可能性是使用最新开发的“2WFE”方法。[24]

这允许使用两个有最小存储要求的高维固定效应来预测线性回归模型。海德和迈耶(Head and Mayer，2013)发现，2WFE 预测为最小平方伪变量提供了相同的评估,[25]而不受到任意限制的约束。他们还推荐 2WFE 方法超过其他估算策略,例如双重贬低、Bonus Vetus OLS[26]和四分组。[27]

因此,我们使用 2WEF 估算器来估算我们的等式线性对数。

但是,这一战略仅仅在密集范围内工作。为包括 2WFE 预测的出口零,我们采用了伊顿和科图姆(Eaton and Kortum, 2001)的方法,并且假定服务出口的最小值是 ϵ,当重力预测的 $X_{ijt} < \epsilon$ 时,观察到的服务出口额是零。虽然 ϵ 还不可知,但可以通过每个目的地市场的最小的可观察到的服务出口($\min X_j$)来进行估算。

与为出口零增加一个任意常数的做法不同,这种方法更加直观,因为针对特定进口商的最小贸易流往往将反映市场规模、竞争和贸易壁垒及报告和测算问题的差异。这种方法也与理论是一致的,不要求排除限制。

因此,等式通过将 X_{ijt} 替换为($X_{ijt} + \min X_j$)来估算线性对数,以便在分析中并入出口零。

第五节　结　　果

表 5.2 报告了积极出口的结果。在这个表格中,行报告的是五个不同样本的结果:所有服务优惠贸易协定、南北服务优惠贸易协定、北北服务优惠贸易协定、只有欧盟的服务优惠贸易协定(即任何只在 27 个欧盟成员国之间达成的协定)和完全非欧盟的服务优惠贸易协定(即任何不在 27 个欧盟成员国之间达成的协定)。列报告的是三种不同的可能服务贸易协定变量的估算服务贸易影响:服务贸易协定(基本的 0/1 假设)、DESTA(累加的深度变量,数值是 0、1、2)、

表 5.2　估算等式(1)对积极出口的贸易影响总结

X_{ij} 大于 0	STA	DESTA	DEPTH
所　有	14.2%**	8.1%***	2.9%***
南　北	−19.0%*	−10.3%*	−0.2%
北　北	21.4%***	13.2%***	3.5%***
欧　盟	72.6%***	31.4%***	5.7%***
非欧盟	−15.2%#	−8.0%#	−2.4%

注:所有预测包括并向量、进口商时间和出口商时间固定效应和标准误差项根据 DYAD 和年汇总。

p 小于 0.10, * p 小于 0.05, ** p 小于 0.01, *** p 小于 0.001。

DEPTH(分解的深度测算,数值是0、2、4、5、6、7、8),更大的数值与相关优惠贸易协定中越多的服务实质性条款相联系。所有估算包括并向量、进口商时间和出口商时间固定效应,标准误差项根据并向量和年汇总。

使用简单的服务贸易协定0/1假设,(服务)贸易影响从全部样本的14.2%[28]到欧盟成员国的72.6%到北北优惠贸易协定的21.4%不等。但是,南北服务优惠贸易协定似乎与净贸易转移相联系,我们样本中的非欧盟贸易伙伴之间的服务优惠贸易协定也是如此(还可参见 Shingal, 2009; 2014)。这将反映一项事实,更多有意义的服务自由化可能只能在北北优惠贸易协定和只有欧盟成员国之间的优惠贸易协定中实现,在所有其他并矢量的服务优惠贸易协定从定义上排除了此类服务优惠贸易协定成员的更加重要的服务贸易伙伴。

有意思的是,贸易效应的量级在相当程度上对所有样本(特别是只有欧盟成员国参与的)下降,一旦我们使用 DEPTH 变量考虑服务优惠贸易协定中的不同条款;对南北服务优惠贸易协定的预测甚至丧失了数据重要性。而且,即便是用累加的 DEPTH 变量 DESTA,我们也会得到更低的预测贸易影响。

因此,如果不考虑服务协定中的条款的异质性,为预测的贸易影响的量级提供了一个向上的偏见。这可能不会太出人意料。传统的0/1假设变量掩盖了谈判服务协定的贸易伙伴做出的承诺中的重要差异,它们可能有些类似的对待,对贸易影响的量级产生了偏差。但是,我们的数据库显示,最大的服务贸易流动不是与优惠贸易协定中更多的服务条款相联系的,因此"解绑"非零服务贸易协定变量,并预测贸易影响"显示"了这种不相关。

这一总体发现也在将出口零并入样本后获得的结果中得到确认,并且在表5.3中得到报告。大家可能期待这些系数有相比基线结果较低的量级,因为回

表5.3 估算等式(1)对所有出口的贸易影响总结

X_{ij}大于0	STA	DESTA	DEPTH
所　有	14.4%*	9.7%***	2.6%***
南　北	18.2%*	9.4%*	2.3%
北　北	9.4%***	10.1%***	2.5%***
欧　盟	38.5%***	17.7%***	3.3%***
非欧盟	3.8%#	2.0%#	0.7%

注:所有预测包括并向量、进口商时间和出口商时间固定效应和标准误差项根据 DYAD 和年汇总。

p小于0.10, * p小于0.05, ** p小于0.01, *** p小于0.001。

归分析现在已经并入了零出口流动。但是,关于完整样本的(服务)贸易影响似乎现在增强,这似乎意味着只是服务优惠贸易协定变量组成部分之一,便利了进入服务出口市场的几率。相比之下,北北贸易协定的和仅欧盟的样本的贸易影响使用 DEPTH 被降低了,而南北协定和非欧盟贸易伙伴现在在统计学上对零无关紧要,不管服务优惠贸易协定的深度。这似乎说明,服务的更多条款从本质上可能对成为一个服务出口商没有太大影响。

第六节　结　　论

本章使用经合组织关于双边服务贸易流动的更新数据,以及关于服务协定中不同类型条款的一个新的数据设置,考虑了此类条款在预测服务贸易优惠情况方面的异质性。各国越来越偏好此类优惠主义,并且在优惠贸易协定中作出了超过世贸组织规则的承诺。但是,就实际条款而言,如同货物协定的情况那样,服务优惠贸易协定中的承诺显示了不同的雄心水平。因此,如果考虑到这些条款体现出不同的贸易自由化水平,审查这些协定实际上是否带来了更多的服务贸易,是很有意义的事情。

重要的是,我们的结果显示,将服务条款中的这种异质性考虑在内,优惠服务贸易协定对服务贸易影响的量级有所下降。这丝毫不令人惊讶。传统的 0/1 的虚拟变量掩盖了协定内容方面的重要差异,从而使贸易影响的量级产生了偏差。但是,我们的数据库显示,最大的服务贸易流动不是与优惠贸易协定中更多的服务条款相关,因此在预测贸易影响时将非零服务贸易协定变量“分开处理”展现了这种脱节。

附　　录

方框 5.1　样本国家(地区)
出口国(地区):澳大利亚、奥地利、比利时、加拿大、智利、捷克、德国、丹麦、西班牙、爱沙尼亚、芬兰、法国、英国、希腊、中国香港、匈牙利、爱尔兰、冰岛、以色列、意大利、日本、韩国、卢森堡、墨西哥、荷兰、挪威、新西兰、波兰、葡萄牙、俄罗斯、斯洛伐克、斯洛文尼亚、瑞典、土耳其、美国 进口国(地区):阿鲁巴、阿富汗、安哥拉、安圭拉、阿尔巴尼亚、安道尔、荷属安的列斯群岛、

阿联酋、阿根廷、亚美尼亚、美属萨摩亚、南极洲、法国南部领土、安提瓜和巴布达、澳大利亚、奥地利、阿塞拜疆、布隆迪、比利时、贝宁、布基纳法索、孟加拉国、保加利亚、巴林、巴哈马、波黑、白俄罗斯、伯利兹、百慕大、玻利维亚、巴西、巴巴多斯、文莱、不丹、布维岛、博茨瓦纳、中非、加拿大、科科斯群岛、瑞士、智利、中国、科特迪瓦、喀麦隆、刚果(金)、刚果(布)、库克群岛、哥伦比亚、科摩罗、佛得角、哥斯达黎加、古巴、圣诞岛、开曼群岛、塞浦路斯、捷克、德国、吉布提、多米尼克、丹麦、多米尼加、阿尔及利亚、厄瓜多尔、埃及、厄立特尼亚、西班牙、爱沙尼亚、埃塞俄比亚、芬兰、斐济、福克兰群岛、法国、法罗群岛、密克罗尼西亚、加蓬、格鲁吉亚、格恩西、加纳、直布罗陀、几内亚、冈比亚、几内亚比绍、赤道几内亚、希腊、格林纳达、格陵兰、危地马拉、法属圭亚那、关岛、圭亚那、中国香港、希尔德和麦克唐纳群岛、洪都拉斯、克罗地亚、海地、匈牙利、印度尼西亚、马恩岛、印度、英属印度洋领土、爱尔兰、伊朗、伊拉克、冰岛、以色列、意大利、牙买加、约旦、日本、哈萨克斯坦、肯尼亚、吉尔吉斯斯坦、柬埔寨、基里巴斯、圣基茨和尼维斯、韩国、科威特、老挝、黎巴嫩、利比里亚、利比亚、圣卢西亚、列支敦士登、斯里兰卡、莱索托、立陶宛、卢森堡、拉脱维亚、中国澳门、摩洛哥、摩尔多瓦、马达加斯加、马尔代夫、墨西哥、马绍尔群岛、马其顿、马里、马耳他、缅甸、黑山、蒙古、北马里亚纳群岛、莫桑比克、毛里塔尼亚、蒙特塞拉特、毛里求斯、马拉维、马来西亚、马约特、纳米比亚、新喀里多尼亚、尼日尔、诺福克岛、尼日利亚、尼加拉瓜、纽埃、荷兰、挪威、尼泊尔、瑙鲁、新西兰、阿曼、巴基斯坦、巴拿马、皮特凯恩、秘鲁、菲律宾、帕劳、巴布亚新几内亚、波兰、波多黎各、朝鲜、葡萄牙、巴拉圭、巴勒斯坦、法属波利尼西亚、卡塔尔、罗马尼亚、俄罗斯、卢旺达、沙特阿拉伯、塞黑、苏丹、塞内加尔、新加坡、南乔治亚和南桑威奇群岛、圣海伦娜、所罗门岛屿、塞拉利昂、萨尔瓦多、圣马力诺、索马里、塞尔维亚、圣多美和普林西比、苏里南、斯洛伐克、斯洛文尼亚、瑞典、斯威士兰、塞舌尔、叙利亚、土耳其和凯科斯群岛、乍得、多哥、泰国、塔吉克斯坦、托克劳、土库曼斯坦、东帝汶、汤加、特立尼达和多巴哥、突尼斯、土耳其、图瓦卢、中国台湾、坦桑尼亚、乌干达、乌克兰、美国本土外小岛、乌拉圭、英国、美国、乌兹别克斯坦、罗马教廷(梵蒂冈)、圣文森特和格林纳丁斯、委内瑞拉、维尔京群岛(英国)、维尔京群岛(美国)、越南、瓦努阿图、沃利斯和富图纳群岛、萨摩亚、也门、南斯拉夫、南非、赞比亚、津巴布韦

表 5A.1　统计数据

变量	观察	方法	标准偏离	最小值	最大值
X_{ijt}	44 322	385.1	2 068.7	0.0	63 564.5
$\ln X_{ijt}$	24 622	3.8	2.6	−13.8	11.1
$X_{ijt}+\min X_j$	44 322	385.5	2 068.6	0.0	63 564.5
$\ln(X_{ijt}+\min X_j)$	44 310	0.1	5.2	−13.8	11.1
STA	44 322	0.1	0.3	0.0	1.0
DESTA	44 322	0.2	0.7	0.0	2.0
DEPTH	44 322	0.7	2.0	0.0	8.0

本章中使用的 DESTA 变量来自迪尔等(2014),是对“协定是否包括了规定服务贸易自由化的实质性条款?”这一问题的简单回答。相关答案按照编码如下:0 代表没有提及服务贸易

自由化,1代表服务贸易自由化被提及作为总体目标,2代表规定了服务贸易自由化的实质性条款。

要构建DEPTH,我们利用一个累加指数,将这些编码的回应应用到迪尔等(2014)的问题里。我们认为,就这些问题的答复对服务贸易的影响而言,这些问题的相关性更强一些:服务贸易自由化是遵循一种正面列表方式,还是一种负面列表方式? 服务章节是否包含了一项最惠国待遇条款? 服务章节是否包含了一项国民待遇条款? 服务章节是否提供不建立的权利(即是否允许在没有当地存在的情况下提供服务?)服务章节是否允许在提供服务方面的自然人移动?

对于构建DEPTH过程中使用的这些问题,其具体答案与相关编码情况如下:

a) 服务贸易自由化是遵循一种正面列表方式还是一种负面列表方式?

0 没有实质性服务条款

1 正面列表方式(列明将涵盖在内的部门)

2 负面列表方式(所有部门都涵盖在内,但列明的部门例外)

b) 服务章节是否包含一项最惠国待遇条款?

0 没有服务章节

1 服务章节中没有最惠国待遇条款

2 服务章节中包含最惠国待遇条款

c) 服务章节是否包含一项国民待遇条款?

0 没有服务章节

0 服务章节中没有国民待遇条款

1 服务章节中包含国民待遇条款,但范围限于具体部门

2 服务章节中包含最惠国待遇条款

d) 服务章节是否提供不建立的权利?

0 没有服务章节

0 没有明确允许不建立的权利(也许被忽略或明确排除)

1 明确提供不建立的权利

e) 服务章节是否允许在提供服务方面的自然人移动?

0 没有服务章节

0 没有明确允许自然人移动(也许被忽略或明确排除)

1 明确允许在提供服务方面的自然人移动

f) 服务章节是否包含一项审议条款?

0 没有服务章节

0 服务章节没有审议条款

1 服务章节包含审议条款

DEPTH变量仅仅是对问题(a)到(f)的答复进行了加总。

从有关问题答案对服务贸易影响的角度看,并非在构建DEPTH变量中使用的所有问题都是有用的,但是在一个替代指数中选择性使用这些问题,不太可能改变我们分析要传递的主要信息,即与传统的0/1服务优惠贸易协定虚拟变量相比,考虑服务优惠贸易协定中的不同条款,减少了对相关协定贸易影响预测的量级。

注释

1. 我要感谢瑞士国家竞争力研究中心(NCCR)的财政支持,以及 Sébastien Miroudot、Andreas Dür、Manfred Elsig 的慷慨,让我能够进入本章中提到的数据库。

2. Pierre Sauvé and Anirudh Shingal, "Reflections on the preferential liberalization of services trade", *Journal of World Trade*, 2011, 45(5): pp.953—963.

3. 2002 年,经合组织秘书处展示了 1999—2002 年间 26 个成员国的服务贸易总体数据以及分解到伙伴国的数据。现在这些数据已经被扩大到涵盖 35 个经合组织报告国、238 个经合组织和非经合组织伙伴国,时间跨度长达 12 年(1999—2010 年)。

4. Leo Grünfeld and Andreas Moxnes, "The intangible globalization: Explaining the patterns of international trade in services", Norwegian Institute for International Affairs, Working Paper No.657, 2003; Daniel Mirza and Giuseppe Nicoletti, "What is so special about trade in services", Research paper 2004/02, University of Nottingham, 2004; Janet Ceglowski, "Does gravity matter in a service economy?", *Review of World Economics*, 2006, 142(2): pp.307—329; Fukunari Kimura and Hyun-Hoon Lee, "The gravity equation in international trade in services", *Review of World Economics*, 2006, 142(1): pp.92—121; Henk Kox and Arjan Lejour, "The effects of the Services Directive on intra-EU trade and FDI", Revue Economique, 2006, 57(4): pp.747—769; Keith Walsh, "Trade in services: does gravity hold? A gravity model approach to estimating barriers to services trade", The Institute for International Integration Studies Discussion Paper Number 183, 2006; Carolina Lennon, "Trade in services and trade in goods: Differences and complementarities", WIIW Working Papers 53, 2008; Juan Marchetti, "Do economic integration agreements lead to deeper integration of services markets?", in Miroslav Jovanovic (ed.), *International Handbook on the Economics of Integration*, Cheltenham: Edward Elgar, 2011, Volume III: Factor, Mobility, Agriculture, Environment and Quantitative Studies, pp.435—454; Peter Egger, Mario Larch and Kevin Staub, Trade preferences and bilateral trade in goods and services: A structural approach, CEPR Discussion Paper, Issue 9051, 2012; Anirudh Shingal, "Revisiting the trade effect of services agreements", in M. Elsig and A. Dür(eds.), *Trade Cooperation: The Purpose, Design and Effects of Preferential Trade Agreements*, Cambridge University Press, December, 2014; Anirudh Shingal, "How much do agreements matter for services trade?", Munich Personal RePEc Archive paper 32815, 2009.

5. Joseph Francois and Olga Pindyuk, "Consolidated data on international trade in services", IIDE Discussion Papers 2013/01/01, Institute for International and Development Economics, 2013.

6. Marchetti, 2011,同注 4。

7. 参见 A. Berger, M. Busse, P. Nunnenkamp and M. Roy, "More stringent BITs, less ambiguous effects on FDI? Not a bit!", *Economics Letters*, 2011, 112(3), pp.270—272; A. Berger, M. Busse, P. Nunnenkamp and M. Roy, "Do trade and investment agreements lead to more FDI? Accounting for key provisions inside the black box", *International Economics and Economic Policy*, 2013, 10(2), pp.247—275。

8. A.Dür, L. Baccini and M. Elsig, "The design of international trade agreements: introducing a new dataset", *The Review of International Organizations*, 2014, 9(3),

pp.353—375.

9. 例如参见 Kith Head，Thierry Mayer and John Ries，“The erosion of colonial trade linkages after independence”，*Journal of International Economics*，2010，81(1)，pp.1—14。

10. 例如参见 James Anderson，Catherine Milot and Yoto Yotov，“The incidence of geography on Canada's services trade”，NBER Working Paper No.17630，2011。

11. Scott Baier and Jeffrey Bergstrand，“Do free trade agreements actually increase members' international trade?”，*Journal of International Economics*，2007，71(1)，pp.72—95.

12. 例如参见 Elhanan Helpman，Marc Melitz and Yona Rubinstein，“Estimating trade flows：Trading partners and trading volumes”，*The Quarterly Journal of Economics*，2008，123(2)，pp.441—487；Richard Baldwin and James Harrigan，“Zeros，quality，and space：trade theory and trade evidence”，*American Economic Journal*：*Microeconomics*，2011，3(2)，pp.60—88。

13. Christopher Magee，“Endogenous preferential trade agreements：an empirical analysis”，*Contributions in Economic Analysis & Policy*，2004，2(1)，pp.1—17；Scott Baier and Jeffrey Bergstrand，“Economic determinants of free trade agreements”，*Journal of International Economics*，2004，64(1)，pp.29—63；Scott Baier and Jeffrey Bergstrand，“On the endogeneity of international trade flows and free trade agreements”，unpublished manuscript，University of Notre Dame，2002；Hartmut Egger，Peter Egger and David Greenaway，“The trade structure effects of endogenous regional trade agreements”，*Journal of International Economics*，2008，74(2)，pp.278—298.

14. 这就意味着参加一项协定的国家是那些早就在彼此之间进行重要贸易的国家。

15. 例如 Baier、Bergstrand(2007)发现，如果优惠贸易协定的成员资格在经济上是内生的，则货物协定的贸易影响将是 5 倍，同注 11。

16. Peter Egger，Mario Larch，Kevin Staub and Rainer Winkelmann，“The trade effects of endogenous preferential trade agreements”，*American Economic Journal*：*Economic Policy*，2011，3(3)，pp.113—143.

17. Baier and Bergstrand，2007，同注 11。

18. 在我们的敏感性分析中，我们还在没有这些观察数据的情况下运行了回归分析，但发现结果从定性的角度讲是类似的。

19. 报告和测算失误的低门槛是可以被认为对未报告流动和出口零项目负责。

20. Keith Head and Thierry Mayer，“Gravity equations：Toolkit，Cookbook，Workhorse”，CEPII Working Paper No.27，2013.

21. PPML 鼓励使用一个简单的泊松伪最大似然估计，因为在数据异方差性存在的情况下，标准的对数线性理论模型产生不一致的预测。“对数线性的一个额外问题是其与贸易数据中存在的零不兼容，这导致几个无法令人满意的解决方案，包括样本的阶段和因变量的进一步非线性转换”，参见 Joao Santos Silva and Silvana Tenreyro，“The log of gravity”，*The Review of Economics and Statistics*，2006，88(4)，pp.641—658。

22. 例如参见 Colin Cameron and Pravin Trivedi，*Microeconometrics*：*Methods and Applications*，New York，NY：Cambridge University Press，2005；Santos Silva and Tenreyro，2006，同注 21。

23. Joao Santos Silva and Silvana Tenreyro，“On the existence of the maximum likelihood

estimates in Poisson regression", *Economics Letters*, 2010, 107(2), pp.310—312.

24. Paulo Guimaraes and Pedro Portugal, "A simple feasible procedure to fit models with high-dimensional fixed effects", *Stata Journal*, 2010, 10(4), pp.628—649.

25. K. Head and T. Mayer, "Gravity equations: workhorse, toolkit, and cookbook", in G. Gopinath, E. Helpman and K. Rogoff (eds.), *Handbook of International Economics*, Elsevier, 2014, vol.4, pp.131—195.

26. Scott Baier and Jeffrey Bergstrand, "Bonus vetus OLS: A simple method for approximating international trade-cost effects using the gravity equation", *Journal of International Economics*, 2009, 77(1), pp.77—85.

27. Head et al. 2010,同注 9。

28. 这计算为{exp(δ)－1}×100,δ是 STA 变量的系数。

第六章

培育服务出口的竞争力：衡量标准和政策选项

塞巴斯蒂安·赛斯、达丽亚·塔廖尼[1]

在全球化程度不断加深、竞争日趋增强的世界里，了解自身相比竞争对手的发展情况，以及本国过去的出口表现情况，对各国来说非常重要。经济文献和商业文献中都提出了竞争力的若干概念。以微观经济学为基础的解读将其与生产率联系在一起，此类解读已经颇具规模，也比较容易量化，特别是在企业或部门层面。以宏观经济学为基础的方法定义更加广泛，但还没有成气候，而且也有一些争议。在宏观层面对竞争力的首次解读，是集合以生产率为基础的微观经济学概念。例如，一些作者认为，"如果一个经济体拥有大量具有国际竞争力的产业和企业"，则该经济体具有竞争力。[2]这一概念证实，可以通过研究一国在贸易和海外直接投资上的表现来评估其国内竞争力，因为竞争性经济体需要在出口和直接投资上表现强劲。这也解释了为什么贸易指标已经被广泛用于衡量竞争力。

另一种观点以相对价格为基础。在竞争性经济体内，均衡要素价格低于国际竞争者，不管其成本优势来源（投入物富足度、技术、规模或上述因素混合作用）。实际汇率和实际有效汇率以相对价格为基础来衡量竞争力，很多研究人员曾使用过这些概念。[3]最后，竞争力的定义还具有多重内涵。虽然这些不适合推断出稳健的定性测算，但能够描述关于竞争力争论的几个方面。

竞争力的这种综合衡量指标，从两个方面成功地阐述了服务业是构成一国竞争力的重要组成部分。第一，服务代表了一国可能具有比较优势的活动。第二，如果这些活动可以交易，能够为一国的出口多元化和扩大出口机遇作出贡献。服务的第二个重要作用在于，它是整个经济竞争力的一种战略驱动力。

本章是对服务竞争力实证研究的贡献，旨在帮助决策者评估政策如何影响服务部门和服务出口的效率，并解决影响服务贸易增长和发展的主要政策限制。第一节讨论了服务在现代经济中的作用。第二节提供了分析和评估服务产业表现的一种框架。第三节确认了影响服务效率的赋能因素或障碍。

第一节 服务贸易与竞争力

服务是具有潜在竞争优势的活动,这一事实在大量发展中国家已经得到印证,这些国家成功地向本地区及高收入国家出口了各式各样的服务。服务相比绝大多数货物的可交易程度要小一些,因为货物往往要求买家和卖家面对面,降低了旅行、信息和通信技术成本。但是,互联网准入的机会不断增加,改进了在一个地方生产、在另外一个地方消费的适用性,因此也就使新的贸易机会成为可能。

因此,在20世纪最后四分之一的时间里,服务的日趋可交易性是国际贸易模式的最重要变化。[4]技术变革和监管改革驱动着服务的可交易性。这是通过增加存储性,并且允许在全球和区域价值链内更多使用外包和离岸活动实现的。就后者而言,监管改革与20世纪80年代后半段开始的广泛政策变革相关。服务可交易性的突破性改革包括取消垄断提供者和影响外国投资者的限制:这些已经允许私营部门和外国投资者提供过去传统上由国家提供的服务。[5]

另外,服务不仅是出口多元化的一种来源,也是很多下游竞争性产品生产的关键所在。出口到国际市场上的绝大多数货物的竞争力不仅取决于原材料投入物的准入机会,还取决于关键的服务投入物,包括有效的、竞争性的定价工具(如信息通信技术、运输)、金融服务(即银行、会计和保险)和其他商业服务(如会计、法律和营销)。由此导致的结果是,越来越多的政府希望改进本国服务生产和出口的规模、范围和潜力,并且确认那些为释放该国服务部门竞争力而需要取消的壁垒。

增强服务竞争力很重要,特别是因为各国越来越多地在国际生产碎片化的模式下发展。[6]今天,贸易日趋与货物、服务、投资和知识产权的流动相关,而这些是跨地区生产的必要条件。20世纪90年代发生的技术变革,降低了长距离的协调成本,因此此前那些只能在步行距离内完成的生产环节得以在全球层面分布。一些生产环节被外包到工资更低的那些国家,导致了全球价值链的出现。这极大地改变了国际商业活动的特征。在此背景下,服务贸易,例如金融服务、通信服务、职业服务、运输服务,对不同区域的分散化生产进行了有机协调。

因此,轻松使用东道国的有效服务和基础设施,是推动国内投资甚至是吸引外国投资者的关键。这包括获取(便宜和可信的)能源供给、财政和贸易支持、电信(例如关于电子商务或电子转移),以及运输服务。发展中国家的全球价值链供应商确认，一些国家层面的供给侧限制影响其进入、建立全球价值链或在其中攀升，其中两个最重要的就是获取融资（对52%的受访企业而言）、运输基础设施和服务（对39%的受访企业而言）。[7]例如，在边境上因为有效的运输和物流带来的利益，可能因为国内链条的无效而受到减损，比如不可信赖的国内运输服务或者较高的运输成本。关键服务投入物的国内部分的组织，与全球价值链生产中国际部分的组织同样重要。

制造业的"服务化"非常显著。一个制造业企业进行国际化生产活动时，差不多有40种不同类型的服务牵涉其中。[8]最近的增加值贸易数据也显示，服务约占制造业贸易增加值的30%。[9]这清楚地说明，如果一国没有高效的国内服务业，或者不开放此类服务的进口，该国就不可能具有竞争力或加入全球价值链，即便是在制造业部门。不管是管理复杂的价值链，还是保持价值链全过程的生产标准，都要求一种强劲的协调，而这种协调恰恰需要依靠高效率的服务（例如审计人员、律师和管理人员），以及这些关键人员的跨境流动来实现。

第二节 评估服务竞争力

服务贸易的诊断分析集中于评估服务竞争力的赋能因素和障碍。实证研究已经确认了解释服务业表现的大量因素。[10]一些研究预测，服务贸易成本约是货物贸易成本的两倍。[11]得出这一结论的原因包括限制服务贸易的不合适政策，或者缺少充分的法规，或者现有政策执行不力。

赛斯等（Sáez et al.）提出了一种方法论和工具，既评估各经济体的竞争力表现和服务潜力（服务既作为其他贸易活动的投入物也是出口产品），同时也确认影响服务贸易的关键限制。[12]这种方法论旨在发现一经济体在服务上述两项功能方面拥有的竞争力，即服务作为出口多元化的一种来源，以及对经济整体的更大竞争力的一种来源。第一步是评估服务贸易的结果，以及经济体内经济生产的服务增加值。第二步是评估各经济体的可贸易性，以及出口扩大和增长的潜力。第三步涉及政策内涵的诊断：确认便利或限制服务部门竞争力的因素，建立服务表现与决定因素之间的联系，并确认解决具体限制的政策选项。在下面内容中，我们将利用方法论包括的指标样本进行阐释，并讨论如何利用这些指标。

一、 评估服务贸易和竞争力结果

几个指标对评估服务出口的价值至关重要。这些指标包括：服务和货物贸易平衡、服务贸易额、服务出口额和进口额,以及这些占 GDP 的比例。进口和出口都极端重要,因为它们暗示着一个经济体参与全球化进程的程度。因此,本部分诊断的主要目的是评估外部竞争力,这里的讨论重点是在出口上。

我们先看看服务贸易与发展之间的关系。图 6.1 显示,服务进口与 GDP 的关系要弱于服务出口与 GDP 的关系。不同发展水平的经济体有可能进口服务,因为服务在将各经济体与世界联系在一起,以及作为其他经济活动的投入物方面都发挥着作用。

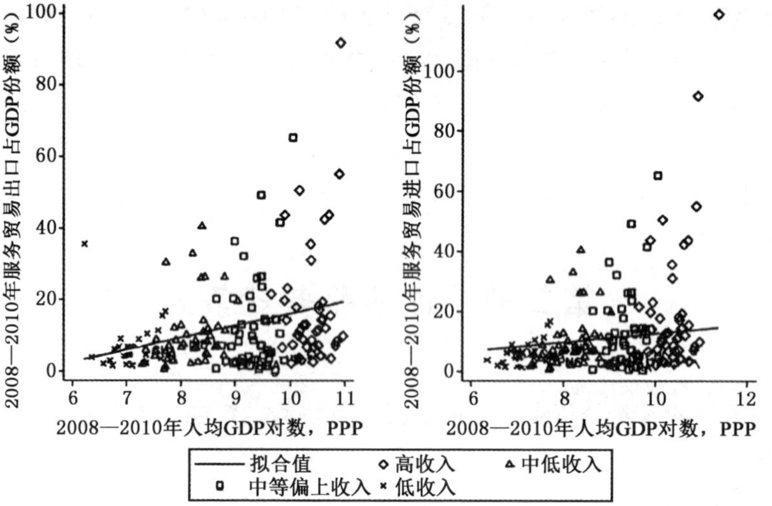

注:收入分类截至 2012 年 7 月 1 日。
资料来源:世界发展指标(WDI)。

图 6.1　部分经济体的服务贸易进出口占 GDP 的份额

相比之下,发达经济体更有可能出口服务。服务出口在 GDP 中的份额暗示了经济体内经济的服务部门能否转化为外部竞争力。如果没有转化为竞争力,则是由于该经济体生产的服务的不可交易性,其存在的监管壁垒,或是因为技能和基础设施等确定服务表现的因素存在不足。

经济体内经济的服务增加值与服务贸易占 GDP 比例之间存在一种正向联系。而且在很多重要的经济体,服务出口部门的规模要小于此前根据服务在经济中的规模所作出的预测。

同时,各经济体在世界货物市场上越来越有竞争力,因此出口的货物更多,但是此类出口对 GDP 的贡献很小。虽然货物出口在增加,但工业占 GDP 的比例在下降。与之类似的,虽然农产品出口占 GDP 的比例在增加,但农业(增加值）占 GDP 的比例在减少。相比之下，更高水平的服务出口（服务出口占 GDP 的比例）似乎与服务（增加值）在 GDP 中的更大份额相联系。纠正这种局面的一种方式是使用不同的测量指标，例如市场规模，以便让服务出口正常化。

在外国市场上的存在仅仅是本国外部竞争力的一种体现。多元化是另外一种。理想状态是出口部门应该多元化，而不是仅限于几个部门，例如采矿业或纺织业。多元化经济总体上能够预期实现更加可持续的增长。[13]

图 6.2 显示了人均的服务实际出口（服务对出口收益的贡献，体现为纵轴）与制造业和服务业增加值的总体份额（横轴）情况。横轴可以作为经济多元化的一种简单形式。从一个更加多元的经济基础上获得更多（人均）出口，被认为能够带来更加可持续的增长模式。从自然资源或农业走向多元化，通常被认为是发展的一种标志。[14]

不是所有经济体都已经实现了经济体经济的多元化。例如，埃塞俄比亚或柬埔寨处于左上顶端，服务出口收入高于平均水平，但其经济仍然相对单一。相比之下，中国、印度和马来西亚处于左上区域，已经实现了经济的多元化。图 6.2 还显示，很多中等偏高收入和中等偏低收入经济体，例如毛里求斯和巴拉圭，仍然有很多空间，通过实现经济多元化来增加人均出口收益。

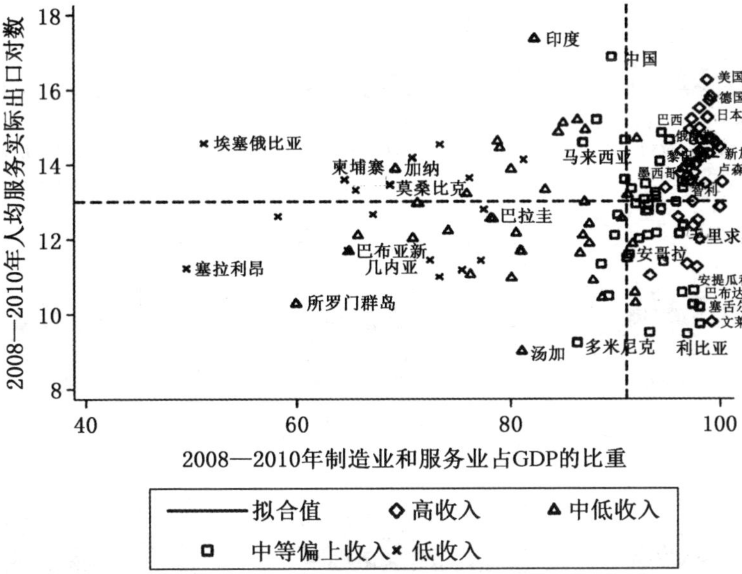

注：图中虚线表示人均实际出口（y 轴）和制造业与服务业占 GDP 比例（x 轴）的 log 中值。收入分类截至 2012 年 7 月 1 日。

资料来源：世界发展指标（WDI）。

图 6.2　部分经济体的服务出口和经济多元化

二、 评估服务出口的部门构成

在评估了服务总体出口后，下一步就是看看部门构成。该经济体出口了哪些服务？所有的出口是集中在一个部门还是多个部门？该经济体是在出口低增加值的服务，还是说该经济体在要求高技能和强劲经济体内基础设施的部门具有竞争力？几个指标对评估服务出口结构至关重要。他们包括服务和货物贸易平衡、服务贸易金额、服务进出口金额及其占 GDP 的比例。

随着各经济体变得越来越富裕，无论是增加值还是出口方面，服务在经济中的作用都在增加。但是，并不是随着一经济体的不断发展，所有服务部门的重要性都在增加，图 6.3 能够显示出这一点。运输和旅行服务占总出口的份额只是勉强与发展水平联系在一起。对这两个部门来说，拟合线几乎是水平的，这就意味着运输和旅行服务在一经济体总体服务出口篮子中的比重与经济发展水平是不相关的。通信和建筑服务的重要性似乎随着国家富裕程度的增加而降低。相比之下，保险、金融、计算机、许可和商业服务都显示了发展水平与出口占比之间的正向联系。[15]

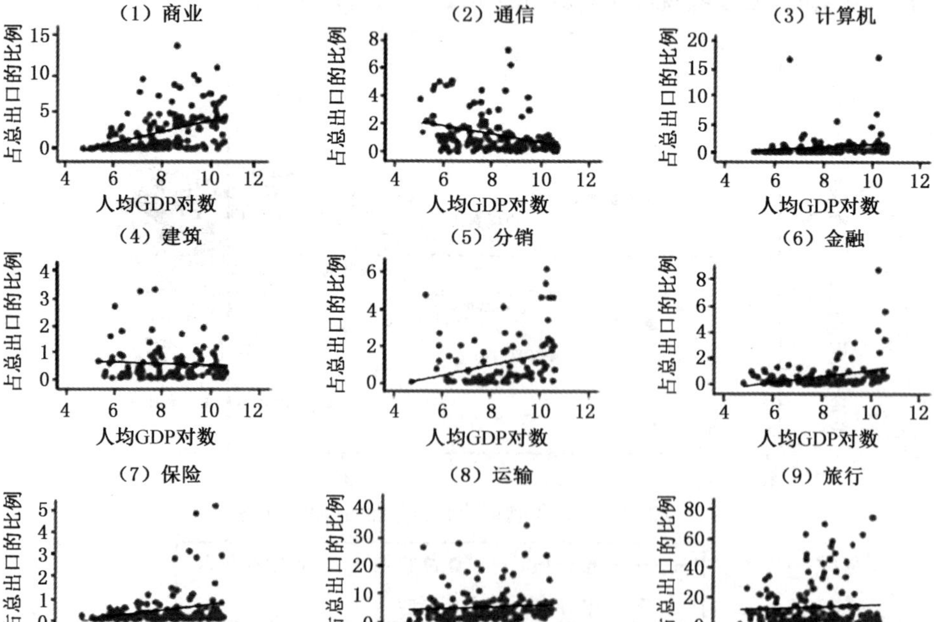

资料来源：服务贸易数据库。

图 6.3 部分经济体的服务出口和人均 GDP 的部门占比(2009 年)

三、 服务出口和要素密集度

我们可以制定显性要素密集度指标,服务在这些指标中反映的是出口的要素内容,而不是其"富足度"或"复杂度"。同时,高等收入经济体出口的服务往往是人力和有形资本密集型的。有形资本和信息技术相关资本对服务来说都是相关的。

服务的另外一个更加直接的要素密集度指标可以从EU-KLEMS数据库[KLEMS是格罗宁根大学经济增长和发展中心与欧委会联合开发的数据库,KLEMS一词取自资本(K)、劳动力(L)、能源(E)、中间投入(M)和服务(S)各词的第一个字母,通过测算生产所需的投入,可以观察各产业的生产率。——译者注]中发现,这使用了经济增长核算为基础的一种方法论。[16]增长和生产率的数据库涵盖的绝大多数是发达经济体。表6.1显示了要素密集度,这是根据各部门(实际情况)直接计算的,而不是依据显性要素密集度指标。根据要素计算,使用谢泼德和范德马雷尔的方法论,对部门进行了从高到低的排列。[17]

表6.1　部分服务部门出口的要素密集度

服　务	信息通信技术密集度	服　务	高技能劳动力密集度
旅　行	0.30	旅　行	0.17
运　输	0.30	运　输	0.20
个人服务	0.30	个人服务	0.19
其他商业	0.43	其他商业	0.24
保　险	0.28	保　险	0.21
信息通信技术	0.25	信息通信技术	0.20
金　融	0.39	金　融	0.25
建　筑	0.27	建　筑	0.16
通　信	0.23	通　信	0.25

资料来源:EU KLEMS。

图6.4使用了显性要素密集度。该图显示了人力资本和服务出口额之间的正向联系。在南非和土耳其,服务出口是与更高的人力资本指标相联系的。每个部门(圆圈)的大小说明了该部门的信息通信技术资本密集程度。总体出口还与更高的信息通信技术资本密集度是联系在一起的。

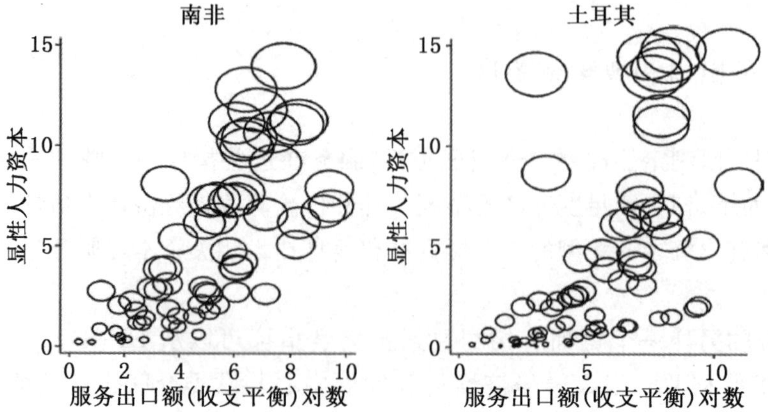

注:每个圆圈的大小表示每个部门的显性信息通信技术资本密度。人力资本服务密集度越高,数值则越大。数据为2007年。

资料来源:服务贸易数据库。

图6.4 南非和土耳其部分服务部门人力资本和信息通信技术相关资本的显性要素密集度

表6.2显示了显性人力资本指数(RHCI)和显性信息通信技术相关资本指数(RICTI)对未来增长产生重要影响。因此,在要素投入物密集型服务上具有专长的国家有更好的增长预期,而发达经济体在这类服务上通常是很充足的。

表6.2 显性人力资本指数(RHCI)和显性信息通信技术相关资本指数(RICTI)的矩阵结果,1999—2008年

事　　项	(1)	(2)
RHCI对数	1.283***	
	−0.266	
RICTI对数		0.701***
		−0.222
LogGDP pc‘99	−7.003***	−9.696***
	−0.366	−0.471
观察项	2 790	1 983
拟合度	0.154	0.337

注:LogGDP pc‘99是1999年人均GDP的对数值。跨国回归分析使用了强劲的集群标准误差。

*** p小于0.01。

四、服务作为整个经济竞争力的来源之一

在一经济体能够出口服务前,需要建立一个有竞争力的服务部门。对基础

指标的跨国比较，例如服务活动在一经济体增加值中的比例，采用了对经济体内部门重要性的第一次评估。几个指标对评估服务在经济体内经济中的作用是至关重要的。这些指标包括：服务、工业和农业部门增加值的GDP占比与人均GDP的对数值、部门就业、服务贸易开放度。关于这些指标的数据在各经济体之间在具体年份上收集。

图6.5显示了服务增加值的GDP占比与人均GDP的对数的分散点。拟合线反映了程式化的趋势，随着一经济体收入水平的增加，服务在经济中的份额往往与日俱增。

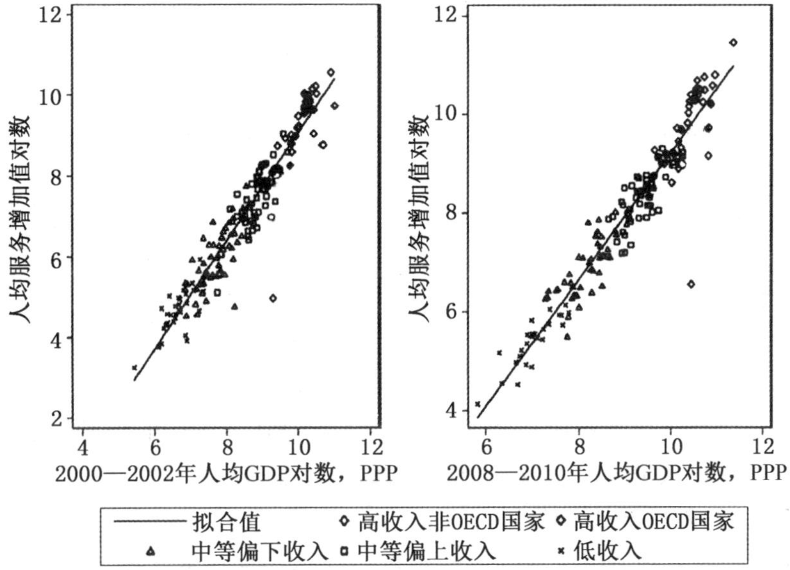

注：在WDI数据中，服务对应国际标准工业分类(ISIC)第50—99类。这一部分被记录为剩余(GDP减去农业和工业)，可能无法反映服务产出的总和。对一些经济体来说，金额包括产品税(减去补贴)，因此可能反映统计差异。收入分类截至2012年7月1日。

资料来源：世界发展指标(WDI)。

图6.5 部分经济体的服务增加值在GDP中的份额和人均GDP(2000—2002年和2008—2010年)

图6.5显示了服务部门的比例是比预期更大还是更小，这种预期是基于一经济体经济发展水平，还显示了不同发展水平的经济体在服务部门规模上的实质性差异。虽然服务在GDP中的份额总体随着经济发展水平增加，但也在相同发展水平的经济体之间呈现较大差异。例如，虽然巴西和马来西亚的人均GDP比较相似，但服务业在巴西的比例是70%，在马来西亚只有40%。

比较图6.5的两张图可以看出，绝大多数经济体的相对低位没有发生什么变化，但是所有经济体，包括低收入经济体，都已经变得更加富裕一些。其他结构性因素可能帮助解释这一结果。表 6.3 记录了人均服务增加值与人口及人均收入的对数。人口变量并没有显示与人均增加值的强烈对应关系，但是人均 GDP 体现了这种关系。这些变量没有解释各经济体之间表现的巨大差异(剩余误差是很大的)。人均服务贸易和剩余之间的对数有着高度的对应关系，这说明了 2000—2002 年服务的重要性越大，剩余就越大。这一结果在近年来不那么明显，似乎有其他结构性因素解释了随着各经济体的经济发展，服务业的增长情况。

表 6.3　人均服务增加值相比经济发展水平的跨国回归分析

项　　目	ln(services VA pc)
人口	−7.07e-11
	(3.96e-10)
人均 GDP(购买力平价)	0.000 110***
	(4.02e-06)
观察	329
拟合度	0.697
均方根偏差	0.985

注：标准误差在括号中。*** p 小于 0.01。

随着各经济体变得更加富裕，服务业在本经济体经济中的份额增加，农业比重下降。工业份额呈现倒 U 字形：随着各经济体变得更加服务化，工业部门首先呈现增长态势，然后开始下降。

2012 年，服务增加值在高收入经济体中总体增加值的比例为 75%，这一比例在低收入经济体和中高收入经济体的数值分别是 49%和 56%。在非洲的很多低收入和中低收入经济体，这一数字只有 20%。

五、 就业

服务部门也是就业的一个重要来源。遗憾的是，就业数据的统计非常有限；世界发展指数的最新观察数据也是从 2005 年开始。但是，图 6.7 显示，服务业在发达经济体是主导部门，其在中等收入经济体的重要性也是与日俱增，2005 年，高达 71%的劳动力在服务部门工作(1994 年的数据只有 65%)。同样是在 2005 年，在较低收入经济体，服务业带来的就业比例是 31%，在较高中等收入经济体是 40%，而 1994 年这一数据分别是 27%和 29%。低收入经济体的数据，现在还不可获得。

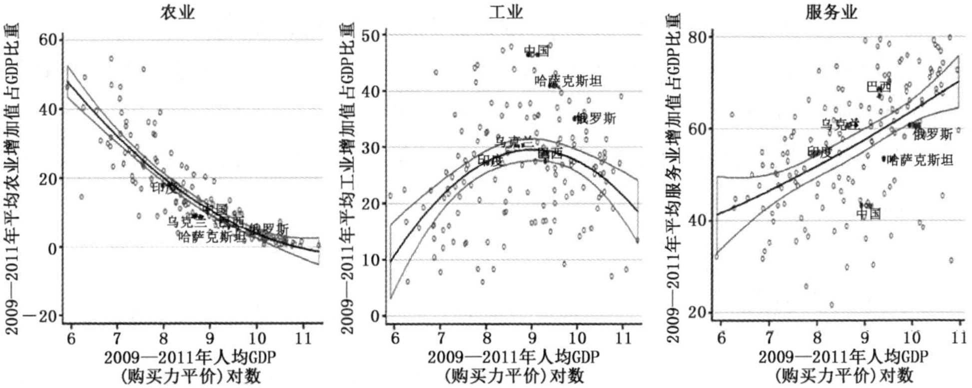

资料来源:世界发展指标(WDI)。

图 6.6　农业、工业和服务业人均 GDP 的增加值份额(2009—2011 年)

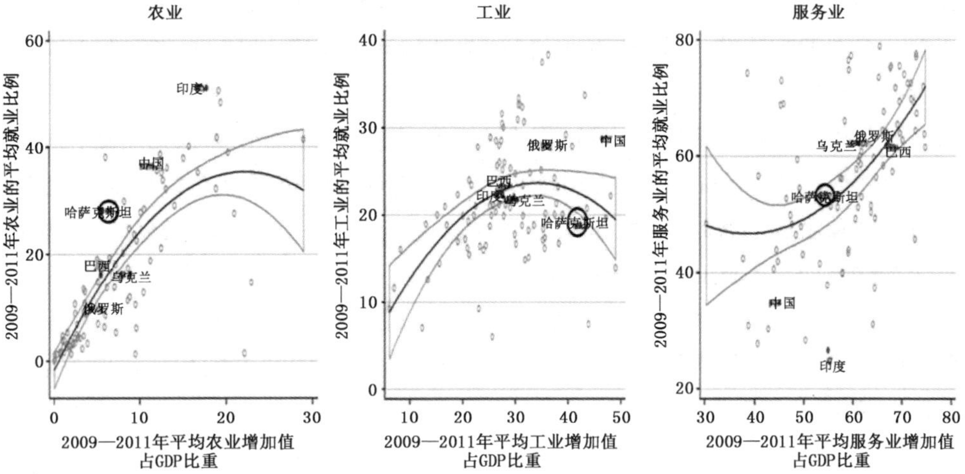

资料来源:世界发展指标(WDI)。

图 6.7　农业、工业和服务业的就业情况(2009—2011 年)

六、 经济体内服务部门与国际贸易的关系

评估经济体内服务部门重要性的最后一项指标是服务业与国际贸易的关系。和此前一样,经济体内服务部门规模与服务贸易竞争力之间存在着一种正向联系。基于这一事实,相关资料显示,服务贸易增加值在所有收入群体中都是很重要的。例如,安哥拉、刚果、巴布亚新几内亚的服务贸易份额与爱尔兰或新加坡一样大(爱尔兰和新加坡都是小经济体,因此其服务贸易额相比国内生产的服务增加值有些被扭曲)。大的发展中经济体,例如马来西亚,似乎看起来是相对开放的。

服务贸易增加值的占比与人均收入之间没有系统性联系，这在2000—2004年是可以观察到的。但是，2008—2010年，高收入经济体的服务贸易增加值的份额要大于那些更加贫困的经济体。总体而言，服务贸易已成为经济发展中的一个越来越重要的因素。相关资料还显示了服务贸易与经济体规模之间的一种负相关联系。

七、 与经济其他部分的关系

几个指标对评估服务增加值及其与其他经济活动的关系至关重要。评估服务部门对整个经济的重要性，是以服务业生产的、流向下游出口部门的增加值内容为基础的。这一方法论帮助评估具体服务投入物对一经济体整体竞争力和特殊生产类型的相关性。[18]这些指标包括：增加值相对直接份额、一经济体的增加值份额相比世界增加值份额、一经济体与一地区或另一经济体的前后联系。

服务可以通过两个方式出口：作为一项最终服务，或者作为任何下游产业的另一货物或服务的一种中间投入物。绝大多数贸易分析审查总体金额。但是，因为货物和服务多次跨越边境，决策者越来越多地对一经济体能够生产和净出口什么感兴趣。因此，净金额或增加值分析可以避免双重计算问题。

将增加值与总数值区分开来是很重要的，因为这提供了研究贸易经济体内部分的重要性的见解。图6.8研究分解了不同收入群体的机械和商业服务总体出口和净出口的情况。

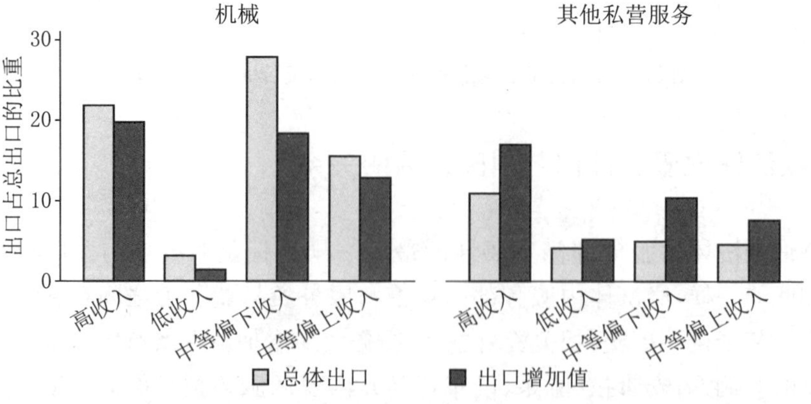

注：其他私营服务包括金融服务、商业服务、职业服务、娱乐服务和其他私营服务（2007年数据）。

资料来源：全球贸易分析项目（GATP）数据库。

图6.8 机械和其他私营服务的总体出口和出口增加值（按照收入水平计算）

在不同收入群体之间,就出口增加值的份额而言,服务是大于货物的。对机械和其他私营服务,高收入经济体出口的增加值最多,但是中等收入经济体也没有被远远甩在后面。关于机械和商业服务,中低等收入经济体出口的增加值要超过中高收入经济体。

八、 经济体内市场和出口市场的生产增加值

如何从增加值角度来计算出口?如何预测一经济体从其他部门得来的增加值?如何预测一经济体给其他部门带来的增加值?

我们在分析中使用了全球贸易分析项目数据库中的投入产出表信息,来计算增加值的前向和后向联系。前向联系说明的是其他部门带来的增加值情况,即每个部门作为中间品投入物对其他部门的重要性。后向联系显示一个部门从其他部门带来的增加值,即该部门将进一步加工的投入物所体现的价值。

总价值和后向联系对货物更加重要,而净价值和前向联系与服务业更加相关。货物,特别是机械,包括来自很多其他部门的投入物,无论这些投入物是来自经济体内还是经济体外。一项货物的价值被记录为表面价值,其最终构成按照总额计算的贸易额,意味着每次跨越边境的总体贸易的更大份额。而对服务贸易来说,正如图 6.9 所显示的,商业服务的后向联系的短柱反映了一项事实,绝大多数服务在经济体内生产,然后作为其他生产的投入物被出口。高收入经济体和较低收入经济体群体之间的出口差异,在服务方面要大于货物,这说明高收入经济体在服务方面具有主导地位,它们将服务作为生产的投入物。

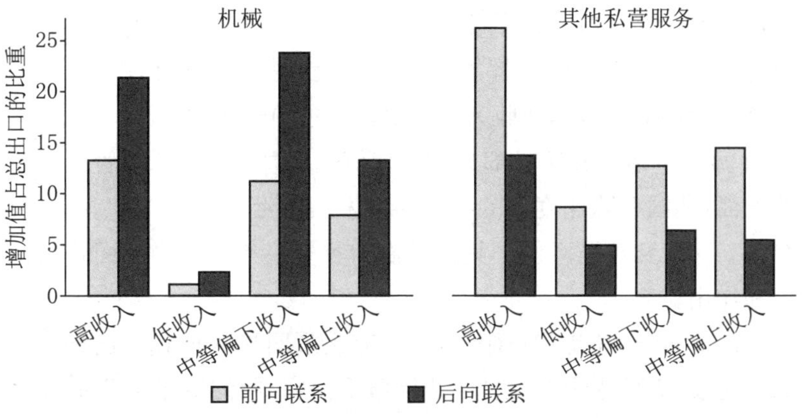

资料来源:全球贸易分析项目(GATP)数据库。

图 6.9　机械和其他私营服务的前向和后向联系(按照收入群体统计,2007 年)

图 6.10 绘制了部分经济体在一个货物部门(机械部门)和一个服务部门(商业服务)的前向和后向联系。该图显示,在绝大多数经济体,服务与货物是不同的。对于货物(左图),绝大多数经济体都在 45 度线以上,说明增加值主要是通过货物提出的。相比之下,对于服务(右图),绝大多数经济体在 45 度线以下,说明增加值主要是通过服务转入的。

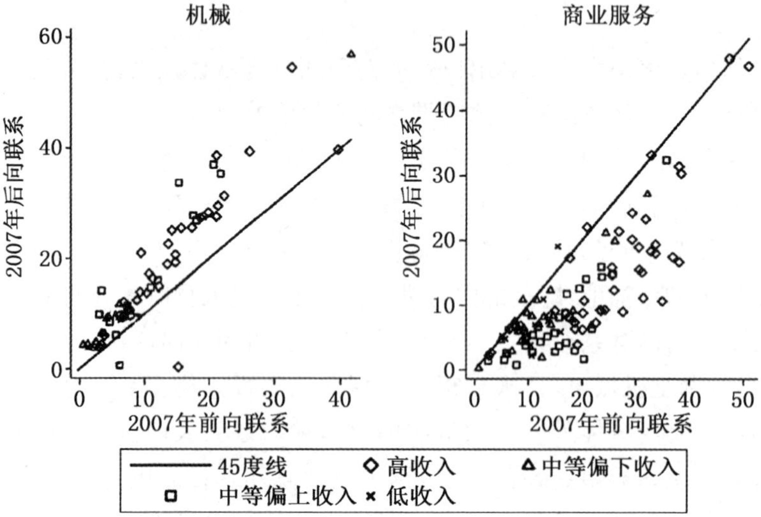

注:收入分类截至 2012 年 7 月 1 日。
资料来源:全球贸易分析项目(GATP)数据库。

图 6.10　部分经济体的货物和服务的前向和后向联系

对于其他服务部门来说,前向和后向联系的作用可以单独探索。不是所有服务在增加值方面都具有相同的重要性,一些服务可能具有更加重要的直接或总体出口部分。不是所有服务都能发挥作为投入物的相同作用,无论是前向还是后向。这些增加值在各国或收入群体之间可能有所差异。

图 6.11 显示了运输和贸易部分的增加值相比总份额的重要性。在增加值和前向联系方面,英国和除印度外的绝大多数发展中经济体(在 1995 年以后)显示了上升趋势。印度和英国降低了其在运输和贸易服务投入物方面作为前向携带者的地位和作用。

无论是商业服务,还是建筑服务,都没有出现明显的模式。这种模式的缺失在图 6.11 中也是显而易见的。这种结果似乎说明,前向联系或后向联系对高收入经济体和发展中经济体的重要性是相同的。在运输和贸易部门,前向联系随着一经济体的发达程度增加而变得日趋不重要,但是这一联系不那么强烈。后向联系对高收入经济体来说更加重要。这些结果说明，运输和贸易部门带来的增加值基本上是低收入经济体贡献的。

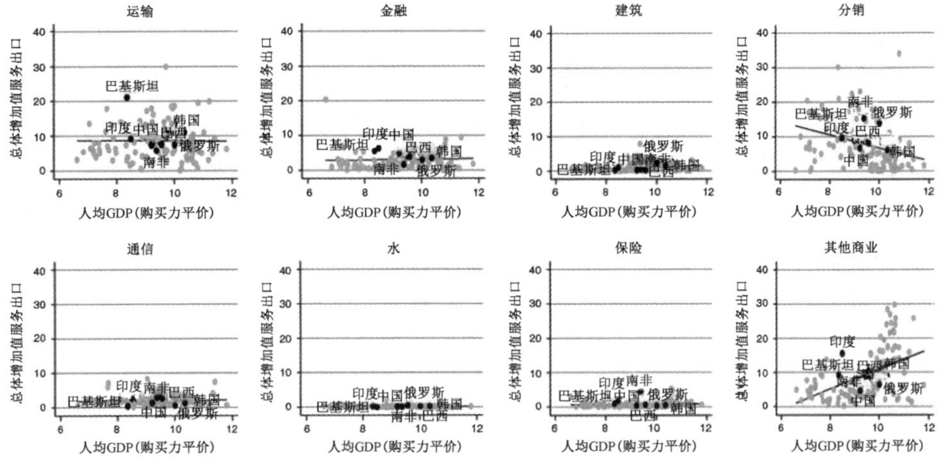

注：收入分类截至 2012 年 7 月 1 日。
资料来源：参见 Sáez 等，2014 年，附录 A。

图 6.11　2011 年部分经济体的增加值联系和发展比率

在其他部门缺乏清楚的模式，这可能反映了一项事实，发展中经济体在出口服务增加值方面像发达国家那样容易(例如印度发展良好的计算机部门)。另一个原因可能是商业服务和建筑服务的高监管负担，这些也限制了这些服务的可交易性。

第三节　服务确定因素的诊断

在缺少一个强劲的国内服务部门的情况下，开放服务进口能够获得有效的、世界水平的服务供应，这是提高国内经济竞争力的一个重要因素。这将允许增加一国所能生产和出口的服务密集度和所有增加值(无论是货物还是其他服务)。

实证研究确实发现了服务生产率和整体经济生产率之间存在的一种正向联系。对经合组织国家来说，服务的生产率增长一直是增长的一个关键驱动力，总体生产率增长可以被追溯到市场和商业服务上。[19]服务进口作为新技术转让的一种传输渠道，将有着在技能密集型产业的更好的服务出口表现，以及制造业出口的更高的增加值。[20]服务贸易在增加服务部门生产率方面发挥关键作用，随着时间推移也会对总体生产率和增长率产生更大的影响。[21]

一、 监管政策和贸易壁垒

服务贸易(进口和出口都包括在内)不是受到关税的限制,而是受到国内法规的限制。总体上,跨境交易方面很少有限制。绝大多数影响服务部门的政策措施在意图上很少是明显具有保护主义特征的。更经常的情况是,服务贸易受到损害,是因为实施的措施旨在追求广泛的政策目标,只不过恰巧对服务贸易构成限制。对市场失灵的部门来说,监管总是有必要的,包括通过反竞争法和设立独立监管机构,但是区分对贸易造成不必要限制的法规变得困难。

二、 国内赋能因素

好的监管政策随时准备从一国政府实施的其他措施中获益。这些政策与一国的国内经济和机制性情况(基本面)相关。这些是水平措施,补充了上面提到的具体贸易和国内政策。国内赋能因素在范围上是广泛的,包括机制、治理、商业环境、劳动力技能、管理和企业技能、贸易相关基础设施等。

熟悉潜在贸易伙伴的语言,并且拥有共同的文化或殖民历史,是可能增加服务出口的变量,因为这些变量放宽了商业纽带的发展。例如,拥有共同殖民历史的国家通常通过一个相同的法律体系联系在一起,这便利了经济主体之间的交易。但是,这些特征几乎很难被影响。相比之下,机制、治理、商业环境、劳动力技能、管理和企业技能、贸易相关基础设施可以被增强,当然在时间上这些可能是中长期的事情。

机制降低交易成本,并且往往惠及那些与经济其他部分进入一个更加复杂的交易网络的部门。[22]某些机构在服务部门发展中发挥着更加重要的作用,这主要是因为三个原因。第一,信息问题在很多媒介和知识型服务中更加严重。例如,消费者无法在购买服务前检查医生或银行提供的服务的类型。由于服务市场的信息不对称,存在市场失灵的可能性是很大的,因此,与监管相关的机构也就更加重要。第二,自然垄断或寡头垄断是“区位服务”的特征,要求专业化的分销网络(如公路运输需要的道路和铁路,通信服务需要的电缆和卫星,以及能源分配需要的管道)。对这些服务来说,要确保垄断服务提供者没有剥削消费者或者损害市场准入,法规是有必要的。[23]第三,定制化服务的消费者和提供者必须进行专用性投资。转向另外一个提供者或消费者的成本是巨大的,合同执行机构对服务领域的重要性要大于货物领域。例如，如果一个企业对东道国隐私和数据保护法律有信心，其外包医疗诊断和保密金融信息的转录的意愿会更大一些。

莫利努埃沃和赛斯(Molinuevo and Sáez)提供了一个方法论，评估监管环境和服务法规的治理。[24]服务贸易和投资的监管评估(RASTI)能够帮助决策者以一致的方式评估法规，简化服务的监管框架以改进效率，并且建立一个采取新法规的进程。这种评估提供了必需的信息，以完成竞争性诊断，并且制定关于影响服务贸易的相关政策建议。

评估外国直接投资的商业环境及其是否能够吸引和保护外国投资者，是诊断的一个至关重要的因素。实证研究发现，开放度和增长之间存在着一种正向关联。[25]因为服务贸易的提供方式中，与之最相关的一个是外国服务提供者的商业存在，分析应聚焦影响服务部门的投资的相关政策，例如：

- 开放度和外国参与度；
- 针对外国资本、征用风险和投资保护的政府政策；
- 隐私权利得到担保和保护的程度；
- 与设立新的私营企业相关的政府法规(主要是许可程序)，现有企业进行竞争的自由度；
- 法律环境：合同执行、盗版率、知识产权保护和信息通信技术法律、腐败观念。

很多服务活动是技能密集型的。基于这一原因，工具包强调了评估技能水平和具体技能经济的可获得性及服务部门总体技能密集度的重要性，包括管理技能。很多服务部门，从商业服务到银行和电信服务，相比绝大多数货物生产而言，更多地体现为技术密集型。因此，人力资源禀赋可能是服务部门产出和增长的一个至关重要的决定因素。在南亚，现有的技能禀赋对服务增长更加有利，虽然维持此类增速可能要求解决高等教育方面的某些体制性不足。在菲律宾，商业流程外包的成功出口可能很快会因为技能工人的缺失而受到损害。而且，从呼叫中心或数据/文件管理等 BPO 活动到 KPO 活动的升级，需要更高的技能水平才能吸引投资者。

管理技能也在采取现代技术方面发挥着关键作用，这反过来对生产高质量货物用于出口市场来说是至关重要的。在此类管理或企业技能方面，富足的国家将在出口此类服务上取得成功。因为管理技能可以通过发现其他有能力的管理者来获得，在一个高效的跨国公司的工作经验对开发此类技能来说是重要的。印度软件产业的增长在很大程度上可以归功于印度籍企业家，他们接受了世界级的管理技能培训，或者拥有在运转良好的跨国公司的工作经验。[26]

最后，贸易相关基础设施也是重要的。服务贸易依靠关键的贸易相关基础设施。运输和旅行服务密集地使用物理基础设施，并且对海关和边境管理等机构敏感。这些特征让此类出口与货物出口而不是其他商业服务的出口更加相似。相比之下，其他商业服务通常跨越边境，依靠电信基础设施，对影响合同执行的机构敏感。诊断应该确认开发具体服务的关键基础设施部门的状态，评估其效率，并审查信息技术园区等积极政策在解决服务出口所需要的基础设施方面的作用。电信增长是服务部门活力的最显著的标志，同时对其他服务的进一步发展也是至关重要的。

第四节　结　　论

有关服务贸易的诊断评估对服务业竞争力的赋能因素和限制进行了分析。开展评估需要很多准备步骤，包括确定评估目标、评估主要因素、评估其如何与一国的总体支持竞争力战略相关并确定评估的范围。

赛斯等提出的方法论，[27]为找到至少下列 6 个广泛问题的答案提供了指导：

- 如何评估一国服务业部门的贸易绩效表现？
- 如何评估服务作为投入物在一国可交易部门中的表现？
- 什么因素确定服务贸易绩效表现？
- 这些确定因素对不同服务业的相对重要性是什么？
- 政策如何影响这些确定因素及服务出口？
- 服务贸易增长和发展的主要政策障碍是什么？

这一方法论允许：第一，评估一国在服务方面的表现和潜力，无论是其出口还是作为其他可交易活动的投入物；第二，确认影响服务贸易的关键限制。目标是帮助决策者完善服务贸易并便利各国通过提高竞争力来更好地融入全球市场。要实现这一目标，本章中提到的方法论提供了一种框架来分析和评估服务产业的表现，并且确认影响服务贸易的赋能因素或限制。这一方法论还补充了贸易竞争力诊断工具包[28]提供的针对货物贸易的分析框架，让发展中国家的决策者可以更好地将服务业纳入其总体贸易战略。

注释

1. 本章是基于关于竞争力的广泛的分析工作（参见 Sebastián Sáez，Daria Taglioni，Erik van der Marel，Claire H. Hollweg and Veronika Zavacka，*Valuing Services in Trade*：*A Tool-*

kit for Competitiveness Diagnostics ,World Bank, 2014)。在世界银行最初研究基础上有所调整。这种调整表达的观点和意见的责任完全由调整者承担,不代表世界银行观点。作者感谢Claire Hollweg 和 Erik van der Marel 对本研究提供的广泛贡献。量化服务贸易不同要素产生的影响是很有挑战性的工作,最基本的原因在于服务贸易统计数据不足,而且难免出现测算错误。在很多种情形下,报道的数据是不充分不完整的,读者应该谨慎解读相关结果。

2. David Dollar and Edward Wolff, *Competitiveness, Convergence, and International Specialization*, MIT Press, 1993.

3. Leslie Lipschitz and Donogh McDonald, "Real Exchange Rates and Competitiveness: A Clarification of Concepts, and Some Measurements for Europe", IMF Working Paper 91, 1991; Martine Durand and Claude Giorno, "Lesindicateurs de compétitivité internationale: aspects conceptuels et evaluation", *Revue économique de l'OCDE*, 1987, 9; and Gerald Helleiner, "Transnational Corporations and Direct Foreign Investment", in Hollis Chenery and T.N. Srinivasan, *Handbook of Development Economics*, 1989, vol.2, ch.27.

4. Jagdish Bhagwati, "Trade and Development Theory and Policy: A Synthesis Exists", *Economic and Political Weekly*, 1987, 22(22), 859.

5. Joseph Francois and Bernard Hoekman, "Services Trade and Policy", Journal of Economic Literature, 2010, 48(3), 642.

6. Richard Baldwin, "Trade and Industrialisation After Globalisation's 2nd Unbundling: How Building and Joining a Supply Chain Are Different and Why it Matters", Centre for Economic Policy Research Discussion Paper Series 8768, 2012; Richard Baldwin, "Global Supply Chains: Why They Emerged, Why They Matter, and Where They Are Going", Centre for Economic Policy Research Discussion Paper Series 9103, 2012; Ronald W. Jones, *Globalization and the Theory of Input Trade*, MIT Press, 2000; M. Kelle and J. Kleinert, "German Firms in Service Trade", Economics Working Papers 2010, Christian-Albrechts-University of Kiel, Department of Economics; Gene Grossman and Esteban Rossi-Hansberg, "Task Trade between Similar Countries", National Bureau of Economic Research Working Paper 14554, 2008; Robert C. Feenstra, *Offshoring in the Global Economy: Microeconomic Structure and Macroeconomic Implications*, MIT Press, 2009; Elhanan Helpman, *Understanding Global Trade*, Belknap Press-Harvard University Press, 2011.

7. OECD and WTO, *OECD-WTO Trade in Value Added (TiVA)*, Database, 2013, https://stats.oecd.org/index.aspx?queryid=66237, 2015 年 10 月 19 日访问。

8. Magnus Rentzhog, "At Your Service: The Importance of Services for Manufacturing Companies and Possible Trade Policy Implications", The National Board of Trade, Sweden, 2012.

9. OECD and WTO, 2013,同注 7。

10. Arti Grover Goswami, Poonam Gupta, Aaditya Mattoo and Sebastián Sáez, "Service Exports: Are the Drivers Different for Developing Countries?", in Arti Grover Goswami, AadityaMattoo and Sebastián Sáez (eds.), *Exporting Services: A Developing Country Perspective*, World Bank, 2012, pp.25—79.

11. Sébastien Miroudot, Jehan Sauvage and Ben Shepherd, "Measuring the Cost of International Trade in Services", MRPA Paper 27655, 2010.

12. Sáez et al., 2014,同注 1。

13. Jeffrey D. Sachs and Andrew M. Warner,"The Big Push, Natural Resource Booms and Growth", *Journal of Development Economics*, 1999, 59, 43.

14. Charles Roxburgh, Norbert Dörr, Acha Leke, Amine Tazi-Riffi, Arend van Wamelen, Susan Lund, Mutsa Chironga, Tarik Alatovik, Charles Atkins, Nadia Terfous and Till Zeino-Mahmalat, *Lions on the Move: The Progress and Potential of African Economies*, McKinsey & Company, 2010.

15. 在保险、金融和计算机服务部门,一些离群值被拿出来,例如财政(卢森堡)、计算机(印度),是因为其高金额将带来一个扭曲的画面。其他离群值被包括在内,例如金融服务(英国)。

16. Mary O'Mahony and Marcel P. Timmer, "Output, Input and Productivity Measures at the Industry Level: The EU KLEMS Database", *The Economic Journal*, 2009, 119(538), pp.F374—F403.

17. Erik van der Marel and Ben Shepherd,"Services Trade, Regulation and Regional Integration: Evidence from Sectoral Data", *The World Economy*, 2013, 36(11), pp.1393—1405.

18. 评估货物中的服务成分,是基于 Joseph Francois, Miriam Manchin and Patrick Tomberger, "Services Linkages and the Value Added Content of Trade", Policy Research Working Paper WPS 6432, World Bank, 2013; Joseph Francois and Julia Woertz, "Producer Services, Manufacturing Linkages, and Trade", *Journal of Industry, Competition and Trade*, 2008, 8(3), pp.199—229.

19. Robert Inklaar, Marcel P. Timmer and Bart van Ark, "Mind the Gap! International Comparisons of Productivity in Services and Goods Production", *German Economic Review*, Verein für Socialpolitik, 2007, 8(2), pp.281—307; Jack E. Triplett and Barry P. Bosworth, *Services Productivity in the United States: New Sources of Economic Growth*, Brookings Institution Press, 2004; Robert Inklaar, Marcel P. Timmer and Bart van Ark, "Data for Productivity Measurement in Market Services: An International Comparison", *International Productivity Monitor, Centre for the Study of Living Standards*, 2008, 16, pp.72—81.

20. Francois and Woertz, 2008,同注 18; Jens Matthias Arnold, Aaditya Mattoo and Gaia Narciso, "Services Inputs and Firm Productivity in Sub-Saharan Africa: Evidence from Firm-Level Data", *Journal of African Economies*, 2008, 17(4), pp.578—599; Jens Matthias Arnold, Beata S. Javorcik and Aaditya Mattoo, "Does Services Liberalization Benefit Manufacturing Firms? Evidence From the Czech Republic", Policy Research Working Paper Series 4109, World Bank, 2007.

21. Erik vander Marel, "Determinants of Comparative Advantage in Services", Groupe d' Economie Mondiale Working Paper, 2011.

22. Mohammad Amin and Aaditya Mattoo,"Do Institutions Matter More for Services?", Policy Research Working Paper 4032, World Bank, 2006.

23. Aaditya Mattoo, Robert M. Stern, Gianni Zanini (eds.), *A Handbook of International Trade in Services*, Oxford University Press, 2007.

24. Martín Molinuevo and Sebastián Sáez, *Regulatory Assessment Toolkit: A Practical Methodology for Assessing Regulation on Trade and Investment in Services*, World Bank, 2014.

25. Aditya Mattoo, Randeep Rathindran and Arvind Subramanian, "Measuring Services Trade Liberalization and Its Impact on Economic Growth: An Illustration", *Journal of Economic Integration*, 2006, 21(1), pp.64—98; Joseph Francois and Bernard Hoekman, "Services Trade and Policy" *Journal of Economic Literature*, 2010, 48(3), pp.642—692.

26. Neil Gregory, Stanley Nollen and Stoyan Tenev, *New Industries from New Places: The Emergence of the Hardware and Software Industries in China and India*, Stanford University Press and World Bank, 2009.

27. Sáez et al., 2014,同注 1。

28. José Guilherme Reis and Thomas Farole, *Trade Competitiveness Diagnostic Toolkit*, World Bank, 2012.

第七章

服务贸易和规制改革:发展中国家可以采取的方法论

马丁·莫利努埃沃、塞巴斯蒂安·赛斯[1]

服务贸易和法规密切联系在一起。随着技术进步的发展和经济改革的推进,服务变得越来越可以被交易,但法规限制了服务的可交易性。法规设置了影响服务或服务提供者的条款。例如,企业要提供银行和保险服务,必须获得具体法律实体的授权许可。法规也可能将服务自身作为目标。为了实现保护环境或安全的政策目标而采取的要求可能会影响服务。最后,法规还可能影响其所适用的服务的实际产出。因此,一份评估报告必须包括某些类型的信息,而且此类信息必须通过非常具体的方式得到展现。

我们可以区分法规限制贸易的三种不同方式。第一种,法规在国内外服务和服务提供者之间构成歧视。例如,法规限制外国服务提供者参与国内市场,给服务带来直接限制性影响。第二种,法规在本质上是非歧视的,但是限制了市场竞争。例如,法规对外国服务提供者参与市场的要求过于繁琐,可能限制服务提供者的数量,进而限制服务贸易。这些法规已经在国际谈判中引发关注,因为其构成对服务提供者提供服务能力的一种直接限制。

最后,监管机关的任意性政策和不透明决定等规制做法,也可能影响服务的提供。此类监管做法还包括监管机构的行为及其监管和执行法规的能力。监管能力薄弱也可能创造一个不公平的竞争环境,限制服务提供者的能力。此类措施只是在最近的贸易谈判中才获得关注,《跨太平洋伙伴关系协定》(TPP)的监管一致性章节和《区域全面伙伴关系协定》(RCEP)谈判都反映了这一点。

过去二十年间,包括在国际谈判的背景下,各国政府采取的改革基本上集中于取消那些限制外国服务和服务提供者参与竞争的歧视性法规,以及一系列限制市场竞争的非歧视性法规。服务部门改革也经常关注监管环境的总体改进和法律法规的实施,以增加竞争并采取良好规制原则,例如透明度和正当程序。

发展中国家特别是最不发达国家在评估国内法规质量、设计和实施监管改革、建立恰当的监管环境方面存在能力薄弱的问题，这限制了其有效参与服务贸易改革和谈判的能力(Marconini and Sauvé, 2010)。要解决此类难题，首先需要找到一种方法论，以确认发展中国家贸易谈判人员、监管政策官员及服务提供者面临的关键政策挑战。谈判人员、监管人员、私营和民间团体利益相关方及捐助方应提出涵盖其优先关注的关键问题清单，这对确保国内改革和外部市场自由化的成功实施来说是十分必要的。这样做将有助于确认可能的谈判、监管或其他政策瓶颈，并帮助规划一项合适的促贸援助作为回应(Sáez, 2010)。

但是，决策者需要考虑贸易谈判之外的问题。谈判旨在实现互惠贸易自由化，并且通过影响服务贸易的稳定规则。但是，贸易协定往往只规定总体规则和义务，要实施和利用此类协定达成的条款和条件，还需要付出额外的努力。

本章提供了一种方法论，可以供发展中国家在改革影响服务贸易的法规时予以遵循(Molinuevo and Sáez, 2014)。第一节讨论了法规和服务部门贸易表现之间的联系。第二节和第三节对方法论进行了介绍。第四节提供了研究具体案例的一些初步发现。

第一节　法规和服务贸易

分析服务贸易竞争力的决定因素，比分析货物贸易更加复杂。之所以如此，部分是因为服务贸易要求外国直接投资和临时劳动力流动性等国际要素的流动，而那些因素受到国内政策和法规的管辖。此外，服务的国际交换可以通过跨境贸易之外的多种形式进行，这就扩大了服务贸易相关监管措施的范围。

关于服务贸易的实证文献已经确认，很多要素可以解释服务经济的表现(Goswami et al., 2012)。与此相关的主要因素，包括法规的质量、监管机构和治理。一些研究预测，服务贸易成本也许是货物贸易成本的两倍(Miroudot et al., 2010)。部分原因在于，很多国家维持了限制服务贸易的繁琐政策，或者缺乏监管框架和能力，无法以一种可信的方式来执行现有政策。例如，尽管竞争性监管框架没有到位，但很多国家已经开放了本国电信部门。此类情形可能影响外国投资者作出投资决定，也就阻挠了这一关键基础设施部门的增长。

法规可能在意图上是具有保护主义性质的。例如，如果法规明确是为了帮助国内现有产业预留市场份额，并且保护其免受国外竞争，就是具有保护主义性质的。但是，很多措施经常是为了实现合理的政策目标而偶然导致了限制服务贸易的情况。与目标和效果都具有保护主义性质的关税不同,影响服务贸易的法规经常是为了实现重要的社会政策目标,并且回应市场失灵问题。但是,它们实现这种结果,可能是以产生或增加经济效率成本为代价的。

一方面,范德马雷尔(Van de Marel, 2012)发现,服务贸易在决定全要素生产率(TFP)方面发挥着重要作用。外国直接投资的流入和服务进口最能体现这种效果。但是,他也发现,不同类型的国内法规和外国直接投资限制也对全要素生产率产生抑制作用。范德马雷尔发现,有证据显示,法规是解释全要素生产率随着时间推移在各国之间出现差别的主要因素。特别是,国内法规和外国直接投资限制是解释服务领域全要素生产率增长差异的最重要因素。

另一方面,范德马雷尔(2011)发现,服务比较优势的主要决定因素是技能、机构、监管和良好治理框架。更具体来说,就机构而言,服务贸易与货物贸易不同,与进口商更高程度信任之间的联系更加密切,而不是法治。就监管和良治框架的情形而言,边境后措施对服务比较优势的影响大于货物。勒茹尔和费尔海登(Lejour and Verheijden, 2004)对比了加拿大各省双边贸易与欧盟成员国内部双边贸易的决定因素。他们发现,服务贸易的监管壁垒(经合组织的产品市场法规指标对此有具体测算)对欧盟内部贸易产生了负面影响。他们也认为,由于服务部门与经济其他部门之间存在复杂的交易网络,监管和合同执行机构在促进服务部门发展上发挥着关键作用。此外,服务市场信息不对称导致市场失灵的几率增大,也增加了监管设计和执行的重要性。

第二节　法规的原理

对于防止或回应市场失灵及实现非经济政策目标而言,法规是必要的。虽然很难从经济学角度解释歧视性法规的合理性,但非歧视性法规对于实现合理的政策目标是必不可少的。在一个完美世界中,所有经济主体都能获得充分信息,市场在完美竞争条件下运行,因此监管干预是不必要的。但是,在现实世界中,市场失灵在服务产业普遍存在,这也解释了为什么服务部门经常要求监管强度。如果忽视市场失灵问题,可能导致社会福利损失,驱动市场生产的一些服务过多(例如高风险金融资产),一些服务太少(例如偏僻地区的电信服务、环境服务),或者生产的服务质量不高,消费者选择不够、定价不合理。因此,需要进行一些法规监管,以确保市场的充分运行。经济文献已经证明,监管是处理市场失灵的一种方法,而市场失灵包括垄断、外溢效应(包括以公共产品形式展现的积极外溢效应）、信息和协调赤字（见表 7.1）。

表 7.1　市场失灵和常见的监管干预类型

	市场干预类型		受影响的主要服务部门和措施
	市场准入	经营	
外溢效应	国家直接规定服务的提供		国家和内部安全服务；效仿；央行；教育服务
	准入控制： 许可（公开让与）		基础设施建设
	准入控制： 地理限制		分销服务： 零售商店，加油站
		行为控制： 标准（目标）	道路运输服务：排放限制 空运服务：噪音限制
		行为控制： 标准（规格）	
		经济刺激： 补贴	研发服务：税收利益和直接刺激
信息赤字	准入控制： 事先审批（许可）		金融服务：在许可程序中的技术和金融能力评估
	准入控制： 事先审批（认证）		职业服务：认证（头衔）要求
		信息要求： 披露	体育和娱乐服务：风险信息
协调		行为控制： 标准（规格）	电信服务：使用给定的技术标准
		自我规范	道路运输服务：使用货运标准

资料来源：莫利努埃沃和赛斯（2014）。

竞争政策代表了一项重要的监管工具，可以用来处理不同类型的市场失灵，纠正固定价格、在不同货物或服务之间的交叉补贴、掠夺性定价、勾结等反竞争做法的负面影响。在服务贸易中，竞争规则与运输和分销服务等领域特别相关，因为这些领域具有强烈的规模效应特征，更加偏向那些大的、拥有重要市场实力的供应商，而这些企业可能采取反竞争做法。

一些产业的发展必然导致有限竞争的市场结构。网络产业的情况尤其如此，因为创建一个网络的固定成本非常昂贵。水电等公用设施和电信等产业包含大量的此类沉没成本投资，如果只有一家企业负责建立网络，成本将会降至最低。如果建立多个竞争性网络，成本总体上将更高一些。对整个社会来说，一个垄断实体开展生产活动的成本要低于几个竞争性企业（Richard Baldwin，2012，16；Anthony Ogus，1994，30）。这种情形通常被称为“自然垄断”。

自然垄断经常发生在服务部门，特别是需要网络基础设施的服务部门，例如道路运输、电信、能源分销或者卫生和环境服务（例如配水、下水道）。克拉热夫斯基（Krajewski，2003，31）认为，之所以有必要对自然垄断进行监管，主要基于两个原因。第一，自然垄断可以像其他任何垄断那样征收垄断价格，从而会降低社会福利。但是，就自然垄断而言，竞争政策规则无效，因为这些规则旨在引入竞争，而这在这些部门是不可行的。此类情形下的监管目标将是控制垄断结果（Baldwin，2012，16）。在获取完美信息的情况下，政府可以执行监管定价，确保不会出现通常与垄断相联系的不合理高价格。但是，经常出现与此类政策的冲突，因为价格仍然要足够高，以便让垄断企业抵消在建立网络过程中的沉没成本。因此，在现实中，考虑到政府在现有企业成本结构上的不完美信息，与更加具有竞争性的环境相比，自然垄断企业已经被证实存在通胀定价的问题。

第二，政府可能希望推动某一个服务部门的发展，而这个部门具有某些自然垄断的特征。在这种情形下，法规的目的既是建立一个法律垄断实体，又是缓解垄断做法的滥用。此类范例在很多公共服务中都有体现，例如电信、配置能源或水，以及国有企业（和私营企业）具备自然垄断特征的一些运输服务（Sidorenko and Findlay，2003，7）。

市场失灵的另外一种形式是“第三方效应”，也就是众所周知的外溢效应。一些货物和服务的生产有时对生产者之外的其他群体强加了没有充分体现在最终价格中的成本。因为该项产品（货物或服务）的购买者不会支付该产品的真实社会成本，所以生产出的产品数量可能会大于社会合理的数量（Ogus，1994，35）。此类外溢效应的结果是，一个人的福利受到另外一个人活动的影响，并且让机制无法在内部吸收这些效应。

外溢效应的传统范例是污染问题。如果污染问题得不到解决，生产者将无法在内部吸收掉其施加给第三方的成本。因此，监管干预将尝试引入一种市场机制，授权或鼓励生产者进行成本消化。例如，可以通过建立生产程序标准的方式来实现，或者强制污染企业补偿其给消费群体带来的成本（即所谓的“污染者买单”政策）。

外溢效应在服务业大量存在，从运输业或旅游业导致的污染和环境损害，到大型零售商店对家居市场的影响，到电信设备的干扰，甚至是风险金融工具发展导致的市场不稳定性。避免此类负面效应或提供救济措施的需求，激发了根据市场条件和个别服务活动风险的监管干预。

不是所有的外溢效应都对第三方产生负面效应:外溢效应也可能是积极的。如果一方消费一种产品不影响其他方的消费,货物的供应商没有排除其他未支付方消费产品,这种产品就是公共产品。公共产品的价格不反映未支付消费者享受到的利益(Krajewski, 2003)。虽然作为纯粹公共产品的服务不多,但很多服务具有强烈的公共产品特征。例如,教育推动知识发展,不仅惠及受教育的个体,对整个社会也是有帮助的。

在标准的经济理论中,有一项核心假设条件,经济主体在购买和销售时拥有完美信息,但现实中很少如此。在此类情形中,法规的目标是确保消费者有机会获得"最理想"的信息水平,而后者涉及相关产品或服务和与其竞争对手的价格和质量(Ogus, 1994, 38)。

就信息本身作为一项公共产品来说,如果没有纠正性监管,在绝大多数情形下将出现供给不足的情况(Stiglitz, 2010, 20; Ogus, 1994, 40)。监管人员至少从两个不同的角度看待这种情况。披露要求可能需要供应商说明其产品的信息,包括生产程序、使用的投入物或潜在风险。披露要求在食品和化工品监管中普遍存在,但是也存在于服务部门,特别是作为处理潜在责任的一种方式(例如在证券市场或者探险旅游或者赌博等其他冒险性娱乐活动)。

一些部门之所以采用许可体系,处理信息不对称问题是一个非常重要的经济原因。关键问题包括:许可体系的合适要求是什么?如何避免许可体系成为不必要的限制?应该在何种程度上预先规定额外的事前措施,例如完成培训项目,而不是在事后证明相关能力?此类要求的准确特征和程度,对于评估以一种经济有效的方式实现信息不对称最小化的目标来说,是至关重要的。

高交易成本也可能证明规范某些市场的合理性。私法确实提供了很多机制来降低交易成本(例如合同法、企业法、侵权行为法;参见 Ogus, 1994, 15—28),但是,在很多情况下此类交易成本仍然很高。事实上,监管干预可能意味着一种相比私人协调更加便宜和有效的替代方案。经典范例与道路交通规范相关:市场不可能决定人们应该被允许在道路的哪边行驶。更加有效的方式是,监管人员作出决定,告诉司机应该在道路的哪边行驶,而这就足以消灭协调难题(Ogus, 1994, 34; Krajewski, 2003, 17)。后面这种类型的监管回应通常涉及技术标准的制定,包括服务领域标准。一个范例与使用某些电信技术相关,例如选择数字电视广播的合适技术。

虽然纠正市场失灵可能是市场监管的最主要原因,但政府为了保障公共利益也必须考虑很多非经济因素。法规是实现社会目标的一项重要政策工具。奥格斯提出了监管的三个主要非经济理由：分配公平、群体价值、个人福利或家长式管理（Ogus，1994，18—20；见表7.2）。[2]

表7.2　非经济监管目标和常见的监管干预类型

	市场干预类型		受影响的主要服务部门和措施
	市场准入	经营	
分配公平	国家直接规定服务的提供		公共服务；健康（公立医院）；金融服务（国家养老金计划）
		行为控制： 标准（表现：通用服务要求）＋价格控制	公共服务：电信、水电分销等
		行为控制： 标准（规则）：限制私营合同	所有服务部门 消费者保护措施
		行为控制： 价格控制	房地产租赁
社区价值	准入控制： 禁止，许可		娱乐服务：赌博，夜店
		经济刺激： 补贴	文化服务：图书馆服务，表演艺术
		行为控制： 标准（规格）：国民待遇要求	文化服务：电影配额
个体福利		信息要求	分销服务：烟草和酒精产品的风险披露
		经济刺激：特定税	分销服务：对烟草和酒精产品额外征税
		信息要求＋行为控制： 标准（规格）	娱乐服务：电影评级，视频游戏

资料来源：莫利努埃沃和赛斯（2014）。

政府干预也可能产生负面效应。法律和法规可能抑制竞争，导致福利事实上从消费者转向选定的服务提供者。与之类似地，法规可能引入不必要和负担沉重的商业程序，从而导致成本的提高。不透明的监管工具可能阻挠新的供应商进入市场，限制消费者的选择，并降低社会福利。如果法规是出于政治目的制定的，就可能偏向某几个内部企业，损害整个社会的利益。

和市场失灵一样，监管失灵降低社会福利，并创造了损害社会的扭曲。因此，监管人员面临的挑战是在不陷入监管失灵的情况下，纠正市场失灵并追求公共利益。这项挑战并不小甚至可能变得很大，因为服务产业不断发展，新技术的出现将允许通过新模式和新类型提供服务。

服务贸易对监管能力和信息不对称尤为敏感，这包括了接受严格监管的广泛产业，例如电信、金融服务、运输和分销服务。此外，很多服务部门，例如电信和金融服务，可能因为技术发展而发生重要的市场变化。此类变化允许出现新的服务，其他服务也通过新的提供模式得到扩大。由于监管决策进程的信息不够充分，此类创新引领的进步可能增加监管失灵的情况。

确认监管失灵的原因是改进一国监管框架的一项核心举措。为纠正监管失灵问题，可以将不同的救济措施落实到位，当然这要取决于导致监管失灵的具体情况。例如，“监管俘获”问题的解决方式多种多样，可以是在监管人员和服务提供者之间构建防火墙，也可以是增加监管程序的透明度，以及让更多的利益相关方参与监管磋商进程。这些措施对于改进机制能力来说也是有益的。

旨在改进机制能力的很多其他倡议可能被实施到位，包括培训、合并监管机构、改进信息流动等。在某些情形下，如果面临严重的能力限制，最佳监管方法是减轻监管人员的负担，转而通过依靠私人监管或委托监管，或者通过认证和许可的自我承认予以实现。对于受监管的行业来说，这些都是普遍和常见的做法。

第三节 评估服务贸易和投资法规

各国如何评估服务部门法规的效果呢？服务贸易受到针对各种提供模式的国内法规的影响。例如，外资拥有权的限制以外国服务提供者的商业存在为前提(模式 3)。管理工作许可的法规可能影响劳动力的临时流动(模式 4)。签证限制也可能限制消费者的内向流动，例如学生、游客或病人(模式 2)。最后，商业存在的要求，例如只有建立商业存在才能提供服务，可能限制服务的跨境提供(模式 1)。服务提供模式的多样性增加了分析国内服务体制的难度。一个核心问题是，如何测算法规对贸易透明度的效应，即服务国内法规如何限制市场可竞争性。[3]

总体而言，减少无正当理由的监管性贸易壁垒，是推动低成本和高质量服务的一个必要条件，但这可能是不充分条件。除此之外，还需要良好治理、透明的法规和有能力的监管机构，用来支持高效的服务市场。图 7.1 解释了这一点，描述了服务贸易限制度与监管质量指标之间的关系。图 7.1 显示了政策限制度和监管质量之间的明确的负面关联：服务贸易的总体限制水平越高，监管环境的质量越低。此外，图表显示，某一给定水平的限制度可能与不同水平的监管质量共生，反之亦然。换言之，要充分享受自由化带来的益处，必须同时解决限制度和监管质量问题。

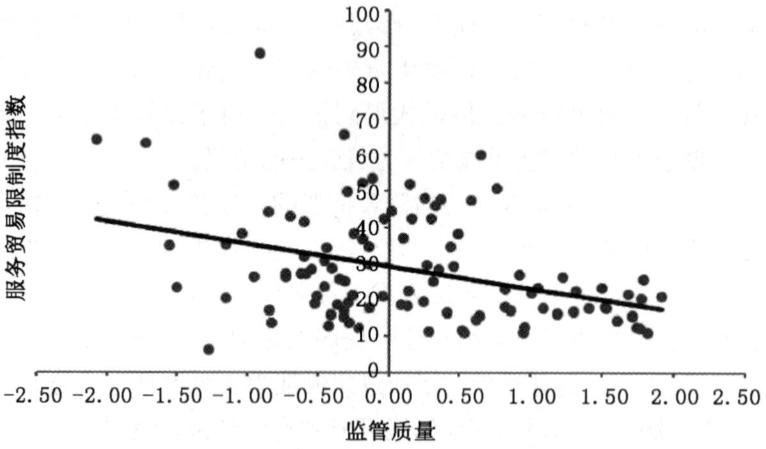

注：世界银行对实施的服务政策数据的汇总和归类。目标是建立一个服务贸易限制度指数(STRI)，以量化监管措施的限制影响。这一计划涵盖103个样本国家(地区)的5个关键部门和14个分部门：金融服务(银行和保险)，电信，零售分销，运输和职业服务。在每个部门中，限制度评估包括影响商业存在建立、跨境服务贸易限制或自然人移动的措施，只要其相关(还可参见Borchert等，2012年)。

资料来源：世界银行，STRI和监管治理指标。

图7.1　服务贸易限制度和监管质量

各国如何评估其监管环境？莫利努埃沃和赛斯(2014)已经指出，不佳的监管环境可能源自薄弱的机构设置，负责服务监管的政府机构既缺乏通过最高效或限制程度最小的法规实现监管的能力，也缺乏充分的监管授权，承受其他政府部门或私人利益集团压力的能力不足。此外，监管机构必须拥有充足的资源，理解和评估其监管市场的复杂性，以及其监管决定对市场结果的影响。

服务贸易和投资监管评估(RASTI)工具箱能够帮助决策者以一致的方式评估法规，简化服务的国内监管框架，以改进效率并且建立采取新法规的程序。这套工具箱是对世界银行开发的另一套工具箱的补充，后者针对处理非关税措施的法规，并已在世界银行提供的发展政策贷款和跨地区政策对话中得到成功实施(Marconini and Sauvé, 2010; Cadot et al., 2012)。

服务行业的监管评估是一种信息密集型活动，需要大量的实地调研。服务贸易面临国内法规的过剩问题，这可能产生差别化影响，主要取决于部门、法规关于提供模式的相关性，以及该部门不同提供模式的重要性。例如，在零售部门,商业存在是主要提供模式;分区规则或土地所有权限制等具体措施,则可能是准入机会和运营条件的重要决定因素。

一、 评估的目标

监管评估能够帮助决策者评估监管框架是否正在推动一个高效的国内服务市场的发展,服务法规是否正在处理一个根本性的市场失灵问题,并且以恰当的方式实现公共利益目标。监管评估的做法可以进行调整以服务不同目标,这取决于具体情况和主管部门的需要。

不管是什么监管评估,第一个目标都是填补服务贸易监管框架的信息差距。很多国家刚刚启动私营部门服务监管,特别是那些在进行意义深远的结构性改革过程中的国家。在一些情形下,市场开放主导了监管改革,也带来严重的后续问题,并且增加了规范国内和国际服务市场的挑战。一种横向 RASTI 提供了关于所有服务产业监管框架特征的全面信息,强调了损害服务贸易和能动性服务部门发展的机制性弱点和监管缺陷。

确认限制服务贸易和投资的法律和法规,是监管改革进程中至关重要的第一步(Marconini and Sauvé, 2010)。在能够获得必要数据的情形下,量化分析对了解监管限制如何影响不同服务部门这一问题提供了额外信息。这些信息可以确认限制程度最高的措施和部门。决策者从而可以考虑监管替代方案,以推动贸易或投资友好型服务贸易环境的发展。他们还可以将这一评估作为更广泛的吸引外资政策的组成部分,因为简化服务监管框架可以确认并取消不必要的壁垒。

参与国际贸易谈判的国家可以利用这一评估,确认与国际纪律的潜在不符之处,因为这些方面可能影响谈判进程或履行谈判承诺。评估还可以帮助确认服务的合理政策目标,明确哪些法规不应该受到国际贸易协定的影响。

通过对监管框架进行详细描绘,可以向贸易谈判人员提供一份清晰的图像,知道自己需要关注哪些部门和措施。例如,这种描绘可以告诉贸易谈判人员,哪些敏感部门和措施可能与拟议协定冲突,向他们提供了服务市场的全面看法,这对确定谈判策略来说很有必要。一旦协定生效,评估还可以帮助监管人员确认不合规的法律和法规或部门,这些部门可能需要根据新的国际义务进行重新监管,从而为监管人员执行协定提供了帮助。

对治理框架进行分析,可以评估监管机构制定一种框架来支持服务发展和实现公共政策目标的能力。这种分析还确认了可能损害服务部门的行政手段,例如负担过重的注册要求、不透明的分配机制、薄弱的监管监督和执行程序。

评估旨在推动更好的监管做法和治理。实现这一目标，能够帮助发展中国家扩大本国的服务部门，提升竞争力和出口多元化水平。利用这种评估进行水平或部门分析，包括一种对替代法规的量化分析和评估，能够为逐步改进决策进程作出贡献。一旦能力充分得到开发，该国就能够通过更加详细的原则和程序，例如监管影响评估(RIA)。

二、 分析的层级

对整个服务贸易监管框架进行分析，将是一项巨大的工程。因此，最好在针对不同监管水平的模块下开展评估工作。横向评估可以帮助我们了解影响服务贸易的总体政策，以及影响关键部门的主要法律和法规。部门评估关注某个具体部门，例如职业服务、旅游或金融服务。评估还可以针对某项具体服务，例如会计、道路运输服务或保险。评估还可以沿着模块要求开展。

所有的 RASTI 既需要考虑监管框架，也需要考虑治理框架。法律和法规是主要的服务贸易壁垒，影响提供服务的能力，也影响提供服务的方式。但是，如同规则自身那样，法律法规的制定、实施、管理和解释方式，也可以被认为是一项重要的服务贸易壁垒。因此，RASTI 必须考虑主要机制性方面及服务监管机构的监管程序(治理问题)。

RASTI 必须分析监管框架对所有提供方式的影响。图 7.2 总结了分析层次，并且提供了横向层面的法规的范例。

三、 评估的范围

监管评估的最终目标将决定其涵盖范围。例如，如果评估作为贸易谈判背景材料，一般来说涵盖范围广泛，涉及管辖众多服务的法律、法规和机制。而在最敏感领域进行的部门评估或者具体服务评估，可以作为此类横向评估的补充。在设计服务贸易和投资的国别策略时，可以使用类似方法。相比之下，如果目标是改进一个具体部门的情况，进行部门或服务层面的分析将是最恰当的。

不管分析的层级如何，评估的主要方面是完全相同的，包括确认限制服务贸易和投资的一套完整的法律和法规，并审查规范这些法规和法规的机制。

评估还包括机制设置和改革安排，因为政府管理和执行法律和法规的方式可能影响跨境贸易和投资。如同缺乏执行法规的机制能力和资源一样，通过不

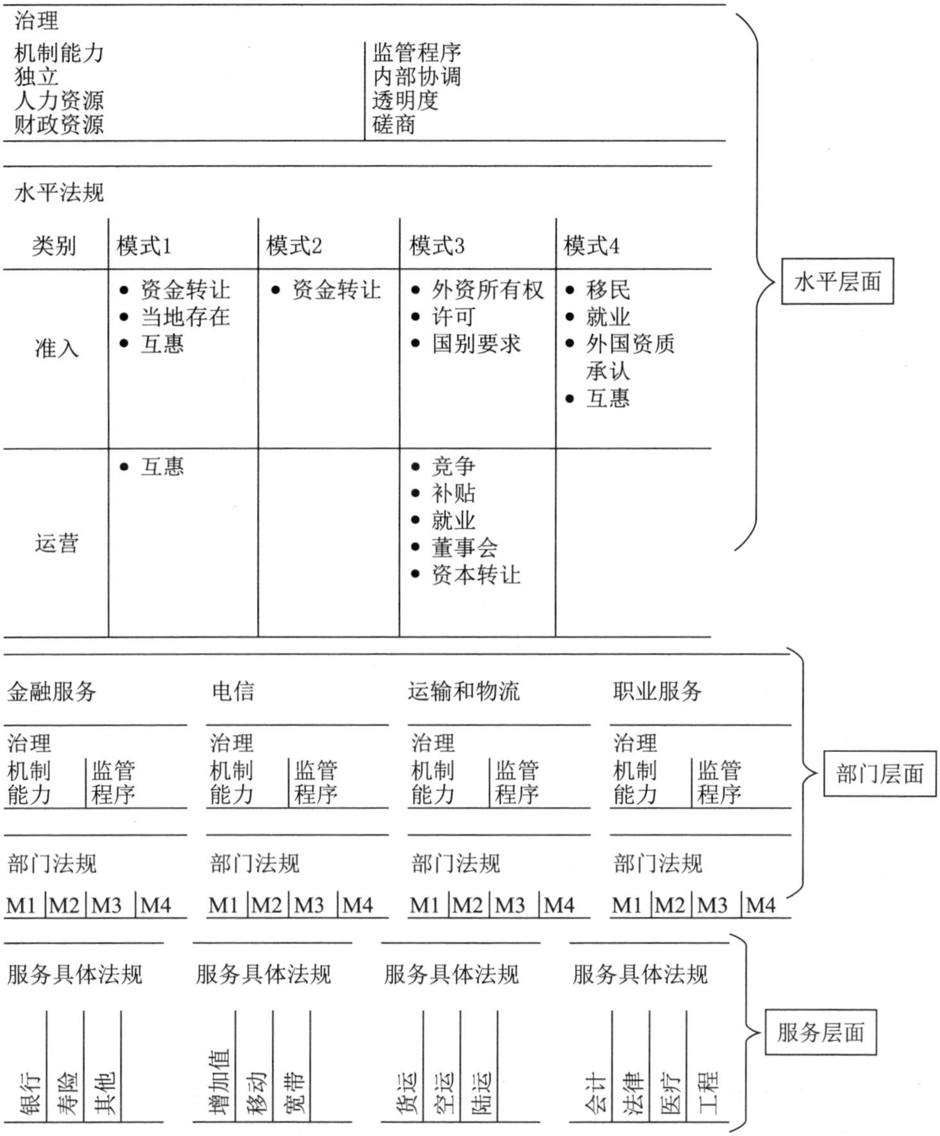

注:M1=跨境贸易,M2=境外消费,M3=商业存在,M4=提供服务的自然人的存在

图 7.2　RASTI 的水平、部门和服务层面分析

及时的方式处理许可申请或者选择性地执行措施,也可能阻碍服务贸易。

四、 评估的协调

服务横跨大量部门和提供方式,而且很多部门和提供方式之间相互关联。

服务可以发挥很多作用，比如通过物流和运输支持其他经济活动，或者通过教育、卫生和社会保障政策，推进社会发展目标。与制造业、农业或采矿业不同，没有任何实体负责服务的监督。考虑到服务涵盖范围广泛，各国如何开展旨在进行部门改革的监管评估？

如果改革只影响一个部门，负责制定政策和法规的部委或其他公共实体应该能够引领改革进程，包括与利益相关方磋商这一核心和重要任务。如果改革进程影响广泛的服务活动，各部委、监管机构和利益相关方等公共实体之间的协调将是十分必要的。确定哪个公共实体最能适合开展改革协调工作，取决于各国的具体考虑，不同国家会发现不同的解决方案。但是，某些关键条件必须满足，具体包括：

1. 协调服务部门政策的实体必须是政治上可信的。服务部门改革的政治经济学非常复杂，涉及政治敏感议题，影响那些有权势的利益集团和广泛的利益相关方。因此，负责协调的实体必须处于相对较高的政治阶层，必须能够开展评估，监督不同实体的工作进展，并且指示此类实体改进实施情况。

2. 强劲的政治实体必须获得强大的秘书处的支持。政治实体和秘书处都必须具备良好的技术能力和充足资源，包括充足的职员来落实秘书处的授权。如果政府能力偏弱，在协调实体的指导和监督方面，允许国际组织、援助国或其他专业机构从事评估，是合乎情理的事情。此类秘书处将特别负责监管评估工作的督查。

3. 协调还应包括对监管评估结果和建议感兴趣，或者受到拟议改革影响的利益相关方。

五、 模块

方法论提出，RASTI 可以通过三个步骤或模块进行(具体见图 7.3)：

● 模块 1：确定水平法规和部门法规，并且评估监管程序和机制安排。

● 模块 2：在可能的情况下，提供法规对绩效和市场结构影响的量化评估，包括价格、质量和准入机会。

● 模块 3：建议替代法规和机制安排。

模块 1：确定水平法规和部门法规，并评估监管程序和机制安排

影响服务经济的措施可以体现在一般法律法规或管辖某一特定服务部门的行政措施中。可以对三种层面的法规进行如下区分：

● 水平层面包括影响所有服务产业的措施，例如对资金转让的限制、对人员

模块1

- 确定法规
  - 确认影响广泛部门的水平法规
  - 确认影响某个部门、分部门或活动的具体法规
- 评估法规制定进程（透明度、必要性和非歧视）
- 评估国际最佳做法下的机制安排

模块2

- 评估法规对市场结构、价格、质量和准入的影响

模块3

- 评估替代法规
- 提出新的机制安排，如其存在
- 评估替代法规和机制安排的可信性

图 7.3　RASTI 的三个步骤

流动的限制、对外国资本参与的封顶及对某些少数群体提供优惠待遇的法律。

● 部门层面包括管辖某些服务的更广泛的法规。旅游或电信法律或职业服务的通用框架属于这一层级。

● 服务层面包括规范具体活动的措施。这种法规层级在职业服务很普遍,每个职业通常由一个具体机构管辖,例如国家法律服务协会或会计协会。具体服务法规还可来自普通法。例如,关于文化遗产保护的法律,通过对外国电影生产或分销或其资金设立限制,来限制视听或娱乐服务。

这种描绘确认了在各种法规层面影响服务贸易的措施。通过审查如下因素,可以评估这些措施对服务产生的实际影响:

● 对市场的准入和运营的限制;

● 定量和定性措施,其意图或效果可能或可能没有歧视性;

● 法律和法规,以及由非正式行政手段施加的限制。

此外,治理和法规的具体方面也将在分析的每个层面得到考虑。这些考虑在水平层面特别重要,机制和法律的联系更加广泛、更加复杂,而且影响更多产业。

模块 2:进行影响分析

量化分析是评估活动最具挑战的步骤,提供了价格、成本、竞争水平和市场结构,并概述了绩效标杆。量化分析记录了自由化或改革的预期收益,并且指出了改革的潜在赢家和输家,以及可能的缓解或过渡安排。

决策者需要警惕任何监管评估的两项关键限制。第一,监管进程的某些

方面无法被衡量，例如在分解层面的服务贸易额经常缺失。第二，资源限制意味着决策者必须确定评估的维度，监管进程的质量，法规实施和执行的绩效标准，或者法规自身的绩效。其中，一些方面是很难进行量化的，例如监管质量或执行能力。决策者应该考虑法规对其直接目标和更广泛的政策目标的影响(Baldwin，2012)。

量化工具可以帮助决策者确定优先领域。通过量化法规的影响，评估可以帮助指导监管改革方面的努力。评估可以确认反对或支持特定政策方向的利益集团，允许组建公共观点和联盟以克服对改革的政治抵制。量化分析还可以为改革设计作出贡献，通过确认最差效率的情形，评估可以帮助决策者将改革集中于可能产生最大影响的领域。

收集监管信息数据是一项挑战。而且，此类信息必须辅之以实际的服务贸易和投资数据，最理想的是至少在部门层面的分解情况。在很多发展中国家，这些数据可能是不可获得的。在此类情形下，就无法进行量化分析。但是，缺少足够数据并不意味着监管评估行不通。如果有必要，评估可以忽略此类模块。

模块 2 审议并解释了能够帮助决策者量化法规影响的工具。对维持或实施法规的成本和收益进行量化，是信息通畅的监管决策和改革进程的一个有价值的组成部分。模块 2 根据三种分类学对量化工具进行分类：使用*直接方法*还是*间接方法*测算法规的影响；集中于*部门结果*还是*整个经济范围的*结果；使用*回顾性方法*还是*前瞻性方法*。

在使用直接方法的研究中，服务法规和服务结果之间的联系更加直截了当。使用直接方法研究的可行性和可信性，取决于数据的质量和可获得性，即该国是否定期收集并更新关于服务部门政策措施的数据。[4]

追溯方法分析使用计量经济学预测和过去自由化和监管变化的信息，对服务部门限制的影响进行量化。*前瞻性方法*尝试在关税等值预测的基础上，对服务贸易进一步自由化的影响进行预测。

模块 2 集中于*追溯*方法，这些是通过计量经济学分析和部门研究开展的。对分析进行补充的还包括：关于使用此类量化技巧的数据要求和数据来源的详细表述；如果数据不可获得，则提出收集数据的建议方法，例如使用企业层面的调研和标准问卷。

模块 3：确认替代法规和机制安排

模块 3 的基础包括，监管描绘(模块 1)的发现，以及在可获得数据的前提下，对服务贸易影响量化分析(模块 2)。模块 3 向决策者描述了在改革服务法规方面的选项，确认了每种选项的优劣、要求和实施方法(见表 7.3)。一种评估能够帮助决策者确认，哪种策略适合某个特定国家和服务部门，这取决于其希望实现的政策目标。

表 7.3　选定监管策略的优势和劣势

监管策略	主要特征	主 要 优 势	主 要 劣 势
国家直接采取行动	国家负责向消费者提供服务，或者为企业提供设施	确保货物或服务的某特定水平投资具有强劲的公共产品特征	政府失灵可能跟市场失灵同样严重
命令和控制	法规通常涉及施加约束性标准，并通过法律制裁监督标准执行	禁止某些类型的行为，确保相对确定性和立即效应	受规范的企业可能捕捉进程；体系过于僵化；可能创造准入门槛；实施困难而且成本巨大
以激励为基础的体系	利用税收或补贴鼓励服务提供者根据公共利益开展活动	减少法规捕捉风险；鼓励企业尽可能地限制有害行为	需要相关信息，才能将税收或补贴设置在正确水平上
竞争法	能够确保单独市场的竞争水平，实现供应处于社会优化水平	可能跨境实施于多个部门，也就创造了监管的规模效应；不会不恰当地干预企业的私人决策进程	灵活性可能创造不确定性
特许经营	用市场竞争替代市场内竞争	有效的监管工具显示了强劲的自然垄断特征；包括许可费或谈判最低补贴等，能够给政府带来财政利益	需要高水平的治理能力
披露监管	要求企业公开关于其产出的数量、质量和价格，在一些情况下还要公开生产过程	相对较弱的政府策略；一旦信息公开可获得，消费者可以根据个人风险认识和容忍度作出选择	披露信息和进程的成本可能很大；还必须辅以额外措施。
自我监管	企业集团或个人确定其成员和行为	妨碍性低于其他国家为基础的机制	提供动力使用行为标准或许可要求作为准入壁垒

资料来源：作者梳理。

第四节　案例研究的初步发现

世界银行集团一直参与少数国家特别是最不发达国家的服务监管评估活

动。这些国别分析确认了更广泛的量化研究中发现的趋势,并且就适用于这些经济体的监管框架提供了更深层次的观点。监管评估遵循了上面提到的、莫利努埃沃和赛斯(2014)详细描述的方法论。

一、 调整方法论和预期

一项评论意见涉及需要调整监管方法论和预期,以适应受审查经济体数据的可获得性。很多发展中国家的服务贸易统计经常是有限而且不可信的,尤其是最不发达国家经常缺乏统计数据。这就限制了在部门基础上对服务部门监管进行量化影响分析的能力,而这正是模块 2 的要求。面对服务贸易统计数据缺乏的情况,监管评估应该集中于监管描绘,监管评估应该在定性信息基础上进行。当监管评估集中于某个具体部门时,应通过具体问卷调查来进行数据收集工作。

虽然这种情况限制了分析的复杂度和全面度,但不一定会减损其价值。事实上,如果一国缺少可靠的统计数据,往往也缺少具体的监管信息。这里,监管评估的重点集中在对服务贸易相关监管和做法的全面描绘上。然后可以利用从政府官员和利益相关方的实地调研中获取的定性信息,对监管和做法的影响进行评估。

世界银行对一些最不发达国家采用了 RASTI,监管描绘有助于弥合监管框架中重要的信息鸿沟,而定性评估也允许了确认改进服务贸易条件的政策。此类设置中的评估价值,基本上是由每个具体分析确定的目标决定的。在接受审查的最不发达国家中,监管评估为建立增强服务市场监管的更广泛的战略作出了贡献。例如,就利比里亚而言,监管评估为该国加入世贸组织谈判提供了基础信息,设置了服务贸易谈判的战略优先领域。在其他最不发达国家,评估是在加入世贸组织后进行的,帮助确认和优先制定具体法律、法规和加入后做法,以执行《服务贸易总协定》(GATS)和其他贸易协定。在布基纳法索,监管评估是作为诊断贸易和一体化研究的一个组成部分,旨在确认国际援助群体提供贸易支持的相关领域。这些范例显示,监管评估可以支持不同的决策考虑,对实现效率更高、贸易限制程度更小的监管框架很重要,包括在谈判框架之外。

二、 治理不善成为贸易的一种限制

治理问题成为影响服务贸易的最强大障碍之一。图 7.4 体现了从已经进行

RASTI 评估的最不发达国家收集的服务贸易和投资相关水平措施的数量，一共包括 98 项水平措施。图 7.4 确认，影响服务贸易的措施基本上来自管理手段，是最常见的服务贸易和投资限制。无论是在建立（或市场准入）阶段，还是在服务的常规运行阶段，情况都是如此。

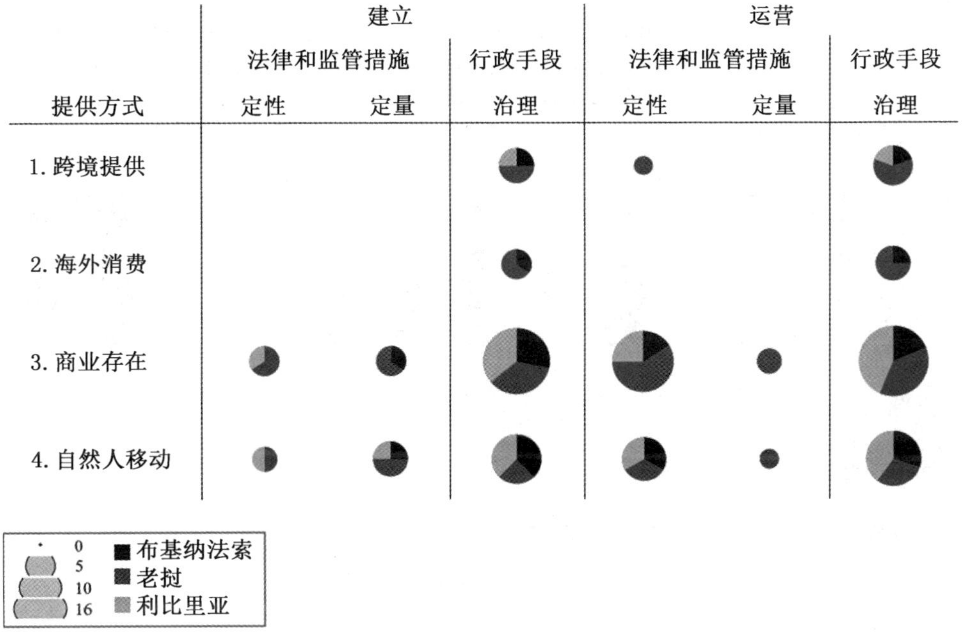

注：气泡的大小反映了措施的简单累计。
资料来源：作者测算。

图 7.4　影响服务贸易的水平措施

国别案例研究也强调，治理局限性经常是唯一类型的水平措施，限制了某些类型的服务提供方式，即跨境贸易和境外消费。之所以如此，是因为模式 1 和模式 2 特别难以监管，即便是从事此类贸易的服务提供者仍然暴露于国内行政手段之下，并且对这些手段比较敏感。在接受审议的最不发达国家案例研究中，尽管所有三个国家都维持了在商业存在和单独提供者移动方面的某些监管限制，但行政手段依然是最频繁的水平限制。被认为最影响服务贸易的行政做法，与缺乏透明度和监管信息相关。图 7.5 显示，获取法律法规的问题以及法律法规缺少清晰度，几乎占三个被审查最不发达国家的水平治理限制的一半（63 项限制中有 30 项）。在所有这三个国家，透明度问题的发生，主要是因为难以了解适用于国内服务部门以及总体商业环境的法律和法规。这不仅影响低层次的监管，例如具体部门的部长级指令或程序指南，也包括法令和实际法律。无法了解法律和法规，是因为缺乏标准的规则制定指南，无法将法律生效前进行公布作为一项要求，或者拟议法律或法规变化的信息扩散不充分，例如缺少一份官方刊物或电子文档。

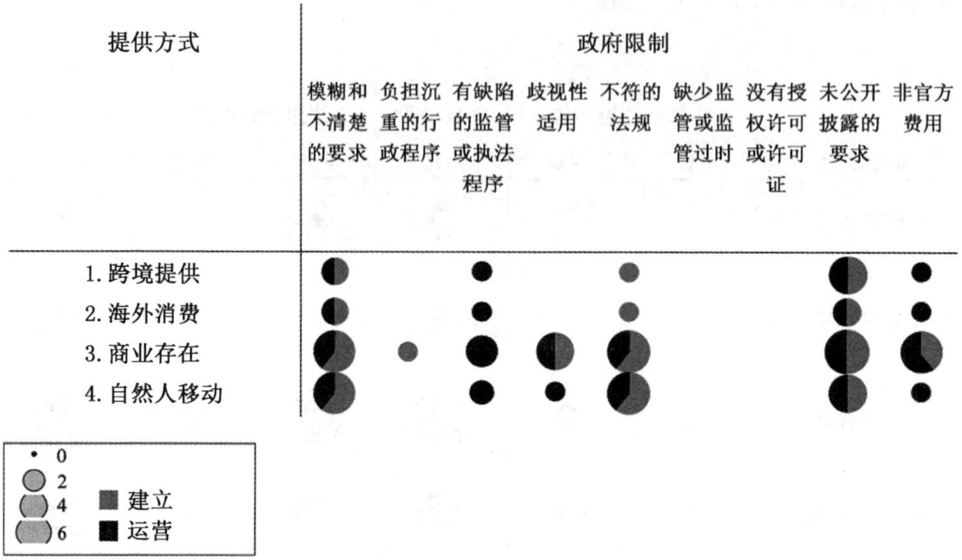

资料来源：作者基于布基纳法索、老挝和利比里亚的数据计算。

图 7.5　影响服务贸易的水平治理做法

与各种服务提供方式相关、在市场准入和运营阶段都出现的其他治理手段，涉及监管框架的不一致之处，包括不同层次的法律和法规之间，这经常反映了在决策过程中缺乏部门之间的有效协调。非官方收费和法规的歧视性适用问题的存在，对外国供应商的设立施加了进一步的限制，无论其通过模式 3 还是模式 4 开展运营。这些初步评论发现，至少对处于发展初级阶段的国家来说，增强国内监管框架的透明度，建立清晰的决策指南，是推动服务贸易发展的最有效的水平政策。改进了解法律法规的机会，增加法律法规的透明度，更被认为是推动服务部门发展的优先举措。

三、 正式的水平限制正在消失

随着各国努力吸引外国投资，正式的水平限制逐渐消失。在最近几年中，接受审查的三个最不发达国家开展了结构性改革，取消了大量的服务贸易和正式投资限制。图 7.6 显示，在监管筹划和跨境服务水平限制取消后，服务领域的贸易和正式投资限制开始凸显。

吸引外国投资的竞赛说明，对投资的正式限制往往是例外，而不是规则。对于最繁琐的绝大多数外国企业建立限制来说，情况就是这样，例如，规定外资只占少数股权，强制要求有国内合作方，或者通过经济需求测试审查外国直接投资。

在接受审查的最不发达国家中，唯一的水平限制措施与外国单独服务提供者的存在相关。劳动力市场测试要求雇主在显示缺少符合条件的国民后才能雇佣外国人。这确认了一项事实，即人员流动对不同发展水平的国家来说都是一个敏感议题，即便是最不发达国家。就布基纳法索和老挝而言，上面的经济需求测试，与对当地建立企业可雇佣的外国人数量的长期限制，是一直并存的。

对具体部门法规和机构的审查也发现，非正式手段表现了服务贸易的额外限制，特别是准入后的情况。图 7.7 展示了在部门层面的治理限制。正如图 7.6 的结论所显示的那样，治理限制被认为是在服务企业运营阶段更严重的问题，而不是在建立之初。

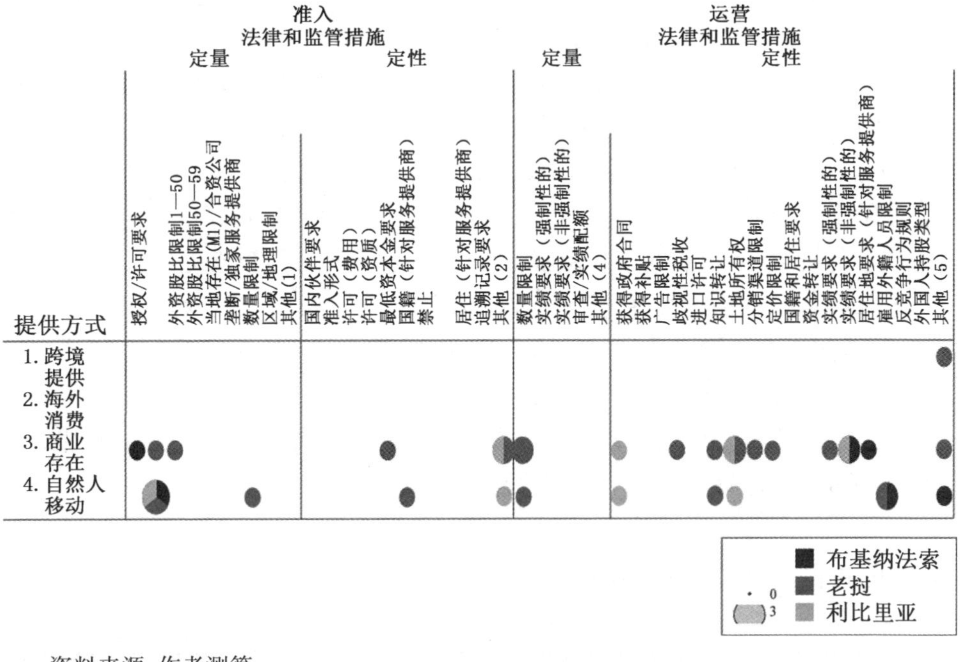

资料来源：作者测算。

图 7.6　横向法律和监管限制

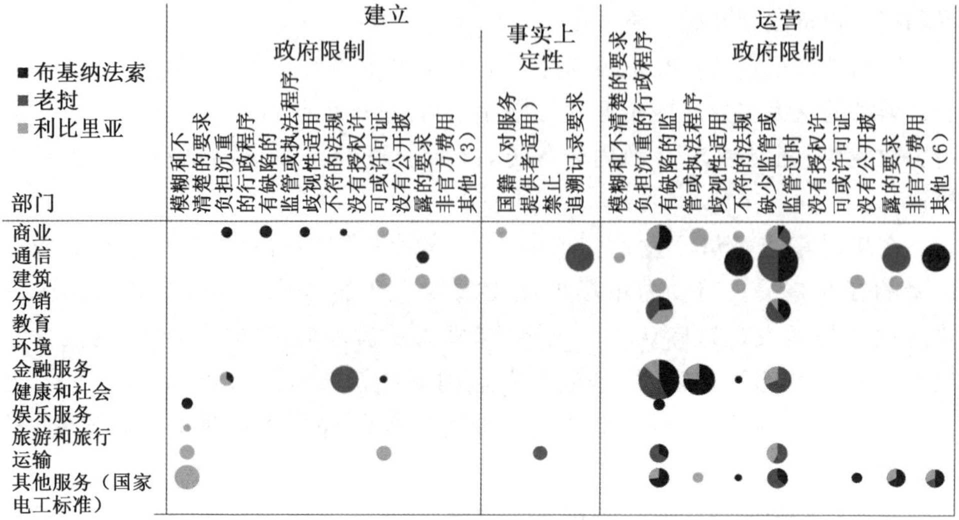

资料来源：作者测算。

图 7.7 部门层面的治理限制

但是，部门数据也显示，在部门层面，缺少有效监管变成该部门扩张的一项障碍。对市场失灵几率更高的服务部门来说，情况更加值得注意，例如电信和金融服务。布基纳法索和老挝没有建立对电信部门的有效监管体系，这导致市场上占主导地位的供应商能够参与反竞争做法。利比里亚和老挝的金融服务法规，也被认为是存在缺陷的，主要因为其监管机构的能力不足，要知道布基纳法索作为西非经济共同体的成员国，已经从区域一体化和区域简化能力的聚集中受益。缺少有效的监管框架也影响了运输服务，很多运输服务也容易出现滥用支配地位的现象，而在商业和分销服务部门，信息不对称是很常见的。

监管和执行不力弱化了监管框架。即便是在监管框架相对牢固的服务部门，如果法规没有得到充分和平等的实施，也可能承受额外的运营成本损失。例如，布基纳法索的金融服务监管就是如此（世界银行，2014）。这再次确认，建立合适的监管机构（这意味着团队有专业素养，且资金支持到位），是为实现既定政策目标而进行的监管改革的一项有益补充。

四、 正式部门限制的重要性

在具体部门中，正式的限制措施仍然在实施中，特别是对外国服务提供者的建立设置的限制措施。在审查相关最不发达国家维持的正式限制后，我们发现，只有少数服务部门将大量的法律和监管限制适用于服务贸易。图 7.8 显示，商业

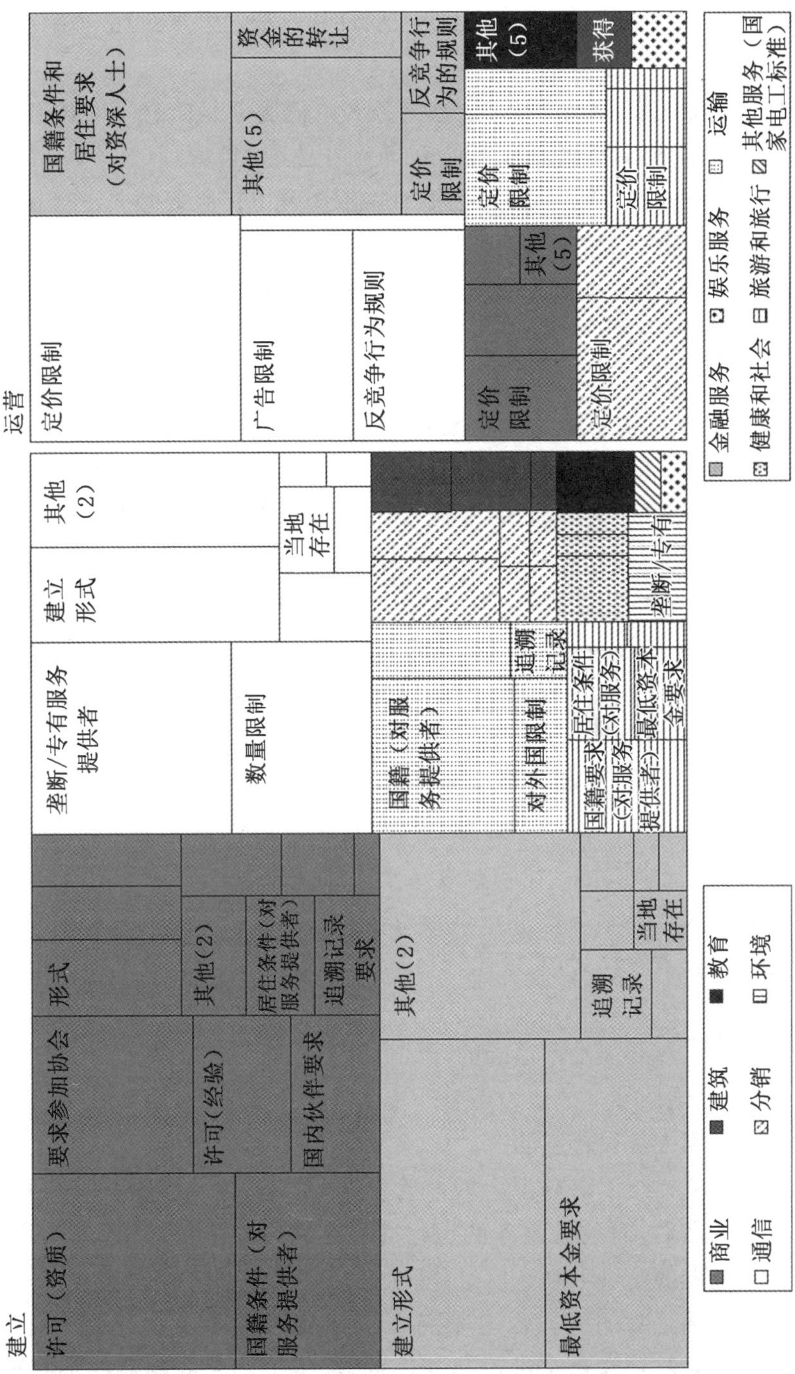

图 7.8　服务投资的监管限制

资料来源:作者计算。

服务(包括职业服务在内)、通信(包括电信和视听)和金融服务占被审查最不发达国家的法律和监管措施的约80%。几个实质性和方法论因素对这一结论来说是相关的:

● 在所有服务部门中,职业服务、金融服务和电信服务是信息不对称和市场权力发挥主导作用的部门,因此相比其他部门受到更多的监管。

● 从方法论角度而言,商业服务、运输、金融服务和电信服务倾向于存在更多的限制措施,因为这些部门相比其他部门被分解为更多的分部门和服务。例如,商业服务被细分为46个具体服务,运输和物流服务分解为35个,但分销服务只有5个服务细类,旅游服务只有4个。这就进一步加剧了一种看法,即分类更细的部门总体限制度更高。

如果更近距离地观察已经落实到位的监管措施的类型,只有个别措施是纯粹的保护主义措施,其他措施可能具备保护主义的特征,但是否属于保护主义要取决于其具体管理方式。例如,专业人员被要求获得许可以确保资质,银行和保险公司被要求拥有金融稳定性。但是,许可程序也可能隐藏一些通过不透明的方式,偏好某些供应商的随意性要素和程序。重要的是,旨在限制外国企业参与的经典准入限制,例如对外资股比限制和经济需求测试,在任何服务部门中都不占据主流地位。但是,国籍(有效阻止外国供应者进入市场的一种限制措施)和服务提供者的居住要求,确实在商业和娱乐服务部门存在,这说明外国服务提供者参与这些服务类别仍然是一项关注,即便外国投资本身没有受到限制。

在我们研究的三个国家中,金融服务基本上都是对外国竞争者开放的。相关最不发达国家的大量限制与最低资本金要求和建立商业存在限制(通常要求当地企业)相关,可以被解释为,实现监管目标的措施,与国内金融市场的审慎监管联系在一起。一些措施影响金融服务的运行,例如要求一定比例的高层管理人员,包括董事会成员,必须是东道国的国民。这些措施虽然在性质上是歧视性的,但是这种限制措施通常不被认为是对外资的一项重要限制,因此在很多中等收入国家和发达国家中是很普遍的。

电信部门的措施描绘了一种混合的监管框架(见图7.9)。垄断和各种限制占商业存在限制的多数,而电信服务的运行通过定性措施进行监管。后者表现为布基纳法索和老挝的定价限制。但是,垄断在基础服务部门的大量存在,说明市场对私人参与仍然是封闭的。否则,国有服务者已经被私人专有服务提供者所取代。价格和互联监管在这个部门是普遍的,经常被用来遏制那些拥有网络基础设施的提供者滥用主导地位。

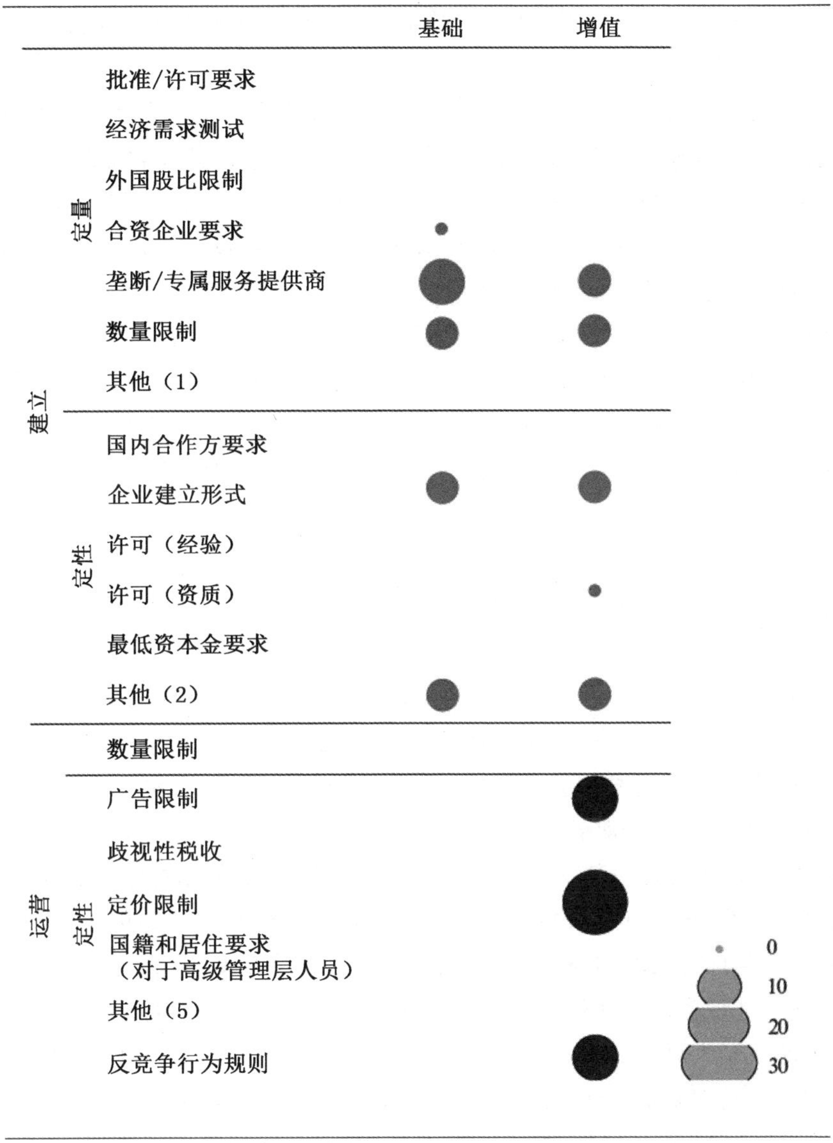

资料来源:作者测算。

图 7.9　电信服务的监管限制

许可似乎被认为是商业服务建立的主要限制。这在很大程度上是因为职业服务在商业服务内部的重要性造成的。在我们分析的案例中,许可要求通常与资质和经验的展示相关。职业人员也被要求通过国内职业协会或机构注册。此类要求对确保职业服务质量来说是必要的,但也可以成为对外国供应者的一种壁垒,特别是当其与居住要求放在一起时,后者在我们研究的国家中普遍存在。

在我们研究的三个国家中,影响职业服务运行的最普遍法规与限制该部门竞争的定价监管相关。

监管空白,也就是没有监管,也可能作为一种贸易壁垒。在运输和分销服务等某些部门,缺少安全法规及合同法,或消费者保护规范薄弱,增加经营者的贸易和交易成本,都可能损害这个部门的发展。同时,薄弱的监管执行能力,包括缺乏监管独立性、机构人员不齐整、技术复杂性产业的技能不足等,都可能导致出现限制监管能力的严重不利局面。

最后,国有企业被认为享受了其他市场参与方无法享受的实质利益,获得了可能扭曲市场竞争的优势。虽然在本章研究的国别案例中没有发现这些情形,但在已经试点 RASTI 的其他国家已经发现存在。这解释了为什么在新一代贸易投资协定中,就国有企业的参与和角色定位达成新纪律的呼声日趋高涨。

第五节 结 论

政府监管是预防或纠正市场失灵、实现经济和社会目标的一项有力工具。这对服务部门来说尤为重要,不仅因为信息不对称和有限竞争在服务部门反复出现,还因为服务部门发挥了重要的社会作用,在健康、教育、通信和金融等关键部门提供了至关重要的服务。

法规也可以成为一种保护主义工具,成为当地利益集团的一项保障措施。如果法规设计不充分,或者执行不力,就可能导致市场扭曲。如果法规的通过是为了非经济目标,而此类目标获得了强烈的政治和公众支持,即便是缺少强有力的分析或实证理由证明法规的通过是合理的,仍然有很高的风险出现与"监管俘获"相关的规制失灵。如果政府缺乏进行有效规范的方法,法规可能创造市场扭曲和福利损失,即便引入法规的理由是合理的(即为了纠正市场失灵)。

为克服此类监管失灵的问题,决策者必须确立一种程序,确保法规的通过和实施都遵循良治的核心原则。经济文献和国别研究都显示,法规的管理可能像正式的限制措施那样负担沉重,并成为服务贸易和投资的一种限制。正如本章的国别案例研究所展示的,对于近期已经实施结构性改革的小经济体来说,情况更是如此。在此类改革进程中,法律和法规的修改和更新速度超过了执行这些法律法规的监管机构的适应能力。这很容易使市场开放带来的利益面临风险。因此,最理想的是在作出改革努力之前,进行一项全面的监管评估。对于监管失灵和治理失灵限制服务贸易和开放投资带来的益处这个问题,必须在监管评估中得到充分考虑。

参考文献

Amin, Mohammad, and Aaditya Mattoo. 2006. "Do Institutions Matter More for Services?", Policy Research Working Paper 4032, World Bank, Washington, DC.

Baldwin, Robert. 2012. *Understanding Regulation: Theory, Strategy and Practice. Oxford*: Oxford University Press.

Baumol, William, John C. Panzar, and Robert D. Willig. 1982. *Contestable Markets and the Theory of Industry Structure*.

Borchert, Ingo, Batshur Gootiiz, and Aaditya Mattoo. 2012. "Policy Barriers to International Trade in Services: Evidence from a New Database", Policy Research Working Paper 6109, World Bank, Washington, DC.

Cadot, Olivier, Mariem Malouche, and Sebastián Sáez. 2012. "Streamlining Non-Tariff Measures: A Toolkit for Policy Makers", Washington, DC: World Bank.

Feintuck, Mike. 2004. "*The Public Interest*", *in Regulation*. Oxford: Oxford University Press.

Goswami, Arti Grover, Aaditya Mattoo and Sebastián Sáez. 2012. "Exporting Services: A Developing Country Perspective", World Bank. https://openknowledge. worldbank. org/handle/10986/2379.

Krajewski, Markus. 2003. *National Regulation and Trade Liberalization in Services*. The Hague: Kluwer Law International.

Lejour, Arjan, and Jan-Willem de Paiva Verheijden. 2004. "Services Trade within Canada and the European Union: What Do They Have in Common?", CPB Discussion Paper 42, CPB Netherlands Bureau for Economic Policy Analysis, The Hague, the Netherlands.

Marconini, Mario, and Pierre Sauvé. 2010. "Negotiating Trade in Services: A Practical Guide for Developing Countries", in Sebastián Sáez: *Trade in Services Negotiations: A Guide for Developing Countries*. Washington, DC: World Bank.

Miroudot, Sébastien, Jehan Sauvage, and Ben Shepherd. 2010. "Measuring the Cost of International Trade in Services", MPRA Paper 27655, University Library of Munich, Munich.

Molinuevo, Martín, and Sebastián Sáez. 2014. *Regulatory Assessment Toolkit: A Practical Methodology for Assessing Regulation on Trade and Investment in Services*. Washington, DC: World Bank.

Ogus, Anthony I. 1994. *Regulation: Legal Form and Economic Theory*. Oxford: Hart Publishing.

Prosser, Tony. 2010. *The Regulatory Enterprise: Government, Regulation, and Legitimacy*. Oxford: Oxford University Press.

Sáez, Sebastián. 2010. Trade in Services Negotiations: A Guide for Developing Countries. Directions in Development Trade. World Bank. https://openknowledge.worldbank.org/handle/10986/2481.

Sidorenko, Alexandra, and Christopher Findlay. 2003. "Domestic Regulatory Reform and Trade Liberalization", in Alexandra Sidorenko and Christopher Findlay, eds., *Regulation and Market Access*, Canberra: Asian Pacific Press and Australian National University.

Stiglitz, Joseph. 2010. "Government Failure vs. Market Failure: Principles of Regulation", in

Edward Balleisien and David Moss eds., *Government and Markets, Towards a New Theory of Regulation*, Cambridge: Cambridge University Press.

Sunstein, Cass. 1990. "The Function of Regulatory Statutes", in *After the Rights Revolution: Reconceiving the Regulatory State*. Cambridge, MA: Harvard University Press.

Van der Marel, Erik. 2011. Determinants of Comparative Advantage in Services. Science Po. Group d'Economie Mondiale, Working Paper, 21 March.

Van der Marel, Erik. 2012. "Trade in Services and TFP: The Role of Regulation", *World Economy* 35(11): 1530—1558.

World Bank. 2014. Facilitating Globalization: Burkina Faso Diagnostic Trade Integration Study Update. Washington, DC. http://imagebank.worldbank.org/servlet/WDSContentServer/IW3P/IB/2014/07/01/000442464_20140701130841/Rendered/PDF/891150ESW0whit0x385265B00OUO0900ACS.pdf.

World Bank Services Trade Restrictiveness Index(STRI). Washington, DC. http://iresearch.worldbank.org/servicetrade/home.htm.

注释

1. 本章基于作者在世界银行从事的有关监管评估的大量分析工作基础上写成,参见Molinuevo, Martín, and Sebastián Sáez, *Regulatory Assessment Toolkit: A Practical Methodology for Assessing Regulation on Trade and Investment in Services*, World Bank, 2014。

2. 对于法规的非经济理由,没有达成一致的分类。Prosser(2010)提出了3类非经济理由,分别是:(1) 监管以保护人权;(2) 监管以保障社会团结;(3) 监管作为考虑(规定解决问题的进程)。Sunstein(1990)提供了非经济监管的6种不同动机:(1) 再分配;(2) 集体期望和期许;(3) 不同的经历和偏好构成;(4) 社会遵从;(5) 内生偏好;(6) 不可逆转(关于环境、人类和自然生命)。Feintuck(2004)没有提出具体类别,但关注不同监管工具和部门中的"公共利益"的具体内容。Sitglitz(2010)将"市场的非理性"作为另一政策关注的来源。最终,在监管决策过程中发挥作用的公共政策考虑在实质上是没有限制的,而进行逻辑缜密的分类是不可能的,甚至是徒劳无功的。出于简化目的考虑,我们在本章中研究了Ogus提出的三个目标广泛的类别。

3. 市场可竞争性涉及Baumol等(1982)提出的概念,即便是少量企业服务的市场,或者即便是一个单独企业服务的市场,也可能在竞争条件下运行,只要有有效的潜在的准入者的威胁,而且没有准入限制。一个完美的竞争性市场具有三个特征:(1)没有准入或退出的监管壁垒;(2)没有沉没成本;(3)(无论是既有企业,还是新的准入者)有机会获得相同水平的技术。

4. 直接方法使用服务限制信息和计量经济学分析中的政策,评估限制对某些结果的影响。如果关于限制的直接信息不可获得,则使用间接方法。在这些情形下,分析人士通过将其与一个特定标杆比较(通常是没有限制或相对开放的国家),评估或推断开放水平、限制程度或者市场可竞争性。间接方法的主要限制在于由此得出的预测可能涵盖的范围超过贸易壁垒,难以将此类预测与某一个具体政策措施联系在一起。基于这些原因,与直接方法相比,间接方法不太适用于指导政策决定。

第二部分

法 律 视 角

第八章

GATS 判例法 20 年：它尝起来是美酒吗

埃里克·H.勒鲁[1]

第一节 简　　介

《服务贸易总协定》(GATS)是《马拉喀什建立世界贸易组织协定》(《WTO 协定》)的组成部分。和后者一样，GATS 也在庆祝问世 20 周年。对于这一协定，我们应该给予何种评价呢？

毫无疑问，在 GATS 下出现的绝大多数重要进展，都是世贸组织司法机构相关裁决的结果。与其他世贸组织协定不同，GATS 生效没有出现大量被起诉和作出裁决的争端案件。但是，那些服务领域的争端案件已经被证明是敏感的、有争议的，有时候让过去的谈判人员都惊讶不已，当然毫无疑问也是最扣人心弦的，极其挑战脑力和智力。

这让大家都很惊讶吗？答案当然是没有。投资和服务贸易的规制是一个新的领域，总体上比传统的、更为人所熟知的货物贸易更加复杂，因此更有可能出现新的挑战性议题，因为过去几无先例可循。这反映在 GATS 本身上，该协定恐怕是最复杂、模糊和纠结的世贸组织协定了。

GATS 的出现，是服务领域的国际贸易(和投资)规制方面的一个分水岭事件。然而，现实是协定及其义务的不确定性悄悄出现，谈判人员注意到澄清几个关键议题的必要性，但一直没有能够做到这一点。[2]同时，正如那句谚语说的，“善有善报”，世贸组织成员普遍在发起贸易争端案件方面保持克制。

如果在谈判领域没有什么进展的话，那么在争端诉讼这边发生了什么？在作出裁决的 7 个案件中，从加拿大—期刊案到中国—支付服务案，专家组和上诉机构是进一步增加了现有的法律不确定性，还是说他们很好地完成了任务，澄清了规则的灰色区域，填补了规则空白并较好地对复杂义务和承诺进行了推理？

这就是本章的目的：本章提供了关于 GATS 核心议题如何得到解决的评估，以及在作者看来这些议题是否得到正确解决。这些议题包括：市场准入和国民待遇义务的解读；成员减让承诺表的解释和理解方式；协定适用于新的快速发展的货物和服务交易方式（电子商务）；贸易自由化目标和成员为公共利益进行监管的权利之间是否实现了适当平衡。

此类评估的存在，能够使大家做出判断，尽管 GATS 存在不足和挑战，这项协定是否称得上狄俄尼索斯（古希腊神话中的酒神。——译者注）最喜欢的琼浆玉液，而且年份正好。自由贸易和投资协定越来越多地实现了更高水平的贸易自由化，也带来了更严苛和开创性的纪律及更加有效的争端解决救济措施。面对这些协定大量出现的情况，本章在最后部分讨论了 GATS 需要在哪些方面作出改进，才能继续作为最顶层的核心协定。[3]

第二节　GATS 的范围

一、涵盖范围非常宽泛

GATS 第 1 条就协定的范围作出规定，提到“本协定适用于各成员影响服务贸易的措施”。[4]各级政府所采取的措施，此类政府授权行使权力的非政府机构所采取的措施，也都被涵盖在内。[5]“服务贸易”涉及服务的四种提供方式，分别是：

● 自一成员领土向任何其他成员领土提供服务（跨境交易）；

● 在一成员领土内向任何其他成员的服务消费者提供服务（跨境消费）；

● 一成员的服务提供者通过在任何其他成员领土内的商业存在提供服务（商业存在）；

● 一成员的服务提供者通过在任何其他成员领土内的自然人存在提供服务（自然人移动）。[6]

所有这些服务都在 GATS 的范围内，但行使政府职权时提供的服务[7]和某些航空运输服务例外。[8]

与 GATS 适用相关的第一个议题是在加拿大—期刊案中出现的。加拿大在该案中表示，与分割版期刊[9]所有广告额 80％等值的国内税，是一项影响服务贸易的措施，因此受 GATS 纪律的约束。换言之，加拿大主张，由于其没有作出广告服务承诺，这一措施只能在 GATS 的国民待遇下接受审查，而不是 GATT 第三条。专家组和上诉机构拒绝了加拿大的观点，裁定两个协定的义务是累加的、并存的，而不是GATS下的义务优先于GATT（《关贸总协定》）下的义务。[10]这为随后的裁决奠定了基础，即GATT和GATS不是相互排斥的，而是可能出现重叠。这一裁决是在欧共体—香蕉案中作出的。

欧共体—香蕉案涉及欧共体的香蕉进口许可体系，即处理香蕉的进口、销售和分销措施。专家组和上诉机构就GATS的广泛范围达成一致，特别倚重并使用了第1.1条的“影响”一词。上诉机构指出：

> 在我们看来，使用“影响”这一术语反映了起草者希望让GATS范围广泛的初衷。“影响”这一词语的通常意义是“对……有影响”，这暗示了其适用范围很广。此前的专家组得出结论认为，GATT第三条下的“影响”比“规范”或“管辖”等术语范围要更加宽泛，进一步强化了这种解读。我们也注意到，GATS第1.3(b)条规定，“服务”包括*任何服务部门的任何服务*，但行使政府职权的服务例外，并且GATS第28(b)条规定服务提供包括服务的生产、分销、营销、销售和交付。<u>这些条款都没有暗示GATS的适用范围是有限的。</u>我们也同意，GATS第28(c)项没有缩小“影响”和“关于”这些术语的意思（文中用斜体、下划线强调，脚注省略）。[11]

上诉机构与专家组都同意的一点是，没有措施被预先排除在GATS适用范围之外。因此，不能低估GATS义务的范围。

二、GATT和GATS义务不是相互排斥的

上诉机构在加拿大—期刊案中作出裁决后，进一步明确GATT和GATS的义务可以交叉，同时取决于所涉措施的特征。上诉机构确认了在GATS下审议一项措施时考虑的两种情形，作出了如下澄清：

> 如果某些措施作为货物影响货物贸易，可能被发现完全属于GATT 1994的范围。如果某些措施作为服务影响服务的提供，可能被发现完全属于GATS的范围。但是，还存在第三类措施，其既属于GATT 1994的范围，也属于GATS的范围。这些措施涉及与某一特定货物相关的一项服务，或者与某一特定货物一同提供的一项服务。在第三类措施的各种情形中，所涉措施可以在GATT 1994和GATS下进行审查。但是，虽然同一措施可以在两个协定下审查，但在每个协定下审查的该措施的具体方面可以有所不同。在GATT 1994下，审查重点是该措施如何影响相关货物。而在GATS下，审查重点是该措施如

何影响服务提供或者服务提供者。影响与某一特定货物相关的服务提供的某一措施,是应该在GATS下或GATT 1994下进行审查,或者在两项协定下同时审查,只能在个案基础上作出决定。[12]

与GATS谈判人员当初所期待的不同,相同措施可以在GATT和GATS下都接受审查,但是在每个协定下审查的相同措施的具体方面有所不同。[13]在欧共体—香蕉案中,这就意味着欧共体的香蕉进口许可体制不仅可以在GATT下进行审查,而且还可以在GATS下进行审查。买卖香蕉的相同经营者(企业)也参与了涉及香蕉批发分销的其他活动。虽然欧共体的措施主要与经营者的货物活动相关,但他们也通过作为服务提供者的身份影响了经营者的货物活动,因此也就证明适用GATS是合理的。[14]

加拿大—汽车案重申了这些原则。汽车案涉及加拿大关于汽车零关税的进口措施。专家组以一项假设为基础,得出了GATS适用的结论,即加拿大某些制造商享受的进口关税豁免同时影响了机动车的批发贸易服务,但是上诉机构推翻并纠正了专家组的这一结论。尽管如此,专家组和上诉机构都重申了欧共体—香蕉案中关于GATS适用范围宽泛的结论。在本案中,专家组没有依据加拿大市场上机动车批发贸易服务规定相关证据作为其结论基础,如那些服务的提供者和提供方式,而是主要依据一项假设,即只给予某些制造商的进口关税豁免对分销服务供应的竞争条件产生了影响。事实上,专家组通过审查该措施是否符合该协定关于最惠国待遇和国民待遇的实质性义务,已经确定进口关税豁免构成GATS第1.1条含义内影响服务贸易的一项措施。[15]在上诉机构看来,这属于循环论证。

上诉机构认为,考虑到GATS的结构和逻辑要求,如起诉方希望使用其实质性义务,则起诉方必须首先证明某一具体措施影响GATS第1.1条意义上的服务贸易。[16]换言之,必须证明某一特定措施影响了第1.1条规定的服务四种提供方式—跨境贸易、海外消费、商业存在和自然人移动—中的一种模式。确定GATS适用与否不能仅仅依据假设,而是要对相关事实进行审查,包括谁提供所涉服务及该项服务如何提供(真实证据)。[17]这不要求贸易流的存在,因为被挑战的措施可能阻止了此类贸易流,例如某一项进口禁令被实施。

在中国—视听产品案中,上诉机构在处理美国的一项指控时,回顾并适用了此前的裁决和原则。美国提出,中国采取的关于某些出版物和视听产品的措施违反了中国在世贸组织下的货物和服务义务。[18]因此,这可以被认为是得到认可的世贸组织法。

随着电子商务的兴起和快速发展,货物现在可以越来越多地通过电子方式进行交易,而不像以前那样只能通过物理形式提供,这就意味着现在也可以是服务。考虑到这些，GATT 和 GATS 的积聚特征预示着将出现更多技术驱动的争端案件，GATS 模式 1 承诺(跨境交易)将被用来打破和规避传统的货物壁垒。

第三节　成员具体承诺的解释

一、《维也纳条约法公约》的适用

根据 GATS 第 20.3 条，一成员的减让表是 GATS 的组成部分。因此，关于一项减让表适用的解释规则与该协定其他条款适用的规则是完全相同的。

成员在减让表中作出具体承诺，对成员减让表的解释必须根据《维也纳条约法公约》(简称《维也纳公约》)第 31 条和第 32 条进行。[19] 上诉机构在美国—赌博案[20] 中效仿了此前关于 GATT 减让表解释的决定，并且坚定采取了这一立场。[21] 因此，一个成员的具体承诺，如同其他条约术语，必须根据成员减让表项目的通常意义并考虑其上下文进行善意解释，还应结合 GATS 以及更广泛的《WTO 协定》的目标和目的进行理解。[22] 这种情况下还可酌情使用解释的补充资料。[23]

有人认为，多数谈判人员并没有在制作减让表时过多考虑《维也纳公约》的严格、有组织的解释方法，包括权衡每一个单词(减让表经常使用松散的措辞来表明市场准入和国民待遇预留以及额外承诺)并参考词典定义进行解释。尽管如此，专家组和上诉机构已经制定了一个分析框架，通过一种总体解释方法，允许成员抓住承诺真实、有效的意义。

二、 整体解释方法

上诉机构在美国—赌博案中确定，虽然一个成员的减让表只约束该成员，但也代表了所有世贸组织成员的一项共同协议。因此，查明一项减让表中一项承诺的意义，涉及确认成员的共同意图。[24] 上诉机构此前决定按照欧共体—计算机设备案中的思路工作，欧共体—计算机设备案涉及的是 GATT 下关税减让的解释。[25]

这反映了一项事实，一个成员 GATS 减让表中包括的具体承诺，如同关税承诺那样，是互惠的，是进口成员和出口成员开展的互利谈判的结果。[26] 换言之，大家可以说一项协议包括双边或多边承诺，特别是在后来成员私利发挥作用时，对这些承诺的解释和执行不能仅仅依靠协议一方的主观解释。我们必须看所涉承诺的客观意义，并考虑与作出此类承诺相关的所有情况。

这就要求采取一种整体解释方法,上诉机构在欧共体—鸡肉块案中坚定采取了这一方法。上诉机构澄清表示,根据《维也纳公约》规则进行的解释最终是一项整体活动,不应机械地分解为固定要素。[27]例如,为了解 GATT 下关税承诺的含义,我们必须诉诸一系列解释性要素,包括条约的上下文、目标和目的、成员随后的做法及补充性的解释方法,包括与协定缔结相联系的任何相关情形,以及可能帮助查明成员共同意图所作出的某一特定承诺。分配任何特定要素的相关性和权重,很自然地取决于客观性、时机、事件类型、所涉法律或文件以及其来源或原产地。[28]

上诉机构就美国—赌博案作出裁决,是在其就欧共体—鸡肉块案作出裁决几个月前,而前者反映了上诉机构在解释一个成员减让表方面采取的一种整体方法。由于美国在减让表中的承诺相对模糊,通过求助于所有与作出所涉承诺相关的相应事实和情况(最重要的是分类体系和成员包括美国使用的谈判指南),专家组和上诉机构让所涉承诺的目标和实质意义进一步具体化。[29]

如果不求助于与成员承诺相关的所有情况,包括谈判历史,我们基本上不可能提供关于相关承诺的有效且准确的含义,尽管这些可能非常重要且敏感,甚至无法简单用几个词来表述,其自身仍然非常模糊和笼统。如果要采用类比方法来描述纳入成员减让表中的市场准入和国民待遇的方式,那么冰山是最恰当不过的比喻了。我们的肉眼(可见的文本)经常只能代表总体内容(监管措施/体系所要提供的保护)的三分之一。

只有采取一种整体方法,根据《维也纳公约》解释成员的具体承诺,我们才能公正地查明谈判人员真正的"共同意图",并且避免重要错误和不公平的结果。上诉机构在中国—视听产品案中回顾并使用了相同的方法,使之成为既定的、可靠的世贸组织法。[30]

三、 演进性方法和电子商务的范围

美国—赌博案还涉及一个同样重要且敏感的单独事项,但只在随后的案件中被直接处理并得到解决,也就是在解释成员的具体承诺时,是否考虑进行解释时服务提供的现实情况,而不是作出承诺时的现实情况。换言之,具体承诺是静态和冻结的,还是说随着市场现实的变化而发生演进,包括服务提供方式的变化(通过电子商务等新的交付方式)?这一问题对模式 1 承诺具有相当重要的意义,相关承诺作出之时,互联网现象才刚刚开始,几乎没有人能够预料这对未来货物和服务交易方式产生的影响。

这一问题在中国—视听产品案中得到直接处理。在本案中,上诉机构确定,由于具体承诺是与GATS实现渐进自由化的目标一致的，对承诺的解释也应该以一种演进的方式进行。因此，中国对声音录制和分销的模式1承诺被认定包括通过电子方式提供的那些服务，而不是只通过物理方式——后者在过去是唯一的交付方式。[31]电子商务很明确符合GATS的范围，更准确地说是跨境提供模式，必须考虑到当今世界的情况来解释和实施在该模式下作出的承诺。

这一裁决的法律推理是稳妥全面的。事实上，条约不是静态文件，不是一成不变的，这并不是一个新观点。[32]否则，如果条约是静态和一成不变的话，条约将很快变得没有意义，并且与(市场)现实脱离开来。如果继续适用的话[33]，产生的结果将是荒唐不堪的。例如，有人可能会说，对旨在保护公共利益(保护环境、健康、金融部门完整性等)的监管权的例外的相关解释和适用，应独立于在某一相关时间点保护任何给定公共利益的现实情况。同时，我们也必须承认，技术领域的此类巨大变化及其对成员承诺可能产生的影响，让很多谈判人员惊讶不已，原因很简单，那就是他们当初根本没有预料到。而且，贸易谈判的现实是，谈判人员处于高压之下，只关注谈判当时的市场现实。因此，即便有可能，谈判人员也很少会在谈判桌前对20年后可能发生的事情进行冗长的讨论。

这一进展可能是好的，也可能是坏的，结果主要取决于大家所处的时间点。一方面，当通过谈判难以取得有意义的进展时，这些裁决可能推动进一步渐进的贸易自由化。考虑到GATT和GATS下义务的累积特征，如同此前说的，面对对应的GATS模式1承诺可以通过电子方式交付货物，传统的货物贸易壁垒也许变得不再那么有效，甚至不再重要。另一方面，这也可能进一步解释了哪些在GATS模式1下作出寥寥承诺和/或反对在多哈回合谈判下实现额外自由化诉求的人士的观点是合理的。换言之，根据渐进自由化作出的案件裁决，可能产生的效果与当前谈判回合是完全相反的。

但是值得注意的是，这仅仅处理了贸易限制措施，而不是各国监管人员在其管辖范围内采取适当措施进行监管的能力。如同下面讨论的那样，专家组和上诉机构越来越善于理解成员如何设置和实施其合法公共政策目标，只要其在非歧视的范围内采取，并且相关措施对其他成员在《世贸组织协定》下自由谈判所达成的贸易利益损害最小。

第四节　市场准入

在GATS出现10年后，我们对GATS案例法进行了第一次评估，包括一份详细和冗长的讨论。我们在其中讨论了美国—赌博案，也提出了我们认为GATS第16条市场准入条款应当具有的正确意义。[34]专家组在中国—视听产品案和中国—支付服务案中再次直接面对这一问题，特别是在后面的这一案件中。他们延续了美国—赌博案中的方法，并且将范围进行了扩大，我们认为这赋予了第16条恰当和原定的意义。

一、 禁止性措施的封闭清单

一开始，专家组在中国—视听产品案中明确表示，第16条的范围限于该条第2段规定的六类措施。换言之，第16条规定了一份关于限制的封闭清单或穷尽清单，在一个作出承诺的部门并且受减让表中具体预留约束，一个成员不能维持或采取其他措施。[35]虽然专家组在中国—支付服务案中在此问题上不是如此明确，但是其分析和裁决依靠的是对第16条的解释，只有该条第2段中列明的那些措施在一个承诺部门中才被禁止。[36]

考虑到一些起诉方认为第16条的范围可能比其第2段的规定要更加宽泛，而且事实上上诉机构也没有在美国—赌博案中直接处理该问题，我们此前就此表达过关注。[37]虽然由于缺乏明确的上诉机构裁决，导致在此问题上还没有既定的世贸组织案例法，但是两个专家对第16条的适用符合了所有成员在GATS下列明承诺的方式，这当然算得上是一个积极举措。虽然我们当然可以承认，第16条的措辞本来可以更加清楚一些，但是下面这种说法也不能说过于严厉，即如果市场准入义务的范围超过了第16.2条的明确规定，将给所有成员带来巨大的负面结果。因为这将严重损害市场准入、国民待遇(第17条)和国内规制(第6条)义务之间的脆弱平衡。如果在解释第16条时不得不考虑上下文和谈判历史来理解那些看起来不是很清楚的措辞，那么采取整体方法来解释第16条，必然带来对该条款的上述解释。简而言之，正如专家组在中国—视听产品案中所注意到的，第16.2条规定了某一给定承诺部门中应该被考虑禁止的措施类型，并且受到具体保留的约束。

二、 事实上市场准入限制的范围

我们此前广泛讨论的一个问题，也是在美国—赌博案决定之后详细讨论的题目，就是市场准入义务能否不仅涵盖第16.2条具体列明的限制(配额等)，还包括可能具有相同效果的措施。例如，第16条只涵盖各国法规中具体条款明确说明的配额，还是也包括采取了其他形式但是具有同等效果的其他措施？如果是后者，我们在哪里划出界限，以便不涵盖任何和所有对服务提供者或提供的服务具有限制效果的监管措施，损害市场准入、国民待遇和国内规制义务的微妙平衡？

在美国—赌博案中，专家组和上诉机构都认为，第16.2条中没有具体提及、但对贸易具有相同效果的限制措施，是受市场准入义务约束的。[38]这一裁决得到了GATS文本和一项事实的支持，这项事实就是任何其他解释都将导致荒唐结果，一个成员可以简单避免以第16条明确提及的形式表达的违反措施，进而轻易规避市场准入义务。这将类似于禁止国民待遇义务下的法律歧视，而不是事实歧视。这一立场是站不住脚的，GATS谈判人员也不可能明确采纳或支持。

真正的问题是，一旦考虑到监管措施的效果，我们在哪里划出界限，确定市场准入的义务是否适用。在专家组和上诉机构就美国—赌博案作出裁决后，他们面临的批评很大程度上不是因为事实上限制被裁定受到GATS第16条涵盖，而是因为所涉措施——对赌博服务的远程提供设置总体禁止，并且表示出于公共政策原因实施(例如预防欺诈和未成年人进行互联网赌博)——可能不具备与配额相同的特征和本质。在这一案件中，禁止措施是以歧视性方式实施的事实，严重损害了关于被挑战措施的不同“特征和本质”的观点，并且使天平偏向裁决结果一方，即相关措施最终等同于GATS第16条下的一项禁止性“零配额”措施。对于这一点，没有什么人提出质疑。

在每个争端案件中，确定那些没有采取GATS第16.2条明确规定的配额或其他限制，但具有类似贸易效果的措施受到该条款管辖，关键是认定两种措施的**本质和特征**是相同的，即它们在本质上都是可以**定量或者定性**的。换言之，我们可以说，国民待遇条款和市场准入条款适用于第16.2条的六类限制，不管是其采取法律规定的形式还是事实上如此。中国—支付服务案的专家组利用了上诉机构在美国—赌博案中的分析框架，裁定认为，中国对某些人民币支付卡的相关要求，具备了向一家中国电子支付服务提供商授予垄断权的效果，进而违反了中国在此类服务下作出的模式3市场准入承诺，因为相关要求相当于构成了GATS第16.2(a)条意义上的一种垄断限制。[39]

对于那些可能具备GATS第16.2条中配额或其他限制的效果，但是由于不能量化(而是可以定性的)从而导致本质不同的措施，不在第16条的管辖范围内。他们需要根据具体案件的具体情形，在国民待遇或国内规制义务下进行审查。

毋庸置疑，在构成GATS第16条事实上国民待遇限制的措施与那些不受该条款管辖的措施之间划明界限,经常被证明是一项困难而且微妙的工作。但是,这与审查国民待遇和《世贸组织协定》下其他义务并无差别。差别之处在于GATS的市场准入义务构成一种新的义务,而且无先例可以遵循。这是法律的一个全新领域,也就意味着需要制定合适的分析框架,以便确保能够作出正确的决定,保证一致性和可预见性。在我们看来,此类分析框架的正确基础已经确定,未来的争端案件应该据此进行裁定,随着更多的案件被处理,很多额外的澄清也在作出。

三、 市场准入和国民待遇的关系

近年来在世贸组织争端解决模式下解决的第三个重要的议题,即市场准入议题,也是值得本章讨论的另一题目,涉及市场准入和国民待遇的关系问题。自从GATS生效以来,一直不断被提出的问题是如何一致地解释成员减让表中的市场准入和国民待遇承诺,这经常被证明是很困难的。考虑到这些承诺被分别处理,因此两项义务之间有某种程度的重合之处。[40]更具体的是,这里的问题在于,如果出现冲突,一项义务是否优于另外一项义务。例如,一个成员做出了完全的市场准入承诺,但是在国民待遇上没有承诺:这是否意味着该成员可以维持第16.2条的歧视性限制,还是说尽管该成员明确没有作出国民待遇承诺,但依然不得实施歧视性的市场准入限制?成员减让表相当复杂,由此导致的结果是成员经常发现自己身处市场准入/国民待遇的各种组合中。考虑到这对成员减让表的影响意义深远,我们如何能够解决这一问题?

世贸组织成员多年来尝试达成一种共同的(谈判出来的)解释方法。成员提出并且详细讨论了各种提案,但是并没有在广泛的世贸组织成员之间达成一致。然后,中国—支付服务案发生了,涉及这一议题的政策措施被起诉,进而专家组作出了裁决。我们认为,专家组的解释方法是正确的,未来的专家组和上诉机构应该予以拥护和支持。

在中国—支付服务案中,专家组需要给予所涉及的一项中国模式1承诺以恰当意义,这项承诺一方面涉及完全的国民待遇承诺,而另一方面则没有作出任何市场准入承诺(未约束)。美国声称应该向其服务提供者提供国民待遇,而中国则认为GATS第16条规定的市场准入限制类型是被允许的,即便这是歧视性的。首先,专家组拒绝了一个概念,也就是义务之间是相互排斥的,以及这里的问题是解决一项义务优于另外一项的问题。[41]的确,GATS自身明确承认两项义务之间是有重合的。[42]两项承诺需要同时得到解释,并根据有效性原则,在成员减让表中给予每项内容具体意义。专家组对此进行了巧妙总结：

> 我们认为，我们对一项减让表中市场准入栏目中纳入的“未约束”意义的解释，让该术语获得了完整的意思。通过在市场准入下纳入“未约束”，中国保留了维持在第16.2条下的六类措施下的任何措施的权利，无论其是否记录在各国栏目中。但是，我们注意到我们的解释也给予国民待遇栏目下的“无限制”以具体意义。因为中国在承诺表中写入了“无限制”，这就意味着中国必须对不符合第16.2条的任何措施提供国民待遇。[43]

专家组随后指出，在做出市场准入承诺的情况下，一个成员不得维持或采取第16.2条规定的任何六类限制措施，无论相关措施是否为歧视性的。在没有作出此类承诺的情况下，依然如此。[44]一项国民待遇承诺总是具有效果和意义，即便其范围超过了市场准入义务，其范围也相当于GATS的管辖范围(任何影响服务贸易的措施)。

虽然这似乎让市场准入义务占据主导，但这样做是为了让两项义务/承诺同时具有有效的意义。这是调和两项义务适用的最佳方法，因为我们都知道这是在GATS文本中明确承认的(不是条约起草过程中屡见不鲜的事情)[45]，两项义务相互重合，因此反映了服务国内规制的复杂程度以及GATS谈判人员面临的艰巨任务。他们在此问题上，需要依靠“建设性模糊”以便继续向前迈进。争端解决机构完成了其补充谈判人员任务的角色，在面对相关协定时做出了正确解释，包括规则还没有处理到的灰色区域。

第五节　非　歧　视

在此前对GATS案例法的评估中，我们注意到，最开始影响GATS的几个争端案件实现了对非歧视性义务(最惠国待遇和国民待遇)的一些澄清。[46]特别值得注意的是，法律上并没有阻止实际使用的原则和适用于各种提供方式。[47]这是相对基本的。但是，真正关键和困难的问题，即“同类性”问题，只能从表面上得到处理，真正解决要留待以后。

中国—视听产品案和中国—支付服务案标志着这一天的到来。在这些案件之前，欧共体—香蕉案和加拿大—汽车案的专家组已经提出了总体方法，提供相同服务的服务提供者是相同的，因此理应享受非歧视待遇。[48]这种缺乏深度的分析是很自然的，因为“同类性”问题在那些争端案件中并不是真正的争议问题，因此专家组和上诉机构决定在裁决中采取了司法节制的方法。

在中国—视听产品案和中国—支付服务案中，适用的分析框架得到进一步充实。在GATS第17条框架下作出的裁决是，考虑到GATS国民待遇寻求确保对其他成员的服务和服务提供者提供“同等竞争机会”，这意味着在他们之间有竞争关系，如果服务在“本质上是完全相同的”，可以被确定为同类产品。分析很自然地就应该考虑每个案件的相关情形。最终，确定同类产品应该依据外国和本国服务或服务提供者之间存在竞争关系。[49]

因此，GATS第17条下适用的“测试”似乎与GATT第3.2条的第二句紧密相似。最后，关键标准是外国服务提供者/服务与其国内伙伴之间的竞争关系程度。这是符合国民待遇义务方向的，其目标是确保外国竞争者没有因为其在市场上的外国属性而被区别对待(享受更少的优惠待遇)。这不是关于结果(市场份额)的，真正在意的是平等(法律上和事实上的)而且公平的监管待遇。

最后，在中国—视听产品案和中国—支付服务案中，没有被挑战的一点是，外国和本国服务提供者或服务之间是相互竞争的。但是，大家可以很轻易地想到，在其他各种情形中，“同类性”的确定是极具挑战的。例如，银行和保险公司历史上受到不同的监管待遇约束，这反映了其属于不同类型的实体服务不同目的的事实。但是，如同其他部门那样，金融服务产业开始趋同，这意味着过去不同的机构现在越来越同质化，他们在市场的不同环节开展的竞争越来越多。他们是相同的服务提供者吗？是否在某些服务方面如此，而在其他另外一些方面不是这样？类似问题也适用于其他经历重大组合的产业，例如媒体。“同类性”的线到底划在哪里呢？这当然将是非常有意思的、挑战智力的议题。

第六节　一般例外和公共利益监管

一、 与GATT相同的方法

众所周知，GATT和GATS下都有一般例外条款。它们都有相同的结构和目的，因此在解释和适用时也采取了类似方式。

从本质上说，必须先确定一项违反措施是否属于GATS第14条(或GATT第二十条)某一段的范围。如果在此方面有肯定性结论，下一步必须确定是否该措施也满足相关条款序言的要求，即其实施是否在情形相同的国家之间构成任意或不合理歧视，或者对贸易的变相限制。序言部分的重点关注不是受质疑的措施或其具体内容，而是措施的适用方式。序言的目的是确保GATS第14条中规定的具体例外不被滥用。[50]

二、允许各国设置其期望的保护水平以及显示其公共政策措施合理性的灵活性

世贸组织经常被批评过于促进贸易，而且以牺牲合法公共政策目标为代价。换言之，贸易自由化优于其他目标，如果不是说比保护公共道德或环境等其他目标更重要，至少也是与之同等重要。不管是出于什么原因，毫无疑问的是，专家组和上诉机构过去这些年在此问题上显示的敏感性日益增加，他们希望实现贸易自由化目标和其他重要社会目标之间更恰当的平衡。

一开始，世贸组织规则中明确规定的是，成员可以在一般例外条款规定的各种公共政策目标方面设置自己的保护水平，例如GATT第20条和GATS第14条规定的那样。[51]然后，这一问题开始演变为，为实现该保护水平而采取的措施，是否可以用于实现这些公共政策目标，因为前者至少影响或扰乱了其他成员在《WTO协定》下的合法贸易利益。

美国—赌博案是公共道德敏感例外的问题首次在世贸组织争端解决中被提出。这一案件提供了很好的机会来进一步充实一般例外的"测试"问题，显示对各国监管者适当的尊重，并且提供足够的灵活性允许各国显示其措施的合法性和合理性特征。上诉机构欣然接受预防洗钱、有组织犯罪、欺诈、未成年人赌博和嗜赌等目标符合GATS第14(a)条"公共道德"和"公共秩序"概念的范围，[52]并进一步利用分析框架来确定被挑战的措施是否对满足美国设置的目标和高保护水平是必要的。基于在此前韩国—牛肉案和欧共体—石棉案中的裁决决定，上诉机构表示，判断一项措施是否必要，需要通过一个"分析和平衡一系列要素"的进程来进行确定，这个进程需要在确定一项符合世贸组织(或不那么与世贸组织不一致)的替代措施是否合理存在的过程中进行理解。这个进程的相关部分具体描述如下：

> 这个进程首先评估被挑战措施推动的利益或价值的"相对重要性"[……]专家组然后应考虑需要"分析和平衡"的其他要素。[……]一个要素是该措施对实现其所推动的目标所作出的贡献；另一要素是措施对国际商务活动的限制性影响[……]然后要比较被挑战的措施与可能的替代方案，此类比较的结果应考虑所涉利益的重要性。在此类"分析和平衡"和对比措施的基础上[……]专家组确定是否一项措施是"必要

> 的"[……]首先被诉方无需证明为实现其目标没有合理存在的替代方案。尤其是被诉方无需确认对贸易限制作用更小的替代方案，然后证明这些措施都不能实现其期望的目标。世贸组织协定没有预想这种不切实际甚至有些时候不可能的任务[……]被诉方通过提出证据和观点以便让专家组评估被挑战的措施，并考虑在某一给定案件中需要"分析和平衡"的相关要素，进而被初步认定其措施是"合理的"。在这样做的过程中，被诉方可以指出替代措施为什么无法像被起诉措施那样实现相同目标，但是其没有义务这样做以便确定该措施是"必要的"。如果专家组得出结论认为，被诉方已经被初步认定被挑战措施是"必要的"——即实质性接近"不可缺少的一极"而不是仅仅"做出贡献的一极"——专家组应该认为被挑战措施是 GATS 第 14(a)条范围内的必要措施。[53]

确定一项措施是否"必要"的这一分析框架反映了对国内监管者的日趋尊重，以及在适用"必要性"标准方面的额外灵活性。[54]这一框架在后来的争端案件中被采用，现在已经成为世贸组织案例法的组成部分。[55]

虽然总体的标准仍然是一项符合世贸组织规则(不那么不符合世贸组织规则)的替代措施对援引一般例外的成员来说是合理存在的，该成员不被要求处理或讨论任何替代方案以作出被初步认定是"必要性"的结论。这件事情，可以通过只处理被挑战措施的方式实现，并考虑如下要素：该措施旨在保护的利益或价值的重要性；该措施对实现其要保护的目标的贡献；该措施的贸易影响。

因此，被诉方的最初责任是需要证明一项措施相对某一特定公共政策目标的真诚和合理特征。然后举证责任就转移到起诉方，起诉方需要证明，一项合理存在的，且符合世贸组织规则(不那么违背世贸组织规则)的替代措施存在。因此，专家组将无需预测国内监管者，除非起诉方已经首先明确，符合世贸组织规则(不那么违背世贸组织规则)的替代措施相比被起诉措施来说是存在的。这显示了各方不断努力，以期在强力的贸易纪律和保护成员为实现公共利益采取合法措施的权利之间实现健康平衡。虽然这将一直是一项微妙的平衡活动，现有的分析框架允许寻求此类平衡，并希望根据每个争端案件的具体情形实现。这是基础性的，因为如果没有对平衡的广泛认可和接受，便没有贸易协定能够长期存活下来。而这种被理解的平衡是在贸易自由化/保护和旨在实现公共政策目标的合法法规的尊重之间达成的。

第七节　结　　论

总体上，就其解释和适用而言，GATS运行良好。但是，一些关键和复杂议题在成员之间无法解决，只能留待争端解决机构进行裁决。考虑到这些议题的数量，事情很容易走向歧途。但是GATS没有，从整体上讲世贸组织争端解决机制也是如此。

现在的问题是世贸组织成员如何继续维持和制定一个多边贸易协定，能够继续维持其在国际服务贸易法规方面（包括服务产业投资）的主导性、可用性和相关性。这些关键挑战是双重的。

一、 必须重新考虑一揽子方法

《WTO协定》在1995年无可争议地被赞颂称，它通过一揽子协定的方式终结了"守则时代"，但一些GATT参加方还是在互惠基础上在具体部门承担了额外义务。尽管如此，如果说要通过谈判实现重大贸易自由化，从今天的现实情况判断，也许可以说应该回归到"菜单式"方法。现在世贸组织成员数量如此众多，以至于就任何实质性的事情达成协商一致都是极其困难的。即便是能够形成协商一致的结果，也是采用了最大公约数的方式对内容进行了稀释。

至少在GATS的背景下，这种"菜单式"方法是处理诸如国内规制等非常敏感问题并且取得具体成果的方式。事实上，乌拉圭回合谈判结束以来，成员已经在如何取得进展方面获得教训。乌拉圭回合谈判未能就金融服务和基础电信部门等关键部门达成协议，谈判人员在此后继续开展谈判。当参加方的世界贸易份额和承诺水平达到"门槛数量"之后，协议最终达成。此类协议的结果随后并入GATS并在最惠国待遇基础上实施，这与只在互惠基础上实施的"守则"是不同的。

展望未来，利用这种"门槛数量"的方法是合理的。非常坦率地说，这也可能是制定新规则并且在不同部门作出额外重要承诺的唯一现实方式。这可以作为一个谈判回合的组成部分，也可以单独处理。这当然不是没有障碍的，特别是在像当前多哈回合谈判这种完整谈判回合谈判的情形，例如几个成员可能希望将一些议题与货物领域的其他议题捆绑在一起。在此情形下，没有达到完整的"门槛数量"的协议只能在互惠基础上实施，并且在随后所有"捆绑议题"谈判都已经结束的情况下重新考虑这一问题。例如,类似于金融服务部门曾经发生的事情,美国和欧盟等主要成员在互惠基础上实施乌拉圭回合谈判结果,这让完全满意的结果只有在达到“门槛数量”标准时才变成现实。

如果没有更加灵活的方法在“志同道合的成员”之间进一步制定并加强GATS,该协定将会逐步并且持续看到其相关性的下降,随后的进展将在双边和区域自由贸易和投资协定下实现,而这些协定的泛滥是大范围的,将导致贸易体系日趋碎片化和不协调。

二、 也许需要更加有效的争端解决救济措施

这主要涉及GATS的投资方面,也就是通过商业存在提供服务的模式3。

涵盖内容相当于GATS模式3的双边和区域自由贸易和投资协定现在已经大量存在,而这似乎刚刚开始。承诺已经超越GATS范围,向更多保护投资者及其投资提供更强劲的保护,受影响的投资者可以直接向仲裁庭(投资者—主权国家争端解决机制)提出针对东道国作出的货币补偿申诉。考虑到世贸组织成员在GATS下作出的大量承诺主要涉及模式3,GATS基础部分的未来会是怎样?能够作出什么改善,以确保平行于那些协定的GATS的长期可行性和相关性?[56]

有人可能会说,可以在世贸组织内商谈一个类似的投资协定。但是,在我们看来,这样的事情根本不会发生。很多年前就已经有与之类似、但是范围更有限的尝试(《多边投资协定》),但是这一努力失败了。考虑到在世贸组织框架下这意味着对GATT和GATS等现有协定作出一些重大改变,因此不太可能在广泛的世贸组织成员之间有足够的政治意愿来恢复这种活动。而且,成员不太可能愿意用一项新的协定替换或取代其现已参加的几千个投资协定。在此方面,我们注意到,当投资贸易政策的制定权限在几年前被让渡给欧委会时,欧盟成员国作为参加方的无数投资协定仍然有效。替代这几千个协定所涉及的法律和政策问题不能被低估。

在世贸组织内没有类似更好的协定的情况下,仍然还存在两条可能的改进方式:在GATS中纳入和投资协定同样强力的投资保护条款;以及/或者改进世贸组织内的现有救济措施,以便能够使受影响的投资者(服务提供者)获得货币补偿。

在第一种情形(增强投资保护)下,这基本上意味着针对“不公平和不平等的”待遇和非法征用增加保护。关于第一种保护(义务)的适用法律标准,目前国际上还没有共识,因此将其纳入GATS是不现实的。这也就只有处理征用问题的

可能。但是，考虑到投资协定使各国政府有义务对征用大量投资提供市场价格补偿——这个概念比GATS下通常涵盖的“服务提供者”(企业)的全部或至少绝大多数各类资产更加宽泛，在GATS中并入这种保护似乎提供不了多少额外价值。

这就让我们只能考虑在世贸组织内现有的各类救济措施。与双边和区域协定中发现的情况类似，只要世贸组织没有投资协定，就很难在世贸组织内纳入投资者—独立关税区争端解决机制。大家在这里可能看到的改进事实上从法律上看不是新想法，因为在过去讨论过，特别是在关于制裁非法补贴和保障措施可以使用的救济措施方面。当然，货币制裁经常被认为是不符合《WTO协定》的本质，很大程度上仍然依靠其历史上的外交根源，而且随着《关于争端解决规则与程序的谅解》(DSU)的产生，只代表着传统外交和处理争端案件的完全司法体系的折中方案。有观点认为，救济措施必须只能是前瞻性的而不能追溯以往，因为争端解决的目标不是惩罚，而是解决未来的争端案件。考虑到GATS的框架，以及已经出现的所有双边和区域自由贸易和投资协定，以及允许“标准的”(在司法框架下)与服务投资相关的(模式3)货币补偿，如果其他协定下有更好而且更加有效的救济措施来解决涉及作出广泛GATS承诺领域的争端案件，问及GATS争端解决是否将长期相关且重要，就是一件合理的事情。

允许某种形式的相当于投资者和其他类似贸易者遭受损害的货币补偿，并没有显著偏离世贸组织争端解决框架下正开展的工作。执行专家组已经出于确定报复的目的评估损害。允许货币补偿作为救济措施只是偏离一步而已。这将提供有效的救济——如同现有报复体系那样，成员无需进一步损害本国经济——这将预防贸易流动被扰乱。这将经常被证明是一个更加有效的威慑因素，因为成员不太可能在能够看到最后有经济价值的时候还让争端拖延数年之久，因为这将使案件更多地曝光在选民/纳税人面前，并且引发追责问题。

修改《关于争端解决规则与程序的谅解》以便授权提供某种形式的货币补偿(补偿提供给代表其投资者的各国，在实践中总是如此)，将其作为一项可使用的救济措施，不必然要求对《WTO协定》的颠覆性修改。当然要承认的是，这项工作尚未完成，因为这意味着对过去政策的重要偏离。但是，《关于争端解决规则与程序的谅解》的达成，是一项重要的政策变化，迄今已经证明极大地帮助解决了大量的争端案件。也许现在是时候更加严肃地考虑此类额外步骤，如果不是跨领域的(针对全部的《WTO协定》)，至少也要在GATS框架下，更具体地说要在模式3下进行。不管在货币补偿的问题上大家持何种看法，一件事情是相当明确的：在此方面没有任何变化的情况下，尽管GATS模式3已经并且在未来将继续作为GATS的核心，但有可能在长期变得不再相关重要。

正如那句俗语说的，人要么前进，要么后退，但不可能停在原地，否则最后的结局就是后退。与探索出一个更加灵活的方式来规范和加强在关键经济领域的更多纪律和承诺一样，这个困难议题当然需要处理，而且也能够处理。

注释

1. 作者感谢 Pierre Sauvé、Martin Roy 对此前草稿的评论；本章所表达的观点仅代表作者本人观点。

2. 其中包括：市场准入和国民待遇义务的关系，承诺表的解读，非歧视性待遇在不同提供方式之间的适用，GATS 承诺适用于新的提供方式特别是电子商务，以及在行使政府职能时提供的服务被排除在外。所有这些议题，在本章中都有所涉及。

3. 这构成了对《从期刊案到赌博案：世贸组织司法机构在 GATS 下的处理的系统性问题的回顾》(“From Periodicals to Gambling: A Review of Systemic Issues Addressed by WTO Adjudicatory Bodies Underthe GATS”)这篇文章的补充，该文章收录于 M. Panizzon, N. Pohl, P. Sauvé(eds.), *GATS and the Regulation of International Trade in Services*, Cambridge University Press, 2008, pp.236—275。

4. GATS 第 1.1 条。

5. GATS 第 1.3(a)条。“措施”一词定义宽泛，它意味着一成员采取的任何措施，无论是以法律、法规、规则、程序、决定、行政行为还是以其他任何形式。参见 GATS 第 28(a)条。

6. GATS 第 1.2 条。在《中国—支付服务案》(China—Measures Affecting Electronic Payment Services, Panel Report, WT/DS413/R, 2012.8.31, paras.7.617 seq.)中，专家组澄清指出，在模式 3 的承诺中，在东道国的商业存在不仅有权在东道国提供服务，还有权在东道国之外这样做。

7. 行使政府职权提供的服务是指既不依据商业基础提供，也不与一个或多个服务提供者竞争的任何服务。这一概念还没有被 WTO 司法机构解释。关于这一概念的意思，参见 E.H. Leroux, “What Is a ‘Service Supplied in the Exercise of Governmental Authority’ under Article I: 3(b) and(c) of the GATS?”, *Journal of World Trade*, 2006, 3, pp.345—385。

8.《航空运输服务附件》(*Annex on Air Transport Services*)第 2、3 段规定如下：

2. [GATS 协定]，包括其争端解决程序，不适用于影响下属事项的措施：

(a) 航权，无论是何种授予方式；

(b) 与行使航权直接相关的服务，附件第 3 段已作出规定的除外。

3. [GATS 协定]适用于影响以下事项的措施：

(a) 航空器修理和维护服务；

(b) 航空运输服务的销售和营销；

(c) 计算机舱位预订系统(CRS)服务。

继 1944 年《国际民用航空条约》(*Convention on International Civil Aviation*)承认各国对其空域的主权后，在互惠基础上谈判的双边协定对航权进行了管辖。这一体系事实上已经游离于 GATS 之外。参见 E.H. Leroux, “L’ Accord général sur les services(AGCS): règles propres *à* des secteurs particuliers”, *Cahiers de Droit*, 2002, 43, pp.419—424。

9. 分割版期刊是加拿大的外国期刊，其包括的编辑内容与外国期刊上的内容相同，但是广告针对加拿大市场(这些广告与外国期刊上的内容不同)。

10. *Canada—Periodicals*, Canada-Certain Measures Concerning Periodicals, Appellate Body Report, WT/DS31/AB/R, 1997.6.30, pp.18—22.

11. *EC—Bananas*, European Communities-Regime for the Importation, Sale and Distribution of Bananas, Appellate Body Report, WT/DS27/AB/R, 1997.9.9, para.220.

12. 同上文，para.221。

13. 几乎很有可能的是，乌拉圭回合谈判从事货物和服务谈判的人员没有预见GATT和GATS之间的重合。否则，很有可能将会纳入一条处理两者潜在冲突的条款，如同《WTO协定》和多边贸易协定出现冲突时的规定一样。参见《WTO协定》，第16.3条。

14. *EC—Bananas*, Appellate Body Report, paras. 223—228.

15. *Canada—Autos*, Panel Report, WT/DS139/R, WT/DS142/R, 2000.2.11, para. 10.234.

16. *Canada—Autos*, Appellate Body Report, WT/DS139/AB/R, WT/DS142/AB/R, 2000.5.31, para. 151.

17. 同上文，para.155—167。

18. *China—Audiovisual Products*, China—Measures Affecting Trading Rights and Distribution Services for Certain Publications and Audiovisual Products, Appellate Body Report, WT/DS363/AB/R, 2009.12.21, paras.193 seq.

19. Vienna Convention on the Law of Treaties, 1969.5.23, 1155 U.N.T.S. 331; 8 ILM 679.

20. *US—Gambling*, United States—Measures Affecting the Cross-Border Supply of Gambling and Betting Services, Appellate Body Report, WT/DS285/AB/R, 2005.4.7, para.160.

21. 参见 *EC—Computer Equipment*, European Communities—Customs Classification of Certain Computer Equipment, Appellate Body Report, WT/DS62/AB/R, WT/DS67/AB/R, WT/DS68/AB/R, 1998.6.5, para.84。

22.《维也纳公约》(Vienna Convention)，第31条。

23. 同上文，第32条。

24. *US—Gambling*, Appellate Body Report, para. 159。还可参见 *China—Payment Services*, para. 7.9。

25. *EC—Computer Equipment*, para. 109.

26. 参见GATS序言第3段。还可参见GATS第19.1条，其规定，谈判进一步自由化的进程应该在互利基础上促进所有参加方的利益，并保证权利和义务的总体平衡。

27. *EC—Chicken Cuts*, European Communities—Customs Classification of Frozen Boneless Chicken Cuts, Appellate Body Report, WT/DS269/AB/R, WT/DS286/AB/R, 2005.9.12, para.176.

28. 同上文，para.277—309。

29. 上诉机构裁定，W/120分类体系和1993年成员在谈判时使用的减让表制作指南构成了《维也纳公约》第32条意义上解释的补充性方法。因此，可以参考这些文件来确认由于适用第31条导致的具体承诺的意义，或者根据第31条的解释导致的意义模糊或不明确(如同美国—赌博案那样)或者导致一项结果荒唐或不合理时确定此类承诺的意义。关于解释美国在美国—赌博案中承诺的完整分析，参见注3中Leroux, "From Periodicals to Gambling...", pp.242 seq.。

30. *China—Audiovisual Products*, Appellate Body Report, paras.398 seq.

31. 同上文,paras.396 seq.。

32. 除非另有明确规定。

33. 就贸易条约而言。

34. 参见注 3 中 Leroux,"From Periodicals to Gambling...", pp.253 seq.。

35. *China—Audiovisual Products*, Panel Report, para. 7.1353.

36. *China—Payment Services*, Panel Report, paras.7.630, 7.663.

37. 参见注 3 中 Leroux,"From Periodicals to Gambling...", pp.253 seq.。

38. 同上文,pp.259 seq.。

39. *China—Payment Services*, Panel Report, paras.7.582 seq..

40. 与 GATS 第 20.2 条相比。

41. *China—Payment Services*, Panel Report, paras.7.645 seq..

42. 与 GATS 第 20.2 条相比。

43. *China—Payment Services*, Panel Report, paras.7.663.

44. 当然,市场准入承诺可以受市场准入栏目中列明的具体保留约束。出于澄清目的考虑,我们进行了简化。

45. 与 GATS 第 16.2 条相比。

46. 分别是 GATS 第 2 条和第 17 条。

47. E. H. Leroux, "Eleven Years of GATS Case Law: What Have We Learned?", *JIEL*, 2007, 749, pp.777 seq..

48. 参见 *EC—Bananas*, Panel Report, para. 7.322; *Canada—Autos*, Panel Report, para.10.248。

49. *China—Payment Services*, Panel Report, paras.7.699 seq..在该案件中,中国电子支付服务的外国和本国提供者被认为是同类,应该被给予不低于 GATS 第 17 条意义的优惠待遇。

50. 参见注 3 中 Leroux,"From Periodicals to Gambling...", pp.265 seq.;*US—Gambling*, Appellate Body Report, paras.292 seq.。

51. *US—Gambling*, Appellate Body Report, para.308。此事首次表达清楚是在 *EC—Asbestos*, European Communities—Measures Affecting Asbestos and Asbestos-Containing Products, Appellate Body Report, WT/DS135/AB/R, 2001.3.12, para.168。

52. 对比 *US—Gambling*, Appellate Body Report, para.296。

53. *US—Gambling*, Appellate Body Report, para.306—311.

54. 参见 M.J. Trebilcock and R. Howse, *The Regulation of International Trade*, 3rd ed., New York, Routledge, 2005, pp.371—372,作者还注意到上诉机构的决定显示了对国内监管关注的敏感。

55. 参见 *China—Audiovisual Products*, Appellate Body Report, paras.239 seq.。

56. 很容易承认的是,WTO 下的救济措施问题,在各种情形下是一个普遍的跨领域的事项。因此,任何为扩大救济措施范围而对 WTO《关于争端解决规则与程序的谅解》进行的改革都很有可能从整体上适用于 WTO,而不是只适用于某个协定或某个协定的成员。但是,这已经在相当程度上超过了本章的范围;的确,这值得花费整个章节的篇幅来进行详细讨论。考虑到这一更加广泛和普遍的议题,本章只关注其关于 GATS 的观点,特别是该协定所涵盖的投资部分。

第九章

国内规制和服务贸易：区域和双边贸易协定的经验教训

马克斯·克拉热夫斯基

第一节　简　　介

服务贸易自由化和规制之间的关系比较复杂，持续处于很多学术和政治辩论的中心。[1]理论上，这一问题的复杂性取决于一项明显的悖论。法规既可以成为服务贸易的壁垒，也可以作为服务贸易的要求。如果国内监管体系是歧视性的，禁止市场准入机会或者对服务提供者造成过重负担，服务贸易发展就面临障碍。但是，现在被广泛承认的一点是，自由化要求再规制，有时候甚至是原始规制。[2]例如，如果没有充足的监管框架，相对市场上的已有服务提供商来说，外国服务提供商就面临困难。而且，低质量的服务也可能扭曲竞争。在实践中，服务贸易自由化和国内规制之间的关系，被认为是跨国经济活动和国际经济法影响国内监管空间的一个因素，最终也是国家层面民主治理的一个必备因素。

《服务贸易总协定》(GATS)的起草者们很清楚，国内监管空间和贸易自由化之间存在着内生冲突，他们承认"成员拥有为实现各国政策目标而对其领土内服务提供进行监管并采取新法规的权利"。GATS 和绝大多数优惠贸易协定服务章节的设计遵循了三重方式来削减扭曲贸易的规制。[3]第一重是基于非歧视的基本原则，这一原则也是世界贸易体系的基石之一。歧视性的规制不符合贸易自由化的初衷。第二重要素涉及实际的市场准入机会。如果国内规制减少服务提供者的数量，或将某些法律形式作为进入市场的限定条件，在原则上被认为是有问题的。除了这两大原则，GATS 起草者们还承认，国内规制可以成为服务壁垒，即便其不是歧视性的或者构成市场准入的正式壁垒。基于上述这些，GATS 假想的纪律旨在降低国内规制的贸易扭曲效果。这些纪律是本章的讨论核心。

本章的讨论目的是回顾与GATS国内规制纪律相关的基本事项,并(在第二节)重新探讨世贸组织内关于这些纪律的谈判。本章将显示,在21世纪初,尽管出现一些进展,但由于多哈发展议程总体缺乏突破,世贸组织制定国内规制纪律的工作已经陷入停滞。这导致很多世贸组织成员转向商谈大量的优惠贸易协定,包括最近泛滥的所谓超大型区域贸易协定,例如《跨太平洋伙伴关系协定》(TPP)和《跨大西洋贸易与投资伙伴关系协定》(TTIP)。此外,一些世贸组织成员也已经开始在世贸组织的框架外,谈判一项关于服务贸易的诸边协定《国际服务贸易协定》(TiSA)。考虑到这些进展,本章评估了区域和双边协定是否在制定国内规制纪律上更加成功。本章还将显示,绝大多数此类协定并没有超越GATS框架。考虑到贸易谈判的政治经济学,以及任何国内规制纪律在事实上呈现出的多边特征,这一结论是可以得到解释的。本章的最后一节将显示,双边和区域贸易协定确实在国内规制的另一领域取得进展。很多此类协定包括部门参考文件,涵盖了除电信和金融服务之外的具体部门的监管标准,金融和电信部门此前就已经在GATS下受到具体制度的管辖。这一研究发现证明,如果采取具体部门方式而不是总体方式,制定服务的规制纪律将更加容易,这也可以适用于GATS和现在的服务谈判。

第二节 GATS和国内规制

一、GATS第6条

GATS关于国内规制的内容集中在第6条。其结构和内容也在其他地方得到广泛讨论。[4]因此,我们只要简要回顾这一关键条款的主要要素就足够了。

GATS第6.1条要求,应以合理、客观和公正的方式实施所有影响服务贸易的、普遍适用的措施。该段的主要功能是禁止任意和歧视性地适用和实施国内规制,并确保行政决定是持续一致和可预见的。[5]GATS第6.2条规定,成员应维持或尽快设立司法、仲裁或行政法庭或程序,对影响服务贸易的行政决定迅速进行审查,并在请求被证明合理的情况下提供适当的补救。这是法治的核心要素,有利于预防随意决策。[6]GATS第6.3条要求,主管机关向服务提供者通报其申请情况的信息,不得有不当延误,且应在申请提交后的合理时间内作出。GATS第6条的前三款主要处理程序和行政事项,实质性范围问题在第6.4条中得到处理。

第6.4条授权服务贸易理事会通过其下属机构制定国内规制纪律，“以确保有关资质要求和程序、技术标准和许可要求的措施不构成不必要的服务贸易壁垒”。这一授权在第6.4条第二句中进一步明确，要求纪律应特别确保国内规制：“(a)依据客观的和透明的标准，例如提供服务的能力和资格；(b)不得比为保证服务质量所必需的限度更难以负担；(c)如为许可程序，则这些程序本身不成为对服务提供的限制”。根据第6.4条制定的纪律的理由是，国内法规可以构成贸易壁垒，即便法规本身不是歧视性的，也不构成正式意义上的市场准入壁垒。在此方面，国内规制纪律有时候被认为是仅次于非歧视和市场准入的第三支柱。[7]

这一要求在货物贸易领域也适用，货物贸易规则包含了某些监管措施的具体纪律。最典型的范例是《技术性贸易壁垒协定》和《卫生与植物卫生措施的协定》，这些协定被作为GATS第6.4条的范例或模板。[8]在乌拉圭回合谈判中，GATS谈判人员在国内规制纪律上发现了类似情形，因为GATS的第一份草案包括了一项条款，要求世贸组织成员根据客观标准制定法规，并使其“不得比实现国家政策目标所必需的限度更加难以负担”。[9]但是，国内规制条款的最终版本只包含了制定纪律的一项授权。

因为第6.4条“仅仅”包含一项谈判授权，GATS的起草者额外增加了第5款，要求成员不得以不符合GATS第6.4条(a)项、(b)项和(c)项概述标准的方式，实施使此类具体承诺失效或减损的许可要求、资质要求和技术标准。在确定一个成员是否符合第6.4条的标准时，应考虑相关国际组织的国际标准。从本质上来说，第6.5条通过一种无效和减损标准的形式，纳入了一项“维持现状”的条款。

二、 会计纪律

根据《马拉喀什专业服务部长决定》，世贸组织开始在制定专业服务的国内规制纪律方面开展工作，并依据GATS第6.4条在专业服务方面的授权，建立了专业服务工作组(WPPS)。[10]服务贸易理事会指示专业服务工作组首先制定关于会计部门的纪律。在落实这一授权的过程中，专业服务工作组提出了《会计部门国内规制纪律》(简称《会计纪律》)，世贸组织成员于1998年通过这些纪律。[11]纪律包含会计部门规制的原则和义务。

《会计纪律》的核心原则之一是普遍必要性测试。它要求世贸组织成员确保会计部门的许可要求和程序、技术标准和资质要求和程序“不比满足合法目标所必需的程度更具有贸易限制性”。合法目标“特别包括保护消费者(即会计服务的所有使用者和一般公众)、服务质量、专业能力、职业完整性等”。[12]必要性测试要求会计部门的每项监管措施都接受该测试。[13]值得注意的是,《会计纪律》将必要性与合法目标挂钩,并包括了关于合法目标的一份非穷尽的、例示性的清单。[14]

《会计纪律》还包括关于许可要求和程序、资质要求和程序、技术标准的透明度和具体要求,部分基于现有的 GATS 义务,特别是与透明度相关的义务(第 3 条)。《会计纪律》的其他部分明确规定了必要性测试的要求。[15]《会计纪律》还经常提及使用国际标准和母国法规的认可问题。

《会计纪律》还没有成为世贸组织规则的一项约束性要素,只有当多哈回合谈判结束后才能正式并入 GATS。一旦实施,纪律将只适用于在会计部门作出具体承诺的成员。在其通过后,《会计纪律》经常被视为其他专业服务部门未来制定普遍纪律或具体纪律的模板。[16]但是,国内规制最近的起草者有些偏离了会计纪律的内容和结构。之所以如此,部分是因为过去十年的谈判导致规则日趋复杂,还因为成员关于关键要素要求的共识不再像《会计纪律》通过时那样强烈,包括其中的必要性测试要求。

三、 国内规制工作组

1999 年 4 月,服务贸易理事会用国内规制工作组(WPDR)取代了专业服务工作组。理事会要求国内规制工作组“制定任何必要纪律,以确保与许可要求和程序、技术标准和资质要求和程序相关的措施不构成服务贸易不必要的壁垒”。[17]此后,国内规制工作组一度较为活跃,但活动没有带来最终成果。在其成立的前五年间,国内规制工作组的讨论仍然相对笼统而宽泛。[18]2004—2006 年,成员提出了大量具体提案,开始进行以文本为基础的谈判。2004 年 8 月,世贸组织总理事会通过了多哈工作计划“七月框架协议”,向世贸组织成员提醒服务贸易国内规制谈判的重要性,并呼吁成员加倍努力以完成谈判。[19]在 2006 年 7 月多哈谈判暂停前,国内规制工作组主席出台了一份合并的工作文件,总结了不同提案并确认了达成一致和存在分歧的要素。[20]最近可公开获得的案文是 2011 年 4 月的主席进展报告,其中包括了可能的未来纪律的文本要素汇编。[21]这份报告暗示了国内规制工作组成员之间有共识的方面,但也强调了存在相当程度分歧的领域。[22]

最近,国内规制工作组成员开始讨论技术问题,审议成员和秘书处提出的建议,更加详细地看待优惠贸易协定中的国内规制条款。[23]2012 年和 2013 年,世贸组织秘书处撰写了三份实质性报告，分别是关于普遍适用的措施、[24]服务部门和提供方式的监管议题[25]及服务技术标准[26]。这些报告提供了关于不同议题和部门研究的详细讨论情况，并介绍了发展中国家面临的挑战。[27]虽然国内规制工作组讨论了这些报告的结论，但并没有继续开展以文本为基础的、制定未来纪律的谈判。这似乎部分是因为多哈回合服务谈判没有实质进展，但更多是由于世贸组织谈判未来的不确定性造成的。现在还不清楚，国内规制工作组是否以及何时能够回归到具体文本提案的谈判中来。[28]

四、 国内规制未来纪律的可能内容

1. 适用和范围

涉及国内规制未来纪律适用的第一个问题是，此类纪律应该适用于所有部门，还是只适用于成员在减让表中作出具体承诺的部门。虽然世贸组织成员并未就此问题作出正式决定，但似乎非常有可能的是，未来纪律将只适用于已经作出具体承诺的服务部门和服务提供方式。[29]值得注意的是，GATS 第 6.4 条没有明确处理这一问题，该条款的更广阔背景暗示了未来纪律的普遍适用，因为第 6 条是 GATS 的普遍义务之一。[30]但是，应该被提及的是，国内规制未来纪律的存在理由是，确保国内规制不会实质性地使市场准入和国民待遇承诺丧失意义。[31]基于这一目标，纪律应该只适用于作出具体承诺的部门。

即便第 6.4 条总体上涉及国内规制，但并不适用于所有能够被认为是“法规”的国内措施。相反，该条款仅适用于其第 1 段提到的资质要求和程序、技术标准和许可要求。此外，第 6.4(c)条提到许可程序。这三种实体性措施（资质要求、许可要求、技术标准）和两种程序性措施（资质程序和许可程序）一直处于专业服务工作组和国内规制工作组的谈判中心。《会计纪律》、各种谈判提案和 2011 年主席进展报告使用了如下（或类似）定义，而这也是大量世贸组织成员所认同的：[32]“许可要求”是在“资质要求”之外的另一项实质性要求，自然人或法人为获得、修改或更新提供服务的授权被要求遵守这些要求。“许可程序”是一个自然人或法人在寻求提供服务包括修改或更新一项许可的授权时，必须坚持的实施规则或程序规则，以便证明其符合许可要求。“资质要求”是与一个自然人在提供服务方面的能力相关的实体性要求，是为获得提供服务的授权而证明的实体性要求。“资质程序”是一个自然人为证明其符合获得提供服务授权的资质要求而必须坚持的实施或程序规则。“技术标准”是规定一项服务的特征或服务提供方式的措施。技术标准还包括与实施此类标准相关的程序。

国内规制工作组成员已经讨论的题目是，非政府组织的自愿标准，或者监管部门在未受指示的情况下出台的非官方标准，是否应该纳入未来纪律。[33]非政府组织的自愿标准在规范一个服务产业方面发挥着重要作用，因此可能成为服务贸易壁垒。但是，国内规制工作组并未在是否纳入非政府组织自愿标准的问题上形成共识。国内规制工作组主席在 2011 年注意到："就技术标准而言，一个关键问题还未得到解决，即自愿标准是否在纪律管辖范围内。如果答案是肯定的，那么成员如何有效规范在 GATS 总体范围之外的私营行为体的活动？"[34]

2. 必要性测试

第 6.4(b)条规定，监管措施"不得比保证服务质量的必需程度更难以负担"。国内规制工作组成员已经详细讨论了必要性测试的益处和可能内容。事实上，在国内规制工作组主席看来，"必要性测试是否应该纳入纪律，一直都是谈判最困难的问题"。[35]尽管纪律的其他领域谈判取得进展，但必要性测试的纳入问题甚至都没有在原则上达成一致。研究文献对此问题的看法也是迥然不同。一些作者支持纳入必要性测试，[36]而另外一些作者质疑世贸组织争端解决机制在国内监管利益方面充分适用必要性测试的能力。[37]根据另外一种观点，必要性测试目前不应该纳入未来纪律中，这是由于服务议题的争议造成的。[38]

GATS 必要性测试的讨论涉及三个方面：合法政策目标，必要性标准，以及合理可获得的替代方案。各方在会计纪律中就必要性测试达成一致，以一个示例性合法目标的开放清单为基础，扩大了 GATS 第 6.4(b)条意义的范围，并且给予各国的监管措施更大的自由度。国内规制工作组成员已经开始讨论未来纪律是否应该遵循这种方法。很多成员支持一份类似的开放式清单，这意味着要么列明合法目标的范例，[39]要么仅泛泛地提及各国政策目标。[40]

与世贸组织法中的绝大多数必要性测试不同，第 6.4(b)条提到的必要性测试没有提及贸易限制程度(对贸易限制不得超过必要程度)，而是"负担程度"(不得比必需程度更加难以负担)。2011 年主席报告提到了这两个概念，而国内规制工作组成员似乎也将两个概念替换使用。[41]但是这两个概念不是完全相同的。一个与措施对贸易的影响相关，而另外一个则处理其对经济活动的总体影响。例如，一个冗长和复杂的许可进程可能被认为比必需程度更加难以负担，但是如果这一进程在两个国家完全相同，并不会限制这两国之间的贸易。我们可以说，由于 GATS 的总体目标是实现服务贸易自由化，而不是削减沉重的法规负担，未来纪律应该以贸易限制性的概念为基础。会计纪律就是采用了这种方法。[42]

关于必要性测试争论的最后要素，涉及一种观点，即如果所涉成员无法找到合理且可获得的、对贸易限制程度更小的替代措施，来实现其明确的政策目标，限制贸易的一项措施就被认为是必要的。GATT和世贸组织争端解决做法暗示，替代措施更高的实施成本或增加的实施负担并不必然在此方面得到考虑。[43]但是，GATS序言明确承认服务法规在不同国家程度的不对称性，以及发展中成员行使监管权的特殊需求。必要性测试没有考虑监管能力和发展水平，因此不符合这一目标。未来的纪律应该明确成本，当地条件也应该纳入必要性测试的考量范围。此类微妙措辞再次在《会计纪律》中出现。[44]

3. 国际标准和等效性互认

国际标准能够便利贸易，因为它促使各国采取类似的监管体制，从而减少监管差异带来的贸易扭曲效果。[45]因此，国际标准在未来纪律中的作用和使用问题，也成为国内规制工作组的讨论题目。与货物领域的国际标准相比，服务领域的国际标准似乎总体比较落后。此外，部门之间的差距比较大：在金融、商业或旅游服务等一些部门，存在很多的标准制定机构，在实践中发挥着重要作用。[46]而在其他部门，比如教育和社会服务部门，在推进国际标准化方面的努力则相对少一些。

使用国际标准并将其并入世贸组织法，涉及两个合法性问题：第一个问题是，制定标准的国际组织的成员范围与世贸组织的成员范围不必然完全相同。因此，GATS第6.5(b)条和《会计纪律》要求，制定相关国际标准的国际标准化组织应至少向所有世贸组织成员或其相关机构开放。[47]但是，即便标准化组织正式向所有世贸组织成员开放，发展中成员也可能会经常发现，由于自身缺乏能力和财政资源，其很难积极参与标准制定过程。[48]

第二个问题涉及国际标准化组织内部的决策进程。国际标准经常是相关国际组织起草的，作为非约束性的自愿规范。[49]由于其自愿的本质特征，标准在通过之时不必然全体一致或协商一致同意。但是，如果这些标准被并入世贸组织法，即便是对那些在标准化组织制定标准时表达过反对意见的成员来说，这些标准也是有约束力的。这就是为什么在提及国际标准时，经常限于那些经过协商一致和"一国一票"基础上批准的标准。还可以有另外一项补救措施，那就是限制标准的并入范围。例如，《会计纪律》就仅仅要求考虑国际标准。[50]

未来纪律的另一要素涉及等效性的多边互认，这是以一种想法为基础的，即已经达到其本国某些条件的一个服务提供者，不被要求再次满足相同标准。等效性互认可以在便利服务贸易方面发挥重要作用。[51]《会计纪律》采取了一种"软的"等效性要求，这与《技术性贸易壁垒协定》第2.7条有些类似，只要求成员积极考虑其他国家的等效资质要求，或者将其考虑在内。一种更强的要求可以是接受等效性资质和许可的义务，即便这与东道国的法规不同(例如参见《实施卫生与植物卫生措施协定》第4.1条)。但是，国内规制工作组内正在形成的共识似乎是,未来纪律不应该包括此类强制要求。相反,应该鼓励成员采取互认,但最终决定权还是交由成员。[52]

4. 透明度

国内规制工作组广泛讨论了在GATS现有透明度条款(GATS第3条和第6条第1—3段和第6段)之外,在未来纪律中纳入更多透明度条款的问题。[53]国内规制工作组内的很多透明度提案似乎没有实质性扩充这些义务的范围,但一些成员建议增加所谓的“事先磋商”或者“事先评论”要求。[54]此类义务包括要求世贸组织成员应根据其他成员的要求解释一项法规的制定理由,向其他成员通报拟议法规的范围、目标和原理,向其他成员提供拟议法规的特定部分或副本,并允许其他成员(及其服务产业)对拟议法规作出评论意见并将予以考虑。与之类似的义务早已经在《技术性贸易壁垒协定》和《实施卫生与植物卫生措施协定》中出现,并且可以在《会计纪律》中找到。

事先磋商或事先评论的要求将国内决策程序“国际化”,因为一个世贸组织成员的议会或政府不能再仅仅考虑其国内利益相关方的利益。相反,其他成员及其服务产业的观点也成为各国监管进程的重要因素。但是,应该牢记的是,这些要求对那些行政资源和能力有限的国家特别是发展中国家来说,负担可能有些过于沉重。因此,有成员就提出,不应该要求发展中成员完全履行加强的透明度义务。[55]

五、 电信和金融服务部门纪律

虽然根据GATS第6.4条国内规制纪律适用于所有服务部门,但GATS体制包括只适用于具体部门的监管标准,这些部门就是电信和金融服务。在GATS背景下对这些部门制定的模式值得注意,因为这已经被作为优惠贸易协定其他部门的模式。[56]

GATS关于电信的体制包括《电信附件》和《关于基础电信监管原则的参考文件》。[57]这两套规则都旨在降低公共电信垄断或现有重要电信提供者利用其垄断地位从事反竞争行为的可能性。因此,他们也是国际竞争法的要素之一。[58]《电信附件》确保世贸组织成员的具体承诺没有因为无法获取和适用电信服务而受到损害。该附件适用于所有部门,无论成员是否在电信部门作出具体承诺。该附件确保作出具体承诺的所有部门的服务提供者都有机会获取并且使用公共电信网络。附件的主要义务是第5(a)段,要求每个世贸组织成员应该确保“在合理和非歧视条件和条款基础上,有权获取和使用公共电信运输网络和服务”。此外,成员必须确保服务提供者有权将私用网络与公共电信运输网络或其他服务提供者网络进行连接。但是,成员可以设置对保障公共服务责任的必要条件,特别是关于所谓的电信提供商的统一服务义务。

《关于基础电信监管原则的参考文件》是成员在 GATS 第 18 条电信服务下进行额外义务的典范,只有在成员将其明确列入具体承诺减让表时,才会具有约束力。其目的是确保此前的(公共)垄断运营商(重要提供商)的市场地位不被用于阻挠电信领域的新运营商进入。参考文件还特别提到重要提供商的三类反竞争行为:反竞争跨领域补贴,使用从竞争者那获取的信息从事反竞争事务,以及向其他服务提供者隐瞒技术和商业信息。在墨西哥—电信案中,专家组对“反竞争做法”进行了特别广泛的解释,并认为其包括那些明确在参考文件中提及的做法。专家组特别指出,固定价格和市场份额协定违反了参考文件的要求。[59] 参考文件的另一重要因素是要求主管部门独立于服务提供者。

《金融服务附件》明确了 GATS 中金融服务的范围和适用。最重要的是,该附件第 2(a)款指出,GATS 没有阻挠世贸组织成员出于审慎原因采取措施,包括“为保护投资者、存款者、政策制定者或有委托责任者的措施,或者确保金融体系的完整性和稳定性的措施”。但是,审慎措施没有构成 GATS 义务,不得被用于作为回避 GATS 承诺和义务的方式。该附件还明确要求,如果一个争端解决专家组的裁决涉及审慎措施和其他金融事项,那么这个专家组应包括在相关议题上有必要知识和经验的人士。最后,该附件还以例示清单的方式界定了金融服务,包括保险和保险相关服务、银行服务和除保险之外的其他金融服务。

金融和电信服务的部门方式值得注意,因为这些方式强调了服务自由化和监管之间的联系。如果没有适当和独立的监管标准及实施此类标准的机构,提供市场准入对各国发展经济来说没有裨益,也不足以实现有效的服务贸易。GATS 的电信和金融附件还提出,建立监管标准可能更加有效,但前提是标准以具体部门为基础,而不是建立在水平基础上。例如,绝大多数电信监管者同意,具有主导地位的现有企业的反竞争做法构成一项重要的监管挑战,应该在贸易自由化的框架下得到处理。相同地,监管者也同意,银行和金融服务监管者采取的审慎措施不得干预市场准入和国民待遇义务。但是,就所有服务部门的总体监管标准而言,似乎成员之间共识程度仍不高。

第三节　优惠贸易协定中的国内规制

《WTO 协定》生效以来,出现了优惠贸易协定的显著泛滥,其中既有双边贸易协定，也有区域贸易协定。[60]虽然所有这些贸易协定都涵盖货物贸易，但其中适用于服务贸易的协定比例也在日趋增多。截至2015年2月，131个向世贸组织通报的优惠贸易协定仍然生效，这些协定涵盖(货物和)服务贸易；[61]这些协定中，有94个是在1994年之后签署的。考虑到世贸组织内正在进行的谈判，有人提出，一些国家将更进一步在双边或区域贸易协定中实现其各自的国内规制纪律偏好，这在一定程度上值得期待。[62]但是，迄今的实证研究并没有支持这种假设。相反，如下面所显示的，很多国家似乎在等待多边层面取得进展，因此没有在其优惠贸易协定中采用超出GATS的标准。

一、 传统区域一体化协定：北美自贸协定和南方共同市场

从理论上讲，优惠贸易协定参加方，特别是那些旨在建立共同市场的协定或者由发达国家缔结签署的协定，应该能够建立相比GATS更加先进的国内规制纪律，因为所涉国家有更紧密的政治和经济相似性。本节对北美自贸协定(NAFTA)和南方共同市场(MERCOSUR)的相关条款进行了分析。[63]

北美自贸协定于1992年签署，并于1994年在加拿大、墨西哥和美国之间生效。该协定包括的国内规制体系与GATS不同，部分内容体现在北美自贸协定第9章中，该章处理了影响货物和服务贸易的标准相关措施(《北美自贸协定》第901.1条)。此外，第12章关于跨境服务贸易章节也需要进行评估。

《北美自贸协定》第904.4条禁止制定、采用、维持或适用“旨在或具有在参加方之间的贸易创造不必要壁垒效果的任何与标准相关的措施”。该条进一步规定，如符合下列条件，不得被认为是创造了一项对贸易的不必要壁垒：(a)该措施的目的是实现一项合法目标；(b)措施的运行目的不是排除满足合法目标要求的、源自其他参加方的产品。因此，《北美自贸协定》第904.4条包括了一项必要性测试。与GATS第6.4(b)条不同，这一测试提及任何合法目标，而不仅仅是服务质量。《北美自贸协定》第906.4条要求，如果国外法规能够有效地满足国内政策目标，成员应将国外法规与国内法规等同对待。就国际标准而言，第905条要求使用相关国际标准作为标准相关措施的基础。《北美自贸协定》第12章涉及跨境服务贸易，包括了一项处理国内规制的具体条款。第1210.1条几乎与GATS第6条完全相同，但其范围限于自然人的许可和认证。此外，第1210.1条只包括了一项“最佳努力”条款(“各参加方应努力”)。

《南方共同市场服务贸易协定》于1997年签署，并于2005年生效。该协定第10.4条是关于国内规制的条款，与GATS第6.4条非常相似，但《南方共同市

场协定》第 10.4 条的义务水平不是非常清楚。[64]西班牙语的“los Estados Partes asguraran”在非官方的英语版本中被翻译为“成员应负责”，但是也可以被翻译为“成员确保”。不管怎样，看起来相关措辞没有达到约束性义务的效果。

总之，尽管北美自贸协定和南方共同市场协定相关条款措辞类似，但均未能在国内规制问题上确定超过 GATS 中各自水平的纪律。

二、 双边贸易协定

从研究北美自贸协定和南方共同市场协定中得出的结论，与双边自贸协定的研究结论类似。2012 年，拉特里耶和李（Latrille and Lee）分析了成员向世贸组织通报的 80 多项服务贸易协定中涉及国内规制纪律的内容。[65]他们认为，在这些协定中，有 20%没有包括与 GATS 第 6.4 条类似的条款。[66]他们还注意到，这些协定中有近 70%没有包括与 GATS 第 6.5 条类似的条款，这就意味着相关协定中关于国内规制的纪律要比 GATS 标准还要弱。[67]此外，作者还报告说，这些协定中有 40%包括了一项所谓的“预约”条款。[68]此类条款要求参加方在国内规制纪律的问题上，通常参考世贸组织内将要达成的结果，然后考虑将其纳入相关优惠贸易协定中。

拉特里耶和李还发现，那些支持在可能的 GATS 国内规制纪律方面实行强劲的必要性测试的成员，经常没有在其优惠贸易协定中纳入此类必要性测试内容。这些国家相互签署的协定也是如此。最后，他们还注意到，国内规制工作组最新起草的草案也没有被用于双边贸易协定的起草进程中，即便是那些强烈支持这些草案的成员也没有使用。[69]绝大多数文献支持这一观点。[70]例如，马图和绍韦（Mattoo and Sauvé）甚至得出结论说：“在与服务贸易国内规制纪律相关的绝大多数事项上，在多边层面取得的进展要大于优惠贸易协定。”[71]当然，这一规则还有一些值得注意的例外。例如，文莱、智利、新西兰和新加坡于 2005 年签署的《跨太平洋经济伙伴关系协定》要求完全约束 GATS 第 6.4 条的义务。[72]

2014 年或 2015 年开始生效的很多协定也支持一项总体结论，即双边贸易协定没有制定出比 GATS 更先进的方法。《韩国—澳大利亚协定》于 2014 年生效，其中关于国内规制的条款与 GATS 第 6.4 条类似，但也只采用了一项“最佳努力”的标准。[73]此外，也有关于通知申请人申请状态和关于其申请的决定的要求。此外，参加方还同意，如果 GATS 第 6.4 条下的谈判取得结果，他们将对协定进行修改。新加坡与台澎金马单独关税区签署的《经济伙伴关系协定》（ASTEP）于 2014 年生效，包括了相同的义务。[74]与之类似的，加拿大与韩国的自贸协定于

2014年签署，并于2015年生效，其中就包括关于通知申请人申请的完整性和状态的内容。[75]此外，参加方还注意到其义务，并重申根据GATS第6.4条纪律作出的承诺。如果此类纪律通过，参加方将联合审议，以期决定是否需对其优惠贸易协定中的相关条款进行补充。加拿大与洪都拉斯之间的自贸协定（2013年签署，2014年生效）[76]和《美国—哥伦比亚自贸协定》（2012年生效）[77]也可以找到这三项要素。最后，瑞士与中国的自贸协定（2013年签署，2014年生效）也重复了第6条的案文，但只要求参加方“旨在确保”国内规制没有比确保服务质量的必需负担更重。[78]

即便是两个发达国家之间的协定，例如于2015年生效的《加拿大—日本自贸协定》，也没有包括实质性超过GATS框架的条款。[79]该协定第9.8条重复了GATS第6.4条的标准，并且包含了关于授权批准的状态和决定信息的要求。但是，即便在这个协定下，也不是所有义务都是严格约束性的，一些义务只受到“最佳努力”条款的约束。

三、 欧盟—加拿大全面经济和贸易协定

欧盟与加拿大谈判并于2016年签署的《全面经济和贸易协定》（CETA）包括关于国内规制的特别章节。[80]该章节超过了上面审查的国内规制条款的内容。该章节适用于许可要求和程序、资质要求和程序，但不适用于技术标准。排除技术标准的一个可能解释是，这些标准已经在适用于GATS监管措施的规制合作章节，以及跨境服务贸易章节中有所涉及。

CETA中许可要求和程序及资质要求和程序的定义，与国内规制工作组确定的定义非常类似。[81]该章不适用于欧盟或加拿大维持的不符措施，这些措施是以其在CETA附件1的保留清单内容和附件2规定的很多活动为基础的。[82]此外，该纪律在文化产业方面不对加拿大适用，在视听服务方面不对欧盟适用。这种适用范围与GATS类型的方法完全一致，即国内规制纪律只适用于作出具体承诺的部门。

关于CETA中的国内规制纪律内容，相关条款包括了一项总体原则，以及很多具体程序和形式要求。国内规制纪律并没有包含一个总体的必要性测试。总体原则要求各方确保许可和资质要求和程序，“其基础是为防止主管部门以任意方式行使评估权力而制定的标准”。这些标准应该“清楚且透明、客观、事先建立，并且让公众可获得”。此外，CETA国内规制纪律呼吁主管监管部门作出公正和独立的决定。

关于更加具体的纪律，CETA 的国内规制纪律章节还特别要求，一旦必要条件满足，应该尽快授予一项许可并且尽快生效，不能出现不恰当延迟的情况。此外，程序还应该尽量简化，且不应过分复杂，或延迟一项服务的提供。授权费用应该合理且符合实际成本，被认证后的文件应该原则上可接受作为原始文件。最后，关于申请的状态及可能被拒绝的信息应该迅速作出，而且提供理由。很多此类纪律早已在服务贸易国内规制组内讨论，并且似乎在那里已经达成协商一致。

但是，没有必要性测试及技术标准要求，也说明欧盟和加拿大只愿意在更广泛的、世贸组织成员有共识的领域，作出超过 GATS 现状的承诺。这似乎部分证明了范杜泽尔（Anthony Van Duzer，2012）提出的总体预测，他认为加拿大和欧盟的协定不会带来比 GATS 纪律更加强劲的双边规则或承诺。[83]

四、 超大型区域贸易协定谈判

关于 TTIP 等正在谈判中的超大型区域贸易协定，以及诸边的 TiSA 谈判，我们能够了解到的信息不多。如前面所述，《跨太平洋战略伙伴关系协定》是 TPP 谈判的基础，该协定包含的一项国内规制条款中就有一项约束性的必要性测试要求。但是，TPP 关于国内规制条款的最终文本没有提及此类要求，这并不意外，因为美国反对这一必要性测试。2016 年 5 月泄露的 TTIP 谈判文本也只包括了一项与 TPP 条款类似的美方提案。[84]这份文件进一步注明，“美国和欧盟讨论国内规制的整合”，这说明双方还没有讨论这一问题。我们还不清楚的是，欧盟持何种官方立场。但是，如果说欧盟的方法将不会偏离其在 CETA 中的方法，这应该是一种很合理的说法。[85]欧盟关于 TiSA 谈判的官方发布的提案草案，也没有明确提及国内规制纪律。[86]但是，也包括写入“新的增强纪律”的原则位置。在一份解释性文件中，欧盟表示这些纪律能够“以服务贸易国内规制工作组现有工作或现有参考文件为基础”。[87]这说明此类纪律将涵盖符合 GATS 第 6 条意义的纪律，但还不清楚的是其他 TiSA 谈判方能够在多大程度上接受这一观点。

TTIP 最有可能包括关于监管一致性和合作的章节。[88]2015 年 2 月，欧盟官方公布了其关于 TTIPS 谈判监管合作的提案。[89]虽然美方在很多方面持不同观点，但似乎相关义务将适用于新的和现有的法规，当然对未来措施的影响将更大一些。对任何新的拟议措施，成员将有义务将其计划通知彼此和利益相关方。他们还将承诺接收并考虑利益相关方提出的任何评论。此外，还呼吁进行监管影响评估。最后，欧盟提议建立一个监管合作机构，在评估贸易影响的基础上评估拟议法规。上述这些说明,即便相关程序性议题被提出处理,监管合作或一致性章节旨在实现的目标,与GATS国内规制纪律并不相同。但是,监管影响评估章节可能将对各国监管决策特别是国内法规产生重要影响。[90]

五、 解释一项明显的悖论

本章关于双边、区域和诸边协定的描述,支撑了其他评论人士提出的观点。尽管很多支持在世贸组织内建立强劲国内规制纪律的成员在彼此间缔结了优惠贸易协定,或者参与此类谈判,但鲜有证据显示,它们存在坚定的兴趣将任何实质性超过GATS目标的纪律纳入其中。

现有文献还显示,起草国内规制纪律,从本质上来说最好还是在多边贸易立法层面实现。[91]本章迄今作出的评论似乎为此类观点提供了实证支持。更深入地考虑国内规制纪律的本质,显示了作出这一结论的两个原因。第一,将国内规制纪律的影响限于双边协定的参加方是不可能的。例如,如果一个双边贸易协定要求A国废除所有超过必要程度的国内规制,A国不能只针对其双边自贸协定伙伴废除此类法规,而是必须在最惠国基础上这样做。因此,这很好地证明了在诸边框架下同意接受纪律的动力。

第二,如果各国开始在其优惠贸易协定中采取更加强劲的国内规制纪律,此类纪律作为世贸组织谈判筹码的价值将大为减损。如果采取更加严格的纪律,各国实际上也就确保了在没有收到任何回报的情况下进行了早期收获。只要一揽子方式仍然是世贸组织谈判的现有组织原则,[92]成员在其优惠贸易协定中接受国内规制纪律,将不会得到任何收获,特别是因为这些承诺将有效实现多边化。如果这些猜测属实,对国内规制纪律现状作出实质性改变的前景将十分渺茫。

第四节 具体部门的监管章节

大多数处理服务贸易的优惠贸易协定都有关于电子和金融服务的单独章节,这些是以相关服务的GATS规则体系为基础的。[93]在很多种情形下,协定采用《GATS基础电信参考文件》的程序和规则。此外,很多优惠贸易协定还制定了关于特定服务的特殊监管条款,这些条款超出了GATS的要求。[94]

邮政和快递服务似乎是其中一个部门。监管事项,包括统一的服务义务和监管机构的独立性，在此方面发挥了重要作用，也一直是世贸组织谈判议题。[95]这些议题在很多方面与电信部门讨论的监管议题相似。因此，很多优惠贸易协定包括了关于邮政和快递服务的监管承诺。[96]特别是欧盟和加勒比共同体（CARIFORUM）国家[97]签署的《经济伙伴关系协定》，以及欧盟与秘鲁、哥伦比亚与中美国家签署的协定，都反映了在邮政和快递服务领域的监管标准。[98]这些承诺包括：有义务在快递部门采取防止反竞争做法的措施，推进关于许可事项的监管标准，界定通用服务义务的权利，以及监管机构的独立性。但是，《欧盟—韩国自贸协定》只包括一项有限的条款，授权贸易委员会建立进一步的监管纪律，以确保邮政和快递服务的竞争。

很多近期缔结的优惠贸易协定包括了关于电子商务水平纪律的章节。此类章节通常会提到总体纪律，包括消费者保护和具体定义。但是，一些章节还建立了监管原则。一个特别先进的范例是《韩国—澳大利亚自贸协定》，[99]该协定第15.4条规定参加方"制定或维持规范电子商务的措施，要考虑联合国国际贸易法委员会关于电子商务的模范法，并且酌情考虑其他国际标准、指南和建议"。另外，参加方还被要求采取或维持规范电子认证的措施，并且努力实现电子签名的互认。此外，参加方将采取或维持保护消费者参与电子商务的措施。

欧盟和加拿大之间的全面经济和贸易协定只包括了关于国际海运的部门章节，规定了总体原则和定义，但是没有规定与电信和金融附件相当的任何监管细节。全面经济和贸易协定关于电子商务的章节也是如此。

有一件事情似乎很有可能发生，正在进行中的服务贸易协定谈判将解决具体部门的监管事项。最近泄露的土耳其关于移动性的提案显示，健康保险可移动性可能成为这些谈判的一个议题。[100]土耳其提议增加一个医疗服务附件，涵盖融资（补偿）、服务条款（质量和标准）及治疗后的责任问题。其根本想法和概念似乎与《欧盟患者跨境治疗指南》类似。[101]但是，还不清楚其他谈判参加方如何看待这些不同的谈判目标。[102]

关于优惠贸易协定中具体部门标准的这些粗浅研究说明，很多协定已经超过这个领域的GATS标准。但是，还不清楚这能否被称为一个总体趋势。事实上，关于具体部门监管原则和义务的章节，似乎是近期欧盟对外签署协定的一个特定的共同要素，但是感觉其他国家在此方面上总体保持沉默。考虑到服务自由化和国内规制之间的密切联系，这一方式确保能够深思熟虑且进行更加深层次的分析研究。

第五节 前景和未来研究议程

《服务贸易协定》通常遵循了三大支柱的方式,即处理歧视性措施、市场准入限制、非歧视性的或非限制性的国内规制措施纪律。但是,在世贸组织中,第三大支柱仍然是不完整的,因为世贸组织成员在继续谈判关于国内规制的实质性纪律。在国内规制工作组谈判进行 15 年之后,服务谈判人员还没有达成最终结果。虽然 GATS 第 6.4 条议程显示实现其最初目标的迹象渺茫,但是事实上即便不是成员已经就绝大多数议题达成协商一致,至少在很多领域也是如此。尽管如此,考虑到多哈发展议程的命运前途未卜,成员的注意力很有可能会继续转向优惠贸易协定,将其作为服务贸易规则制定和市场开放的替代舞台。但是,与其在 1994 年 GATS 第 6 条中的承诺,或者与随后关于世贸组织内国内规制纪律的普遍共识相比,世贸组织成员在其区域和双边协定中通常没有走得很远。迄今为止,服务贸易的优惠协定基本上没有发挥出创新规则制定的有效"试验田"的作用,只有个别协定例外。即便是那些强烈支持在世贸组织内制定更严格的国内规制纪律的成员,它们之间达成的协定也是如此。因此,期待优惠贸易协定指明未来国内规制和服务贸易的发展道路,从道理上不是那么站得住脚的。

但是,区域和双边贸易协定被用来制定某些部门的创新性监管要素。在最近签署的很多协定中,都可以找到关于电子商务监管原则的章节。欧盟还做出了更多尝试,希望更进一步,在其最近的一些优惠贸易协定中纳入关于邮政和快递服务的监管条款。在《服务贸易协定》谈判框架下提出的议案显示,其他部门也可以作为有针对性的监管提案的对象。

未来研究可以关注上述监管方法,而不是适用于所有服务部门的水平纪律。关于部门监管章节的研究议程,应当评估哪些部门需要接受多边监管体系约束,哪些部门在国内或区域层面进行监管更好。各方之所以能够就电信监管的基本标准达成协议,似乎是因为这个部门的独特技术和监管特征。但是,医疗服务等其他部门是否也可以作为自由贸易协定中监管创新的合适领域,这一问题确实让人有些怀疑。

注释

1. 关于这些问题的最近讨论,参见 Bregt Natens, *The Doha Round and the Future Architecture of the Multilateral Regulation of Trade in Services*, KULeuven—Leuven Centre for

Global Governance Studies Working Paper 110，2013.3，pp.4—14。

2. WTO，Trade in Services Division，Disciplines on Domestic Regulation pursuant to GATS Article VI. 4，Background and Current State of Play，2011. 6，para. 8，可以参见 https://www.wto.org/english/tratop_e/serv_e/dom_reg_negs_bckgddoc_e.doc，2015 年 5 月 4 日访问。

3. 参见 Aik Hoe Lim and Bart de Meester，"An Introduction to Domestic Regulation and GATS"，in Aik Hoe Lim and Bart de Meester(eds.)，*WTO Domestic Regulation and Services Trade—Putting Principles into Practice*，CUP，2014，pp.1，2。

4. Jan Wouters and Dominik Coppens，"Domestic Regulation Within the Framework of GATS"，in Koen Byttebier and Kim Van der Borght(eds.)，*WTO Obligations and Opportunities：Challenges of Implementation*，Cameron May，2007，pp. 25—84；Panagiotis Delimatsis，*International Trade in Services and Domestic Regulations*，OUP，2007；Markus Krajewski，"Article VI GATS"，in Rüdiger Wolfrum，Peter-Tobias Stoll and Clemens Feinäugle(eds.)，*WTO—Trade in Services*，*Max Planck Commentaries on World Trade Law*，*Volume 6*，Nijhoff，2008.

5. Panagiotis Delimatsis，"Due Process and 'Good' Regulation Embedded in the GATS—Disciplining Regulatory Behaviour in Services Through Article VI of the GATS"，*Journal of International Economic Law*，2007，10，p.19.

6. Mary Footer and C. George，"The General Agreement on Trade in Services"，in Patrick Macrory，Arthur Appleton and Michael Plummer(eds.)，*The World Trade Organization：Legal*，*Economic and Political Analysis*，Springer，2005，Vol. 1，pp. 799，837；Delimatsis，supra n 5，p.29.

7. Aik Hoe Lim and Bart de Meester，supra n 3，pp.1，2.

8. 参见 Hoekman、Mavroidis 在本书中的相关观点。还可参见 Margareta Djordjevic，"Domestic Regulation and Free Trade in Services—A Balancing Act"，*Legal Issues of Economic Integration*，2002，305，pp.310 et seq.；Joel Trachtman，"Lessons for the GATS from Existing WTO Rules on Domestic Regulation"，in Aaditya Mattoo and Pierre Sauvé(eds.)，*Domestic Regulation and Service Trade Liberalization*，OUP，2003，p.57。

9. GATS 协定草案第 7.2 条，MTN.GNS/35，1990 年 7 月 23 日。

10. Council for Trade in Services，Decision on Professional Services，S/L/3，1995.4.4.

11. Council for Trade in Services，Disciplines on Domestic Regulation in the Accountancy Sector，S/L/63，1998.12.15(Accountancy Disciplines)。关于其评估，参见 Claude Trolliet and John Hegarty，"Regulatory Reform and Trade Liberalization in Accountancy services"，in Mattoo and Sauvé supra n 8，pp.147—166。

12. Accountancy Disciplines，supra n 11，para. 2.

13. Trolliet and Hegarty，supra n 11，152.

14. Panagiotis Delimatsis，"Towards a Horizontal Necessity Test for Services：Completing the GATS Article VI：4 Mandate"，in Pierre Sauvé，Mario Panizzon and Nicole Pohl(eds.)，*International Trade in Services：New Perspectives on Liberalization*，*Regulation*，*and Development*，CUP，2008，pp.370，375.

15. Trolliet and Hegarty，supra n 11，p.152.

16. 参见 Council for Trade in Services, Article VI: 4 of the GATS: Disciplines on Domestic Regulation Applicable to All Sectors, Note by the Secretariat, S/C/W/96, 1999.3.1, para.6。

17. Council for Trade in Services, Decision on Domestic Regulation, S/L/70, 1999.4.26.

18. Mary Footer, "The General Agreement on Trade in Services: Taking Stock and Moving Forward", *Legal Issues of Economic Integration*, 2002, pp.7, 20 et seq.

19. Doha Work Programme, Decision of 1 August 2004, WT/L/579, Annex C, letter(e).

20. WPDR, Disciplines on Domestic Regulation Pursuant to GATS Article VI :4—Consolidated Working Paper—Note by the Chairman, JOB(06)/225, 2006.7.18.

21. WPDR, Disciplines on domestic regulation pursuant to GATS article VI: 4—Chairman's progress report, S/WPDR/W/45, 2011.4.14.

22. Natens, supra n 1, p.14.

23. Annual Report of the Working Party on Domestic Regulation to the Council for Trade in Services(2014), S/WPDR/17, 2014.11.17.

24. Working Party on Domestic Regulation—Measures of general application in WTO Agreements—Note by the Secretariat, S/WPDR/W/47, 2012.2.9.

25. Working Party on Domestic Regulation—Regulatory issues in sectors and modes of supply—Note by the Secretariat, S/WPDR/W/48, 2012.6.13.

26. Working Party on Domestic Regulation—Technical standards in services—Note by the Secretariat, S/WPDR/W/49, 2013.3.13.

27. Working Party on Domestic Regulation—Services-related regulatory challenges faced by developing countries—Note by the Secretariat, S/WPDR/W/51, 2012.9.13.

28. 参见 2014 年 9 月 17 日 WPDR 会议发言, Working Party on Domestic Regulation—Report of the meeting held on 17 September 2014—Note by the Secretariat, S/WPDR/W/62, paras.3.2—3.14。

29. Chairman's progress report, supra n 21, para.10.

30. Delimatsis, supra n 14, pp.370, 387—389.

31. A aditya Mattoo and Pierre Sauvé, "Domestic Regulation and Trade in Services: Looking Ahead", in Mattoo and Sauvé, supra n 8, p.3.

32. Chairman's progress report, supra n 21, paras.5—9.

33. 参见 WPDR, Communication from Switzerland, Proposal for Disciplines on Technical Standards in Services, S/WPDR/W/32, 2005.2.1, paras.7, 15。

34. Chairman's progress report, supra n 21, paras.13.

35. Chairman's progress report, supra n 21, paras.14.

36. Panagiotis Delimatsis, "Concluding the WTO Services Negotiations on Domestic Regulation—Hopes and Fears", *World Trade Review*, 2010, 643, pp.663 et seq.; Suparna Karmakar, "Disciplining Domestic Regulations Under GATS and its Implications for Developing Countries: An Indian Case Study", *Journal of World Trade*, 2007, 127, p.137.

37. Robert Howse and Elisabeth Türk, "The WTO Negotiations on Services—the Regulatory State up for Grabs", *Canada Watch*, 2002, 9, No.1—2, pp.4—5; Markus Krajewski, "Comment: Quis custodiet necessitatem? Adjudicating Necessity in Multilevel Systems and the

Importance of Judicial Dialogue", in Panizzon, Pohl and Sauvé, supra n 14, pp.397—404.

38. Aadity Matoo,"Services in a Development Round: Three Goals and Three Proposals", *Journal of World Trade*, 2005, 1223, p.1231.

39. 例如参见 Communication from Switzerland,supra n 33, para.15。该提案包括了保护人类健康或安全、动物或植物生命或健康、保护公共道德和维护公共秩序、国家安全要求、获取至关重要的服务、防止欺骗和欺诈行为。

40. Chairman's progress report, supra n 21, p.18.

41. Delimatsis, supra n 14, p.387.

42. Accountancy Disciplines, supra n 11, para.2.

43. *Korea—Measures Affecting Imports of Fresh, Chilled and Frozen Beef*, Report of the Appellate Body, WT/DS161/AB/R and WT/DS169/AB/R, para.181.

44. Accountancy Disciplines(above note 11), para.2.

45. 参见本书中 Delimatsis 撰写的文章和 Hoekman、Mavroidis 撰写的文章。

46. Trachtman, supra n 8, 32 et seq.; Working Party on Domestic Regulation, supra n 26, para.34.

47. Accountancy Disciplines,supra n 11, para.26.

48. Working Party on Domestic Regulation, supra n 26, para.73.

49. Markus Krajewski, *National Regulation and Trade Liberalization in Services*, Kluwer, 2003, p.147.

50. Accountancy Disciplines, supra n 11, para.26.

51. Kalypso Nicolaïdis and Joel Trachtman, "From Policed Regulation to Managed Recognition in GATS", in Pierre Sauvé and Robert M. Stern(eds.), *GATS 2000—New Directions in Services Trade Liberalization*, *Brookings*, 2000, pp.241, 263 et seq.; Joel Trachtman, "Mutual Recognition of Services Regulation at the WTO", in Hoe Lim and de Meester, supra n 3, p.110.

52. Chairman's progress report, supra n 21, p.40.

53. 例如参见 WPDR, Communication from the European Communities and their Member States, Domestic Regulation: Necessity and Transparency, S/WPDR/W/14, 2001.5.1。

54. WPDR, Horizontal Transparency Disciplines in Domestic Regulation: Proposal by the United States, Revision, Room Document, 2005.5.2.

55. Keiya Iida and Julia Nielson,"Transparency in Domestic Regulation: Practices and Possibilities", in Mattoo and Sauvé, supra n 8, pp.7, 17—18.

56. 参见下文第三节第四部分。

57. Daniel Roseman,"Domestic Regulation and Trade in Telecommunications Services: Experience and Prospects under the GATS", in Mattoo and Sauvé, supra n 8, pp.83—107.

58. Eleanor M. Fox,"The WTO's First Antitrust Case—Mexican Telecom: A Sleeping Victory for Trade and Competition", *Journal of International Economic Law*, 2006, pp.271—292.

59. *Mexico—Measures Affecting Telecommunications Services*, Report of the Panel adopted on 1 June 2004, WT/DS204/R, para.7.238.

60. 关于全面评论,参见 Roberto V. Fiorentino, Luis Verdeja and Christelle Toqueboeuf,

The Changing Landscape of Regional Trade Agreements: 2006 update, WTO Discussion Paper No.12, Geneva: WTO, 2007; Juan A Marchetti and Martin Roy, "Services Liberalization in the WTO and in PTAs", in Juan A Marchetti and Martin Roy(eds.), *Opening Markets for Trade in Services—Countries and Sectors in Bilateral and WTO Negotiations*, CUP, 2008, pp.61—112。

61. 这些数字包括了欧盟扩盟协议和在GATS生效前通报的协定。数据来自WTO数据库,http://rtais.wto.org/UI/PublicSearchByCrResult.aspx, 2015年5月4日访问。

62. Rudolf Adlung and Hamid Mamdouh, "How to Design Trade Agreements in Services: Top Down or Bottom-Up?", *Journal of World Trade*, 2014, 191, 206; Pierre Latrille and Juneyoung Lee, *Services Rules in Regional Trade Agreements—How Diverse and How Creative as Compared to the GATS Multilateral Rules*, WTO Staff Working Paper ERSD-2012—19, para.117.

63. 关于更加具体的讨论,参见 Markus Krajewski, "Services Liberalization in Regional Trade Agreements: Lessons for GATS 'Unfinished Business'?", in Lorand Bartels and Federico Ortino(eds.), *Regional Trade Agreements and the WTO Legal System*, OUP, 2006, pp.175, 186—189。

64.《蒙得维的亚议定书》(Montevideo Protocol)第10.4条(国家法规)提出:为确保与技术规范、资质认可的要求和程序以及许可要求相关的措施不会构成对服务贸易不必要的障碍,成员国应注意,这些要求和程序:

i. 以客观和透明的标准为基础,例如提供服务的素质和能力;

ii. 不能为确保服务质量造成不必要的负担;

iii. 在许可程序方面,本身不能构成对提供服务的限制。

65. Pierre Latrille and Juneyoung Lee, *Services Rules in Regional Trade Agreements—How Diverse and How Creative as Compared to the GATS Multilateral Rules*, WTO Staff Working Paper ERSD-2012-19, paras.115—122.

66. 同上文,para.119。

67. 同上文,para.118。

68. 同上文,para.120。

69. 同上文,para.122。关于类似的结论,参见 Aaditya Mattoo and Pierre Sauvé, *The Preferential Liberalization of Services Trade*, NCCR Trade Regulation Working Paper No.2010/13, p.32。

70. Delimatsis, supra n 36, p.648.

71. Mattoo and Sauvé, supra n 69, p.32.

72.《跨太平洋战略伙伴关系协定》(Trans-Pacific Strategic Partnership Agreement)第12.10条,http://www.mfat.govt.nz/downloads/trade-agreement/transpacific/main-agreement.pdf, 2015年5月4日访问。

73.《韩国—澳大利亚自由贸易协定》(Korea-Australia FTA)第7.7条,http://www.dfat.gov.au/trade/agreements/kafta/official-documents/Pages/default.aspx, 2015年5月4日访问。

74. ASTEP第8.7条,http://www.iesingapore.gov.sg/Trade-From-Singapore/ASTEP/Legal-Text。

75.《加拿大—韩国自由贸易协定》(Canada-Korea Free Trade Agreement)第 9.7 条，http://www.international.gc.ca/trade-agreements-accords-commerciaux/agr-acc/korea-coree/toc-tdm.aspx?lang=eng，2015 年 5 月 4 日访问。

76.《加拿大—洪都拉斯自由贸易协定》(Canada-Honduras FTA)第 11.8 条，http://www.international.gc.ca/trade-agreements-accords-commerciaux/agr-acc/honduras/11.aspx?lang=eng，2015 年 5 月 4 日访问。

77.《美国—哥伦比亚自由贸易协定》(US-Colombia Free Trade Agreement)第 11.7 条，https://ustr.gov/trade-agreements/free-trade-agreements/colombia-fta/final-text，2015 年 5 月 4 日访问。

78.《瑞士—中国自由贸易协定》(Switzerland-China FTA)第 8.7(3)条，http://www.seco.admin.ch/themen/00513/00515/01330/05115/index.html?lang=en，2015 年 5 月 4 日访问。

79.《日本—澳大利亚经济伙伴关系协定》(Agreement between Japan and Australia on Economic Partnership)，http://www.mofa.go.jp/files/000044322.pdf，2015 年 5 月 4 日访问。

80. 2016 年 2 月公布的 CETA 合并文本，http://trade.ec.europa.eu/doclib/docs/2016/february/tradoc_154329.pdf，2016 年 5 月 12 日访问。

81. 参见前文第二节第四部分第一点。

82. 对加拿大而言：社会服务，原住民事务，少数民族事务，水的收集、净化和分销；对欧盟而言：医疗、教育和社会服务，赌博和博彩服务，水的收集、净化和分销。

83. J. Anthony VanDuzer，"A Critical Look at the Prospects for Robust Rules for Services in Preferential Trading Agreements"，*Legal Issues of Economic Integration*，2012，29，p.47.

84. Greenpeace，TTIP Leaks，https://ttip-leaks.org/menelaos/doc3.pdf，2016 年 5 月 13 日访问。

85. 参见第三节第三部分。

86. European Commission，EU proposal for a core text and scheduling provisions，http://trade.ec.europa.eu/doclib/docs/2014/july/tradoc_152687.pdf，2015 年 5 月 4 日访问。

87. European Commission，A modular approach to the architecture of a plurilateral agreement on services，2012.9，http://trade.ec.europa.eu/doclib/docs/2014/july/tradoc_152686.pdf，2015 年 5 月 4 日访问。

88. Thomas J. Bollyky，"Regulatory Coherence in the Trans-Pacific Partnership Talks"，in C.L. Lim，Deborah Elms，Patrick Low(eds.)，*The Trans-Pacific Partnership: A Quest for a 21st Century Trade Agreement*，CUP，2012，pp.171—186.

89. European Commission，Textual proposal on regulatory cooperation in TTIP，2015.2.10，http://trade.ec.europa.eu/doclib/docs/2015/february/tradoc_153120.pdf.

90. Jane Kelsey，*A Preliminary Analysis of the Draft TPP Chapter on Regulatory Coherence*，http://www.citizenstrade.org/ctc/wp-content/uploads/2011/10/TransPacific_RegCoherenceMemo.pdf，7，2015 年 5 月 4 日访问。

91. Delimatsis，supra n 36.

92. Rudolf Adlung and Hamid Mamdoudh，"How to Design Trade Agreements in Services: Top Down or Bottom-Up?"，*Journal of World Trade*，2014，191，p.194.

93. 参见第二节第五部分。

94. Van Duzer，supra n 83，p.40.

95. Ruosi Zhang, "The Liberalization of Postal and Courier Services: Ready for Delivery?", in Marchetti and Roy, supra n 60, p.403.

96. 同上文,p.404.

97. 经济伙伴关系协定中,加勒比共同体作为一方,欧共体及其成员国作为另外一方,Official Journal of the EU No.L 289, 2008.10.30, p.3。

98. 贸易协定中,欧盟及其成员国作为一方,哥伦比亚和秘鲁作为另外一方,Official Journal of the EU No.L 354, 2012.12.21, p.3;联盟协定中,欧盟及其成员国作为一方,中美洲作为另外一方,Official Journal of the EU No.L 346, 2012.12.15, p.3;自贸协定中,欧盟及其成员国作为一方,韩国作为另外一方,Official Journal of the EU No.L 127, 2011.5.14, p.6。

99. 参见注 73。

100. 在 TiSA 谈判内关于医疗服务的一份概念文件(2014 年 9 月由土耳其在 TiSA 谈判中提出),https://data.awp.is/data/international/18/tisa_health.pdf。

101. 总体而言可参见 Markus Krajewski, "Patient Mobility Beyond Calais: Health Services Under WTO Law", in Johan van de Gronden et al.(eds.), *Health Care and EU Law*, Springer, 2011, pp.453—478。

102. 2015 年 2 月 15 日,欧委会重申了在贸易协定中保护公共服务的承诺,http://trade.ec.europa.eu/doclib/press/index.cfm?id=1254, 2015 年 5 月 4 日访问。

第十章

服务的技术性贸易壁垒协定

伯纳德·霍克曼、彼得罗斯·马弗罗迪斯[1]

第一节 简 介

在生产者和产品国内监管的潜在依据和动机方面，存在大量的研究文献。支持和反对国际标准和标准化的文献也有很多。各国标准和监管措施可能发挥贸易壁垒的作用，无论这种作用是刻意为之，还是无意之举。标准制定通常反映了处理某种市场失灵的监管初衷，但也可能受到政治经济力量的影响，因此，我们也不能低估标准制定进程被保护主义势力操控的风险。有关产品标准的政治经济学文献得出结论认为，这些产品标准经常惠及经济主体。同时，这些研究文献警告说，相关标准也可能会服务于保护主义目的。国内规制方面也是如此，现有供应商可能会借此"提高竞争对手的成本"，或将其用作歧视外国供应商的一个工具。[2]

在保护主义措施滥用方面的观点主张和具体证据，一直是近年来众多贸易争端的基础。此类贸易争端激发了 GATT/世贸组织谈判和产品标准具体纪律的纳入，也搭建了贸易与国际标准制定组织之间的桥梁。在此领域的关键 WTO 协定是《技术性贸易壁垒协定》(TBT 协定)和《卫生与植物卫生措施协定》(SPS 协定)。前者处理政府采取的关于货物的技术要求(强制标准)，而后者处理与农产品(粮食、植物和动物)的健康和安全相关标准。其他专业组织制定产品标准，并且纳入各国法律或政府规定强制实施，而这两个协定提供了这些标准进入世贸组织的"进入口"。世贸组织并不参与建立具体产品技术要求的工作，世贸组织的两个标准相关协定向成员提供了一种方式，引入关于产品安全相关标准国际合作的结果。总体而言，使用国际标准可以降低贸易成本，便利身处世界各地的企业进入国际市场，从而降低对相同产品采取不同标准的国家带来的贸易限制影响。

实证研究显示，各国之前由于服务法规差异而导致的企业成本是很显著的（例如参见 Kox and Nordas，2007；François and Hoekman，2010）。但是，在服务产业的标准方面，世贸组织内并没有关于检验检疫措施和技术性贸易壁垒的等效纪律。这就提出了一个问题，为什么服务领域出现这种情况？是否应该在服务贸易的框架下设想类似的纪律？在世贸组织内存在货物贸易纪律上的两个具体标准类别，原因之一是食物、植物和动物的生产、贸易和消费中的健康和安全关注特别重要。事实上，很多卫生与植物卫生标准，可以被归为旨在防止重大灾害的措施，例如疾病扩散、严重疫情暴发等。技术性贸易壁垒领域存在类似考虑，也是因为类似的考量因素，例如，禁止使用铅、放射性残留物等。此外，这个领域还经常处理其他类型的事项，例如放射频率干扰、可操作性等。因此，一个新的问题就出现了：假定需要在服务标准方面制定纪律，一个通用的（或者说水平的）游戏规则，适用于所有服务部门，这是否足够，且符合大家期待？还是说，有无什么原因能够解释，需要参考 GATT 的做法，针对不同类型的服务设置不同类型的纪律？

在第二节中，我们讨论了为什么《技术性贸易壁垒协定》只涵盖货物，并总结了这一协定的主要特征。[3]第三节总结了 GATS 针对服务法规和标准采取的相关纪律和方法。各国在服务标准上存在的差异，可能产生市场分割效应（成本增加效应），为降低这些效应作出的努力涉及复杂的政治经济学内容。同时，国际服务标准化在未来几年如何演进，也存在一定不确定性。考虑到这些因素，第四节讨论了服务领域是否需要制定一个类似于《技术性贸易壁垒协定》的协定，以及世贸组织成员在这个领域可能考虑作出何种努力。第五节是总结部分。

第二节　一个适用于彼，一个适用于此

一、 货物贸易

世贸组织《技术性贸易壁垒协定》的起源可以追溯到 20 世纪 70 年代。这一协定的第一版是在东京回合（1973—1979 年）谈判达成的。该回合采取了 GATT 时代“菜单式”的谈判方法，因此，该协定只对其签署方具有约束力。在随后的乌拉圭回合谈判中，该协定进行了修订和多边化，成为世贸组织的一项核心协定，对所有世贸组织成员适用。

为什么《技术性贸易壁垒协定》在东京回合谈判被放在谈判桌上？这一协定处理国内文件，例如"标签"、"包装"和进口产品必须满足的技术要求。技术法规被定义为适用于一个可辨识的产品或一组产品的措施，这些措施规定了这些产品的技术特征（与产品构成和特征相关的，例如可燃性、质地、密度、有毒性等），并且具有强制性。此类措施属于GATT第3条"国民待遇"的范围，该条款旨在预防利用税收或监管和行政要求等国内措施，使一国因为加入GATT或参加连续贸易谈判回合而提供的减让部分或全部无效。因此，其主要政策目标是防止一国以歧视外国产品的方式，通过除关税之外的措施，提高其保护水平。国民待遇的义务是与关税水平不相关的，一国可以实施高关税或零关税，但是无论如何，国民待遇条款确保政府向外国产品提供的待遇不会有别于本国产品。

《技术性贸易壁垒协定》在简单的国民待遇义务上更进一步，并且设置了额外的纪律。第一，该协定要求世贸组织成员反思进行干预的需要（该协定第2.2条要求世贸组织成员考虑"不履行义务将带来的风险"）。[4]第二，如果成员已经做出支持监管的决定，则必须根据现有可获得的科学进行干预，并且采取贸易扭曲作用最小的必要措施，实现其规定的监管目标。在此背景下的必要性意味着世贸组织成员有权追求其认为合适的任何目标，但同时必须选择一项对国际贸易的负面影响最小的可能措施。必要性测试不约束世贸组织成员采取经济学家称之为第一最佳（即最有效率）的政策。相反，关注点是贸易影响。但是，在绝大多数情况下，对贸易的负面影响最小的可能措施，很有可能被证明是比其他措施更有效率，除非该产品法规的外溢效应来源是在边境上。"贸易限制作用最小"的标准，反映了该协定的一个基本目标，也就是便利贸易。

《技术性贸易壁垒协定》的另一关键特征，是其鼓励使用协调作为降低技术性贸易壁垒相关贸易成本（第2.4条）的一种方式。该条款预先假定"国际标准"的存在，并且要求世贸组织成员：

> 如需制定技术法规，而有关国际标准已经存在或即将拟就，则各成员应使用这些国际标准或其中的相关部分作为其技术法规的基础，除非这些国际标准或其中的相关部分对达到其追求的合法目标无效或不适当，例如由于基本气候因素或地理因素或基本技术问题。

国际标准化机构为各国政府和产业提供了平台，使其可以就标准设计中的监管和合作需求问题进行讨论。由此产生的国际标准反映了一种共同看法，即如何通过采取一项技术措施的方式来解决一项具体监管诉求。在《技术性贸易壁垒协定》下，如同这一术语在案例法中被理解的那样，假定"国际标准"是对贸易限制作用最小的选项，即这些措施被认为满足《技术性贸易壁垒协定》第2.2条体现的必要性测试要求，但是并没有保证案件处理结果一定如此，因为国际标准化进程可能没有像国内标准制定程序那样更多关注贸易影响。这一前提是，让很多国家参与到标准规范的制定进程中来，不管达成什么内容，不管对贸易的实际影响是什么，都被认为其在意图上是非歧视的。因此，《技术性贸易壁垒协定》可以被认为对国内政策的“合理化”作出了贡献。

关于一项技术法规的定义，产生的具体影响是，如果生产和程序方法（PPM）对产品的物理特征有直接影响，则需要被《技术性贸易壁垒协定》所涵盖。在影响企业海外运营的标准中，很多涉及管理程序和生产方法。国际标准化组织制定的很多规范，被企业用于作为质量标记，显示其对企业社会责任的承诺，或者作为供应商与买方或企业的贸易关系中必须遵守的要求，成为全球价值链和生产网络的组成部分。此类标准并不被《技术性贸易壁垒协定》涵盖其中，因为这些是与产品的生产程序相关的，而不是与产品的物理特征相关。相同的观点也适用于标签和认证标记，因为这些与一个产品的生产方式相关，而不是与产品的内容或物理特征相关。

《技术性贸易壁垒协定》包含了评估一项产品符合其适用法规的程序纪律，包括非歧视规则。如果存在国际标准化机构的相关指南或建议，则各成员应使用这些指南或建议，除非因为国家安全原因不适合，或者其不足以保证健康和安全。从原则上讲，世贸组织各成员有权加入并适用国际合格评定体系。[5]在出口国进行的合格评定程序的结果应该被接受，前提是磋商认定这些评定程序与国内措施具有等效性。世贸组织成员被鼓励谈判关于合格评定程序的多边互认协定，并且在其加入这些协定后不在外国认证机构之间构成歧视。

二、 服务贸易和规制

如前所述，《技术性贸易壁垒协定》只涵盖货物贸易。没有将服务贸易纳入其中，基本原因在于该协定首次生效是在20世纪70年代后期，而当时服务贸易还不属于GATT的管辖范围。GATT只适用于影响货物贸易的措施。GATS谈判的一项重要动因，就是对影响服务贸易的措施制定纪律，这些纪律既包括水平（横向的）类型的法规（例如，对外国服务提供者提供服务的能力设置与经济前提条件相关），也包括针对具体部门的法规。GATS谈判人员不仅清楚各国服务标准的潜在贸易影响，也意识到制定出来的纪律要在某些方面与《技术性贸易壁垒协定》基本类似，例如适用贸易限制最小的原则。

政府在制定服务标准纪律时面临的一个重要限制，在于监管机构经常担心，对服务市场准入谈判目标的关注将超过其认为恰当的监管能力。此类关注在金融、运输和电信领域特别明显。与之相联系的缺乏信任和共同理解，以及监管人员和贸易政策官员普遍需要“边学边干”，都极大地限制了根据《技术性贸易壁垒协定》的文字制定实质性纪律的可行性。

即便此类政治经济因素没有发挥作用，将《技术性贸易壁垒协定》简单扩大到服务（从便利讨论的角度，假定政府对此事感兴趣），也因为一项事实而变得更加困难，即服务业的监管标准经常适用于服务提供者及供销售的服务产品。关注重点更多是对进入的监管，确保待销售的服务的质量/安全及供应商的资质/许可，而不是实际提供的内容（产品）。之所以这样，是因为监管人员经常不能注意到这些现象，从而直接规范服务产品（产出）。事实上，对消费者来说也是如此。对消费者来说，服务经常被称为经验商品或信用商品，因为质量只能够在事后发现。因此，关注的重点是对投入物的监管。这是货物和服务的一项重要区别，这一区别也体现在《技术性贸易壁垒协定》的关注方面（产品特征）与将其扩大到服务领域需要关注方面（生产者特征）。

《技术性贸易壁垒协定》的一项关键特征是呼吁采用国际标准，并且假定使用国际标准符合非歧视原则。与货物相比，围绕服务的国际标准制定，成员开展的工作更少一些。如果看看国际标准化组织（ISO）的网站，我们能够发现这一点：服务标准只占该组织活动总数的0.5%（参见表10.1）。这一比例显示，货物和服务的标准化步伐明显不同，因为国际标准化组织是服务产业利益的一个组织。服务标准的活动相对有限，这也说明服务领域的标准化活动需求寥寥。

表10.1　国际标准化组织关于金融服务的标准

年　份	数量（个）
1990—1994	2
1995—1999	8
2000—2004	6
2005—2009	17
2010—2014	18
累计总数	51
国际标准化组织活动总数（所有部门和领域）	19 977

资料来源：http://www.iso.org/iso/home/about/iso-in-figures.htm/。

当然，这不是说在服务领域没有标准化活动。在一些服务部门，已经发布了很多标准。这方面的范例包括会计部门和具体类型的金融服务产品。表10.1列明了近年来在金融服务领域内出现的ISO标准,这些标准涉及电子交易的信息安全、IBAN号码结构、生物计量安全框架、密码算法及其使用、金融工具分类、交换信息规格、欧洲债券的形式、个人金融规划师的标准等方面。就所有的ISO标准而言,这些标准都是自愿性质的,由服务提供者确定这些标准是否有用。无论是从这些标准的绝对数量比较,还是与货物和经济活动其他部门发布的标准相比,ISO在某一给定年份发布的服务标准都不算多,即便是在最活跃的服务部门也是如此。

ISO在服务部门的活动之所以相对有限,一种解释是各国的服务产业没有兴趣制定和通过国际标准。因此,数据可能反映了各国存在保护主义的思潮,而服务的交易特征没有货物那么显著,各国寻求共同标准的兴趣很小,在客观上也提供了额外的解释。虽然还没有证据来检验这一假想的正确性,但在实践中,各国涉及服务提供者获得许可的不同标准经常被认为阻挠贸易。标准的这种异质性说明,上述解释可能是其中一项原因。世界银行的服务贸易限制性数据库显示,专业服务受到最具限制性的体系约束(见图10.1),不受人均收入水平的影响和支配。专业服务,例如会计、机械、医疗和法律服务,通常是由各国相关产业协会进行"自我监管"的,总体上并不倾向于通过那些便利外国提供者进入的国际标准。

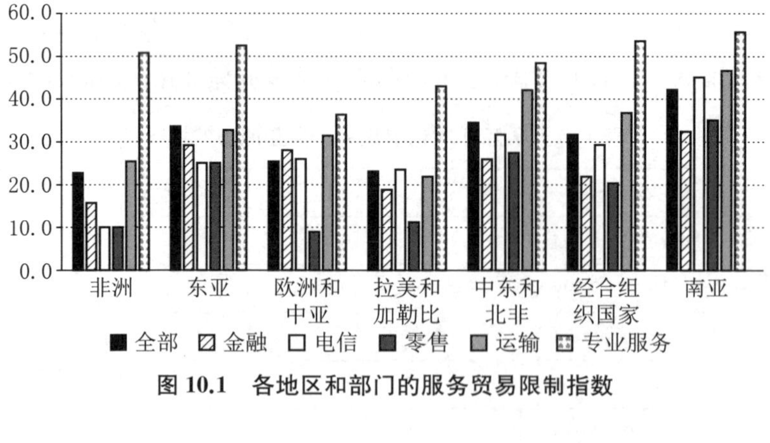

图10.1 各地区和部门的服务贸易限制指数

ISO在服务领域活动有限,还有另一种解释。服务的国际标准是由专业机构制定的,这与货物领域有明显不同。因此,ISO服务标准的事实缺失可能是因为缺少需求,但是就这种情况而言,需求是存在的,而且通过专业提供者得到了满足。事实上,聚焦服务活动国际标准化的实质性活动是存在的,其中很多是在垂直部门中。处理服务业的主要国际监管/标准制定机构包括国际航空运输协会(IATA)、国际民用航空组织(ICAO,处理空运事务)、国际会计准则理事会(IASB)、国际海运组织(IMO,处理海运事务)、联合国欧洲经济委员会(UNECE,处理公路运输)、国际电信联盟(ITU)、国际清算银行(BIS)、国际证监会组织(IOSCO)及国际保险监管协会(IASIS)。此外,还有大量的国际协定,事实上充当了专业服务标准制定的法律文件,例如在机械服务领域的《华盛顿协定》。

这些机构在各自领域确立了国际监管术语和标准。例如,国际海运组织(IMO)是联合国的一个专门机构,已经制定关于船舶安全的国际法规,包括关于海上生命安全和船舶载重线的国际公约,以及关于安全管理与船舶和港口设施安全的守则。联合国欧洲经济委员会管理《国际陆路运输协定公约》(TIR),这是一个广泛使用的国际海关过境体系,界定了卡车公司等运输者必须满足的一套要求。就空运而言,无论是客运还是货运,国际航空运输协会都已经制定无数的关于安全和效率方面的操作标准,这些标准对成员强制实施;国际民用航空组织也采取了相同的做法。[6]国际电信联盟已经发布约 4 000 项"建议"标准,规定了信息和电信网络的运营和相互连接。

金融服务是在制定国际标准方面作出实质性努力的部门之一。国际会计准则理事会已经制定《国际财务报告准则》(IFRS)。国际清算银行也花费了大量的时间和资源制定《银行有效监管的核心准则》。国际保险监管协会是保险公司监管领域的全球标准制定机构,其最近的工作结果是《全球系统重要性保险机构基础资本金要求》。金融稳定理事会(FSB)已经成为一个关于全球金融服务提供者的国际标准制定机构。国际证监会组织已经制定《证券法规目标和原则》。

国际标准化工作通常涉及各国监管机构的参与,这些标准化活动的必要特征包括金融服务提供者的资本充足性要求,或者如何定义、衡量和报告具体概念以确保国际可比性,例如公司基于会计目的的财务报表的各种不同要素的定义。上述国际机构制定的绝大多数规范,被作为这些国际机构成员的各国政府和相关监管实体所采用。在此情况下,此类规范可能对相关部门的服务提供者强制实施,并在其各自职权范围内运行。例如,约有 85 个国家要求国内股票上市公司使用《国际财务报告准则》,国际电信联盟的标准经常被直接纳入各国法律,等等。由此导致的结果是,服务标准的国际化集中于服务提供者的特征或概念的共同定义,并且倾向于具体到某一部门。一个可能的后果是,考虑到服务部门的高密集度,服务标准可能无法像货物那样接受水平或通用纪律的约束。事实上,即便很多服务监管部门不是专门为了满足国内需要,主要也是服务于这一目的,例如专业服务。而且,不同服务部门的监管活动是各自为政的。

虽然服务提供者监管活动的国际标准化在一些领域积极推进,特别是在金融和涉及跨境互动的其他部门(电信、空运等)[7],监管活动在本质上仍然停留在各国层面。的确,对一些服务部门来说,监管体系经常是在次中央层面,特别是就联邦制政府而言。在美国和加拿大,通常由各州和省来规范专业服务提供者,法律服务、医疗服务和机械等部门都是如此。在欧盟内,服务部门监管在很大程度上仍然是各国的事情,尚未在欧盟层面制定标准。总体而言,在国家层面制定和实施标准,意味着在货物领域适用的技术性贸易壁垒方法(即在存在国际标准的情况下优先参考国际标准),在服务领域的适用可能没有那么显著。在很多专业服务部门,事实上的标准化活动是通过或者由相关部门开展的,这让事态更加复杂(Arnold, 2015; Suddaby, Copper and Greenwood, 2007)。产业协会建立的规范通常在受委派的主管部门运行实施,必须遵守各国广泛的监管和竞争纪律。在实践中,这些规范可能包括明确的准入壁垒,涵盖了通过学习以获得所需资质的人员数量限制(如允许学习医学或牙科的学生数量),或者不承认或不接受在其他管辖区域获得的资质和许可。

关于服务标准和法规现状的简要评论,已经非常明确地说明,简单复制《技术性贸易壁垒协定》的可行性较小。关注产品而不是关注生产者,也许是出现这一现象的最直接原因。但是,另一原因是《技术性贸易壁垒协定》的一项关键特征,即参考国际标准作为滥用技术法规保护主义措施的可能解决方案。如同我们下面讨论的,为了达成服务部门的国际监管纪律,过去 20 年间,在 GATS 框架下做出了很多努力,但这些努力实质上没有任何进展。在优惠贸易协定框架下的经历可能稍微好一些,但是不同部门之间也存在很大的异质性(Marchetti, 2009; Mattoo and Sauvé, 2010; Van der Marel and Shepherd, 2013)。在监管规范的国际标准化上取得的有限进展证明,可以通过上面提到的专业部门标准制定机构开展工作,但这些机构在贸易协定的管辖边界之外运行。有可能是下面这种情况,即如果说需要制定或有必要制定国际规范,而这些规范由参加方制定并通过,也就不需要在世贸组织内谈判纪律了。但是,事实很明显不是这样,因为绝大多数法规仍然是各国自行制定的,因此可能被用于减损贸易承诺,并且与合理的监管目标有所偏离,这些法规就构成了对服务贸易的变相限制。

第三节 现在的 GATS 体系

因为服务的规制密集度明显大于货物,所以服务国内规制成为谈判的重要组成部分,丝毫不令人惊讶,这些谈判最终导致了 GATS 的出现。GATS 在几个方面有别于GATT。对我们来说,GATS的一个关键特征是包含了国内规制的一般纪律——这是GATT所没有的内容。但是,这方面的涵盖范围也很有限,因为国民待遇并不像GATT那样是一项普遍义务。GATS的国民待遇和市场准入承诺都是以具体部门和提供方式为基础列入减让表的。

一、 GATS的国民待遇

国民待遇是GATS的一项"具体承诺",如果成员没有列入这项具体承诺,则其没有遵守的义务。因此,理论上讲,如果一成员没有作出承诺,设立了关于会计师的服务标准,那么其对待外国提供者无需与国内提供者相同,即便外国已经采取了与其相同的会计师标准。当然,在这种极端情形下,歧视没有合理基础,但并没有法律要求其不能这样做。国民待遇不是GATS下的一项"总体义务",这一事实提供了一种可能,可以考虑谈判一项GATS的《技术性贸易壁垒协定》,以便向世贸组织成员提供一种方式,在服务领域存在国际标准的情形下,将国民待遇作为规范(进行强制实施)。

二、 国内规制

GATT与GATS的另一区别在于后者包括了关于国内规制的纪律。GATS有关国内规制的第6.4条规定如下:[8]

> 为保证有关资格要求和程序、技术标准和许可要求的各项措施不致构成不必要的服务贸易壁垒,服务贸易理事会应通过其可能设立的适当机构,制定任何必要的纪律。此类纪律应旨在特别保证上述要求:
>
> (a) 依据客观的和透明的标准,例如提供服务的能力和资格;
>
> (b) 不得比为保证服务质量所必需的限度更难以负担;
>
> (c) 如为许可程序,则这些程序本身不成为对服务提供的限制。

与之类似,GATS第6.5(a)条规定如下:

> 在一个成员已作出具体承诺的部门中,在按照第4款为这些部门制定的纪律生效之前,该成员不得以以下方式实施使此类具体承诺失效或减损的许可要求、资格要求和技术标准。

因此,第6条国内规制设置了一个"贸易限制作用最小"的测试,要求措施不得比确保相关服务质量所必需的限度更加难以负担,并且其本身不得构成对服务提供的限制。但是,这一测试如何适用(也就是"必要性纪律"),交由未来谈判决定。而且,各成员合适的法律程序必须落实到位,才能审查影响服务贸易的行政决定。

虽然GATS第6条中使用的术语可能更容易让人混淆(将“技术标准”与“资质许可要求”区别开来,而后者也可能进行标准化),GATS的确包括了有关服务标准的纪律。但是,第6条仅处理“各国”标准,因为GATS没有类似于《技术性贸易壁垒协定》第2.4条的条款(如前所述,后者呼吁成员使用国际标准)。通过省略这类条款,GATS第6条交由世贸组织成员决定是使用自己制定的标准,还是国际标准制定组织解释的标准。相关条款已经假定,成员没有义务在原则上使用国际规范,除非其认为不合理或不合适。

1999年,世贸组织成立国内规制工作组,其授权是制定GATS第6.4条要求的水平(跨部门)纪律,以确保许可和资质要求和相关标准不构成对服务贸易的不必要壁垒。国内规制工作组的前身是专业服务工作组。专业服务工作组在1998年就关于会计师和会计服务许可相关法规的一套原则达成一致。服务贸易理事会于1998年批准了这套原则,但由于这套原则与结束扩大GATS的谈判(该谈判于2000年启动)联系在一起,迄今还没有生效(世贸组织,1998年)。《会计纪律》没有处理职业标准和资质法规的实质内容。与GATT下关于货物产品标准的方法类似,这也交由各成员机构决定。《会计纪律》的关注是透明度等程序性纪律。《会计纪律》有一点值得注意,是关于主流的许可相关要求“必要性”测试的具体措辞(即承诺对贸易的限制只到实现监管目标的必要程度)。

国内规制工作组证明无法就一套水平纪律达成一致,或将部门纪律扩大到其他的专业服务部门。因此,在达成超过乌拉圭回合谈判的国内规制纪律方面,《会计纪律》仍然是迄今所有努力的唯一成果。具体症结所在,是因为各方在需要纳入一项“必要性”测试上存在分歧。这些义务的核心是,一成员政府需要证明,一项涉及某种水平贸易限制的具体法规,对于实现一个监管目标来说是必要的,以及这项纪律是否应该扩大到私营标准制定机构(世贸组织,2011)。让谈判人员产生分歧的其他议题,与总体上影响多哈回合谈判的那些议题相似。例如,如何解决发展中成员的能力限制以及在义务方面进行合适的分类。

在制定国内规制的多边纪律方面进展为何寥寥,这个问题的答案还不清楚。但是,很明显的一个原因是,各方在是否需要进行必要性测试的问题(必要性测试的适当性)上存在分歧。这有两方面的内涵:第一,措施不构成对服务贸易不必要的壁垒;第二,措施不比确保服务质量的必要限度更加难以负担(Delimatsis,2013)。正如GATS起草者所设计的那样,这一纪律包含了先后顺序的问题:第一,世贸组织成员需要审查进行干预的可取性。如果其得出结论,“有必要”进行干预，则该成员需要在那些可能的干预措施中选择限制作用最小的措施。因为世贸组织成员禀赋不同，其需要（从合适的措施集合中）选择限制作用最小的措施，这不是要求该成员从绝对意义上进行选择，而是选择对其可用的措施（美国—赌博案，上诉机构报告）。必要性的第二个概念在意义上更加深远，引发了对世贸组织机构以及最终对《关于争端解决规则与程序的谅解》可取性的一些合法关注，涉及确定一项措施对实现一种监管目标的必要性问题。[9]但是，即便是第一种必要性，监管机构也可能存在关切。确保一项标准对贸易的影响最小，可能涉及一些行动和磋商，而这些是他们没有授权或资源来进行的。更笼统地说，监管者可能不太愿意考虑那些对实现其法律授权没有直接影响的目标。

此外，还存在一种补充原因。商界可能已经得出结论，认为在世贸组织内达成协议的前景过于黯淡，因此没有必要再进行努力。服务贸易国内规制的问题一直在世贸组织内备受关注，因为全球商界已经提出这一问题，并且施加公众压力要求政府采取行动。这也可能反映了商界一种更加普遍的感觉，将会计协定生效与结束多哈回合谈判挂钩，就意味着推动（或反对）加强国内规制纪律的努力没有什么收益，考虑到多哈回合谈判的长期僵局及主要成员在不远的未来达成广泛协议的前景渺茫。各成员政府关于多哈回合谈判具体组织方式的决定，即首先关注达成货物贸易自由化模式，并且优先推动农业和非农产品市场准入谈判，可能是导致商界产生这种想法的因素之一。

由此导致的结果是，商界已经将注意力从世贸组织移开，支持各成员政府在区域和诸边基础上谈判规则的努力，例如《跨太平洋伙伴关系协定》(TPP)、《跨大西洋贸易与投资伙伴关系协定》(TTIP)、《加拿大—欧盟全面经济和贸易协定》(CETA)以及《服务贸易协定》(TiSA)。优惠贸易协定日益成为讨论监管政策（差异）贸易影响的平台。这些协定经常以双边或区域监管合作为基础，而后者是在独立于贸易协定或没有贸易协定的情况下开展的。观察通过这些倡议在服务规制领域能够取得什么成果，将是很有意思的事情。所有这些倡议仍然在谈判中，谈判桌上已有的信息也不多，更不用说预测可能达成什么了。成果将会告诉我们，到底各成员政府在多大程度上有兴趣和意愿，就影响其管理服务活动的方式达成纪律。

更加标准的政治经济学因素也可能在确定该领域多边规则制定的现状偏见中发挥了作用。会计部门的案例相对特殊，因为从全球参与方的角度看，这个部门相对集中：在 20 世纪 90 年代，只有很少的大型公司有意愿进行国际化，并且将多边纪律作为一种有益工具，便利其进入经常由各国产业协会控制的外国市场(Troillet and Hegarty, 2003)。此类集中并没有在其他专业服务方面流行,因为那些部门更加倾向于碎片化。与之相关的一个因素是,会计服务部门早已通过一些机构沿着国际标准的道路迈进。例如,国际会计师联合会(IFAC)、国际会计准则委员会(IASC)和国际证监会组织(IOSCO)等。[10]这意味着 GATS 为基础的讨论可能在此基础上进行,并与相关机构合作。对于其他专业服务来说,可行性则没有那么大。

在过去十年左右的时间里,发生了一个有意思的进展,就是德里马特西斯(2012)所提出的,在很多专业服务部门,跨国私营监管不断增多,这包括关注跨境交换、通过良好做法和规范。以积极参与各国专业协会为基础,朝着跨国专业协会迈进,部分是因为国内专业协会对服务全球商业界的兴趣日益增长,以及通过外国直接投资方式在外国市场建立商业存在更加容易的事实,因为各成员政府继续在单边基础上开放进入服务市场的机会。由此产生的一个影响可能是对多边规则的需求在降低,因为职业协会已经"走向全球",并且采取了成员应该遵循的"良好实践"。在此方面,重要的一点是要承认,虽然世贸组织一直在原地踏步,但通过合作来降低监管差异、重复劳动和人浮于事导致的市场分割(增加成本)效果,并改进监管效率,一直是各成员政府更加关注的方面。各方在此方面开展合作的联络点是其他国际机构,例如经合组织和亚太经合组织,以及优惠贸易协定。前者基本上将其关注点放在水平原则("良好实践")上,而正如我们前面所说的,后者的工作绝大多数仍在进行中。

三、 资质

GATS 第 7 条"承认"促进建立一个特定成员授予的许可、教育学历和经历的(互相)承认程序。该条允许并鼓励一个成员承认另一个或更多成员的标准,但不要求成员承认外国法规是同等的(Adlung, 2006)。GATS 第 7.2 条要求参加一项互认协定的成员向其他利害关系成员提供充分的机会,以谈判其加入此类协定或与其谈判类似协定。GATS 第 7.3 条规定,成员给予承认的方式不得构成在各成员之间的歧视。世贸组织成员必须向服务贸易理事会通报现有的互认协定,并且在未来的互认协定谈判启动前予以通报。

截至 2015 年 4 月 1 日,在 GATS 第 7.4 条下共收到 54 项通报。在过去两年只收到了两份通报,都是来自黑山。几乎所有通报都与海外获得的教育学历和专业资质相关。在实践中,世贸组织成员更倾向于将互认协定作为优惠贸易协定的组成部分(这也是 GATS 第 5 条经济一体化条款允许的),而不是确保任何互认协定必须向第三方开放参加的 GATS 第 7 条和相关要求，因为前者将允许参加方将互认协定限于那些有类似标准和规范及必要实施能力的成员。[11]一成员与不同伙伴谈判优惠贸易协定，将导致某一给定部门的双边互认协定增加，最终会导致持续的市场碎片化和贸易转移。关于在优惠贸易协定中的互认方法是否持续的问题，迄今还没有太多证据。[12]

四、 透明度

GATS 第 3 条给世贸组织成员设置了一条义务，要求其影响服务贸易的法律法规保持透明。这一条款虽然不能被当作澄清和明确内容的里程碑，应该被理解为涵盖了那些可能已付诸实施的各成员标准和国际标准。但是，透明度不能等同于对标准的详细阐述，《技术性贸易壁垒协定》规定成员有义务解释标准化和该协定所有其他义务的原理。

《技术性贸易壁垒协定》有更加清晰的透明度纪律。每个世贸组织成员在计划采取不符合一项国际标准的技术要求时，必须向世贸组织通报，留有合理的时间让其他成员进行评论，并且留出合理的时间让出口商适应新的要求。而且，成员必须建立一个咨询点，贸易商可以在此获得下列文件和答案：有权执行技术法规法定的机构所采用或拟议的技术法规；中央或地方政府机构或区域标准化机构采用的或拟议的标准；有权执行技术法规法定的机构实施的、现有的或拟议的合格评定程序。成员应该做出最佳努力，以确保咨询点能够回应关于产业协会等非政府机构采用或拟议的标准，以及此类机构所运营的合格评定程序的询问。《技术性贸易壁垒协定》要求世贸组织秘书处建立一个信息体系，各成员的标准机构或咨询点向位于日内瓦的国际标准化组织信息中心转交在《良好行为规范》下有关标准起草、通过和实施的通报。

有人可能会问，《技术性贸易壁垒协定》的这些相对干涉性的要求，为什么在货物贸易领域对监管群体来说是可以接受的，但在服务贸易领域却无法纳入并付诸实施。对此，我们只能作出猜测。总体而言，影响服务贸易的措施的透明度条款相对薄弱——这不是一个仅仅与监管措施相关的问题。[13]因此，正如经常被指出的，制作承诺减让表的方法复杂，而且付诸实施的政策透明度有限，这是因为成员不被要求报告那些违反国民待遇的措施，如其没有作出此类承诺，或者不被要求报告那些其没有作出约束承诺的部门政策。更总体地说，必须牢记的一点是，GATS 是制定有关服务贸易政策多边纪律的首次尝试，协定包括深化和扩大纪律范围的一项既定议程。发展中成员偏好采取肯定列表方式，确定 GATS

承诺的涵盖范围,部分就是因为在限制实施相关成本方面的关切,而通过类似于《技术性贸易壁垒协定》的透明度要求将导致更大的实施成本。不管真正的原因到底是什么,改进透明度似乎将是下一步工作的优先领域。

五、 总结概述

在现有体系下,世贸组织成员只是必须以非歧视的方式对待外国供应商。它们可以但不是必须在此基础上更进一步,向外国供应商提供国民待遇。前面已经提到产品标准和生产程序标准之间的区别,而服务基本上是无形的凭证或经验产品,这就意味着法规和标准的关注点经常需要在生产者身上,而不是产品本身。这就解释了为什么在 GATS 下没有类似于《技术性贸易壁垒协定》的协定,因为《技术性贸易壁垒协定》处理的是产品监管,而不是生产一项产品所涉及的生产者和生产程序。而且,服务国际标准化活动的流行程度有限,也是将很多服务与货物区分开来的另一因素,而国际标准化恰恰是《技术性贸易壁垒协定》的一项核心特征。

第四节　无需做那些不合法但是正确的事情

GATS 是否需要一个类似于《技术性贸易壁垒协定》的协定?我们的答案是,需要,也不需要。之所以说需要,是因为很明显的一点是,在确保政府不能使用不必要的国内法规,对贸易进行限制并且使具体承诺无效方面,GATS 几乎无能为力。同样可以说的一点是,GATS 在帮助政府采用良好规制实践方面也几乎无能为力。之所以说不需要,是因为《技术性贸易壁垒协定》所采取的具体方法。一方面,没有什么可以阻挠服务法规的国际标准化,这也降低了《技术性贸易壁垒协定》依靠国际标准作为满足国民待遇原则的一种方法的效力。效仿以科学为基础的产品标准要求也是不可行的,因为就服务领域而言,这不是一项总体原则。而且,大家不应该低估完全效仿《技术性贸易壁垒协定》产生“合作冰冻”的可能性:将《关于争端解决的规则与程序的谅解》的威胁和反制措施纳入,可能会对监管人员在通过服务标准和服务提供者的多边纪律上开展合作的意愿甚至能力产生不利影响。对我们来说,即便从技术上讲是可行的,成员也没有太大兴趣在服务领域实施一个类似于《技术性贸易壁垒协定》的协定,因为一项事实早已说明了这一点,那就是自 1999 年以来,有关国内规制纪律的讨论已经无路可走。

GATS谈判人员当然承认服务国内规制(标准)作为一种贸易限制潜在来源的重要性,这也反映在前面讨论过的各项GATS条款中。因此,重要的是反思为什么在充实服务贸易的国内规制纪律方面没有取得进展。GATS谈判结束之时,官员已经没有时间解决与国内规制相关的大量议题,包括补贴规则、紧急保障措施和公共采购,这些都交由未来谈判处理。在国内规制方面也是如此,工作组得以建立,以便在GATS生效后继续推进这一任务。法规、采购和补贴都是政府措施,从某种程度上是可以相互代替的。在GATS生效的20年后,很明显的一点是,时间限制不能被用来解释为什么在国内规制的理想规则范围方面缺乏进展。现在的情况必须反映一些或所有大的成员的看法,即谈判这些领域的纪律不符合他们的利益,或者说,让160多个成员就实体性纪律达成一致是不可行的。

谈判GATS的国内规制纪律是困难的,因为监管人员需要参与进来。毕竟,最后由他们来遵守和实施达成的规则。监管人员通常不关注他们所做事情的贸易影响,特别是因为他们普遍没有被授权这样做。反过来,贸易协定的目标也不是被设定为改进监管,而是寻求通过一套交换互惠承诺的进程,降低对外国服务和服务提供者的直接歧视。相比之下,法规原则上也应该平等适用于国内和外国产品和服务提供商。监管贸易成本的来源在于不同管辖权的法规,以及需要符合不同国家的多个监管机构的要求。减少法规差异的市场分割效果是困难的,因为总有人担心这将危害各国的监管目标,并且妨碍监管机构法律授权和义务的执行。

国际监管合作的关键障碍包括:第一,贸易谈判人员和国内监管人员之间的授权差距;第二,政府内部以及政府和业界之间的协调差距;第三,各成员内部以及各成员之间的信息差距(Hoekman, 2015)。解决这些障碍,需要推动学习和建立信任的机制和程序,在各国之间以及各国内部制定和实施法规的机构之间进行定期沟通和频繁互动。在有很多监管管辖权的联邦国家,例如加拿大和美国,此类合作的困难可能更多。而且,监管人员经常对其监管行为的贸易和商业影响了解甚少。如果监管人员要考虑其工作的跨境经济影响,他们需要有这样做的动力。在此方面,贸易协定可以通过创建一个提供所需动机的机制发挥作用。

在我们看来,《技术性贸易壁垒协定》最重要的要素,也就是"贸易限制作用最小"的原则,已经被并入GATS。关于未来工作,挑战在于如何让这一原则更加具有可操作性。国内规制谈判纳入了涉及各方面的、包含总体必要性测试的议题,谈判陷入僵局,这足以说明一点。如果成员看法和立场不发生变化,在此问题上就具体措辞达成一致的可能性非常低,尤其是考虑到美国是反对在此领域有关提案的成员之一。[14]不管这里的问题是通过此类纪律对监管程序影响的不确定性,还是对上诉机构在具体争端案件中作出可能不利裁决的担忧,在这个时间点,一个约束性的必要性测试似乎是一个过于宏大的目标。相反,成员真正需要的是,围绕必要性条款在实践中可能意味着什么,以及建立更多的理解和舒适度,包括更多使用国际标准的可行性。

增加此类意识的第一步,将从更大的透明度开始,包括描述已经做的事情,打算在国际标准化的部门层面开展的事情,以及跨国私营部门在建立服务提供商规范方面所进行的努力。关于现状如何,在达成国际规范方面的努力如何得到实施,其相关影响及深层次的政治经济学考虑等,我们都所知甚少。最近的很多优惠贸易协定采取了一种创新方法,削弱监管政策差异造成的市场份额效应,应该能够帮助各国确认有效进行效仿的方法。记录和分析优惠贸易协定在削减壁垒上所实施的方法,可以帮助确保透明度(很有可能是告诉我们什么行得通、什么行不通的过程),并且确认在优惠贸易协定中可能被多边化的具体合作特征。经合组织在此领域为监督进展而正在作出的努力十分重要,需要扩大到涵盖非经合组织成员国。如果世贸组织成员愿意向秘书处提供授权,这项任务可以由世贸组织秘书处承担。世贸组织秘书处正与世界银行就正在实施的影响服务贸易的政策措施数据库开展合作。扩大这一努力,使其涵盖国际标准化(规制倡议),将帮助改进信息获取,并且激发更多所需的分析。

在透明度之外,关注重点可以是增加"一致性"的问题,这一点在学术文献中常常被提到(Bollyky, 2012;经合组织,2013)。这涉及不同管辖权之间的努力,以确保监管程序符合通常被接受作为良好实践的内容,例如,确保法规是透明的,外国企业和外国政府等利益相关方有机会对拟议的新法律进行评论;监管进展进程受到效果评估或成本/利益分析的影响等。这里的目的不是质疑或讨论法规的目标或内容。相反,关注点是法规制定和实施的程序,假设前提是采用普遍被认可的"良好实践"将与满足任何合理的"必要性测试"相互关联。一致性是在最近的超大型区域贸易协定(TPP 和 TTIP)谈判中关于监管体系的一项重要讨论要素,也是经合组织和亚太经合组织等国际组织多年工作计划的关注重点。国内规制文本草案(世贸组织,2011)的很多内容是与经合组织确定的良好规制实践一致的(例如,参见经合组织,2013)。

在做出更多努力,以便让"贸易限制作用最小"和"服务贸易不必要的壁垒"等原则具有可操作性方面,可以依据这些组织及其成员国所制定的良好规制实践,以及世贸组织内关于《卫生与植物卫生措施协定》和《技术性贸易壁垒协定》所获得的经验。可以采取的另一倡议将是,建立一种进程,世贸组织成员将在这一进程下被鼓励提出一些情形。这些情形的本质是,国内规制对贸易造成了不必要的限制,或者更深层次地说,对实现监管目标方面的效果不够。这可以作为国内规制工作组开展的一项活动,在服务贸易理事会的支持下进行。这可以依据技术性贸易壁垒委员会和卫生与动植物检疫措施委员会使用的方法,成员在这些委员会内可以对关于一项产品的拟议或已经实施的监管政策提交所谓的特别贸易关注(例如参见 Lang and Scott, 2010)。

第五节　结　　论

《技术性贸易壁垒协定》已经被证明是一种有效的工具,能够限制世贸组织成员利用产品法规作为保护主义工具,预防那些不经意、不必要地限制贸易的标准增多的情形。技术性贸易壁垒委员会没有作为监管者对话平台的职权;相反,委员会作为一个平台,可以让国内监管者意识到他们所做的事情(或打算做的事情)产生的贸易影响,同时可以质问贸易官员具体标准和认证或资质体系的原理。GATS 没有包括类似纪律;相反,GATS 关于国内规制的措辞在目标上与《技术性贸易壁垒协定》类似,但是在成员需要做什么(能够做什么)才能确保服务法规对贸易的负面影响最小方面,无论是意义深远程度还是具体程度上,GATS 都逊色于《技术性贸易壁垒协定》。

《技术性贸易壁垒协定》的很多内容无法被扩大到服务领域。服务领域的国际标准化活动没有像货物贸易那样多。而且,服务法规普遍与供应商和生产的产品相关,《技术性贸易壁垒协定》关注的是产品特征,而不是生产者的特征。但是,《技术性贸易壁垒协定》包括的重要原则与服务法规相关,而且也并入了 GATS,特别是关于国内法规的贸易限制作用最小的要求。让这一条款具有可操作性,一直是至少过去 15 年所做努力的一个核心关注,目标是达成服务贸易的国内规制纪律。这种努力已经被证明是富有争议且引发成员分歧的。从原则上,确保规制不会对服务贸易造成不必要的障碍,意义十分重大。但是,问题在于这个概念的执行可能留有很大解释余地,最终交由专家组和上诉机构进行自由裁量。与之相关的不确定性和下行风险的看法,似乎超过很多世贸组织成员愿意接受的程度。就货物贸易而言,参考国际标准和《技术性贸易壁垒协定》中的科学依据,是降低这种不确定性的两种工具。因此,服务谈判人员需要找到替代方法,降低激发这种抵制的不确定性,以便让"必要性"概念具有可操作性。

一种可能的推进道路是做更多事情,以增加世贸组织成员对必要性在实践中意味着什么的舒适度。为建立这种假设而采取的不同方法,就是从目前的谈判议程中解脱出来，因为现在很明显不可能找到一个着陆区。针对企业认为国内法规对贸易的限制超过必要程度的情形，进行辩论、讨论和分析的探索，将有助于确认在何处及如何起草监管人员和贸易官员都认为有益的规则。更好的进程是建立一种机制，关注于学习和更好地了解法规在哪些领域对贸易构成了不必要的限制，而不是继续尝试在几乎历时20年之久的授权基础上谈判一项约束性协定。由于最终监管者需要参与进来，此类机制也需要他们和那些受国内法规影响的私营部门的参与。

当然，至于能否在世贸组织内进行此类辩论，在很大程度上还是一个有待解决的问题。但是，卫生与动植物检疫措施委员会和技术性贸易壁垒委员会演变成为官员提出具体贸易关注的平台，这足以说明，如果大的成员支持，朝着这一方向迈进，或将是可行之举。一种替代方案很有可能是，世贸组织在更长的时间内一无所成，成员越来越多地通过双边、区域或诸边方式推动监管合作。

参考文献

Adlung, Rolf. 2006. "Services Negotiations in the Doha Round: Lost in Flexibility?", *Journal of International Economic Law* 9(4):865—893.

Arnold, Patricia. 2005. "Disciplining Domestic Regulation: the World Trade Organization and the Market for Professional Services", *Accounting, Organizations and Society* 30:299—330.

Bismuth, Régis, 2010. "Financial Sector Regulation and Financial Services Liberalization at the Crossroads: The Relevance of International Financial Standards in WTO Law", *Journal of World Trade* 44(2):489—514.

Bollyky, Thomas. 2012. "Regulatory Coherence in the Trans-Pacific Partnership Talks", in C.L. Lim, Deborah Elms, Patrick Low(eds), *The Trans-Pacific Partnership: A Quest for a 21st Century Trade Agreement*, Cambridge University Press, 171—186.

Borchert, Ingo, Batshur Gootiiz and Aaditya Mattoo, 2014. "Policy Barriers to International Trade in Services: Evidence from a New Database", *World Bank Economic Review*, 28(1):162—188.

Claessens, Stijn and Laura Kodres. 2014. "The Regulatory Responses to the Global Financial Crisis: Some Uncomfortable Questions", IMF Working Paper WP/14/46.

Delimatsis, Panagiotis. 2007. International Trade in Services and Domestic Regulations: Necessity, Transparency and Regulatory Diversity. Oxford University Press.

Delimatsis, Panagiotis. 2012. "Transnational Private Regulation in Professional Services", http://papers.ssrn.com/sol3/papers.cfm?abstract_id=2140927.

Delimatsis, Panagiotis. 2013. "The Principle of Necessity in the WTO-Lessons for the GATS Negotiations on Domestic Regulation", Tilburg Law and Economics Center working paper 2013—2026.

Francois, Joseph and Bernard Hoekman. 2010. "Services Trade and Policy", *Journal of*

Economic Literature, 48(3):642—692.

Hoekman, Bernard. 2015. "Trade Agreements and International Regulatory Cooperation in a Supply Chain World", RSCAS Working Paper 2015/04, EUI.

Hoekman, Bernard, Will Martin and Aaditya Mattoo. 2010. "Conclude Doha: It Matters!", *World Trade Review*, 9(3):505—530.

Humphrey, Christopher, Anne Loft, Stuart Turley and Kim Jeppesen. 2006. "The International Federation of Accountants (IFAC): Private Global Governance in the Public Interest?", in G. Schuppert(ed.), *Global Governance and the Role of Non-State Actors*. Baden-Baden: Nomos Verlag.

Irwin, Douglas and Joseph Weiler. 2008. "Measures Affecting the Cross-Border Supply of Gambling and Betting Services(DS 285)", *World Trade Review* 7:71—113.

Kox, Henk and Hildegunn Nordas. 2007. "Services Trade and Domestic Regulation", MPRA Paper No.2116. At: http://mpra.ub.unimuenchen.de/2116/.

Lang, Andrew and Joanne Scott. 2009. "The Hidden World of WTO Governance", *The European Journal of International Law*, 20(3):575—614.

Laurenza, Eugenia and James Mathis. 2013. "Regulatory Cooperation for Trade in Services in the EU and US Trade Agreements with the Republic of Korea: How Deep and How Compatible?", *Melbourne Journal of International Law*, 14(1):1—34.

Loft, Anne and Caroline Aggestam-Pontoppidan. 2007. "Governing Accounting Beyond the State: The WTO and the Construction of a 'World without Walls' for Accounting Services", Copenhagen Business School, mimeo.

Marchetti, Juan. 2009. "Do Economic Integration Agreements lead to Deeper Integration of Services Markets?" http://www.wto.org/english/res_e/reser_e/gtdw_e/wkshop09_e/marchetti_e.pdf.

Mattoo, Aaditya and Pierre Sauvé. 2010. "The Preferential Liberalization of Services Trade", in J.-P. Chauffour and J.-C. Maur(eds) *Preferential Trade Agreement Policies for Development: A Handbook*. Washington, DC: The World Bank.

Nikomborirak, Deunden and Supunnavadee Jitdumrong. 2013. "ASEAN Trade in Services", in S. Das, J. Menon, R. Severino, and O. Shrestha(eds), *The ASEAN Economic Community: A Work in Progress*. Singapore: ISEAS Publishing & Asian Development Bank.

OECD. 2013. International Regulatory Co-operation: Addressing Global Challenges, Paris: OECD.

Suddaby, Roy, David Cooper and Royston Greenwood, 2007, "Transnational Regulation of Professional Services: Governance Dynamics of Field Level Organizational Change", *Accounting, Organizations and Society* 32:333—362.

Troillet, Claude and John Hegarty. 2003. "Regulatory Reform and Trade Liberalization in Accountancy Services", in A. Mattoo and P. Sauvé(eds)(2003) *Domestic Regulation and Services Trade Liberalization*, Washington, DC: World Bank.

Van der Marel, Erik and Ben Shepherd, 2013. "Services Trade, Regulation and Regional Integration: Evidence from Sectoral Data", *The World Economy*, 36(11):1393—1405.

Vogel, David. 1992. "Consumer Protection and Protectionism in Japan", *Journal of Jap-*

anese Studies, 18(1):119—154.

WTO. 1998. "Disciplines on Domestic Regulation in the Accountancy Sector", S/L/6(December 17).

WTO. 2011. "Disciplines on Domestic Regulation Pursuant to GATS Art. VI: 4-Chairman's Progress Report", S/WPDR/W/45(April 14).

注释

1. 作者感谢 Pierre Sauvé、Juan-Alberto Marchetti 对本章此前版本进行的讨论,并感谢 Peter Morrison 愿意以此为基础在日内瓦举行的服务贸易治理的新视野会议上作介绍。

2. 关于产品标准和监管规范被用于保护主义目的用途,可以找到很多范例。一个经典范例就是日本消费者产品安全协会于 1986 年通过的在日本销售滑雪产品的标准。该协会提出,美国或欧洲关于滑雪产品的标准对日本不合适,因为日本的雪"更加潮湿",日本的地热活动更加独特一些。

3. 我们不会讨论《卫生与植物卫生措施协定》(SPS Agreement),因为该协定管辖的是非常具体的、可以触摸的产品。从本质上讲,我们不可能将该协定扩大到服务领域。

4. 这里提到的风险不是那些激励各国制定技术法规的合理政策目标。

5. 标准案例法显示,一项标准如要变成"国际标准",不管这里提到的是实质性标准还是说合格评定程序标准,阐释相关标准的机构必须对所有 WTO 成员开放(例如,参见上诉机构在美国—金枪鱼 II 案件中的报告,第 347 段)。

6. 但是,这些机构关注的重点在很大程度上是货物,包括用于运输人员和托运货物的船舶、卡车和航空器。

7. 关于最近的评估和讨论,参见 Bismuth, 2010; Claessens and Kodres, 2014。

8. Delimatsis(2007)对这一条款进行了全面讨论和分析。

9. 在这里,一个必然因素是上诉机构关于具体服务相关争端案件裁决产生的"寒蝉效应",最值得注意的是在美国—赌博案中。在该案件中,上诉机构指出,为防止未成年消费者参与互联网赌博而采取的一项非歧视性的措施仍然是非法的,因为该措施没有在美国的减让表中得到妥善列明。关于这一决定寒蝉效应的讨论,参见 Irwin and Weiler, 2008。

10. 例如参见 Humphrey et al., 2006; Loft and Aggestam-Pontoppidan, 2007。

11. 研究发现,即便一些优惠贸易协定谈判了专业服务的互认协定,但由于协定中各种漏洞和例外的存在,这些协定也是相对无效的。例如,参见 Nikomborirak and Jitdumrong(2013)对东盟案例的分析。

12. Laurenza and Mathis(2013)比较了欧盟和美国分别与韩国签署的优惠贸易协定中谈判的互认协定条款,并且注意到这些条款是类似的。

13. 而且,即便是成员实施不模糊的约束性义务,例如 GATS 第 3 条(关于透明度的默认条款),起诉这种违法的目的是什么?就符合 WTO 规则而言,WTO 事实上支持的是一种"前瞻性救济"的方法。如果发现违反 GATS 第 3 条义务的措施,案件裁决将要求让这些措施在未来符合相关规则。在此情况下,即便是成员发现其他成员存在违反条款义务的情形,他们起诉这些情形的动力也是极小的。

14. 在欧盟和美国分别与韩国签署的优惠贸易协定中,没有列明必要性测试,参见 Laurenza and Mathis, 2013。

第十一章

服务业的标准制定:规则制定的新前沿和欧盟的作用

帕纳约蒂斯·德里马特西斯[1]

第一节 简 介

标准是一种已经编码的技术知识,能够实现产品和生产程序的发展。标准规定了产品、生产程序或者服务业自愿遵守的要求,以减少遵守成本,并减少信息不对称性。[2]标准化创造的基础设施一旦实施到位,相关各方都有动力使用,无论其是产业、公共机构、混合机构还是个体企业或者公司,从而导致合作增加,让使用者能够充分利用标准化的网络效应。而如果缺少某种标准制定活动,技术进步将会缺少一种记录人类思想探索进步并将之善加利用的重要工具,无论是在技术、质量保证还是服务水平领域,都是如此。此外,标准化的先驱优势和紧接发生的使用费收入,是企业在生产程序、生产方法或服务水平方面进行创新的实质性动力。[3]因此,标准是市场的一个构成要件,[4]也是经济增长的一种决定性工具。[5]

但是,标准化可能导致排他性和排斥性,这引发了外界关于其与竞争规则一致性的担忧。[6]结构性问题和标准制定组织的机制设计,能够以不恰当的方式增加竞争者的成本,导致一个标准制定组织内部或标准制定组织之间的投机行为,并且最终对贸易和创新造成不必要的壁垒。[7]

相比标准化对全面经济活动和增长的重要性,我们对国内、欧洲和国际层面的标准化进程和所有权信息,可谓知之甚少。如果说货物的标准化是空白,那么服务的标准制定就是未知领域。这丝毫不令人惊讶。由于自身特征所致,服务标准化是更加困难的事情。但是,这一领域的兴趣在增加,欧洲立法机制最近的监管趋势就是最好例证。在颇具争议的《欧盟服务指令》[8]及最近的《单一市场法》[9]中，欧委会被呼吁引领欧洲自愿标准的制定，以增加服务的可兼容性，而第1025/2012号欧盟法规(《标准化法规》)为欧洲服务标准制定迈入新时代提供了法律基础。[10]

基于这些进展，本章描绘服务规则制定这一全新而且有前途的领域。本章对标准制定的程序和制度进行分析，以确认这一新的努力在推动服务贸易方面能够取得什么进展。第二节澄清了与服务标准化相关的概念问题，以及在更加协同地建立此类标准的利益背后的原理。第三节对欧盟的标准化体系进行审查，重点关注服务领域，并且记录欧盟在服务标准化方面的利益变化。《欧盟服务指令》和新的《欧盟标准化法规》都能够看出这些变化的影子。第四节讨论服务标准的国际化前景。第五节是结论部分。

第二节　标准和服务标准制定的特殊情形

一、 澄清和区分相关概念

标准对于实现下列目标来说是至关重要的：改进产品、程序和服务的恰当性，以实现其既定目标；预防贸易壁垒；通过合作和不时的创造力奖励，从而便利技术创新。

首先，从概念上澄清本章的实质性范围，似乎是恰当的。就目前来说，一个有用的起点是国际标准化组织(ISO)关于一项标准的定义。根据《ISO/IEC 指南2:2004》(国际标准化组织和国际电工委员会关于标准化和相关活动的通用词汇)，一项标准是：[11]

> **一个被认可的**机构通过*协商一致*确立并批准的文件。该文件规定了用于其活动和结果的共同和重复使用的规则、指南或特征，旨在实现在某一个给定背景下最优秩序。(注：标准应该以科学技术和经验的集合为基础，并且旨在推动优化的群体利益。)

反过来，标准化被定义为“在关于实际或潜在问题上，建立共同、可重复使用的条款，以实现在某一给定背景下最优秩序的活动”。[12]

如同服务贸易那样，服务标准的制定在过去几十年间被认为是不可思议的事情。最有可能的是，那些导致服务被认为是不可交易的理由，例如无法储存，无形或不可见，而且需要在供应商和消费者之间找到中介，被认为是导致服务没有被标准制定机构考虑在内的原因。[13]此外，对一项服务供应的标准化活动，可能被证明是一项令人却步的任务，不仅因为服务的定制化特征及服务供应的异质性，还取决于供应商和消费者的特征。因此，就服务标准制定活动而言，确认具体特征并找出最大公约数，将是一件非常具有挑战的事情，也是一场无法预知的冒险。

在很长一段时间，标准制定被理解为处理*货物*的技术特征和内容。直到最近，标准化的范围才被扩大，不仅包括产品（和生产程序）的适用性，[14]也包括服务。《ISO/IEC 指南 2：2004》将服务领域的标准界定为：[15]

> [由一个被认可的机构通过协商一致确立并批准的文件]，规定了实现一项服务所需要达到的要求（注：洗烫、酒店打扫、运输、汽车服务、电信、保险、银行、交易等领域可能制定服务标准）。

因此，如同货物的标准制定那样，服务的标准制定旨在让一项给定服务适合实现其目标，或者说“适合其目标”。“适合其目标”，也就是说一项给定服务在具体情况下服务某一个事先设定的目标的能力，可能特别与贸易的种类控制、可用性、兼容性、互用性或可交换性相关，也可能涉及与健康、安全或环境相关的涉及*非经济价值*的保护。[16]

从 ISO 规定的服务标准涉及的部门，大家就可以推断出，在很大程度上，服务标准被期待包括一些技术规格。例如，就电信业而言，服务标准将最有可能包括标准化的技术规格或要求；例如，确保相互连接性和互用性。[17]这也适用于银行业，包括与个人识别号码（PIN）相关的事项，或者商业识别代码（BIC）。[18]

对技术内容的相同关注在 GATS 中也很明显，第 6.4 条的谈判授权提及服务部门的技术标准是贸易的潜在壁垒，第 6.5 条也含蓄地涉及这一题目。[19]这是因为标准可能不恰当地增加外国竞争者的成本，或者通过不必要地增加某一给定服务的供应成本来限制市场准入。从世贸组织专业服务工作组（WPPS）的讨论，以及最近在国内规制工作组（WPDR）的讨论[20]，可以清楚地看出，对成员而言，与技术标准相关的措施包括：规定一项服务特征的措施的*实质性和程序*方面；一项服务被提供的方式；以及此类标准被实施的方式。

此类标准通常涉及一项给定服务的提供（包括关于该项服务需要的资源和设施的要求和技术规格，使用的属于以及需要披露的信息），并且旨在确保兼容性、可比较性和互用性，当然这也取决于所涉及的具体服务部门。[21]例如，在讨论《会计纪律》的过程中，有成员提出，这个部门的技术标准将确定一个正常履职的审计员进行审计的方式，也就是他应该根据公司类型（产业公司、银行、中小企业等）进行的检查类型，这些工作应该被记录的方式，等等。[22]WPPS 承认，会计是一个期待实质性监管一致性、允许在跨境层面进行比较的服务部门。这个工作组基于一项假设开展工作,即国际会计师联合会(IFAC)、国际会计准则理事会(IASB)和国际证监会组织(IOSCO)制定的相关国际标准,将作为工作组在这个问题上开展一切工作的标准。[23]

《会计纪律》的最终草案在此问题上非常明确,要求监管机构在决定是否接受外国服务提供商时,考虑这些供应商是否符合这些标准。[24]这一要求超过了GATS第6.5(b)条规定的义务,该条款要求在审查某些技术标准是否构成服务贸易的不必要壁垒时,应考虑(对所有世贸组织成员开放的)相关国际机构创立、所涉成员*实施*的国际标准。[25]

世贸组织司法机构只就服务技术标准问题进行过一次讨论。在中国—电子支付服务案中,美国挑战中国限制外国电子支付服务提供者的各种措施,在国内人民币支付卡交易的条件方面,没有向外国服务提供者提供与中国银联(CUP)类似的待遇。[26]所谓的"发卡要求"[27]和"终端设施要求"[28],以及某些"收单要求"确立了各种技术标准。在美国看来,这些技术标准让中国服务提供商(银联)主导了支付服务市场,实际上变成了在中国境内人民币银行卡交易的独家电子支付服务提供商。另外,中国主张,现有体系并没有试图创造任何市场扭曲,没有给银联带来利益;与之相反,目标是建立统一的技术和商业标准,以便允许一国内部的银行支付卡网络能够运行。专家组认为,中国通过一套复杂的文件体系,规范银行卡交易市场的所有方面和这一进程中的所有实体,包括发行人、收单人、中介、电子支付服务提供商,以及很有可能处理银行卡交易的那些第三方。此类要求是强制性的,而不是某一经济行为体可以选择不遵守的自愿计划。但是,专家组认为,美国没有提供证据证明,中国的这些法律文件将合法地禁止除银联之外的电子支付提供商在中国市场上提供服务。[29]

对我们来说,美国提出了一个非常有意思的问题。他们认为,中国通过要求使用中国标准(PBOC2.0)来给予银联优惠待遇,因为这个标准是由银联和中国人民银行联合开发的。美国认为,这些标准偏离了被认可的、由EMV制定的全球芯片卡标准。[30]美国声称,PBOC2.0和EMV标准不兼容。在这样一个重要的买方垄断的国家,任何无法相互使用的问题,都将有效地剥夺外国服务提供者进入市场的机会。但是,专家组没有质疑中国人民银行和银联开发的、在中国使用的另外的平行技术标准是否存在。专家组还认为,中国现在或未来的标准将不会导致银联成为电子支付服务市场的唯一供应商,因为新设计标准不会严重到将某些电子支付服务提供商挡在市场之外。[31]

总的来说,成员之间关于技术标准的讨论,从《技术性贸易壁垒协定》的起草和运行的经验和教训中受益匪浅。与此同时,对于将《技术性贸易壁垒协定》的概念和方法移植到 GATS,并划出一条符合服务特殊情况的新边界,成员之间出现观点分歧,讨论面临不小的困难。虽然 GATS 第 6.4 条似乎提及在各国层面制定技术标准,但标准化进程的特征在于,很多时候服务领域的标准,因为涉及互用性、交易成本和谈判方面的能力,是由各国标准制定组织和国际标准制定组织合作制定的。[32]成员之间分歧的最重要来源,就是国际标准在评估国内措施是否符合 GATS 时发挥的作用。[33]这是一个有意思的题目,也是当前 WPDR 正在进行的谈判议题,但是,旨在建立服务贸易国内规制的新规则,[34]仍然出乎意料的只是间接地关注服务的质量标准。而这将是我们接下来要讨论的问题。

二、 转向服务的质量标准

迄今为止,很少被提及的讨论题目是服务提供的质量保证,以及将有关要求编制成守则,以改进一项服务的质量。但是,设置标准化的、普遍接受的、定义清楚的有关服务提供的方法和机制,能够给消费者和同类服务提供商带来实质性收益。这不仅能够极大地提高服务质量,而且能够提升消费者对服务提供商能力的信心。

在服务的技术标准和服务的质量标准之间作出区分,可能看起来有些武断,或者一开始难以证明其合理性。但是,这种区分是有意义的,因为解释了为什么这两类服务标准在发展上不是同步的。更具体而言,建立服务的技术标准很重要:此类标准*可以发挥便利作用*,通常被剥离了任何规范性内容;此类标准只是简单地设置技术要求,以便允许互用性或与某一给定网络的相互连接,便利某一给定服务部门的平稳运行。

相比之下,服务质量标准——特别是在个人因素发挥决定性作用的服务部门[35]——更让人期待,因为标准的起草者不得不暗中选择一种具体的衡量标准,列明其希望最终得到遵守的某一特定的监管干预水平。即便是向上的监管多样性(即受影响的成员选择更高水平的保护)得到允许,[36]就像安全标准那样,情况也是如此。[37]尽管从本质上是软法(因为标准就是自愿性的),但此类规则导致规范性的增加,也可能引发冲突和僵局,因为最不情愿的经济行为体预测此类规则将逐步升级变成硬法。[38]

关于技术标准和质量标准这种区分的充分性,似乎已经在法律和政策圈内得到接受。第一,ISO 关于服务标准的定义,指向了服务标准的双重特性:它规定"适合其目标"可以与互用性或可用性等技术问题相关,也可以涉及安全、专业完整性或环境等非经济目标。第二,欧盟委员会关于水平合作协定的指南将标准化协定定义为“主要目标是确定现在或未来产品的生产程序、*服务*或方法可以遵守的*技术*或*质量*要求”（斜体以示强调）。[39] 因此，服务标准的双重特性并不像大家想象的那样主观随意。

在讨论服务质量标准时，大家会注意到，这与质量管理体系标准（MSS）之间可能出现重合，后者涉及质量、安全、风险、环境和所涉实体或企业的财务管理和内部组织或额外要求。因此，重合是再明显不过的事情了，因为服务标准可能包括类似方面，但是更广泛一些，与某一给定实体的任何管理体系不相关。同时，服务标准关注在那些与确保服务供应达成一致的水平要求上，例如关于一项给定服务供应的建议、服务的信息、工艺水平，等等。此类要求应该以客观、可衡量的需求的方式展现，以便评估其是否得到遵循，并且在不同服务提供商之间进行比较。服务质量标准与管理体系标准的一项关键区别在于，符合后者带来的可能结果不必然在每个组织内相同，因此也无法供一名消费者进行比较。[40]

在欧盟，对质量标准这一特定问题的重视有所增加，主要有两个原因：第一，标准制定者的关注点不仅涉及上游服务市场，也包括服务提供商与消费者直接互动的下游服务市场。第二，监管者和决策者意识到，质量保证已经被用作一种借口，增加对服务贸易自由供应的壁垒，或者在服务提供商之间不恰当地构成歧视。

这种新的关注可以说是无法避免的，因为欧盟法院不愿意在服务领域直接使用互认的监管技巧，而这种互认的做法是在第戎黑醋栗酒案之后就实现了货物的自由流动。[41] 欧盟法院呼吁只在服务领域的个别情形采取互认和母国控制，[42] 在其他更加“敏感”的部门，欧盟法院则排除了此类互认的可能性，将自主裁量权交由欧盟成员国的监管机关。[43]

因此，在有关质量保证的服务供应方面开展标准化工作，被认为是一种合适的方法，来增加透明度并允许目标比较，将变相的贸易限制最小化。例如，某些服务供应的具体质量标签归因于什么条件，或者一个给定服务部门应包括什么专业能力。在欧盟内部，这一问题是与承认下面一项事实相联系的，即尽管对服务的需求在不断增加，但是欧洲的服务产业一体化进程非常令人失望，近在咫尺的服务单一市场还没有实现。的确，绝大多数发达国家经济体都是“服务型经济”，GDP 的很大比例是由服务业活动产生的。这意味着，不断增加的开支用于服务消费，这也相应引发了对消费者保护的关注。为此目的而建立的泛欧洲标准，是一种过渡性规定，为了实现对欧盟内部服务交易更高水平的信任，以便能够创造重要的福利收益。

可以确信的一点是，欧盟内部的服务标准化进程很困难，还因为欧盟独特的机制性特征及其关于职能权限的复杂体系。货物领域关税同盟的存在，产生了对欧委会等集权机构有利的向心力。与之相比，欧盟在服务领域的职权非常简单。例如，社会和医疗服务仍然在很大程度上是欧盟成员国的职权范围，欧盟只有辅助权限或者与其成员国共同分享职权。[44]

第三节　欧盟的标准制定体系和服务标准化的新兴趋势

一、欧盟的标准制定简况

欧盟政府意识到，通过强有力的法规文件，全面协调每个可能的技术细节，既不可取又极其耗费时日。此后，自20世纪80年代以来，欧盟的标准制定体系获得显著发展。[45] 1984年新组建的德洛尔委员会坚定地认为，在取消贸易壁垒的问题上需要采取一种更加灵活的姿态。[46] 1985年欧委会引入的"新方法"以若干关键原则为基础：[47]制定"至关重要的"总体安全要求（产品生产者附在自己产品上的"CE"标记将证明其产品符合相关要求，"CE"标记是指欧洲统一认证）；欧盟层面的标准制定组织通过自愿标准，以符合这些至关重要的安全要求；成员国将负责市场监督，但也应承认，符合这些协调标准的产品，应被推定符合这些至关重要的要求。[48]应该提及的是，这些标准被并入欧盟法律，因为其在欧盟《官方公报》上公布，欧洲标准组织（ESOs）[49]的工作成果被给予了类似法律的地位。此外，一旦获得通过，欧洲标准将变成国家标准，而可能与欧洲标准冲突的现行国家标准将被撤销。

《单一欧洲法》是对《罗马条约》的第一次重要修订，规定了特定多数表决（而非一致同意）的方式，为标准的协调提供了一项新的法律基础。因此，制定至关重要的安全要求（最低的协调要求）和生产者自我认证，外加在技术性的欧洲标准组织内建立标准（欧洲规范，英文缩写EN），构成旨在实现技术协调、推进欧洲一体化进程的新方法的基础特征。[50]

欧委会向欧洲标准组织（欧洲标准化委员会、欧洲电工标准化委员会和欧洲电信标准协会，英文缩写分别是CEN、CENELEC、ETSI）的工作提供补贴，并且定期给予欧洲标准组织授权，[51]请其在欧委会希望实现具体目标的领域解释新的标准。需要明确的是，欧洲标准组织是半私营机构，与产业捆绑在一起，但是仍然与欧盟机构密切合作。欧洲标准组织的成员是欧盟和欧洲经济区域（EEA）

国家及瑞士的标准制定组织。[52]它们不仅能够根据欧委会的要求制定标准，而且可以还根据产业或使用者的倡议制定标准。非强制性标准构成欧洲标准组织工作的多数内容(占比超过70%)。欧洲标准组织制定的标准可以与单一市场(技术问题的一体化)相关，也可以与欧盟的其他政策相关(如可持续议题)。

虽然一致同意是各方追求的目标，但是立场分歧不会导致无法作出决定的情形。特定多数表决的体系可以避免出现僵局，71%的投票就能够通过标准。值得怀疑的一个问题是，欧盟能否被认为对欧洲标准组织的行为负责(这取决于某一给定标准是否被欧委会授权，并随后在《官方公报》中被提及)，但欧洲标准组织仍然受到欧盟竞争法的约束，因为其可以被认为是一个企业或企业协会。[53]最有可能的结果是，它们继续不受自由流动规则的约束，因为这些组织将适用各国标准，对源自其他欧盟成员国的经济行为体造成不恰当的市场准入限制。[54]

欧洲的标准制定体系被认为是一个成功范例。不仅在欧盟内部，在欧盟外的其他国家标准制定平台，例如ISO，欧盟也因为其协调活动发挥了重要的影响力。[55]此外，欧洲标准组织还与国际标准制定机构[56]或其他国际组织[57]缔结了合作协定，欧洲和国际组织的互认声明只是扩大了欧盟对全球范围内标准制定活动的影响。[58]

二、 欧盟的服务标准制定——道路漫长而且曲折

《单一市场法》是欧委会面对欧盟经历的最严重的经济危机，提出的一项旗舰性倡议。在这一法律中，服务标准化被欧委会作为提升欧盟竞争力和增长的12项关键优先行动或撬动杠杆之一。[59]但是，在服务领域制定标准的努力，至少可以追溯到21世纪的前10年。[60]在这一时期，各方对完成服务单一市场磋商和建立欧盟《服务指令》的提案抱有较高期待。[61]

事实上，《服务指令》通过之时，欧委会早就已经向三个欧洲标准组织提供了第一个制定标准化工作计划的授权，以支持服务的内部市场一体化。[62]欧委会提出，欧洲标准组织不仅要关注那些贸易量已经非常大的部门，而且还要关注那些利益相关方要求制定标准的部门。欧委会认为，让标准使用者提出意见很重要，因为他们才是服务部门更高水平可比较性的受益者；但是，ANEC(维护消费者利益)、TUTB(维护工人利益)、ECOS(维护环境利益)等商业服务协会的贡献也同样必要和恰当。[63]最后，由欧洲标准组织决定是选择一种部门方式，还是一种水平方式。

欧委会身处服务标准这一未曾涉足的领域，坚定地相信影响评估问题的重要性。欧委会认为，在此方面作出的所有努力，都应该辅之以对各种问题的分析，包括恰当时机、实现拟议结果的可能性、可能用户、使用水平、拟议标准的利益（特别是拟议标准的相关性和拟议标准旨在满足的市场需求的具体信息）和制定欧洲标准的任何负面结果。欧洲标准组织回答说，将从上而下的方式与从下而上的方式结合在一起，是很合适的工作方法，各国标准组织将能够在市场需求出现时（如就呼叫中心的情形而言）在欧洲层面提交标准化计划，欧洲标准组织将定期审查服务部门以确认对新标准的需求。

在2006年通过《服务指令》前，欧委会制定了第二份规划授权。这次，欧洲标准化委员会（CEN）是唯一的被委托方。[64]一开始，欧委会认为需要强调欧洲标准化体系的特征：透明度、开放和参与、协商一致、自愿特征。[65]世贸组织技术性贸易壁垒委员会当时达成关于国际标准化的最新决定，认为此类提醒或暗示是合适的。[66]技术性贸易壁垒委员会确认了国际标准制定组织应该坚持的六项原则：透明度、开放、公正和协商一致、有效性和相关性、一致性及处理发展中国家的关注。[67]此外，关于排除、限制消费者等利益相关方参与的可能性、正当程序缺失等指控，坚定地引发了对标准制定做法的公众审查。

由于服务单一市场的现状无法令人满意，欧委会敦促领先的欧洲标准组织关注为欧盟整体增加价值的新标准（或成果），即那些能够涵盖清楚需求、对欧盟贸易有影响或影响欧盟层面服务使用者的项目，并承认可以通过欧盟服务标准实现重大的贸易收益，提升欧盟明显不足的竞争力。[68]欧委会强调，需要采取一种开放的、多个利益相关方参与的方式，让服务提供商和使用者、消费者代表和其他社会利益相关方都参与进来。这与技术性贸易壁垒委员会几年前通过的关于制定国际标准的决定，以及国际标准化组织强调透明度、正当程序、广泛参与和磋商重要性的基本原则相一致。[69]

为完成这一授权，欧洲标准化委员会在接下来几年间实施了各种项目，既关注水平层面（即，建立水平的欧洲服务标准化战略CHESSS，英国的标准制定机构英国标准学会在此方面发挥了领导作用），也关注具体部门层面（例如工程咨询服务、欢迎和接待服务、招聘服务、信息技术外包、智能家居服务，等等）。基于这一授权，欧洲标准化委员会开展了大量的可行性研究，以评估服务领域标准化活动面临的挑战。但是，欧洲服务标准制定方面的进展一直非常缓慢。[70]2005年至2009年间，只有24项新的欧盟服务标准被制定出来，而同期制定出的国家标准高达453个。[71]这仅仅是服务全部标准化活动的5%，而货物领域的标准化比例是20%。

如果大家联想一下,《职业资质指令》(PQD)大约是在同期得到通过的,[72]就会很清楚地发现,欧委会愿意为服务内部市场发展提供一种新的推动力。就一项给定服务的职业技能而言,《职业资质指令》还没有走到建立共同要求的地步。但是,与此前的一般体系相比,这项指令仍然是一项非常重要的改进。[73]之所以如此,是因为这项指令特别规定了很多受监管职业的资质互认。在服务方面,这项指令还构成立法发展的一项特征,因为这项指令让这一框架超越了商业存在,要求承认那些临时在本国之外的另一欧盟成员国提供服务的专业人士的资质。在此方面,《职业资质指令》呼吁对职业人员实际经验的互认,[74]而不是确认对医生、建筑师或助产士等某些职业的自动承认。[75]因此,这项指令至少在一定程度上落实了原产国原则的基本宗旨。

三、 欧盟服务指令和呼吁在新的欧盟标准化体系中建立服务标准

对一些人来说,呈现在《服务指令》最终文本中的内容远远不够,不仅因为最终文本缺少原产国原则内容,[76]还因为被排除在外的服务部门数量相对较多。但是,对我们来说,《服务指令》在一个具体方面是很重要的:它将自由提供服务和服务提供商准入提升为最显著的概念。此外,该指令还澄清,母国控制应该作为一种规则,而不是例外;[77]在与一项给定服务安全相关的例外情形下,东道国控制才能采取措施。[78]如果要这种解除管制的概念有效运行,标准化就是一个前提条件,因为需要标准化来弥补服务供给法律规则的匮乏。

《服务指令》包括一个非常重要的章节,题目叫作“服务质量”。就其本质而言,该章尝试实现服务领域质量概念的“共有化”,并且在此问题上制定一种共同政策。这种共同政策包括:确保质量标记透明度的措施;专业机构、商会或消费者协会之间合作,以建立评估专业资格的共同方法;在欧盟层面制定自愿标准,以便利不同成员国提供的服务的兼容性;增加透明度并确保提供服务的质量。[79]《服务指令》的序言明确提出,质量标记和标签正在增多,因此在旅游服务等领域采取行动是必要的。[80]该指令还提及了特别委派欧洲标准制定组织在服务领域建立泛欧标准的可能性。[81]

这是一项有意思的进展,暗示了监管服务质量的一种新的软法方式。这种方式以一系列文件为基础,例如认证文件、质量章程、标签和质量标记、评估服务提供者能力的方法、测试和自愿欧洲标准。这种方法将由专业机构、商会、消费者和商业协会及标准化组织进行阐释。从上面可以很清楚地看出,起草者的意图是使用在服务领域技术标准化的现有基础设施,而第一项规划授权只授予三

个欧洲标准组织，也印证了这一观点。[82]合同法和对服务合同的合同术语进行标准化，也因为这一指令的措辞而获得新的关注，要知道这可是欧盟法律很少演进的一个领域。[83]

在承认了里斯本战略的失败后，巴罗佐率领的欧盟委员会尝试修复完成单一市场的永久项目，将其作为坚决朝着欧洲2020年战略迈进的一种方式，以实现欧洲的智能、可持续和包容性增长。[84]2010年发布的《蒙蒂报告》[85]让欧盟机构注意到，服务部门存在尚未被开发利用的潜力，仍然呈现部门碎片化、监管多样性程度高的特征，阻挠了跨境服务贸易的发展。《单一市场法》强调，欧盟服务新战略应该围绕两个坐标轴展开：完全且立即实施《服务指令》，以及借助审议欧洲标准体系的时机，更坚决地朝着建立欧洲服务标准的方向迈进。[86]优先领域是关注物流或设施管理服务等企业对企业（B2B）服务，也要关注一般商业服务（例如企业对消费者（B2C）服务，包括专业服务）、建筑和旅游。[87]特别是在商业服务上，由于其能够赋能增长的潜力，还建立了一个商业服务高级别小组。

服务领域内部政策和外部政策的平行（或者说互补），也被认为是欧盟对外贸易政策的一个战略目标，是实现欧洲2020年议程的一种方式。[88]此类一致性和互补性应该作为与主要第三方规制合作倡议的组成部分，包括首先且最重要的是与美国在《跨大西洋贸易与投资伙伴关系协定》（TTIP）谈判框架下开展规制合作。[89]就目前而言，谈判已经强调货物的技术标准，但是规制合作方面的雄心水平非常高，已经将服务产业的规制涵盖其中，包括制定那些作为技术法规组成部分的标准。

欧盟提升对标准化问题的重视，是近年来取得的标志性进展之一。在2008—2010年密集审查欧盟标准体系后，欧洲理事会在2011年呼吁，加快和简化欧洲标准组织的标准化进程，并实现标准化进程的现代化，以推动欧盟的竞争力和欧盟在能源效率、电动车、安全和智能电网等各领域的先发优势。考虑到服务作为增长和就业净创造者的重要性，大家可以期待，服务也是欧盟希望在快速扩大的欧盟市场上发挥先驱作用的领域之一。

四、 新的标准化法规

继出台新的标准化法规后，欧盟又公布了关于标准的战略愿景。[90]在战略愿景中，欧盟确认了欧洲标准制定组织的如下战略目标：第一，加快信息和通信技术部门（互用性）标准的可获得性；第二，跟上更快的产品开发期和更短的创新周期；第三，充分回应不断增长的需求，以发挥支持欧盟政策和法规的作用；第四，改进标准化程序的代表性和包容性，并且重申对开放、包容和科学依据等价值的承诺；第五，支持欧洲企业的竞争力。大家可以推断出，欧盟新的标准制定体系规定了欧盟政治机构和欧洲标准制定组织之间更加密切的伙伴关系。欧洲标准制定组织的工作成果成为一种事实上的法律工具，服务于更具竞争力的欧盟这一目标。特别是在强制标准方面，一旦欧洲标准制定组织制定完毕，这些标准将通过并入欧盟法律工具，行使公共法律功能。欧委会呼吁，在欧盟标准化问题上，要采取一种更加包容开放、但在质量问题上决不妥协的方法。[91]后续程序也已落实到位，以确保功能性沟通渠道的存在，以便允许直接相关方跟踪欧洲标准制定组织的工作进展。[92]欧委会还向欧洲标准制定组织施加压力，让其更加高效。在此方面，欧盟对欧洲标准制定组织的财政支持取决于这些组织的表现，不仅是生产率本身，还取决于实质内容和程序的满意程度，例如代表性、相关性或时效性。欧委会给欧洲标准制定组织的信函中首次着重强调了资助条件问题。[93]在欧委会看来，标准制定进程可以加快，以便让欧洲标准组织的产出（从目前的 36 个月）到 2020 年缩短至 18 个月。

在服务方面，欧委会强调了对标准制定现有进展的失望。一方面，在欧洲层面的所有标准中，只有 3％是关于服务的。另一方面，服务领域的各国标准快速增加，提高了商业界的遵从成本，从而使服务市场一体化处于危险境地。因此，将服务纳入欧洲标准化新法规的实质管辖范畴，被认为是至关重要的，可以使各国标准冲突的可能性最小化，并且允许委员会在经济参与方和利益相关方磋商后发布标准制定授权，以便确保未来标准满足技术性贸易壁垒委员会决定所确定的相关性原则。[94]对标准化法规的这一补充，间接地承认了《服务指令》在此领域的失败。的确，单靠《服务指令》第 26.5 条，无法认为建立泛欧洲的服务标准的事宜，获得了一项足够强劲的改革驱动力。

在此方面，《标准化法规》采取了一种更加坚决的姿态，实质上为扩大《新的服务方法》铺平了道路。[95]该法规的有利之处在于，货物和服务之间的轮廓越来越不引人瞩目，因为货物标准有时包含服务成分；反过来，服务标准也经常部分与货物相关。根据《标准化法规》，和货物一样，服务标准也是由市场驱动的，应该考虑公共利益，并且坚持欧洲标准化的基本原则：一致性、透明度、开放、协商一致、自愿特征、独立于特殊利益集团、注重效率。由于这一领域的新颖性，《标准化法规》优先关注建立与产品和程序相关的服务标准。[96]

《标准化法规》指出，服务标准是一份文件，规定了一项服务或体系要满足的技术标准，并且规定了一项服务要求的特征，包括质量水平、性能、互用性、环境保护、健康或服务接受方可以获得的要求。[97]此外，《标准化法规》呼吁各国标准组织和欧洲标准组织的标准化活动的透明度和公众可获得性,强调需要在制定标准方面采取多个利益相关方参与的方法,特别是中小企业的参与。[98]《标准化法规》第9条规定了向三个欧洲标准组织签发授权的程序。值得提及的是,欧洲标准组织可以拒绝获得授权。如果欧洲标准组织接受授权,并且随后根据对应的欧盟协调法律创建了协调标准,则应该迅速在欧盟《官方公报》上公布该项标准。这就意味着,和货物领域的情况一样,遵守一项服务协调标准,将创造一个可反驳的推定,那就是遵守了欧盟法律,那么举证责任将转移到东道国主管机关身上。[99]因此,自愿标准将成为遵守欧盟法律,以及某一给定成员国在附属协调措施的本国法律的评估标准。但是,任何成员国或欧洲议会可以反对该项标准。如果是这样,将由欧委会在进行磋商后决定,公布或不公布或有限制条件地在《官方公报》上公布该项协调标准。

五、 欧洲服务标准的前景

2013年,欧委会向所有三个欧洲标准组织发布了一项新的规划授权,题目是"规划和制定水平服务标准"。[100]有意思的是,授权不是依据新的《标准化法规》,而是《服务指令》第26.5条。欧委会提及了第M/371号授权以及欧洲服务标准化战略研究,后者于2008年完成,并且证明了建立便利欧盟内部服务贸易的水平服务标准的重要性。但是,在这份授权中,欧委会发现,在某一项给定服务的某些方面制定更加狭窄的水平服务标准,可能需要满足市场需求。此类方面将包括投诉处理、服务外包、向弱势人群提供包容性服务,等等。在授权中,欧委会要求欧洲标准组织制定一份开发此类水平标准的详细计划,制定很多自愿的、水平的欧洲服务标准,以便满足市场和社会需要,并提高服务质量。一开始,欧委会要求欧洲标准组织确认服务标准化相关的六个或七个提案,这些是与设计相关议题(如风险评估、资源规划)、向消费者提供信息的供应(如服务描述、营销和意识、提及合同或协议)、服务提供者(如人力资源,分包,遵守法律,售后服务)、合同条款、账单、投诉和救济措施等。

在第一阶段结束时(2014年11月),欧委会要求欧洲标准组织报告有关制定欧洲水平服务标准的可能需求,并且制定一个路线图和一份意向性工作计划。[101]2014年11月,欧洲标准化委员会报告说,可以在六个领域制定水平服务标准。这些领域是:服务术语,服务提供前、过程中和提供后向消费者提供信息,服务采购,服务合同(B2B, B2C),企业表现测算和消费者满意度测算(在服务提供后阶段)。[102]如果获得批准,第二阶段将随着服务标准的实际进展向前推进,以涵盖各服务部门的*共同*议题，并关注某一给定服务如何运行。

在朝着完成服务内部市场建设方面，这是一项非常有意思和有前景的演进。不管听起来是否像欧洲立法者尝试通过“后门”制定欧洲合同法，[103]事实情况是，欧洲服务一体化拼图上缺少的一个链接最终将可能出现。减少服务专业责任和服务合同(包括与公共采购相关的合同)缔约条件模糊性，似乎已经成为欧委会优先的致力方向。授权附件 1 在此方面的表述很有说服力。

在协同努力方面，欧委会变成管弦乐队的指挥：如同第 98/43 号指令下的货物标准那样，由于缺少任何技术性的内部专长，欧委会在服务标准方面，将购买欧洲标准组织在标准制定方面的服务；如果欧委会对其要求的服务质量和欧洲标准组织的程序担保感到满意，欧委会将通过在《官方公报》上予以公布的方式，给予这些标准权威性的、公共法的法律面纱。

《标准化法规》的核心是通过标准化年度工作计划，确认欧洲标准化工作在欧洲和国际层面的战略优先领域。在 2015 年欧盟工作计划中，[104]欧委会确认了欧洲标准组织在哪些领域将成为欧盟立法机关的战略伙伴，支持欧盟新的或现有的法律和政策。邮政服务是服务标准最成熟的一个领域，欧委会希望通过增加包裹投递操作的互用性以改进包裹投递，进而支持电子商务的发展。包裹投递服务将是欧委会授权的组成部分，这可能也会要求对欧洲现有邮政服务标准进行审议。[105]

标准制定的工作方法继续以关注部门为基础。医疗服务也成为年度标准化计划的组成部分，一项新的授权将要求探讨对各种医疗服务水平进行标准化的可能性。医疗部门在近年来获得很多关注，不仅是因为医疗器械法规，还因为医疗器械的欧盟内部贸易。因此，一个关于医疗服务的特别工作组得以建立，以评估该部门的市场需求。

最后一点也非常关键，工作计划发起了一项期待已久的讨论：服务安全标准(而不是质量标准)是否应该作为未来欧洲标准组织议程的组成部分。这项议程将旅游服务作为一个范例，但是很明显，服务提供标准的工作范畴比这更加宽泛。工作计划承诺进行广泛磋商，以确认市场需求。[106]不排除欧委会在不远的未来提供关于服务安全标准的一项规划授权，但这要取决于第 M/517 号授权的命运和第一阶段的结果。

欧洲标准组织也有其自己的年度工作计划。在服务领域，欧洲标准化委员会和欧洲电工标准化委员会的 2014 年工作计划包括完成第 M/517 号授权第一阶段、在制定翻译服务设施和设备标准(第 M/516 号授权)方面与国际标准化组织合作、发起关于社保警报服务链相关标准化活动、海关代表的能力等方面。除了在医疗器械方面的标准制定工作，欧洲标准化委员会还更加积极地从事医疗服务方面工作。因此，它还发布了一项关于美容外科服务的标准（EN16372），继续围绕制定关于美容非外科医疗服务的一项标准开展工作，并且开始就有额外同种疗法资质的医师服务标准开展工作。除了关于空运和航空安全服务标准（EN16082），欧洲标准化委员会还完成了一项关于港口和海运安全服务的标准，并在仔细考虑一项民用安全服务标准的市场需求。

在欧洲标准化委员会 2015 年工作计划中，[107]欧洲标准组织提及其决定推进第 M/517 号授权的第二阶段并提出通用服务标准。工作从欧洲标准化委员会的一项技术资质开始，涉及以消费者为中心的服务卓越体系的要求和指南。由德国标准化学会引领的项目委员会（欧洲标准化委员会/地理信息技术委员会，英文缩写 CEN/TC420），正在这一领域开展工作。有意思的是，工作计划宣布了欧洲标准组织的意向，就是制定有关消费者代表能力要求的一项泛欧洲标准。这是专业服务标准化的一项重要进展，为在确认专业资质的共同基础上开展更密集的工作铺平了道路。这与新启动的“欧洲职业卡”的新设想一起，可能是未来不同职业互认的关键。

商业服务也应该是在不远的将来处于前沿的领域之一，这也归因于目前正在进行的《跨大西洋贸易与投资伙伴关系协定》谈判。[108]对欧盟来说，商业相关服务是一个非常重要的部门，在创造增加值上具有相当大的潜力。在欧盟层面，商业服务占欧盟 GDP 的 11%以上，每年销售额约两万亿欧元。[109]商业服务高级别工作组在其最终报告中明确指出，服务的标准制定不仅是必要的，而且在短期也是可行的。[110]该工作组强调在欧洲层面而不是各国层面（及商业服务采购方面）开展标准制定合作的重要性，这种合作通过明确界定的方法和机制，以增加消费者在商业服务提供者能力方面信心的方式进行。报告认为，标准化为产业专家和利益相关方提供了一种机遇，可以在参与公共磋商之后，通过一致同意的决策程序确认最佳做法，影响“游戏规则”。从这个意义上讲，这种方式比其他任何政策选择（无论是胁迫性方式还是其他方式）都更加具有优势。

表 11.1　标准和相关工具的优势和不足

	监管工具	标准	市场为基础的工具	信息工具
供应商—消费者关系				
改进合同关系	√	√√	—	√√
建立供应商和客户之间的信心和合作	√	√√	√√	√
外包	√	√√	√	—

续表

	监管工具	标准	市场为基础的工具	信息工具
增加内部商业运行的效率				
评估表现和增加效率	—	√√	—	√
服务提供质量	—	√√	√√	—
提出好的工作实践	—	√√	√√	√
增加商业声望	—	√√	√√	√
克服准入和退出壁垒				
减少监管负担，并便利互认	√√	√√	√√	—
创新				
创新	√	√√	√√	—
意识和不同工具				
提高意识	√	—	—	√√

注：—代表没有影响，√代表一些影响，√√代表影响很大。
资料来源：《商业服务高级别工作组—最终报告》，2014 年 4 月，第 100 页。

此外，该工作组还建议采取行动，确保建立以这些标准为基础的认证计划的互认。[111]该报告还提到了与职业责任标准、技术能动型商业服务数据标准、标准化术语、风险评估等相关的议题。但是，考虑到设施管理服务的不完全市场特征，该专家组也提出警告说，有时候，即便是存在一项欧洲标准，也不可能是解决问题的万能灵药。

第四节　服务标准的国际内涵

在服务标准制定领域，国际标准化组织内部在不同部门上都有成功的尝试，如翻译服务、信息通信技术相关服务、运输服务、旅游和休闲服务、管理和咨询、市场研究或金融服务。此类标准可能与技术规格（举例来说，金融服务的信息通信设备规则，比如金融服务中的 ISO8583）、术语、质量和消费者事项相关。

ISO 的服务相关标准只代表了 ISO 总体产出的一小部分。迄今，ISO 标准中，只有约 4%与服务相关。例如，约 60%的金融相关标准一直是在 ISO 支持下通过的。但是，这些标准的增加值更具实质性内涵，特别是在金融部门，由于 ISO/TC68 内制定的标准，每天数以亿计的金融交易都是有可能的。[112]此类标准不仅惠及商业界，还便利消费者进行的日常交易。此方面的范例是与个人识别号码相关的 ISO 标准 ISO9564。

关于金融服务标准，金融服务技术委员会（TC68）方面的工作通过三个分委会执行：关于安全的 TC68/SC2 分委会，秘书处由英国标准学会引领；关于证券和相关金融工具的 TS68/SC4 分委会，由瑞士标准制定组织（瑞士标准化协会）担任秘书处；关于银行核心系统的 TS68/SC 7 分委会，由法国标准制定组织（法国标准化协会）担任 TC68 的秘书处，但是其已将这项任务委派给一个技术咨询组，即认证标准委员会 X9（ASCX9）。[113]这些分委会通过了大量标准（42 项标准）。

ISO 内与金融相关的标准数量很少，与金融部门对经济的总体重要性形成了强烈反差。由于这一部门的特殊性，以及各种各样的非常强大的私营组织，这个部门的很多标准制定活动（特别是与避免系统风险相关）似乎是在 ISO 外面进行的。[114]但是，在某些情况下，全球金融组织将更倾向于求助 ISO 的标准活动，特别是利用 TC68 关于商业相关议题的理解。

这里涉及的案例是最近通过的关于法人实体确认识别码（LEI）的标准 ISO17442：2012。LEI 是一个 20 位的字母数字代码，能够清楚和独特地确认活跃于金融服务的法人实体。LEI 将包括关于执行金融交易的法人实体的唯一信息，包括法人实体的官方名字、法人实体的总部地址、法律形态的地址、第一次 LEI 任务日期、LEI 的最后更新日期、失效日期、商业注册信息（如其适用），以及 20 位的 LEI 代码。[115]这项标准的一项特征很有意思，就是涉及多个国际机构，包括 G20 和金融稳定理事会（FSB）。这些机构首先呼吁起草此类标准，后来又呼吁遵从和执行这一标准。

在服务标准方面，总体而言，标准似乎将显著增加，因为全球化市场寻求取消货物跨越边境的遵守成本，而人们越来越多地认识到服务和生产程序作为产品投入物在全球化中的重要性。在金融服务之外，欧盟成员国对标准制定的参与程度不一，但是它们都非常积极地通过本国标准制定组织（特别是英国标准学会、法国标准化学会、德国标准化委员会和荷兰标准学会），参与 ISO 内服务标准的创建。这就意味着，不仅本国的标准制定组织将使用 ISO 内获得的知识来推进欧洲标准制定组织的授权，而且其在国际层面的投入（和对应利益）也将日趋受到欧洲标准化委员会服务相关议程进展情况的影响。从与维持谈判努力相关的角度看，这将是一个看似合理的进展。

但是，考虑到第 M/517EN 号授权（该授权的确呼吁评估是否需要在 ISO 层面处理某些议题，而不是在欧洲标准制定组织内部处理，以避免重复劳动和碎片化）的准确措辞，以及欧洲标准化委员会和 ISO 签署的维也纳协定，这种相互促进的做法事实上也是不可避免的。在此时刻，一个战略问题浮现出来，欧洲标准化委员会和欧委会是希望遵循 ISO 更加耗时的进程，还是尝试寻求在欧洲标准化委员会内建立一个标准，并且在制定标准时承诺确保开放、透明度和多个利益相关方的参与。此类规划可能遭到在跨国层面积极活跃的私营机构的反对，因为它们更希望在公开的、混合型标准制定组织内完成这种耗时的进程。但是，我们可以认为，从原则上讲，现行倡议在创建跨国层面的服务标准方面已经失败，至少是在商业服务（包括专业服务）领域如此。[116]这就意味着我们需要进行程序微调，并且在欧洲标准制定组织和国际标准制定组织之间进行协调，以确认制定一项标准的最佳平台。最后，对欧洲服务产业来说，ISO 层面的标准制定可能是一项有意思的选择，因为它们可以寻求在影响全球服务供应的参考方面获得先发优势。尽管 ISO 在运行上存在很多机能障碍，[117]但仍然是国际标准化的参考机构。

最后这一点也很重要，消费者和服务使用者也将从服务标准化中受益更多，但是任何关于合适水平的行动，最有可能取决于所涉及的服务部门及其特征。

第五节　结　　论

欧委会最近做出努力，为完成欧盟服务内部市场的长期项目提供了一项新的动力，即调动欧洲标准组织的积极性，让其参与建立额外的具体部门标准，并且首次建立服务的水平标准，特别是水平标准将确保不同部门之间某些要求和条件的统一性。《欧盟单一市场法》和《服务指令》非常明确地阐明了服务标准化能够带来的利益，因此欧委会对于欧洲标准组织授权后的活动抱有较高期待。

服务本身是无形的，这一特征要求在服务标准化工作开始前，就要进行一些新的思考。迄今，绝大多数的服务具体标准与技术内容相关。质量标准没有那么普遍，因此通过确认关于服务提供的标准化的、普遍接受和清楚定义的机制和方法，能够提供最大程度的潜在收益。服务标准将与服务管理体系标准区别开来，因为前者设置了客观的、可测量的需求的具体要求，以允许评估遵守情况，并且在不同服务提供者之间进行比较。

本章对欧盟的服务标准制定体系进行了至关重要的审查，以确认欧盟在服务标准化方面工作的优势和不足。如同货物领域的标准化那样，欧委会意识到欧洲标准组织可能展现出的程序性缺陷，包括缺少透明度和代表性。可以说，这不是只在欧盟出现的现象，还可能涉及三大主要国际标准制定组织。因此，技术性贸易壁垒委员会决定中体现的原则变得尤为重要。

关于欧盟服务标准的辩论,其中一个有意思的特点是与质量保证问题相关的。欧盟《服务指令》尝试详细说明这个概念,这种弹性的、自愿遵守的标准制定方法,现在被认为是最有可能取得成功的杰出选项。最近欧委会关于推进第M/517 EN号授权第二阶段的决定,证明了在服务领域制定标准的质量要素的重要性。为避免跨大西洋伙伴关系中的技术性贸易壁垒,对下游市场和上游监管合作的关注兴趣日趋增加,这些都足以说明,在推动全球服务部门标准制定议程方面,欧盟不会是孤军作战。

注释

1. 作者非常感谢高通公司(Qualcomm Inc.)对TILEC标准化研究提供的财政支持。作者感谢George Comneus杰出的研究支持。作者还要感谢Fabien Gehl、Petros Mavroidis,以及2014年11月25—26日在日内瓦举办的"服务贸易治理新范围"会议参与者提供的有用见解和意见。本章中所有错误均由作者承担。

2. 参见WTO, *World Trade Report* 2005。

3. 参见D. Spulder, "Innovation Economics: The Interplay Among Technology Standards, Competitive Conduct, and Economic Performance", *Journal of Competition Law and Economics*, 2013, 9, 4 p.777。更广泛地说,一种看起来很合理的假设是,如果我们将标准化视为一种基础设施,就会发现其不仅能够推动创新,也可能损害创新。可参见D. Acemoglu, G. Gancia and F. Zilibotti, "Competing Engines of Growth: Innovation and Standardization", Journal of Economic Theory 2012, 147, p.570。

4. H. Schepel, *The Constitution of Private Governance—Product Standards in the Regulation of Integrating Markets*, Hart Publishing, 2005.

5. K. Blind and A. Jungmittag, "The Impact of Patents and Standards on Macroeconomic Growth: A Panel Approach Covering Four Countries and 12 Sectors", *Journal of Productivity Analysis*, 2008, 29, p.51.

6. 参见European Commission Communication, "Guidelines on the applicability of Article 101 of the Treaty on the Functioning of the European Union to horizontal co-operation agreements", OJ C 11/1, 2011, recital 38, paras. 264—269。

7. 参见M. Lemley and C. Shapiro, "Patent Holdup and Royalty Stacking", *Texas Law Review*, 2007, 85。

8. Directive(EC) 2006/123 on services in the internal market, OJ L376/36, 2006.

9. European Commission Communication, "Single Market Act—Twelve levers to boost growth and strengthen confidence: 'Working together to create new growth' ", COM(2011) 206 final, 2011.4.13.

10. 参见EU Regulation 1025/2012 on European standardization, OJ L316/12, 2012。

11. 参见《ISO/IEC指南2:2004》(ISO/IEC Guide 2: 2004),第3.2条。

12. 同上文,第1.1条。在该文注1中,该条写明:"特别是该活动包括制定、发布和实施标准的进程。"

13. 还可参见P. Delimatsis, *International Trade in Services and Domestic Regulations—*

Necessity, *Transparency and Regulatory Diversity*, Oxford University Press, 2007, p.38。

14. 例如参见 ISO 的质量管理体系系列, http://www.iso.org/iso/home/standards/management-standards/mss-list.htm。

15. 参见《ISO/IEC 指南 2:2004》,第 5.6 条。《CEN 指南 15:2012》(The CEN Guide 15:2012)这一服务标准制定的指导文件对服务的定义与 ISO 类似,但是进一步补充认为,此类标准可以包括关于(可衡量的)服务的具体要求以及为重复或持续使用的落实到位的组织程序,以确保能够达到服务水平。该指导还进一步澄清表示,那些标准可以描述服务的要求或部分要求,还可以建立服务水平或类别。参见 CEN Guide 15:2012, "Guidance document for the development of service standards", 2012.2.1, para.2.14。《ISO 指南 76:2008》(ISO Guide 76:2008)将服务定义为"在供应商和消费者之间的边缘区域所进行的至少一项活动,这些活动总体上是无法触摸的"。

16. 同上文,第 2.2—2.7 条。

17. 对比 1996 年 4 月 24 日《电信参考文件》(Telecoms Reference Paper),第 2.2(b)段。

18. 参见 ISO 相关技术委员会(TC68)迄今已经通过的金融服务标准清单,http://www.iso.org/iso/home/store/catalogue_tc/catalogue_tc_browse.htm?commid=49650&published=on&includesc=true, 2014 年 11 月 2 日访问。

19. 关于技术标准,还可参考 Decision on Professional Services, S/L/3, 1995.3.1; Accountancy Disciplines, S/L/64, 1998.12.17。

20. 根据 GATS 第 6.4 条,WPDR 被授权制定纪律,以确保有关资格要求和程序、技术标准和许可要求的各项措施不致构成不必要的服务贸易壁垒,技术标准不得比保证服务质量所必需的限度更加难以负担。

21. WTO, Working Party on Domestic Regulation, "Technical Standards in Services", Note by the Secretariat, S/WPDR/W/49, 2012.9.13, p.7.

22. 参见 S/WPPS/W/1, 1995.6.27, p.3。

23. 有意思的是,1996 年新加坡部长级会提到了会计部门的这 3 个姐妹国际标准制定机构,并鼓励其完成相关工作。

24. Trachtman 提出,这一条款"意味着 WTO 尊重,并且在事实上向这些国际组织提供授权(至少部分如此)。因此,WTO 已经授权具体组织开展建立标准以便利会计服务自由流动", J. Trachtman, "Accounting Standards and Trade Disciplines—Irreconsilable Differences?", *Journal of World Trade*, 1997, 31(6), p.70。

25. 相比前面描述的《技术性贸易壁垒协定》(TBT)第 2.4 条,这一义务相对较软,主要原因在于:第一页是最关键的,因为这一条款假定所涉成员实施了相关国际标准。因此,从含义上讲,如果该成员没有接受这些标准,其没有义务将这些标准用于国内法规或技术标准;第二,此类标准只应得到考虑,以审查其与必要性原则的符合问题。因此,是否符合一项给定的国际标准,不是确定一项行为是否符合 GATS 的决定性因素。

26. 参见 P. Delimatsis, "The WTO Outlaws the Privileges of the Chinese Payment Services Giant", *ASIL Insights*, 2012, 16(31)。

27. 参见 Panel Report, *China—Electronic Payment Services*, paras.7.293ff.。

28. 同上文,paras.7.331ff.。

29. 只有前往内地的香港和澳门人士、前往香港或澳门的内地人士使用的卡片的某些要求被发现给予银联专有特权。

30. EMV代表欧陆卡(Europay)、万事达卡(MasterCard)和维萨卡(Visa)。2013年5月(即在《中国—电子服务支付案的专家组报告》散发后),银联成为EMVCo组织的成员,EMVCo组织现在包括6个成员:万事达、维萨、日财卡(JCB)、运通卡(American Express)、银联和发现卡(Discover)。

31. 参见Panel Report, *China—Electronic Payment Services*, *paras*.7.470-7.473, 7.499。

32. 考虑到金融或电信服务等网络产业的情况,这将是特别重要的。

33. 参见Delimatsis,同注13。

34. Delimatsis, "Who's Afraid of Necessity? And Why it Matters?", in A. Hoe Lim and B. De Meester(eds.), *WTO Domestic Regulation and Services Trade*, Cambridge University Press, 2014, p.95.

35. 例如参见DIN/DKE, *Deutsche Normungsroadmap—Dienstleistungen*, 2015. 1, p.32。

36. 参见R. Howse, " 'Importing' Regulatory Standards and Principles into WTO Dispute Settlement: The Challenge of Interpreting the GATS Arrangements on Telecommunications", in I. Lianos and O. Odudu(eds.), *Regulating Trade in Services in the EU and the WTO—Trust, Distrust and Economic Integration*, Cambridge University Press, 2012, p.445。

37. 例如,关于公共健康领域的灵活性,参见Joined Cases C-570/07 and C-571/07, *Blanco Pérez and Chao Gómez*, ECR I-4629, 2010。

38. K.W. Abbott and D. Snidal, "The Governance Triangle: Regulatory Standards Institutions and the Shadow of the State", in W. Mattli and N. Woods(eds.), *The Politics of Global Regulation*, Princeton University Press, 2009.

39. 参见欧委会(European Commission)2011年指南,同注9,第257段。正如前面指出的,指南还涵盖确定服务标准的标准制定组织的协定,这些可能与服务市场的技术规格,有权使用某一特定质量标签,以及监管机构的批准相关。

40. 参见《CEN指南15》,同注15,第6.2节。该指南还确立了MSS和服务标准的相互排斥,一个相同标准不能包含管理体系的要求和一项给定服务提供的要求。

41. 关于总体情况,参见V. Hatzopoulos, "Forms of Mutual Recognition in the Field of Services", in I. Lianos and O. Odudu(eds.), above note 36。

42. 例如还可参见C-358/98, *Commission v Italy* (*Sanitary Services*), ECR I-1255, 2000, para.13; C-465/ 05, *Commission v Italy*, ECR I-11091, 2007。

43. 例如,关于赌博部门,参见C-203/08, *Sporting Exchange*, ECR I-4695, 2010; C-258/08, *Ladbrokes*, ECR I-4757, 2010, para.54; C-156/13, *Digibet and Albers*, ECLI: EU:C:2014:1756, para.32。

44. 关于欧盟内部职权分工复杂性问题的描述,参见CJEU's Opinion on the competence to amend the EU's GATS schedule of commitments: Opinion 1/2008, ECR I-11129, 2009。

45. 还可参见R. van Gestel and H.-W.Micklitz, "European Integration Through Harmonization: How Judicial Review is Breaking Down the Club House of Private Standardization Bodies", *Common Market Law Review*, 2013, 145, 50, p.156。

46. 参见欧委会关于完成内部市场的白皮书,COM(85)310 final, 1985年6月14日。

47. 参见1985年5月7日理事会关于技术协调新方法和标准的决议,OJ C136/1(1995)。

48. 参见 D. Chalmers et al., *European Union Law*, Cambridge University Press, 2007, p.491;还可参见 A. M. El-Agraa, *The European Union—Economics and Policies*, Cambridge University Press, 2011, p.104。

49. 关于邮政服务领域的范例,参见委员会在执行关于第 97/67/EC 号指令框架下的通信,第 97/67/EC 号指令是关于制定共同体邮政服务内部市场的共同规则和改进服务质量的 OJ C 30/3(2005)。这是服务标准也与所涉服务质量相关的一个早期范例(例如,关于测算申诉和地址改写程序的标准 EN14012:2003)。

50. 在欧盟,技术标准化和协调的关键指令是规定提供技术标准和法规领域信息程序的第 98/34 号透明度指令,OJ L 204/27(1998)。这一框架通过第 98/48/EC 号指令被扩大到信息社会服务领域,OJ L 217/18(1998)。

51. 这里有 3 种类型的授权:一是标准化授权,呼吁在某一给定时期的具体成果;二是规划授权,呼吁解释一项标准化项目;三是研究授权,评估在某一给定领域或主题制定欧洲标准的可行性。根据现有的法律框架,授权必须在正式送到欧洲标准制定组织前,先提交标准委员会。参见第 1025/2012 号法规第 22 条。

52. ETSI 非常特殊,主要是体现在其成员范围几乎是全球范围上。ETSI 现在拥有来自 64 个国家的 800 多个会员,但是完全会员绝大多数来自欧洲。因此,与 CEN 和 CENELEC 主要以各国委派代表团参与的原则不同(类似于 ISO 和 IEC),ETSI 是以直接参与为基础的。

53. 第 1025/2012 号法规给这一问题的怀疑画上句号。

54. 参见 C-227/06, *Commission v Belgium*, ECR I-46, 2008; C-171/11, *Fra.boSpA*, ECLI:EU:C:2012:453。

55. 关于欧盟在 ISO 内的影响力,参见 P. Delimatsis, "Into the Abyss of Standard-Setting—An Analysis of Procedural and Substantive Guarantees within ISO", TILEC Discussion paper 2014-042, 2014.10。

56. Dresden(IEC-CENE LEC) Agreement, 1996.10; Vienna(ISO-CEN) Agreement, Version 3.3, 2001.9.20.

57. 参见 General Guidelines for the Cooperation between CEN, CENELEC and ETSI and the European Commission and the European Free Trade Association, OJ C 91/7, 2003。

58. 还可参见 Report of the Expert Panel for the Review of the European Standardization System(EXPRESS), "Standardization for a competitive and innovative Europe: A vision for 2020", EXP 384 final, 2010.2, p.3。

59. 参见 European Commission Communication, above note 9, p.10, under 2.5。

60. 例如参见 European Commission Communication, "The State of the Internal Market for Services", COM(2002) 441 final, 2002.7.30。

61. 值得注意的是,这是因为原产国原则。参见 P. Delimatsis, "Thou Shall Not...(Dis) Trust: Codes of Conduct and Harmonization of Professional Standards in the EU", *Common Market Law Review*, 2010, 47:4, 1049。

62. 参见 European Commission, DG Enterprise, "Programming mandate addressed to CEN, CENELEC and ETSI in the field of services", M340-EN, 2003.10.8。

63. http://www.anec.org; http://www.etuc.org/tutb; 欧洲环境公民标准化组织(European Environmental Citizens Organisation for Standardisation), http://www.ecostandard.org。

64. European Commission, DG Enterprise, "Second Programming Mandate Addressed to CEN in the field of services",M 371 EN,2005.7.19.

65. 还可参见理事会关于欧洲标准化作用的决议,OJ C 141/1(1999)。

66. WTO, TBT Committee, "Second Triennial Review of the Operation and Implementation of the Agreement on Technical Barriers to Trade, Annex 4: Decision of the Committee on Principles for the Development of International Standards, Guides and Recommendations with Relation to Articles 2, 5 and Annex 3 of the Agreement", G/TBT/9, 2000.11.13.

67. 关于讨论,参见"'Relevant International Standards' and 'Recognised Standardisation Bodies' under the TBT Agreement" in P. Delimatsis(ed.), *The Law, Economics and Politics of International Standardisation*, Cambridge University Press, 2015。

68. 早在21世纪头10年中期,已经很明显的是,欧盟将很难实现"里斯本战略"中规定的目标,即在2010年变成世界最具竞争力和创新经济体。还可参见 André Sapir et al., "An Agenda for a Growing Europe—Making the EU Economic System Deliver"("Sapir Report"), 2003.7。有意思的是,Sapir Report 似乎没有承认增强服务提供的标准化努力的价值。

69. 还可参见ISO体系的基本原则清单,理事会根据25/1999号决议第4a项职责批准。

70. 虽然被认为是一个灵活、类似司法的技巧,但标准制定可能耗时几年。参考EC Commission Staff Working Paper, "The Challenges for European Standardization", 2003。

71. 参见European Commission Communication, "A strategic vision for European standards: Moving forward to enhance and accelerate the sustainable growth of the European economy by 2020", COM(2011) 311 final, 2011.6.1, p.14。

72. Directive2005/36/EC, OJ L255/22, 2005.

73. Directive89/48/EEC, OJ L 19/16, 1989; Directive 92/51/EEC, OJ L 209/25, 1992.

74. 自动承认意味着东道国没有自主权。参见C-365/13, *Ordre des architectes*, 2014年4月30日裁决,尚未公开报道。

75. 还可参见PQD第4.1条。

76. 这一原则被指令第16条下的服务的自由流动原则所取代。参见European Commission, "Handbook on the implementation of the Services Directive", 2007, p.36。

77. 还可参见C-458/08, *Commission v Portugal*, ECR I-11599, 2010。这也符合在*Säger*(C-76/90,ECR I-4221,1991)或*Cipolla*(C-94/04, ECR I-11421, 2006)等案例中对服务领域互认原则的表述。

78. 参见《服务指令》第18条和第35条。

79. 参见《欧盟服务指令》,第26.5条。这不是说意味着欧盟立法者对服务领域的技术标准无动于衷。相反,指令呼吁只要可行,就应建立共同的技术标准。例如参见第8.3条或第21.4条。

80. 同上文,recital 102。

81. 参见第三节第四部分以第26.5条为基础的服务标准第一个项目授权分析。

82. 参见注62。

83. 还可参见H.-W. Micklitz, "Services Standards: Defining the Core Consumer Elements and their Minimum Requirements", Study commissioned by ANEC, the European Consumer Voice in Standardisation, 2007.4.19, p.36。

84. European Commission Communication,"Europe 2020—A strategy for smart, sustain-

able and inclusive growth", COM(2010) 2020 final, 2010.3.3.

85. 参见服务于欧洲经济和社会的单一市场新战略的报告《蒙蒂报告》("Monti Report"),2010年,http://ec.europa.eu/bepa/pdf/monti_report_final_10_05_2010_en.pdf, 2014年11月10日访问。

86. 在标准制定体系中纳入服务还与增加欧洲层面标准制定进程的效率、有效性和包容性相一致。还可参见 European Commission Communication, "An Integrated Industrial Policy for the Globalization Era", COM(2010) 614 final。

87. 参见 European Commission Communication, above note 9, pp.10—11。

88. 参见 European Commission Communication, "Trade, Growth and World Affairs—Trade Policy as a Core Component of the EU's 2020 Strategy", COM(2010) 612 final, 2010.11.9。

89. 就 TTIP 谈判的现状(就服务而言,已经在电信和专业服务上取得进展),参见 http://trade.ec.europa.eu/doclib/docs/2014/july/tradoc_152666.pdf, 2014年11月10日访问。

90. 参见 European Commission Communication, above note 71, p.4。

91. 这符合 CEN、CENELEC 和 ETSI 以及欧委会和欧洲自由贸易协会合作的总体原则,OJ C 91/7,2003。

92. 参见 European Commission, "Vademecum on European Standardization—Part II: European standardization in support of European policies—Chapter 4.2: Follow-up of Mandates", 2009.10.15。

93. 尽管如此,似乎欧洲标准制定组织的标准制定成本主要是由产业承担的(占比现在超过90%),委员会(或欧洲自由贸易协会的会费)预计在2%左右。参见 Impact assessment accompanying the proposal for a Regulation on European Standardization, SEC(2011) 671 final, 2011.6.1, p.8。

94. 正如前面注意到的,《技术性贸易壁垒委员会决定》(TBT Committee Decision)中体现的原则被认为同样适用,事实上也通过参考欧盟标准化法规对欧洲标准组织具有约束力。

95. 但值得注意的是,就目前而言,透明度指令(98/34)的框架并不适用于服务(信息通信技术服务例外)。参见注50。

96. 参见第1025/2012号法规。

97. 同上文,第2条。这里的法规还参考了服务指南的第22条,说明了在不远的将来可以标准化的服务提供者信息的类型。

98. NORMAPME 是在欧盟标准化体系内代表中小企业利益的组织。该组织由欧委会资助。新的欧洲标准化法规在附件3中列明了一些条件,代表中小企业、消费者或社会利益集团的泛欧洲实体可以有权申请联盟融资。参见注10。2013年12月,在欧委会的支持下,一个新的组织,也就是小企业标准组织得以创建,目标是进一步增强欧洲中小企业在标准制定过程中的作用。新的组织是在新的标准化法规通过之后建立的,旨在解决关于了解欧洲标准化信息困难的问题。例如,参见欧洲议会2010年10月21日关于欧洲标准化未来的决议,2010/2051(INI), para. 40ff;还可参见 K. van Elk and R. van der Horst, "Access to Standardization—Final Report", Study for the European Commission, DG Enterprise and Industry, 2009.3.10。

99. 还可参见 Opinion of Advocate General Trstenjak in Case C-171/11, *Fra.boSpA*, para.19。

100. European Commission，"Mandate Addressed to CEN，CENELEC and ETSI for the programming and development of horizontal service standards"，M/517 EN，2013.1.24。

101. 在 CEN 内，服务战略咨询组（CEN/BT/WG214-SAGS）是关于服务标准制定的政策和战略问题的协调机构。

102. 还可参见 ftp://ftp.cencenelec.eu/CEN/News/2014/Events/Services/4_Palmer.pdf，2014 年 12 月 15 日访问。

103. 还可对比 Micklitz，同注 83。

104. European Commission Communication，"The annual Union work programme for European standardization for 2015"，COM(2014) 500 final，2014.7.30。

105. 同上文，第 5 页。

106. 同上文，第 10 页。

107. 参见 CEN/CENELEC，"Work programme 2015—European Standardization and related activities"，2015，p.48。

108. 还可参见 ECORYS，"Study on business-related services—Main Report"，commissioned by the European Commission，2012.12.12，http://ec.europa.eu/enterprise/policies/industrial-competitiveness/documents/files/sector-studies-business-services_en.pdf，2015 年 5 月 28 日访问。

109. 参见 European Commission Communication，"On the implementation of the Services Directive—A partnership for new growth in services 2012—2015"，COM(2012) 261 final，2012.6.8，p.3。

110.《商业服务高级别工作组最终报告》(High-Level Group on Business Services—Final Report)，2014 年 4 月。有意思的是，这个工作组由各种临时特设工作组组成，包括"一个标准和相关文件临时特设工作组报告"。参见同上文，第 77 页及之后。

111. 该工作组建议，可以在这一情形下使用泛欧洲的自愿认证体系 Keymark。

112. 也可参见 J. Marchetti，"Technical Standard-Setting in the Financial Sector"，in P. Delimatsis(ed.)，同注 67。

113. ANSI 已经通过并随后修订了组建此类代表团的程序，参见 ANSI procedures for US participation in the international standards activities of ISO，January 2015 edition，http://publicaa.ansi.org/sites/apdl/Documents/Standards%20Activities/International%20Standardization/2015_ANSI_International_Procedures.pdf，2015 年 5 月 30 日访问。

114. 参见 Chartered Institute for Securities and Investment(CISI)；Long Finance；British Standards Institute(BSI)，"Backing Market Forces：How To Make Voluntary Standards Markets Work for Financial Services Regulation"，2013.11，p.30，www.longfinance.net/images/BSICISILF_Backing%20Market%20Forces_November2013.pdf，2015 年 5 月 29 日访问。

115. 还可参见 Financial Stability Board(FSB)，"A Global Legal Entity Identifier for Financial Markets"，2012.6.8。

116. 还可参见 P. Delimatsis，"ransnational Private Regulation in Professional Services"，bhttp://papers.ssrn.com/sol3/papers.cfm?abstract_id=2140927，2015 年 5 月 30 日访问。

117. 参见 Delimatsis，同注 55。

第十二章
服务业与国有企业

谢莉·史蒂芬森、加里·C.赫佛鲍尔[1]

第一节 简介和概述

一些重要的贸易政策议题因为国有贸易企业而处于显著位置,这是由于国有企业的发展规模、享受的特权和追求的目标可能有别于私营企业。当前,还没有关于国有企业的协调一致的国际规范。但是,随着新一代超大型贸易协定[《跨太平洋伙伴关系协定》(TPP)和《跨大西洋贸易与投资伙伴关系协定》(TTIP)]和诸边协定[特别是《服务贸易协定》(TiSA)]的到来,这种情况有望发生改观。因此,关于服务领域国有企业的分析恰逢其时:国有企业在服务及自然资源领域(石油、天然气和矿石)地位特别显赫。

本章确认了国有企业给服务贸易带来的政策挑战,总结了关于国有企业的现有规范,并且对可能出台的新规范作出预测。在转向这些具体问题前,我们对国有企业的范围进行了界定,也对国有企业在全球经济中的重要性进行定位。

一、界定国有企业

经合组织将国有企业定义为国家"通过完全、多数或重要少数所有权来进行明显控制"的企业。[2]这个定义足够宽泛,能够包括国家支持的企业(SSEs)和法定机构,例如邮政服务和收费道路管理。但是,这个广泛定义在各国之间并不统一,不仅给国有企业的跨国数据对比带来困难,也使谈判国际规则成为一个棘手难题。但是,就本章而言,我们使用经合组织的普遍定义。

二、 全球经济中的国有企业

国有企业包括世界上最具权势的一些企业，在一些发展中国家的 GDP 中占据实质份额。《经济学人》于 2012 年发表了一份题为“国家资本主义”的特别报告，强调了国有企业的财富和影响。《经济学人》预测“福布斯全球 2 000 强”(全球 2 000 个最大企业)中约有 10%的企业是国有企业，这 204 个企业的销售总额约占全球 GDP 的 6%。在一些部门，国有企业的影响力更大一些。

2003—2010 年，国有企业占新兴经济体对外直接投资的三分之一。[3] 正如图 12.1 所显示的，2011 年全球十大企业中有四个是国有企业(其中，中国企业有三个，分别是中国石油化工集团公司、中国石油天然气集团公司和国家电网公司；第四个是日本邮政控股公司)。在中国，国有企业发行的股票占 2011 年本国股票市场资本的 80%。

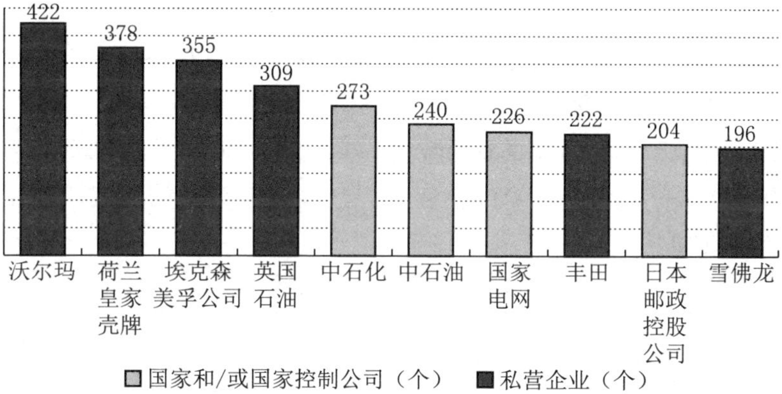

资料来源:《经济学人》。

图 12.1　2010 年按收入计算的全球最大的上市公司

在一些发展中国家，国有企业备受关注，不仅因为其绝对规模，还因为其在国内经济中的相对重要性。正如图 12.2 中所显示的，中国、阿根廷、俄罗斯、印度尼西亚、马来西亚、沙特阿拉伯、印度和巴西的国有企业控制了各国经济 50%或以上的“制高点”。有一个指数叫作国家国有企业指数(CSS)，将“国有企业控制的制高点”界定为“在该国前十大公司中，国有企业销售额、资产和市场价值的一种同等加权平均”。[4]

经合组织进行的一项调查显示，在 38 个受调查国中，21 个国家的 CSS 指数在 0 以上。中国的 CSS 指数值最高，达到 95.9，还有 8 个国家的国有企业得分在

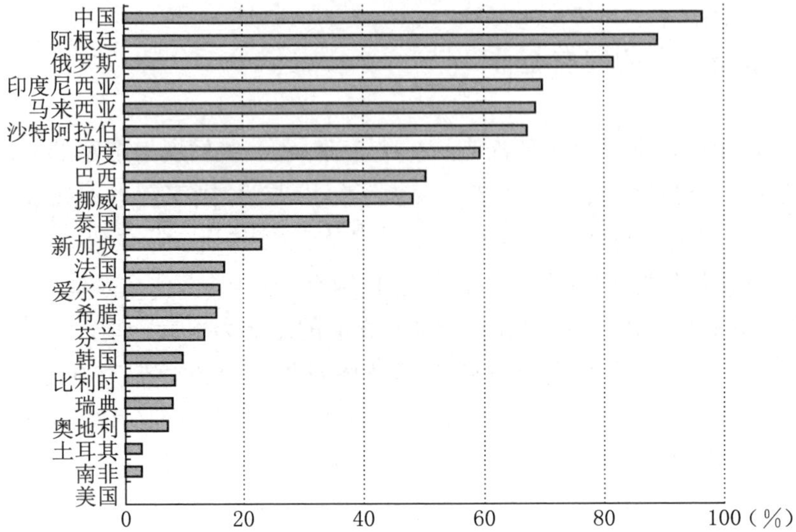

资料来源:经合组织,国有企业规模和对比;Kowalski 等,同注 4,经合组织;世界发展指数。

图 12.2　各国前 100 家公司中的国有企业数量占比

50 甚至以上。南非的 CSS 指数值很低,只有 2.8,低于其他金砖国家。10 个经合组织国家的国有企业指数值不是零。

表 12.1 总结了大型国有企业的数量,这些企业的就业人数,以及这些企业在经合组织国家和一些新兴国家的销售额。这些国有企业的组成既包括服务部门,也包括其他部门。

表 12.1　所有国有企业和类似公司

	服　务				其他部门				总　计	
	价值(十亿美元)	企业数量	雇员数量(千人)	劳动力占比(%)	价值(十亿美元)	企业数量	雇员数量(千人)	劳动力占比(%)	劳动力占比(%)	就业的服务占比(%)
澳大利亚	18.1	14	47.7	0.40	0.2	1	2.3	0.02	0.42	75.5
奥地利	19.5	10	90.6	2.06	18.7	1	28.7	0.65	2.72	68.9
比利时	3.8	12	142.0	2.90	0.0	0	0.0	0.00	0.90	77.1
加拿大	28.0	44	85.3	0.44	0.3	3	1.3	0.01	0.45	76.5
智　利	8.2	29	26.1	0.31	12.9	5	22.8	0.27	0.58	66.4
中　国	1 585.7	34	n/a	n/a	917.2	36	n/a	n/a	5.75	35.7
哥伦比亚	54.9	40	33.3	0.14	0.6	3	47.6	0.21	0.35	62.2
捷　克	26.2	92	119.5	2.26	8.5	33	20.8	0.39	2.66	58.8
丹　麦	14.2	19	39.8	1.37	0.0	0	0.0	0.00	1.37	77.5

续表

	服务				其他部门				总计	
	价值（十亿美元）	企业数量	雇员数量（千人）	劳动力占比（%）	价值（十亿美元）	企业数量	雇员数量（千人）	劳动力占比（%）	劳动力占比（%）	就业的服务占比（%）
爱沙尼亚	3.9	50	24.3	3.51	1.5	3	0.9	0.13	3.64	64.1
芬兰	70.7	42	130.9	4.81	21.7	11	93.8	3.45	8.26	72.7
法国	248.6	51	2 114.7	7.02	68.3	17	424.0	1.14	8.43	74.9
德国	46.6	72	1 060.1	2.54	0.7	3	3.0	0.01	2.55	70.2
希腊	10.8	51	53.7	1.07	0.0	5	4.9	0.10	1.16	70.3
匈牙利	6.1	309	99.1	2.26	12.8	64	66.3	1.51	3.77	63.4
爱尔兰	32.2	25	43.1	1.99	0.0	0	0.0	0.00	1.99	69.4
以色列	37.6	25	26.6	0.73	11.4	9	28.3	0.78	1.50	77.1
意大利	146.6	11	321.2	1.28	94.5	6	205.7	0.82	2.10	68.5
日本	362.7	25	340.7	0.52	−23.4	1	0.1	0.00	0.52	69.7
韩国	232.6	57	129.4	0.50	−0.4	2	3.2	0.01	0.51	76.4
拉脱维亚	4.5	74	51.0	4.88	0.4	1	1.2	0.12	5.00	68.1
立陶宛	6.2	90	38.9	2.53	1.3	48	4.1	0.27	2.79	65.9
墨西哥	54.5	62	0.0	0.00	28.7	7	0.0	0.00	0.00	61.9
荷兰	60.3	26	78.3	0.87	0.0	0	0.0	0.00	0.87	71.5
新西兰	13.9	16	28.9	1.20	1.4	2	2.2	0.09	1.30	72.5
挪威	134.5	45	240.4	8.99	0.6	5	44.8	1.68	10.67	77.4
波兰	59.9	191	140.6	0.76	30.6	145	83.6	0.45	1.21	57.0
葡萄牙	7.6	83	171.5	3.14	0.1	1	0.0	0.00	3.14	63.8
斯洛文尼亚	15.1	42	63.3	6.20	2.4	13	19.3	1.89	8.09	60.3
西班牙	−3.0	36	94.5	0.40	0.8	19	8.9	0.04	0.44	74.9
瑞典	42.3	48	202.6	3.99	8.7	4	6.1	0.12	4.11	77.9
瑞士	22.5	4	101.1	2.18	0.0	0	0.0	0.00	2.18	67.9
土耳其	75.1	31	220.3	0.81	12.1	20	63.3	0.23	1.05	50.4
英国	8.6	17	428.8	1.32	0.1	1	0.9	0.00	1.32	78.9
美国	13.1	19	573.9	0.36	0.4	2	239.6	0.15	0.51	81.2

注：这里的价值是指企业资产的账面价值。中国的数据只涉及国有企业和中国政府控制的企业。

资料来源：经合组织，国有企业规模和对比；Kowalski 等，同注 4，经合组织；Lardy，同注 18。

有意思的一点是，虽然中国有相当数量的国有企业(70个)，但是很多经合组织国家的国有企业数量更多：法国、拉脱维亚、墨西哥和葡萄牙的国有企业数量分别是68个、75个、69个和84个，从国有企业数量上看并不比中国少。形成更大对比的是匈牙利(373个)、立陶宛(138个)、波兰(336个)和捷克(125个)，它们的国有企业数量比中国要多得多。中国的国有企业之所以引发关注，是因为其规模而不是数量。例如，所有373个匈牙利国有企业的市场价值约200亿美元，而70个中国国有企业的市场价值高达2.5万亿美元。[5]

三、 国有企业和就业

国有企业的劳动力中，有相当多数的雇员(平均约85%)是在服务部门工作，这一点非常引人瞩目。在6个经合组织国家中，服务国有企业占国有企业劳动力总数的全部。以色列(48%)和哥伦比亚(41%)是仅有的国有企业多数劳动力在非服务部门工作的国家。

但是，在绝大多数经合组织国家，国有企业在总体就业中的比例很低。在经合组织国家中，国有企业劳动力占就业总数的比例都在个位数，但值得注意的一个例外是挪威(10.7%)。在其他国家中，只有法国(8.4%)和斯洛文尼亚(8.1%)国有企业的就业比例较高。

四、 国有企业在哪些领域运营?

国有企业的分布密集度在不同部门和不同国家之间有所区别。图12.3显示

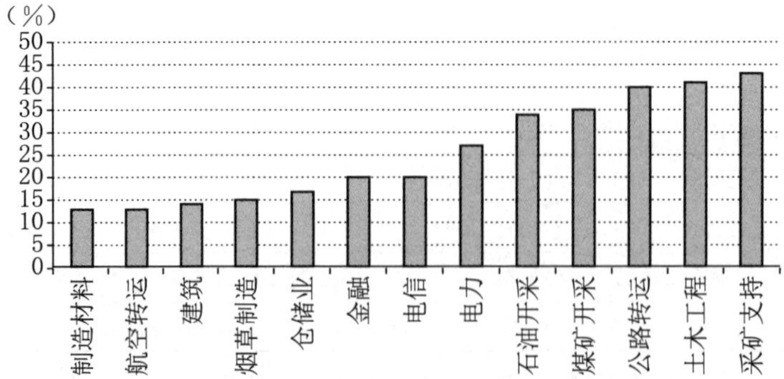

资料来源：经合组织，国有企业规模和对比；Kowalski等，同注4，经合组织；世界发展指数。

图12.3 顶级公司的国有企业占比

了全球的国有企业部门分布情况。经合组织的调查发现,跨部门 CSS 指数的平均值是 10.7。在受调查的 41 个部门中,11 个部门根本没有国有企业。

根据 CSS 标准,采矿业的国有企业比例最高(约 42%),这意味着在采矿业的每 10 个大型企业中,就有 4 个是国有企业。这个部门的国有企业——以及根据 CSS 标准的国有企业比例最高的前四大部门——全部位于金砖国家,但是电力、天然气和蒸汽部门占据了经合组织国家中大型国有企业的重要部分(18.3%)。烟草、仓储、机动车辆和金融媒体也在经合组织的大型国有企业中占有重要份额。

2012 年的《经济学人》报告描绘了发展中国家国有企业的部门分布(见图 12.4)。能源部门的国有企业占比最高(约占该部门的三分之二),而公用事业和电信服务的国有企业在所有上市企业股票市值中占比最高。

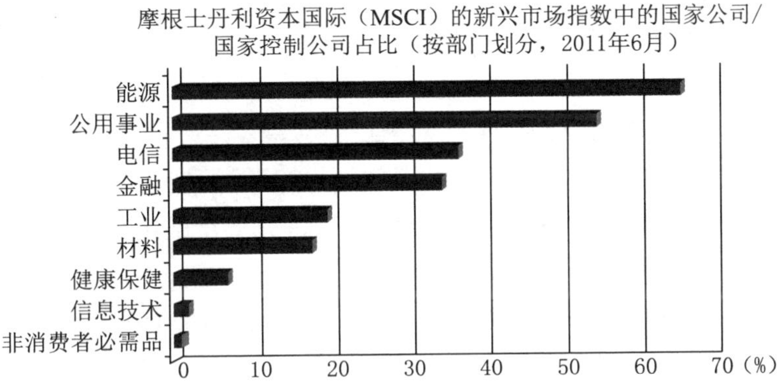

资料来源:德意志银行,《经济学人》。

图 12.4 按照产业部门划分的新兴市场指数份额

第二节 国有企业在服务部门中的重要性

很多重要的国有企业或者完全在服务部门运营,或者对服务投入品依赖较大。全球前十大企业中,有 4 个是国有企业,而且所有 4 个都要么在服务部门运营(日本邮政、中国国家电网),要么承担重要的服务使命(中国石化、中国石油)。2011 年,美国福布斯 500 强企业中,有 106 个是国有企业,这些企业的重要部分均在服务部门运营。

根据经合组织调查,平均 86%的国有企业在服务部门运营。[6]事实上,在 6 个经合组织国家中,所有国有企业都在服务部门运营。[7]服务业国有企业至少占经合组织国家所有国有企业的三分之二，但智利、奥地利和匈牙利例外。根据经合组织统计，即便是在中国，服务国有企业也已占到国有企业的五分之三。

一、 世界贸易中的国有企业

国有企业引发了世界贸易中的重要问题，是因为很多国有企业有跨国商业利益，或者是作为出口商，或者是作为进口商。如果以收支平衡为基础测算贸易，拥有很多国有企业的国家在全球贸易中的占比预计接近20%。[8]经合组织报告指出，国际活动的不断增加是金砖国家大型国有企业的一个可察觉的趋势(当然，我们早已看到，这些国家的绝大多数国有企业在服务部门运营)。中国、印度、印度尼西亚和其他几个国家有明确的政策推动国有企业发展，南非、俄罗斯和巴西也通过非正式机制支持其国有企业。不管政府采取什么方式，考虑到国有企业的数量和规模，重要的是确保其不会以造成贸易壁垒的方式进行运营。

二、 世界市场中的国有企业

国有企业成为贸易政策领域的关注题目，这充分反映了其在外国市场的地位。其中一些挑战将在后面的章节进行讨论。我们在这里看一下国有企业在全球经济中的作用。表12.2显示(从2 000个公开上市的最大公司中)全球204个最大的国有企业的运营足迹。

表12.2　所有上市公司中的国有企业

	服务			其他		
	价值(十亿美元)	企业数量(个)	雇员数量(千人)	价值(十亿美元)	企业数量(个)	雇员数量(千人)
澳大利亚	0.0	0	0.0	0.0	0	0.0
奥地利	14.4	3	42.7	11.5	1	28.7
比利时	124.0	5	69.4	0.0	0	0.0
加拿大	0.0	0	0.0	0.0	0	0.0
智　利	0.2	1	0.3	0.8	2	0.0
中　国	1 585.7	34	n/a	927.2	36	n/a
哥伦比亚	5.5	2	1.2	127.0	1	39.4
捷　克	18.6	1	31.3	0.0	0	0.0

续表

	服务			其他		
	价值（十亿美元）	企业数量（个）	雇员数量（千人）	价值（十亿美元）	企业数量（个）	雇员数量（千人）
丹麦	3.2	3	17.6	0.0	0	0.0
爱沙尼亚	0.0	0	0.0	0.0	0	0.0
芬兰	67.4	6	71.8	23.2	8	89.9
法国	140.6	9	716.2	71.9	5	403.5
德国	84.4	3	713.9	0.0	0	0.0
希腊	4.1	8	29.0	1.0	1	2.1
匈牙利	0.0	0	0.0	11.3	3	42.3
爱尔兰	0.2	1	3.6	0.0	0	0.0
以色列	0.0	0	0.0	0.0	0	0.0
意大利	61.3	3	83.2	95.7	4	193.7
日本	136.4	2	276.7	0.0	0	0.0
韩国	41.4	10	45.9	0.0	0	0.0
拉脱维亚	0.0	1	0.0	0.0	0	0.0
立陶宛	0.5	3	2.4	0.0	0	0.0
墨西哥	0.0	0	0.0	0.0	0	0.0
荷兰	0.0	0	0.0	0.0	0	0.0
新西兰	0.8	1	7.6	0.0	0	0.0
挪威	126.1	4	84.5	27.2	4	42.9
波兰	41.8	7	37.8	34.8	9	62.8
葡萄牙	0.0	0	0.0	0.0	0	0.0
斯洛文尼亚	2.4	14	24.8	2.6	6	17.2
西班牙	7.9	3	28.2	0.0	0	0.0
瑞典	65.5	3	73.2	0.0	0	0.0
瑞士	21.7	1	19.5	0.0	0	0.0
土耳其	39.7	6	84.3	0.0	1	0.0
英国	110.9	2	234.3	0.0	0	0.0
美国	0.3	3	3.5	46.7	1	212.0

注：价值是指市场价值。

资料来源：经合组织，国有企业规模和对比；Kowalski 等，同注 4，经合组织；世界发展指数。

这些国有企业的销售额合计可达到2.6万亿美元，占2 000个全球最大企业销售总额的10%和全球GDP的6%。国有企业的总体销售额大于全球农业的增加值，是全球制造业增加值的三分之一。即便如此，全球所有企业销售额还不足全球服务增加值的十分之一。这反映了全球经济中一个更大的方面，即农业和制造业的增加值在服务业面前相形见绌。有证据显示，服务国有企业，无论是作为跨境贸易的供应商，还是作为直接对外投资者，有充足的空间在未来继续发展。

第三节　国有企业带来的挑战

一、概述

国有企业受到与私营企业相同的贸易规则和救济措施约束，但是它们在指导目标和行为方面的差异可能引发一些重要问题。私营企业通常是优先根据利润驱使进行运营。但是，国有企业有时候需要回应公共目标，例如也许增加超过企业实际需求的就业，在其定价安排方面偏好国内供应商和购买者，或者实现国家的外交政策目标。由此导致的结果是，国有企业可能不总是能够像私营企业那样对利润导向型原则作出回应。虽然追求公共目标本身不是问题，因为这经常是相关政府赋予这些企业的任务，但国有企业——经常是有相当影响力的大企业——的行为能够导致反竞争做法和贸易限制做法。

国有企业能够通过两种主要方式扭曲竞争条件：第一，在监管方面获得优惠照顾；第二，国家直接或通过优惠购买安排方式提供财政支持。就第一种情形而言，政府法规在处于同一产业的国有企业和私营企业之间创造了不公平的竞争环境。在第二种情形下，国有企业通过政府购买、优惠技术转让、补贴信贷或优惠税收等方式获得支持。[9]

这些扭曲允许国有企业以比私营企业更加优惠的条件在国内市场和国际市场上销售，因此让私营企业竞争者处于不利位置。此外，国有企业还通过其自己的购买安排，在可能的供应商之间构成歧视。由于提供资助的政府与国有企业之间缺乏透明度，这些扭曲的情况变得更加复杂。

二、授予国有企业竞争优势的政府做法

经合组织在其竞争中立报告中确认了五种具体做法，政府通过这些做法授

予国有企业相对私营企业的竞争优势：[10]

● 直接补贴——国有企业收到直接补贴或其他形式的公共财政支持，以维系商业运作。

● 优惠融资和担保——国有企业可能收到政府直接提供或通过国家控制的金融机构提供的低于市场利率的信贷。一个相关优势是国家直接或间接地为国有企业担保，这降低了其借贷成本。[11]

● 其他优惠待遇——国有企业可能不会受到与私营企业相同的监管纪律约束，而且国有企业可能从公共采购的优惠中受益。

● 垄断和在位优势——政府可能赋予国有企业专营权或垄断权，授权其从事某些活动(例如邮政服务)。除了自然垄断或法律垄断，一些国有企业作为有内置垄断权的价值链垂直结构在网络产业运营。这给予国有企业确定竞争者准入条件的影响力。[12]

● 专属资本——国有企业的控制权无法像私营企业那样轻易转让。在某些情形下，这给予国有企业一些优势，例如：[13]

i. 没有义务向股份持有者支付分红或投资回报；

ii. 有能力参与反竞争做法，例如垄断性定价，而不对股价造成不利影响；

iii. 没有更加有效的方式进行运营的动力；

iv. 可能免于破产规则，并享受信息优势。

三、 服务国有企业创造的竞争扭曲范例

说明真实世界中服务部门的扭曲范例是有启发意义的事情。印度人寿保险公司(LIC)作为一个政府控制的企业，在人寿保险产品方面享受主权担保，而印度的私营保险商则没有此类担保。[14]在中国，保险监管机构向国有企业保险公司同时签发多项许可，而选择性地对外国投资企业分配许可。[15]

在一些国家，国有企业享有反垄断的豁免权。例如，中国2008年公布的《反垄断法》要求国家保护国有企业和法定垄断行业经营者的合法商业活动。[16]

以更优惠的条件获取信贷的案例也是来自中国，国有企业可以从国有银行以每年1.6%的超低利率借贷，而私营企业的贷款利率则高达4.7%。[17]《经济学人》报道说，截至2009年，私营企业只占中国未偿还贷款的2%。虽然这一份额在最近几年增长迅速，但是国有企业的融资扩张条件仍然好于私营企业。[18]

美国邮政管理局(USPS)被授予使用消费者邮箱的排他性垄断权。[19]该公司被允许从联邦融资银行直接借贷，以低于私营企业在可比较风险下市场利率的

利率为公共债券提供担保。[20]最后,美国邮政管理局拥有土地征用权,可以免于缴纳停车费或车辆注册费,还可以免税购买燃油,并且无需符合当地区划法规。[21]

第四节 服务领域国有企业的现有贸易规则

我们现在转向管辖服务国有企业的现有法律体系。从本质上讲,世贸组织的法律体系创造了在一个由私营企业主导的全球经济中需要遵守的商业规则手册。市场体系是规范,国有体制是例外。但是,世贸组织的绝大多数规则并没有对私营企业和国有企业作出区分。如果私营企业和国有企业出口商品或者进行海外投资,贸易救济(反倾销税、反补贴税、保障措施、知识产权救济措施)同样适用于这两类企业。

一、 GATT 关于国营贸易企业的义务[22]

在货物贸易领域,GATT 第 17 条设立了关于国营贸易企业(STEs)的特别义务。第 17 条解决了在第二次世界大战后出现的观点,当时有人担心由国家支持的一些垄断可能导致发展过快,出现操纵市场的行为。随后几十年间,国营贸易企业确实扭曲了一些重要和不那么重要商品的世界贸易,这些产品包括石油(石油出口国组织卡特尔及其在各国层面的子公司)以及大米、可可、咖啡、锡和一些其他商品。但是,在 GATT 或世贸组织争端案件中,第 17 条很少被援引。

不管怎样,第 17 条的文本条款如此宽泛,在缺乏更加广泛的司法解释的情况下,以至于无法对国营贸易企业的做法产生影响,可能在反对国营贸易企业滥用相关做法上没有约束力。第 17.1(a)条呼吁各国政府确保一个国营贸易企业"应在其涉及进口或出口的购买和销售方面,以符合非歧视性待遇的一般原则行事"。第 17.1(b)条进一步宣布,国营贸易企业应:

> 仅依据商业因素[23]进行任何此类购买或销售,包括价格、质量、可获性、适销性、运输和其他购销条件,并应依照商业惯例给予其他缔约方的企业参与此类购买或销售的充分竞争机会。

第 17 条有两项关键缺陷,导致其无法成为有效工具。第一,前面所提及的注释:任何国营贸易企业可以主张其"出于商业原因"在定价活动中进行歧视。第二,第 17.4(d)条的措辞让国营贸易企业可以隐瞒其账簿、记录和定价决定,以"不损害其合法商业利益"。上述这些条款让一个成员挑战其他成员的国营贸易企业变得极其困难，即便这种挑战是存在理论可能的。

国营贸易企业在第17条中没有准确定义，但是除非其在进口和出口方面享受“专有权或特权”，否则国有企业不会自动被认定为国营贸易企业。1994年世贸组织通过的《关于解释GATT第17条的谅解》要求成员通报其国营贸易企业，并且重申了关于非歧视待遇的承诺。[24]但是，该谅解没有扩大第17条的实质性义务，将一些国有企业涵盖在内，即那些在经营中可能参与进出口、但并不是将其作为主要活动、且没有行使“专有权或特权”的国有企业。

就实际情况而言，关于第17条的唯一争端案件是“加拿大与谷物出口和进口谷物待遇相关的措施案”(DS276)，上诉机构于2004年就此案作出裁决。美国声称加拿大小麦局没有依据“商业因素”进行交易，但美国的主张因为缺乏证据被专家组所拒绝。上面所提到的第17条的缺陷能够解释为什么美国输掉了案件。[25]这是导致自贸协定中关于国有企业做法有更加强劲措辞的背景因素之一，例如美国—新加坡自贸协定和美国—韩国自贸协定。

当国有企业向另外一家企业(私营企业或国有企业)授予一项补贴时，现在仍然是个案确定国有企业是否构成《补贴与反补贴措施协定》意义上的“公共机构”。美国商务部一度认为，所有国有企业都是公共机构，但是这一观点在2011年被世贸组织上诉机构推翻。[26]相反地，世贸组织上诉机构采取了个案审查的方法，确定所涉及的国有企业是否在行使一项政府职能。在确定国有企业向另外一家企业提供一项补贴的做法是否构成可归因于某个世贸组织成员的“公共机构”的行动时，国家所有权是一项因素，但不是决定性因素。

二、 GATS关于垄断服务提供者的义务

成员在GATS下承担的义务是在正面清单基础上作出的，所涉服务部门必须以正面清单方式列入减让表，外国企业才能获得保证，可以在国内市场上进行竞争并享受国民待遇。

GATS第8条“垄断和专营服务提供者”可以提供打击在服务产业(如银行、电信等)国有企业做法滥用的一种渠道。第8.1条要求“垄断服务提供者在与其他世贸组织成员处理交易时遵守最惠国待遇原则”，第8.2条禁止在垄断提供者参与其垄断权范围之外的竞争时，“滥用其垄断地位”。第8.5条规定，如一成员在其领土内设立了少数几个非竞争性服务提供者，则上述条款也适用于专营服务提供者。GATS第8条还没有在贸易争端案件中经由上诉机构裁决，而且这些条款是否将实质性遏制国有企业做法的滥用，还有待进一步观察。

三、 自贸协定中的国有企业纪律

自从1994年北美自贸协定签署以来，关于国有企业的纪律一直被纳入自贸协定的竞争章节中。此类纪律现在已成为美国签署的所有自贸协定的固定内容。在北美自贸协定中，第15章的第1502条和第1503条对国有企业设置了有限的纪律。

就这些条款来说，指定垄断被期待根据商业考虑行事，除非其授权另有规定。[27]这反映在第1502条垄断和国家企业中，第3节规定：

> 3. 各方应确保，通过监管控制、行政监督或实施其他措施，其指定的任何私人拥有的垄断和其维持或指定的任何政府垄断：
>
> ……
>
> (b) 除了遵守没有不符合(c)或(d)段的其指定的任何条款，在相关市场购买或销售垄断产品或服务时仅应根据*商业考虑*行事，包括价格、质量、可获得性、适销性、运输或购买或销售的其他条款和条件(斜体以示强调)

第1503条明确处理国有企业问题，将北美自贸协定的条款扩大到国有企业。因此，第1502条和第1503条成为第一项包括国有企业纪律的自贸协定条款。虽然这些条款受到争端解决条款的约束，但此类程序仅限于国家与国家之间的磋商。[28]

与北美自贸协定类似的条款，可以在美国与澳大利亚、智利、韩国和秘鲁的自贸协定中找到。但是更加详细和强劲的条款包含在2003年签署的美国—新加坡自贸协定中，这也是迄今关于国有企业的最先进的协定。这一协定呼吁加强透明度，要求国有企业根据商业考虑行事，不滥用其垄断或监管权力，并且禁止直接对国有企业行使政府影响。有可能美国正在将美国—新加坡自贸协定中竞争章节的措辞作为TPP谈判的出发点。美国—新加坡自贸协定的该章节文本详见本章附件。[29]

在欧盟签署的自贸协定中，欧盟—韩国自贸协定包含了处理国有企业问题的条款，即“公共企业”条款(第11.4条)和“国家垄断”条款(第11.5条)。第11.4条将竞争章节的范围扩大到国有企业。第11.5条与北美自贸协定第1503条很是类似，要求参加方不得歧视私营企业，给予国有企业优惠。在欧盟的新一代自贸协定中，欧盟—加拿大自贸协定也许包括了最复杂的关于国有企业的纪律。[30]该自贸协定第20条是“国家企业、垄断和被授予特殊权利的企业”，适用于国有企业和被授予特殊权利和专有权利的企业(参见第20章第1条“涵盖实体”的定义)。该章以GATT第十七条国营贸易企业和GATS第十八条为基础,要求所有国有企业活动都依据商业考虑进行。

第五节　国有企业的其他纪律

虽然关于国有企业的硬性法则寥寥无几,而且相隔很久才会出现,但是经合组织已经完成了关于如何在市场经济中管理国有企业的开创性工作。现在的两份政策指南材料,分别是《国有企业公司治理指南》(简称《国有企业指南》)和《竞争中立框架》(CNF)。《国有企业指南》是一套规则或指导,旨在确保国有企业的法律和监管框架在国有企业和私营企业之间创造一个公平的竞争环境。《竞争中立框架》则涉及一套可供政府使用的政策选项,解决国有企业享受的竞争优势问题。《国有企业指南》和《竞争中立框架》被设计为相辅相成的。

一、《国有企业指南》

《国有企业指南》对经合组织《公司治理指南》进行了详细阐述,而且聚焦于国有企业公司治理相关的议题上。这份指南包括六个宽泛方面,下面还有从属指南:

- 确保一个有效的国有企业法律和监管框架

一个有效的法律和监管框架应旨在建立一个公平的市场环境,让国有企业和私营部门企业进行竞争。[31]

- 国家作为一个出资人行事

国家应作为一个消息灵通并且积极的出资人,确保国有企业的治理有高度专业性与有效性,并且以一种透明和负责任的方式进行。[32]

- 股东的平等待遇

为确保所有股东的平等待遇,国有企业应承认所有股东的权利,并确保其拥有平等获取公司信息的权利。[33]

- 与利益相关方的关系

为推动与利益相关方更加良好的关系,政府的国有企业政策应充分认识到国有企业负有针对利益相关方的责任,并要求其报告与利益相关方的关系。[34]

- 透明度和披露

国有企业应依据经合组织《公司治理原则》遵守高标准的透明度要求。[35]

● 国有企业董事会责任

指南建议国有企业董事会应有必要权限、能力和中立性，以行使其战略指导和监督管理的功能。指南还建议董事会应独立行事，并对其行为负责。[36]

二、《竞争中立框架》

在澳大利亚政府看来，竞争中立要求"政府商业活动不凭借其公共所有权而享受相比对手的净竞争优势"。[37]根据这一精神，经合组织更相信改革监管环境，而不是改革企业。《竞争中立框架》要求对国有企业运营的法律和管理版图进行一次系统审查，并对这个版图进行改革，以确保国有企业的运行条件与私营部门竞争者面临的条件密切匹配。《竞争中立框架》也要求国有企业以能够与私营部门相比较的方式展示其收入和成本，以改进其透明度和问责情况。[38]

在实施《竞争中立框架》前，经合组织认为一国政府应考虑：第一，应被纳入《竞争中立框架》的政府层级（国家、区域或当地层面）；第二，该项活动的本质是否为商业性，因为国有企业有时也从事非营利性活动；第三，是否存在无法与国有企业竞争的（潜在或实际）竞争者；第四，《竞争中立框架》的实施成本是否超过其带来的利益。[39]

根据经合组织所说，应该设立强大的监督和执行机制来辅助《竞争中立框架》，以便支持各国的改革。监督活动可以通过一个监管机构、一个政府部门、国有企业本身或通过定期报告来实现。[40]实施这些改革可以通过法律、行政机制、一个正式的申诉机构或通过现有的各国具体机制来进行。[41]

自从20世纪90年代以来，竞争中立作为一项政策目标已经在澳大利亚得到实施。竞争中立的起源可以追溯到1993年，当时希尔默报告（正式名称是独立问询委员会发布的《国家竞争政策报告》）提出了国家政策框架的原则。这导致澳大利亚各级政府签署的《竞争原则协定》为制定澳大利亚政府的《联邦竞争中立政策声明》提供了基础，后者于1996年6月公布。[42]

实施这一政策的责任落在一个独立的政府机构身上，也就是澳大利亚生产力委员会。该委员会设有一个申诉组，但是正式申诉相对很少。这些安排并没有限制澳大利亚竞争和消费者委员会依据国内竞争法采取行动。[43]

澳大利亚的目标是取消由于一项商业活动因为公共所有而导致的任何扭曲。《竞争中立框架》的运行是通过五个政策工具：

● 税收中立

一个政府企业应该将税收纳入其成本基础和价格中，以便维持政府企业与其私营部门竞争者之间的税收中立。[44]

● 债务中立

一个政府企业在以反映澳大利亚政府总体信贷风险的利率进行借贷，而不是反映商业活动类型的信贷风险时，应该调整其成本基础和价格。[45]

● 监管中立

一个政府企业因为没有像其竞争对手那样受到监管安排和义务的约束而获得优势，通过一个与其所享受的任何优势相等的金额，对其成本基础和价格进行调整。[46]

● 商业回报率

一个政府企业应确保其征收的价格足以在一个合理时间段内获得总体商业回报率。[47]

● 价格反映成本

一个政府机构进行重要的商业活动，这是其更广泛功能的其中一项，该机构应确保其收取的价格反映其商业活动的全部成本。[48]

第六节　服务国有企业的建议纪律

可能有人认为，私营服务提供者应该受到与国有服务提供者相同国际纪律的约束。但是，有三个原因可以解释为什么需要在私营企业和国有企业之间作出区分。第一，私营供应商受到各国竞争法的约束，而国有供应商通常豁免这一法律。第二，与国有企业不同，私营供应商原则上是受利润驱动的，而这一差异给予国有企业相当的自由度来追求政府目标。第三，国有企业的管理、账目和特权通常是不透明的，这与股票上市的私营企业形成反差。尽管如此，值得注意的是，美国签署的自贸协定通常在竞争法章节中体现关于国有企业的条款，竞争法章节要求各参加方对私营企业适用各国竞争法。

在我们看来，关于服务国有企业的纪律应该包括几个主题。理想状态是这些应该在世贸组织主持下的一项诸边谈判中得到阐述。这些也应该是超大型区域贸易协定的组成部分。这些建议来自《新加坡—美国自贸协定》(详见本章附件)，因为该自贸协定包括截至 2014 年底在公共记录中可以查询到的最详细的国有企业条款。截至本章节写作之时，我们没有办法获取到 2015 年底公布的 TPP 文本。[49]

关于被涵盖的国有企业的定义，电信和医疗提供者等指定垄断和邮政服务等政府机构都应该被纳入在内。被授予特殊权利或专有特权的企业和其他有着重要政府联系的企业也应被涵盖在内。

国有企业应该受到披露要求的约束。国有企业应如同私营企业那样,根据国际会计标准公布账目,并且如果其不公布,相同的负面推理也应像适用于私营企业那样适用于国有企业的商业协议。国有企业应该披露任何政府资助的债务或基金,以及来自政府的任何影响或指示。

国有企业采购也应受到 WTO《政府采购协定》的约束。国有企业应该以符合该协定的方式行事,在购买和销售方面仅考虑商业因素。

竞争中立应该是监管和竞争法律的一项指导原则。此类法律应该同样适用于国有企业和被委以特殊权利或专有权的企业。

国民待遇义务应适用于国有企业的入站服务和竞争性私营企业的投资。例如,国有企业应给予外国企业进入其网络(电信、银行清算系统等)的相同准入机会,并且不应阻挠外国企业建立和连接设施。补贴规则,如果就私营企业服务提供者达成一致,应同样适用于国有企业服务提供者。

市场准入、国民待遇和其他国有企业义务的例外,应该通过负面清单的方式在世贸组织协定、TiSA 或任何相关超大型自贸协定中列明。当然,如果所涉协定没有例外自然更好,但作为工作起点,这似乎雄心水平有些过高——正如在 1947 年 GATT 建立之时就要求彻底取消关税,是不可能实现的事情。

第七节　处理国有企业问题的现有谈判努力

世贸组织内关于国有企业的现有纪律或者不够充分,或者很少付诸实践。一些成员参加了正在进行的诸边谈判倡议,他们引述了国有企业日趋增长的影响力,推动在国有企业治理方面达成全面规则。本节在后面列明了一些此类协议。虽然这些谈判是秘密进行的,能够获得的信息少之又少,但国有企业是谈判的争议议题之一,新闻媒体对此也有一些公开报道。

一、《跨太平洋伙伴关系协定》

在刚刚结束的 TPP 谈判中,国有企业议题是一个非常困难的谈判章节。[50] 马来西亚和越南经济中的国有企业占比很高,日本也有一些很重要的国有企业。截至本章节写作之时,能够获得的 TPP 谈判和谈判建议的信息不是很多。

在 TPP 中，关于国有企业有两个提案，一个是澳大利亚提出的，一个是美国提出的。澳大利亚提案是依据《竞争中立框架》，这是澳大利亚在国内实施的框架，澳大利亚在利马回合谈判中提出了这一建议。[51]该提案建议纳入一个类似审计的内部机制，推动国有企业和私营企业之间的竞争中立。这一提案的依据是实施以公平竞争为基础的法律和法规。[52]据报道，马来西亚和越南表示无法在短期内实施此类规则。后来，在澳大利亚提案被报道、于 2013 年 8 月撤回后，美国提出了其关于国有企业的提案。[53]

美国提案于 2011 年 10 月作出。除了其他内容，这份提案呼吁规范包括国有企业在内的更大范围的企业，取消给予国有企业的所有优惠措施，包括导致市场准入机会丧失或损害的措施，禁止向国有企业提供支持，并确保国有企业和私营企业之间的非歧视待遇。[54]这一提案还包括一项争端解决条款，确保这些条款的有效实施。

把具体分歧放到一边，似乎 TPP 参加方对谈判制订关于国有企业的条款已经达成广泛共识。关于适用范围，据报道参加方已经达成协议，将仅在其管辖范围内运营的部分领域国内服务提供者免于适用国有企业条款，例如金融、电信和教育领域。[55]

二、《服务贸易协定》

与 TPP 一样，参加方在 TiSA 谈判中提交的谈判提案，能够获得的公开信息微乎其微。某种共识是 TiSA 应该包括国有企业条款，验证这一观点的是一项事实，即几乎所有 TiSA 参加方都将国有企业作为其希望协定涵盖的一项议题。[56]

关于 TiSA 谈判，只有两个参加方的谈判提案可以在网上获取。虽然欧盟已经披露其 TiSA 谈判提案，但公开文本没有包括关于国有企业或者任何“新的和加强纪律”的信息。[57]在 2014 年 TPP 关于国有企业章节的谈判完成后，美国在 TiSA 谈判中提交了一份该领域的文本草案，内容相当类似。因此，有可能国有企业纪律也将作为 TiSA 最终结果的组成部分。但是，考虑到 TiSA 谈判参加方包括了很多中等和低收入国家，国有企业在这些国家中占据重要地位，对国有企业议题进行谈判将是一项富有挑战性的工作。

三、《跨大西洋贸易与投资伙伴关系协定》

与笼罩 TPP 和 TiSA 的秘密氛围不同，欧盟已经公布了其关于 TTIP 的具体谈判提案。关于国有企业的拟议章节纳入了公开文本，这让我们能够分析拟议条款的范围和内容。

总体而言，欧盟提案是以欧盟—加拿大自贸协定中的国有企业章节为基础的，涵盖了最复杂的国有企业纪律。欧盟关于国有企业的文本范围相当宽泛，扩大到国有企业和被授予特殊权利或专有特权的企业(SSEs)。[58]

根据该提案，[59]国有企业的定义是：

> 第一，国家拥有企业的多数资本；或者，第二，拥有该企业发行股份所附加的多数投票权；或者，第三，可以任命该企业的行政、管理或监督机构的半数以上成员。

“被授予特殊权利或专有特权的企业”的定义也相当宽泛，享受特权的企业也被包括在其范围内，例如“有权作为分销者、网络提供者或购买或销售一项货物，或者提供或接受一项服务的其他中间商”。

这份文本进一步解释了应该纳入 TTIP 范围的特别权利和特权：

> 特殊权利意味着一参加方在中央或次中央层面在某一给定地理区域或一项产品或服务市场内授予有限数量企业的权利，这些权利的影响是实质性限制在相同地区或相同产品或处于实质性相等条件的服务市场开展活动的任何其他企业的能力。在分配一项稀缺资源时，通过客观的、成比例的和非歧视的标准，向有限数量的企业提供一项许可，就其本身而言，不是一项特殊权利。

这一定义包括了在中央层面和次中央层面的企业。与此前自贸协定中的纪律类似，该提案包括关于商业考虑和非歧视的条款。有意思的是，TTIP 提案也包括一项关于透明度和国有企业公司治理的条款，[60]这是以经合组织《国有企业公司治理指南》为基础的(该文本明确参考了经合组织指南)。

第八节　结　　论

一个国有企业的法律地位和所有权结构本身没有给世贸组织或全球贸易体系制造麻烦。但是，考虑到国有企业的规模、其从差别和更具吸引力的政府奖励和支持措施中收益的能力、其可能追求不同于私营企业的目标，国有企业的行为可能给国际贸易带来挑战。考虑到国有企业在服务产业中的主导地位，其在服务领域更是一项议题。本章已经提出，无论是在多边层面，还是通过正在进行的诸边和超大型区域贸易谈判倡议，制定国有企业纪律是非常有用的，有助于确保这些企业没有利用其地位损害其他服务企业的贸易。截至 2014 年底，最全面的国有企业纪律是美国—新加坡自贸协定中的“反竞争性商业做法、指定垄断和政府企业”章节。与之类似的，欧盟—韩国自贸协定中也将竞争章节的纪律范围扩大到国有企业。但是，于 2015 年 10 月结束的 TPP 在此基础上走得更远，已经在此领域有了新的突破。TPP 设立了冗长的国有企业章节，相关纪律全面而且影响深远。这份文本将最有可能构成 TiSA 和 TTIP 谈判中关于国有企业纪律的讨论基础。这份文本还增加了此类纪律作为很多 21 世纪贸易协定标准结构的组成部分的可能性。

附　　件

《美国—新加坡自贸协定》第十二章节选

（2003 年 5 月签署，该章节题目为“反竞争性商业做法、指定垄断和政府企业”）

2. 政府企业

（a）本协定不得被理解为妨碍一参加方建立或维持一个政府企业。

（b）各方应确保其建立或维持的任何政府企业不能以不符合该参加方在本协定下义务的方式行事，不管此类企业行事该参加方已经指派给其的任何监管、管理或其他政府职能，例如有权征用、授予许可、批准商业交易或设立配额、规费或其他费用。

（c）美国应确保其建立或维持的任何政府企业向所涵盖的投资提供在货物或服务销售方面的非歧视待遇。

（d）新加坡应确保任何政府企业：

i. 在其购买或销售货物或服务时，仅依据商业考虑行事，包括价格、质量、可获性、适销性、运输和其他购销条件，并且向被涵盖的投资、美国货物以及美国服务提供者在其购买或销售方面提供非歧视待遇；

ii. 不得直接或间接，包括通过其与母公司、子公司或具有共同所有权的其他企业：

A. 在竞争者之间达成限制价格或产出竞争或分配消费者的协议，而没有貌似合理的效率理由；

B. 参与实质性减弱在新加坡市场上竞争、损害消费者利益的排他性做法。

(e) 新加坡应不得以任何方式直接或间接地采取行动或试图影响或指示其政府企业作出决定，包括通过行使任何权利或利益对此类企业施加有效影响，以符合本协定的方式可予例外。但是，新加坡可以通过不违反本协定的方式，在政府企业中行使投票权。

(f) 新加坡应继续减少其总体所有权和其在新加坡法律下组织的实体授予有效影响的其他利益，并在转让投资的时机上考虑相关资本市场现状。

(g) 新加坡应：

i. 至少每年应公布关于每一涵盖实体细节的一份整合报告：

A. 新加坡及其政府企业累计拥有的股份比例和投票权比例；参加方承认，股东不会监督企业的日常运作。本条款不被理解为意图要求或鼓励可能不符合美国或新加坡法律的行动。

B. 一份关于新加坡或其政府企业拥有的任何特别股份或特别投票权或其他权利的描述，这些权利有别于此类实体所拥有的一般普通份额所附加的权利；

C. 担任董事会官员或名单的任何政府官员的名字和政府头衔；

D. 年度收入或总资产，或两者，取决于企业作为涵盖实体的条件；

ii. 在收到美国关于一个具体企业的要求后，向美国提供在(i)项中列明的信息，对于作为非涵盖实体或未在第 12.8.1(d)条和第 12.8.1(e)条列明的任何企业，双方的理解是信息可以公开。

3. 在不同市场上或在同一市场内征收不同价格，如此类差异是以正常的商业考虑为基础，例如考虑供需条件，则其本身没有不符合本条款。

4. 本条款不适用于政府采购。

http://www.ustr.gov/sites/default/files/uploads/agreements/fta/singpore/asset_upload_file708_4036.pdf.

注释

1.曾在 ICTSD 实习的 Puneeth Nagaraj 和彼得森国际经济学研究所(Peterson Institute)的研究分析师 Tyler Moran 提供了有价值的帮助。本章观点只代表作者看法，不代表其所供职的机构观点。

2. OECD, *Guidelines on Corporate Governance of State-Owned Enterprises*, Paris, 2005.

3. *The Economist*, "Special Report on State Capitalism", 2012.1.21.

4. 关于 CSS 分数情况的讨论，参见 Przemyslaw Kowalski, Max Büge, Monika Sztajerowska and Matias Egeland, "State-owned enterprises: Trade effects and policy implications", OECD Trade Policy Papers No.147, 2013。

5. 同上。

6. 这一数据是根据作者的测算为基础，参考了企业资产的账面价值。参见 Kowalski et al.，同注 4。

7. 比利时、丹麦、墨西哥、荷兰、爱尔兰和瑞士。

8. 参见 Kowalski et al.，同注 4。

9. 参见 G. C. Hufbauer，J. B. Jensen，and S. Stephenson，"Framework for the International Services Agreement"，PIIE Policy Brief no PB12-10，2012.4，p.40。

10. Antonio Capobianco and Hans Christiansen，"Competitive neutrality and state-owned enterprises：Challenges and policy options"，OECD Corporate Governance Working Papers，No.1，OECD Publishing，2011，pp.6—7，http://dx.doi.org/10.1787/5kg9xfgjdhg6-en.

11. 同上。

12. 同上。

13. 同上。

14. Coalition of Services Industries，"'21st Century' trade issues：The challenges to services trade and investment from State owned/assisted enterprises，restrictions of data flows and forced localization"，Global Services Summit，July 2011，p.5.

15. 同上。

16. 同上。还可参见中国《反垄断法》第 7 条。该条规定："国有经济占控制地位的关系国民经济命脉和国家安全的行业以及依法实行专营专卖的行业，国家对其经营者的合法经营活动予以保护，并对经营者的经营行为及其商品和服务的价格依法实施监管和调控，维护消费者利益，促进技术进步。前款规定行业的经营者应当依法经营，诚实守信，严格自律，接受社会公众的监督，不得利用其控制地位或者专营专卖地位损害消费者利益。"

17. *The Economist*，"SOEs are good at infrastructure projects，not so good at innovation"，Special Report on State Capitalism，2012.1.21.

18. 同上。还可参见 Nicholas Lardy，*Markets over Mao*：*The Rise of Private Business in China*，Peterson Institute for International Economics，2014。

19. Capobianco and Christiansen，2011，above n 10，p.7.

20. 同上。

21. 同上。

22. 这些材料中，很多内容来自 Bergsten 等撰写的图书章节。参见 C. Fred Bergsten，Gary Clyde Hufbauer and Sean Miner，*Bridging the Pacific*，2014。

23. 注：本条规定不阻止一个国营企业在不同市场内销售一产品时收取不同价格，只要此类不同价格出于商业原因，为适应出口市场中的供求条件而收取。

24. 参见 https://www.wto.org/English/docs_e/legal_e/08-17_e.htm。

25. 参见 Vincent H Smith，"Regulating State Trading Enterprises in the GATT：An Urgent Need for Change—Evidence from the 2003—2004 US-Canada Grain Dispute"，Policy Paper No 12，Agricultural Marketing Policy Center，2006. 正如史密斯所指出的缺陷，"商业考虑"(commercial considerations)这个术语有些含糊不清。

26. *United States—Definitive Anti-Dumping and Countervailing Duties on Certain Products from China*，WT/DS379/AB/R11，March 2011.3.11

27. Federal Trade Commission，"Competition Provisions in Regional Trade Agreements"，

Note by the US at the Latin American Competition Forum，2008.9.

28. 在《北美自贸协定》下，竞争章节于 2003 年被用于对涉及墨西哥石油垄断巨头 Pemex 的一场争端中，专家组决定要求该公司向加拿大和美国企业开放采购项目。

29. 例如参见 the note on the TPP Competition Chapter prepared by the Competition Working Group of the US Business Coalition for TPP，https://www.uschamber.com/sites/default/files/legacy/grc/TPP%20Competition%20Chapter%20-%20Submission%202%20-%20KO RUS%20Mark--Up.pdf。

30. 基于 2014 年 9 月 26 日公布的合并谈判文本。

31. OECD，同注 2，第 12 页。

32. 同上文，第 13 页。

33. 同上文，第 14 页。

34. 同上文，第 15 页。

35. 同上文，第 16 页。

36. 同上文，第 17 页。

37. The Treasury，Australian Government，"Australian Government Competitive Neutrality Guidelines for Manager"，2004.2，p.1.

38. Capobianco and Christiansen，同注 10，第 11 页。

39. 同上文，第 12 页。

40. 同上文，第 13 页。

41. 同上。

42. Smith，同注 32。

43. Capobianco and Christiansen，同注 10，第 11 页。

44. Smith，同注 32，第 16 页。

45. 同上文，第 21 页。

46. 同上文，第 27 页。

47. 同上文，第 29 页。

48. 同上文，第 37 页。

49. 自本章写作后，TPP 协议于 2015 年 10 月缔结，官方文本于 2015 年 11 月公布。TPP 包含的国有企业章节冗长，纪律详细而且全面，但遗憾的是作者没有办法在本章中分析这些纪律。

50. 关于 TPP 中国有企业章节的具体内容，可以作为未来贸易协定谈判国有企业纪律的一种参考。该章节条款值得进行深入分析。作者理解，美国在 2015 年下半年的 TiSA 谈判中提出了类似 TPP 的国有企业章节。

51. Tsuyoshi Kawase，"Trans-Pacific Negotiations and Rulemaking to Regulate Stat-Owned Enterprises"，RIETI Policy Update 053，2014.4.22.

52. *Inside US Trade*，2013.6.7.

53. *Inside US Trade*，2013.8.8.

54. *Inside US Trade*，2011.9.29.

55. *Inside US Trade*，2014.2.28.

56. 例如参见 European Trade Commission，"Trade in Services Agreement (TiSA)"，http://trade.ec.europa.eu/doclib/docs/2013/june/tradoc_151374.pdf；美国贸易代表 Michael

Froman 在 TiSA 服务产业联盟的讲话，http://www.ustr.gov/about-us/press-office/speeches/transcripts/2014/June/Remarks-by-USTR-Froman-at-Coalition-Services-Industries-on-TiSA。

57. European Trade Commission,"European Union Proposal on Draft Text Provisions", http://trade.ec.europa.eu/doclib/docs/2014/july/tradoc_152687.pdf.

58. 参见 European Trade Commission，"Textual Proposal on State Owned Enterprises"，2015.1，http://trade.ec.europa.eu/doclib/docs/2015/january/tradoc_153030.pdf。

59. 同上文,第 1 条。

60. 同上文,第 7 条。

第十三章

设计面向未来的数字贸易多边规则

米拉·布里

第一节　数字贸易:议题概述和有关监管问题

数字贸易作为一项至关重要的贸易政策议题,可以从两个角度去理解,一个是狭义角度,另外一个是广义角度。从狭义角度看,数字贸易显然等同于通过互联网交付的产品和服务的商业活动。[1]而广义角度更加宽泛,还与数字网络环境下的创新能力相关。这两种角度在我们的日常生活中都能遇到,因为数字技术已经并且将继续对社会进步的方方面面产生深远影响。改变既包括微不足道的,也有十分重大的,从在线购物,到新的全球价值链的形成,再到我们工作、写作、创造、分销和获取信息的各种方式,不一而足。一方面,这些改变产生了相当规模的量化影响——例如,关于互联网用户的数量,或者关于在线交易对国内生产总值和经济增长的贡献。[2]据预测,2008 年约一半的服务贸易是因为信息通信技术才成为可能,[3]如果将这一比例用于欧盟,就意味着约 6 000 亿美元取决于数字经济的开放度。[4]而另一方面,数字化带来的转变具有定性的特征。它们的确让很多服务能够进行贸易,对社会的很多具体领域乃至社会整体都产生了重要影响。[5]

数字贸易的两种内涵都很重要,也都取决于国际经济法领域的规制解决方案。狭义角度更加直接,广义角度没有这么直接,但在很多领域是可以这样说的,例如与基础设施、标准相关的解决方案,以及总体上与企业在全球范围内创造和分销新的产品和服务的自由。由于数字挑战的多面性特征,以及数字技术内置的流动性混杂在一起,要设计出充分适应这些方面的规制纪律,情况变得错综复杂、难以详细描述。在本章中,我们集中关注这种初期治理模式的一个基本组成部分,并且审查一下世贸组织框架下的多边规则,特别是与服务贸易相关的规则。

一、不断变化的监管背景

互联网时代的开始是在差不多30年前，当时获得普遍支持（即便后来证明是错误的）的观点是互联网不应该也不能被监管，[6]但长期被证明的一点是，（线下）监管也影响线上。[7]但是，无论是在国际层面，还是在国内层面，都没有对数字技术带来的挑战作出一个全面而且结构严密的回应。相反，我们发现的只是渐进式的、参差不齐的调整，这些在很大程度上影响了现有体制，仅举几个例子为证，例如电信、媒体、版权。[8]各国政策首先需要重新设计，由于数字环境与生俱来的全球特征，很多解决方案需要放在全球层面考量——无论是作为对现有协定（例如1996年在世界知识产权组织通过的《互联网条约》）的一项补充，还是作为全新的机制性解决方案（例如互联网名称与数字地址分配机构，英文缩写ICANN）。

在此背景下，应该强调的一点是，数字技术很显然对经济、社会和文化活动有影响，同时也对法律和治理模式总体上产生了同样强大的影响。[9]法律机构面临很多挑战，特别是与设计和执行相关的挑战。很多现有规则不再提供合适答案。例如，数字技术颠覆了关于版权和专营权的传统理解。数字技术导致关于货物和服务的传统分类老旧过时，因为货物和服务现在通常一体，特别是日趋紧密的“服务化”趋势。还值得被注意的一点是，法案、法律、各国之间的条约等传统意义上的法律在很多方面被挑战，并且被新的控制模式所取代——或者通过守则，[10]或者通过私法秩序。[11]治理模式在原则上变得越来越不以政府为核心，现在涉及多个利益相关方的监管形式开始泛滥，政府被赋予不同类型的监管和控制功能。[12]

我们需要注意到这些进展，并且尝试恰当地予以解决，因为世界贸易法是治理工具箱的重要组成部分。同时，随着数字技术越来越多地在各国内部被用来作为推动创新和增长的关键驱动力，监管主动主义、监管繁重和不平衡的风险现在明显存在。正如近期的证据显示的，无论是在国内政策还是国外政策中，都已经出现一些保护当地产业的政策措施，并对数字贸易的自由产生实质性作用。[13]

二、国际经济法没有改变或改变寥寥

迄今，国际经济法还没有通过一种前瞻性的方式对数字革命作出回应。[14]如果将世贸组织庇护下的规则和承诺作为国际经济法的主要支柱，那么自乌拉圭回合谈判(1986—1994年)以来,全球贸易自由化没有取得实质进展。即便是多哈回合能够成功结束,贸易自由化的前景也不是特别乐观。与迄今没有成果的多边努力相比,双边和区域平台取得了一些进展,不仅是从贸易自由化角度,从克服数字不对等和建立新规则方面也站得住脚。但是,即便如此,这些进展也是渐进式的,抓住了各种领域的技术进展(商界的一些利益诉求非常迫切),但仍然没有实现真正的监管创新。《跨太平洋伙伴关系协定》(TPP)和《跨大西洋贸易与投资伙伴关系协定》(TTIP)等正在谈判的超大型贸易协定,可能为解决数字贸易问题提供一些新方法,以及更加详细和更好的结构性模板。但是,我们仍然处于发现和界定一个合适的跨国和国际数字技术监管框架的开始阶段,这是无疑的。考虑到数字驱动型创新的重要性日趋增加,将此类监管框架的要素汇集在一起的紧迫性也是与日俱增。

如果想要理解现在是否需要处理数字贸易的新的多边贸易规则,弄清楚两类问题也许是有帮助的——而这些问题也必然呼吁进行不同类型的改革。第一类问题与世贸组织协定的渐进调整相关,这类调整旨在纠正与蓬勃发展的电子商务相关的法律不充分、不一致和不确定性问题。第二类问题更加大胆,需要更多的创新性法律工程。随着数字技术和互联网进入更加先进的发展阶段,更加融入社会生活,这个关键问题有可能超过市场准入、取消关税或数字产品或服务的具体分类,并且将与整个国际贸易治理体系如何适应数字挑战相关。整个规则框架如何更加可持续,而且期待即将到来的测试沿着这条路走下去,以便利并培育数字贸易?甚至更广泛地说,互联网相关议题包括获取信息和自由言论等基本人权、隐私和数据保护、国家安全、各国和国际机构和规则之间的互动问题,贸易规则在处理这些议题的治理矩阵中能够发挥什么作用呢?

第二节 描绘关键问题并确认挑战

在处理这些问题并且设想合适的世贸组织改革要素时,[15]我们不能轻易忘记现有体系的优点和价值。

一、我们拥有什么

世贸组织规则尽管现在甚至可能在未来短期和中期缺乏对现实的回应,但无论在实质内容和程序机制上,都有其固有的灵活性和韧性,能够恰当地适应数字贸易带来的挑战——如果不是说全部挑战，至少也是一些挑战。世贸组织远远大于现在各方都承认已经陷入僵局的多哈回合谈判。世贸组织强有力的原则，例如最惠国待遇原则，适用于所有世贸组织成员，并且在 GATT、GATS 和 TRIPS 下运行，可能比量身定做新的监管法案更能处理技术发展问题，而那些监管方案的批准通过，经常被作为对强劲的利益集团，特别是知识产权领域利益集团的一种回应。[16]

GATT 与《信息技术协定》提供了数字产品贸易的全面框架，而《信息技术协定》涵盖了 97% 的全球信息技术产品贸易，并且实现了相关产品的零关税。TRIPS 提供了一个同样广泛的工具平台，保护与信息技术相关的知识产权，特别是处理计算机项目并且向其提供与《伯尔尼公约》下文学作品相同的保护。[17]尽管在乌拉圭回合谈判中存在"文化例外"的争论，但 GATS 还是提供了对在线贸易情形最相关的规则，[18]没有服务部门被事先排除在外。电信服务领域的现有规则和承诺特别先进，不仅处理了市场开放问题，还处理了一些至关重要的竞争力、市场准入和互联问题，[19]这为互联网的关键基础设施层面提供了一个相对开放的体系。还有一些水平适用的条款，例如透明度条款（GATS 第 3 条）和国内规制条款（GATS 第 6 条），很多条款都有潜力（虽然还没有得到开发）处理关于数字贸易的很多关切。

就规范的演变和内生的调整机制而言，世贸组织拥有一个无与伦比的优势，那就是复杂和相对高效的争端解决机制，经常被称为世贸组织"皇冠上的明珠"。[20]我们在世贸组织判例中发现了关于争端解决机制的能力及电子商务在贸易冲突中重要性的有力证据。的确，迄今所有关键的 GATS 案例（墨西哥—电信案[21]；美国—赌博案[22]；中国—出版物和视听产品案[23]；中国—电子支付服务案[24]）都有实质性的互联网相关要素。通过世贸组织的司法功能来寻找解决方案的路径，已经在数字贸易领域运行相当良好，因此也就澄清并推进了世贸组织规则，也解决了 100 多个世贸组织成员没有办法达成协商一致的这些困难议题。美国—赌博案和中国—视听产品案在此方面尤为突出。美国—赌博案是第一个只涉及 GATS 的争端案件，处理了美国在线赌博禁令与其在 GATS 下承诺一致性的问题。专家组和上诉机构毫不犹豫地将 GATS 规则适用于服务的电子跨境交付，因此也就抛弃了世贸组织规则适用于在线环境的一些现有规则不确定性的问题。在澄清了美国确实在赌博服务的分部门作出承诺后，专家组发现美国法规违反了其在 GATS 第 16.1(a)和(c)条下的市场准入承诺，因为这些"分别构成对一种、几种或所有交付方式的一种零配额"。[25]因此，专家组和上诉机构，通过没有明显声明的方式，显示了其偏向使用模式 1 下的服务跨境交付，并且使用了一种非常严格的非歧视标准，没有太顺从美国的监管自治权。[26]可以说此类深层次干预对更新一些的情形具有重要意义，例如各国对数据和隐私保护采取的（禁止性的）阻碍贸易的高标准。[27]美国—赌博案非常清楚地显示，可以适用GATS第14条的一般例外，而且世贸组织成员可以——尽管其在GATS下作出完全的具体承诺——在寻求实现至关重要的公共政策目标时，依据这一条款豁免其GATS义务。上诉机构在考虑在公共道德或公共秩序例外下的在线网络禁令时，没有采用一种过分严格的"必要性测试"，[28]其措施只是因为无法证明其符合GATS第14条序言要求而未能解释例外。[29]

中国—视听产品案是另外一起GATS案件，对整个世贸组织法律进行重要的体制性澄清，[30]并且在数字贸易规则上作出几个关键性的发展。特别是中国—视听产品案标志着首次尝试在什么构成货物和什么构成服务之间划出边界。虽然上诉机构的分析可能是不完整的，但上诉机构确实使用"物理可触摸性"作为对货物（而不是服务）的界定。[31]更加至关重要的是，中国—视听产品案解决了同类性这个争议问题，而正是同类性将触发违反线下和线上服务的非歧视性待遇。在美国—赌博案中，专家组只是确认了关于不同提供方式的技术中立要素，并且发现"对模式1下面的一种、几种或所有交付方式的禁止[……]构成对GATS第16.2(c)条意义上服务经营总体数量的一种限制"。[32]在中国—视听产品案中，上诉机构明确指出，分销可以包括物理交付和在线交付（除非另有规定），并且强化了GATS下的技术中立立场。[33]

从这个意义上讲，通过世贸组织类似司法实践开展的演进，一直是重要的方面，对数字贸易的法律条件产生了可见的影响。虽然世贸组织的非司法治理，无论在可见程度还是讨论程度上，当然都要更少一些，但其影响也不应被低估。这种隐性治理在很多委员会、工作组和审议机构进行，在确定议题、信息扩散、人际关系网、阐述和解释规范及监管学习等方面发挥了重要功能，其影响要大于传统看法。[34]世贸组织《电子商务工作计划》是这一观点的有力证明，[35]尽管这一工作计划取得的成果寥寥无几，[36]但也显示了数字技术对国际贸易法的多方向影响，并且影响了对可能的监管回应的辩论情况。

但是，描绘世贸组织"适应性治理特征"[37]的光明画面，及其处理影响深远的数字激发转型等新进展的内置潜力，也不意味着多边贸易体制适合处理数字贸易挑战。的确，担忧和怀疑是有多个来源的。

一些担忧与世贸组织规则特别是GATS条款的设计相关，后者允许世贸组织成员定制其自己的承诺。其他担忧与货物、服务和部门的传统（互联网时代之前）分类相关，这些承诺以分类为基础，越来越多地偏离贸易做法。很多争议问题经常限制了电子商务议题谈判，这些问题往往来自更加深层次的分歧。“文化例外”的困境让美国和欧盟处于对立阵营，就是在这个方面一个很显著的范例。[38]

总体而言，虽然世贸组织争端解决机制部分澄清和更新了规则，但是司法移植不能取代关于实质内容的政治协商一致，特别是在数字贸易等复杂而且高度技术的领域。因为多哈回合谈判一直以来进展寥寥，规则制定的多边渠道正在受到严重挑战，而这已经引发了“挑选法院”（平台选择）的问题——双边、区域或通过的新的诸边倡议，这些倡议在各国俱乐部之间进行，但又不附属于任何国际组织，例如《反假冒商品贸易协定》（ACTA）。[39]

平台和规则的碎片化，对于无缝和同步的数据流动，对于作为知识经济的重要支柱的面向未来的数字贸易来说，不是一种最佳情形。

二、 需要采取什么行动

从小的方面开始，大家可以首先列出迄今已经在世贸组织讨论的议题，特别是在世贸组织《电子商务工作计划》中变成主题的那些题目。但是，这些议题由于各种原因没有通过一种令人满意的方式得到处理，并找到明确的解决方案。正如前面所注意到的，世贸组织《电子商务工作计划》是一项早期的重要倡议，标志着数字贸易的重要性，以及其对多边贸易规则的多重影响。

但是，这一工作计划并没有“将思考转化为行动”。[40]在谈判桌前的这一失败要素已经通过案例法得到补充，特别是通过前面我们介绍过的美国—赌博案和中国—视听产品案，但是仍然有很多事情没有得到处理。

例如，现在世贸组织成员仍然没有就电子传输及其内容的永久免征关税问题达成协议。免征关税仍然是在临时基础上多次延长，最近的一次展期是根据在2013年巴厘部长级会议上的一项决定作出的。[41]

从《电子商务工作计划》一开始，各种分类问题就一直颇具争议。一方面，世贸组织成员迄今并未就电子交易的数字产品是属于GATT管辖下的货物、GATS管辖下的服务还是其他一些单独类别达成一致意见。可以确信，这不是一个技术问题而是一个高度政治议题，但是却可能因此对经济中的所有互联网相关部门产生严重影响。由于GATT规定了一个更加自由的体系，而GATS通过正面清单减让表方式给各国提供了更多的灵活性，包括各种形式的保护主义，这里的风险就是相当大的。

即便出现小概率事件，也就是这一问题就算得到处理，仍然无法得到解决的问题是适用哪些具体的GATS承诺，包括视听服务、增值电信或基础电信或者计算机相关服务。在此方面,这些类别下新的或现有电子服务的分类问题,将意味着一种完全不同的处理待遇和一套对应的义务,其程度从增值电信和计算机相关服务的完全承诺到视听服务几乎没有义务不等。因为现在的承诺都是在 W/120 清单基础上作出的,参考了当时临时适用、现在已经过时的 1991 年版的中央产品分类(CPC)清单,[42] 关于适用某个分类有很大的猜测余地,也就产生了很大的不确定性。

尽管案例法已经提供了有效澄清和(成员作出的)技术中立承诺,但在至关重要的问题上,也存在实质性的法律不确定性,即 GATS 模式 1(跨境提供)或模式 2(境外消费)是否与在线贸易相关,[43] 以及将"同类性"测试标准适用于在线和线下产品和服务的适用性问题。[44]

这只是电子商务领域的一个非穷尽性的未决问题清单。[45] 但是,这也说明,即便是在基础问题上仍然缺乏进展,那么在政治方面存在分歧,缺乏关键多数认可在世贸组织多边框架下的一个面向未来的数字贸易策略,就是很自然的事情了。在 ITA 及没有太多争议的协定扩围谈判中,已经可以感觉到世贸组织成员对未来道路没有达成一致。[46]

虽然世贸组织《电子商务工作计划》仍然在进行中,定期发布的报告宣称重振了向前迈进的努力,但进展极其缓慢。甚至世贸组织成员表达了某些担忧,对分类计划的任何更新或改变可能在事实上降低现有承诺水平。[47] 在很大程度上,由于美国和欧盟在贸易和文化问题上存在冲突,这两大关键利益相关方的立场很不幸地出现了不协调的情况,已经阻挠了迄今找到更加迅速的解决方案的努力,这一事件足以证明前面所说的观点。[48]

如同前面所注意到的,上面所提是世贸组织《电子商务工作计划》的"遗留问题"清单。可以确信的是,自从这一工作计划于 1998 年通过以来,整个全貌在很多关键方面已经发生变化。数字贸易的重要性,无论是其对很多国家经济增长的贡献,还是政府在数字贸易相关政策的成见,都已经以指数方式增长。[49] 另外,这些进展和不断变化的利益,与新的此前所不了解或没有充分开发的技术应用相关,例如移动手机或云计划,现在已成为重要的商业平台,[50] 更重要的是已经成为一种创新基础,具有深层次经济、社会和文化影响。[51] 大数据作为基本上所有社会活动关键方面的重要性在这次转型中至关重要,[52] 但在政策圈还没有获得完全的认可。

这些挑战也与禁止数字贸易的一种新的措施平台相关。美国国际贸易委员会最近的一项调查汇总了对此类措施的一种有用分类。一些措施可以被归为所谓的"数字贸易本地化措施"或者"本地化贸易壁垒",其中,特别包括了数据服务器的本地化要求、某些当地含量政策或者针对非本地的数字服务或服务提供者的歧视措施。[53]

第三节　勾勒未来道路

一、 优惠贸易协定中的解决方案

正如在本章一开始所指出的，大家可以确认两个层面的问题，这两个层面的问题需要进行不同类型的世贸组织改革。第一层次的问题需要解决前面提到的第一类问题，只需要对世贸组织规则特别是服务领域规则进行渐进的调整，在很大程度上可以通过改变承诺的方式和深度来实现。[54]但是第二层次的问题更新颖、更多样且更复杂，问题经常不是单纯的市场准入特征，而是超越边境，更多是一个监管趋同的问题。

关于第一类问题的调整，由于政治上无法达成协商一致，这种调整迄今是失败的。双边和区域倡议弥补了世贸组织内的停滞不前。[55]自从 2001 年以来，美国与很多贸易伙伴缔结优惠贸易协定，[56]已经建立了一种模板，解决了绝大多数的第一类问题。这种模板在其他没有美国参与的优惠贸易协定中得到复制(例如澳大利亚—新加坡、智利—澳大利亚、韩国—新加坡)。值得注意的进展已经出现，协定设立了专门的电子商务章节、服务跨境提供章节、信息通信技术合作章节和知识产权章节。[57]

第一类优惠贸易协定章节专门集中于电子商务议题，这代表了弥补世贸组织谈判缺乏进展和纠正持续发生的不确定性的一种明确努力。世贸组织《电子商务工作计划》中很多已经被讨论、但仍然开放的很多问题，正在被直接或间接地得到处理。这包括关于“数字产品”的一个清晰的定义，这个定义要求平等对待线下交付和线上交付的数字产品，因此也就确保了技术中立问题。本章进一步承认了世贸组织规则对电子商务的适用性，[58]并且确立了关于数字产品通过电子传输进出口专门和永久免征关税的做法。[59]优惠贸易协定中的电子商务章节确保了数字产品贸易的最惠国待遇和国民待遇——禁止各种歧视的基础是数字产品的“创建、生产、公开、存储、传递、承包、许可或在一国领土之外首先在商业条款上可获得”，或者“其作者、演奏者、生产者、开发者或分销者是另外一方或非参加方的个人”。[60]但是，这种看似影响深远的电子商务章节条款还是有所限定的。第一点很重要，这些条款从法律上要低于协定的其他内容，因为其“受到任何其他相关条款、例外或协定其他章节或本协定附件规定的不符措施的约束”。[61]如果出现冲突,电子商务章节的条款将被推翻。

因此,承诺的深度取决于服务章节。在美国引领的绝大多数优惠贸易协定中,跨境服务贸易章节是非常开放的。在所有问题中,对我们的讨论非常重要的是,这些优惠贸易协定使用了一个负面清单方法来进行承诺。这意味着不能维持不符合国民待遇的措施,除非另有明确规定。这种方法不仅能够实现更深层次的自由化,而且能够间接地处理过时(而且政治上有争议的)的分类问题,并且确保在原则上涵盖未来的数字服务。此外,优惠贸易协定处理了世贸组织体系下仍然存在的最惠国待遇豁免问题,并且确保很多此类豁免被放弃。一些优惠贸易协定还处理和明确禁止更新一代的数字贸易壁垒,后者规定了某些当地含量或存在要求。[62]

除了作为贸易协定核心的市场准入和平等待遇议题外,很多优惠贸易协定参加方还寻求缔结额外的电子商务谅解。这些谅解一方面涵盖更广泛的信息通信政策领域的不同合作倡议,例如关于电信政策、信息通信技术标准和交互性、网络安全、电子签名和支付、消费者保护、自我监管和数字政府项目的倡议。另一方面,联合谅解尝试实现数字市场的一些共同基础规则,不充分和不兼容的各国法规日益被视为一项重要的数字贸易壁垒。[63]实现这一目标没有通用模式。一些达成一致的数字贸易原则是普遍性的,而另外一些是相对详细和影响深远的。特别是,关于授权某些技术和法律要求、交互性和非歧视的认证,关于互认和国际标准、消费者保护[64]和私营标准[65]的工作,可以说是非常强有力的,需要国内法律和政策作出改变。2012 年,美国—韩国自贸协定成为第一个纳入与信息自由流动相关措施的自贸协定。[66]虽然这一承诺是非约束性的,其实际影响还有待评估,但是这显示了成员利用区域贸易平台,对数据保护和其他可能作为非关税贸易壁垒的规则制定纪律。[67]

优惠贸易协定还处理(虽然并不全面)一些在数字环境下的关键知识产权问题,包括实施和中间人责任,基本上规定了一种新的保护类型和与美国《数字千年版权法》(DMCA)规定的保护水平。[68]因为《停止在线侵权法》(SOPA)、《保护知识产权法》(PIPA)倡议[69]和《反假冒商品贸易协定》(ACTA)的最初案文没有获得国内支持,因此不可能设想能够通过优惠贸易协定实施其中的一些条款。[70]

总体而言,优惠贸易协定关于数字贸易的条款确保了一个相对开放的体系,有实质性超过 GATS 水平的承诺,[71]以及与电子服务跨境交付相关的详细规则制定,例如加强透明度和国内规制要求。[72]这些条款包括某些非贸易议题,也就是我们在本章中所说的“第二层级议题”,以尝试在数字治理领域实现某种基础水平的协调,或至少在法律上实现交互性。[73]这最终导致建立一个新定制的数字贸易国际体系。

尽管存在这些进展,现有的优惠贸易协定经验仅仅提供了一个最低限度的、受到地理限制的协调。从这个程度上讲,它们似乎无法处理关键的数字贸易挑战,无法确保全球范围的数据自由流动。另一方面,这些经验也证明,贸易协定是一个合适的平台,可以处理数字贸易带来的更广泛的问题。

二、 多边解决方案

(一) 更高水平的承诺:继续并重振世贸组织《电子商务工作计划》

世贸组织《电子商务工作计划》继续进行,体现了正在进行的辩论。近期,关于这一工作计划的"重振"有一些尝试。[74]特别值得一提的是,美国和欧盟已经提出一些电子商务的普遍原则。[75]这些原则在不预判任何现有规则和承诺的情况下,旨在作为一种基本协调框架发挥功能,由政府及其机构以技术中立方式实施,融入未来双边和多边贸易纪律。这些原则包括:

1. 所有信息通信技术相关原则的透明度;
2. 推动开放网络、网络准入机会和使用,包括推进交互性;
3. 确保不受阻碍的跨境信息流动;
4. 没有当地基础设施或当地存在要求;
5. 没有通过建立企业或其他方法,限制外资参与信息通信技术服务部门;
6. 有效和非歧视地使用频段;
7. 从法律上和功能上独立的监管机构;
8. 不受限制、负担不重的授权和许可程序;
9. 确保相互连通;
10. 国际合作,特别是弥合数字红利和增加数字素养。

接受这些原则可以作为确保法律确定性、商业界参与跨境数字贸易的第一步也是最重要的一步。在更多的世贸组织成员之间就这些原则达成协议,能够提供一个健康的基础,开展下一步的讨论,在区域和双边平台或单边国家做法中排除监管领域的"逐底竞争"或"力争上游",中国的这些情形是特别显而易见的。[76]

如果这些原则得到恰当地阐述和具体化,世贸组织成员能够通过达成一份《数字贸易参考文件》的方式,接受这些原则,然后作为一项额外承诺纳入各自减让表(GATS 第 18 条)。参考文件可以与一项附件或一份议定书组合在一起,后者详细列明了增加的承诺水平,以及这些承诺如何在参加方之间适用,这种方式此前在电信服务部门的开放方面运行良好。[77]

影响深远的具体GATS承诺可能妥善解决在《电子商务工作计划》框架下提出的问题，例如通过在两位的中央产品分类编码水平上广泛地做出整个服务部门的减让表，涵盖所有现有服务和期待新出现的服务。但是，重要的是，更高水平的承诺包括所有相关服务部门。迄今，一些部门看起来是政治上可行的，例如计算机和相关服务；但在另外一些部门，政治意愿是缺失的，例如视听服务。[78]

（二）ITA扩围协议

与《基础电信协定》和《参考文件》就电信服务作出影响深远的承诺一样，《信息技术协定》(ITA)是自乌拉圭回合谈判结束以来的一项重要进展，标志着信息技术产业的巨大成功。ITA规定了大量信息通信产品的零关税待遇，涵盖全球相关产品贸易的97%左右(现在76个成员加入其中)。[79]ITA在最惠国待遇基础上运行，因此利益扩大到所有世贸组织成员。自从1996年ITA在新加坡部长级会议上签署，一开始某些消费者产品被排除在外，但是协定规定了通信信息技术产品的进一步自由化，信息通信产品的交换不断增加，也便利了这个部门的创新。[80]但是并非所有国家都是赢家，ITA通常更惠及那些在信息通信技术行业已经先行一步的工业化国家。[81]

ITA扩围谈判在该协定签署不久之后就已启动，但谈判耗时冗长；更新这一协定在今天看起来特别紧迫，因为信息通信技术产品贸易的构成已经发生根本性变化，现在贸易的实质性部分并没有被ITA涵盖在内。[82]但是，想让ITA协定“不过时”，就要扩大产品范围[83]和参加成员数量。[84]在后互联网时代，数字经济已经改变了贸易政策，并且让贸易政策的其他领域更加相关，值得注意的是非关税壁垒和服务贸易。在ITA的范围和目标内，这可能涉及某些最低水平的负面协调，例如在电磁兼容性和干扰，以及包括计算机相关和电信服务等早已实现实质性自由化的领域。[85]这只能解决便利当代互联网环境贸易的一些问题，但是无法解决全部问题。

（三）在TiSA谈判中处理数字贸易问题

继续向前迈进，并且让世贸组织规则更好地适应数字时代的第二条可能出路，是通过《服务贸易协定》(TiSA)来实现。虽然TiSA不是一项世贸组织谈判，但意味着在服务部门提供更高水平的市场准入。尽管各方曾经期待从服务贸易中获得实质性收益，但从实际情况看，自由化水平仍然相当低。[86]TiSA谈判在2013年初启动，可以被界定为“最近这些年在贸易谈判领域已经出现的唯一最重要的进展”[87]，至少是在服务贸易。

TiSA 谈判获得美国、欧盟和其他“服务挚友”小组[88]成员的支持，谈判已经取得实质性进展。[89] TiSA 谈判不仅获得重要经济体的支持，其实际上在全球服务贸易中已经占据压倒性优势，还旨在整合优惠贸易协定的最大承诺，并且增加监管义务。[90]

如果有成员在寻求数字贸易的快速解决方案，TiSA 方法可能比继续推进传统的世贸组织服务议题谈判要更加合理，因为这个谈判只约束那些准备好作出减让的成员，并减少跨领域利益交换的成本代价。通过整体方式而不是零敲碎打的方式处理服务问题，也许是更加合理的。例如，从多哈回合谈判的一些提案中可以很明显地发现，新的数字贸易壁垒，即缺少进入技术分销渠道和信息网络的机会，已经在非信息通讯领域被感受到，例如航空、旅游和物流。[91] 尽管有 TiSA 的承诺，公正地说，我们仍然处于谈判过程中，虽然已经有大量的信息泄露和某些国家公布文件，[92] 但最终结果仍然是我们不确定的。从这个意义上讲，应该有所保留地考虑下面的想法。

迄今为止，看起来 TiSA 谈判采取了一种混合方法进行减让表承诺——这包括了在最惠国待遇和国民待遇问题上采取负面清单方法，但是在市场准入问题上采取肯定列表方法。参加方还讨论了纳入所谓的“维持现状”和“棘轮”条款。根据“维持现状”条款，参加成员同意，作为工作起点，将不创造新的服务贸易壁垒，并且维持现在的自由化水平。而根据“棘轮”条款，只要一个参加方改进其服务市场准入，新的开放的市场准入机会将自动对该参加方约束，并且永久化。[93]

就 TiSA 期待的自由化的深度看，似乎是要努力实现优惠贸易协定在所有部门的最佳承诺。即便这一目标实现，可能不足以解决直接相关的数字贸易问题，前面对此已有简要介绍。之所以如此，原因很简单，尽管我们前面讨论了美国签署的影响深远的优惠贸易协定，过去涉及其他 TiSA 谈判参加方的优惠贸易协定谈判没有在敏感部门的自由化方面取得实质性进展，例如视听服务。欧盟和加拿大不太可能放弃它们在这些部门的政策空间，[94] 这将再次让谈判回到“古老”的 GATS 难题上来。瑞士在 TiSA 谈判下的最初出价确认了这一点，因为瑞士没有在视听服务上提出超过 GATS 水平的承诺。[95]

感兴趣的利益相关方已经提出，为照顾数字贸易无缝流动的现实，通过负面清单方式作出承诺是合理之举，以确保数字服务领域的未来创新还有灵活性。与数据流动相关的条款也必须被确定为“水平的”，而不是逐部门实施，因为这些条款影响了作为网络经济组成部分的许多部门。[96] 任何本地化要求，不管是与商业存在、技术还是内容相关，都应该被禁止，以遏制监管主动主义和保护主义。

这些建议整合了目前影响最为深远的优惠贸易协定解决方案。[97]

由于为保护隐私和国家安全等关键公共利益而采取的国内措施水平增加，现在有一种广泛的认识，即某些措施可能是合理的，也是能够完全证明合理的。但是，很明显的是，其他措施不恰当地限制了数字贸易。不幸的是，各国政府仍然处于寻找合适保护水平的过程中，以及在市场创新和保护隐私等相互冲突的目标之间找到平衡。[98]现在各国内部还没有明确的方法，更不用说在国际层面就解决数字时代这些两难局面找到合适的解决方案了。

一些提案没有直截了当地涉及隐私的规范，但包括了关于国家安全保障的规范，这可能在结果上影响了信息的自由流动。关于这些建议规范的影响及其纳入贸易法案的问题，观点是存在差异的。[99]在学术辩论中，已经被提出的是，"框架公约"可以作为合适的架构，处理数据保护要求等不断移动的目标和不断变化的政策设计。[100]一份"框架公约"将提供法律确定性，因为参加方将就某些约束性的义务达成一致，而且随着时间推移进行重新谈判。[101]

但是，迄今 TiSA 谈判还没有开始处理这些辩论。到目前为止，政治上可行的方法是接受一些通信技术原则。例如，瑞士已经提交了题为"关于信息和通信技术服务贸易相关原则的条款"的提案，[102]这份提案超过了欧盟和美国都支持的世贸组织《电子商务工作计划》的原则。这份提案寻求关于法规透明度、监管机构独立性以及没有当地存在要求的、更宽的授权和许可程序。关于开放网络、网络准入和使用的条款影响特别深远，旨在确保在跨境和技术中立基础上，通过互联网提供和使用服务的能力不受限制。本地化要求将被避免，服务和技术的可交互性将得到加强。瑞士提案在跨境信息流动方面，也是非常自由的："政府不应阻止外国信息通信技术服务提供者或此类供应者的顾客，通过电子方式在国内或跨境传输信息，获取公开可获得的信息，或者获取其自己储存在海外的信息。"但是，一些保障措施存在，因为政府保留了保护使用信息通信技术的消费者免受欺诈和欺骗性商业做法，以及继续加强数据和隐私法和法规的执行能力。特别值得提及的是，信息通信技术原则不预判参加方在这些领域的政策目标和法律，例如知识产权保护、保护隐私、个人和商业数据保密性、消费者保护、文化表达多样性的保护和推广等。信息通信技术原则也不适用于金融服务。[103]

最后，如果 TiSA 谈判结果成为现实，有一条评论意见是合理的，即 TiSA 可能有相当规模的负面影响，因为其在事实上也增加了规则的碎片化。现在还不清楚的是，TiSA 如何与世贸组织总体特别是与 GATS 相关。[104]虽然瑞士等一些参加方公开表示 TiSA 最终要多边化，寻求确保 TiSA 的设计与世贸组织协定兼容，[105]但还不清楚各方是否有足够的共同政治意愿来利用世贸组织平台。总体而言，虽然在朝着更好的服务监管迈进上能够取得一些收益（特别是在世贸组织谈判陷入停滞的情况下），一个类似于俱乐部、以正面清单为基础、在最惠国待遇基础上实施的 TiSA，并不是一个最优的解决方案。TiSA 谈判不可能为数字经济提供一个合适的框架，因为这无法使服务在跨越边境时识别各种不同的监管。

（四）建立一项单独的数字经济贸易协定

另外一种更加全面而且影响深远的方法是建立一个具体、专门的数字经济贸易协定（DETA）。这是一项宽泛的工作，需要处理与数字贸易相关的所有议题。DETA 将涵盖所有的第一层级和第二层级的“深度一体化”问题，这些问题在前面的章节中都已经单独讨论过。DETA 很有可能将是一种诸边协定的设计。要充分享受数字贸易的红利，确保实现“关键多数”是有意义的，要涵盖贸易的实质性部分，并且遵守世贸组织的最惠国待遇原则。虽然一些群体已经提出 DETA 是能够解决数字贸易挑战的一种政策选项，例如美国的对外贸易协会，[106] 但是考虑到正在平行推进的 TiSA 谈判，目前阶段仍然很难想象 DETA 能够获得足够的支持。从这个角度上讲，就现在而言，尽管 DETA 的可行性比较小，但我们提出这种情形，主要是为了确保我们思考的完整性。但是，如果 TiSA 谈判无法成功实现结果，DETA 仍然是值得考虑的一种备用方案。

第四节　结　　论

如果看看现在可获得的数据，就能发现数字经济对增长和发展的贡献在不断增加，因此在任何国际贸易谈判中优先考虑这一议题，也是非常合理的。虽然数字贸易的益处现在越来越容易理解，也基本被承认，但是对于以互联网为基础的商务运行，以及为发展电子商务需要现有国际贸易规则做出什么必要改变，仍然缺乏充分的理解。在此情况下，我们必须强调两个要素，一是没有对营商造成不恰当限制的互操作网络的可获得性，二是以限制作用最小的方式让数据在这些网络之间流动的可能性。如前面所讨论的，世贸组织规则对数字贸易的这两个核心要素提供了一些救济措施。但是，发展数字贸易面临很多挑战，一些挑战根本没有得到处理，而一些挑战的处理并不合适。

在针对数字贸易现状既有分析的背景下，对于那些已经参与并且愿意参与数字贸易的商业界来说，头等大事似乎是增加法律确定性。这将涉及至少清楚地承认所有世贸组织规则适用于货物和服务的在线交易，并且永久性地延长电子传输免征关税。分类的难题特别不利于法律确定性和可预见性。我们必须调动世贸组织成员的政治意愿来克服陈旧的分歧,并朝着面向未来的服务法规迈进。我们强烈建议采用负面清单方法;作为替代方案,可以通过更新版的中央产品分类体系,在两位的中央产品分类基础上作出承诺。

新一代数字贸易壁垒的浪潮,包括本地化要求以及/或者不恰当的侵权、知识产权和安全要求等,必须得到充分处理。虽然国家敏感领域得到明确承认,而且部分证明是合理的,但是世贸组织成员应该至少承诺美国和欧盟所阐述的电子商务总体原则,并寻求这些原则的有效实施。

实现这些目标的方法仍然是开放的。必须认真分析在商谈优惠贸易协定方面的经验,以查明哪种方法更行得通,什么对当代互联网商务是不可或缺的。TPP、TTIP 和 TiSA 谈判可能为数字经济规则提供更具雄心水平的详细样板,这些谈判结果可以被多边化。但是,辩论必须超越单纯寻求解决方案的程度,不能只迎合要价方(通常是美国、欧盟和日本)的要求,还要让发展中国家和新兴经济体参与进来。法律设计的时机和可持续性也可能是至关重要的,因为数字贸易问题越来越多地与全球互联网治理辩论交织在一起,而后者更加复杂而且饱受政治争议。

注释

1. 参见 United States International Trade Commission(USITC), Digital Trade in the US and Global Economies, Investigation No.332—531, USITC, 2013, i。

2. OECD, "Measuring the Internet Economy: A Contribution to the Research Agenda", *OECD Digital Economy Papers*, 2012, 226; UNCTAD, *The Information Economy Report 2012*, UNCTAD, 2013; USITC, 2013, above n 1; USITC, *Digital Trade in the US and Global Economies*, Investigation No.332—540, USITC, 2014.

3. UNCTAD, *Information Economy Report*, UNCTAD, 2009.

4. ECIPE, *The Economic Importance of Getting Data Protection Right: Protecting Privacy, Transmitting Data, Moving Commerce*, report for the US Chamber of Commerce, 2014, 5.

5. Yochai Benkler, *The Wealth of Networks: How Social Production Transforms Markets and Freedom*, Yale University Press, 2006; Anupam Chander, *The Electronic Silk Road: How the Web Binds the World in Commerce*, Yale University Press, 2013.

6. David R. Johnson and David G. Post, "Law and Borders: The Rise of Law in Cyberspace", *Stanford Law Review*, 1996, 48, pp.1367—1402.

7. Jack Goldsmith and Tim Wu, *Who Controls the Internet: Illusions of a Borderless World*, Oxford University Press, 2006.

8. Carlos A. Primo Braga, "E-commerce Regulation: New Game, New Rules?", The

Quarterly Review of Economics and Finance, 2005, 45, pp.541—558; William J. Drake and Ernest J. Wilson III(eds.), *Governing Global Electronic Networks: International Perspectives on Policy and Power*, MIT Press, 2008.

9. Patricia L. Bellia, Paul Schiff Berman, Brett Frischmann and David J. Post, *Cyberlaw: Problems of Policy and Jurisprudence in the Information Age*(4th edn,), Thomson West, 2010; Mira Burri and Thomas Cottier(eds.), *Trade Governance in the Digital Age*, Cambridge University Press, 2012; Goldsmith and Wu, above n 7.

10. Lawrence Lessig, *Code and Other Laws of Cyberspace*, Basic Books, 1999; Lawrence Lessig, *Code: Version 2.0*, Basic Books, 2006. Briefly also, Mira Burri, "Controlling New Media(without the Law)", in Monroe Price and Stefaan Verhulst(eds.), Handbook of Media Law, Routledge, 2012, pp.327—342.

11. 例如参见 Yochai Benkler, "An Unhurried View of Private Ordering in Information Transactions", *Vanderbilt Law Review*, 2000, 53, pp.2063—2080。

12. Viktor Mayer-Schönberger, "The Shape of Governance: Analyzing the World of Internet Regulation", *Virginia Journal of International Law*, 2003, 43, pp.605—673; also Christopher T. Marsden, *Internet Co-Regulation: European Law, Regulatory Governance and Legitimacy in Cyberspace*, Cambridge University Press, 2011; and more briefly, Michael Latzer, Natascha Just and Florian Saurwein, "Self- and Co-regulation: Evidence, Legitimacy and Governance", in Price and Verhulst, above n 10.

13. USITC, 2013,同注 1;USITC, 2014,同注 2。

14. Burri and Cottier,同注 9。

15. 从一开始就应该注意到的是,本章没有处理与数字贸易相关的所有问题。本章也没有涵盖电子商务和非电子商务之间的相互作用,这就涉及货物跨越边境时的关税和其他税费问题。本章也没有包括与自然人自由流动相关的 GATS 模式 4 问题,这些问题对于信息通信技术的高技术人力资本流动特别相关。

16. 参见 Susan Sell, Private Power, *Public Law: The Globalization of Intellectual Property Rights*, Cambridge University Press, 2003; Daniel Gervais, "Country Clubs, Empiricism, Blogs and Innovation: The Future of International Intellectual Property Norm Making in the Wake of ACTA", in Burri and Cottier, above n 9, pp.323—343。

17. TRIPS 第 10.1 条。

18. Mira Burri, "Trade versus Culture in the Digital Environment: An Old Conflict in Need of a New Definition", *Journal of International Economic Law*, 2008, 12, pp.17—62.

19. Marco C.E.J. Bronckers and Pierre Larouche, "A Review of the WTO Regime for Teleco mmunications Services", in Kern Alexander and Mads Andenas(eds.), *The World Trade Organization and Trade in Services*, Martinus Njihoff, 2008, pp.319—379.

20. 例如参见 William J. Davey, "The WTO Dispute Settlement System: The First Ten Years", *Journal of International Economic Law*, 2005, 8, pp.17—50; Giorgio Sacerdoti, Alan Yanovich and Jan Bohanes(eds.), *The WTO at Ten: The Contribution of the Dispute Settlement System*, Cambridge University Press, 2006; Thomas Bernauer, Manfred Elsig and Joost Pauwelyn, "The World Trade Organization's Dispute Settlement Mechanism—Analysis and Problems", in Martin Daunton, Amrita Narlikar and Robert M. Stern(eds.), *The Oxford*

Handbook on The World Trade Organization, Oxford University Press, 2012, pp.487—506。

21. Panel Report, *Mexico—Measures Affecting Telecommunications Services* (*Mexico—Telecoms*), WT/DS204/R, adopted 2 April 2004.

22. Panel Report, *United States—Measures Affecting the Cross-Border Supply of Gambling and Betting Services* (*US—Gambling*), WT/DS285/R, adopted 10 November 2004; Appellate Body Report, *United States—Measures affecting the Cross-Border Supply of Gambling and Betting Services* (*US—Gambling*), WT/DS285/AB/R, adopted 7 April 2005.

23. Panel Report, *China—Measures Affecting Trading Rights and Distribution Services for Certa in Publications and Audiovisual Entertainment Products* (*China—Publications and Audiovisual Products*), WT/DS363/R, adopted 12 August 2009; Appellate Body Report, *China—Measures Affecting Trading Rights and Distribution Services for Certain Publications and Audiovisual Entertainment Products* (*China—Publications and Audiovisual Products*), WT/DS363/AB/R, adopted 21 December 2009.

24. WTO Panel Report, *China—Certain Measures Affecting Electronic Payment Services* (*China—Electronic Payment Services*), WT/DS413/R, adopted 31 August 2012.

25. *US—Gambling*, Panel Report, paras.6.363, 6.367 and 6.370; *US—Gambling*, Appellate Body Report, para.265.

26. 参见 Joost Pauwelyn, "Rien ne Va Plus? Distinguishing Domestic Regulation from Market Access in GATT and GATS", *World Trade Review*, 2005, 4, pp.131—170。

27. Rolf H. Weber, Rolf H. Weber, "Regulatory Autonomy and Privacy Standards under the GATS", *Asian Journal of WTO and International Health Law and Policy*, 2012, 7, pp.25—47; Diane A. MacDonald and Christine M. Streatfeild, "Personal Data Privacy and the WTO", *Houston Journal of International Law*, 2014, 36, pp.625—653.

28. 专家和上诉机构还澄清了适用于 GATS 第 14 条必要性测试的标准,参考了 GATT 下在 *Korea-Various Measures on Beef* 中的做法,见上诉机构报告(WT/DS161/AB/R, WT/DS169/AB/R, 2000 年 12 月 11 日通过)。他们提到受挑战的措施旨在保护的利益或价值的重要性,在多大程度上受挑战的措施为实现该措施追求的目标作出的贡献,受挑战的措施的贸易影响。

29. 关于具体分析,参见 Sacha Wunsch-Vincent, "The Internet, Cross-border Trade in Services, and the GATS: Lessons from US-Gambling", *World Trade Review*, 2006, 5, pp.319— 355; Rolf H. Weber, "Digital Trade in WTO-Law- Taking Stock and Looking Ahead", *Asian Journal of WTO and International Health Law and Policy*, 2010, 5, pp.1—24。

30. Joost Pauwelyn, "Squaring Free Trade in Culture with Chinese Censorship: The WTO Appellate Body Report on China—Audiovisuals", *Melbourne Journal of International Law*, 2008, 11, pp.1—22.

31. Joost Pauwelyn,同注 30,特别是第 5—14 页。

32. *US—Gambling*, Panel Report, paras 6.355 and 7.2(b).

33. *China—Audiovisual Products*, Appellate Body Report, para. 412。最近的 *China—Electronic Payment Services* 也规定了所涉服务议题的一个广泛定义。参见 Rolf H. Weber, "Electronic Payment Services-New Clarifications in GATS Classification Issues", *sic!*, 2012, 10, pp.601—609。

34. Andrew T.F. Lang and Joanne Scott，"The Hidden World of WTO Governance"，European Journal of International Law，2009，20，pp.575—614.

35. WTO，Work Programme on Electronic Commerce，WT/L/274，1998.

36. Sacha Wunsch-Vincent，"Trade Rules for the Digital Age"，in Marion Panizzon，Nicole Pohl and Pierre Sauvé(eds.)，*GATS and the Regulation of International Trade in Services*，Cambridge University Press，2008，pp.497—529.

37. Rosie Cooney and Andrew T. F. Lang，"Taking Uncertainty Seriously：Adaptive Governance and International Trade"，*European Journal of International Law*，2007，18，pp.523—551.

38. Burri，above n 18；J.P. Singh，*Negotiation and the Global Information Economy*，Cambridge University Press，2008.

39. 例如参见 WTO，World Trade Report 2011：The WTO and Preferential Trade Agreements：From Co-existence to Coherence，WTO，2011。

40. Sacha Wunsch-Vincent and Arno Hold，"Towards Coherent Rules for Digital Trade：Building on Efforts in Multilateral versus Preferential Trade Negotiations"，in Burri and Cottier，above n 9，pp.179—221，181.

41. WTO，Ministerial Decision of 7 December 2013，Work Programme on Electronic Commerce，WT/MIN(13)/32，WT/L/907，2013.12.11.

42. WTO，Services Sectoral Classification List，Doc.MTN.GNS/W/120，1991.

43. WTO，The Work Programme on Electronic Commerce，S/C/W/68，1998，paras.6 ff。应当注意的是，在*US—Gambling*中，各方声明、专家组和上诉机构报告都暗示，GATS模式1承诺适用于电子服务的交付。参见 Panel Report，*US—Gambling*，para.3.29；Appellate Body Report，*US—Gambling*，para.215，同注22。

44. WTO，The Work Programme on Electronic Commerce，S/C/W/68，1998。参见 Panel Report，*US—Gambling*，para.3.29；Appellate Body Report，*US—Gambling*，para.215；*China—Audiovisual Products*，Appellate Body Report，para. 412。

45. 关于全部参考文件，例如参见 Andrew Mitchell，"Towards Compatibility：The Future of Electronic Commerce within the Global Trading System"，*Journal of International Economic Law*，2001，4，pp.683—723；Wunsch-Vincent，above n 36。

46. Hosuk Lee-Makiyama，"Future-Proofing World Trade in Technology：Turning the WTO IT Agreement (ITA) into the International Digital Economy Agreement (IDEA)"，ECIPE Working Paper，2011，4.

47. Lee Tuthill and Martin Roy，"GATS Classification Issues for Information and Communication Technology Services"，in Burri and Cottier，above n 9，pp.157—178.

48. Burri，同注18；Rolf H. Weber and Mira Burri，*Classification of Services in the Digital Economy*，Springer，2012。

49. OECD，2013；USITC，2013，同注1；USITC，2014，同注2。

50. 例如参见 WTO，Communication from the European Union and the United States：Contribution to the Work Programme on Electronic Commerce，S/C/W/338，2011。

51. Benkler，同注5。

52. Viktor Mayer-Schönberger and Kenneth Cukier，*Big Data：A Revolution That Will*

Transform How We Live, Work, and Think, Eamon Dolan/Houghton Mifflin Harcourt, 2013.

53. USITC, 2013,同注1;USITC, 2014,同注2。

54. 与GATS条款的改变不同。

55. 尽管巴厘小型一揽子协议包括了关于贸易便利化的一项协定。该协定能够在一定程度上便利电子商务,因为其包括了海关改革、增加海关程序和官员的透明度和应负责任。例如,该协定要求WTO成员公开影响贸易的所有法律法规程序和事项信息,包括过境程序、关税和进口费用。此外,这些信息中很多都要在互联网上公布。还没有关于提高关税微量允许水平的WTO承诺。

56. 美国的协定签署伙伴包括澳大利亚、巴林、智利、摩洛哥、阿曼、秘鲁、新加坡、中美洲国家,最近是与巴拿马、哥伦比亚和韩国。

57. 关于优惠贸易协定中数字贸易问题的完全详细分析,参见Wunsch-Vincent and Hold,同注40。

58. 例如参见《美国—新加坡自贸协定》,第14.1条;《美国—澳大利亚自贸协定》,第16.1条。

59. 例如参见《美国—新加坡自贸协定》,第14.3条,第1段;《美国—智利自贸协定》,第15.3条。很清楚是零关税待遇适用于数字传输的内容,即数字产品。但是,免征关税不适用于通过电子交付的服务。

60. 例如参见《美国—新加坡自贸协定》,第14.3条;《美国—澳大利亚自贸协定》,第16.4条。在很多优惠贸易协定中,数字产品不必通过双边优惠贸易协定中的一个缔约方被完全生产和出口,以从非歧视义务中收益。这是一个有意思的方式来避免复杂的原产地规则。参见Wunsch-Vincent and Hold,同注40。

61. 例如参见《美国—智利自贸协定》,第15.2条;《美国—新加坡自贸协定》,第14.2条。

62. 在已经作出明确承诺的部门,此类本地化要求将是不符合GATS的。WTO《与投资相关的贸易措施协定》(TRIMS)禁止货物贸易的此类措施,但是该协定并不涵盖服务贸易。参见Cathleen Cimino, Gary Clyde Hufbauer and Jeffrey J. Schott, "A Proposed Code to Discipline Local Content Requirements", *Peterson Institute of International Economics Policy Brief*, 2014, 14。

63. Wunsch-Vincent and Hold,同注40,第204—211页。关于比较数据,参见USITC (2013),第1页。

64. 例如,《美国—澳大利亚优惠贸易协定》包括了额外的跨境消费者保护义务,还可参见2003年OECD《保护消费者防止跨境欺诈和欺骗性商业活动指南》。参见《美国—澳大利亚自贸协定》,第14章竞争相关事项,第2条。

65. 例如,《欧盟—韩国自贸协定》规定"各方重申其保护个人基本权利和自由的承诺,应通过充分的保障措施保护私营,特别是关于个人数据传递",还可参见OECD《隐私和个人数据跨境流动保护指南》或者《计算机处理的个人数据文件规范指南》。

66. 第15.8条规定:"参加方应努力避免采取或维持对电子信息跨越边境流动的不必要的壁垒。"

67. 参见MacDonald and Streatfeild,同注27。

68. Peter K. Yu, "Trade Agreement Cats and Digital Technology Mouse", in Brian Mercurio and Ni Kuei-Jung(eds.), *Science and Technology in International Economic Law: Balancing Competing Interests*, Routledge, 2013, pp.185—211.

69. 这些法律分别是:《停止在线侵权法》(H.R.3261),美国众议院 2011 年 10 月 26 日提出,以及《保护知识产权法》(预防对经济活动的真正在线威胁和知识产权盗窃法)(S.968)。

70. 但是,强烈的反向压力也是可以发现的,因为 USTR 关于在 TPP 中纳入版权限制和例外条款的立场显示:这是第一次,在美国的贸易协定中,美国提出一项新的条款,符合国际上公认的"三步测试",这将约束参加方在其版权体系中寻求恰当平衡,为了批评、评论、新闻报道、教育、做学问和研究等目的提供版权例外和限制。这些原则是美国版权体系至关重要的方面,也出现在我们的法律和司法裁决中。美国 TPP 提案寻求的平衡承认并推动个人、商界和机构的重要利益,他们依靠在 TPP 区域内的恰当例外和限制。参见 USTR,"USTR Introduces New Copyright Exceptions and Limitations Provision at San Diego TPP Talks", USTR press release,2012.3.7。

71. 但是,应该补充的是,只有详细地看看个别部门和不符措施,才能发现市场开放的深度,以及对外国服务提供者施加的负担。在一些情形下,免于作出承诺的部门是实质性的,在很多情况下降低了贸易协定的价值。例如,在美国的一些自贸协定中,例如《美国—澳大利亚自贸协定》,就包括一项限制,美国各州的所有现有不符措施被豁免。参见 Wunsch-Vincent and Hold,同注 40。此外,澳大利亚等美国更强大的贸易伙伴已经成功地排除一些敏感部门,比如大家都知道的视听服务。

72. 参见 Wunsch-Vincent and Hold,ibid.,p.201;还可参见 Aaditiya Mattoo and Pierre Sauvé,"The Preferential Liberalization of Services Trade:Economic Insights", in Pierre Sauvé and Anirudh Shingal(eds.),*The Preferential Liberalization of Trade in Services*, *Edward Elgar*,2014,pp.37—67;Martin Roy,"Services Commitments in Preferential Trade Agreements:Surveying the Empirical Landscape", in Sauvé and Shingal,ibid. pp.15—36;Carsten Fink and Martin Molinuevo,"East Asian Free Trade Agreements in Services:Key Architectural Elements",*Journal of International Economic Law*,2008,11,pp.263—311。

73. 关于法律交互性,参见 Urs Gasser and John Palfrey,"Fostering Innovation and Trade in the Global Information Society:The Different Facets and Roles of Interoperability", in Burri and Cottier,above n 9,pp.123—53;John Palfrey and Urs Gasser,*Interop*:*The Promise and Perils of Highly Interconnected Systems*,Basic Books,2012。

74. WTO,欧盟和美国提案"对《电子商务工作计划》的贡献",S/C/W/338,2011;WTO,美国提案"电子商务工作计划:确保贸易规则支持移动应用和与计算服务条款等在计算机应用和平台的创新进步",S/C/W/339,2011。

75. 同上。

76. USITC,2013,同注 1。

77. Bronckers and Larouche,同注 19;National Foreign Trade Council(NFTC),*A 21st Century Work Program for the Multilateral Trading System*,(featuring an Analysis of WTO-consistent Approaches to Plurilateral and Non-MFN Trade Agreements,by Stuart Harbinson and Bart de Meester)National Foreign Trade Council,2012。

78. Martin Roy,"Audiovisual Services in the Doha Round:Dialogue de sourds,the Sequel?",Journal of World Investment and Trade,2005,6,pp.923—952.

79. ITA 是一项纯粹的关税削减机制。虽然宣言规定了审议非关税壁垒,但并不是约束性承诺。如果一成员要成为 ITA 参加方,必须遵循 3 项原则:(1)必须涵盖宣言中列明的所有产品;(2)所有产品关税必须降低到零;(3)所有其他税费必须约束在零。

80. Lee-Makiyama，同注 46；WTO，*15 Years of the Information Technology Agreement：Trade，Innovation and Global Production Networks*，WTO，2013。

81. Dieter Ernst，“Is the International Technology Agreement（ITA）Facilitating Latecomer Manufacturing and Innovation? India's Experience”，*Think piece for the ICTSD Expert Group Meeting*，2013.10.3—4。

82. Lee-Makiyama，同注 46。

83. Hindley、Dreyer 认为，要确保完全的产品涵盖范围，WTO 成员应该在四位协调编码水平上作出承诺，而不是在六位或八位编码基础上。应该值得注意的是，在更高的以章节为基础的基础上进行承诺可能是不现实的，因为这些章节也涵盖一些非信息通信技术产品。参见 Hindley and Dreyer，“Trade in Information Technology Goods：Adapting the ITA to 21st Century Technological Change”，ECIPE Working Paper，2008，6。

84. 没有参加的国家包括阿根廷、巴西、南非、俄罗斯、墨西哥和智利。参见世贸组织信息通信产品贸易扩大参加方委员会，ITA 扩围概念文件，加拿大、日本、韩国、新加坡和美国等提案，G/IT/W/36，2012。

85. Lee-Makiyama，同注 46。

86. 关于综述，参见 Juan A. Marchetti and Martin Roy(eds.)，*Opening Markets for Trade in Services：Countries and Sectors in Bilateral and WTO Negotiations*，Cambridge University Press，2009.

87. Juan A. Marchetti and Martin Roy，“The TiSA Initiative：An Overview of Market Access Issues”，*Journal of World Trade*，2014，48，pp.683—728。

88. 现在的参加方包括澳大利亚、加拿大、智利、中国台湾、哥伦比亚、哥斯达黎加、中国香港、冰岛、以色列、日本、列支敦士登、墨西哥、新西兰、挪威、巴基斯坦、巴拿马、巴拉圭、秘鲁、韩国、瑞士、土耳其、美国和欧盟。

89. Juan A. Marchetti and Martin Roy，同注 87。

90. 同上。

91. 例如参见世贸组织服务贸易理事会，中国香港提案，S/CSS/W/68，2001。

92. 例如，就瑞士而言，信息来自瑞士经济事务国务秘书处，http://www.seco.admin.ch/themen/00513/00586/04996/index.html?lang=en。

93. 关于好的解释，参见瑞士提案“混合减让表的可能适用”，服务挚友 2012 年 11 月 5 日服务贸易诸边倡议会议，2012 年 10 月 12 日，以及瑞士提案“关于承诺减让表的条款”，服务挚友 2013 年 4 月 29 日至 5 月 3 日会议，TiSA 谈判，2013 年 4 月 30 日。

94. Marchetti and Roy，同注 87，第 18 页。

95. 参见 Switzerland，Swiss Initial Offer，Really Good Friends，Trade in Services Agreement，2014.1.30。

96. International Digital Economy Alliance(IDEA)，“The Trillion Dollar Question：How Trade Agreements Can Maximise the Economic Potential of Data in the Networked Economy and Support the Internet as the World's Trading Platform”，incidental paper，*International Digital Economy Alliance*，2013.

97. 还可参见 Jane Kelsey and Burcu Kilic，Briefing on US TiSA Proposal on E-Commerce，Technology Transfer，Cross-border Data Flows and Net Neutrality，Public Citizen，2014。

98. Ian Brown and Christopher T. Marsden, *Regulating Code*, MIT Press, 2013.

99. Nick Ashton-Hart, "Are the TiSA Trade Talks a Threat to Net Neutrality, Data Protection, or Privacy?", *CircleID*, 2014.12.30, http://www.circleid.com/posts/20141230_are_tisa_trade_talks_threat_to_net_neutrality_data_protection.

100. IDEA,同注 96。

101. Nele Matz-Lück, "Framework Conventions as a Regulatory Tool", *Göttingen Journal of International Law*, 2009, 1, pp.439—458.

102. 瑞士提案,"关于信息和通讯技术服务贸易相关原则的条款"(ICT 原则),服务挚友 2013 年 3 月 18 日服务贸易诸边倡议,2013 年 2 月 13 日。

103. 同上文,第 4 段。

104. Marchetti and Roy,同注 87。

105. 参见瑞士提案,参见瑞士提案"混合减让表的可能适用",服务挚友 2012 年 11 月 5 日服务贸易诸边倡议会议,2012 年 10 月 12 日;瑞士提案"关于争端解决程序章节",服务挚友 2013 年 4 月 29 日会议,TiSA 谈判,2013 年 4 月 13 日。

106. NFTC,同注 77。

第十四章
贸易规则在跨境数据流动方面的作用

李·塔特希尔[1]

第一节 简　　介

互联网在最近几十年急剧发展，不仅是一个重要的全球沟通工具，而且也成为一个最重要的国际商业和贸易平台。事实上，沟通平台之间的结合——固定线路、租用线路、卫星容量、移动技术——由于计算机服务和应用成为可能，已经使几乎所有服务可以通过电子方式进行贸易，通过电子方式订购货物，预订服务而且经常在线传输，数据和各种类型的内容都变成可交易的商品。从这个意义上讲，除了其自身可以被交易外，通信还可以作为平台，计算机服务是贸易赋能器，影响的内容和服务范围惊人。而且，由于在全球供应链下的交易变得更加流畅，跨境数字贸易流动不仅扩大了普通消费者的选择，也使中间商业使用者从中受益。

由此出现的结果是，现在大家已经无法想象能够在没有数据跨境流动的情况下发生贸易，即便说这些数据自身没有代表被交易的产品，至少也代表了交易的某些要素。根据瑞典国家贸易署发布的一份研究，企业需要传输数据进行贸易。范例之一就是在国际化经营中传输的各种信息。[2]企业数据的流动不仅允许公司销售货物和服务，还允许企业协调其物流和在全球不同分支机构的活动。此类传输可能涉及产品开发和支持的消费者数据、内部人力资源数据、商户数据，以及安排软件更新和产品功能的技术数据。就这一点而言，限制数据和信息跨境流动的结果既影响货物部门，也影响服务部门。本章将主要关注服务部门。

如果不能说绝大多数服务部门都是信息密集型部门的话，至少很多部门如此，因此这些部门也必须依靠数据流动。即便服务的主要活动不是信息传输，在价值链的某个链条，信息也需要得到传输，这就导致了一些情形的出现，即对数据流动的限制可能变成贸易壁垒。受到数据流动监管影响的服务部门可以是那些存在已久的服务，例如银行或运输服务，也可以是计算机服务、社会网络、流媒体或下载的多媒体服务等新出现的服务。此外，专业服务提供者、顾问和咨询公司、批发商和零售商现在都依靠在线商店和订单及供应能力，而这些也都涉及数据和信息的流动。随着新技术允许更多的服务跨越边境，影响信息流动的法规重要性比过去显著增加。

在此背景下，无论是大企业还是小公司，都表达了对现在开始面临的与数据和信息在线流动相关壁垒的担忧。[3]很多最积极表达关注的是大型跨国公司，例如亚马逊、谷歌和微软公司。但是，中小企业也可能受到影响，而且影响可能更加严重，但是这些企业通常缺乏资源和渠道来表达自己的意见。

所谓互联网时代，就是指互联网发展更加成熟，已经成为一种做任何事情的共同方式，而非一件外界所知甚少的新奇事物。也许互联网时代的到来，让政府更加坚持需要对网络上发生的活动进行监管。随着决策者日趋关注监管、网络安全、网络犯罪、数据隐私、个人隐私、侵权和消费者保护，互联网不再是“狂野的西部”，而是社会和经济结构的一个不可分割的组成部分。信息技术公司及其赋能实现的活动，不管是这些活动在国内发生还是跨越边境，现在开始要面对的是政府刚刚下定的决心，即对在线活动适用与管辖线下活动相同的法律和法规，或者对其作出适当调整。虽然网络空间一度是政府没有监管或很少监管的主题，但现在被普遍接受的一点是，一项非法的线下活动在线上很可能也是非法的。

方框 14.1　GATS 概要

GATS 被认为包括了所有的商业服务贸易。无论服务通过消费者移动、商业存在还是自然人移动的方式跨越边境，无论服务提供者是独立个人、外国实体的雇员还是服务产业的投资者，成员政府之间的服务贸易都被该协定涵盖在内。而前面提到的这些就是众所周知的 GATS 提供模式。虽然跨境提供是最普遍地与信息通信技术和信息通信技术赋能型服务相关的，但是四种提供模式正日趋融入一体的全球商业模式，或者至少彼此之间相互补充。

GATS 框架包括了 28 个条款及几个附件，这些义务和纪律适用于所有世贸组织成员。最值得关注的义务包括最惠国待遇(不得在成员之间歧视)、透明度和关于影响服务贸易的国内规制的“良治”条款。但是，GATS 框架的一些条款，只有在一项服务部门或分部门纳入减让表时，才能够被触发。

GATS 关于市场准入条件和国民待遇的具体承诺减让表，对每个成员来说都是独一无二的。承诺只适用于列明的服务部门或分部门，而且可能提供完整的市场准入和国民待遇，或者事实上，一个成员在开放相关市场时，如其希望维持任何相关限制，就必须在减让表中明确限制。对信息通信技术基础设施发展具有特别重要性的是电信监管原则参考文件，这份文件也可以被纳入减让表中。目前，100个世贸组织成员政府已经通过一项额外承诺(即在市场准入和国民待遇之上的承诺)，将其附在减让表中。参考文件要求作出承诺的政府维持竞争保障和互联担保的承诺，以支持电信市场改革。具体部门的承诺及各成员的额外监管企业是具有法律约束力的，并且受世贸组织争端解决机制的约束。

与信息通讯技术和信息通讯技术赋能型贸易特别相关的是GATS《电信服务附件》。该附件是GATS框架的组成部分，旨在确保服务提供者能够获取并使用基础电信网络和服务来提供在一个成员的减让表中作出承诺的任何服务。基于这一原因，为完全获取GATS和该附件的最大利益，在数字时代出现、转型和演进的信息通讯技术服务需要在成员的承诺减让表中得到确认，而不幸的是，成员的承诺减让表是依据20世纪80年代制定、1991年公布的一项分类体系——中央产品临时分类体系(CPC)。

最后，GATS框架还包括了一些条款，这些条款概述了政府可以偏离其GATS义务和承诺的情形。这些条款包括所谓的一般例外和安全例外，其适用扩大到政府关于健康、安全、隐私、诈骗、国家安全等优先政策关注方面。此类政策长期涉及互联网决策者。但是，为解决这些关注而起草的措施，成为最近非常高调的议题。

与此同时，越来越多的商界人士和政府希望看到某种形式的贸易纪律能适用于政府的互联网倡议。这种观点认为，此类纪律将有助于确定对合理政策关切的适当回应，并因此鼓励使用那些使合理的国际商业和贸易免受不利影响的政策回应。本章的一个核心主题就是探索世贸组织《服务贸易总协定》(GATS)(其主要特征参见方框14.1)等现有多边协定能够提供什么帮助，以及其是否能够处理对跨境数据流动监管潜在贸易限制的关切。或者，新规则是否已经落实到位？现在一些国家正在世贸组织之外的双边和区域贸易协定中，尝试将在线商业和数据流动涵盖其中，这些尝试能否就可行的解决方案达成一致？

第二节　新兴技术和数据爆炸

在服务的跨境提供中，占比巨大的一部分现在以某种数字化流动的形式在通讯网络中存在。可以说，大多数此类提供方式是没有争议的。但是，一些创新一直是有争议的，而且在近期决策者议程中处于重要地位，并日趋成为贸易规则讨论中的议题。在一些方面，这可能是因为这些创新服务还没有得到很好的理解，在其他情形下可能是被理解为不受期待的活动或者容易实现的结果，规模比以前甚至是最近一段时间更加宏大。所谓的云计算和大数据都在其中。但是数据流的讨论也涉及了足迹不断扩大的全球互联网，比以前更加普遍的手持设备，现在更加容易获取和可负担的、提供大量各种计算机应用的所谓的通过互联网提供应用服务（OTT），搜索引擎、支付体系、购买者或销售者群体等媒介服务，以及将信息提升到新阶段的所谓的社会网络或互动界面。[4]其中的一些此类服务简要描述如下。

云计算可以被定义为“通过使用外部（即远程）服务器，透过互联网，提供信息存储、处理能力和计算机程序等信息技术功能作为服务的一种方式”。[5]云计算还可以被描述为“一种模式，能够让用户按照需求提供和管理自主服务，实现网络接入，从而访问一个可扩展、有弹性的可共享资源池，这些资源可以是实体资源，也可以是虚拟资源”。[6]关于云的一种最简单解释是，使用者实际上通过互联网存储、使用和加工数据和计算机软件，而不是在用户自己电脑的硬盘上。因此，就功能性而言，云计算不是必然的新事物。早在计算初期，远程计算就已经出现，但是高性能的计算能力对绝大多数商业人士、消费者和政府机构来说无法轻松获取，也负担不起。云可以由公共机构或私人机构提供，可以容纳各种类型的应用，从电子信箱和文件存储，到软件下载不等，应用可以由主机管理，也可以由用户管理。[7]最后，虽然在没有通信服务支撑的情况下无法实现云服务的使用，但可以通过各种不同类型的服务提供者进行提供，服务提供者从电信运营商到计算机服务公司到在线零售商不等。

截至 2012 年，“在美国的所有创新公司中，差不多 80％的企业没有自己的信息通信部门或信息通信主管，而是仅仅依靠云计算服务”。[8]云提供了调整存储和处理能力弹性来适用消费者需求的一种可能性。最后，云还便利获取数据的灵活性和移动性，并且能够提高数据管理和服务的可信度和安全性。商业部门对云的使用也在快速增加，因为云还允许企业降低购买或租借信息通信硬件和软件的成本。对中小企业来说，这种降低成本的可能性具有巨大吸引力。互联网的可用性不仅降低了中小企业的成本，对降低很多加工密集型活动的准入门槛来说也是有帮助的。此外，云还可以降低或取消前期资本投资，这些投资以前被用于获取和维持专门计算基础设施的需求。[9]

大数据作为一个新兴现象，已经成为商业增长的一个重要领域。根据国际电信联盟(ITU)发布的一项出版物,大数据的出现实际上是因为商业界和研究人员重视“从大量数据中获得见解和意见的能力,而再小一点规模的数据无法提供这样的能力”。但是,除了作为一种可以交易的商品,从本质上讲,大数据还“提供了一种新的现实视角,因此将影响和塑造我们经济的所有部门,特别是那些在获取和(或)转播数据和信息方面发挥重要作用的部门”。事实上,大数据服务直接来源于云计算的出现,因为云能够提供大量信息。ITU 的研究注意到这一联系的市场准入影响,并且评论道“大数据创业公司能够利用云存储和云加工能力,这让它们在需要时获得更加灵活的商品定价能力。这极大地降低了准入门槛,并且创造了强劲的动力,让公司和企业开始使用大数据”。[10]

但是,大数据在商业活动中的重要性取决于其加工信息的价值。从技术角度讲,一点数据可能没有太多价值,但是如果用大量数据进行分析,此类数据容量的重要性将是更加显而易见的。基于这一原因,大数据一直被描述为具有四个重要特征,也就是大家都知道的 4 个 V:数量(volume)、速度(velocity)、多样性(variety)和真实性(veracity)。[11]大数据能够让不同类型的商业实体了解消费者偏好和位置,这将使其可以调整其所提供的服务或产品。大数据已经在互联网使用者非常熟知的定向广告方面显示巨大潜力,而且在很多部门也是如此,例如医疗、科学、交通、救灾等。尽管存在潜在利益,大数据的出现也带来了很多与隐私相关的问题。

所谓的 OTT 服务是指第三方提供的很多服务和应用,这让商家和消费者能够以可负担的价格使用通信和信息,而在很多情况下基础电信网络可能对类似服务征收费用。因为传统运营商在语音通话和文本消息方面的收入损失,OTT 服务的争议性也快速增长,是否应该禁止或限制 OTT 服务的问题也已经出现。的确,普通消费者不是唯一能够从 OTT 服务中受益的人群。对中小企业来说,使用通过互联网、云技术和包括 Skype 在内的在线通信服务等提供的信息技术服务,能够“降低参与国际贸易成本,让不同国家的消费者和供应商进行沟通、从事可扩展的信息通信服务的成本变得非常低”。[12]

所谓的互联网中间商“推动或便利第三方在互联网上进行交易。它们存储、传递第三方在互联网上的内容、产品和服务并且为其制作索引,或者向第三方提供以互联网为基础的服务”。[13]我们所周知的经典中介就是商界或个人等使用的购物网站和销售网站、支付应用、搜索引擎、网络主机存储设备,以及其他主要用于用户生成内容或活动的分享或传播网络。其中一些被称为“社交”网络,但可以服务于广泛群体,有时候用于社交目的,也可用于商业用途。除资助广告作为支持服务的一种方法外,互联网中间商的决定性特征是其本身通常不提供或生产内容。因为互联网中间商经常被认为需对其推送的内容或用户活动负责,他们可能经常受到政府制裁或限制的约束,例如被屏蔽。责任或版权问题已经困扰着互联网中介服务。

第三节　规范跨境流动

对跨境数据流动进行规范的趋势日益增加,这已经成为在发达经济体和发展中经济体比较常见的一个现象。[14] 现将各成员已经付诸实施的一些做法描述如下。

本地化要求是一系列法规要求,这些法规通常强制规定企业或其数据必须存放的位置,无论这些数据是否跨越边境。这类要求包括:对一个企业实施的商业存在要求,需要计算机服务器或数据中心存放在国内,并且限制将数据移出国内或对此施加严苛条件。最近,各成员政府越来越支持那些要求在国内存储和加工数据的政策。在最近的政策变化中,一些成员还引入其他类型的管理要求,例如,数据收集要征得消费者同意,被遗忘权,对不遵守的惩罚,等等。[15] 此类限制措施可能涵盖所有经济活动,或只是具体部门或活动,这取决于不同成员自身的情况。但是,就其本质而言,本地化要求有地理特征,过去的世界有地理和政治边界,而从进行在线交易和贸易的角度而言,这些边界早已不再重要了。

在某种程度上或者几乎所有领域进行某种形式的屏蔽或过滤的做法,被一些政府当作一种方式,确保非法活动不会在互联网上"得以自由放任"。屏蔽或过滤要求可以被扩大到很多类型的服务,包括互联网准入提供者或搜索引擎,允许各国使用者获取某些信息,同时对某些内容进行限制。这项技术的实施"可以通过集中互联网通信的所有出口,并对其进行官方监管,以及(或者)通过禁止本国互联网服务提供者(ISPs)获准登录任何官方禁止网站清单的方式"。[16] 很多政府在某种程度上屏蔽脸书(Facebook)、油管视频网站(Youtube)或推特(Twitter),而且更多政府在过去几年实施了临时性屏蔽。[17] 相比完全屏蔽一个网站或服务而言,过滤是更有选择性和针对性的。

第四节　数据管制的动因

政府对数据进行管制的动机是多种多样的。政府出于非常广泛的原因对信息流动进行限制或管制，其对合法允许的内涵在容忍度上也存在相当大的差异。在一名产业界代表看来，制定政策的原因是极其多样的。他认为，一些政府相信，对数据进行管制将有助于保护互联网使用者和商界的隐私权和安全，或者能够更好地实施当地消费者保护法。他也担忧，这些限制措施可能有经济动机甚至是保护主义动机：例如，希望建立一个土生土长的信息技术产业，或者保护当地企业免受国外竞争。[18]政策动机还包括对打击诈骗或洗钱、侵犯版权、违反道德准则的行为、健康和安全的威胁，甚至对政治异见或批评的容忍或禁止的希望。

关于个人数据隐私问题，以及更大的总体数据保护的问题，是现在正在讨论的、与现有和未来数据流动管制相关政策的核心领域之一。根据一项分析，截至2013年，“99个国家和地区已经通过某种形式的数据保护和隐私法律，限制使用或传递个人或其他敏感数据。这种法规主要旨在保护个人的信息隐私，并预防个人信息的滥用”。[19]

第五节　数据监管成本

就数据法规的潜在经济成本而言，分析人士仅仅刚开始尝试利用数字来研究这一问题。欧洲国际政治经济中心（ECIPE）最近发布了一份研究和相关的方法论，[20]随后又发布了一系列案例研究。ECIPE寻求对最近拟议或实施的数据本地化要求及相关数据隐私和安全法律导致的损失进行量化。在其国别案例研究得出的结论中，对GDP的影响将是实质性的：巴西（－0.2％）、中国（－1.1％）、欧盟（－0.4％）、印度（－0.1％）、韩国（－0.4％）、越南（－1.7％）。

在具体企业层面，瑞典贸易署也警告说，随着数据限制不断泛滥，企业将需要在软件和硬件上花费更多成本，以适应新的政府政策，而这也将产生合规成本。瑞典国家贸易署确认了两项主要的合规成本：第一项是行政层面的，与为了调整适应新的法律及遵守新的程序相关；第二项是操作层面的，与适应所需要的科学和技术调整相关。瑞典贸易署得出结论称，数据法规可能造成“商业机会的丧失，因为这造成了成本增加和诱导性延迟，使产品竞争力降低或产品跟不上市场变化”。[21]

对一个中小企业来说，由于数据流动限制措施密集化，其不得不承担一些成本费用，这可能导致其进入市场获得的利润不大。例如，在早期很多发展中经济体开启业务流程外包的成功道路上，开展的活动之一就是扫描发达国家的医疗服务提供者被要求保留的大量的医疗记录。由于涉及医疗相关数据的数据隐私法律更加严格,今天这种业务流程外包的准入门槛面临比过去更大的挑战。

经合组织最近发表的一份报告总结了政策动机与成本考虑之间的关系。该报告指出:

> 这些政策背后的动机多种多样,但经常被提及的是对隐私或安全的关注。这一观点在于,如果数据在当地进行存储,则更加安全,政府能够更好地实施隐私法规。但是,本项研究的主题,也就是强制本地化的相关政策将导致低效结果。关于隐私和安全的合理关注,以及希望建立或推动国内产业发展的关注,这两者之间的界限通常很模糊。要求外国企业在一国国内建立数据中心,将此作为其提供某些数字服务的前提条件之一,就是此类模糊性的一个例子。虽然在跨境数据流动方面有合理的政策关注,但商业界越来越感受到的是威胁,这些措施正在被实施到位,但对其贸易禁止效应还没有进行合理分析,至于处理隐私关注的承诺则少之又少。[22]

第六节　新时代的 GATS

跨境数据流动的问题,对 GATS 来说并不是全新事物。早在 20 世纪 90 年代 GATS 文本首次被谈判时,数据准入和转存问题就已经成为一项关注。GATS 的《电信服务附件》就是证据。该《附件》明确提出,服务提供者有权使用公共电信网络在其境内或跨境传输信息,以及跨境使用数据库内的信息。下面这段是阐述和界定该附件中"获取权和使用权"的条款之一:[23]

> 每一成员应保证其他任何成员的服务提供者可以使用公共电信传输网络和服务在其境内或跨境传送信息,包括此类服务提供者的公司内部通信,以及使用在任何成员领域内的数据库所包含的或以机器可读形式存储的信息。[24]

但是,隐私权在当时也是同样引发关注的一个议题。该《附件》后文中的段落尝试在此之间达成平衡,澄清成员有权采取必要措施确保信息的安全和机密性。[25]

欧盟和美国新近在服务贸易理事会的电子商务议程下提交一份联合提案,提供了一项可能的跨境数据贸易原则的一个范例。[26]这两个代表团在介绍其提案时表示,这是一套信息通信技术贸易原则的组成部分,这些原则倾向于是自愿性质的，但希望能有助于其他成员讨论这些事项。提案的最佳努力条款如下：

> 政府不应阻挠其他国家的服务提供者或这些服务提供者的客户，通过电子方式在国际上或跨境传输信息，获取公开可获得的信息，或获取其存储在其他国家的信息。

在围绕新技术和相关技术流动的很多议题中，与之相关的另外一项GATS进展是技术中立这一概念的演进。这一概念首次提出，是在世贸组织基础电信谈判(1995—1998年)中，其有效性自1997年以来不断演进。这一概念来自电信服务快速发展导致的归类问题。谈判制定了一项注释，[27]事实上授权该部门的分类被认为是技术中立。

技术中立的概念在服务贸易理事会的框架下，在电子商务工作计划的支持下，得到进一步演进。1998年举行的世贸组织部长级会议通过了一项《全球电子商务宣言》。[28]该《宣言》指示总理事会建立一个工作计划，审查全球电子商务的所有贸易相关领域。1998年9月，总理事会通过《电子商务工作计划》[29]，并且指示服务贸易理事会在GATS的法律框架下审查电子商务问题。总理事会还明确提到与GATS条款相关的很多议题及应该审查的议题。[30]

到1999年7月，服务贸易理事会已经能够通过一份关于讨论的进展报告。[31]在处理上面提到的问题时，这份报告表示，普遍看法是服务的电子交付属于GATS的范畴。这份报告提出，GATS适用于所有服务，无论其交付方式，这暗示影响服务电子交付的措施是影响服务贸易的措施，因此受到GATS义务的约束。报告还注意到，普遍观点是从GATT没有对供应一项服务的不同技术方式进行区分的角度来看，GATS也是技术中立的。最后，关于市场准入和国民待遇承诺，反映在进展报告中的普遍观点是，一项服务的交付方式并不改变具体承诺，即具体承诺包含了列入减让表中的电子提供方式，除非在承诺中另行列明。

同时，GATS的司法判例也在过去得到实质性演进，支持并确认了进展报告中关于技术中立的观点。事实上，迄今已经完成的与GATS相关的争端解决案例已经涉及在线或网络服务。例如，安提瓜和巴布达发起的案件就涉及在互联网上提供的赌博服务。[32]中国在世贸组织被诉的第一起争端案件[33]与在线音乐下载相关，而电信案[34]和金融服务案[35]处理的是中国的网络支付体系。

专家组的裁决已经确认，GATS纪律和承诺适用于通过电子方式提供的服务。例如，美国—赌博案的专家组报告指出，一项服务的跨境提供(模式1)包括各种形式的交付方式。专家组对这种观点的总结如下：

> 我们认为，当一个成员在其减让表的模式1市场准入那一列中加入“没有限制”一词，就意味着其自行承诺不维持禁止使用在一个承诺

> 部门或分部门的模式 1 下面的一种、几种或所有交付方式。在那些跨境供应如果不是说全部也是实质性受到互联网影响的部门和分部门，情况更是如此。[36]

在*中国—出版物和视听产品案*中，专家组发现中国关于“录音制品分销服务”的承诺扩大到以非物理载体形式分销的录音制品，通过互联网等技术下载的也包括在内。[37]

第七节　GATS 需要提供的内容

假定技术中立是 GATS 的决定性特征，那么可以说，新技术以及供应或适用这些新技术的服务早已经纳入 GATS 范畴，因此可以利用一般义务和纪律以及成员减让表中的任何相关承诺。

虽然只要相关承诺列入减让表，GATS 下的服务和服务提供者就获得最强劲的权利和利益，但是成员在还没有作出承诺的领域，也引入了重要的义务。在这些义务中，有一项是最惠国待遇（第 2 条），这是多边主义的基石之一。该条款禁止政府在不同成员的服务和服务提供者之间进行歧视，意味着一成员政府应平等地对待所有外国服务和服务伙伴。另外一项义务是透明度（第 3 条），该条款要求影响服务贸易（GATS 对此定义非常广泛）的所有措施（GATS 对此定义也比较宽泛）都应该公开可获得。任何造访世贸组织总部的商业界代表都极度强调更好地获取政府政策、程序和法规的重要性。事实上，缺少透明度可能是一个比市场准入更普遍的问题，但是这对全球商业界的日常运行和国际贸易来说是一项重要挑战。还有人提出，一些成员关于数据流动的法规缺少透明度。

在成员已经作出承诺的领域，更加广泛的利益可以归功于服务和服务提供者。承诺是解决跨境数据限制的一个关键，因为承诺锁定了各成员政府的市场准入义务，并且激发了 GATS 框架下包括的其他普遍义务。如果一成员政府已经在一项服务的跨境提供上作出开放承诺，则可以假定其不能阻挠该项服务的供应。如果一个政府计划对一项作出承诺的服务实施商业存在要求，则其必须在减让表中明确标记为存在一项市场准入限制。如果该成员没有这样做，则实施商业存在要求将违反其承诺。

尽管如此，如前所述，商业存在只是本地化要求的一种形式。要求将服务器或数据中心放在国内，是本地化要求的另外一种形式，不同的是，这种要求对贸易的限制作用可能就不算明显了。正如产业界所注意到的，“信息技术基础设施的本地化要求被设定为强迫互联网公司在一国内部建立数据中心和其他基础设施,这被作为其获准进入当地市场的一项条件”。[38] 不管一项数据中心或服务器的本地化要求是否构成一项商业存在要求,毫无疑问的是,如果该项措施没有列在减让表中,歧视性地实施此类措施将违反国民待遇(即措施只适用于外国供应商,而非本国国民)。现在正在形成的一种观点是,此类要求可能被认为是当地含量要求,而且如果一国政府希望维持这些措施,则可能需要在减让表中进行预留。在 2014 年出版的《世界贸易期刊》[39] 的一篇文章中,作者提出了如下观点:

> 如果该成员确实作出了(这项)承诺,则国民待遇适用,且需要评估当地含量措施是否向外国服务提供者提供了不太优惠的待遇。在我们假定的措施中,第一项措施要求一个服务提供者购买当地含量,出于很明显的政策原因通常适用于所有服务提供者,无论是外国提供者还是本国提供者。通常很难发现,该项措施在表面上对一个外国服务提供者进行歧视(法律歧视)。但是,不管措施是否在表面上存在歧视,第 17 条的措辞都要求一种更广泛的测试,检查该项措施是否在事实上将“竞争条件”修改为对国内同类服务提供者更加有利。就一项当地含量要求而言,这将是很容易证明的,因为很有可能一个国内服务提供者相比一个外国服务提供者更容易采购当地投入物,因为它对市场更加熟悉,且已经存在商业联系。如果对使用含量(例如该含量就是服务)的层次进行比较,则歧视可能构成法律歧视,因为明确偏向当地含量,而不是外国含量。当地含量措施的第二类措施要求消费者购买当地服务,而不是一个外国服务提供者提供的服务。这种措施从表面上即对外国服务构成歧视,因此构成了法律歧视。应该指出的一点是,如果不是要求所有或部分含量都需要在当地采购,而是在当地采购能获得货币激励或其他利益,分析结果不会有所不同。

迄今,在减让表中列入当地含量要求的成员寥寥无几,而列入计算机或电信服务的更少,这些服务领域在减让表中的限制几乎没有。

即便有朝一日确定数据中心本地化要求既不是商业存在要求,也不是当地含量要求,这些措施仍然将属于 GATS 国内规制条款的管辖范畴。[40] 在这方面,有些纪律是值得注意的。GATS 关于国内规制的条款(第 6 条)在很大程度上由政府良治条款构成,也部分包括为实现更广泛纪律而正在开展的工作。核心纪律体现在该条第 1 款中,具体规定如下:

> 在已作出具体承诺的部门中,每一成员应保证所有影响服务贸易的、普遍适用的措施,以合理、客观和公正的方式实施。[41]

第八节　采取例外

如同涵盖货物的GATT和其他双边或区域贸易协定那样，GATS也包括向成员政府提供履行义务方面的例外条款，因为这些协定利用世贸组织作为工作起点。GATS中有两类例外条款，一是一般例外，二是安全例外。

就一般例外而言，如果成员的义务和承诺阻挠了其实现某些公共政策目标，或者成员必须这样做以确保实施与该贸易协定不相抵触的法律，那么允许成员违反这些义务和承诺，[42] 值得注意的是，在上述条款中提到的公共政策目标中，一些关注——隐私、道德、公共秩序、健康和防止欺诈——是在讨论为什么要对数据流动进行控制时经常被提及的原因。但是，和允许偏离规则的绝大多数GATS条款一样，纪律也同样适用。成员在第14条下采取的措施以不得在各成员之间构成任意或不合理歧视，或者构成对国际贸易的变相限制的方式实施。同样重要的是嵌入文本中的"必需"一词。这一词语就带来众所周知的必要性测试。和其他纪律一起，这意味着某些极端重要的原则适用于例外情况，不仅向政府提供了为所涵盖目标而规范数据的一些指导，而且在处理未来有朝一日出现的关于数据控制的任何贸易争端时也是至关重要的。第一，必要性测试意味着该项措施对一成员政府违反其贸易承诺来实现既定目标是必需的。第二，即便如此，该条款进一步隐含了成比例的概念，这就意味着措施必须与问题是成比例的，对贸易限制的程度不能比实现既定政策目标所需要的程度高。

安全例外[43]与一般例外有很大程度的不同，主要在于前者给予政府更大的空间。该条款没有包括在一般条款中能够找到的保障措施。在一个电子监管和反监管已经出现、网络恐怖主义或网络战争手段被认为是遥远的现实的时代，经常被提出的观点是，出于国家安全原因必须对数据流动进行控制。

这些例外对贸易协定结构来说是至关重要的，也澄清了贸易和经济目标与其他重要政策目标的关系，但这些例外可能被曲解或者被滥用。因此，作为最佳选项，各成员政府需通过对贸易限制作用最小的方式来实现一般例外涵盖的政策目标，不违反其义务和承诺，这既是有可能的，也是可期待的。而且，一些成员政府以国家安全为理由，对网络进行封锁、实施本地化要求或进行其他数据控制，有时候是相对模糊的第一道防线。更进一步的审查让产业界怀疑，这些措施背后的其他动机可能是保护主义。还有可能的是，关于国家安全的一些主张可能并不符合GATS安全例外的范畴，在这些方面，与维护"公共秩序"相关，纪律并不适用,而前者则是受存在纪律的一般例外管辖的。

第九节 归类难题

列入减让表的承诺对确保GATS的利益和保护能够提供给依赖数据流动的服务部门来说是至关重要的。鉴此,确定很多此类服务在用于起草成员减让表的分类体系中的位置,一直是让谈判人员感到困惑不已的事情。实质上,如果服务提供者不知道其提供的服务是否列入减让表或在减让表中的具体位置,则很难确定其能够享受何种利益。

在电信谈判中关于技术中立的工作,服务贸易理事会的临时结论,以及迄今世贸组织专家组的裁决,对解决一些分类问题可能很有帮助。但是,一些挑战仍然存在,特别是对于一些在过去需要通过物理携带媒体才能交易的"新"媒体模式和数字化产品来说。[44]在可能最终对一些数据密集型服务有用的另一倡议中,一组成员在多哈回合谈判的过程中提议,如果计算机服务归类被解读为功能性描述,将改写在1991年GATS归类中使用的相对过时的分类表,并且确保此类项目的承诺能够涵盖计算机服务,不管其今天被称作什么,只要其功能在该分类中得到描述。[45]这一拟议的谅解主张,计算机服务包括"一些或所有基础功能"的混合,例如"数据处理、数据存储、数据代管或数据库服务",并且涵盖今天经常被提到的服务,例如网站、域名或应用,"虚拟主机、数据挖掘服务和网格计算"。

世贸组织成员继续进行辩论,但迄今没有结果。它们辩论的题目包括:是否一些信息通信技术或信息通讯技术赋能型服务是全新服务,因此没有被当前的任何分类体系所涵盖;是否绝大多数服务仅仅是早已纳入分类体系的现有服务的演进,或者说本质上是那些早已纳入现有分类体系的相同服务,还是只不过采用了新技术而已。有一个概念在确定分类问题上获得一些关注,区分交付或赋能型服务,以及那些可以通过其提供的服务,例如互联网或云,是非常重要的事情。这一区分可能证明在解决分类困扰方面是有帮助的,困扰是围绕是否一个提供商是"使用"还是"提供"一项特定服务。但这仍然无法提供一项如何处理那些没有明确在1991年分类中引用的那些服务的归类问题。同样地,世贸组织成员警惕采用联合国和其他机构在1991年联合国中央产品分类以来实施的最新版本的修订,因为升级减让表会带来巨大风险,有意或无意地损害在过去贸易回合谈判中获得的承诺。

第十节　关于数据的其他贸易倡议

一些成员政府已经开启了一条在世贸组织的走廊之外，利用双边和诸边贸易倡议来解决数据流动监管限制的道路。此类倡议的第一个范例就是韩国—美国自贸协定(KORUS)。但是，目前正在进行谈判的其他协定也旨在包括与数据相关的条款。这些包括亚洲和太平洋沿岸国家之间的《跨太平洋伙伴关系协定》(TPP)谈判、美国和欧盟之间的《跨大西洋贸易与投资伙伴关系协定》(TTIP)谈判及部分世贸组织成员之间的《服务贸易协定》(TiSA)谈判。产业界和决策者都敦促谈判人员在这些未来协定中纳入具有约束力的数据流动条款，以及限制数据本地化要求的条款。[46]

《韩国—美国自贸协定》于2007年签署，2012年生效。该协定因为其雄心水平受到公开称赞，并且因为纳入了数据自由流动的条款而受到表扬。例如，谷歌公司将该协定描述为朝着避免实施对信息流动构成壁垒的政策的方向迈出第一步，并且鼓励未来协定也包括类似的、改进过的、具有约束性的条款。[47]但是，很多信息技术部门代表感到失望，因为该条款是最佳努力性质的，没有法律约束力。该条款体现在《韩国—美国自贸协定》的电子商务章节中，条款文本如下：

> 认识到数据自由流动在便利贸易方面的重要性，并认识到保护个人信息的重要性，参加方将努力克制实施或维持对电子信息跨境流动的不必要的壁垒。[48]

就TPP而言，由40家产业协会组成的跨国私营部门联盟于2014年签署一封公开信，呼吁贸易部长和TPP谈判人员处理数据流动问题。公开信指出，“以电子形式使用和传递数据的能力是企业的生命线，无论其规模大小、来自哪个经济部门、属于发达国家还是发展中国家”。公开信呼吁谈判设计出有意义的条款，涵盖相对有雄心水平的一套标准：

第一，清晰的、可执行的义务，允许数据的跨境流动，禁止将数据放在某个特定管辖区域的要求；

第二，此类义务的例外和限制应有限，且符合现有国际贸易法；

第三，争端解决机制应与所有其他TPP义务相当；

第四，没有额外的保留条款，用以限制此类义务的效果和可实施性。[49]

此后不久，美国参议院财政委员会和商务委员会的领导者呼吁美国贸易代表办公室(USTR)确保在TPP谈判中处理跨境数据流动问题。他们明确提出，该协定应“通过强劲和有效的争端解决机制，纳入清晰的、可执行的义务，禁止对数据的跨境转移、存储和处理及计算基础设施施加不必要的限制”。他们还敦促USTR“坚决反对其他国家寻求保留和过于宽泛的例外的努力，因为这将损害相关义务”。[50]

据报道，TiSA 中关于数据流动和本地化要求的拟议文本是以正在讨论中的TTIP 文本为模板的。但是，尽管这些谈判是在自我宣称“志同道合的国家”之间进行的，谈判进展也一直不是十分顺利。这在很大程度上是因为各方对此类条款与一些参加方政府国内正在生效的数据保护和隐私法实施之间的关系上存在分歧。

就 TTIP 而言，美国已经公开表示，将“寻求制定合适的条款，便利电子商务的使用，以支持货物和服务贸易，包括通过不对数字产品征收海关关税，或在通过电子交付的产品之间构成不合理的歧视”，并且“寻求纳入便利跨境数据流动的条款”。[51]但是，在数据隐私问题上，或至少在实施此类政策的方法和方式上，美国和欧盟之间的分歧是众所周知的。欧委会的《数据保护指南》于 1998 年 10 月生效，建立了关于个人数据处理及其自由流动的监管框架，禁止向不满足欧盟隐私保护标准的非欧盟国家传递个人信息。

第十一节　前 进 方 向

要确保全球数据和信息流动不会面临保护主义措施或者不合理和负担沉重的法规，需要做些什么事情呢？简单重复一种鼓励政府允许数据自由流动的非约束性原则，将无法实现这一目标。而且，关于数据流动的约束性原则是否能够帮助消除这种担忧也值得怀疑，除非这种约束性原则与各成员政府达成相关承诺捆绑在一起，或者将后者作为前者的补充。

考虑到 GATS 及其他几乎所有贸易协定的结构，一种更加安全的选项是确保作出关于各种各样的信息通信技术和信息通信技术能动型服务的跨境供应的承诺。这将至少包括在所有电信和计算机服务方面的改进承诺。此外，改进跨境准入承诺也需要在服务部门的关键信息通信技术能动型部分得到确保，例如金融服务、物流、分销服务和一系列外包支持的办公室服务，后者对中小微企业和新兴经济体的多元化来说至关重要。

发达成员和发展中成员作出的关于基础电信的 GATS 市场准入承诺，通常提供了数据服务的基础网络，作为 20 世纪 90 年代扩展谈判的结果已经是非常巨大的，但在跨境提供方面的承诺可以进行改进。但是，增值电信，其中绝大多数是与数据流动密切联系的，今天几乎与计算机服务密不可分，还没有受到这些谈判的约束，相关承诺严重缺乏。考虑到很多政府在这些领域的改革早已领先于基础服务市场改革，这是非常遗憾的。

就计算机服务而言，这项服务从很多世贸组织成员的承诺中获得益处。工业化国家关于跨境供应的承诺是广泛的，提供模式经常是没有限制的承诺。但是，虽然发展中国家经常就计算机服务作出承诺，但跨境提供受到开放承诺约束的情形很少，经常被标记为不作承诺。

关于分销服务的承诺，不管是批发服务还是零售服务，都是相对有限的，不管是跨境还是其他。关于后台业务服务的承诺，其中一些是与物流相关的，几乎是不存在的。关于信息通信技术数据流动的任何倡议若给予发展中成员可信度，就需要认真考虑参与此类承诺，以及计算机服务承诺。不管一项服务是否涉及在毛里求斯的远程数据处理，在安提瓜的保险申诉处理，在班加罗尔或墨西哥的软件开发，抑或是在肯尼亚的移动应用开发，逐步收紧数据流动限制都可能严重降低进入全球市场的机会。

关于信息通信技术和信息通信技术能动型服务，其中一些可能已经被认为是新的服务，因此可能没有被现有 GATS 承诺涵盖，技术中立的概念对解决绝大多数分类问题很有裨益。在术语创新几乎和技术创新同样广泛的一个领域，越来越明显的是一项服务的一个新名字并不必然意味着这项服务事实上是一项新服务，而是其功能和最终服务需要被考虑其中。例如，计算机分析师已经提出，云提供了远程计算和存储，这两者都已经存在了近 30 年。但是，差距依然存在，特别是在一些更加敏感的领域，例如新媒体和软件、图书、杂志等一度只能通过物理载体交易的可下载产品。例如，脸书、Tuenti（西班牙交友网站）、微信或 VK（俄罗斯在线媒体和社交服务），提供用户内容，是简单地使用互联网和移动技术向消费者提供形式不断扩展的信息服务的数据基础结构吗？原创内容的提供者是应该根据内容特征还是其他因素进行归类？或者，一些最近修订的分类体系已经处理此类问题，列明了一种叫做“在线出版”的通用服务类别，经常涵盖视频、软件和其他媒体产品。

为了制作关于很多不断演进的信息技术服务和所谓的信息服务的减让表而进行的分类问题，虽然很重要，但有可能影响的服务部门比大家可能认为得要更少一些。这是因为世贸组织专家组的裁决结果将技术中立作为供应模式和列明服务的一项基本原则。世贸组织成员已经在近年来证明，它们还没有联合下定决心澄清分类问题，无论是在电子商务的讨论中，或在服务理事会委派负责该项任务的下属机构。最终,可能将交由未来的争端解决专家组来解决这些挑战。

GATS《电信附件》不仅确保那些使用电信网络做生意的被承诺部门的任何和所有供应商的准入权利,也包括对成员的义务,确保信息在边境内部和跨越边境的流动(如前所述)。但是,可能需要呼吁一个更加具有深远影响的贸易规则,考虑到这些义务与基础电信供应商相关。今天,很多新兴业态与电信运营商竞争,提供联通性和准入机会,即便其利用的很多基本基础设施来自电信运营商。此外,值得牢记的一点是,GATS中"服务的提供"和"影响服务贸易的措施"的定义在不断扩大。这些概念可能最终证明足够宽泛,可以作为工具来对抗对一项服务的提供来说至关重要的数据流动的限制。

但是,如果需要一项数据流动的原则,则此类原则的可能概要或者至少其核心贸易目标,应能够在GATS中找到踪影。该条款与资本的跨境流动相关,体现在第16条市场准入的脚注中。该脚注规定:

> 如一成员就通过第1.2(a)条所指的方式提供服务作出市场准入承诺,且如果资本的跨境流动是该服务本身必需的部分,则该成员由此已承诺允许此种资本跨境流动。如一成员就通过第1.2(c)条所指的方式提供服务作出市场准入承诺,则该成员由此已承诺允许有关的资本转移进入其领土内。[52](斜体以示强调)

如果有人想用"数据"一词替换上面文本中的"资本",也就言简意赅地抓住了数据跨境流动的辩论中对贸易有利害关系的方面。

与分类问题不同,政府推动实施的数据管制不断出现,这些措施背后的隐私和安全理由经常与在贸易框架下处理数据流动的倡议混淆在一起。GATS和其他贸易协定中包括的一般例外提供了对这些和其他基础性公共政策目标规则的一种排除。例如,本地化要求通常被视为服务于此类目标。但是,计算机专家主张,编码质量和其他保障措施比服务器的物理位置更能保护数据隐私。

就商业界而言,他们认识到这一问题重要性,但倾向于主要从需要保护使用者信任度的角度看待隐私权问题。但是,他们需要更加充分地认识到隐私滥用、安全漏洞、网络犯罪的巨大可能性,最近的一些案件已经显示了极度扩大的信息收集可能出现这些结果。与其将政府的努力描述为越界,商业界倒不如在帮助找到解决方案方面发挥作用,减少贸易受到的影响。

正如经合组织所注意到的:

> 政府在推动制定一套共同标准方面也可以发挥作用,这些标准将变成一项设备所应有的安全水平的标准(……)各国坚持一套类似标准将避免通过要求采取不同标准创造贸易壁垒。[53]

贸易谈判人员可能想要考虑的不是制定数据流动的基本原则或共同指南，而是正如经合组织建议的，是让作为数据限制基础的监管激励对贸易的影响最小化。

就近期而言，改进承诺并对贸易原则进行可能调整的来源有可能是补充协议，即现有和即将缔结的双边和诸边贸易协定。但是，在中长期，需要在世贸组织服务协定中确保更好的承诺以及更高的清晰度。这是因为 GATS 向各方提供了非常宝贵、声誉很好的争端解决机制。作为一个中立的仲裁者，其在服务争端案件裁决方面的记录显示，该机制能够胜任处理涉及在线提供服务的案件。而且，呼吁就信息技术服务制定单独的或非附加式的贸易协定，可能因为另起炉灶或者与多边体制的困惑关系而受到损害，即使不是对多边体制造成损害的话。正如一位知名贸易分析师所注意到的：

> 由于互联网内生的碎片化和多边化特征，不能期待单靠优惠协定建立一个保持数字贸易开放度的功能性的框架。对于实施在线贸易壁垒的经济体来说，没有任何一项优惠协定能够提供足够的门槛数量，足以让其反对那些支持设立数据壁垒的强劲的商业和政治利益集团。[54]

本章的主题之一是探索现有多边框架特别是 GATS 能够提供什么。GATS 是否提供了基本的法律框架，用以解决对日趋增长的跨境数据流动监管及其限制国际贸易潜力的担忧？对于这个问题的答案是肯定的。但或许应该是一个有条件的肯定答复，它取决于尚未解决的分类问题的解决方案，以及避免隐私和安全政策对贸易造成过大影响的方法。但是，GATS 至少根据其规定是能够胜任这一任务的，如同其他贸易协定那样，无论是已经结束的还是正在进行中的。

处理那些本质上具有监管理由的贸易壁垒的挑战并不是什么新问题，特别是对服务贸易来说。GATS 起草者们没有面对关税壁垒问题，他们要处理的所有市场准入限制都在“边境后”，是国内监管框架的组成部分。对于货物和服务来说，这一问题都变得日趋严峻。正如世贸组织前总干事帕斯卡尔·拉米(Pascal Lamy)在一次演讲中所说的：

> 我们正在从管理保护——配额、关税和补贴转向管理预防措施——安全、健康和环境可持续性。这是对关税和非关税措施这一传统分类的一种新版本。[55]

通过找到共同可接受的解决方案来回应挑战，不仅对在这个领域无所不在的美国企业来说是重要的，而且对欧洲和印度通信技术企业，以及发达国家和发展中世界都有的中小企业来说同样重要。商业的内部工作和全球一体化已经变得如此依赖通信技术和数据，以至于对跨境数据和信息流动的限制有可能带来的成本和外溢效应超过当今经济学家的最优预期。而且,繁重的数据监管成本将不可避免地给中小企业带来影响,这些影响要远大于其他更大的参与者。对于希望利用数字经济的中小微企业而言,贸易承诺提供了一项法律基准,但只有市场准入成本和市场准入监管障碍得到减少,它们才能真正获益。

注释

1. 本章所表达的观点只代表作者本人,不代表 WTO 成员或 WTO 秘书处的观点。作者感谢 Giuliana Mori Perez 提供的无法估量的巨大帮助。

2. 参见 Kommerskollegium, *Swedish National Board of Trade*, *No transfer*, *no Trade*: *The Importance of Cross-Border Data Transfers for Companies Based in Sweden*, 2014, p.16。

3. 虽然"数据流动"和"信息流动"在范围上存在细微差异,但就本章而言,相关议题在实质上是相同的,因此这两个术语可以相互替换使用。

4. 这里使用"所谓的"是指这里和本章其他地方提到的一些此类服务,反映的是主要考虑商业利益的术语,而不是其技术特征。

5. Kommerskollegium, *Swedish National Board of Trade. How Borderless is the Cloud?*: *An Introduction to cloud computing and international trade*, Kommerskollegium, 2012, p.3.

6. United Nations Conference on Trade and Development Division on Technology and Logistics, *Information Economy Report 2013*: *The Cloud Economy and Developing Countries*, Report, HM UNCTAD-IER, 2013.

7. 关于各种类型的云服务的绝佳解释,参见 M. Nelson, Briefing Paper for the ICCP Technology Foresight Forum, Cloud Computing and Public Policy, DSTI/ICCP, 2009, 17, 2009.10.14。

8. Kommerskollegium,同注 5。

9. Distributed Computing: Utilities, Grids and Clouds, ITU Technology Watch Report 9, ITU: Telecommunication Standardization Policy Division, ITU, 2009, p.5.

10. International Telecommunications Union, "GSR discussion paper: Big Data—Opportunity or Threat?", ITU, 2014.

11. IBM, "Définition du Big Data", http://www-01.ibm.com/software/fr/data/bigdata, 2014 年 6 月 24 日访问。

12. J. Meltzer, "Supporting the Internet as a Platform for International Trade: Opportunities for Small-and Medium-sized Enterprises and Developing Countries", Global Economy and Development Working Paper No.69, 2014, p.13.

13. K . Perset, "The Economic and Social Role of Internet Intermediaries", OECD Digital Economy Papers, No. 171, OECD Publishing, 2010, http://dx. doi. org/10. 1787/5kmh79zzs8vb-en, 2014 年 5 月 26 日访问。

14. 关于澳大利亚、巴西、加拿大、中国、欧盟、法国、德国和印度等国采取的此类措施的范例,可以参见 A. Chandler and U.P. Le, "Breaking the Web: Data Localization vs. the Global

Internet", California International Law Center, UC Davis School of Law, Working Paper 2014-1, 2014.3.12。

15. M. Bauer et al., "The Costs of Data Localization: Friendly Fire on Economy Recovery", ECIPE Occasional Paper, No 2/2014, http://www. ecipe. org/app/uploads/2014/12/OCC32014__1.pdf.

16. F. Erixon et al., "Protectionism Online: Internet Censorship and International Trade Law", ECIPE Occasional Paper, No 12/2009, 2009, p.4.

17. Dana Liebelson and MAP, "Here Are the Countries That Block Facebook, Twitter, and YouTube", *Mother Jones*, 2014.3.28, http://www. motherjones. com/politics/2014/03/turkey-facebook-youtube-twitter-blocked.

18. M. Langenegger, "Cloud Mini-Series Part 1: The Transformative Potential of Cloud Computing", Project-Disco, 2014.3.26, http://www. project-disco. org/competition/032614-cloud-mini-series-part-1-the-transformative-potential-of-cloud-computing, 2014 年 4 月 15 日访问。

19. Kommerskollegium,同注 2,第 13 页。

20. Bauer et al.,同注 15; E. van der Marel et al., "A Friendly Fire on Economic Recovery: A Methodology to Estimate the Costs of Data Regulations", ECIPE Working Paper No.02/2014。

21. Kommerskollegium,同注 2。

22. OECD, Trade and Agriculture Directorate, Trade Committee, Working Party of the Trade Committee, *Emerging Policy Issues: Localisation Barriers to Trade*, TAD/TC/WP (2014)17/FINAL, 2015.12.12, p.56.

23. L. Tuthill, "Users Rights", *Telecommunications Policy*, 1996, 20(2).

24. GATS《电信服务附件》第 5(c)条。

25. 同上文,第 5(d)条。该款允许采取必要措施确保信息的安全和机密性,只要此类措施不得以对服务贸易构成任意的或不合理的歧视或构成变相限制的方式实施。

26. Communication from the EU and the US, "Contribution to the Work Programme on Electronic Commerce", *Trade Principles for Information and Communication Technology Services*, S/C/W/338, 2011.7.3.

27. WTO, "Notes for Scheduling Basic Telecom Services Commitments", S/GBT/W/2/Rev.1., 1997.1.16.

28. WTO, "Ministerial Conference—Declaration on Global Electronic Commerce—adopted on 20 May 1998", WT/MIN(98)/DEC/2.

29. WTO, "Work Programme on Electronic Commerce—adopted by the General Council on 25 September 1998", WT/L/274.

30. 这些包括:范围,包括提供方式;最惠国待遇和透明度;发展中国家的不断参与;国内法规,标准和承认和竞争政策;保护隐私权和公共道德,预防欺诈;关于电子方式提供服务的市场准入承诺,包括关于基础电信和增值电信服务、关于分销服务的承诺和国民待遇(即纳入成员减让表的义务);获取和使用公共电信运输网络和服务;海关关税和分类问题。

31. WTO, "Work program on Electronic Commerce: Progress Report to the General Council", S/L/74, 1999.7.27.

32. *United States—Measures Affecting the Cross-Border Supply of Gambling and Betting Services*, DS285.

33. *China—Measures Affecting Trading Rights and Distribution Services for Certain Publications and Audiovisual Entertainment Products*, DS363.

34. *Mexico—Measures Affecting Telecommunications Services*, DS204.

35. *China—Certain Measures Affecting Electronic Payment Services*, DS413.

36. *Panel Report*, *US—Gambling*, para.6.287.

37. *Panel Report*, *China—Publications and Audiovisual Products*, para.7.1209.

38. Langenegger,同注 18。

39. H. P. Hestermeyer, and L. Nielsen, "The Legality of Local Content Measures under WTO Law", *Journal of World Trade*, 2014, 48(3), p.588。也可参加 OECD,同注 22。

40. 在 GATS 中,没有要求列入减让表但是却被认为影响服务贸易的非歧视性措施属于一种被称为国内规制的残留措施类别,在 GATS 第 6 条中得到处理。

41. GATS 第 6.1 条。

42. GATS 第 14 条(除了下面的税收部分)规定:

在遵守此类措施的实施不在情形类似的国家之间构成任意或不合理歧视的手段或构成对服务贸易的变相限制的要求前提下,本协定的任何规定不得解释为阻止任何成员采取或实施以下措施:

(a) 为保护公共道德或维护公共秩序 1 所必需的措施(只有在社会的某一根本利益受到真正的和足够严重的威胁时,方可援引公共秩序例外);

(b) 为保护人类、动物或植物的生命或健康所必需的措施;

(c) 为使与本协定的规定不相抵触的法律或法规得到遵守所必需的措施,包括与下列内容有关的法律或法规:

(i) 防止欺骗和欺诈行为或处理服务合同违约而产生的影响;

(ii) 保护与个人信息处理和传播有关的个人隐私及保护个人记录和账户的机密性;

(iii) 安全。

43. GATS 第 14 条之二规定如下:本协定的任何规定不得解释为:

(a) 要求任何成员提供其认为如披露则会违背其基本安全利益的任何信息;

(b) 阻止任何成员采取其认为对保护其基本安全利益所必需的任何行动:

(i) 与直接或间接为军事机关提供给养的服务有关的行动;

(ii) 与裂变和聚变物质或衍生此类物质的物质有关的行动;

(iii) 在战时或国际关系中的其他紧急情况下采取的行动;

(c) 阻止任何成员为履行其在《联合国宪章》项下的维护国际和平与安全的义务而采取的任何行动。

44. 关于视听和信息通信技术产品分类问题的更详细讨论,参见 L. Tuthill and M. Roy, "GATS Classification Issues for Information and Communication Technology Services", in Mira Burri and Thomas Cottier(eds.), *Trade Governance in the Digital Age*, Cambridge University Press, 2012。

45. WTO, "Understanding on the scope of coverage of CPC 84—Computer and Related Services", TN/S/W/60, S/CSC/W/51, 2007.1.26.

46. S. Ariel Aaronson and R. Maxim, "Data Protection and Digital Trade in the Wake of

the NSA Revelations", *Intereconomics: European Review of European Economy Policy*, 2013, 48(5), p.281.

47. Google Inc., "Enabling Trade in the Era of Information Technologies: Breaking Down Barriers to the Free Flow of Information", Google Inc., 2010.

48.《美国—韩国自贸协定》第 15 章电子商务,第 15.8 条。

49. 这封信可以参见 http://www. itic. org/dotAsset/9/b/9b867953-11c3-47de-97aa-92a61d3491c7.pdf。

50. Letter to USTR from Senators Wyden, Hatch, Rockefeller, and Thune, 2014.10.24, http://www.finance. senate. gov/newsroom/chairman/release/?id=5664b1be-9ad4-4c5d-b91c-abcc716f153f.

51. Office of the USTR, "US Objectives, US Benefits In the Transatlantic Trade and Investment Partnership: A Detailed View", http://www. ustr. gov/about-us/press-office/press-releases/2014/March/US-Objectives-US-Benefits-In-the-TTIP-a-Detailed-View.

52. GATS 第 16 条,第 1 段脚注。

53. OECD, *OECD Digital Economy Outlook 2015*, OECD Publishing, 2015, p.268.

54. H. Lee-Makiyama, "Cross-border Data Flows in the PostBali Agenda", in Simon Evenett and Alejandro Jara(eds.), *Building on Bali: A Work Programme for the WTO*, Centre for Economic and Policy Research, 2013, p.167.

55. Pascal Lamy, "Looking ahead: The New World of Trade", Speech, Jan Tumlir Lecture Series, *ECIPE*, 2015.3.9, Brussels.

第三部分

政治经济学和发展视角

第十五章
服务贸易自由化的正面清单和负面清单行为动态：审视 TiSA 谈判

托马尔·布劳德、沙伊·摩西[1]

第一节 简 介

自从服务贸易国际自由化进程在 30 年前起步，[2]一个体制性问题就持续存在，即各成员应该以正面清单方式还是负面清单方式作出贸易自由化承诺。总体上，根据正面清单方式，如果一成员没有在减让表中明确列入，并且规定具体程度，则意味着其没有作出开放承诺。这是 GATS 在具体承诺方面采用的总体方法，随后进行的多哈回合谈判也采取了这种方法。相比之下，根据全面的负面清单方式，一成员就所有服务部门和纪律都作出完全承诺，除非其被明确排除，且规定排除程度。这点经常是与北美自由贸易协定（NAFTA）中使用的模式相联系的。[3]

一个标准合理的选择角度将告诉我们，正面清单或负面清单方式的区别总体上是无关紧要的（受到交易成本和其他议题的限制约束），但为什么这一结构性问题还获得如此多关注？毕竟从原则上讲，可以通过正面清单或负面清单的方式作出相同水平的承诺，或者如同绍韦所说的那样，“两种方法能够实现完全相同的自由化收益”。[4]罗和马图（Low and Mattoo）还进一步说，这个问题可以被认为是“有些微不足道的，其涉及的也不过是要做什么和不要做什么而已”。[5]正如我们将要看到的，正是由于很多原因的存在，这种说法显得过于简化（例如，负面清单协议往往具备某些额外特征，使其与正面清单协议有所不同），但是确实充分抓住了问题的精髓。

尽管如此，到底是使用正面清单还是负面清单，在概念上从一开始就与服务贸易自由化和谈判的动力学联系在一起。所谓的《服务贸易总协定》（GATS）正面清单旨在便利正在进行的贸易自由化进程，呼应 1947 年《关税与贸易总协定》

(GATT 1947)在互惠、滚动基础上通过连续回合谈判在关税减让方面取得的成功。[6]的确,GATS第19.1条明确规定进行连续回合谈判,“以期逐步实现更高水平的自由化”。类似于货物贸易的关税削减,通过正面清单方式列明一个部门的服务交付的某种方式,无论是在过去还是现在,都被视为一种减让,是贸易谈判的主题。因此,“逐步实现更高水平的自由化”一直是最直接地与通过正面清单方式增加具体承诺相联系的。但是,在20年后,GATS承诺仍然与最初列入减让表的情况基本一致。

谈判缺乏进展至少应该会让那些呼吁采用正面清单的人士有些犹豫,即便这可能归因于与多哈回合失败相联系的总体问题。[7]例如,在阿德隆和马姆杜(Adlung and Mamdouh)看来,多边谈判的僵局“如果不是说与GATS框架或任何特定清单方式没有关系,关系也不是很大。恰恰相反,这反映了成员对一揽子框架下谈判优先领域的评估,根据一揽子框架,只有所有议题都达成协议,才算达成协定”。[8]这似乎有些低估了通过正面清单或负面清单作出服务承诺的“选择结构”(认真设计人们作出决定的环境[9])及其对自由化的影响:正面清单或负面清单的行为动力学。

在本章中,我们将首次尝试通过认知心理学和行为经济学的见解来处理这些影响,特别是前景理论及框架效应、现状偏见和折中效应等现象。正如第二节所解释的那样,这些概念意味着一个协定的正面清单或负面清单框架能够对谈判人员的选择和随后决策产生至关重要的影响,甚至认为负面清单方式可能在原则上能够更加鼓励经济自由化。其他一些额外的复杂因素,例如部门考虑、谈判不对称性、资源限制和交易成本等,都妨碍了我们在当前阶段将这一假设付诸实证检验。但是,谈判结构和服务贸易协定自由化模式的多样性,以及贸易外交官在谈判上所花费的时间和精力显示,谈判人员准确地调整适应了正面清单还是负面清单选择结构的潜在重要性,他们既是建筑房屋的建筑师,也是住在房屋里的居民。第三节对《服务贸易协定》(TiSA)诸边谈判的案例研究就是例证。这也显示行为动力学是国际贸易谈判的一个重要元素,至少在服务贸易方面如此。就这本研究手册的框架而言,我们认为这是未来值得调查研究的一个重要问题。

第二节　谈判的选择结构和服务自由化:理论内涵

一、理性选择、行为经济学和服务自由化

我们在一个标准的理性选择、契约理论的框架下开始理论分析,这个框架适

用于假设的服务贸易谈判。[10]在这个框架下，各成员只有在预期收益超过预期成本的情况下，才会在一个特定服务部门作出承诺，以实现国际贸易自由化（主要通过市场准入、国民待遇和最惠国待遇纪律，使贸易自由化具有可操作性）。一项减让的成本被理解为包括减让的经济成本（例如国内服务提供者的市场份额损失）及对监管自主权的限制。一项减让的收益来自国内服务消费者的成本降低，以及贸易伙伴作出的互惠（但不必然是对等的）减让，后者将惠及服务出口商。根据科斯经济学，在没有交易成本的情况下，资源或权利的初始分配不能决定其最终分配情况。理性行为主体之间的成本—利益博弈将权利有效地分配到最有价值的行为主体上，并不考虑最初起点。[11]因此，从科斯讨价还价的角度讲，谈判结果应反映谈判人员所代表的参加方的偏好，而不考虑讨论的出发点。就服务贸易而言，谈判起点是没有开放（或现有成果水平）承诺，而逐步谈判一个增强的承诺清单（正面清单），还是反其道而行之，承诺完全开放，并不会有什么不同，因为部门预留、提供方式和（或）纪律会缩小这些差异。

行为经济学最近已经被应用于国际法，[12]它挑战了新古典经济学和理性选择理论的根本假设，假定人类理性事实上是有界限的，容易受到完美理性的体制性差异的影响。特别是前景理论质疑了科斯定理的有效性。[13]实验观察已经反复显示，在各种不同情况下，权利的初始分配确实重要，因为其影响行为者的决定，特别是其放弃权利的意愿，这通常被称为禀赋效应。[14]根据科斯条件，任何有价值的东西，例如不受限制的国际服务贸易的自由权，都具有相等的价值，不管是获得，还是失去。相比之下，前景理论则认为，人们并不是无差别地对待相同规模的损失和收益。例如，他们经常投入更多的是在预防损失方面，而不是在生产等值收益方面。

回到服务贸易自由化的问题上来，谈判人员[15]希望尽可能少地作出开放承诺（并且尽可能多地获得进入外国市场的机会）[16]，这很容易让其考虑从零开始作出具体承诺（与之相对的是，现在正在进行的自由化是在此前存在的承诺水平上开放），即正面清单作为一项损失，“减让”这个术语的意思就是如此。相比之下，对自由化的一项总体承诺作出一项预留（即使用负面清单），将被认为是一项收益。因此，即便实际的自由化成果完全相同，谈判人员可能会更倾向于认为，使用正面清单列明一项具体承诺，作为损失，在规模和价值上要大于通过相等的负面清单获得的收益。这种“减让厌恶论”的表达，[17]其本身可能意味着正面清单相比负面清单更不容易产生增加自由化预期的联合谈判目标，但是为了更好地理解如何会出现这种情况以及为何出现这种情况，有必要以更高的分辨率，来审查反映前景理论的特定认知偏见。我们将在第二节第三部分完成这一工作。

关于《服务贸易协定》的正面清单和负面清单的问题，对国际法分析的“灵活性机制”有明显相似性，例如保留和选择性议定书。[18]考虑到其选择性加入或选择性退出的特征，这当然有认知内涵，负面决定与正面决定形成明显对比，其决定要素可能偏离标准的理性选择预测。例如，加尔布雷思（Galbraith）在量化研究的基础上非常简洁地阐释，条约中的选择性加入和选择性退出条款（她将之笼统称为“条约选项”）对随后的选择产生了重要的差异影响。[19]在各成员有能力或明确选择避免国际司法法庭约束性裁决的情况下，多数成员继续接受。相比之下，在各成员能够明确选择加入国际司法法庭裁决的情况下，只有极少数成员会这样做。世贸组织有一项明确的“不得保留”规则（《WTO 协定》第 16 条第 5 款），该条款适用于 GATS，当然双边协定也不能享受保留，但正面清单和负面清单的问题基本上类似于此类“条约选项”。关于通过国际司法法庭裁决的发现，可能给一个观点增加证据，即基于行为学原因，正面清单方式相比负面清单方式更不支持贸易自由化进程。

二、 服务贸易协定谈判选择结构的一些复杂性

在转向更加具体的行为学现象的可能影响问题前，回顾并划定我们现在的兴趣范围是非常有用的。我们不会追求对一项假设进行实证审查，即一种选择结构（如负面清单）比另外一种结构（如正面清单）对服务自由化更好，更不用说提供相关实证审查了。的确，虽然不能说一些复杂因素无法让人得出此类结论，但得出这种结论也是比较困难的。但是，更重要的是，我们接下来将探索关于该问题的观点和看法，将从哪些方面来影响和塑造谈判人员对服务协定设计的立场。即便是这种适度的努力，也包括了一些复杂方面。第一，因为负面清单与正面清单的区别本身在有些时候不是十分清楚；第二，因为选择结构和贸易谈判人员之间互动的循环，谈判人员最终既是服务相关协定规范性结构的建设者，也是其使用者。更具体地说：

（一）负面清单和正面清单区别的澄清

即便是关于 GATS，可以说的是，我们此前对负面清单和正面清单的描述过于夸大了正面清单和负面清单方法之间的差别，这让谈判人员很难真正觉察两者之间的差别，主要有两个原因。第一，正如阿德隆和马姆杜正确指出的，虽然服务分销的部门和模式在 GATS 减让表中的确通过正面清单的方式列明，但减让表的内容经常是“负面清单式的”，如同对那些列明部门的市场准入完全自由

化和(或)国民待遇的偏离。[20]正如绍韦具体解释的，这种编制承诺的方法涉及世贸组织成员自愿选择其纳入减让表的部门、分部门和服务提供模式的正面选择，以及在其列入减让表的部门、分部门和(或)服务提供模式中维持的限制的负面清单。[21]因此，重要的是，正面清单和负面清单之间的界限不必然——也许很罕见地——是很鲜明的，这就导致一些评论人士基于这一原因将 GATS 模式描述为一种“混合方法”。[22]但是，我们认为，这不应改变我们将 GATS 模式主要界定为正面清单方式的做法，因为 GATS 谈判的总体出发点(最初)是零承诺，随后逐步增加现有承诺水平。因此，总体架构是正面清单方式。

第二，就最惠国待遇义务而言，GATS 采用了一种纯粹的负面清单的模式。最惠国待遇作为一项总体承诺，受到具体和明确列入减让表的豁免的约束(GATS 第 2.2 条和 GATS 关于第 2 条豁免的附件)。这再次强调难以简单地用一种方法或另一种方法对协定进行归类：在同一个协定内部，列明承诺的形式在不同类型的实质性承诺之间差别很大。

关于标准理性选择的背景下，这种设计的复杂性，即便是在 GATS 内部，也仅仅是为我们在本章稍后介绍的观点增加了论据。我们的观点是基于我们对服务贸易协定总体特别是 TiSA 得出的。毫无疑问，服务协定的“选择结构”对谈判人员来说意义重大，甚至比谈判协定或具体服务部门承诺更重要。我们此前部分的意向性猜测提到了前景理论，负面清单方式可能比正面清单更容易实现贸易自由化，考虑到这些，很明显我们有必要更深层次地调查谈判人员对“选择结构”敏感度的合理性及其可能的行为学原因。

(二) 服务贸易谈判人员的双重角色——选择设计师和选择居民

值得提到的，“选择结构”和与之相关的“助推理论”概念，[23]在适用于社会中的个体时，作为自由主义家长制度的一种表述，已经在道德和政治基础[24]上遭到攻击，这些攻击当然是关于其法律和社会影响的。[25]但是，在服务贸易协定及在其他国际体系中[26]与生俱来的关于正面清单还是负面清单的选择结构，至少在一个重要方面是有所不同的。常规的选择结构是由一个外部行为体施加在那些在其环境下运作的行为体身上，例如政府部门或营销机构推动人们就其健康、生活节奏、采购或公民参与等问题作出某些选择。相比之下，一个服务贸易协定的选择结构是代表一些国家谈判的，而这些国家随后也将受到这项协定的约束；而且这种选择结构是由谈判人员谈判达成的，从机制而非从个体角度(他们通常如此)而言，这些人也是那些在其谈判完的选择结构内作出决策的人群。换言之，谈判人员不仅是选择建筑师，他们也生活在其创造的选择结构内。

这不仅中和或至少减弱了“家长专制”的问题(虽然可能引发民主合理性的问题),而且也提出了关于谈判的辩证行为学内涵。贸易谈判人员参与的进程,其主要目的是前瞻性的——束缚未来的国内政策,规制正在进行的自由化。[27]而当谈判人员解释一项服务自由化协定的选择设计时,行为学现象能够通过两种不同的方式发挥作用。

第一,谈判人员可能受到认知偏见的约束,潜在地影响其自身关于选择结构的偏好,或者他们可以刻意地选择对其产生影响的捷径和探索方法。[28]第二,谈判人员可能猜测一种特定选择结构将影响未来决定的方式,无论是其自身的决定,以及(或是)其前任、选民和谈判对手的决定。换言之,如果一个谈判人员知道或自认为其知道某一种选择结构(如负面清单或正面清单)将推动或阻挠随后的特定选择和结果,他将推动采取其认为最能实现目标的选择结构。这两个内涵在贸易谈判或国际谈判中是非常独特的,而且与关于总体谈判人员的行为学观察结果也非常类似,[29]即区分认知效应可能发挥作用的两个水平:其一,“一些普遍的探索方法可能影响谈判人员决策进程的方式”;其二,“谈判人员在其决策进程中如何利用其谈判对手可能依靠的探索法的方式”。我们将考虑这两种与服务贸易谈判相关的影响力水平。

三、 服务贸易协定谈判选择结构的潜在行为学内涵

我们现在以相同的意向和理论基础,转向讨论国际服务贸易协定的特定认知偏见和探索法的最相关的潜在影响。我们将关注认知效应,科罗布金和格思里(Korobkin and Guthrie)[30]将其定义为与“选择”相关而非“判断”。就谈判人员而言,还要就负面清单或正面清单议题作出调整和增加:架构效应、现状偏见和相关的缺省规则;我们还将增加承诺效应和三元选择,这些对这种选择设定具有至关重要的意义。

(一) 架构效应

如果关于同一决定问题的替代描述产生不同倾向意见时,架构效应就出现了。这些都是关于前景理论的具体的、实验性的实质性表述。因此,用一个经典范例来说,如果有人在去剧院的路上丢失了 10 美元,仍然会倾向于去剧院购买一张门票;但是,如果有人在去剧院的路上丢失了一张事先购买的价值 10 美元的门票,则不会这样做。即便是根据科斯定理,从期望效应角度看,任何一种情形下的理性选择应该是相同的。另外一项研究发现,人们倾向于会作出与一项

公共健康威胁（所谓的“亚洲病”实验）相关的不同的投资决定，这取决于概率结果被定义为收获还是损失。[31]关于国际法的设定，加尔布雷思在其关于某些选择性加入或选择性退出的条约选择研究基础上，得出结论如下，“各国受到架构效应的影响……而且……其关于是否同意某些义务的决定，受到结构效应的影响要超过一个理性选择方法的暗示。”[32]

负面清单或正面清单的争论可以被理解为一个架构问题。正如上面所注意到的，谈判承诺在原则上可以通过任何一种方式进行设计，能够实现完全相同的法律和实际结果。[33]因此，在讨论采取哪种方法时，谈判人员可能被认为是在争论，更好的方式是将减让描述为损失（一种正面清单）还是收益（一种负面清单）。在分析的第一层面，如果谈判人员认为这种总体架构是重要的，条约选项的展示方式本身就是一个重要的谈判议题。谈判人员可能会倾向于视自己（作为国家代表）为创造收益的人，而不是造成损失的人。同样重要的是，谈判人员可能关注其委托人——政治家和普通民众看待协议的方式，他们更愿意接受的是带来收益，而不是造成损失。在分析的第二层面，谈判人员可能认为选择的架构效应取决于未来决定，即随后提议和达成的减让在正面清单或负面清单选择架构中的深度。因此，在谈判人员对架构效应的直观理解的基础上，这些减让是否以实证为基础，没有比这些减让实际上暗示的谈判人员的倾向意见更加重要。[34]

（二）现状偏见和缺省规则

从一个不是完全没有联系的角度看，关于负面清单或正面清单的思考可以被认为是与现状偏见相关并且受此影响的——这是在实验中已经被证明的认知现象，在考虑所有因素的情况下，人们实际上会倾向于偏好一种现状，而不是可能会让其更好的替代方案。[35]这种现状偏见的要素已经在国际法律框架下被确认，特别是与条约相关的。[36]在此类缔约背景下，现状偏见转化为一种结论，缺省规则——普遍适用的规则，无论以何种形式的条款展现，都可以根据参加方自己的偏好而进行偏离（例如美国《统一商业法典》）[37]——这对各国的实际决定产生了不成比例的影响。当现状偏见和缺省规则存在，谈判立场和规则适用变得具有“黏性”，而且很难偏离默认情况。

从这个角度看，在服务贸易领域，一旦减让的负面清单或正面清单成为默认选择，这种选择可能长期决定未来的现状是什么。一种正面清单方式将列明并写入减让表的默认作为减让，而且未来很难偏离这种做法。与之相反的，负面清单方式将更加宽泛的自由化范围和深度作为缺省选项，未来偏离这种做法也将是很困难的。

因此,缺省规则的这种“黏性”可能支持一种假设,即负面清单的方法可能在实际上更能推动贸易自由化。但是,同样重要的是,这也意味着关于负面或正面服务模式的谈判是围绕未来缺省规则的谈判,如果不探索这些方法,将对贸易自由化产生重要影响。如果现状或缺省规则是无效的(正面清单),则倾向于坚持这种开放度;如果现状或缺省规则是最大化的(负面清单),则从这个点移开将是非常困难的。这取决于谈判人员坚持此类看法的程度,毫无疑问将影响其在谈判模式和实际减让方面的立场。

(三) 折中效应和三元选择结构

在服务贸易谈判的复杂环境下,我们必须给这些认知效应(经常在二元设置下被理解)增加从第三个选择的出现或产生的效应的前景。虽然是处于非常不同的背景,但实证研究显示,第三个选择可能带来与等效的二元选择非常不同的偏好选择。而当一种折中选择被展示在两个困难的替代方案之间,这种选择倾向于比其他初始选择更加具有吸引力[38]——有时会废除或者压倒对初始选择的偏好。

正如此前所注意到的,正面清单或负面清单的基本架构是冒着过于简化的风险,因为正面清单可能包括一种负面要素,反之亦然。在任何情况下,在正面清单和负面清单之间作出迂回的二元决定的谈判人员,可能受到中间选择结构的吸引,包括那些将负面清单与正面列表混杂在一起的混合方法。

这些认知效应可能在关于服务贸易的选择结构谈判中发挥作用,在发挥作用时彼此可能是相互联系的,而不是相互排斥的。

四、 方法论和实证限定

这些行为学内涵可能为服务贸易谈判研究提供令人信服的方向,对这些作出一些限定也是很重要的。正如前面所提到的,我们在本章中不是要对这些行为学假设进行可测算的定性实证或实验论证,例如论证负面清单比正面清单更容易实现自由化的可能性。的确,我们认识到,在实践中,一些正面清单相比那些包含实质性保留的负面清单协议可能在实际中更能实现高质量的贸易自由化。[39]因此,我们对作出任何明确的结论比较犹豫。虽然分析的行为学框架丰富了我们对谈判背景的理解,但我们也必须承认其在复杂背景下的不足。正如其他人注意到的,“很多开创性的行为经济学研究是在实验室里进行的实验,缺乏与实际市场互动的丰富的社会和组织学背景,因此在直接适用于具体的社会政策方面还相当有限”。[40] 对行为学方法的限定既体现在方法论上，也体现在实验中。

两个基本的限定与交易成本相关。第一，如果谈判人员因为某种谈判方法在其现有协定和承诺中占据主流，对某一特定模式（负面清单或正面清单）感到满意，对他们来说，继续坚持这种方法需要付出的代价要小于转向其他模式。在此类情形下，对适应新的谈判模式与认知现状偏见之间的交易成本进行区分，是比较困难的。第二，有效实施负面清单和正面清单的成本可能有所差异，这些方面还没有得到充分挖掘。如果一个谈判人员认真考虑国际义务对国内政治经济学的影响（就两个层面的博弈而言），[41] 在一种正面清单方式下，每项具体承诺需要被调查，而调查的基础是充分理解国内法律和监管体系，能够充分地与产业监管者、消费者和服务提供者等国内利益相关方进行沟通。而且，在一种负面清单方式下，因为缺省规则是所有部门都被涵盖在内，为确定需要修改或排除的所有法规，需要进行大量的初始描述活动，需要投入很多的努力和资源。作为一种选择，追求负面清单的谈判人员可以避开此类详细分析，以降低交易成本，并注意到未来可能需要作出调整。

一个重要的实证限定与现在可获得的数据的程度和特征相关。国际服务贸易协定的数量（主要是那些“优惠贸易协定”或者在 GATS 下通报的优惠贸易安排）虽然在不断增加，但也不过刚刚超过 100 个。[42] 这些数据本身不足以进行量化的假设测试。而且，数据显示，这些协定的谈判模式多种多样，但基本上可以分为负面清单和正面清单。[43] 这当然告诉我们，架构对谈判人员来说很重要，但是很难进一步在此基础上提取出进一步结论。特别是当我们进一步对这些优惠贸易安排进行仔细审查，就会发现这一点特别正确。例如，我们一开始会发现它们遵循了一个简单的正面清单模式，但在实践中采用的基准不是零自由化，而是现在的监管自由化水平，或者包括了“棘轮机制”，将承诺锁定在未来的自由化水平上。举例而言，2006 年日本与菲律宾签署《经济伙伴关系协定》，虽然该协定建立在正面清单的模式基础上，但是《协定》第 75.3 条将可接受的“条款、限制、条件和资格”限于市场准入，并且将国民待遇承诺限于“现有的不符措施”上。随着服务自由化协定的增多，利用关于选择结构意涵的行为学和其他假设，对各种各样的减让表模式进行更加清晰的实证分析，是一件值得做的事情。

还应该被纳入服务自由化协定分析的额外变量包括协定处于双边—多边频谱的哪个具体位置，协定参加方是否处于相似的经济发展水平等。例如，大家可能会推测认为，相比诸边或多边谈判设置，在双边谈判设置中采取负面清单承诺方式相对更加容易，因为贸易自由化的互惠利益是更加明显的，而且更不容易受到“免费搭车”问题的困扰。就参加方的发展水平而言,根据绍韦的研究,38%的服务优惠贸易协定是在南南国家(发展中国家)之间签署的,多数协定采用了负面清单的方法。[44]大家随即可能提出的问题是,这是否反映了在一个更加平衡或对称的协定中能够实现更高的雄心水平,或者说这是否反映了降低交易成本的策略的某种形式。

在评估服务贸易协定的选择结构模式时,另外的复杂因素还包括水平排除和垂直排除,例如与美国的服务优惠贸易协定缺少自然人临时移动(GATS 模式 4)章节,或者排除视听服务的协定,我们发现,这些协定的负面清单方式伴有实质性排除。与之相反的,通过额外的具体部门纪律,一些领域的自由化已经得到成功推进,例如 GATS《基础电信参考文件》和《金融服务承诺谅解》,这些协定有很多支持者和追随者,[45]说明存在另外一种认知偏见,也就是凸显效应。加尔布雷思已经证明,更多的国家选择签署“选择性议定书”(这些在概念上类似于 GATS 议定书),而不是援引简单的选择性加入条款。[46]因此,出于行为学原因,相比单纯的正面清单,“参考文件”可能是更加有效的方法。

最后,我们应该意识到服务贸易和投资保护之间日趋增长的联系,[47]特别是在与北美自贸协定类似的优惠贸易协定中。纳入强劲的准入后投资保护条款,可能被商业界认为很有价值,特别是已经有强劲投资者的领域,这可能对谈判选择架构的动力结构产生实质性影响,而这种架构对了解协定涵盖范围来说是相关的。

第三节　实践中的谈判选择结构:TiSA 谈判

一、TiSA 谈判:入门知识

在本章中,我们进行的案例研究基本上是叙述进程性质的,与目前正在进行的《服务贸易协定》(TiSA)诸边谈判相关。我们希望借此确认与此前章节从理论层面描述的与谈判选择结构相关的一些行为学内涵。由于谈判具有保密特征,与这些开创性谈判相关的公共官方记录现在非常有限,这里展示的事实主要是以与谈判人员的非正式会谈和媒体报道为基础的。因此,这些记录不可能是全面的。

正如我们此前注意到的,自从 GATS 于 1995 年随世贸组织成立而生效以来,包括服务自由化要素的优惠贸易协定数量不断增多。这是 TiSA 谈判启动的总体背景。但是在全球多边层面上面临着重大困难，世贸组织成员无法通过谈判的方式，更新 GATS 规则并且(或者)扩大服务承诺。最近的一次实质性努力，本质上是在多哈回合框架下作出的最后一次努力。这发生于 2008 年夏天，世贸组织的关键成员在日内瓦召开"出价示意会"，彼此表明其考虑取得进展的领域。这一所谓的"出价示意会"是坚定地在正面清单的讨论框架下进行的，没有带来任何有意义的后续工作，因此让那些希望在多边服务贸易自由化领域取得进展的世贸组织成员感到沮丧不已。[48]

2011 年 12 月，世贸组织举行第八届部长级会议(MC8)，成功结束了对诸边《政府采购协定》(GPA)的审议进程。[49]此后，有成员表达了探索在服务领域商谈类似的诸边协定的兴趣，目标是为陷入僵局的多哈回合 GATS 谈判创建一条替代路径。诸边倡议的发起者是美国和澳大利亚，这两个世贸组织成员既熟悉 GATS 的正面清单，也熟悉以负面清单方式制作减让表(就美国而言，可以追溯到北美自贸协定；而就澳大利亚而言，可参考 1988 年《澳大利亚与新西兰更紧密经济关系贸易协定》的服务贸易议定书)。为扩大这一倡议的核心参加方的基础，赢得欧盟的支持是绝对有必要的。[50]欧盟谈判人员虽然赞同这一倡议，但仍强烈坚持源自 GATS 的减让表方法，而这种方法也是在多哈回合谈判中使用的方法，基本上符合正面清单方法的标准。[51]

随着时间的推移，越来越多的世贸组织成员在所谓的"服务贸易挚友"(Really Good Friends, RGF)基础上加入这一倡议，因此扩大了这一协定可能包括的经济范围。其他成员，例如来自亚太地区的日本、韩国和新西兰，来自拉美的智利、墨西哥、哥伦比亚和巴拿马，表达了其对探索此类协定的兴趣，但它们对减让表的模式也都有自己的偏好。[52]RGF 小组在 2011—2012 年间举行过几次会议，讨论服务领域的诸边协定是否可以作为一个选项，如果可以，未来前景是什么，以及如何管理此类谈判。2012 年 12 月是一个重要的里程碑，RGF 小组成员就开展谈判的共同基础达成协议(所谓的"框架文件")。随后，谈判于 2013 年正式启动，小组将名字改为《服务贸易协定》(TiSA)谈判组。

TiSA 谈判目前在日内瓦进行，20 多个世贸组织成员参加(欧盟虽然是一个参加方，但可以代表 28 个成员，因此参加成员总数约占世贸组织成员的三分之一)，在世界服务贸易中的份额相当可观。截至 2015 年 7 月，TiSA 谈判参加方包括澳大利亚、加拿大、智利、中国台湾、哥伦比亚、哥斯达黎加、欧盟、中国香港、冰岛、以色列、日本、列支敦士登、墨西哥、新西兰、挪威、巴基斯坦、巴拿马、巴拉圭、秘鲁、韩国、瑞士、土耳其、美国和乌拉圭。虽然谈判原则上向所有世贸组织成员开放，但谈判并不是在世贸组织内进行的。在此背景下，值得一提的是，中国已经申请加入TiSA谈判,但其申请遭遇的是担心和争议,截至本书写作之时,中国的加入申请仍然在接受TiSA谈判组的考虑。[53]巴西和印度已经表明了其对在世贸组织框架外进行服务贸易自由化诸边讨论的保留。

二、 TiSA谈判中负面清单模式和正面清单模式的认知效果和被理解的重要性

TiSA谈判的初级阶段清楚地阐述了认知效应——以及直觉和更加理性的看法——在关于条约选择结构的争论中的主导作用。一开始,很明显的是,即便是在相对志同道合的小组之间,也有一个根本问题需要解决,也就是如何制作适用于所有参加方的减让表承诺,特别是谈判参加方将采用正面清单方式,还是负面清单方式。在这一倡议的前一年半的谈判期间(2011年至2012年中),小组会议基本上集中于讨论承诺减让表不同方式的利弊,很明显谈判人员有自己的倾向意见。从表面上讲,这个小组只包括那些真正对"快速推进"服务贸易自由化感兴趣的成员(这是相对而言,相对更广泛的绝大多数世贸组织成员来说,似乎它们并不是致力于这一目标),谈判的主要目标至少是宣布协议要有高标准,谈判带来了参加方对其选择结构优先意见的相对开放的讨论。这种讨论和随后的谈判模式毫无疑问地显示,结构选择对谈判人员来说意义重大,无论是其自身,还是作为未来谈判的框架。

虽然不同参加方的谈判立场非常明显地很快形成,但基于这些立场来预测实际原因还是很困难的。可以确信的是,每种立场的支持方都提出了对其倾向意见的合理、有力观点,但是这些观点都具有明显的说服特性,不必然反映这些成员坚持其立场的真实动因。正面清单方式的支持者主张,这种方法源自GATS框架,使用这种方法将允许所有参加方将国民待遇和市场准入承诺适用于在实践中早已超出GATS承诺的部门,或至少已经做好此类自由化准备的部门。而且,一个参加方坚持的担忧可能会实质性降低,这些担忧来自其承诺开放并没有意向这样做的一个服务分部门(从美国—赌博案情况看[54],对美国来说就是这样)。相比之下,负面清单的支持者提出,这种方法能够允许更简单、全面的涵盖范围,只有个别列明的部门可以例外,因此能够实现更加具有雄心水平的谈判结果。

这些观点反映了非常不同的理性方法,以及对认知效应的解读。的确,辩论双方都提到交易成本(和调整成本):正面清单阵营暗示说将自由化现有水平列入减让表成本更小,而负面清单阵营暗示说一个全面的方法才是成本更小的方

法。但是，同样重要的是，双方都敏锐地觉察到承诺的架构效应和确定缺省规则的重要性，无论是对具体谈判成果，还是对未来的自由化。正面清单的支持者，不管其雄心水平如何，似乎已经将具体承诺作为损失，要求限制这些承诺。他们寻求一种清楚的缺省规则，能够很直白地了解这将构成承诺的全部，未来的分歧需要进行额外谈判。相比之下，负面清单的支持者则提倡一种非常开放的缺省规则，假定这种结构将能够实现更大的自由化，但同时描绘，至少在他们自己的心目中，将缺省规则的例外作为收益。

在突出谈判人员对这些议题认识的一项有意思的进展中（但是不是采用行为学术语），在 2012 年的一次会议上，美国向当时的 RGF 小组参加方提出了一些“家庭作业”。[55] 由于对未来协定的内容和形式没有清楚的理解，关键成员仍然在如何推进这些问题上存在分歧。为开展更加建设性的对话，美国提出了如下问题，其中一些可以被视为邀请参加方通过一种日趋复杂的设计，就行为学选择结构问题表达看法：

1. 如何看待协定的可能结构（假定雄心水平足够高，能够容纳各种选项）？

2. 结构如何影响结果，例如雄心水平和参与？

3. 如何在负面清单协定中通过一种与 GATS 相符的方式，实现关于不符措施的相同水平的透明度？

4. 如果作出一项关于国民待遇的维持现状的承诺，如何通过正面清单方式体现维持现状的例外？在透明度方面，如何比较这种方式和负面清单方式？[56]

这一系列问题有助于暴露参加方关于正面清单或负面清单方式上的二元优先选择上的一些更加清楚的分界线。

例如，关于第一个问题——哪种总体选择结构更好——日本、新西兰、智利、哥伦比亚等参加方，在利用负面清单制作减让表方面积累了与美国和澳大利亚类似的经验，鼓励在新的倡议也就是后来的 TiSA 谈判中采取这一方法。与之相反的，瑞士、挪威、土耳其、冰岛和以色列等参加方在采用正面清单方面比较有经验，它们倾向于采用后者。这些立场可以再次浓缩到简单的交易成本问题上来，但是考虑到很多参加方在两种方法上都有经验，这种解释并不完全令人满意。可以说，这些立场也说明谈判人员对正面清单或负面清单架构效应和缺省规则影响力的敏感性。参加方的明确担忧和明显偏好反映了前景理论的损失规避曲线的不同合理性。正面清单的支持者们将投入更多精力用于预防损失（如意料之外的自由化），而负面清单的支持者则倾向于强调增强的自由化和列明的例外带来的收益。

关于第二个问题，也就是结构如何影响结果的问题，可以预见的是，负面清单方法的支持者宣称，只有这种选择结构才能确保高的雄心水平。他们认为，正面清单方式基本上采用现状偏见和缺省规则的逻辑，将导致雄心水平更低的自由化成果。这种观点被负面清单的支持者反复使用，即便是就自由化水平而言，采用了更高的道德理由。另外，正面清单支持者主张，负面清单结构将排除很多世贸组织成员在未来加入这一倡议，因此让这一协定更加难以多边化。那些潜在成员很有可能将习惯 GATS 框架，并且在多哈回合谈判中根据正面清单减让表的方式进行谈判。这一观点显示了一种理解，缺省规则可以是至关重要的；但与此同时，整个 TiSA 进程的目标是脱离世贸组织成员在多哈回合谈判中根深蒂固的谈判立场，再坚持这个就很难有说服力。在这里，很难在行为动力学和更简单的交易成本关注之间划出界限；没有参与 TiSA 进程的绝大多数世贸组织成员是发展中国家，对这些国家来说，如果要对例外进行严肃认真的讨论的话，负面清单方法可能包含过于沉重的成本。

至于第三个问题——贸易壁垒的透明度，负面清单方法的支持者认为，此类承诺将带来更大的透明度，因为将更加清楚地列明不符措施。这再次反映了对即将列入减让表的承诺的缺省规则理解。相比之下，正面清单方法的支持者则提出，可以在同样不考虑结构的情况下实现任何水平的透明度。总体而言，似乎正面清单的支持者更倾向于采取一种更加经典的理性选择，在此方面就是科斯态度推理，但没有在任何特定方向上有说服力。

关于第四个问题，是与前三个密切相关的，但是关注维持现状承诺的想法，锁定现有水平的国民待遇自由化，不管是负面清单还是正面清单方法的支持者，没有看到这一承诺要求及其各自偏好的选择结构之间的任何矛盾。

三、 折中效应固定？ TiSA 混合方法的演变

在 2012 年 5 月日内瓦举行的 RGF 小组会议上，除了关于市场准入的雄心水平、如何确保新的市场准入承诺出价、如何在未来让协议多边化、如何确保临时接受新成员等议题，需要在选择结构框架上取得进展，也被明确作为一项可能影响其他议题的总体议题。[57] 随着参加方探索在 2013 年启动正式谈判，未来协定的共同基础问题需要得到解决。正如前面的讨论所提到的，很明显在未来谈判最佳结构上存在不同观点，其核心就是正面清单方法和负面清单方法的区别。

虽然美国继续保持压力，要求采取一个负面清单方法，但是欧盟提出协议结构必须建立在正面清单、类似 GATS 的结构基础上。在欧盟看来，采用以 GATS 为基础的方法，将释放出一个明确的信号，TiSA 参加方希望进一步推动结果的

多边化。在 2012 年 5 月会议上，更习惯发挥“可靠中间人”作用的参加方，例如新西兰和澳大利亚，强调需要探索正面清单和负面清单两种方法，甚至是两种方法的混合。这将花费更多几次会议才能达成妥协方案。

在随后于 2012 年 6 月举行的会议上，参加方继续就结构问题和如何更好推动诸边倡议问题进行讨论和辩论。土耳其参加了当时的讨论，坚持要求先解决结构性问题，谈判人员才能再讨论其他议题——这再次暗示了在谈判人员心目中框架和结构选择的重要性。会上，几份关于正面清单或负面清单主题的新的文件被提交，反映了谈判议定的结构可能如何影响新兴大型经济体（例如巴西、印度、中国和南非）在此后加入这一群体的意愿。但是，主要关注很明显与框架效应相关：结构选择的问题将预断雄心水平和实际承诺的最终结果。在此背景下，欧盟坚持将确定谈判结构作为所有其他议题的一个前提条件，欧盟的观点得到土耳其支持。欧盟提出，诸边倡议必须扎根于 GATS 框架，这基本上反映了其对现状的偏好。欧盟表示，为赢得其成员国政府的批准，最可取的方法是预想一个 GATS 模式的成果，并以谈判人员的部长授权和未完成的多哈回合服务谈判为基础。

2012 年 10 月会议临近，关注点是敲定达成一致的要素（即便这不是最终要素），作为启动 TiSA 正式谈判的基础。[58]围绕是否采用正面清单或负面清单的中心问题，我们考虑作为第三选择的事情走向前台。这些包括新的架构要素及对正面清单和负面清单内涵的微妙适用。新要素包括“维持现状”和“棘轮机制”条款的选项。维持现状条款将所有参加方约束到其国内服务市场现在的自由化水平上（类似于货物贸易谈判中取消所有“关税水分”）。棘轮条款将自动锁定参加方采取的所有未来的单边自由化措施。很多 RGF 参加方，例如美国、澳大利亚、日本、秘鲁、智利、巴拿马和墨西哥等支持在新的协定中增加维持现状和棘轮条款，认为这将增强雄心水平。其他参加方，例如以色列、土耳其和瑞士，则对实施此类其过去没有做过的措施有些警惕，担心这将阻挠其他成员在未来决定参与谈判。可以确信的是，无论是维持现状条款，还是棘轮条款，都将实质性改变承诺的期待用途和风险。例如，棘轮条款可能具有降低单边自由化意愿的效果。但是，就目前而言，最重要的是引入这些额外议题和替代方案，关注国民待遇而非市场准入，提供“第三种方法”的种子，将注意力从根本性的正面清单或负面清单问题移开，转向更加复杂的结构选择。

因此，欧盟表示其可以考虑针对国民待遇承诺的维持现状和棘轮条款，只要谈判小组原则上同意使用 GATS 模式（即正面清单方法）。欧盟暗示，在作出此类前瞻性的约束方面，市场准入比国民待遇更加敏感。当核心小组成员（包括新西兰、澳大利亚、美国、韩国和日本等)在背后进行密集磋商之后,欧盟提议,如果参加方能够同意承诺减让表将类似于GATS结构,特别是市场准入栏目将通过正面清单方式列明,欧盟就同意在负面清单方法基础上列明国民待遇承诺。这就让整个小组从二元的正面清单或负面清单选择结构范例转向一种混合或者说三元的选择结构上来。作为回应,美国表示虽然其倾向于整个协定采用负面清单方法,但欧盟提出的将混合方法作为妥协方案的建议值得进一步探索,尽管一些参加方表示此类新的方法可能在未来带来很多难以预见的困难,总体而言,新的混合方法获得相对积极的反馈。所有这些不断变化的立场非常清晰地反映了认知折中效应。

随后,在参加方有机会回到各自首都进行内部磋商后,RGF小组再次会面,在2012年11月7日举行了一次至关重要的会议。在美国召集的这次会议上,欧盟和澳大利亚提交了一份新的文件,以过去会议上讨论的要素为基础,规划了未来服务诸边协定的拟议妥协框架。[59]具体而言,关于制作具体减让表的模式问题,核心三方(欧盟、澳大利亚和美国)提出了如下妥协方案,这增加了正面清单或负面清单区别的微妙混合。

- **市场准入:**将根据GATS第16条和GATS第20条制作市场准入出价,即一种标准的正面清单方式。
- **包含维持现状和棘轮条款的水平国民待遇:**GATS第17条适用于所有部门,有限的例外列在一参加方减让表的国民待遇栏目中,即一种负面清单方法。所有与国别待遇不符的措施都必须列明;如果一项措施没有列明,则不能被维持。维持现状和棘轮条款将适用于水平(总体)国民待遇承诺,有限例外列在一参加方减让表的表头注释的国民待遇栏目中(即所谓的"政策空间保留")。
- **歧视性的市场准入措施:**与GATS第20.2条一致,参加方将同意在市场准入和国民待遇栏目中列明不符合市场准入和国民待遇的措施(例如外国资本限制和歧视性的司法形式要求)。这显示了正面清单和负面清单之间非常狭窄的界限。因为这些措施也是对国民待遇的限制,维持现状和棘轮条款也将适用,并受到任何列明的保留的约束。

在介绍这份文件时,欧盟和澳大利亚提及,他们已经在努力把握一种精神,即参加方在朝着达成可能协商一致的共识迈进。值得注意的是,这些共识似乎朝着达成一种国民待遇的"水平"承诺(实质上是负面清单方法)迈进,这将包括棘轮条款和维持现状条款,并且参加方可以纳入涵盖范围的背离。作为回应,参加方的确开始暗示其同意这种基于混合方法的妥协方案。[60]

加拿大是支持负面清单方法的,表示虽然其仍然对新的混合方法有很多技术问题，但认为这种新的方法是可以管理的，也是可行的。土耳其、以色列和瑞士表示，虽然其对这种方法在现实中如何运行仍然存在疑问，但不会阻挠就此议题达成协商一致的决定。在 2012 年 12 月的 RGF 会议上，澳大利亚基于此前达成的妥协，提交了“框架文件”。这份文件的核心是引入混合方法。[61] 这份文件虽然没有任何正式地位，但被所有 RGF 参加方认可，服务于吸引成员启动谈判的目的。随后，在 2013 年，“框架文件”成为启动的正式谈判中 TiSA 参加方参考的主要方面。

截至本书写作之时，虽然 TiSA 谈判还没有结束，但这一谈判的选择结构将管理这一协定。很明显，第三种混合方法的引入，在国民待遇和市场准入方面与正面清单和负面清单方法有所区分，将对谈判参加方推进谈判的意愿产生重要影响。但是就本章的行为学关注而言，重要的是，去强调不是说只有第三个选项，也不是说只有第三个选项的影响是符合利益的。相反，需要从理性选择角度获得更加深刻地理解，在二元方式下，在两个替代方案之间没有重要的区分。无论是通过正面清单方式，还是通过负面清单方式，都可以规划出具有相同效果的框架所有承诺、额外的透明度考虑或者棘轮和维持现状条款。但是，从认知原因看，这些架构议题在谈判中获得了很多关注。而且，基于认知原因，采用替代方案在实践中有所不同，但能够让谈判人员取得进展。

第四节　结　　论

在本章中，我们尝试将现有决策制定心理理论要素与国际经济法中一些最复杂的当代内涵结合在一起。在涉及不同参加方、利益多元和协定泛滥的明显复杂环境下，很难得出明确结论。但是，很清楚的是，特别是从我们关于 TiSA 谈判的案例研究看（虽然必然是不全面的），服务贸易及更多可能领域的国际谈判的认知效果是真实的，对谈判立场以及最终对条约设计和承诺的形式和水平都产生可察觉的影响。此外，虽然我们发现了一种假设的某些基础，即从行为学角度讲，负面清单更能够实现更高水平的服务自由化承诺，但实践中，如果说不是完全不可能，那么谈判立场的复杂性至少也使我们很难得出任何此类结论。

虽然存在方法论和实质内容上的限制，特别是交易成本的观点（经常被提及，但是很少被验证），但是我们已经显示谈判人员如何敏锐地意识到确定负面清单或正面列表承诺的重要性，尽管两者存在合理的相似性。谈判人员似乎特别意识到未来现状偏见，因此将重要的时间和努力用于建立那些最能符合其世界观的缺省规则。最后，关于一项协定的值得期待的选择结构的不同看法根深蒂固，引入三元选择(例如 TiSA 谈判中的混合方法)显示，谈判人员容易受到认知折中效应的影响，他们最终同意通过的那些条约设计框架要素，如果是通过二元选择的方式展现在他们面前，他们是不会接受的。

注释

1. 作者感谢与其对话的那些人士提供的有用评论，特别是这本研究手册的编者 Martin Roy、Pierre Sauve，以及 Anne van Aaken、Jean Galbraith、Bernard Hoekman、Amy Porges、Tania Voon。本章所使用的信息的截止日期是 2015 年 3 月 1 日。本章所表达的观点只代表作者本人，不代表以色列代表团的观点。

2. 我们这里提到的主要是乌拉圭回合谈判(1986—1994)，这轮谈判达成了 WTO 多边框架下的《服务贸易总协定》(GATS)，以及 1994 年《北美自由贸易协定》(NAFTA)的第 12 章(跨境服务贸易)。跨越国境提供服务的自由早在 1957 年《建立欧洲经济共同体的罗马条约》中就已设想，但更稳妥的说法是，服务贸易自由化在欧洲的起步几乎也是在这一时期，并且作为 1986 年《单一市场法案》的一项主要目标。参见 Andrew Moravcsik，"Negotiating the Single European Act: National Interests and Conventional Statecraft in the European Community"，*International Organization*，1991，45(1)，p.19。

3. 参见 Pierre Sauvé，"A Plurilateral Agenda for Services? Assessing the Case for a Trade in Services Agreement(TiSA)"，NCCR Trade Working Paper No.2013/29，2013。在第二节中，我们将解释为什么关于正面清单和负面清单的大致分类虽然在分析学上有帮助，但是过于简化了各国作出承诺的类型，并且强调了本章中讨论的框架的认知重要性。

4. 参见 Pierre Sauvé，"Going Preferential in Services Trade: Lessons from Practice, Presentation"，2010.5.7，http://www.wti.org/research/publication/?txnccrpi1%5Bshow%5D=90&cHash=bf1faba40614ac2ba1e670e92b7f1bbe，2015 年 4 月 2 日访问。

5. 参见 Patrick Low and Aaditya Mattoo，"Is There a Better Way? Alternative Approaches to Liberalization Under GATS"，in Pierre Sauvé and Robert M. Stern(eds.)，*GATS 2000: New Directions in Services Trade Liberalization*，Brookings Institution Press and Center for Business and Government，Harvard University，2000. pp.449，467。

6. 参见 Kyle Bagwell and Robert W Staiger，*The Economics of the World Trading System*，MIT Press，2002，p.65。

7. 关于多哈回合的最新事后分析，参见 Simon J Evenett，"The Doha Round Impasse: A Graphical Account"，The *Review of International Organizations*，2014，9(2)，p.143。

8. 参见 Rudolf Adlung and Hamid Mamdouh，"How to Design Trade Agreements in Services: Top Down or Bottom Up?"，WTO Staff Working Paper，No.ERSD-2013-08，2013，http://www.econstor.eu/handle/10419/80065，2015 年 4 月 23 日访问。当然，这本身就是呼吁采用与一揽子谈判相关的不同的设计框架问题，相比更多零敲碎打的、渐进式的讨论，可能从根本上改变多哈回合。关于一揽子谈判结构，参见 Robert Wolfe，"The WTO Single Undertaking as Negotiating Technique and Constitutive Metaphor"，*Journal of International Economic Law*，2009，12(4)，p.835。

9. 关于选择结构的概念，参见 Richard H. Thaler and Cass R. Sunstein，*Nudge：Improving Decisions about Health，Wealth，and Happiness*，Yale University Press，2008。

10. 关于将契约理论对国际协定的一种例示性适用，参见 Andrew T. Guzman，"Against Consent"，*Virginia Journal of International Law*，2012，52，p.747。关于对 WTO 的契约理论分析，参见 Simon A. B. Schropp，*Trade Policy Flexibility and Enforcement in the WTO：A Law and Economics Analysis*，CUP，2009。关于此类适用的行为学评论，参见 Anne van Aaken，"Behavioral International Law and Economics"，*Harvard Journal of International Law*，2014，55，p.421；Anne van Aaken and Tomer Broude，"Behavioral Economic Analysis of International Law"，in Eugene Kontorovitch(ed.)，*Research Handbook of Law and Economics of International Law*，Edward Elgar，2015)。

11. 参见 Ronald H. Coase，"The Problem of Social Cost"，*Journal of Law and Economics*，1960，3，p.1。

12. 参见 Jean Galbraith，"Treaty Options：Towards a Behavioral Understanding of Treaty Design"，*Virginia Journal of International Law*，2013，53(2)，p.309；van Aaken，supra note 10；Tomer Broude，"Behavioral International Law"，University of Pennsylvania Law Review，2015，163(4)，p.1099。

13. 参见 Daniel Kahneman and Amos Tversky，"Prospect Theory：An Analysis of Decision under Risk"，*Econometrica*，1979，XLVII，p.263。

14. Daniel Kahneman，Jack L Knetsch and Richard H Thaler，"Experimental Tests of the Endowment Effect and the Coase Theorem"，Journal of Political Economy，1990，98(6)，p.1325.

15. 谈判人员的立场也不能完全反映一国偏好的某种程度的累积，因此我们在这里不考虑国家作为集合是否受到与作为个体的"有限理性"相同形式的约束(关于这方面讨论，参见 Broude，同注 12)。事实上，在谈判过程中，谈判人员作为个体决策者和代言人，或者作为小范围决策群体的组成部分，当然有理由相信认知心理学和行为经济学所确认的启发与偏见是显而易见的。还有证据证明，集体讨论增加了禀赋效应，参见 Jeffrey A Blumenthal，"Group Deliberation and the Endowment Effect：An Experimental Study"，Houston Law Review，2012，50(1)，p.41。更容易地是在实验基础上审查此类议题，例如参见 Emilie Hafner-Burton，Alex D Hughes and David G Victor，"The Cognitive Revolution and the Political Psychology of Elite Decision Making"，Perspectives on Politics，2013，11(2)，p.368。或者通过涉及半组织化的采访来进行实地研究进行，后面提到的这种方法已经被法律学者用于世贸组织争端解决，但没有用于贸易谈判，例如参见 Sivan Shlomo-Agon，"Clearing the Smoke：The Legitimation of Judicial Power at the WTO"，Journal of World Trade，2015，49(4)，p.539。

16. 参见 Bagwell and Staiger，supra note 6，pp.59—62。

17. 参见 Daniel Kahneman and Amos Tversky，"Conflict Resolution：A Cognitive Perspective"，in Kenneth J Arrow et al.(eds.)，*Barriers to Conflict Resolution*，Stanford Center on Conflict and Negotiation 1995，p.44。

18. 参见 Laurence R Helfer，"Flexibility in International Agreements"，in Jeffrey L Dunoff and Mark A Pollack(eds.)，*Interdisciplinary Perspectives on International Law and International Law：The State of the Art*，Cambridge：Cambridge University Press，2013，p.175。

19. 参见 Galbraith，同注 12。

20. 参见 Adlung and Mamdouh，同注 8。

21. 参见 Pierre Sauvé，“Dr. Jekyll of Mr. Hyde? Reflections on the Trade in Services Agreement(TiSA)”，Study for the European Parliament Directorate-General for External Policies of the European Union Workshop on the Plurilateral Agreement on Services EXPO/B/INTA/FWC/2009-01/ Lot 7/35，2013，http://www.europarl.europa.eu/RegData/etudes/workshop/join/2013/433722/EXPO-INTA_AT%282013%29433722_EN.pdf，2015 年 4 月 22 日访问。

22. 参见 Bernard Hoekman，“An Assessment of the General Agreement on Trade in Services”，in Will Martin and L Alan Winters(eds.)，*The Uruguay Round and the Developing Economies*，Cambridge University Press，1996，pp.88，98。

23. 参见 Thaler and Sunstein，同注 9；and Cass R Sunstein，“Nudging：A Very Short Guide”，Journal of Consumer Policy，2014，37(4)，p.583。

24. 参见 Evan Selinger and Kyle Whyte，“Is There a Right Way to Nudge? The Practice and Ethics of Choice Architecture”，Sociology Compass，2011，5(10)，p.923。

25. 例如，参见 Joshua D Wright and Douglas H Ginsburg，“Behavioral Law and Economics：Its Origins，Fatal Flaws，and Implications for Liberty”，*Northwestern University Law Review*，2012，106(3)，p.1033。

26. 参见 Anne van Aaken，“Judge the Nudge：In Search of the Legal Limits of Paternalistic Nudging in the EU”，in Alberto Alemanno and Anne Lise Sibony(eds.)，*Nudging and the Law. What Can EU Law Learn from Behavioural Sciences?*，Hart Publishing，2015。

27. 参见 Marc L. Busch and Edward D. Mansfield，“Trade：Determinants of Policies”，in Robert A Denemark et al.(eds.)，*The International Studies Compendium Project*，Wiley-Blackwell，2011。

28. 决策的行为学方式经常在两类人群之间进行区分：一是那些将背离完美理性作为一项弱点需要进行纠正或“去偏见”的人群，二是那些将决策启发作为对信息不对称性进行有效回应的人群。关于这种矛盾的全面讨论，参见 Mark Kelman，*The Heuristics Debate*，OUP，2011。

29. 参见 Russel L Korobkin and Chris Guthrie，“Heuristics and Biases at the Bargaining Table”，*Marquette Law Review*，2004，87，pp.795，797—798。

30. 同上。

31. 参见 Amos Tversky and Daniel Kahneman，“The Framing of Decisions and the Psychology of Choice”，Science，1981，211，p.453；Amos Tversky and Daniel Kahneman，“Rational Choice and the Framing of Decisions”，*Journal of Business*，1986，59(4)，p.5251。

32. 参见 Galbraith，同注 12，第 314 页。要注意的是，Galbraith 的研究结论与执行机制(接受联合国国际法院裁决)相关，而不是承诺的实质内容。

33. 我们目前先将“新”服务的问题放在一边，因为这个问题可能在负面清单方式下通过缺省方式作出承诺，但不可能在正面清单下。即便是在负面清单方式下，这一关注也可以很容易地被中和掉，例如，通过一项条款将任何此类“新”服务还没有纳入服务分类的服务排除在承诺范围之外。

34. 这些评估意见，从两个角度讲都是有道理的：“但是，政府为什么对冗长的负面清单感到更加为难，而不是简短的正面清单？”（Low and Matoo，同注 5，第 468 页）。

35. 参见 William Samuelson and Richard Zeckhauser，“Status Quo Bias in Decision Making”，*Journal of Risk and Uncertainty*，1988，1，p.7.

36. 参见 Galbraith，同注 12；Broude，同注 12。

37. 参见 Russell Korobkin，“The Status Quo Bias and Contract Default Rules”，*Cornell Law Review*，1998，83，p.608。

38. 参见 Itamar Simonson，“Choice Based on Reasons：The Case of Attraction and Compromise Effects”，*Journal of Consumer Research*，1989，16(2)，p.158；Geoffroy de Clippel and Kfir Eliaz，Kfir，“Reason-Based Choice：A Bargaining Rationale for the Attraction and Compromise Effects”，*Theoretical Economics*，2012，7，p.125。

39. 例如参见 Aaditya Mattoo and Pierre Sauvé，“Services” in Jean-Pierre Chauffour and Jean-Christophe Maur(eds.)，*Preferential Trade Agreement Policies for Development：A Handbook*，The World Bank，2011，pp.235，252—253。

40. 参见 On Amir and Orly Lobel，“Review Essay：Stumble，Predict，Nudge：How Behavioral Economics informs Law and Policy”，*Columbia Law Review*，2008，108，pp.2098，2136。

41. 参见 Robert Putnam，“Diplomacy and Domestic Politics：The Logic of Two-Level Games”，*International Organization*，1988，42，p.1；Shai Moses，“When Deepening Encounters Widening：Supranational Governance in the Enlarged European Union—the Case of the Constitutional Discourse”，Jerusalem，Institute for European Studies Working Paper 43/2005，Hebrew University of Jerusalem Research Paper，2005，http://www. ef. huji. ac. il/publications/moses.pdf，2015 年 4 月 22 日访问。

42. 参见 Martin Roy，“Services Commitments in Preferential Trade Agreements：Surveying the Empirical Landscape”，in Pierre Sauvé and Anirudh Shingal(eds.)，*The Preferential Liberalization of Trade in Services：Comparative Regionalism*，Edward Elgar，2014，p.15.

43. 参见 Sauvé，同注 4。

44. 同上。

45. 参见 Laura B Sherman，“‘Wildly Enthusiastic’ About the First Multilateral Agreement on Trade in Telecommunications Services”，*Federal Communications Law Journal*，1998，51(1)，p.61；Adlung and Mamdouh，同注 8。

46. 参见 Galbraith，同注 12。

47. 参见 OECD，*International Investment Law：Understanding Concepts and Tracking Innovations*，OECD，2004，ch.4；Tomer Broude，“Investment and Trade：the ‘Lottie and Lisa’ of International Economic Law?”，in Roberto Echandi and Pierre Sauvé(eds.)，*Prospects in International Investment Law and Policy：World Trade Forum*，CUP，2013，p.139。

48. 参见 WTO，JOB(08)/93，*Services Signalling Conference—Report by the Chairman of the TNC*，2008.3.30，www.wto.org/english/tratop_e/dda_e/job08_93_e.doc，2015 年 4 月 22 日访问。

49. 参见 Robert D Anderson，Steven L Schooner and Collin D Swan，“The WTO's Revised Government Procurement Agreement—An Important Milestone Toward Greater Market Access and Transparency in Global Public Procurement Markets”，*The Government*

Contractor, 2012, 54(1), p.1。

50. 很明显,欧盟是服务贸易的一个主要参与者,如果没有欧盟的参与,启动这一雄心勃勃的倡议的合法性将变得很低。

51. 参见 *Washington Trade Daily*, Volume 21(109), 2012.5.31。

52. 关于 TiSA 讨论更全面的背景综述,参见 Gary C. Hufbauer, J. Bradford Jensen, and Sherry Stephenson, "Framework for the International Services Agreement", Peterson Institute for International Economics Policy Brief PB12-10, 2012, http://www.iie.com/publications/pb/pb12-10.pdf,2015 年 4 月 22 日访问。

53. 关于此事的一种视角,参见 European Commission Press Release, *EU backs China Joining Talks on Trade in Services Agreement* (*TiSA*), Brussels, 2014.3.31, http://europa.eu/rapid/press-release_IP-14-352en.htm,2015 年 4 月 22 日访问。

54. 美国具体承诺的实际范围,是 *United States—Measures Affecting the Cross-Border Supply of Gambling and Betting Services* (WT/DS285/AB/R,2005.4.7)的主要主题。这一争端案件显示了正面清单和负面清单区别的模糊之处:在正面清单体系中,美国承诺在其定义为"其他娱乐服务(除了体育)"部门的国民待遇和市场准入,即通过一种负面界定的例外限制的一项开放式正面承诺。这一争端案件就是关于这一例外的范围。

55. 参见 *Washington Trade Daily*, Volume 21(196), 2012.10.1。

56. 同上。

57. 参见 *Washington Trade Daily*, Volume 21(109), 2012.5.31。

58. 参见 *Washington Trade Daily*, 2012.7.6。

59. 参见 *Washington Trade Daily*, Volume 21(225), 2012.11.9。

60. 参见 *Washington Trade Daily*, Volume 21(226), 2012.11.12。

61. 参见 *Washington Trade Daily*, Volume 21(244), 2012.12.6。

第十六章
人口和劳动力市场：对模式 4 贸易的影响

鲁帕·钱达[1]

第一节　简　　介

国际贸易的本质，无论是货物、服务还是生产要素，都是要利用各国之间资源、技术、技能组合和能力的差异和互补性。各国之间的差异越大，此类贸易的潜在收益就越大。劳动力是各国相对还没有充分利用的一个互补领域。未来 20 年，由于人口老龄化、生育率下降和进入劳动力市场的人口减少，预计很多国家将面临熟练工人和非熟练工人短缺的局面。根据联合国、经合组织和美国统计局预测，到 2020 年，发达国家的劳动力净短缺将达到 3 200 万人至 3 900 万人，医疗健康和建筑等某些专业和职业将面临严重短缺。[2]这些劳动力短缺将可能导致经济增长放缓，工资水平提高，损害竞争力，还有可能因为加重现有社会保障和养老金体系负担，给受影响国家带来财政压力。虽然一些举措能够在一定程度上帮助缓解这些短缺，例如鼓励民众延迟退休、通过自动化提高生产率、利用新的人口提高劳动力参与率，但这些举措受到限制，而且也不是在所有受影响的部门和职业领域都是可行的。

另外，预计到 2020 年发展中国家将出现劳动力盈余，数字在几百万到高达 4 700 万之间不等，这可能帮助满足劳动力短缺国家的需求。[3]就服务部门而言，这些劳动力盈余国家可以作为外包目的地，并且通过 GATS 模式 1 提供服务；可以通过 GATS 模式 2 在本国市场上服务外国消费者；可以通过 GATS 模式 3 吸引外国企业，并向其提供所需要的劳动力以提供服务；还可以通过 GATS 模式 4 自然人移动来服务海外劳动力市场。反过来，这些出口机会也可能加快本国的服务出口和 GDP 增长，为本国不同技能水平的劳动力创造就业机会，增加外汇流入，实现技能和技术转让，并且从总体上实现人口短缺国家和人口盈余国家之间的双赢。但是，能否实现此类出口机会，以及从各国之间劳动力互补性受益的范围，取决于人口短缺国家和盈余国家对贸易和投资流动的开放度，以及人口供应国解决海外劳动力市场要求的能力和准备程度。

在此背景下，移民特别是GATS下自然人临时移动（模式4）的作用，劳动力和移民安排下的移民管理，以及通过模式4创造服务出口的能力，都占有重要地位。对于那些不能外包或自动化，并且要求提供者实际存在于消费者市场的活动来说，情况更是如此。本章集中关注现在和未来各国人口不平衡创造的劳动力服务出口机遇，实现这些机遇的限制条件，以及需要采取积极政策来增加供应能力和管理劳动力在各国的临时移动以便利模式4贸易。本章的总体目标是强调人口和劳动力市场趋势对通过模式4提供的服务贸易的影响，以及在劳动力出口国和进口国的前提条件。

在第一节之后，第二节概述关键劳动力输入国的人口和劳动力市场预测，以及这些国家预期的部门和职业要求。这一节还将强调这些国家为解决这些短缺而采取的政策回应，以及劳动力流动性特别是模式4在解决不平衡方面发挥的作用。第三节审查这些互补性在现实中得到挖掘的程度，并考虑到外国服务提供者在主要输入国市场上面临的准入和经营壁垒，以及本国在准备程度、能力、标准和机制框架等方面的不足，这些影响了潜在来源国的劳动力服务出口。讨论特别集中在印度和孟加拉国这两个国家，它们支持实现GATS下劳动力流动的自由化，也是劳动力服务的主要出口国。第四节是结束部分，向劳动力输出国和输入国都提出一些政策建议以便利模式4贸易，特别关注供应能力的问题，以及双边安排在管理劳动力流动性方面的可能作用。

第二节　人口和劳动力市场预测：劳动力流动性的作用

人口过渡涉及生育率和预期寿命的变化，因此也涉及人口的年龄和依赖结构的变化。近年来，人口过渡的问题获得很多关注。一些国家处于人口过渡的后期，正在经历生育水平低于人口置换水平的阶段。由此导致的结果是，本国人口正在进入老龄化，负担系数正在增加，预计中期将会经历人口停滞或减少的情况。另外，一些国家处于人口过渡的初期，死亡率下降，但是生育率依然很高，这些国家预计将经历人口，特别是适龄工作人口的增加。发展中国家地区例如撒哈拉以南非洲和南亚的生育率分别是4.8%和3%，而日本、韩国、德国和意大利等国的生育率只有1.3%。由此导致的结果是，在未来十年间，德国和日本等发达国家人口的中位数年龄将超过40岁，而印度和巴西等发展中国家将低于30岁。[4]

图16.1a和图16.1b反映了各国人口趋势的这些差异对世界人口分布的影响。全球人口预计到2030年增加到83亿人，到2050年将达到93亿人。[5]正如图上所显示的，分布方面的转变是朝向发展中国家这边。发达经济体在全球人口中的比例将由2010年的15%下降到2050年的12%，而印度等发展中国家的人口将继续保持在18%的高位，同期其他发展中经济体的人口比例将由33%增长到38%。

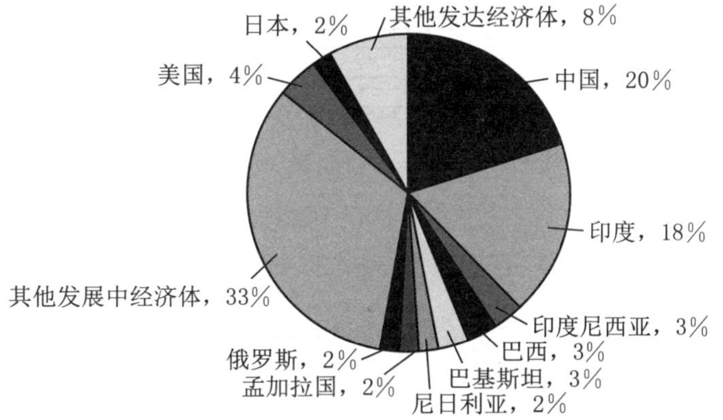

资料来源：世贸组织(2013)，图C.5，第116页；基于联合国人口司的《世界人口预测》2010年修订数据库。

图16.1a　按照国家类别显示的世界人口比例(2010年)

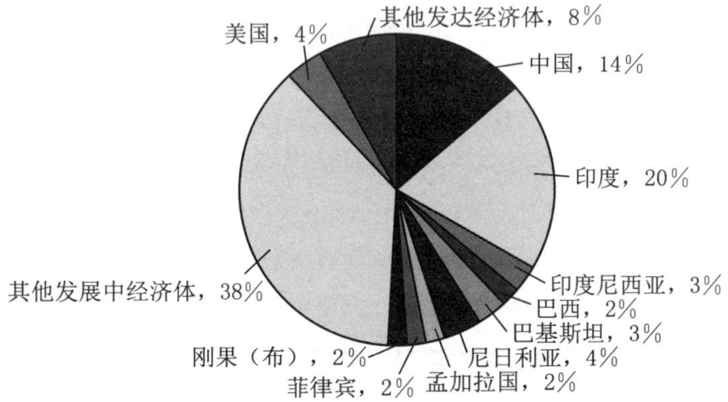

资料来源：世贸组织(2013)，图C.5，第116页；基于联合国人口司的《世界人口预测》2010年修订数据库。

图16.1b　按照国家类别显示的世界人口比例(2050年)

不同组别的国家的人口特征的这种变化将对劳动力市场、医疗体系、现有的社会保障和养老金体系及经济增长前景产生深远影响。特别是对劳动力市场的影响将是实质性的，这是由对劳动力短缺国的生产性人口增长和人力可获得性及由此导致的对工资和竞争力的影响造成的。正如图16.2所显示的，虽然几个发展中国家劳动力人口复合年增长率预期是1.3%，很多发达国家的劳动力增速不足1%，甚至在2003—2015年出现负增长。

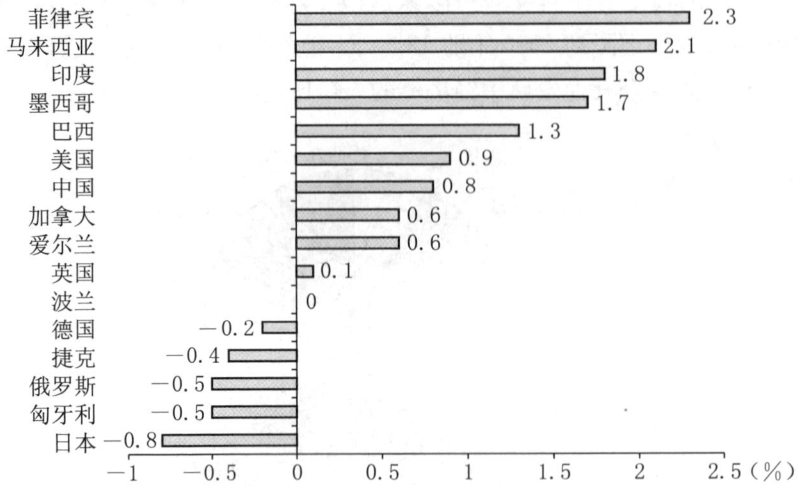

资料来源：美国统计局。

图16.2 劳动性人口的预测增速(2003—2015年)

反过来，生产性年龄人口增速不同，将导致不同类型的国家在劳动性人口规模方面的严重不平衡。据预测，绝大多数发达国家的生产性年龄人口的缺口是几百万人，到2020年美国的生产性年龄人口缺口将高达1 700万人。与之形成反差的是，若干发展中国家的生产性劳动人口预计将出现盈余(参见图16.3)，盈余最多的是印度，到2020年其可能的生产性人口盈余预计将达到4 700万人。

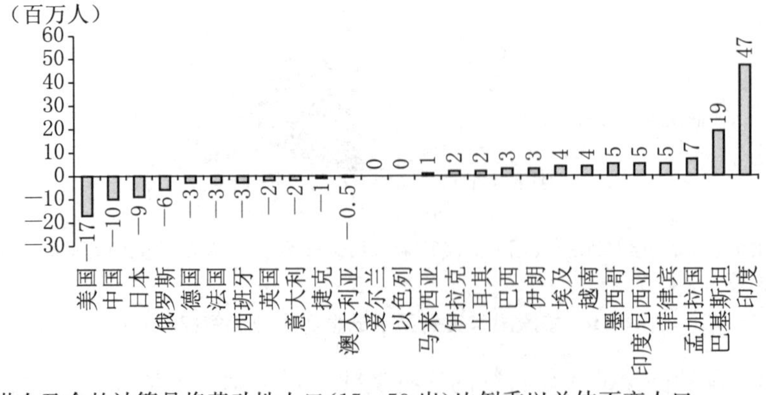

注：潜在盈余的计算是将劳动性人口(15—59岁)比例乘以总体不变人口。
资料来源：美国统计局、波士顿咨询公司报告。

图16.3 劳动性人口组的可能短缺和盈余人口(2020年)

当然,这些对劳动力人口的预测取决于对相关经济体增长率、人口生育率、人口死亡率和负担系数的假设。经合组织和其他机构的预测显示,到2020年,发达国家的劳动力短缺在3 200万人至3 900万人之间,美国的净短缺在820万人至1 430万人之间,其他选定的发达国家的短缺在100万人到300万人之间。[6]不管各类预测的最根本假设是什么,在所有预测中不可否认的一点是,各国之间人口和劳动力存在互补性。还有一点也值得关注,预测的劳动力短缺是各种要素混合在一起的结果,其中一个要素就是人口。这一短缺的要素是强制性的,因为国民无法获得必备技能和特定职业的资质要求,在此方面人口及其教育和培训政策是一个主要的影响因素。这种短缺的另一个要素是自愿性的,来自国民不参与劳动力市场,原因在于本国劳动力市场条件不具备吸引力、工资水平较低或者本国民众更倾向于空闲安逸而不是劳动。但是,强制性的劳动力市场短缺比资源短缺的影响更加深远,因此,人口是各国劳动力市场前景和由于劳动力流动性导致的服务贸易发展机遇的一个关键驱动因素。

一、　审视选定国家的劳动力短缺

对于讨论劳动力短缺和跨境劳动力流动在解决该问题上可以发挥的作用来说,某些国家和地区,某些部门和职业,都是至关重要的。下面的讨论将从更近距离观察欧盟地区、美国和亚洲一些发达国家的情况,强调当前和预测的劳动力需求—供给不平衡的本质和量级,以及这对服务贸易和劳动力流动性的影响。

在朝着人口老龄化迈进的人口过渡方面,欧盟是受到这一现象影响最为严重的地区之一。据欧洲统计局预测,由于欧盟的人口金字塔结构失衡,65岁及以上欧盟公民中的劳动人口(15—64岁)由2008年的4人下降到2060年的2人。同期,欧盟人口中,年龄在65岁及以上的比例将由17.1%增长到30%。15岁以下的年轻人数量已经多年来持续减少,这一趋势预计还将继续,比例将由1998年的17%降到2025年的14.5%。对于扩大的欧盟,劳动性人口预计将从2010年3.28亿人的峰值减少到2025年的3.09亿人,这一生产性人群的平均年龄也将逐步增加。经济活动人口的减少预计将特别体现在意大利、德国和西班牙等国家,2010—2025年同期劳动力人口下降超过100万人。[7]

图16.4和图16.5强调了欧盟劳动力市场的自愿性和结构性短缺问题。绝大多数成员国都有大约5个部门存在劳动力短缺问题,意大利和西班牙的短缺部门分别是6个和7个。此外,从图16.5可以发现,服务是各国都受到影响的部门,包括医疗保健、信息通讯、工程、建筑、杂项服务和餐饮。

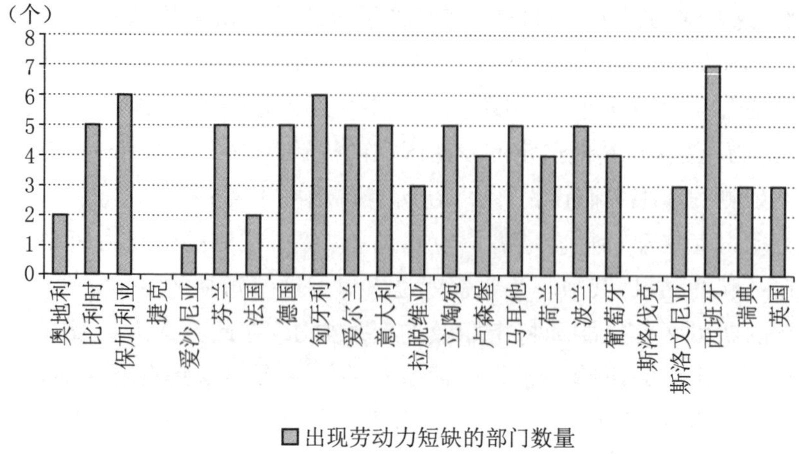

资料来源:Gupta(2013),图 1,第 5 页;基于欧洲移民网络报告(2011 年)。

图 16.4 欧盟成员国的劳动力短缺部门数量

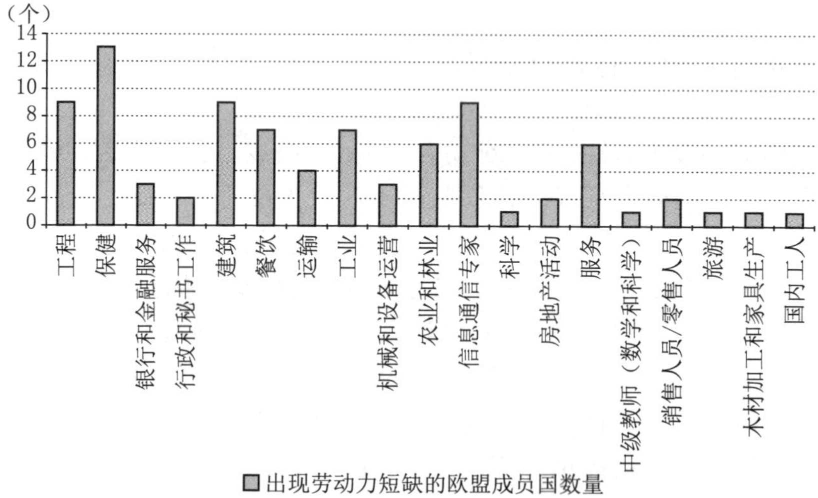

资料来源:Gupta(2013),图 2,第 6 页;基于欧洲移民网络报告(2011 年)。

图 16.5 欧盟成员国在选定职业的劳动力短缺数量

美国也存在类似的职业性短缺现象。根据美国劳工统计局数据,服务部门在未来 20 年劳动力需求增加最多。医疗和社会服务部门的劳动力需求预计每年将增长 2.6%,2012—2022 年间额外增加 500 万个就业岗位,即同期就业岗位增加总数的三分之一。在劳动力需求预测增长最多的 30 个职业中,14 个与医疗相关,5 个与建筑相关。[8]总体上,美国的劳动力市场将在三个主要部门面临最严重的短缺,即护理、建筑及科学、技术、工程和数学。在护理部门,对注册护士的需求预计 2012—2022 年间将增长 19%，将导致护士的严重短缺。在 STEM 领域，由于对这些部门的需求不断增加，以及进入这些职业的美国国民的比例降低，劳动力短缺将不断增加。工程、计算机科学、金融、商业和医疗管理等部门对 STEM 技能的需求将在 2008—2018 年间每年增长 1.6%。这将要求 STEM 专业研究生的比例到 2018 年增长到 30%（当前比例只有 14%）。外来移民现在帮助解决这一短缺，外国出生的 STEM 职业工人的比例是 17%，并将在未来继续发挥作用。[9]

表 16.1 显示了 2008 年不同职业中外国出生的工人占美国公民劳动力的比例。虽然这些数字包含的范围超过模式 4 贸易，但数据证明了外国工人在医疗

表 16.1　根据性别和出生地区分的 16 岁及以上的民用劳动力中受雇佣工人的职业情况（2008 年）

民用劳动力中 16 岁及以上	印度出生		所有外国出生	
	男性	女性	男性	女性
	713 094 人	384 481 人	13 630 931 人	9 505 339 人
总体占比	100%	100%	100%	100%
管理、商业、金融	20.2%	15.7%	10.7%	10.4%
信息技术	27%	13.6%	4%	1.9%
其他科学和工程	10.7%	5.4%	4.1%	2.2%
教育/培训和媒体/娱乐	4.4%	7.7%	3.4%	7.1%
医师	4.3%	5.7%	1.2%	1%
注册护士	0.2%	5.5%	0.4%	3.4%
其他保健从业者	2.1%	5.6%	1%	2.9%
保健支持	0.4%	2.4%	0.6%	5.4%
服务	4.3%	6.1%	17.4%	25.7%
销售	10.6%	10.6%	7.5%	10.5%
行政支持	4.1%	11.8%	5.3%	14.7%
农业、渔业和林业	0.2%	0.2%	2.6%	0.9%
建筑、提取和运输	5.3%	1.4%	25.9%	3.3%
制造业、安装和维修	4.9%	4.6%	14.6%	8.5%

资料来源：移民政策研究中心，http://www.migrationinformation.org/USfocus/display.cfm?id=785（2013 年 4 月 10 日访问），基于美国社区调查（2008）。

保健(医师、护士和医疗保健支持)、科学和工程、管理、教育和销售等职业方面的重要性,印度等主要供应国在满足美国对这些部门的需求方面的重要性,以及模式 4 在此方面可能发挥的作用。

表 16.2 强调了一项事实,美国的就业岗位预计增长将集中在服务部门上,例如保健、酒店业、商业服务、建筑、金融、零售、教育等部门,而制造业的就业将呈现负增长。因此,服务部门将在确定美国市场的人口、移民和劳动力市场动态学方面发挥重要作用。

表 16.2　预计美国服务业就业增速(2020 年)(百万个)

部　门	区　间
医疗保健	2.8—5.2
商业服务	2.4—5.7
休闲和酒店业	2.1—3.3
建　筑	0.9—1.8
制 造 业	−2.3—0.0
零　售	−0.8—1.2
政　府[1]	1.6—1.7
金融服务[1]	0.7—0.9
其他服务[1]	0.4—0.8
教　育[1]	0.5—0.5
其　他[2]	1.0—1.3

注:1. 前 6 个部门的就业增长来自麦肯锡全球研究院的就业增长预测。其他部门的就业增长来自莫迪分析。

2. 其他包括采矿、公用设施、批发贸易、储运、信息、个体经营和农业。

资料来源:美国劳动统计局。

日本是另一个面临严重劳动力短缺的国家,预计在未来 20 年每年减少 60 万工人。[10]但是除了绝对的工人短缺外,日本的问题还在于技能需求与技能供给之间的不匹配。保健、交通和建筑等服务部门再次成为这些不平衡的主要领域,这是由于参与这些部门的工人绝大多数是男性工人,工人老龄化造成了相关部门劳动力的减少。信息通信技术部门也面临着劳动力的严重短缺。根据日本《2013 年经济和公共财政年度报告》,这一部门在 2013 年面临的劳动力短缺比例是 15%。图 16.6a 和图 16.6b 显示了按部门和产业专业分类的日本行业劳动力短缺情况,充分说明了劳动力市场需求和供给之间的失衡。

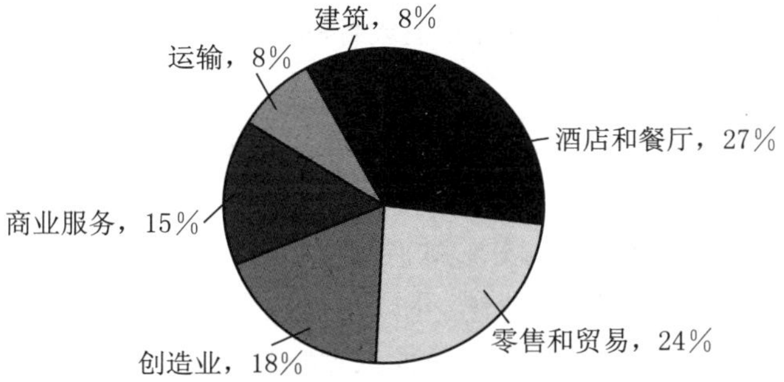

资料来源:Ducanes(2013 年),基于经合组织研究,www.stats.oecd.org。

图 16.6a　日本 2008—2011 年的就业空缺

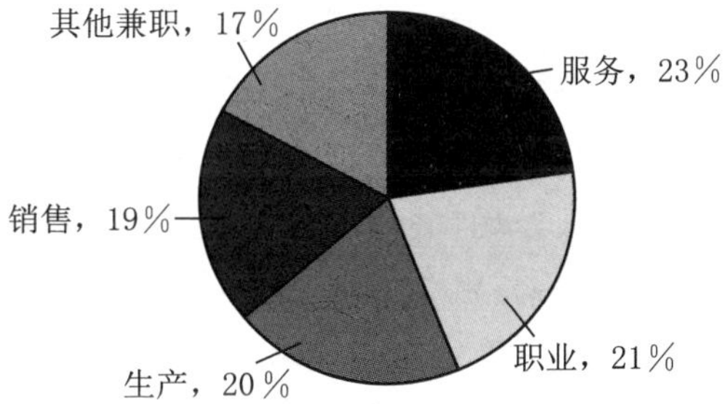

资料来源:Ducanes(2013),基于经合组织研究,www.stats.oecd.org。

图 16.6b　日本 2008—2011 年的空缺

另外一个将面临工作性人口减少的亚洲国家是韩国。据联合国预测,韩国将在 2015—2020 年间每年将减少 13.5 万个工人,而韩国学生的外流进一步加剧了这一趋势。[11]在面临劳动力短缺的部门中,有几个是服务部门,包括建筑和服务导向型商业服务,还有制造业的中小微企业。

二、 政策回应和劳动力流动性的作用

各国政府已经拟订并且采取了各种措施,解决这些总体性的劳动力短缺及具体部门和具体职业的劳动力短缺问题。这些措施包括鼓励民众晚退休、增加女性和其他未利用的人群参与劳动、通过自动化和技能培训提高生产率等。上面讨论提及的这些国家都利用了刚才提到的这些政策措施。欧盟成员国已经采取措施,在教育和培训方面进行投资,提高生产力并鼓励自动化和外包。为解决

技能不足问题，美国也将注意力放在教育和培训相关政策上。在STEM领域，已经采取措施增加对K-12、学院和研究生教育的资助，以推动这些领域的教育和研究。日本政府已经采取措施，通过增加资本积累来提高劳动力生产率，通过提高强制退休年龄、向年长工人提供额外补贴、让更多女性进入劳动力市场等方式增加劳动力，并且继续鼓励将有些生产活动外包到劳动力富足的国家。韩国和日本一样，也采取了聚焦自动化和外包的政策。

但是，所有这些与技能、自动化、外包和增加国内劳动力供应相关的措施都受到限制。例如，在很多国家，进一步推迟退休年龄有可能是不可行的，而且也不会受到欢迎。与之类似地，将劳动参与度扩大到新的人群也有其自身限制，特别是考虑到生育率不断下降，以及富裕程度不断提高导致一些人自愿退出劳动力市场。同时，不是所有工作岗位都可以进行自动化。很多活动特别是服务，需要在服务提供者和消费者之间提供媒介。此外，对增长进行投资产生的生产率收益可能导致对劳动力的需求，或将进一步恶化需求供给之间的失衡。

在此情况下，通过临时安排方式进行的跨境自然人移动提供了一种有益渠道，解决劳动力市场短缺，并且让劳动力盈余国和短缺国挖掘其人口互补潜力，实现互利共赢。在保健、个人护理、酒店业和建筑业等部门尤其如此，因为这些部门都具有邻近负荷的特征。与永久性的移民计划不同，临时流动性安排不太可能引发劳动力输入国的政治和社会抵制，或引发对劳动力输出国人才流失、财政损失和平等方面的关注。而且，因为现在的移民率及其对人口的影响，早已体现在现在的劳动力市场预测中，为解决劳动力市场短缺而要求的移民率的额外增长，在很多国家将处于不合理的高位。无论是从政治上，还是从社会角度看，都很难增加此类永久许可。

在过去20年间，越来越多的人认识到移民与人口之间的联系，以及劳动力(和学生)流动性在缓解劳动力短缺方面的作用。这体现在各种不同的声明和政策倡议中。根据2001年德国经济研究所的一份报告，“如果身为欧盟最大的经济体、世界上第三大经济体的德国希望避免由于本国劳动力老龄化导致的长期劳动力短缺，就需要每年引入120万移民”。欧盟成员国已经通过欧盟范围的指令，便利服务提供者内向流动性的安排，并与非成员国商签双边合作和劳动力流动性协议，解决具体部门和具体职业的劳动力短缺问题。在美国，自2005年以来，《紧急护工供应救助法》已经落实到位，以吸引外国护工来美。这一计划每年提供2万个签证，增加了来自菲律宾、印度、加拿大和英国等国的护士流入。[12]正如前面所强调的，STEM职业的短缺主要通过移民和外国学生来满足，亚洲工人约占所有STEM工人总数的14.5%。[13]

韩国已经与10个国家签署了政府间协定,还在谈判另外5个协定,以便利雇佣外国工人。韩国的《移民法》允许在7个服务部门合法雇佣有技能的移民工人,即教授、语言指导老师、研究员、技术指导老师、专业人员、专家、艺术和娱乐从业人员和从事特别活动的人员。韩国也引入了一个职业许可证体系,便利某些部门的低技能工人的流入,涉及6个服务部门(餐厅、商业支持、社会福利、清洁、护工和家务服务)。这些是依据韩国与选定的劳动力输出国(例如中国、蒙古国、菲律宾、越南、印度尼西亚、泰国、斯里兰卡和哈萨克斯坦)的劳工部长谈判的双边协定。韩国政府还资助关于语言培训和技能升级的出发前项目,以鼓励来自这些国家的移民工人到韩国工作。日本仍然相对更多地依赖国内劳动力市场,但在近年来也开始与印度尼西亚和菲律宾等选定的部分亚洲国家商签双边协定,以解决医疗保健等部门的劳动力短缺问题。

因此,正如上面讨论的趋势所暗示的,人口、贸易和移民之间存在着一种密切联系。这些趋势对模式4的重要性在哪里呢?影响是实质性的。模式4处于贸易和移民的交汇处,其既是移民的一个组成部分,是关于自然人的临时移动,也是贸易的组成部分,是与服务贸易相关的。正如前面所强调的,发达国家的就业增长和对工人的需求在服务领域是最强劲的,特别是在知识密集型服务部门,随后是劳动密集型服务部门(如建筑、零售、酒店),以及经常由政府提供的公共产品类服务部门(如医疗保健、教育)。很多这些部门需要与消费者进行面对面的沟通,无法进行外包。因此,上面讨论的人口和劳动力市场的互补性将对这些服务提供者的跨境流动性产生重要影响,因此对各国之间的模式4贸易也有影响。劳动力流动性安排为了缓解允许外国工人进入具体服务部门的问题,以这种形式展示的政策回应显示了模式4贸易在人口、移民和贸易辩论中的重要性。

这个问题还有强烈的区域内涵,特别是在亚洲地区。虽然日本和韩国等先进的亚洲经济体面临不断减少的劳动力供应,亚洲的其他几个发展中国家,包括印度、菲律宾、孟加拉国和巴基斯坦,则在不远的将来处于完全相反的情形,面对日益增加而且充足的劳动力。劳动力市场条件的这些互补性创造了这些亚洲经济体之间通过服务贸易和要素流动性推进区域经济体一体化的机遇。

因此,在模式4贸易的背景下,推进劳动力流动性的自由化,具有很强的经济学理由。沃姆斯利和温特斯(Walmsley and Winters, 2002)强调,即便是非常有限的模式4贸易自由化也能够获得巨大的福利收益,特别是对中低技能工人,在此方面劳动力输入国和输出国之间的要素或价格差异和从要素价格等式中获得的福利收益范围也是很大的。根据其预测,工业化国家对技能工人和零技能工人的内向性流动实施的配额增加,等同于增加3%的国内劳动力,每年带来的福利收益将超过 1 500 亿美元。随着工业化国家的老龄化进程，以及低技能劳动力的日趋匮乏，这些福利收益将随着时间推移而不断增加。关于职业服务的具体研究预测，美国的 4 种职业(医生、牙医、律师和会计师)供应增加 15%，消费者收益每年增加额在 1 600 亿—2 700 亿美元之间；由于外国职业人员进入美国，对经济整体的效率收益每年在 120 亿—200 亿美元之间。[14]模式 4 自由化带来的进一步收益，例如知识和技能转让、技能升级、增加生产力、教育投资和技能，能缓解劳动力资源国的就业不足和失业问题，虽然难以量化，但也被认为是重要的。研究还指出，服务自由化带来的福利收益将超过制造业和农业自由化。因为模式 4 贸易今天在服务贸易中的份额最小，这也为服务贸易自由化提供了巨大的潜在收益。

第三节　实现模式 4 贸易的机遇面临的挑战

通过模式 4 贸易来挖掘劳动力和人口的现有和未来互补性十分重要，由此产生的可能和福利收益也非常明显，但是考虑到存在很多影响进口市场和出口市场模式 4 贸易的挑战，大家需要审视这些机会能够在多大程度上得到挖掘。劳动力输入国应该做出什么准备来接受外国服务提供者，解决本国对各种技能水平劳动力的需求？而劳动力资源国需要在数量、质量、技能、教育和培训投资、机制框架等方面做什么准备，以满足海外市场的需求？下面的讨论将转向回答这些问题。

一、　劳动力输入国的挑战[15]

劳动力进口国发展模式 4 贸易面临很多障碍。这些障碍采取跨境措施和非边境措施的形式，既影响外国服务提供者的准入，也影响其准入后的经营条件。事实上，模式 4 贸易在总体服务贸易中的比重非常小，就说明这些壁垒的存在。最普遍的限制包括：关于签证和工作许可的适应性和签发的行政法规和程序，准入数量限制，承认和资质相关程序和要求，工资均等要求，各种必要性测试(经济需求、劳动力市场和人力规划)，投资相关移动性条件，国别或居住条件和关于税收、补贴、各种利益和政府采购政策的歧视性政策。

对模式 4 贸易产生影响的挑战主要有三个。第一个是劳动力输入国的现有移民体系，就其行政和程序要求而言，无法充分区分劳动力的临时移动和永久移动。规章经常是复杂繁琐、不透明、耗时、成本高昂、任意性的，更适合于对劳动力永久进入该国而不是临时进入的审查。例如，一名信息技术工人要进入一个发达国家，一份典型的临时准入申请要求提供雇主和工作岗位的完全细节、为寻找当地雇员做出的努力以及没有雇佣当地雇员的原因，申请人在经历、技能、培训信息以及其他个人信息的核实。信息的填写和处理可能花费两周到两个月时间，甚至可能更长，因为申请要求的繁琐特征，有时候甚至长达一年。临时工人经常受到两项许可的准入程序约束，一个是准入签证，另外一个是工作许可。完成准入前和准入后许可的经济需求测试，可能花费长达两年时间，其主要特点是在申请和决策方面缺乏明确建立的标准和程序。此类冗长程序损害了一些服务部门的发展，因为就这些部门而言，人员需要在很短的时间内运送到海外，而延迟则意味着机会和商业的损失。这是一项重要障碍，影响了很多服务出口的平稳流动。关于临时性工人的准入也存在数量上限，配额的随意性改变和不确定性进一步加剧了这一问题。

与模式4法规相关的第二个挑战是该国固有的技能和功能偏见。通常情况是，签证和工作许可的合格条件偏向于那些拥有较高技能和教育资质的人员，以及那些需要随着公司调动、在组织内部处于较高级别的人员，即跨公司轮换、商业访问者、管理人员和执行官。作为独立个体或合同服务提供者流动的人员在获得准入许可上面临着更多困难。对有海外分支机构的较大公司来说，程序也往往是简化的，这就将自然人流动与资本流动联系在一起。这些偏见，在很多发达国家采取的以点数为基础的移民体系中也很明显，这些体系偏好有技能、有资质的外国工人。前面讨论的很多职业性和部门短缺与低技能和半技能活动相关，例如建筑、护工、家庭保健和酒店业，要求发展中国家的独立或合同能力的流动，绝大部分是不与投资存在联系在一起的，此类偏见不符合发展中国家的劳动力出口利益。

影响模式4贸易前景的第三个挑战是标准相关法规的事实和法律影响之间的标准和差异。不承认外国服务提供者的教育资格和认证，是需要认可和许可的职业的模式4贸易的一项重要壁垒，例如，在医药、会计和法律领域可能需要与当地机构或协会注册以进行从业，注册本身就取决于通过认可考试或是具备居住或国籍要求。劳动力输入国的次中央和省级政府的要求经常让情况更加复杂，而且给外国职业人员创造重要的准入壁垒。例如，在美国等国家，医疗、法律、会计和建筑职业人员被要求通过向各州政府申请的方式，在其希望从业的各州获得认可，但是各州都有自己的准入要求、程序和规费。在一些具有司法管辖权的地方，外国研究生不被允许参加资质许可考试，而在另外一些地方，外国研究生被要求在一所被批准的美国学校完成一项额外的研究课程，或者证明其此前在一个规定的最短期限内的从业经历。

虽然此类要求可能以确保标准、质量、消费者保护等原因予以解释，而且在表面上是非歧视的，但在实际中经常对外国职业人员造成更加沉重的金钱或非金钱成本。根据一项研究，1995—2000 年，与申请、认证、许可、注册、准备、培训、居留、签证相关的成本，对医疗、会计和建筑服务的损失和不确定性成本在 3 000—6 000 美元之间，每个职业人员放弃的平均收入在 2.5 万—10 万美元之间。[16] 经合组织的服务贸易限制指数(STRIs)汇总了影响各种服务的准入和准入后经营的法规要求，这个指数显示，许可和认证要求构成会计、审计和法律服务等职业服务的主要限制。[17]

表 16.3—16.5 显示，成员在 GATS 框架下在模式 4 方面做出的承诺具有高度限制性的特征。这些表格解释了朝着投资相关和技能水平更高的服务提供者的倾向(表 16.3)，部分承诺或未约束的比例更高，即在职业服务中没有像其他模式那样在模式 4 方面做出承诺(表 16.4)，以及与模式 4 贸易相联系的许多条件(表 16.5)。关于模式 4 的高度保护主义特征，以及劳动力市场需求和模式 4 准入体系的错配，通过这些表格显露无遗。

表 16.3　提供服务的自然人的类别(水平承诺)

		准入次数	累计次数	总次数占比(%)	累计次数占比(%)
公司内部轮换	高管层	45	135	13.7	41.1
	经　理	44		13.4	
	专　家	45		13.7	
	其　他	1		0.3	
高管层		22	104	6.7	31.7
经　理		40		12.2	
专　家		42		12.8	
商业访问者	商业存在	30	70	9.1	21.3
	销售谈判	40		12.2	
独立合同供应商		3	3	0.9	0.9
其　他		3	3	0.9	0.9
未列明		13	13	0.9	0.9
总　计[a]		328	328	100	100

注：a 是那些 100 个世贸组织成员在其减让表中的水平承诺部分就模式 4 做出承诺的条目总数。

资料来源：世贸组织(1998)，背景文件，表格 9，第 27 页。

表 16.4　按照部门和提供方式划分的(职业服务)承诺比例(每项活动的比例)

	跨境提供			境外消费			商业存在			自然人移动		
市场准入	完全	部分	未承诺	完全	部分	未承诺	完全	部分	未承诺	完全	部分	未承诺
法律服务	18	67	16	24	67	9	4	87	9	2	9	7
会计、审计和簿记服务	**29**	**41**	**30**	**41**	**45**	**14**	**9**	**89**	**2**	**2**	**186**	**13**
税收服务	44	44	12	53	44	3	15	82	3	0	88	12
建筑服务	52	26	22	68	20	12	24	72	45	0	92	8
工程服务	50	28	22	55	28	17	24	72	3	0	85	5
集中工程服务	59	2	19	66	22	13	31	59	9	0	94	6
城市规划和园林建筑服务	45	36	18	52	36	12	24	73	3	0	97	3
医疗和牙科服务	34	29	37	61	34	5	21	68	11	0	87	13
兽医服务	54	19	27	69	23	8	31	58	12	4	81	15
助产士、护士、理疗医师和护理员提供的服务	33	33	33	47	53	0	20	20	0	0	93	7
其　他	33	67	0	33	67	0	0	100	0	0	100	0
国民待遇												
法律服务	22	60	18	31	58	11	16	76	9	2	91	7
会计、审计和簿记服务	**34**	**36**	**30**	**50**	**36**	**14**	**32**	**64**	**4**	**4**	**80**	**16**
税收服务	41	41	18	56	35	9	35	56	9	12	71	18
建筑服务	52	30	18	64	22	14	56	38	6	8	80	12
工程服务	45	31	24	60	21	19	52	43	5	9	79	12
集中工程服务	63	19	19	72	13	16	72	13	16	9	78	13
城市规划和园林建筑服务	52	30	18	61	24	15	58	33	9	9	85	6
医疗和牙科服务	47	18	34	66	24	11	45	45	11	3	87	11
兽医服务	62	12	27	81	8	12	58	35	8	8	77	15
助产士、护士、理疗医师和护理员提供的服务	40	27	33	53	47	0	53	47	0	0	93	7
其　他	33	50	17	33	50	17	33	67	0	17	67	17

注:完全就是完全承诺(即在减让表的市场准入或国民待遇那一列中的“无”);部分就是部分承诺(在减让表的市场准入或国民待遇那一列中列明限制);未承诺就是没有承诺(在减让表的市场准入或国民待遇那一列中写明“未约束”);由于四舍五入原因,数字不能简单加总。总数的基础是列明的部门。

资料来源:世贸组织秘书处,1998 年。

表 16.5 不同类型的自然人准入条件/限制[a]

		企业内流动				高管层	经理	专家	A	商业访问者	独立合同提供商	其他	未列明	总计
		高管层	经理	专家	其他				B					
									商业存在	销售谈判				
准入没有标准		1	4	5	1	2	14	17	1				6	51
准入有标准		1	1	1										3
批　准		1	1	1		3	8	5		1	1		2	23
居　住		3	1	1		3	4	3						15
工作签证			1	1		4	4	4	1	1	1		2	19
自由就业[b]		34	32		35				3	2				106
与模式 3 挂钩						7	12	12						31
资　质							2	1						3
承　认						1	1	1						3
数量限制														
总体职位	10	1	1	1		2	3	4		1	1		3	17
	F20	1		1		2	2	2					1	9
	>20	1	1			2	2	2						8
(绝对值)数字				2		3	3							8
高级职员	15	1		1										2
	20						1	1			1			3
	50	2	1	1										4
(绝对值)数字							2	2						4
普通职员	10					1	1	1						3
在册职员人数	15					1	1	2					1	5
	20													5
	30													1
劳动力[c]	50													1
未列明		2	2	2					1	1				8
最低工资		15	15	15							1		1	47
争议[d]		4	5	4			2	2	2	2	1			22
技术转让		1	1	1		7	8	12					2	32

注:a. 关于图示参见表 16.3;
b. 寻求准入的人必须已经为现有雇主工作,减让表中列明的最少年限通常是一年;
c. 所涉国家的劳动力总数;
d. 缺少劳动力管理的争端。
资料来源:世贸组织(1998),表 11,第 29 页。

二、 劳动力输出国的挑战

在模式4贸易的背景下,关于劳动力流动性的壁垒与改进劳动力输入国市场准入的需求问题,各国已经进行过很多讨论。这反映在GATS模式4下的各种谈判提案和建议中。有劳动力出口利益的发展中国家和最不发达国家反复强调,要求为其不同技能水平的服务提供者开放市场。2003年建立的最不发达国家模式呼吁成员作出具体承诺,优先在最不发达国家有出口利益的部门和模式上提供有效的市场准入,包括最不发达国家在其要价中确认的所有类别的自然人。更近一段时间关于最不发达国家服务豁免问题的讨论提到,发达国家和发展中国家可以偏离其最惠国待遇义务,并且向最不发达国家的服务提供商提供涉及所有模式的优惠待遇,包括模式4。

关注焦点一直是确保市场准入的改进,但注意力很少被放在劳动力资源国家面临的供给侧挑战上——间接假设是资源国家的人口顺差可以很轻松地被用于向劳动力短缺国提供劳动力。几乎没有被讨论到的问题是,有劳动力盈余的最不发达国家实际上能否从服务贸易模式4中获得收益。一个相关议题是,这些资源国家是否具备服务其国内市场的能力,以及在通过模式4出口服务和满足国内需求之间涉及的利益交换。因此,需要审视这些潜在的资源国家如何进行其国内技能的实用性、其对教育和培训的投资、标准、劳动力市场政策和机构。

在全球层面,从不同技能水平的劳动力供求错配方面看,能力限制是显而易见的。根据现在的教育获得和需求增长模式预测,发达国家具有大学教育水平的工人短缺将达到1 600万个至1 800万个。但是,发展中人口大国,例如中国,预计也将面临大学教育水平的劳动力短缺,尽管劳动力教育水平不断提高,但到2020年将出现2 300万人口短缺。而且,这意味着发达国家和发展中国家之间将出现约4 500万人的中等技能劳动力短缺,包括南亚和撒哈拉以南非洲国家等潜在的劳动力供应国。另外,预计全球将出现约9 000万个至9 500万个低技能工人盈余,但是发达国家和发展中国家对此类工人的需求则没有那么旺盛。[18]根据预测,发达国家和发展中国家的需求将逐步转向高技能和中等技能工人,但劳动力盈余人口将集中在低技能人口上。因此,需要更加近距离地看待供应能力和对服务贸易的影响。

下面的讨论关注印度和孟加拉国这两个亚洲国家,介绍了两国关于模式4贸易准备度和供应能力的问题。印度的选择是由一项事实激发的,那就是印度将出现最大的劳动力盈余预测,而且印度早就已经是各种技能水平的劳动力人口输出国，也是全球领先的资金汇回接收国。孟加拉国的选择则是由于其作为重要的最不发达国家劳动力输出国，以及关于模式 4 贸易的最不发达国家服务豁免机制造成的。这两个国家都积极呼吁 GATS 下的模式 4 出口，并且在双边协议和其他政府间安排下推动其劳动力出口利益。下面的讨论强调，就前面提到的人口驱动型模式 4 贸易提供的机遇而言，模式 4 的供给侧问题有可能在重要性上媲美接收国的壁垒，即便前者不如后者重要。

(一) 印度的模式 4 准备度

几个因素使印度成为评估模式 4 贸易供给侧前景的重要市场。如同前面所观察到的，印度预计到 2020 年将出现 4 700 万人的劳动力人口盈余。2012 年，印度的中位数年龄是 25.7 岁，比美国低 10 岁以上，这一差距虽然将会减少，但预计到 2060 年前都将存在。印度的劳动力资源将以每年 1.5％的速度继续增长，到 2030 年间劳动力市场的净进入者总数将达到约 1.74 亿人。与中国不同，印度将在未来几十年收获其人口红利。其劳动性人口比例在中期将保持在约三分之二的水平上。[19]

印度在全球服务市场上的地位也很有利，在全球服务出口中的比例不断增加(超过 3％)。服务出口在印度出口中的比例不断增加，现在已经超过 30％，类别涉及商务服务和职业服务、计算机和相关服务等，这些服务在很大程度上取决于模式 4，构成印度服务出口篮子的相当份额。印度在这些服务部门上的显性比较优势指数早就超过 1。[20]事实上，印度是提供“其他私人服务”的领先发展中国家，这一服务对美国等市场来说，是商业和职业服务的重要组成部分。[21]因此，从各种不同指标来看，无论是现在还是未来，模式 4 在印度服务贸易中的重要性是显而易见的。

但是如果大家考虑一下印度的一些劳动力市场和人力资本相关指标，就会对印度有效的劳动力盈余及其满足海外市场需求的能力提出疑问。第一个问题就是劳动力接受国要求和印度就业结构的匹配问题。印度约 60％的就业分布在农业部门，服务业的就业比例不足 25％。这与美国等发达国家市场的职业结构和劳动力需求模式形成强烈反差，后者主要集中在服务上(约 70％)。[22]因此，印度等劳动力盈余国与美国、英国、加拿大和德国等劳动力短缺国的劳动力可用性和需求之间存在错配，图 16.7 显示了这一点。

第二个是劳动力有效供给问题，特别是全球需求最大的高技能和职业服务。如果将识字率、技能、经验和质量等因素考虑在内，人口未必是劳动力供应的一个恰当指标。2010 年，印度的成人文盲率是 26％，巴西和菲律宾分别是 6％和

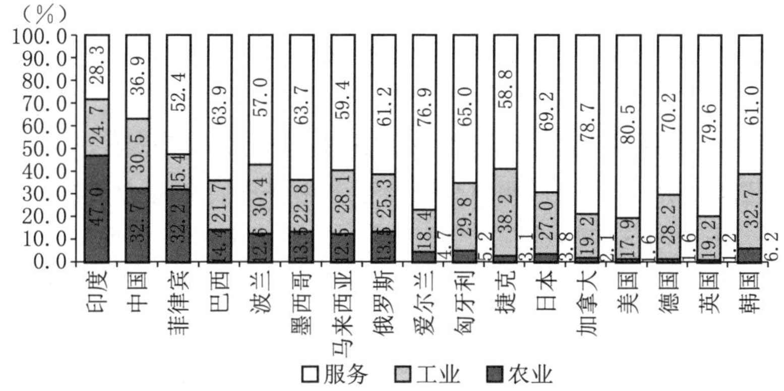

资料来源:http://www.ilo.org/global/research/global-reports/global-employment-trends/2014/WCMS_234879/lang-en/index.htm,2014 年 10 月 26 日访问。

图 16.7　最近几年部分国家就业的部门分布情况

5%。[23]而且,2010 年印度只有 7%的人口拥有大学学位,大多数工人只有初级或更低教育水平,而发达国家的这一比例是 15%;印度拥有中学教育水平的人口比例低于其他发展中国家,具体情况参见图 16.8。印度预计将有大量的失业人口,特别是在受教育的年轻人群中。

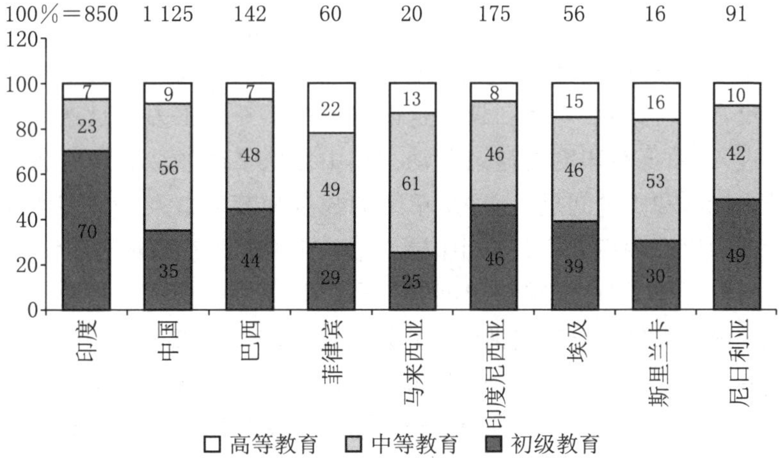

注:由于四舍五入原因,数字加总可能不等于 100。

资料来源:麦肯锡全球研究院(2012),图 6,第 20 页;基于联合国人口司(2010 年修订版);国际劳工组织;麦肯锡全球研究院分析。

图 16.8　印度的受教育程度比例(2010 年)(工作性人口占比,百万人)

关于识字率、劳动力结构和技能的统计显示,印度等预计有大量劳动力盈余的国家在有技能、有经验和受教育的劳动力方面存在供给侧限制。如果将次中央层面的数据考虑在内,劳动力供应问题特别是技能类劳动力的供应问题将更加严峻。例如,2012—2022 年印度各邦的劳动力供给预测显示,工业化水平更高、增长率更快的邦将面临技能和半技能劳动力的大量短缺,不同部门将达到 940 万人。虽然其他各邦的劳动力供应盈余将达到 1 750 万人,这一盈余将主要出现在无技能类别,与此前强调的高级教育和中等教育劳动力占比较低的描述是一致的。[24]后面的这些邦是在识字率、教育投资和生产率方面表现最差的邦。更进一步的是,在各州之间,根据印度国家技能发展公司数据,预计在建筑、银行和金融服务、信息技术和工程服务等部门出现短缺,而这些也是在全球范围出现劳动力短缺的部门。根据麦肯锡全球研究院预测,印度到 2020 年可能面临 1 300 万个中等技能工人的短缺。

总体而言,如果大家将各邦层面的劳动力供应、技能和部门短缺的这些趋势和预测,与印度和全球对不同技能水平和职业的劳动力需求预测并列在一起,很明显的是,如果没有更多的提升技能和生产率的重点倡议,印度服务满足其本国国内需求的能力将受到质疑,更不用说还要满足海外市场需求了。更近距离地审查印度国家层面和各邦层面的情况,我们就会发现印度面临大量的技能困难。未来雇员的技能水平与海外市场和国内需求之间存在错配。因为预计印度的劳动力盈余将主要集中在低技能类别(就当前人口和教育趋势预测,约 2 700 万人),绝大多数劳动力将没有接受中等教育或高等教育,所以不能假定印度拥有向世界其他地方提供高技能劳动力资源的能力。另外值得注意的一点是现在不断增长的反常现象,即准入体制越来越偏向技能型外国工人并且遏制低技能外国工人的进入,而现在印度的盈余劳动力集中在低技能领域。还有各种技能水平的劳动力标准和质量问题,而这是单纯的数量和劳动力人口增多所无法确保实现的。国内培训和标准的差异,国内培训基础设施的不健全,缺少认证机制和标准监管机构,这些都可能限制印度向很多职业提供优势劳动力资源。为存在劳动力盈余的邦提供技能和培训倡议,需要认证和认可机制的支持,还需要与国际标准相联系,以便推动这些资质的国际认证,推动向其他市场出口各种水平的劳动力资源。[25]从结构上看,劳动力资源将需要从农业领域转向工业和服务业。

(二) 孟加拉国的模式 4 准备度

包括孟加拉国在内的"年轻的发展中经济体"将见证本国劳动力资源的快速增长,并且在未来 20 年为全球劳动力市场提供 1.87 亿个工人。[26]在这些国家中,孟加拉国现在是未来也继续是全球劳动力市场的一个重要供应国。2001—2013 年,在外国工作的孟加拉国劳动力人口增长翻番。但是,劳动力出口的技能构成显示,孟加拉国还没有做好准备提供高技能劳动力人口。在孟加拉国的出口劳动力总数中,专业劳动力人口的比例在2013年还不足1%,而且随着时间推移在下降。半技能劳动力人口的出口比例也在下降。低技能和零技能劳动力占这个国家劳动力出口总数的比例接近四分之三,而且这一比例在这些年间还在增加。[27]图16.9显示了孟加拉国2013年劳动力出口的技能构成。

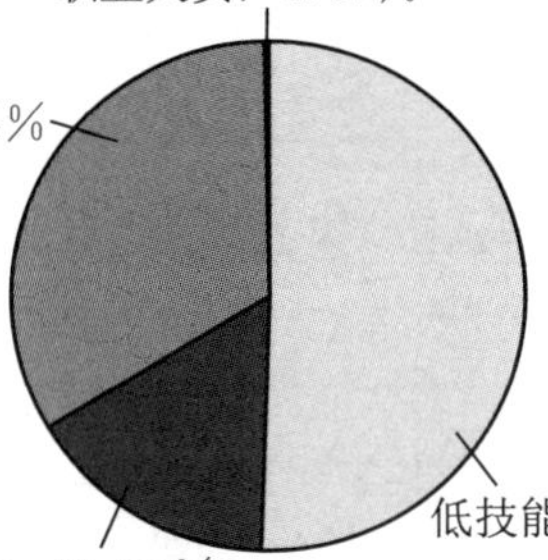

资料来源:基于孟加拉政府的BMET数据库。

图16.9　孟加拉国2013年劳动力出口的技能构成

上述统计数据显示了孟加拉国在劳动力供给侧方面的不足,即缺乏足够的劳动力资源来满足海外市场对半技能和技能的要求。孟加拉国统计局提供的关于各种技能和半技能职业的就业数据也足以显示这一点,具体参见表16.6。

表16.6　根据职业划分的15岁以上受雇佣人员情况,2010年

类　别	总数(人)	男性(人)	女性(人)
建筑、工程和相关职业人员	10 488	8 440	2 047
健康职业人员(护理除外)	23 175	18 588	4 587
护理和助产职业人员	17 735	8 076	9 659
现代健康相关职业人员(护理除外)	7 481	6 560	921
护理和助产相关职业人员	1 190	0	1 190
总体受雇佣人员	54 084	37 882	16 202

注:不能将组成部分累加为总体数据,因为有些受雇佣的人士在不止一个部门工作。
资料来源:孟加拉国统计局(2011),http://www.bbs.gov.bd。

以护理和助产服务为例。政府预测显示,如果孟加拉国能够向中东、北美、欧洲、日本和澳大利亚市场供应20万名护士,该国每年将可获得85亿美元的外汇汇回。但是,考虑到现在该职业的就业人员数量,这一目标看来是不可行的。

而且，正如几项研究强调的那样，孟加拉国的护理教育和培训质量甚至不能满足国内需求，更不用说满足国际市场上对受过良好培训、高质量的护士的需求了。培训基础设施不足、护理教师资源缺乏、课程过时、专业培训不足的问题让孟加拉国无法利用出口护理服务带来的机遇。因此，发展国家技能培训体系、扩大劳动力能力并提升劳动力质量，对于像孟加拉国这样的国家利用很多部门不断出现的劳动力出口机遇，实现其政府反复呼吁的最不发达国家服务豁免机制的许诺是至关重要的。

第四节　推动模式 4 贸易

上面关于印度和孟加拉国的讨论清楚地显示，如果未来的劳动力盈余国希望实现服务供给模式 4 框架下的服务出口机遇，就必须在模式 4 方面采取一种全面的方法。虽然需要继续关注通过 GATS 等平台简化劳动力输入国的准入和经营壁垒，但更多的注意力需要放在两个问题上。第一个问题涉及劳动力输出国的供应能力。第二个问题与劳动力输入国和劳动力资源国通过双边安排协调和管理自然人临时移动相关。

一、 供应能力

要解决供应能力问题，劳动力输出国将需要在技术教育和职业教育、高等教育、教育获得率和标准及认证等方面进行更多的投资。这些国家必须确认目标市场和部门，并将国内能力和标准联系在一起，在不牺牲国内市场的情况下解决这些海外市场的需求。在缺乏充足的人员能力和质量的情况下，在模式 4 准入及其发展内涵的讨论中，往往会忽视劳动力的国内供给和海外供给之间的潜在平衡。但是，需要注意的是，此类具体政策细节和国别问题很难在模式 4 讨论中予以解决，更好的方式是在双边移民管理安排下处理。

技能发展需要成为供给侧的核心关注点。这将要求采取几项措施，包括制定各国的资质体系，引入技能认证体系，能力和课程表的制定和升级要满足国内和海外需要，出发前培训和教育，教育和培训的公私合营及资质的国际认证，等等。一些国家已经开始实施这些领域的政策，并且引入了技能开发框架和理事会来利用其人口红利和在世界市场上的劳动力出口机遇。沿着这个方向的政策还需要更多，并且需要潜在的劳动力输入国和劳动力输出国的协助。

二、 流动性管理

为了管理临时跨境的劳动力流动，无论是劳动力输出国还是劳动力输入国，都需要积极推进双边劳动力协定，以及更广泛的，涵盖服务、投资和劳动力流动性等议题的经济合作和伙伴关系协定。正如前面所强调的，GATS没有在模式4方面实现有益的市场准入承诺和出价。虽然没有任何技能水平从本质上被排除在GATS之外，但实质上在涵盖低技能和半技能服务提供者方面没有承诺。承诺是水平的（涉及各个部门）而不是部门的，因此不适应具体部门需求和要求。各国在多哈回合谈判的出要价进程下也很少作出值得注意的修改出价。考虑到一旦收回此前提供的任何市场准入承诺所涉及的成本，最惠国待遇的“免费搭车”问题，以及与移民相联系的广泛议题，包括国家安全、社会和文化一体化及劳动力市场敏感性等，各国不愿意在GATS模式4下作出具有法律约束力的最惠国待遇承诺，是在意料之中的事情。而且，缺乏对GATS下自然人临时移动内容的清楚了解让情况更加复杂，因为这混淆了GATS承诺的临时和永久移动的边界。在此背景下，双边安排（包括非贸易安排）由于其内置的灵活和定制化特征，更适合具体国别的市场条件和能力，并提供了一个有用的渠道，便利和管理各个技能水平的劳动力临时流动。

各国越来越多地商签涵盖不同类型工人的双边劳动力安排，以满足部分选定部门的需求。审视这些协定意味着各国更愿意让协定涵盖广泛的技能，因为这些安排可以被定制为适合当地劳动力市场条件，并解决社会、文化和地理关注，因为这些安排可以与其伙伴国协调轻松实施和追踪，而且这些协定通常是非约束性的，可以在必要情况下予以撤销。这些协定包括：招收、准入和返回进程条款；法律和社会保护条款；金融资本流动的规范和便利。[28]下一步，还需要更加关注通过签署方的政府间和机构间的努力，开展能力建设和技能培养，以确保通过满足伙伴国家之间的技能要求和供应能力，实现临时性流动和互利共赢。

各国也越来越多地在更广泛的双边经济合作和伙伴关系协定下处理劳动力流动性问题。此类协定的一些范例包括北美自贸协定，加勒比共同体和共同市场，日本—新加坡协定，全面经济伙伴关系协定（RCEP），印度与日本、韩国、新加坡等不同亚洲伙伴签署的合作协定等。这些协定在很多方面超过GATS的范围。一些协定确认双方共同感兴趣的职业、部门和各自国家的高等教育机构以便利互认进程。一些协定包括具体类别，例如独立贸易商、条约投资者、与投资联系的人群或新的服务提供者类别，反映了伙伴国的利益和能力。模式4承诺下纳入的准入条款和条件也往往比GATS下更加自由开放。这些协定还在很多方面推动超过GATS的范围，包括协定的总体框架，额外章节和不同横向议题的附件，以及对服务贸易产生影响的部门上，例如投资和流动性的联系，影响模式4的措施范围以及法规协调特别是互认等问题。[29]

但是，在未来的优惠贸易协定中，需要以处理模式4的方式解决两个议题。第一个议题涉及一项事实，迄今优惠贸易协定下的模式4承诺基本上朝着便利高技能工人流动和与投资流动联系的类别的方向发展，例如商业访问者、通信信息技术人员和职业人员。因此，关于模式4的范围仍然是有限的，其处理劳动力流动性的方法基本上是作为货物和资本市场一体化的一种补充，并且便利伙伴国家之间的贸易和投资流动，特别是像GATS下的情形那样偏向资本出口国。这种定位需要在未来进一步扩大，以覆盖更广泛的服务提供者范围和技能水平。第二个议题是绝大多数优惠贸易协定不包括确保资源伙伴国家的供应能力要符合资源输入国家需求的任何条款。因此，利用在这些优惠贸易协定下创造的市场准入机会仍然受到资源国的教育、技能、能力建设和机构安排的约束，责任主要是在劳动力输出国身上。这一限制需要通过增强伙伴国政府、教育机构、职业和监管机构以及伙伴国的技能培训理事会的合作来处理，以便增加培训能力和质量，并且协调标准的研发和联合以实现互利。但是，和GATS的情况一样，在这些双边协定下，一个基本问题仍然存在，也就是劳动力流动性需要一定的灵活性来处理劳动力市场需求的周期性转变，但这些协定下的模式4承诺在本质上是约束性的、永久性的。尽管如此，后面的问题可以通过模式4承诺以评估劳动力市场情况为前提，明确列明需求评估标准，当然这反过来可能增加行政和运行难度。

三、 最后的思考

世界劳动力市场的趋势将给服务贸易发展带来很多机遇，包括通过模式4提供的服务。但是，将这些机遇有效变成现实，受到进口国模式4壁垒的限制，甚至更受到劳动力输出国供应能力的限制。关于模式4的讨论假定存在要求的供应能力，而且以人口和劳动力市场预测为基础。但是，更加近距离地审查劳动力市场结构，以及潜在来源国的技能和职业教育和教育水平的数量和质量，就提出了如何有效利用预测的人口和劳动力市场互补性，以及模式4贸易如何能够填补空白的问题。

共同利益必须驱动增强的模式4贸易。就劳动力短缺国而言，如果自动化、提高生产率和外包不足以解决增长的劳动力市场需求，则需要在未来更多地依赖模式 4。就劳动力盈余国而言，如果其人口红利不会变成人口负担，带来潜在的严重社会和其他影响，则国内和国家市场的就业创造和技能将占据更加重要的地位。因此，彼此参与多边和双边论坛，并就一系列议题进行合作，例如贸易、移民、教育、技能、认证和汇款等议题，既符合短缺国的利益，也符合盈余国的利益。只有通过这样一种广泛而统一的方法，模式 4 贸易才能证明是可持续的、互惠的。

参考文献

All India Management Association, AIMA(2003), Boston Consulting Group and Confederation of Indian Industry, "India's New Opportunity-2020", Report of the High Level Strategic Group, New Delhi.

Baker, D.(2003), "Professional Protectionists: the Gains from Free Trade in Highly Paid Professional Services", Briefing Paper, Centre for Economic and Policy Research, Washington, DC, September.

Chanda, R.(2002), "Movement of Natural Persons and the GATS: Major Trade Policy Impediments", in *Development, Trade, and the WTO: A Handbook*, (eds) B. Hoekman, A. Mattoo, and P. English, World Bank, Washington, DC, pp.304—314.

Chanda, R.(2004), "Movement and Presence of Natural Persons and Developing Countries: Issues and Proposals for the GATS Negotiations", Trade-Related Agenda, Development, and Equity Working Papers, Number 19, South Centre, Geneva.

Chanda, R. (2008), "Low-skilled workers and bilateral, regional, and unilateral initiatives: Lessons for the GATS Mode 4 negotiations and other agreements", UNDP, Geneva.

Chanda, R.(2014), "Indo-US Trade in Professional Services: Prospects and Challenges", paper prepared for project on *Breaking Ground and Breaking Barriers: An Economic Partnership of the Largest Democracies*, Fred Bergsten and Arvind Subramaniam, Peterson Institute of International Economics, Washington, DC, 2014.

Chanda, R. and G. Sasidaran(2011), "Managing Migration in Asia: Role of Interstate Cooperation", in Randall Hansen, Jeanette Money, and Jobst Koehler (eds.), *Migration, Nation States, and International Cooperation*, UK: Routledge Press, pp.170—210.

Ducanes, G.(2013), "Labor Shortages, Foreign Migrant Recruitment and the Portability of Qualifications in East and South-East Asia", International Labor Organization, Geneva.

European Commission, "Demography and migration: Factors determining real convergence", http://ec.europa.eu/regional_policy/sources/docoffic/official/reports/pdf/p142_en.pdf.

European Migration Network, EMN (2011), "Satisfying Labour Demand through Migration", http://ec.europa.eu/home-affairs/policies/immigration/docs/Satisfying_Labour_Demand_Through_Migration_FINA L_20110708.pdf.

Eurostat database, http://epp.eurostat.ec.europa.eu/portal/page/portal/statistics/search_database; http://epp.eurostat.ec.europa.eu/statistics_explained/index.php/Population_projections.

Government of Bangladesh，Bureau of Manpower，Employment and Training in Ministry of Expatriates' Welfare and Overseas Employment，BMET Database，http://www.bmet.gov.bd.

Government of Bangladesh(2011)，Bangladesh Bureau of Statistics，Labour and Employment Statistics，http://www.bbs.gov.bd.

Government of Japan(2013)，Cabinet Office，"Annual Report on Japanese Economy and Public Finance"，Part 2，Tokyo.

Gupta，P.(2013)，"Facilitating Migration between India and the EU：A Policy Perspective"，Indian Institute of Management Bangalore Working Paper No.393，Bangalore.

International Labour Organization(2014)，Global Employment Trends 2014：Supporting Data Sets，http://www.ilo.org/global/research/global-reports/global-employment-trends/2014/WCMS_234879/lang-en/index.htm(accessed October 26，2014).

Landivar，L.C(2013)，"Disparities in STEM employment by Sex，Race and Hispanic Origin"，American Community Survey Reports，September.

Masselink，L.E. and Cheryl B. Jones(2014)，"Immigration Policy and Internationally Educated Nurses in the United States：A Brief History"，*Nursing Outlook*，Vol.62，Issue 1，Jan-Feb 2014，pp.39—45.

Mattoo，A. and D. Mishra(2009)，"Foreign Professionals in the United States：Regulatory Impediments to Trade"，*Journal of International Economic Law* 12(2)，pp.435—456.

McKinsey Global Institute(2011)，"An Economy That Works：Job Creation and America's Future"，June.

McKinsey Global Institute(2012)，"The World at Work：Jobs，Pay and Skills for 3.5 Billion People"，June.

Migration Policy Institute，http://www.migrationinformation.org/USfocus/display.cfm?id=785(accessed April 10，2013).

National Skills Development Council，"Skill Gap Analysis Reports"，various Indian states，New Delhi. http://www.nsdcindia.org/knowledge-bank/.

Nielson，J.(2003)，"Labour Mobility in Regional Trade Agreements"，Ch 5 in，(eds) A. Mattoo and A. Carzaniga，The World Bank，Washington，DC，pp.93—111.

OECD，www.stats.oecd.org.

OECD，Database on Indicators of Sectoral Regulation，http://www.oecd.org/eco/reform/indicatorsofregulatoryconditionsintheprofessionalservices.htm(accessed April 22，2013).

Self，R. and B.K. Zutshi(2003)，"Mode 4：Negotiating Challenges and Opportunities"，Ch 3 in *Moving People to Deliver Services*，(eds.) A. Mattoo and A. Carzaniga，The World Bank，Washington，DC，pp.27—58.

UNCTAD Statistics，http://unctadstat.unctad.org/wds/TableViewer/dimView.aspx.

United Nations Population Division，World Population Prospects：The 2010 Revision database，http://esa.un.org/wpp/.

US Bureau of Economic Analysis，http://www.bea.gov/international/international_services.htm(accessed 24 April 2013).

US Bureau of Labour Statistics(2013),“Employment Projections: 2012—2022”. Department of Labour, December, http://www.bls.gov/news.release/pdf/ecopro.pdf.

US Census Bureau, http://www.census.gov/acs/www/.

Walmsley, Terri and L Alan Winters(2002),“An Analysis of the Removal of Restrictions on the Temporary Movement of Natural Persons”, CEPR Discussion Paper No.3719, Centre for Economic and Policy Research, London.

Winters, L. Alan(2003),“The Economic Implications of Liberalizing Mode 4 Trade”, Ch 4 in *Moving People to Deliver Services*, (eds.) A. Mattoo and A. Carzaniga, The World Bank, Washington, DC, pp.59—91.

WTO(1998),“Presence of Natural Persons”, Background Note, Geneva, December.

WTO(2013), World Trade Report,“Factors Shaping the Future of World Trade”, Geneva, http://www.wto.org/english/res_e/publications_e/wtr13_e.htm.

WTO Secretariat(1998),“Background Note on Accountancy Services”, Geneva, December.

注释

1. 作者感谢 Sudeshna Ghosh 提供的研究支持。

2. 参见全印度管理协会(AIMA)报告,2003 年,第 14—15 页,以美国统计局(US Census Bureau)和波士顿咨询公司(BCG)报告为基础。

3. AIMA 报告,2003,第 13 页,以美国统计局和波士顿咨询公司报告为基础。

4. WTO, 2013, pp.115—116.

5. WTO, 2013, p.114.

6. AIMA, 2003, p.15.

7. EC, http://ec.europa.eu/regional_policy/sources/docoffic/official/reports/pdf/p141_en.pdf.

8. US Bureau of Labour Statistics, 2013.

9. McKinsey Global Institute, 2012, p.46.

10. Ducanes, 2013, p.6.

11. Ducanes, 2013, p.9.

12. Masselink and Jones, 2014.

13. Landivar, 2013, p.16.

14. Baker, 2003, p.3.

15. 本部分讨论基于 Chanda, 2002, 2004; Self and Zutshi, 2003; Nielson, 2003; Winters, 2003。

16. Mattoo and Mishra, 2009, p.446.

17. http://www.oecd.org/eco/reform/indicatorsofregulatoryconditionsintheprofessionalservices.htm, 2013 年 4 月 22 日访问。

18. McKinsey Global Institute, 2012, Chs.2, 3.

19. AIMA, 2003; McKinsey Global Institute, 2012; WTO, 2013.

20. 根据 UNCTAD 数据库测算。

21. Chanda(2014)根据美国经济分析局测算。

22. ILO，2014.

23. McKinsey Global Institute，2012.关于教育的公共支出只有3%，而其他一些发展中国家的比例超过5%。

24. 基于国家技能发展研究会(NSDC)对印度不同邦情况的报告。

25. 现在的国家技能资质框架将印度技能与国际水平接轨，作为其框架的一个核心组成部分。

26. McKinsey Global Institute，2012.

27. BMET数据库，http://www.bmet.gov.bd。

28. 参见Chanda，2008。

29. 参见Chanda and Sasidaran，2011。

第十七章

全球商业服务和价值链不断变化的版图：新兴经济体是否正在接管

安德鲁·贝里、蒂蒙·博恩、南诺·马尔德[1]

第一节 简　　介

新兴经济体在全球商业服务贸易中不断扩张，几个趋势在其中发挥了促进作用，分别是信息和通信技术的进步，中国加入世贸组织，跨国公司的外包和离岸策略，削减服务贸易壁垒，以及政府为吸引关键全球公司、推动国内公司发展而采取的策略。

本章的假设是，新兴经济体在商业服务贸易中的作用日趋提升，是以其提高出口服务复杂性的能力而不是低工资竞争为基础的。这一进程也可被称为升级，分析了一国参与商业服务价值链(BSVC)四个部门的情况。“价值链”的概念越来越流行，因为其关注价值是如何在货物和服务的生产环节内部从前端到终端的每项活动中被创造和捕捉的。全球价值链框架扩大了价值链的概念，聚焦整个全球价值链内各项活动之间的联系和增加值，从概念、分销到售后不等(Gereffi and Fernandez-Stark, 2011)。对全球价值链的分析让我们能够更详细地了解，产业协调和组织的方式，政府治理的效果，以及在价值链内的力量分配。

本章主要分为两个部分。一是使用出口总额和出口增加值数据，讨论了新兴经济体不断参与 BSVC 的问题。我们通过利用全球价值链文献的几个指标，显示了新兴国家在商业服务全球贸易中的参与程度不断增强。二是我们介绍了几个新兴经济体在三个主要类型的商业服务全球价值链中的扩散和升级轨迹，分别是信息技术外包(ITO)、业务流程外包(BPO)和知识流程外包(KPO)。然后，我们将阐述来自不同大陆的新兴国家如何在 BSVC 内部升级，并且讨论促使其成功的主要贡献因素。最后，我们介绍了那些希望进入 BSVC 的国家和那些希望巩固并提高在价值链内地位的国家所面临的很多挑战。

第二节　新兴经济体在全球商业服务贸易和价值链进程中不断崛起

新兴经济体在全球商业服务贸易中不断扩张，几个趋势在其中发挥了促进作用。因为服务贸易没有遵循与商业服务完全相同的分类，我们已经将 BPO、ITO 和 KPO 纳入了各项服务描述，以便寻求一致。数据的第一种来源是记录了进出口总额的国际收支表(BoP)。第二种信息来源是对增加值贸易数据进行预测的国际投入产出表。

一、 利用收支平衡的贸易总额进行分析

涵盖跨境服务流动收支平衡情况的三个最常见跨国数据库是国际货币基金组织的收支统计表、世贸组织数据库和联合国国际服务贸易数据库。这些来源根据国际收支服务扩展分类(EBOPS)对服务进行分类，[2]主要是以提供更加细化分解的官方统计来源为基础。这些来源对我们的分析是有帮助的，不仅因为其提供向发达国家出口的服务数据，还可以根据各项服务类别分析总体贸易。

我们收集的 2003—2004 年度到 2011—2012 年度的数据显示了新兴经济体在全球商业服务出口中的份额，具体参见图 17.1。可以发现，在此期间这些国家的作用在不断增加，最大的增长来自计算机和信息服务部门，然后是商业管理服务。

为确定新兴经济体是否已经将其作为服务提供者的作用扩大到发达经济体，我们需要分析其从发达国家的进口，本章将分析来自德国和美国的进口。[3]虽然联合国服务贸易数据库被用于分析这些国家的情况，美国 2006 年以前的分解数据现在不可获得；因此，表 17.1 中的美国数据是 2006 年以后的，德国数据是 2002 年以后的。

如果看看表 17.1 中德国计算机服务部门进口，我们可以发现，只有中国(3.9%)和印度(1.6%)的份额超过 1%。[4]但是，如果看看美国的数据，计算机服务进口就是完全不同的情况。在 2000 年前后，印度在帮助美国企业应对“千年虫”(Y2K)方面获得先发优势。到 2006 年，美国约五分之一的进口来自印度，到 2012 年这一比例增加到 40%。这可以解释为，由于印度有技能、受教育、讲英语的工人数量不断增多，外包到印度的信息技术持续扩张。

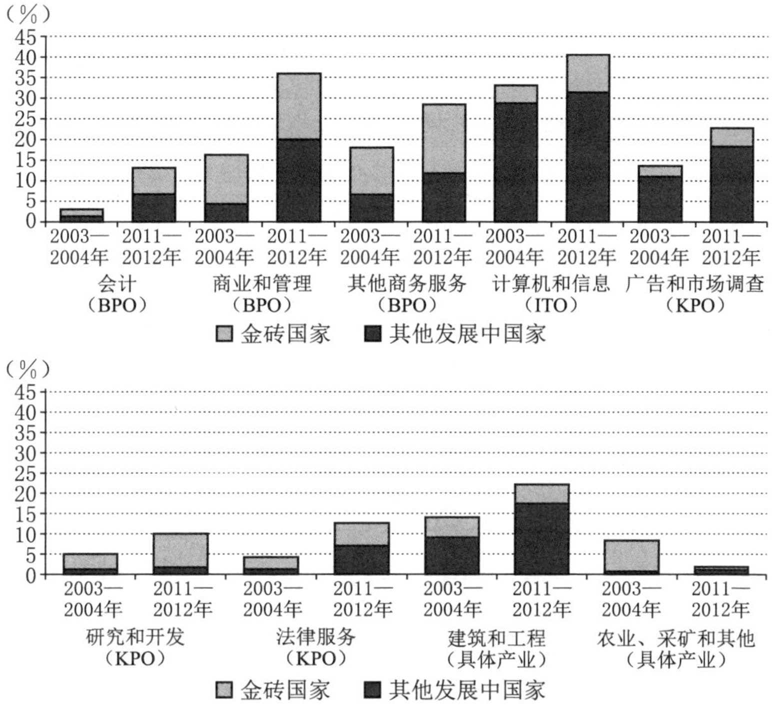

资料来源：作者依据联合国国际服务贸易数据库测算。

图 17.1　金砖国家和其他新兴和发展中经济体：2003—2012 年按照类别区分的世界出口份额占比

表 17.1　德国 2002—2012 年从新兴经济体的进口份额(%)

德国 2002—2012 年从新兴经济体的进口份额(%)								
	年份	巴西	中国	印度	墨西哥	波兰	俄罗斯	总体
计算机服务	2002	0.2	0.3	1.0	0.5	0.4	0.2	2.6
	2010	0.5	1.2	3.2	0.2	0.7	0.6	6.4
	2012	0.6	1.7	3.9	0.2	0.8	0.5	7.6
商业咨询	2002	0.3	0.6	0.2	0.1	0.9	0.4	2.4
	2010	0.4	2.7	0.8	0.3	1.1	0.9	6.1
	2012	0.5	3.8	1.2	0.2	1.1	0.8	7.7
广告和市场调查	2002	0.4	0.9	0.2	0.1	1.0	1.6	4.2
	2010	0.3	1.3	0.6	0.4	1.7	2.6	6.9
	2012	0.4	2.3	1.0	0.4	1.6	2.8	8.5

续表

德国 2002—2012 年从新兴经济体的进口份额(%)								
	年份	巴西	中国	印度	墨西哥	波兰	俄罗斯	总体
研　发	2002	1.5	0.1	0.5	0.1	0.3	0.4	2.8
	2010	0.8	2.0	2.3	0.6	0.7	0.9	7.3
	2012	0.5	3.1	3.6	0.5	0.5	0.8	8.9
其他商业服务	2002	0.3	0.8	0.1	0.3	1.6	0.4	3.5
	2010	0.5	1.1	0.6	1.0	6.3	0.7	10.1
	2012	0.5	2.0	0.8	0.1	4.2	13.9	21.5
美国 2006—2012 年从新兴经济体的进口份额(%)								
	年份	巴西	中国	印度	墨西哥	阿根廷	智利	总体
计算机服务	2006	1.9	2.0	21.4	0.9	0.2	0.1	26.3
	2010	1.0	n/a	38.0	0.7	0.6	0.1	40.3
	2012	1.8	n/a	41.8	1.3	n/a	0.1	45.0
法律服务	2006	1.6	2.6	1.1	2.7	0.7	0.3	9.0
	2010	2.2	4.7	2.8	1.8	0.7	0.3	12.4
	2012	2.1	5.9	3.1	1.7	0.5	0.3	13.6
商业咨询	2006	0.4	1.4	4.4	2.2	0.2	0.2	8.6
	2010	2.2	2.6	5.6	1.2	0.4	0.1	12.2
	2012	2.0	3.6	4.9	1.1	0.5	0.1	12.2
广告和市场调查	2006	4.3	1.2	0.9	4.2	0.7	0.9	12.2
	2010	4.0	1.8	3.6	1.9	1.1	0.9	13.3
	2012	3.4	2.5	1.4	1.8	0.5	0.9	10.4
研　发	2006	0.6	1.0	4.6	0.9	0.4	0.1	7.5
	2010	1.7	4.5	7.4	1.8	0.5	0.2	16.2
	2012	1.9	5.9	8.4	1.8	0.6	0.3	18.8

注:由于四舍五入原因,数据不能简单加总。德国关于法律服务的数据不可获得,美国关于其他商业服务的数据不可获得。其他商业活动(ISIC74)包括法律服务(EBOPS275),商业和管理咨询和公共关系服务(EBOPS277),广告、市场调查和民意测验(EBOPS278)、建筑、工程和其他技术服务(EBOPS280)及其他没有列明的商业服务(EBOPS284)。每个国家进口中的最后两列国家,主要是为了强调区域影响力。

资料来源:作者根据联合国国际服务贸易数据库测算。

在广告和市场调查部门，德国 2008 年增加了从波兰和俄罗斯的进口，分别占 2.6%和 3.7%。[5]就美国而言，拉美地区发挥了更大作用，巴西、墨西哥和智利的份额在 2010 年分别增加到 4.0%、1.9%和 0.9%，但是还没有清楚的迹象说明，随着时间推移，新兴经济体在美国进口中的份额扩大了。数据确认了这个部门的外包服务需要在地理上比较接近，因为区域和文化知识是一种优势。另外一个决定因素可能是新兴市场作为制造品生产国对进口国的重要性。这是因为营销服务可以被与制造业产品一同生产出来。中国在此方面就是一个很好的范例。

数据将中国和印度描绘为两个新兴国家，这两个国家的市场份额在 2002—2012 年间增长最快。虽然新兴国家的市场份额随着时间推移总体增长，但贸易流仍然由发达国家主导，欧盟和美国之间的双边贸易联系依然特别重要。此外，大家可以清楚地看到德国和美国在很多商业服务部门进口构成方面的地理和语言接近性(对德国来说是东欧，对美国来说是拉美)。

二、 利用国际投入产出表的增加值数据进行分析

(一) 数据来源和方法论

增加值贸易方法可以被用于解释新兴国家越来越多地参与全球商业服务贸易。增加值贸易提供了一种优势，因为它是以投入产出表为基础的，测算相关各国沿着全球价值链的每项活动的实际增加值。这反映了一项事实，近年来全球贸易已经变得越来越动态化和碎片化，经常涉及不同国家之间的一连串活动。这些数据对总体出口数据进行改进，因为总体出口越来越体现了从其他国家的进口投入物，出现了双重计算。我们对增加值贸易术语的分析明确考虑了不同国家和部门之间的直接和间接联系。总出口数据只抓住了出口货物或服务的价值，因此没有充分反映上游活动，特别是服务投入物的价值。

本部分关注飞鹰国家(EAGLE)，这是西班牙毕尔巴鄂比斯开银行引入的关于新兴领军经济体的一个概念。这些国家包括巴西、中国、印度、印度尼西亚、墨西哥、俄罗斯和土耳其。[6]毕尔巴鄂比斯开银行的研究预测，这些国家未来十年对全球 GDP 增速的贡献将达到 51%。为测算每个新兴领军经济体的贸易增加值，我们使用了世界投入产出表数据库(WIOD)。我们只考虑对“机械和设备租赁和其他商业活动”部门的贡献，这些对应第三版 ISIC 的第 71—74 章。

关于第二节的其余部分，飞鹰国家的概念将被用于代指新兴经济体，而发达经济体将被界定为包括欧盟 15 国、澳大利亚、加拿大、日本、韩国和美国等。

(二) 商业服务增加值的全球出口

第一，我们利用 WIOD，确定非国家的出口增加值与世界其他地方出口增加值进行对比。出口增加值被定义为体现在最终海外消费（而不是国内用户的最终消费）的国内生产环节的增加值。我们遵循了约翰逊和诺格拉（Johnson and Noguera, 2012）最先采用的方法，我们将国内增加值用于从 WIOD 提取并相乘的输出矢量、全球“列昂惕夫逆阵”和外国需求矢量，以计算 1995—2011 年数据库中每个国家商业服务的总体出库增加值。[7]然后，选定国家或国家组的增加值出口将被汇总，计算占所有各国的增加值出口的比例。WIOD 包括了 40 个国家一级对世界其他地方的一个模型，因此对全球增加值出口进行了完全统计。

正如所预期的，飞鹰国家的商业服务增加值出口随着时间而不断增加，一如其在全球贸易中的份额提高。表 17.2 显示，飞鹰国家的增加值出口总体占比从 1995 年的 2.4%增加到 2011 年的 11.4%（增长约 370%），即便是在最近的全球危机时期也保持增长。与之相反，发达国家的份额从 1995 年的 88.7%减少到 2011 年的 78.4%。欧盟 12 个新的成员国（截至 2011 年）的份额翻了不止一番，而其他所有国家的份额都在波动，无法看出明确趋势。数据确认了新兴国家在全球商业服务增加值出口的重要性不断增强，而世界其他国家的出口同期已经陷入停滞。这清楚地反映，虽然发达国家仍然主导着全球商业服务贸易，但新兴国家在全球贸易中的重要性与日俱增。

表 17.2　不同类型国家 1995—2011 年在全球商业服务增加值出口中的份额（%）

年份	所有飞鹰国家	新的欧盟 12 国	发达国家	世界其他国家	总　计
1995	2.4	1.2	88.7	7.6	100.0
2000	4.1	1.4	84.3	10.2	100.0
2005	7.9	2.1	80.7	9.3	100.0
2009	9.3	2.9	79.8	8.0	100.0
2010	11.2	2.8	78.7	7.4	100.0
2011	11.4	2.8	78.4	7.4	100.0

资料来源：作者基于 WIOD 测算。由于四舍五入的原因，数字不能简单加总。

对飞鹰国家数据的分解显示，其在商业服务方面的份额不断增加，但主要是由中国和印度驱动的，且在各国之间分布不均（见图表 17.3）。1995—2011 年间，中国的份额增加近 10 倍（从 0.5%增加到 5.2%），即 945%，而印度的份额增长更加迅速，达到 20 倍（从 0.1%增加到 2.8%），即 2 077%。[8]这也与我们此前对联合国服务贸易数据库的分析相一致，反映了这些国家作为领先的商业服务提供者不断增加的作用。唯一的例外是印度尼西亚，其份额在同期非常小，而且下降77%。另外一项事实证明了外包活动的增加，飞鹰国家的绝大部分商业服务增加值出口，最终是由发达国家消费，2011年占比约三分之二（根据WIOD计算）。

表17.3　飞鹰国家1995—2011年在商业服务增加值出口中的份额（%）

年份	巴西	中国	印度	印度尼西亚	墨西哥	俄罗斯	土耳其	总计
1995	0.8	0.5	0.1	0.1	0.5	0.3	0.1	2.4
2000	0.6	1.2	0.5	0.1	1.0	0.4	0.2	4.1
2005	0.7	3.0	2.2	0.0	0.9	0.7	0.2	7.9
2009	0.9	4.4	2.1	0.0	0.7	0.9	0.3	9.3
2010	1.1	4.9	3.1	0.0	0.7	1.0	0.3	11.2
2011	1.2	5.2	2.8	0.0	0.7	1.2	0.3	11.4

资料来源：作者基于WIOD测算。由于四舍五入的原因，数字不能简单加总。

巴西、墨西哥、俄罗斯和土耳其在全球商业服务增加值出口中的份额要更低一些。但是，如果深入分析可以发现，1995—2011年巴西的份额增长50%，墨西哥是33%，俄罗斯是346%，土耳其是200%。这为我们提供了明显的证据，其他新兴经济体的参与程度也在快速增加。

最后我们利用相同的数据库和部门定义，将这些结果与贸易总出口进行了比较。[9]如果利用WIOD的国际投入产出表测算，飞鹰国家在全球商业服务总出口中的份额可以与其在全球增加值出口中的份额相媲美，从1995年的1.9%增加到2011年的14%。通过更深入的审查，WIOD数据揭示了总出口数字如何误导了大家对服务增加值在全球贸易中重要性的理解。

1995年至2011年，商业服务的增加值出口超过了商业服务的总出口（见表17.4）。就飞鹰国家而言，增加值出口总额超过1995年总出口额的两倍多，即便是与2011年的总出口相比，也要超过约25%。考虑到碎片化和双重计算问题，这也许看来让人惊讶不已，这意味着就整个经济而言，总出口必须要大于增加值出口。但是，总出口数据只测算了服务部门的中间品和最终出口，没有包括体现在制造业或其他部门的服务的贡献。因此，对绝大多数国家来说，服务增加值与出口的比率经常等于或大于出口，这就意味着服务在国际贸易中的比例要相对大于大家的通常理解（Johnson and Noguera，2012）。商业服务贡献还可以体现在农产品和工业制成品的出口中。因此，与增加值出口相比，总出口对制造业出口的体现程度过高，对服务出口的体现不足。表17.4的结果从商业服务的角度强调了这一问题。服务增加值出口与总出口之间的差距随着时间推移而缩小,这反映了这一部门日益严重的碎片化和双重计算问题。

表 17.4 飞鹰国家的商业服务增加值出口和总出口对比
(依据 2009 年价格的固定百万美元计算)

飞鹰国家	1995 年	2000 年	2005 年	2009 年	2010 年	2011 年
增加值	12 646	27 289	76 070	107 506	139 007	154 711
总出口	5 480	16 340	62 047	78 734	113 855	124 193
增加值对总出口比率	2.31	1.67	1.23	1.37	1.22	1.25

注:当前价格的金额已经通过美国国家收入账户表 1.1.4 中的 GDP 紧缩指数被转换为固定价格。

资料来源:作者根据世界投入产出表数据库计算。

(三) 发达国家的商业服务全球价值链

本部分对德国、日本和美国的商业服务价值链进行了分析,以确认新兴国家的参与程度。通过采用蒂默等(Timmer et al., 2014)采用的测算方法,可以看看哪些飞鹰国家在全球价值链中作出了贡献。在这里,我们根据发达国家对全球价值链进行定义,最终产品或服务在这里完成,之后进行国内或海外消费。为计算每个国家在一给定商业服务价值链中的贡献,我们将增加值乘以产出矢量和包含总体最终需求矢量的全球列昂惕夫矩阵,这个矩阵中除相关国家商业服务利润行,其他行均包含零。结果体现在表 17.5 中。

表 17.5 德国、美国和日本三国体现在最终商业服务中的增加值占所有外国增加值的比例(%)

国家	年 份	外国增加值比例	飞鹰国家	12 个欧盟新成员国	发达国家	世界其他国家	总 计
德国	1995	3.5	10.3	4.2	72.6	12.9	100.0
	2005	4.9	15.6	4.4	62.6	17.4	100.0
	2011	5.3	20.7	4.8	51.1	23.5	100.0
日本	1995	1.8	15.9	0.4	61.2	22.5	100.0
	2005	2.7	18.6	0.7	46.4	34.3	100.0
	2011	4.7	25.4	0.7	39.2	34.7	100.0
美国	1995	2.6	8.8	1.2	69.5	20.6	100.0
	2005	3.4	18.0	1.0	52.7	28.3	100.0
	2011	4.0	29.9	1.3	46.7	22.1	100.0

资料来源:作者基于 WIOD 测算。由于四舍五入的原因,数字不能简单加总。

1995年，最终商业服务产出生产过程中的大部分增加值都是在各国内部创造的，德国是96.5%，日本是98.2%，美国是97.4%。到2011年，这一数字显示出了碎片化的趋势增强，德国是94.7%，日本是95.3%，美国是96.0%，碎片化程度仍然相对较低。但是，虽然新兴国家在总体上份额较低，飞鹰国家在这些国家最终商业服务产出中体现的外国增加值中占据了重要份额。1995年至2011年，飞鹰国家在德国的份额翻番，从10.3%增加到20.7%，在日本从15.9%增加到25.4%，在美国从8.8%增加到29.95%，增长了3倍多。这反映了新兴飞鹰国家影响力的实质性扩大。相比之下，发达国家见证了体现在所有三国商业服务价值链中体现的外国增加值的快速下降的份额。世界其他国家的份额在德国和日本有所增加，但在美国基本保持稳定。

表17.6显示了每个飞鹰国家的增加值贡献占每个发达国家价值链中外国增加值的比例的分解情况。可以看出，到2011年，中国已经成为所有这三个国家的商业服务价值链的最大贡献方。在德国，中国2011年的占比是7.8%，欧盟最新12个成员国的份额总计4.8%。在美国，中国已经成为最大的飞鹰国家，提供的增加值占所有外国增加值的比例是17.3%，墨西哥是5.3%。在日本，中国再次成为最大供应国，2011年占14.7%，印度尼西亚是4.2%。这些结果显示，在影响外国供应国对商业价值链做出最大增加值的因素中，似乎存在区域影响。印度的累计份额很低，因为其在美国最终需求中的作用只在个别具体服务类别上很大。

表17.6　德国、日本和美国：飞鹰国家体现在最终商业服务中的增加值占所有外国增加值的比例(%)

国家	年份	巴西	中国	印度	印度尼西亚	墨西哥	俄罗斯	土耳其	总计
德国	1995	2.9	1.6	0.9	0.8	0.7	3.1	0.3	10.3
	2005	2.4	4.2	3.7	0.7	0.6	3.6	0.3	15.6
	2011	3.9	7.8	4.1	1.2	0.6	2.4	0.7	20.7
日本	1995	1.1	4.6	3.3	5.3	0.8	0.8	0.1	15.9
	2005	0.7	10.3	1.7	3.5	0.8	1.5	0.1	18.6
	2011	0.8	14.7	1.9	4.2	0.4	3.3	0.1	25.4
美国	1995	0.9	2.5	0.6	0.6	3.4	0.6	0.1	8.8
	2005	1.0	8.4	1.7	0.4	4.8	1.5	0.2	18.0
	2011	1.3	17.3	2.8	0.6	5.3	2.4	0.2	29.9

资料来源：作者基于WIOD测算。由于四舍五入的原因，数字不能简单加总。

与发达国家的最终需求相比，飞鹰国家在发达国家最初产出中的所有外国贡献成分的份额更大一些，这也反映了削减成本的外包流向新兴国家的一种偏好。[10]但是，国内增加值的较大份额（大于 WIOD 中的服务部门）进行了部分抵消，这说明最终商业服务生产还没有像全球制造业那样在国际层面呈现碎片化的状态。[11]

第三节　新兴经济体在离岸商业服务中的升级

一、 升级：一个概念框架

本章探索了一种假设，即新兴经济体在全球商业服务出口中的份额不断增加，最主要的是依靠其增加服务类型的复杂性，而不是扩大其低成本日常服务的销售额。换言之，问题在于其出口增长是由低增加值服务的扩大驱动的，还是由于从低增加值活动到高增加值活动的升级造成的？基于这一目的，我们认真调查了这些经济体在过去几十年出口的商业服务类别的变化情况。

“升级”的概念被用于不同的学术领域。在国际贸易理论中，升级意味着在不同部门新领域的比较优势专长（Guerrieri et al., 2003）。在商业文献中，这一概念说的是企业在产品多元化和为不同功能和部门而获取新技能和能力的复杂程度（波特，Porter, 1990）。在最近关于全球价值链的微观研究中，企业进入更高的单位价值市场部分，或者从事新的生产性（或服务）功能时，就发生升级（Kaplinsky，卡普林斯基，2000）。在相同文献内对这一概念的另一描述是“改进一个企业或一个经济体迈向更加有利润或技术上更加复杂和技术密集型经济生态位能力的过程”（Gereffi, 1999）。就本章而言，“升级”被定义为一国或企业进入商业服务价值链，或者从价值链的更低端增加值活动提升到更高增加值活动。

新兴经济体对参与全球价值链中并提升在其中的地位兴趣不同。在宏观层面，主要利益是其对经济增长、创造就业、工资增长、减少贫困、吸引外国直接投资并获取核心全球知识的贡献（Gereffi et al., 2013）。在企业层面，升级已经带来额外的奖励，例如在获取新市场、稳定性、利润、安全、国际贸易知识和标准、技术和基础设施（Bair and Gereffi, 2003）。升级是比扩大低增加值活动更好的策略，后者要求在低工资成本基础上竞争，可能导致逐底竞争。升级失败将使各国容易受到能够以更低成本提供类似服务的竞争者的损害。

国际上可以交易的商业服务也被称为“外包服务”，也就是因为外国低廉的国内工资或战略资产而从外国购买的服务。外包服务可以通过建立一个分支机构，或者从第三方直接购买（即离岸外包）。关于商业服务价值链的文献确认了四个不同部分，包括 BPO、ITO、KPO 和具体产业（Gereffi and Fernández-Stark，2010）。BPO 服务涉及的是具体管理任务，可以进一步细分为三类：企业资源管理、人力资源管理和消费者关系管理。ITO 涉及的是与计算机网络和信息系统相联系的服务。BPO 和 ITO 都包括从低端增加值活动到中端增加值活动的集合，这些原则上是可以标准化的，可以出口到外国企业。

高增加值活动可以体现在 IPO 和 KPO 部分的终端（KPO 包括将相对高水平任务分包给外部企业）。第四个部分是产业具体服务（利基服务）的外包，这些服务涵盖范围从低增加值到高增加值，但是准入需要产业知识。

升级有时候沿着一条线性或非线性的道路，这取决于产业结构。例如，服装行业要求先有低增加值活动的经验和知识，然后才能升级到价值链的更高端。但是，离岸商业服务产业是非线性的，允许升级商业界和国家同时朝着两个方向迈进，并且进行多种转变（Gereffi and Fernández-Stark，2011）。升级可以通过水平渠道进行，这意味着从价值链的一个部分转向另外一个部分，或者垂直进入 KPO 或产业具体部门。进入具体产业部门可以在商业服务价值链的任何层级发生，但是获得的增加值取决于你所进入的位置。进入 KPO 提供了最高水平的增加值，也要求更高的教育和技能水平。

图 17.2 显示了升级进入商业服务价值链部分，并且在不同部分之间进行升级的情况。左侧纵轴显示了在部分内部每项活动的增加值或技能内容（教育和

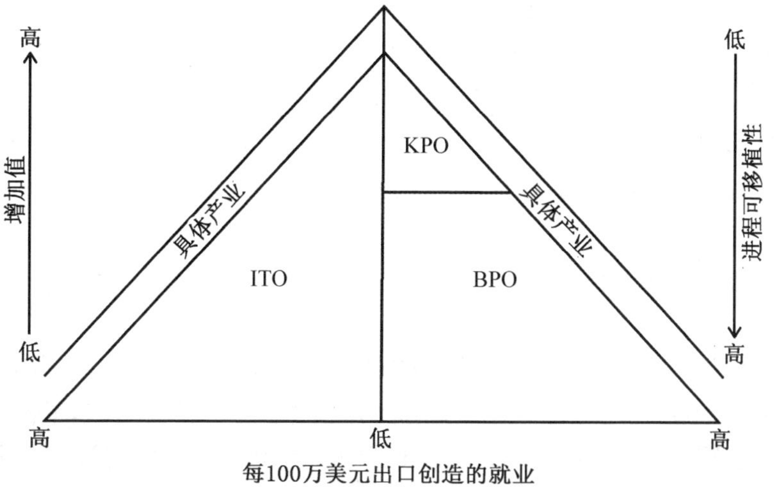

资料来源：作者基于 Gereffi 和 Fernández-Stark（2010 年）及 Banerjee 等（2007 年）制作。

图 17.2　商业服务全球价值链的展示

经验):在金字塔内部的级数越高,意味着增加值和对先进技能的需求就越大。右侧纵轴强调了一项服务可以外包的难易程度,增加值越低,标准化、包装和离岸困难就愈发容易(Banerjee et al., 2007)。水平横轴(每100万美元出口创造的就业)涉及生产100万美元所需要的工人数量。因此,朝着金字塔的中间部分迈进,就意味着生产100万美元出口所需要的工人数量的减少。可以发现,ITO(左边)和产业具体(左边和右边)涉及增加值从低到高的频谱范围,而BPO(右边)涵盖了从低端到中端的活动,KPO(右上)只涵盖高增加值活动。各国通常从金字塔的最左边或最右边进入BPO或ITO。随后,他们通过横向和/或垂直方式在金字塔内部进行升级。

格里芬和费尔南德兹-斯塔克(2010)提供了一个类似但是更加详细的商业服务四个部门的每个内部离岸服务具体类型展示。其图解显示了横向活动和垂直活动。横向活动包括商业服务的三个部分,虽然活动顺序没有意义。垂直活动是具体的产业。向上迈进代表着工人教育和知识要求的增加,以及每个工人创造的增加值的增加。例如,在BPO部分的呼叫中心工作的一些人相比在KPO部分的法律服务部门工作的人在教育水平上要更低一些。

因为缺少可信赖的企业层面数据和贸易统计,增加值服务的测算受到限制,费尔南德兹-斯塔克等(Fernandez-Stark et al., 2011b)使用了工资水平作为测量增加值内容的指标。劳动力是商业服务生产中的主导因素,服务增加值内容基本上取决于劳动力技能,工资水平是对从低价值到高价值活动的最好阐释(Gereffi and Fernández-Stark, 2010)。例如,低水平活动通常要求囤积大量的中等教育水平的工人,而价值链的更高端,流入知识密集型服务,则更取决于少量的高技能人员或“天才”(Porter, 1990)。因此,人力成本被认为是发展中国家创造价值、竞争力和服务出口的主要驱动力(Chadee et al., 2011; Graf and Mudambi, 2005; Nyahoho, 2010; Sáez and Grover Goswami, 2010; Hernández et al., 2014)。下面这部分更加详细地揭示了这一设想。

二、 人力资本升级

在本部门,我们对WIOD数据库的数据进行调研,看看技能水平如何改变了商业服务生产过程中飞鹰国家国内创造的就业情况。WIOD数据库辅之以所谓的经济社会账户,对于1995—2009年间所有35个产业层面的就业根据三种技能水平(低等、中等和高等)进行了划分。这反映了工人之间在教育水平方面的差异。关于技能水平,这些附属账户扩大了巴罗和李(Barro and Lee, 2013)和

EU-KLEMS 数据库中的教育获得度数据。[12]

飞鹰国家 2009 年在商业服务领域工作的低技能工人占劳动力的比例是 20.5%,中等技能和高等技能的比例分别是 45.6%和 33.9%,具体参见表 17.7。数字显示,这些工人中四分之三是中等到高等技能(至少有中等或高等教育水平),这是 WIOD 包括的任何工业部门价值最高的。这反映了一种观点,即商业服务活动要求高技能工人,即便在新兴经济体国家也是如此。中国是飞鹰国家中的一个例外,因为中国的低技能劳动力占比达到 38%。这可能反映了一项事实,即中国提供的商业服务的一个重要部分不太复杂,旨在满足国内市场。也许出口的商业服务更加复杂,是由中等和高等技能的工人生产的。从表中可以发现,不同国家之间存在较大差异,商业服务高技能工人占比最高的是印度(54.7%),最低的是中国(24.1%)。虽然没有在这里显示,但是 1995—2009 年间飞鹰国家的高技能工人占比增加了 6%,而中等技能和低技能工人的占比分别减少了 3 个百分点。但是,中等技能和高技能劳动力占比在每个国家都占据主导,这说明越来越关注商业服务活动,可能是新兴国家转型到更高价值链活动的一种富有成效的方法。

表 17.7　商业服务雇佣的劳动力技能水平,2009 年(%)

技能水平	巴西	中国	印度	印度尼西亚	墨西哥	俄罗斯	土耳其	所有飞鹰国家
低等	24.1	37.6	13.4	20.1	20.1	3.1	29.8	20.5
中等	44.5	38.3	31.9	46.1	67.1	62.6	31.9	45.6
高等	31.4	24.1	54.7	33.8	12.8	34.3	38.3	33.9
总计	100.0	100.0	100.0	100.0	100.0	100.0	100.0	100.0

资料来源:作者根据世界投入产出表数据库计算。由于四舍五入原因,数据不能简单加总。

下面我们预测在 1995—2009 年对飞鹰国家商业服务的国外需求及其直接或间接影响力对提供这些服务的国家的工人技能水平的影响。在生产要求矢量中使用根据技能类型划分的就业适用总体产出比率,再乘以全球列昂惕夫逆阵和各国的外国最终需求矢量,就能够得到结果。然后,每种技能类型工人在飞鹰国家之间进行累加。与参与商业服务活动的劳动力的构成类似,工人中占比最高的是中等和高等工人(80%)。1995—2009 年间,高技能工人占比增加超过 12 个百分点,中等技能工人占比减少 9 个百分点(从 50.0 减少到 41%)。图 17.3 显示了随着时间推移的数据变化情况。

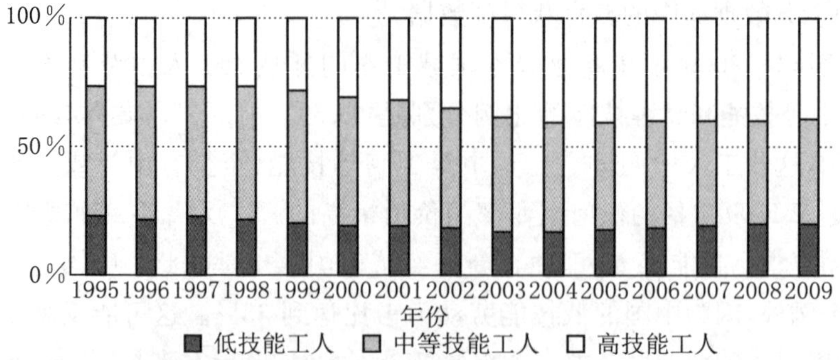

资料来源:作者根据世界投入产出数据库计算。

图 17.3　商业服务外国最终消费驱动的飞鹰国家中低高技能工人占比情况(1995—2009 年)

2009 年是本章分析所采用的数据库的最近年份。按照总数计算,2009 年国外对商业服务的需求给飞鹰国家创造的就业机会是 490 万个,相比 1995 年的 150 万大幅度增加。就总数而言,近 100 万人是低技能工人,200 万个是中等技能工人,190 万个是高技能工人。表 17.8 显示了按照国家显示的完全分解情况,从这个表中可以发现,1995—2009 年,迄今最大的变化是高技能工人(增加 388%),之后是低技能工人(增加 177%)和中等技能工人(增加 170%)。在各个技能水平的最大增长情况是印度、土耳其和墨西哥,只有印度尼西亚在同期出现

表 17.8　按照技能水平划分的商业服务最终外国消费导致的飞鹰国家工人情况(1995—2009 年)

(千人)

	低技能			中等技能			高技能			总　计		
	1995 年	2009 年	变化(%)	1995 年	2009 年	变化(%)	1995 年	2009 年	变化(%)	1995 年	2009 年	变化(%)
巴　西	90	208	131	129	386	198	102	272	167	322	867	170
中　国	183	381	109	217	388	79	58	244	318	458	1 014	121
印　度	32	290	808	97	693	611	98	1 186	1 105	228	2 169	852
印度尼西亚	8	4	−51	17	9	−46	10	7	−29	36	20	−43
墨西哥	28	84	195	84	280	232	21	53	151	134	417	211
俄罗斯	15	13	14	203	260	28	102	143	40	320	415	30
土耳其	2	12	658	3	13	327	2	16	663	7	40	509
总　计	359	993	177	752	2 029	170	394	1 921	388	1 505	4 942	229

资料来源:作者根据世界投入产出表数据库计算。由于以千位数四舍五入原因,数据不能简单加总。百分比变化采用了未四舍五入的数值进行计算。

了下降。印度还在参与商业服务增加值出口的工人数量上占据优势。因此，数据显示，虽然来自新兴国家的（各种技能的）更多工人参与到全球商业服务中，但高技能工人的增长情况是不成比例的。这一趋势似乎已经在2008—2009年经济和金融危机后继续存在，例如，根据印度国家软件和服务公司协会数据显示，印度信息技术产业的BPO部门就业从2009年的220万人增加到2013年的310万人，技能水平也有所增加。

三、 新兴经济体的升级成功

在商业服务价值链的具体背景下，我们可以区分三种类型的升级轨迹，图17.4对此进行了描述（Fernández-Stark et al.，2011b）。第一种轨迹是通过BPO或ITO部分进行商业服务价值链。第二种轨迹涉及的是在最初进入的部分内升级，无论是BPO还是ITO。最后一种轨迹允许升级到其他任何部分，无论是通过横向方式在ITO和BPO之间，还是通过垂直方式从BPO和/或ITO进入KPO或具体产业。

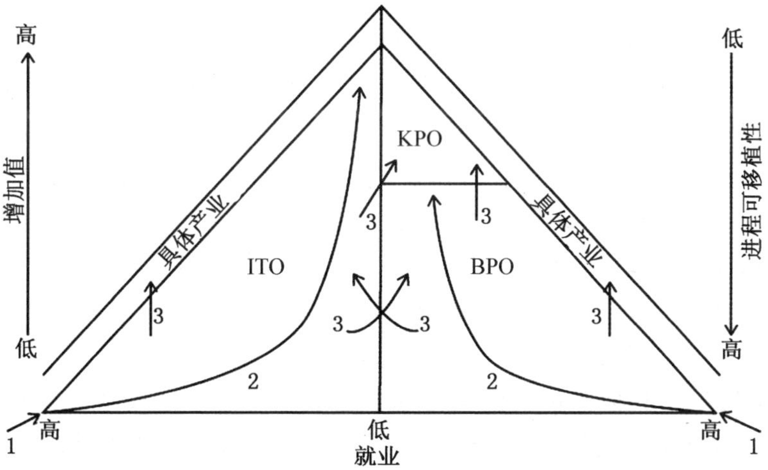

注：三种升级轨迹是：第一，通过ITO或BPO进入商业服务价值链；第二，在ITO或BPO内部进行升级；第三，通过横向或纵向方式在部分之间进行升级。

资料来源：作者根据Gereffi、Fernández-Stark（2010年）和Banerjee等（2007年）等计算。

图17.4　三种类型的升级轨迹

对升级轨迹的分析要求对商业服务价值链内部企业和国家的位置进行深入的定性研究，因为累计的部门数据不能考虑这一进程。基于文献研究，我们在下面更加详细地描述一下升级轨迹，并且提供具体的新兴国家范例。

(一) 进入 BPO 或 ITO 部分

各国可以通过提供低增加值的互动,通过 BPO 或 ITO 活动进入商业服务价值链。绝大多数国家进入 BPO,是通过建立呼叫中心、提供语音服务的方式,因为这与其他活动相比需要的教育、技能和经验最少。墨西哥就提供了一种范例,向外国客户提供英语和西班牙语的语音服务,开始进入商业服务价值链。到 2008 年,这个产业在 BPO 部分工作的人员多达 5 万名。墨西哥进入商业服务价值链并持续发展,部分源自其在 1994 年签署北美自贸协定(Sengupta et al., 2009)。

其他范例包括南非和波兰。波兰在 20 世纪 90 年代末期开始提供 BPO 服务。该国拥有的技能型人力资本在所有东欧国家中最多,每年都能提供近一百万研究生。虽然波兰的人力资本比亚洲竞争对手更加昂贵,但波兰和西欧国家之间的成本差距仍然非常显著(低 40%—60%),能够吸引更高增加值服务的近距离外包机会(Gal, 2014)。南非在 20 世纪 70 年代后期就设置呼叫中心,为其国内市场提供服务,到 20 世纪 90 年代已经快速发展。直到 20 世纪前十年,其关注才开始转向为海外客户提供服务(Benner et al., 2007)。在此背景下,一个重要的突破在于 2010 年在开普敦为亚马逊公司建立一个呼叫中心(Wayde and Rogerson, 2014)。

ITO 是进入商业服务价值链的另外一个进入点,通常通过提供信息通讯维修服务的方式开展。印度采取了这种路径,在 20 世纪 80 年代向海外客户(主要是美国)提供信息通信服务。很多印度公司早已在计算机硬件和系统一体化方面为国内市场服务,之后才进一步经营多元化,开始向外国客户提供低增加值的 ITO 服务(软件维护)。提供这些服务要求印度公司将其工程师送到在美国的客户办公室,这一进程被称为"专业代工"。当专业代工人员从美国回到印度后,他们建立了新的公司,以新的技能、知识和经验提供 ITO 服务,随后发展成为了印度的一些领先商业服务公司(Arora et al., 2001)。

进入 ITO 的其他国家范例包括阿根廷和俄罗斯。阿根廷在 2000 年进入 ITO 部分,摩托罗拉在科尔多瓦设立了一个信息通信自由设备中心。在摩托罗拉之后,IBM、甲骨文、惠普、思科和英特尔等其他公司也将其信息通信服务迁移到该国。欧盟委员会也承认了阿根廷的个人保护,这帮助阿根廷成为一个外包目的地。2008 年信息通信服务的预计出口额是 4.22 亿美元(Gereffi et al., 2009)。

俄罗斯进入信息技术外包(ITO)发生在 20 世纪 90 年代苏联解体后(Pakholkov, 2014)。该国成功地吸引了摩托罗拉、IBM、谷歌和三星等信息通信企业在该国的三个城市设点,包括下诺夫哥罗德、圣彼得堡和莫斯科(Sengupta et al., 2009)。

（二）在部分内部的升级

第二种轨迹是在BPO或ITO部分内部升级。随着企业积累了在克服与提供准入门槛的BPO或ITO服务相关挑战上的经验，企业拥有有价值的知识，帮助其升级进入更高的增加值活动。在BPO内部，这意味着从呼叫中心等活动升级到人才管理/供应管理或管理/会计、培训或营销和销售等中等增加值的活动。相比价值链内的低增加值活动，很多更高增加值的活动倾向于需要更少的雇员，但需要更高级的教育水平和经验（Fernández-Stark et al.，2011a）。

菲律宾在此方面是一个很好的范例。早在21世纪前十年初期，菲律宾通过设立外部需求驱动的呼叫中心，提供低成本的优质服务，从而进入商业服务价值链（Mitra et al.，2011）。该国随后称为呼叫中心的一个受欢迎的目的地，到2010年已经超过印度成为全球最大的外包语音服务（O'malley，2013）。到21世纪前十年后期，该国已经升级进入非语音服务部门，这些主要是外部需求和早已进入菲律宾的不断扩张的外国企业驱动的（Mitra，2011）。在通过呼叫中心巩固了其在全球业务流程外包（BPO）服务市场的世界地位后，菲律宾继续利用其成功经验和知识，向着价值链增加值更高的活动攀升，例如金融和会计。菲律宾已经成功地在全球BPO服务市场中占据重要的一席之地（Fernández-Stark et al.，2011b）。

另外一个范例是哥斯达黎加。该国在1995—2003年期间首次进入BPO市场，当时大型跨国公司在该国建立了3个呼叫中心和3个共享服务中心。在第二阶段（2004—2012年），哥斯达黎加接收了外包商业服务领域的大量外国直接投资。广告公司、银行和软件公司等进入该国，寻求更多高技能专业人员，而不是从事更低增加值活动（主要是呼叫中心）所需要的大量的低技能工人。几乎是同期，企业已经在BPO部分内部开始升级，朝着更加复杂的在业资源管理领域分享服务中心迈进。两个企业（有800名雇员）已经进入了第三阶段，在2012年提供知识流程外包（KPO）服务（CEPAL，2014）。随着这一升级进程，哥斯达黎加已经能够进入价值链的更高增加值部分，承担日趋复杂的任务（Fernández-Stark et al.，2013）。

在ITO内部，我们可以区分三个分部门，这些分部门提高了服务密集度和增加值的水平。增加值最低的活动与基础设施相关，中间部分更关注软件，高端活动集中在信息通讯咨询和研发上。与BPO部分相比，ITO部分提供了一条进入最高增加值活动的直接路径（Fernández-Stark et al.，2013）。如同图17.4所显示的，随着企业在ITO价值链内升级，技能和人力水平降低。

印度是在ITO价值链内升级的一个众所周知的范例。印度通过提供相对低增加值的软件服务，进入这一价值链部分。自从20世纪80年代以来，印度已经持续出口软件产品，例如数据库管理工具、涉及软件和企业体系，但是信息通信服务一直持续主导软件出口（Heek and Nicholson，2002）。大多数外国出口要求低水平设计、编码和测试，而国内消费者对更大的项目需要更为复杂的解决方案。此类项目包括印度铁路维护体系，以及为孟买股票交易所而制定一个以审查为基础的贸易体系。在完成这些项目的进程中，产业得到发展，产品和服务也得到了进一步扩张（Hernández et al.，2014）。另外一个贡献因素在 20 世纪 90 年代后期出现，因为对 Y2K 相关信息通讯服务的需求，在印度企业家和塔塔咨询公司、印孚瑟斯和威普罗等第三方提供商的协助下，这一产业与贸易快速扩张。这些第三方提供商在 21 世纪前十年增长和扩张，导致其在拉美公司建立分支机构，以便向美国客户提供近岸服务，并满足国内市场需求（Fernández-Stark et al.，2011b）。为美国客户提供平台升级和基础项目等技术服务，也为这些国家在这个部门内部的升级作出了贡献。随着美国和印度企业的关系不断发展，更加复杂的服务落到印度企业身上。成功完成这些任务，让印度企业被委托以更加复杂的服务，例如核心商业应用的开发和支持（Lacity et al.，2008）。印度成功提升进入 ITO 更高附加值活动的关键一直是因为其竞争那些要求更高技能、涉及更多国际要素的合同（Heeks and Nicholson，2002）。印度成功升级的另一助力因素是其逐步改进知识产权保护，这一点可以从 2004—2014 年科尔尼全球服务本地化指数中得到印证。

在亚洲，中国是另外一个 ITO 升级的范例。中国的信息技术产业发展是通过提供大型国内计算机硬件和制造企业，提供嵌入式服务、数据通信、电信和无线服务。在五年内，中国就成长为一个全球软件参与方（Carmel and Tjia，2005）。中国进入商业服务价值链是从低增加值活动开始的，中国主要向日本客户提供编码和测试。来自日本的离岸活动约占中国所有 ITO 出口税收的一半多（neoIT，2005）。自从其进入商业服务价值链后，中国快速升级进入更高水平的活动，微软、摩托罗拉、英特尔和思科等大型科技公司进入中国，并在中国进行重要的研发活动。中国的研发中心从 2002 年的 150 个增加到 2004 年的 400 个。中国的本土企业华为公司向世界各地的新兴经济体提供高增加值活动，在瑞典、美国和印度等设立研发中心（Carmel and Tjia，2005）。

（三）不同部分之间的水平和垂直升级

第三种也是最后的升级轨迹是通过水平或垂直方式，从价值链的一个部分迈向另外一个部分。水平升级是从 ITO 进入 BPO 部分，反之亦然。横向升级是从 BPO 或 ITO 进入 KPO 或产业具体部分。采取这种升级策略的企业通过增加其提供服务类型寻求吸引大量客户。相比垂直升级策略,水平升级的优势在于其要求更低的额外知识和经验。企业或者建立一个新的内部单位,或者收购一个更小一点但早已提供其希望提供的新服务的企业(Fernández-Stark et al., 2011b)。

印度很有可能是从 ITO 到 BPO 垂直升级的一个最好国别范例。印度企业利用本国教育程度良好、讲英语的大量劳动力,开始进行服务多元化并且扩张进入 BPO 服务(Gereffi and Fernández-Stark, 2010)。最开始,印度的 BPO 部分是以低增加值服务为特征的,例如呼叫中心、数据进入、数据转换、数据处理和数据库管理(Panda, 2012)。随着 2001 年互联网泡沫的爆发,很多印度信息通信公司被鼓励通过并入 BPO 进一步让其服务多元化,因为信息通信部分被显示是脆弱的(Fernández-Stark et al., 2011b)。有先进知识和技能的劳动力进入 BPO 的更高价值链端,提供保险索赔处理和医疗转录等服务(Panda, 2012)。

从 BPO 到 ITO 并不是很常见,哥斯达黎加就是一个范例。在 2000 年后,很多跨国企业在该国建立共享服务中心,其他一些企业则建立后台部分运行中心(ECLAC, 2008)。2004 年,哥斯达黎加整合了其 BPO 服务,并且聚焦商业服务价值链内增加值更高的活动,软件公司雇佣的人员减少,但是专业素质更高。几乎是同期在该国成立的公司开始扩张进入更加复杂的外包服务领域(ECLAC, 2008)。

从 BPO 或 ITO 部分垂直升级进入 KPO,经常是由找到未完成的商业挑战的解决方案驱动的,而不是提供额外的商业程序或编程服务。从水平部分升级的企业能够利用其在技术产业成功的全球方法,变成商业咨询领域的参与者。企业通常雇佣这个领域专家以便在具体的利基领域获得竞争优势。这要求雇佣更高资质的研究生,例如工商管理硕士或博士,以及具有部门专业经验的工人。这一轨迹与东道国领先产业之间密切相关(Fernández-Stark et al., 2011b)。

从低增加值服务的 BPO 升级进入高增加值的产业具体服务,这方面的范例是捷克。该国通过在 BPO 部分的共享服务进入商业服务价值链,很快受到损失,因为其劳动力人口有限,但是对人力资源需求巨大,导致高工资压力。由此导致的结果是,该国无法以低成本参与 BPO 服务竞争,因此被迫寻求一种新的路径。因此,该国通过垂直升级进入信息通信、汽车和航空产业的具体研发服务(Fernández-Stark et al., 2011a)。随着大众、梅赛德斯奔驰、沃尔特和博世等企业都在该国开设中心,汽车服务的利基产业能够很快发展出来。进入捷克的其他产业还包括在可再生能源、电子、科学仪表学和光学及生态工程方面有专长的企业(Fernández-Stark et al., 2010)。

在成功进入商业服务价值链并在 ITO 和 BPO 内部进行升级后,印度进一步升级进入了 KPO 部分。一个印度公司 WNS 通过雇佣 2.1 万名员工并从约 4.6

亿美元中收益，巩固了其提供的BPO服务，在2003年升级进入KPO部分。升级是因为企业客户的要求，这让企业能够雇佣拥有工商管理硕士或博士学位的300名职员。另外一家印度企业Genpact，从BPO升级进入KPO，现在正在提供客户分析、商业情报、市场研究和风险分析服务，雇用了1 500名分析员（Sako，2009；Gereffi and Fernández-Stark，2010）。虽然在这两个横向部分都保持经营，但几家印度公司通过提供商业情报和法律服务，成功地升级进入KPO（Fernández-Stark et al.，2011a）。

第四节　结论和未来挑战

本章旨在证明新兴经济体如何在国际商业服务贸易中占据一席之地。无论是收支平衡数据，还是世界投入产出数据库的增值指标，都说明新兴国家对全球贸易和商业服务生产的参与在20世纪90年代中期后大幅度增加。这一增长趋势严重偏向印度和中国，不管用什么标准衡量，这两个国家在新兴国家中都明显处于主导地位，在我们观察到的增长中份额明显超过比例。但是，数据显示其他新兴国家同期在全球商业服务增加值中的份额也显著增加。此外，数据进一步显示，即便是更小的新兴国家，如果是与其主要贸易伙伴在地理位置上距离很近，也可以成为重要的贸易伙伴。本章也已经显示，几个新兴经济体如何在商业服务四个部分（BPO、ITO、KPO和具体产业服务）的内部和彼此之间进行升级的。每个国家采取的轨迹既归功于独特情况和时机把握，也与各自便利这一进程的公共和私有政策分不开。国别案例对研究提升轨迹提供一些参考，并且也支撑了一个前提，即所有各国都已经努力地进入商业服务价值链并维持在其中的地位。的确，每个具体国家都拥有一些地理优势（东欧与西欧、墨西哥或哥斯达黎加与美国），但是除了这些，这些在人口规模、经济发展水平和语言能力上有所不同的国家都已经成功地利用和调整其能力以进行升级。

为成功升级作出贡献的主要驱动力可以被归纳为包括如下方面：技能劳动力供应、改善的投资环境、合适的法律框架、政府支持政策、充分的数字基础设施和资质认证。第一个也是最重要的驱动力是技能劳动力要求。新兴经济体尝试进入商业服务价值链或提升在其中的地位，面临的一项主要挑战就是拥有维持产业需求的受教育劳动力。国别范例显示，工人技能的开发能够帮助各国升级从事更高价值的活动。虽然高中文凭足够从事低端的增加值活动，但不足以推动各国提升参与更高增加值的活动。鉴此，一个强大的国内高等教育体系需要落实到位。政府需要创造一个有利于吸引外国直接投资的环境，因为跨国公司是商业服务价值链的主要参与者，并且对国内公司的发展作出贡献。重要的是拥有一个有效的法律框架，充分保护知识产权，如果没有这些，领军企业就会十分警惕担忧外包那些与其核心业务和战略资产关系密切的、增加值更高的研发活动。政府政策可以便利母国的升级潜力和轨迹。它们的决定可以聚焦并且便利进入更高的价值链，捷克共和国的案例能够证明这一点。另外一项前提条件是一个安全和安定的环境，因为一些国家的不安全可能阻碍相关部门的发展。腐败和治理弱化是妨碍外国直接投资的其他因素。虽然很多政府鼓励信息技术相关出口，但在关键集群区域之外的地方，例如一般基础设施道路、商业住宿以及硬件和电信等，仍然经常处于未充分开发状态。在这些补充性领域的实质性投资，是成功发展一个商业服务出口部门的一项必要条件。一项要求是全球价值链中的所有供应商都要符合国际质量标准，证明其质量水平满足国际标准。因此，重要的是发展中国家的企业要采取此类资质认证，以便能够与世界其他潜在目的地的大量竞争对手开展竞争。如果没有在与上述驱动力相关的所有领域进行投资，升级进入商业服务价值链或提升在其中的地位，听起来就如同天方夜谭。早期进入商业服务价值链的国家为现在希望进入价值链的国家设置了最低准入要求。随着越来越多的新兴经济体进入商业服务价值链，提升在其中的地位并且获得竞争力，新能力变得日趋普遍，并且被确立为规范的产业准入要求。后来者进入和升级的壁垒由此也就提高。这种排除性趋势是由日趋强调标准、守则和标签驱动的。领先企业已经在全球价值链中处于主导地位，因为他们变得越来越对价值链过程的过去事件负责，也就越来越多地监督各项活动并执行相关标准(Humphrey，2004)。

要便利新兴经济体在未来的升级活动，需要处理好几项挑战。第一，仍可通过建立更高标准的贸易和投资数据的形式，实质性改善服务贸易的数据收集(包括劳动力流动)，特别是新兴经济体的相关数据。服务贸易数据经常缺乏根据贸易伙伴和交付方式进行区分的行业细节和分解情况。第二，需要开发更多数据，以测算增加值服务贸易，例如扩大投入产出数据库，纳入更多的产业、国家和年份。

附　　件

基于国际投入产出表的全球价值链指标

外国最终需求中吸收的国内增加值，我们称为出口增加值，通过采用下列公式计算：

$$VAD = V^d(1-A)^{-1}F = V^d LF \tag{17A.1}$$

V^d 是一个国内增加值对产出系数的对角矩阵，在每一个 C 国和 N 部门（因此是 CN 国家—部门）；A 是全球技术系数矩阵；I 是一个单位矩阵；L 是全球列昂惕夫逆阵（或全球总体要求矩阵）；F 是最终需求矩阵，C 最终需求列代表包括在数据库中的各国最终需求。因此，VAD 是在每个国家—部门引入的（直接和间接）增加值矩阵，包括国内最终需求和伙伴国家的最终需求。

在第二节第二部分第二点中，因为包括商业服务外国最终需求（排除国内最终需求，i 不等于 j）的这个矩阵要素在某个国家引入的增加值，随后汇总所有目的地国家，以计算增加值出口总额。关于第三节第二部分的外国需求导致的技能类型的就业，我们简单将国内增加值替换为产出系数，利用 WIOD 的经济社会账户中使用的数据，就业对产出系数。

为计算按照国家完成的最终产出和对一给定国家 i 全球商业服务价值链作出贡献的所有国家—部门的分解增加值生产（第三节第二部分第三点），等式 1 中的 F 最终需求矩阵只包括了每个单一行中单元格的非零数值。这一行代表国家 i 的商业服务最终需求（在我们的情形下，分别是德国、日本和美国）。在这里 i 国国内对商业服务最终产出的最终需求并没有与国外需求区分，因此矩阵 F 中的 C 最终需求列通过一个总结矢量 e 进行后乘，以创造一个单独的列矢量。

参考文献

Arora, A., V.S. Arunachalam, J. Asundi and R. Fernandes(2001), "The Indian software services industry", *Research policy*, 30(8), 1267—1287.

Bair, J. and G. Gereffi(2003), "Upgrading, uneven development, and jobs in the North American apparel industry", *Global Networks*, 3(2), 143—169.

Banerjee, I., J. Narendran and R. Priyadarshini(2007), "Knowledge Process Offshoring (KPO): a balanced view of an emerging market", A TPI Research Report. Technology Partners International, Inc. July 2007.

Barro, Robert and Jong-Wha Lee(2013), "A New Data Set of Educational Attainment in the World, 1950—2010", *Journal of Development Economics*, 104, 184—198.

Benner, C., C. Lewis and R. Omar(2007), "The South African call centre industry: a study of strategy, human resource practices and performance", Part of The Global Call Centre Industry Project.

Carmel, E. and P. Tjia(2005), *Offshoring Information Technology: Sourcing and Outsourcing to a Global Workforce*, Cambridge University Press.

CEPAL(2014), Panorama de la insercion internacional de America Latina y el Caribe: Integracion regional et cadenas de valoren un escenario externo desafiante, Santiago: CEPAL.

Chadee, D., R. Raman and S. Michailova (2011), "Sources of Competitiveness of Offshore IT Service Providers in India: Towards a Conceptual Framework", in *Competition and Change*, 15(3), August, 196—220.

ECLAC(2014), "Cadenas globales de valor y diversificación de exportaciones: El caso de Costa Rica", Santiago.

Fernández-Stark, K., P. Bamber and G. Gereffi(2010), "Chile's offshore services value chain", Center on Globalization, Governance, and Competitiveness, Duke University, Durham, North Carolina.

Fernández-Stark, K., P. Bamber and G. Gereffi(2011a), "The offshore services value chain: Upgrading trajectories in developing countries", *International Journal of Technological and Development*, 4(1—3), 206—234.

Fernández-Stark, K., P. Bamber and G. Gereffi(2011b), "The Offshore Services Global Value Chain: Economic Upgrading and Workforce Development", Center on Globalization, Governance and Competitiveness, Duke University, Durham, North Carolina.

Fernández-Stark, K., P. Bamber and G. Gereffi(2013), "Regional competitiveness in the Latin America offshore services value chain", in *The Oxford Handbook of Offshoring and Global Employment*, edited by Ashok Bardhan, Dwight M. Jaffee and Cynthia A. Kroll (2013), 534—563, Oxford University Press.

Gál, Z.(2014), "Relocation of business services into Central and Eastern Europe(evidence from trade and location statistics)", *Romanian Review of Regional Studies*, 10(1), 67—78.

Gereffi, G.(1999), "International trade and industrial upgrading in the apparel commodity chain", *Journal of International Economics*, 48(1), 37—70.

Gereffi, G. and K. Fernández-Stark(2010), "The offshore services global value chain", Center on Globalization, Governance and Competitiveness, Duke University, Durham, North Carolina.

Gereffi, G. and K. Fernández-Stark(2011), "Global value chain analysis: A primer", Center on Globalization, Governance and Competitiveness, Duke University, Durham, North Carolina.

Gereffi, G. P. Bamber, S. Frederick and K. Fernández-Stark(2013), "Costa Rica in global value chains", Center on Globalization, Governance and Competitiveness, Duke University, Durham, North Carolina.

Gereffi, G., M. Castillo and K. Fernández-Stark(2009), "The offshore services industry: a new opportunity for Latin America", Center on Globalization, Governance and Competitiveness, Duke University, Durham, North Carolina, Report for the Inter-American Development Bank, Policy Brief ＃IDB-PB-101, available at: http://idbdocs.iadb.org/wsdocs/getdocument.aspx?docnum=35030707.

Graf, Michael and Susan M. Mudambi(2005), "The Outsourcing of IT-Enabled Business Processes: A Conceptual Model of the Location Decision", *Journal of International Management*, 11(2), 253—268.

Guerrieri, P., S. Iammarino and C. Pietrobelli(2003), *The Global Challenge to Industrial Districts: SMEs in Italy and Taiwan*, Cheltenham, UK and Lyme, US, Edward Elgar.

Heeks, R. and B. Nicholson.(2002), "Development informatics: software export success factors and strategies in developing and transitional economies", Paper No.12, Institute for Development Policy and Management, Manchester University.

Hernández, R., N. Mulder, K. Fernández-Stark, P. Sauvé, D.L. Giral and F.M. Navia (2014), "Latin America's emergence in global services: A new driver of structural change in the region?", ECLAC , Santiago.

Humphrey, J.(2004), "Upgrading in global value chains", Working Paper, No.28, International Labour Organization, Geneva.

Johnson, R. and G. Noguera(2012), "Accounting for intermediates: Production sharing and trade in value-added", *Journal of International Economics* 86(2), 224—236.

Kaplinsky, R.(2000), "Globalisation and unequalisation: what can be learned from value chain analysis?", *Journal of Development Studies*, 37(2), 117—146.

Kearney, A.T.(2014), "A wealth of choice: from anywhere on earth to no location at all", The 2014 A.T. Kearney Global Services Location Index, available at: http://www.atkearney.com/documents/10192/5082922/A+Wealth+of+Choices.pdf/61c80111-41b2-4411-ad1e-db4a3d6d5f0d.

Lacity, M.C., L.P. Willcocks and J.W. Rottman(2008), "Global outsourcing of back office services: Lessons, trends, and enduring challenges", *Strategic Outsourcing: An International Journal*, 1(1), 13—34. DOI: http://dx.doi.org/10.1108/17538290810857457.

Lipsey, R.E.(2009), "Measuring international trade in services", NBER Papers, in: International Trade in Services and Intangibles in the Era of Globalization, National Bureau of Economic Research, Inc, 27—70.

Mitra, R.(2011), "BPO sector growth and inclusive development in the Philippines", Working Paper, Report No.66093, JAN 26, 2011, World Bank, Philippines.

neoIT.(2005), "Research summary: The China reality check. Impressions from a recent market visit", Offshore Insights Market Report Series, 3(6), June 2005, available at: http://www.neogroup.com/PDFs/Whitepapers/OIv3i06_0605_China-Reality-Check.pdf.

O'Malley, R.(2013), *Philippines Call Centre Outsourcing*, Create Space Independent Publishing Platform.

Pakholkov, R.(2014), "Offshore electronics and software development in Russia and Belarus", *Outsourcing Journal: The Offshoring Edition*, Q2-2014, 104—109.

Panda, A.K.(2012), "Business process outsourcing: a strategic review on Indian perspective", *Business Process Management Journal*, 18(6), 876—897.

Porter, M.(1990), *The Competitive Advantage of Nations*, Free Press.

Sáez, S. and A. Grover Goswami(2010), "Uncovering Developing Countries' Performance in Trade in Services", *Economic Premise*, No.39,(November), Washington, DC: The World Bank.

Sako, M.(2006), "Outsourcing and Offshoring: Implications for productivity of business services", *Oxford Review of Economic Policy*, 22(4), Oxford University Press.

Sako, M.(2009), "Global Strategies in the Legal Services Marketplace: Institutional Impacts on Value Chain Dynamics", Paper presented at the SASE Conference. Paris, France.

16—18 July.

Sengupta, S., C. Lester Bautista, J. Mutiangpili and K. San Pedro. (2009), "Top 50 emerging outsourcing destinations 2009", Tholons, available at: www.tholons.com/nl_pdf/top_50_2009.pdf.

Timmer, M.P., A.A. Erumban., B. Los., R, Stehrer and G.J. de Vries(2014), "Slicing up global value chains", *Journal of Economic Perspectives*, 28(2), 99—118.

Wayde, R. P. and C. M. Rogerson(2014), "South Africa's Call Centre Industry: The Emerging Challenges of a Growing Destination in the Global South", *Mediterranean Journal of Social Sciences*, 5(8), 208—217.

注释

1. 通讯作者。本章观点代表作者本人，不代表联合国拉丁美洲和加勒比经济委员会(ECLAC)或其成员政府观点。

2. 这个数据库的链接是 http://unstats.un.org/unsd/servicetrade/default.aspx。其来源包括各国官方统计局、中央银行和欧共体统计局。其他服务贸易的国际数据，包括发展中经济体的数据，都不够详细，例如国际货币基金组织的《国际收支统计》(*Balance of Payment Statistics*)和 WTO 的统计数据库。

3. 因为服务产出基本上是不可触摸的，服务贸易流动相比货物贸易流动更加难以测算。这意味着贸易流动和数据可获得性总体更加不规律和不准确(报告的出口流动经常与实际的进口流动不匹配)，特别是就发展中国家的情形而言(Lipsey 2009)，在解读数据时应该考虑这一问题。

4. 计算机服务对应的 EBOPS 类别是 263，这与第三版国际标准工业分类(ISIC)的第 72 类是相匹配的。

5. 广告和市场调查服务对应 EBOPS 类别 278，这是 ISIC74 的一个组成部分。

6. 关于飞鹰(EAGLE)国家和西班牙毕尔巴鄂比斯开银行(BBVA)研究的更多信息，可以查询 https://www.bbvaresearch.com/en/category/regions-en/eagles-en/。

7. 附件介绍了公式和简要技术注释。如果读者希望了解方法论的更完全的描述，可以参考 Johnson 和 Noguera, 2012。

8. 本部分的比例增加是根据没有四舍五入的份额计算出来的。

9. 可以通过汇总每个目的地国家对外国中间品和外国最终需求，直接从 WIOD 的国际投入产出表获得总体出口。

10. 我们也对德国、日本和美国的体现在商业服务最终消费中的外国增加值份额进行了分解，或者对这些国家的全球增加值进口(在这里没有单独显示)。与最终产出指标相比，发达国家消费的最终商业服务可以在世界任何地方完成。虽然飞鹰国家在所有者三个国家的商业服务最终消费中的外国增加值占比还是很低，但是最终消费比最终产出的情形更加取决于外国增加值贡献。

11. 例如，Timmer 等(2014)年利用相同的方法和数据库研究，显示外国增加值贡献占德国 2008 年汽车全球价值链最终产出价值的 34%。

12. 附属账户可以在 WIOD 主页上自由下载。关于附属账户建立的具体信息，可参见 Erumban 等(2012)，http://www.wiod.org/publications/source_docs/SEA_Sources.pdf。

第十八章

竞争法在开放发展中国家服务市场方面的作用

约瑟夫·威尔逊

第一节　简　　介

20 世纪 90 年代及之后，绝大多数发展中经济体开放了服务贸易，允许外国服务提供者在国内市场上运营。在此期间，绝大多数发展中经济体和转型经济体引入或重新改造了本国竞争法。在 20 世纪 90 年代前，约 40 个经济体拥有竞争法，今天拥有竞争法的经济体已经超过 120 个。

贸易和投资自由化和竞争体系都旨在实现一个共同目标，即推动“消费者福利”。消费者福利意味着对消费者有利的所有事情，例如价格更低、质量更高的货物及不同产品之间的选择和创新。凯文·肯尼迪(Kevin C. Kennedy)教授非常简洁地描述了国际贸易、外国直接投资和竞争政策之间的关系：

> 如果这三大政策都是追求鼓励跨境竞争的共同目标，它们可以是相互增强的。例如，一个开放的贸易政策能够取消或降低货物贸易壁垒，为货物开放国外市场，并且给国内生产者带来竞争。因此，一个开放的贸易政策能够对竞争和市场产生影响。贸易自由化降低进入外国市场的准入壁垒，也让国内企业从事反竞争行为的能力有所降低。与之类似的，国内企业收紧当地市场的分销渠道，就阻挠了进口的市场准入，而一个开放的投资政策能够通过允许外国企业在当地市场上拥有分销网络，消除此类反竞争做法。从理论上讲，贸易、投资和竞争政策应该能够协调发挥作用。它们的共同目标说明了反对私人反竞争做法的规则与取消政府对国际贸易和投资壁垒的规则之间是可以协作的。[1]

虽然政府可以追求推动国际贸易和投资的目标，但是它们也可能会制定限制、妨碍或扭曲市场竞争的政策和法律。公共限制带来了与私有限制相同的挑战。单靠开放市场是不够的。必须要有强劲的竞争体系落实到位,纠正政府采取的市场扭曲措施,确保一个对所有市场参与方适用的公平竞争环境。本章旨在解释,服务市场自由化的成功与竞争体系的有效执法直接相关。虽然发现并检举私人反竞争做法构成了竞争机构工作的一个重要部分,但是本章讨论集中于公共限制方面。如果从开放市场承诺的角度看,这些公共限制比私人反竞争做法更应受到谴责。第二节简要讨论关于服务贸易的多边条约——《服务贸易总协定》(GATS)。第三节提供巴基斯坦竞争体系的概况。第四节讨论不同形式的贸易与投资政府壁垒。第五节重点研究巴基斯坦关于影响竞争的公共限制的相关案例。

第二节 服务贸易自由化:GATS

随着技术和全球化的发展,各国边境的重要性日趋降低,服务贸易得到扩张。国际服务贸易在努力推动下蓬勃发展,进而实现了 GATS 于 1995 年 1 月 1 日正式生效。

GATS 包括三个部分:一是对所有世贸组织成员适用的总体框架协议,规定了服务贸易和投资的总体纪律和义务;二是几项关于具体服务部门的重要附件(也被称为议定书);三是涉及每个世贸组织签署方政府市场准入的国别具体承诺减让表,列明了各国承诺的具体服务部门。

GATS 是以最惠国待遇原则为基础的,这要求每个世贸组织成员给予其他任何世贸组织成员的服务和服务提供者的待遇不得低于其给予其他任何国家的服务和服务提供者的待遇。通过这一原则,GATS 确保外国服务提供者可享受公平竞争环境。

第三节 巴基斯坦的竞争体系

巴基斯坦是为数不多的早在 1970 年就拥有竞争法的国家之一。巴基斯坦的这部法律叫作 1970 年《垄断和限制性贸易做法(控制和预防)法》(MRTPO)。[2] 但是,2007 年 10 月,巴基斯坦发布 2007 年《竞争法》,[3] 废止 MRTPO,解散执行 MRTPO 的垄断控制局(MCO),还规定建立巴基斯坦竞争委员会。[4]

MRTPO 的起草目标是预防经济力量不恰当地集中在少数企业手里，并且作出了一些实质性规定：第一，不恰当地集中经济力量；第二，不合理垄断力量的增长；第三，不合理地限制贸易的做法。[5]另外，2007 年《竞争法》规定了如下目标：第一，商业和经济活动各方面的自由竞争；第二，增加经济效率；第三，保护消费者免受反竞争行为影响。[6]上面的这些目标抓住了"消费者福利"概念的不同方面，也就是全球公认的竞争体系的存在理由。但是，2007 年《竞争法》是一项临时法律，在 2009 年 11 月就完成了其使命，随后几年通过的 2009 年《竞争法》和 2010 年《竞争法》构成临时性竞争体系，确保了 2007 年以来竞争体系的延续性。

2010 年 10 月，巴基斯坦最终以通过 2010 年《竞争法》的形式建立了永久性的法律，[7]法律的实质性条款与 2007 年《竞争法》完全相同。法案适用于所有企业，不管其是政府企业还是私营企业，并且涵盖所有在巴基斯坦境内具有扭曲竞争效果的行动或事项。法律的实质性条款包括禁止：第一，滥用市场支配地位（第三部分）；[8]第二，商签具有妨碍、限制或降低相关市场竞争目的或效果的协议（第四部分）；[9]第三，欺诈性营销做法（第十部分）。[10]法律还引入了一个复杂的并购前体系（第十一部分）。

一、竞争中立

竞争中立是一个"监管框架，公共企业和私有企业在这一框架下面临相同规则，与国家的联系不能给任何市场参加方带来竞争优势"（经合组织，2009）。

MRTPO 第 25 条将国有企业从 MRTPO 的适用中排除。其排除了：

i. 一个联邦或省级政府拥有的一家企业；

ii. 由政府批准建立的一个企业机构，或者其首席执行官是由联邦或省级政府任命或批准的一个企业；

iii. 个人或企业根据联邦或省级政府任何命令所做的事情；

iv. 一个"工会"或其会员企业为执行其宗旨所做的事情；

v. 产业具体监管机构规范的产业。

《竞争法》拿掉了 MRTPO 给予国有企业的免于适用竞争法的豁免。该法律规定"《竞争法》应适用于所有企业和在巴基斯坦境内发生并扭曲市场的所有事项"。引入竞争中立的概念，是《竞争法》相比 MRTPO 体制的一项重要改进。

二、竞争倡导

就有效行使其授权而言，一个竞争监管机构的管辖范围远远超出执行竞争

法的实质性条款。竞争监管机构应关注倡导[11]和对外沟通活动，以推动企业遵守法律，并且

> 也必须更广泛地参加该国经济政策的制定，因为这可能对竞争性市场结构、商业行为和经济表现产生不利影响。其必须承担竞争倡导的作用，积极采取行动促成政府制定政策，降低准入壁垒、推动解除规制、促进贸易自由化，并且让不必要的政府对市场的干预最小化。[12]

正如蒂莫西·缪里斯(Timothy J. Muris)所说的：

> 通过只关注私人限制的方法保护竞争，就如同只堵住一个通道的方式在一条溪流的分叉口阻挡水流。如果一个体制将固定价格的个人送进监狱，但却让政府固定价格的做法合法化，将无法完全解决竞争问题。这种做法，只是规定了竞争问题出现的形式而已。[13]

《竞争法》作出假设，单靠打击市场中的私人限制是不够的，审议政府法规和行动的效果同样重要。因此，除了那些实质性的执法条款，《竞争法》第 29 段还给予委员会一个具体授权，要求其开展竞争倡导工作。第 29 段原文具体如下：

> **29. 竞争倡导**。
>
> 委员会应通过倡导推动竞争，具体包括：
>
> a)创造关于竞争的认识度，提供竞争问题培训，并采取合适的此类其他行动以推动一种竞争文化；
>
> b)审议培育竞争的政策框架，并且向巴基斯坦联邦和省政府做出修正这一法律和影响巴基斯坦竞争的其他法律的恰当建议；
>
> c)就影响巴基斯坦竞争状态的任何事项或影响该国商业活动的任何事项举行公开听证会，并且就相关问题公开表达意见；
>
> d)在其网站上公布作出的所有决定、正在审议和已经完成的问询、并购指南、教育材料和类似材料。

第 29 段规定了进行竞争倡导的一个“三叉戟”计划：第一，创造认知度，以推动竞争文化；第二，审议培育竞争的政策框架；第三，就影响竞争状态的事项提供意见。

第四节　竞争或贸易的政府壁垒

一个政府可以引入大量扭曲竞争以及(或者)损害跨境贸易的法律、政策、法规。这些措施很大程度上可以归为下面提到的经合组织报告所确认的四类监管壁垒或公共限制中的一种或多种。[14]

第一，限制某一特定产品或服务提供者的数量。这种限制可以采取的形式包括：向某一个提供商授予专营权；对企业获取经营许可、执照或授权设立冗长的（或成本昂贵的）审批进程；限制某些类型的供应商提供一种货物或服务。

第二，限制供应商参与竞争的能力。这可以使某些供应商的生产成本相比其他供应商大幅增加（特别是将现有从业者与新从业者区分对待）。

第三，减少供应商的竞争动力。将一个特定产业或供应商群体的活动豁免适用一般竞争法。

第四，限制消费者可获得的选择和信息。如果法规限制消费者决定其从哪些供应商购买，就属于此类情况。这种做法会增加供应商的显性或隐性成本，从根本上改变购买者进行有效购物所需信息的方式，减少消费者在货物或服务提供商之间的移动。

除了政府法规，还可能出现“自我监管”或“联合监管”，这些也可能对竞争或贸易设置壁垒。如果一个行业或职业协会在没有政府法律支持的情况下（通常是在政府敦促下）对监管其成员的行为负有完全责任，则可以称之为“自我监管”。但是，如果政府对至少部分是由行业或职业协会制定的规则提供法律支持，则可以称之为“联合监管”。自我监管或联合监管最常见的范例就是职业人员协会规定最低费用框架或建议费用框架。

除了上面提到的监管壁垒，发展中国家还有一些抑制外国投资者的内生结构性壁垒。这些包括：

> 由于商业基础设施不健全导致的高度“自然”准入壁垒，包括分销渠道以及（有时候）妨碍性的监管体制；产品市场和信贷市场的信息不对称性；当地（不可交易）市场的更大比例。[15]

上面确认的四类广泛的监管壁垒能够进一步细化成一个问题清单，这份清单可以作为一切竞争影响评估的工作起点：

1. 限制供应商的数量或范围

1.1 向一个供应商授予提供货物或服务的专营权；

1.2 将许可、执照或授权进程作为运营要求；

1.3 限制某些类型的供应商提供一项货物或服务的能力；

1.4 大幅度提高一个供应商的准入或退出成本；

1.5 为企业提供货物服务或劳动力或投资资本的能力创建一个地理壁垒。

2. 限制供应商的竞争能力

2.1 限制销售者确定货物或服务价格的能力；

2.2 限制供应商就其货物或服务打广告或进行营销的自由；

2.3 设置产品质量标准，向某些供应商提供相对其他供应商的优势，或者标准超过某些信息灵通的消费者可能选择的水平；

2.4 大幅度增加某些供应商相比其他供应商的生产成本（特别是将现有从业者、国有企业与新的从业者区别对待）；

2.5 将现有从业者与新的从业者区别对待；

2.6 建立对新从业者的监管不确定性。

3. 降低供应商的竞争动力

3.1 建立一个自我监管或联合监管的体制；

3.2 要求或鼓励公布关于供应商产出、价格、销售额或成本的信息；

3.3 将一个特定产业或供应商群体豁免适用一般竞争法。

4. 限制消费者可获得的选择和信息

4.1 限制消费者决定从哪些提供商购买的能力；

4.2 通过增加不断改变的供应商的显性或隐性成本的方式，减少消费者在货物或服务供应商之间的移动。

第五节　巴基斯坦的竞争案例显示出公共限制

有大量的情形证明，政府法律、政策法规采取了限制竞争的措施，无论是进入市场的竞争，还是在市场内的竞争。下面选择的五个案例都来自巴基斯坦，巴基斯坦竞争委员会采取了竞争倡导以及（或）执法工具来纠正相关情形。第一个案例是长途或国际牌照（LDI）的清算中心，尽管外界持续关注其做法的影响，但政府还是积极地实施反竞争政策。第二个案例是巴基斯坦国际航空公司的麦加朝圣航班费用，这个案件既违反了竞争法的实质性条款，也是对防止进入市场竞争的一种公开限制。第三个案例是向公共部门建筑公司提供的豁免，这代表了限制供应商参与竞争的监管壁垒，并且大幅度提高了一些供应商相比其他供应商的生产成本。第四个案件涉及巴基斯坦注册会计师协会（ICAP），介绍了自我监管限制市场内竞争的情形。最后一个案件也是与 ICAP 相关，代表了另一个自我监管限制进入市场竞争的情形。

一、 LDI 国际清算中心：以公共指令(2012)形式的卡特尔

2011 年 9 月，14 家长途电话运营商向巴基斯坦竞争委员会提交一份申请，

要求根据2010年《竞争法》第五部分，豁免其第四部分，同意其建立国际清算中心（ICH）。《竞争法》第四部分禁止签署具有妨碍、限制或降低相关市场竞争目的或效果的协议。第五部分允许委员会授予对某些协议的豁免，尽管这些协定减少竞争，但是却具有其他积极效果，例如：改进生产或分配；推动技术或经济进步，并且允许消费者从由此导致的利益中获得公平份额；协议带来的利益明显超过没有竞争或减少竞争的不利影响。

ICH协议从本质上讲包括：第一，给予一个长途电话运营商（巴基斯坦电信公司）在接受所有打入的国际长途方面的垄断权力；第二，打入国际长途的单一费用，从2美分增加到超过8美分；第三，根据现有的长途电话运营商市场份额划分打入国际长途的利润（见表18.1）。

表18.1 长途电话运营商

长途电话运营商	拥有者	外国持股比例（%）	本国持股比例（%）
巴基斯坦电信公司（PTCL）	Ehtisalaat和巴基斯坦政府	51	49
Multinet Pakistan(Pvt) Ltd.	马来西亚Axiata集团	89	11
Worldcall Telecom Ltd.	阿曼为基础的投资者	60	40
Wateen Telecom Ltd.	阿联酋Abu Dubi集团	54	46
Wi-tribe pakistan Ltd.	卡塔尔公司	100	0
4B Gentel Internation Pvt Ltd.	**当地公司**	**11**	**89**
ADG(Pvt) Ltd.	美元东部交易所公司	0	100
Link Direct International (Pvt) Ltd.@	埃及投资者	100	0
Circle Net Communications Pakistan(Pvt) Ltd.	阿联酋Circle Net公司	83	17
Redtone Telecommunications Pakistan(Pvt) Ltd.	不同国家投资者	99	1
Telecard Ltd.	**当地公司**	**3**	**97**
Telenor LDI Communications(Pvt) Ltd. Wise Communication (Pvt) Ltd.	挪威Telenor集团 意大利国际电信服务公司	100	0
Dancom Pakistan(Pvt) Ltd.	埃及投资者	100	0

竞争委员会详细听取了各方意见，分析拟议的ICH协议能否被授予豁免。但是，在公布一项最终命令前，长途电话运营商要求其撤回豁免请求。关于撤回的理由，相关方的解释有些相互冲突。例如，Dancom Pakistan(Pvt) Ltd公司在其2012年2月8日的信函中指出，“该产业已经向信息和技术部提交联合申请，寻求在政策框架下提供ICH。在受到该部的确切答复前，我们认为这一事宜可以暂时中止”。[16]巴基斯坦电信公司在其2012年2月7日的信函中表示，“产业还没有就ICH运行模式达成一致，因此我们决定撤回巴基斯坦电信公司提交的就ICH协定寻求豁免的申请”。[17]

尽管长途电话运营商撤回了提交的豁免申请，委员会还是于2012年2月8日发布决定，委员会在决定中提出

> 如果未来申请方商签此类协议或安排，尽管已经从任何其他主管部门获得授权，此类协议或安排在其执行前应该从委员会获得批准，因为从表面上这种协议或安排具有严重的竞争关注，也将受到《竞争法》的约束。[18]

(一) 信息和技术部政策指南

长途电话运营商注意到竞争委员会不计划豁免ICH协议，因此努力获得了信息和技术部负责官员的关注。在委员会就豁免申请作出决定的六个月后，信息和技术部于2013年8月13日发布一项政策指令，[19]表示其已经决定建立一个由巴基斯坦电信公司运营的网关(国际清算中心)作为所有打入国际长途的终端，而不是通过每个长途电话运营商使用各自的网关。

信息和技术部的这项政策指令完全违反了《竞争法》和2003年《电信取消管制政策》，后者的目标包括：第一，增加消费者以竞争性和可负担价格享受电信服务的选择；第二，通过服务提供者之间的公平竞争，开放电信部门；第三，维持一个行之有效、定义明确并且符合国际最佳做法的监管体系。

作为对信息和技术部指令的回应，竞争委员会于2012年8月28日发布一项政策报告，[20]在报告中强调了未来建立ICH将引发的竞争关注，并且建议信息和技术部撤销其政策指令。委员会还警告称，任何此类拟议的安排或协议，如其生效，将无法符合《竞争法》第四部分的条款。[21]

(二) 巴基斯坦电信局的独立性受到损害

监管俘获问题已饱受热议，此类情况意味着受监管者影响监管者的决定。[22]但是，在这一案件中，我们见证了信息和技术部建立的一个独立监管机构(巴基

斯坦电信局,PTA)面临的监管俘获。

2012年7月23日,巴基斯坦电信局现任局长穆罕默德·亚新博士的四年任期结束。2012年7月28日,巴基斯坦总理拉贾·佩尔韦兹·阿什拉夫任命法洛可·阿旺作为巴基斯坦电信局成员并当日任命为局长,阿旺曾担任信息技术部执行秘书。这一任命被认为违反了1996年《巴基斯坦电信重组法》的相关条款。

法洛可·阿旺的任命被诉至拉合尔高等法院。单一庭于2013年1月裁决终止该项任命,认为其违法。[23]虽然阿旺先生通过法院内部申诉的方式挑战单一庭的决定,但是政府任命其在主持工作基础上担任成员或主席,这次是作为一名公务员被委派到一个监管机构中。[24]拉合尔高等法院后座法庭于2013年3月限制阿旺先生作为监管机构成员或执行主席行使职能,并且在2013年6月宣布其任命是违法的。

政府坚持将一名公务员作为本应是独立机构的巴基斯坦电信局的负责人,多少有些动机不明的意味在里面。下面提到的就是阿旺先生在担任主席期间巴基斯坦电信局在推动ICH方面的做法。

(三) 巴基斯坦电信局在推动ICH方面的行动

2012年8月23日,巴基斯坦电信局签署一封信函,指示所有的长途电话运营商根据指令缔结ICH协定。

2012年9月25日,巴基斯坦电信局签署另一封信函,指示所有的当地环路运营商和蜂窝移动运营商暂停其国际互联线路,终止与除巴基斯坦电信公司之外的其他所有长途电话运营商的国际接入电话。

在其2012年8月23日签署信函后,巴基斯坦电信局还于2012年8月30日签署一封信函,要求固定批准的会计费率、批准的清算费率和推动准入费用。

(四) 随后发生的诉讼

Brain电信有限公司是一家从事向长途电话运营商提供国际接入的回路提供商,巴基斯坦电信局要求所有当地回路运营商和蜂窝移动运营商暂停其与所有长途电话运营商的互联线路的指令侵犯了其利益。该公司向拉合尔高等法院递交一份书面请愿,[25]质疑信息和技术部的政策指令(以及由于信息和技术部政策指令而产生的巴基斯坦电信局指令)。拉合尔高等法院于2012年10月25日发布一份临时命令,提出:

> 法院注意到,竞争委员会在其各种政策报告和沟通意见中反复告

> 知被告方，拟议的ICH协定构成反竞争行为，因此有可能被《竞争委员会法》第四部分条款裁定违法……似乎上述建议没有被注意到，并且负责保护消费者利益的法定机构被有意和刻意地忽视，在重要问题在各个相关层面被提出的事项上，显示了不恰当的仓促。[26]

在下一次听证会前，几个事项被暂停：第一，第一被诉方（信息和技术部）签发的2012年8月13日指令；第二，巴基斯坦电信局2012年8月30日的适用费率的信函；第三，第二被诉方（巴基斯坦电信局）签发的2012年9月25日执行信函；第四，2012年8月20日的ICH协定。

ADG LDI私营有限公司对拉合尔高等法院的决定不满，向巴基斯坦最高法院提交一份“申请上诉的民事请愿”。[27]最高法院在就请愿书作出决定时，指示巴基斯坦竞争委员会将M/s BTL公司向拉合尔高等法院提交的传票请愿，[28]作为在《竞争法》下面的陈述。

（五）竞争委员会面临的案件

竞争委员会根据最高法院的命令，处理了BIT作为起诉方填写的请愿书，详细听取了所有各方的意见，并于2013年4月30日发布命令。[29]委员会认为ICH决定是无效的，违反了《竞争法》，并且对所有长途电话运营商实施了此前一年（2012年）的收入额7.5%的惩罚。

在其决定中，竞争委员会考虑了各种竞争关注，包括固定价格，固定配额，设置准入壁垒，对国际来电的影响，对经济的影响，违反在GATS和《电信附件》下的国际义务，可能的灰色通信增加。决定中对ICH计划描述如下：

> 被诉方在ICH协定下已经商定，不在与外国运营商的清算价格上开展竞争。此外，它们还同意根据分配的份额分享收入。我们必须在收入分成与划分市场区别开来。在后者的情形下，卡特尔成员仍然是一个市场主体；在前者情形下，卡特尔成员是一个纯粹的寻租者，利用其许可寻租，尽管在本案中其服务暂停。这种情形比那些划分市场和仍然提供服务的情形更加恶名昭彰。[30]

（六）被挑战的决定

长途电话运营商向信德高等法院和拉合尔高等法院起诉委员会的决定，后者发布了针对委员会决定的临时命令。

同时，在2013年5月大选后，巴基斯坦新政府于2013年6月上台。竞争委员会在其政策报告和决定中曾经强调过此事件对经济的不利影响，随着不利影响的日趋明显，信息和技术部新的负责人于2013年6月17日通过一项指令，废止其此前建立关于国际来电呼叫的ICH交换的政策指令。尽管撤销了关于建立ICH的政策指令，由于利益集团的存在，长途电话运营商继续相关安排。联邦政府随后向巴基斯坦最高法院递交了“申请上诉的民事请愿”。[31]最后，最高法院给诉讼划上一个句号，通过其2015年2月24日的命令给予信息和技术部的决定最终裁决，停止了信德高级法院和拉合尔高级法院的临时救济，并且从本质上让信息和技术部取消建立ICH的政策指令生效。

（七）国际反应

Vonage是一家美国的国际电信服务提供商，向美国联邦通讯委员会提交一份反对建立ICH协定的请愿书，要求联邦通讯委员会发布一项命令，停止美国对巴基斯坦某些长途电话运营商的清算支付。在其请愿书中，Vonage公司表示，作为ICH协定的结果，“国际电信运营商所支付的到巴基斯坦的终端接入费增加了约400%，达到超过0.088美元/分钟”。Vonage声称终端接入费的增加已经迫使其大幅度地向打往巴基斯坦的消费者征收更高额费用，由此对美国消费者的利益造成了损害。[32]

联邦通信委员会于2013年3月5日发布一份命令，其倾向于保护美国消费者免受反竞争做法的影响，并推动美国—巴基斯坦线路上的竞争性的、以成本为基础的终端接入费。[33]联邦通信委员会要求美国的基础设施运营商不得支付高于2012年10月1日前谈判的清算或终端接入费，这些费用是任何或所有此类巴基斯坦长途电话运营商谈判的关于美国—巴基斯坦线路的美国切换的语音通信直接终端接入费。[34]

除了联邦通讯委员会命令，美国贸易代表办公室还援引巴基斯坦在GATS电信附件下的承诺，敦促巴基斯坦政府撤销ICH。[35]《电信附件》第五部分要求在合理的条款和条件基础上在巴基斯坦提供进入电信网络和服务的机会，而根据世贸组织争端解决机构的裁决，这一术语“包括进入和使用的定价问题”。[36]

（八）结束语

ICH案是公共限制的一个典型案例，通过一个行动确认了上面提到的所有类型的监管壁垒被落实到位，包括：第一，限制提供长途电话服务的供应商的数量，从14家减少到1家；第二，实际上限制供应商的竞争能力，除了巴基斯坦电信公司之外的13家长途电话运营商被要求关闭其国际接入线路；第三，减少（或者说完全取消）供应商进行竞争的动机；第四，限制消费者的选择，即外国分支的国际电信服务提供者没有别的选择，只能与巴基斯坦电信公司处理其在巴基斯坦境内的网络。

二、 巴基斯坦国际航空公司费用案(2009)——航空部门

竞争委员会注意到媒体报道，巴基斯坦的标志性航空运输公司巴基斯坦国际航空公司征收过高的麦加朝圣航班费用。2008 年，费用增加近 100%，南部地区航班费用从 2007 年的 38 500 卢比增加到 70 000 卢比，北部地区从 46 200 卢比增加到 85 000 卢比，违反了《竞争法》第三部分(滥用支配地位)。委员会提出问询，据披露巴基斯坦国际航空公司和沙特航空公司(通过各自政府)之间签署配额分配协议，违反了第四部分(禁止性协议)。因为政府参与其中，没有采取执法行动。

因此，竞争委员会于 2010 年向政府部门提交一份政策报告，建议：

1. 废除任何市场划分、配额、许可费，并且允许市场力量决定机票价格，任何一国的航空主管部门或航空公司不得施加干预；

2. 修改双边航空服务协定，以“允许各国指定的多家航空公司在两国之间运营定期航班和麦加朝圣航班”。[37]

政府修改了双边航空服务协定，巴基斯坦和沙特各有一家航空公司(分别是沙欣航空公司和纳斯航空公司)被允许在巴基斯坦和沙特之间执行直飞线路。这推动了市场准入，增加了消费者选择，也就降低了机票价格。南部地区 2013 年的价格是 87 500 卢比，北部地区是 97 500 卢比。[38]考虑到 2013 年有 18.9 万名巴基斯坦朝圣者前往麦加朝圣，预计每位乘客节省了 4 万卢比(考虑到通货膨胀、飞机燃油价格上涨和与 2008 年价格相比的美国平价)，以降低的价格测算，消费者节省了 60 亿卢比或 6 000 万美元(15 万个乘客×4 万卢比＝60 亿卢比；同时考虑到不是所有的乘客都乘坐巴基斯坦国际航空公司航班)。

(一) 航空自由化指数

2006 年，世贸组织根据其在《服务贸易总协定》下审议航空运输的授权，开发了一个航空自由化指数(ALI)。该指数评估航空运输协定的相对开放度，同时考虑适用的定价体系、政府对运输能力的控制程度、能够在各国之间往返飞行的运营商的数量限制、交换的运输权、指定航空公司的外资控股限制等因素。该指数在 0—50 之间不等，50 意味着最开放。

巴基斯坦已经签署 53 个双边航空服务协定。在这些协定中，31 个协定具有

较高的限制条款，ALI 指数在 0—6 之间。17 个协定的开放条款相对有限，ALI 指数在 6—12 之间。与英国、中国澳门、新加坡和伊朗的 4 个协定，有多个开放条款，ALI 指数在 13—20 之间。与美国的双边协定包含先进的、开放领空类型的条款，指数高达 28。巴基斯坦双边协定的平均 ALI 指数是 7.2。

(二) 结束语

巴基斯坦国际航空公司麦加朝圣航班费用案导致前面提到的公共限制，例如：第一，限制巴基斯坦和沙特两国城市之间的直飞线路的航空公司的数量；第二，限制供应商的竞争能力，直飞线路许可只授予巴基斯坦国际航空公司和沙特航空公司；第三，限制消费者的选择能力，其希望在巴基斯坦城市和沙特城市之间直飞。

就竞争委员会采取的行动而言：一是增加在巴基斯坦和沙特之间执行直飞线路的航空公司公司的数量，增加了市场经营主体的竞争；二是增加消费者的选择，从 2 家航空公司增加到 4 家。

三、 关于在建筑部门给予某些企业豁免的政策报告

(一) 简介

竞争委员会注意到在建筑部门给予国家物流组织（NLC）、边境工程组织（FWO）和国家建筑有限公司（NCL）在政府合同方面免于提供银行担保或履约保证的豁免。委员会评估了这些豁免是否扭曲了市场条件并且限制竞争。

FWO 于 1985 年从国防部获得豁免，免于提供为向联邦和省级政府提供服务所需要的一项关于履约安全和资源筹措的银行担保。住房和工程部豁免 NCL 提供一项在合同协议下需要的关于保证金和银行预付款担保的履约保证。NLC 于 2000 年从计划和发展署获得豁免，免于提供一项在合同协议中需要的履约保证、银行预担保，以及留存款项的释放或调整。表 18.2 显示了这些豁免带来的货币优势。

竞争委员会认为，这些豁免在性质上是歧视性的，构成一种准入壁垒。免于提供银行担保的豁免是有条件的，对该企业的金融承诺构成了影响。免于留存款项调整的要求为企业在工程期内提供了一种明显的现金流动优势，该公司无需支付货币款项，而其竞争对手支付款项则被保留。竞争委员会建议相关政府部门撤销授予的这种豁免，以确保一个对所有市场主体公平的竞争环境。

表 18.2　这些豁免导致的竞争优势(占合同金额比例)

豁免类型	FWO	NCL	NLC
1. 不提供履约担保(银行担保)	10%	10%	10%
2. 不提供 CDR/银行保证金担保	—	2%—5%	—
3. 没有确保事先支付的银行担保要求	10%	10%	10%
4. 材料进步	—	—	10%—30%
5. 没有预存货币的释放或调整要求	—	—	中期支付 10%,但受到 5%的限制
总体优势	30%	22%—25%	30%—35%
一个价值 10 亿卢比的项目的竞争优势预测	3 亿卢比	2.2 亿—2.55 亿卢比	3 亿—3.5 亿卢比

注:由于货币针对私营部门实体的差距,竞争优势在 20%—35%之间。

(二) 结束语

豁免限制了供应商的竞争能力,实质性提高了一些提供商相对其他提供商的生产成本,创建了监管壁垒。除了减少竞争,豁免从本质上提高了政府合同成本,享受豁免的企业收取比竞争对手更多的费用,考虑到 20%—35%的竞争优势,其成本将比竞争对手少,因此净价格将低于其无法享受豁免的竞争对手。考虑到利益集团的影响力,政府没有听取竞争委员会的建议,相关豁免没有改变。

四、 巴基斯坦注册会计师协会(ICAP):设置最低审计费(12/2008)

巴基斯坦竞争委员会注意到 ICAP 于 2008 年 8 月 13 日向其会员发布的公告(2008 年第 9 号)。公告传达了 ICAP 理事会批准与修订 ATR-14(技术审计公告)相关的技术委员会建议的决定。ART-14 技术审计公告从 1987 年开始生效,规定了根据被审计公司销售额统计的每小时最低收费和最低审计参与费用(以下简称最低费用)。修订后的 ATR-14 将适用于 2008 年 8 月 31 日之后的所有审计预约。公告还提到,不遵守理事会的指令将意味着“损害《1961 年注册会计师指令》第一减让表第四部分”,而后者规定了“与注册会计师在实践中相关的职业不当行为”。

2008 年 7 月的 ATR-14 相关摘要如下:

3. ICAP 理事会定期审议并规定最低小时费用,其认为这种费用与协会从事实务的会员所观察到的完成协议的成本增加和职业标准水平来说，是合理的也是可以并存的。协会理事会所规定的现行最低收费标准如下：

	卢比(每小时每人)
合作伙伴	7 500
符合条件的支持团队	
8 年以上	5 000
4—8 年	4 000
4 年以下	3 000
管理层	2 000
资深	1 000
半资深	750
初级	500
最低审计费用表	
主题类型	最低费用
上市公司	
营业额不到 5 亿	250 000
营业额在 5 亿至 10 亿之间	300 000
营业额在 10 亿至 50 亿之间	500 000
营业额超过 50 亿	1 000 000
具有经济意义的实体	
营业额不超过 10 亿	250 000
营业额在 10 亿至 50 亿	400 000
营业额超过 50 亿	800 000
中等规模企业	125 000
小企业	75 000

注：

……

ii) 考虑到不同实务会员在确定审计费用上面临的实际困难，理事会已经决定征收规定的最低审计费用，不得有任何例外。但是，就一个现有的审计客户而言，现在的审计费用应在两年内通过双方同意增加到前面所说的水平，假定其在第一年不超过规定的最低水平的 75%。*但是，一个实务会员首次接受一个审计客户应严格遵循规定的收费标准。*(斜体以示强调)

（一）事实——简要总结

1. 对重要经济实体、中等规模企业、小企业和上市公司的审计服务只能由经过认证的、作为 ICAP 会员的注册会计师提供。

2. ATR-14 规定的收费标准是依据被审计企业的营业额，而不是其需要从事的工作量。

3. 没有遵守 ICAP 指南被认为是不当行为。

4. 会计师在 ICAP 指南的限制下提供其职业服务。

（二）ICAP 列举的观点

ICAP 提出的主要观点包括：

1. 避免低价开展工作。

2. 确保审计活动的质量符合公共利益，因为收取极低费用很有可能将影响审计活动的质量（要实现维持职业卓越程度标准的目标，就只能允许经过认证的企业从事审计活动）。

（三）竞争委员会的意见

在回应 ICAP 为支持 ATR-14 列举的观点，相关措施旨在预防低价开展工作，竞争委员会注意到 1961 年《注册会计师指令》第 1 减让表第一部分规定了"与注册会计师在实践中相关的职业不当行为"。第一部分第 11 条规定，注册会计师可以被认为犯有职业不当，如其"担任了作为注册会计师的职位，其他注册会计师在此类情形下此前担任的职位以构成低价工作"。但是，ATR-14 第 4 款注释 2 进一步将低价工作的范围从"此前担任"的审计活动到所有新的活动。第 4 段注释 2 原文是"一个实务会员首次接受一个审计客户应严格遵循规定的收费标准"。因此，委员会认为，指令禁止了竞争性招标活动，因此符合《竞争法》第四部分的管辖范围。

支持 ATR-14 的另一主要观点是，其旨在确保符合公共利益的审计质量，因为征收极低费用有可能对审计活动产生不利影响。在处理公共利益观点时，竞争委员会依靠了美国最高法院在国家职业工程师协会案件中的决定，[39] 在案件中美国最高法院认为"竞争时在自由市场中配置资源的最佳方法，其承认在自由选择替代出价方面，竞争能够更加有利地影响一项协议的所有要素——质量、服务、安全和耐久性——而不仅仅是立即成本"。[40]

委员会指示 ICAP 立即撤销其指令。

(四) 结束语

ICAP 的指令是“关于固定价格的一个经典案例”,因为“其创建了从现实角度看一个消费者无法回避的一个定价体系”。[41] 指令没有允许消费者,即经济重要实体、中等规模企业、小企业和上市公司,在 ICAP 创建的定价体系之外获得审计服务。ICAP 指令构成一种公共限制,通过两种方式对竞争构成了监管壁垒:第一,限制了会计师根据其收费进行竞争的能力;第二,限制消费者找到比 ICAP 规定的最低收费价格更低的费用获取会计师服务的能力。指令限制了在提供审计服务的市场内的竞争。

五、 巴基斯坦注册会计师协会:限制性培训

2012 年 7 月,ICAP 发布一项指令,文件号 ICAP\DET\001855\1174(2012 年 7 月 4 日发布),标题是“聘用个人作为其他会计机构的受训人员”,ICAP 建议所有注册会计师企业及其会员“避免聘用其他会计机构的受训人员,特别是外国注册会计师机构或其他具有类似特征的其他会计机构的受训人员”。

竞争委员会注意到这一指令,是因为其他非 ICAP 学生抱怨其无法获得职业培训。2012 年 9 月,认证注册会计师协会(ACCA)提出申请对该指令进行挑战,提出其学生需要强制职业培训以获得成员资格,而指令禁止会计企业在公共实践中向其学生提供这一服务。ACCA 被允许作为本案一方。

(一) ACCA 的陈述要点

1. ICAP 的法规监管仅限于其培训组织与 ICAP 学生的合同关系,不能扩大到非 ICAP 学生。

2. 指令目的在于防止 ICAP 企业向非 ICAP 学生提供培训服务,而这损害了竞争。

3. 要求非 ICAP 学生在 ICAP 注册增加了相关学生的经济和学术负担,并且不公平地说服这些学生选择替代资质。

4. ICAP 的行动将通过影响国际会计企业在巴基斯坦的雇佣行为,限制了这些企业在巴基斯坦运营的能力。

(二) ICAP 的陈述要点

1. ICAP 等所有职业机构有权确定寻求此类机构资质和成员资格的学生所接受的培训的内容、质量和方式。外国机构的学生一直没有被允许作为受训人

员工作。

2. 符合《注册会计师法令》和社团章程要求的非ICAP学生可以在ICAP注册，并且符合在ICAP批准的培训机构接受培训的资格。

3. ACCA等其他职业机构有充足的选择开展培训活动，从商业组织到没有注册为ICAP培训组织的ICAP会员企业不等。

4. 没有资质授予机构能够命令其他资质授予机构的资质授予能力，因此ACCA所提出的ICAP有法律义务允许ACCA让其培训组织陷入困境、对ICAP学生不利的要求是荒谬可笑的。

（三）竞争委员会意见

竞争委员会将相关市场定义为向寻求国内或外国会计师机构会员资格的学生提供职业培训的市场。通常而言，每个会计师机构都有一个公共实践企业和（或）商业组织清单，这些企业和/或组织将开展必要的ICAP会员资格培训。然后这些被认可的培训机构接受会计师学生，并且对这些学生获得的经验进行认证。对于一个公共实践企业或商业组织来说，正常的是通过维持平行项目并配置不同资源，使得不止一家职业会计师机构成为受认可的培训机构。

竞争委员会注意到，174家会计师企业被批准作为ICAP的培训组织。ACCA的325家企业中，只有147家会计师企业被批准作为雇主。ACCA批准的147家企业也同时被作为ICAP批准的培训组织。因此，在大量的ACCA批准的培训组织与ICAP培训组织上存在直接的“止赎权”。禁止ICAP批准的培训组织对寻求外国会计师机构资质或成员资格的学生提供培训机会，排除了非ICAP学生的部分培训机会。此外，会计师企业聘用受训人员的选择和自由受到限制，同时也剥夺了非ICAP学生从培训市场最宝贵的部分获取实际经验的权利。

竞争委员会认为指令违反了《竞争法》第四部分，因此宣称其无效，并且允许会计师企业聘用非ICAP学生作为受训人员。竞争委员会还对ICAP处以2 500万巴基斯坦卢比的罚款，并且限制ICAP未来再发布类似指令。

（四）结束语

ICAP指令在本质上是保护主义措施，限制了为进入会计服务市场而进行的竞争。该指令旨在防止外国会计资质与ICAP的资质进行竞争。其通过下列方式创建了竞争的监管壁垒：第一，限制了非ICAP学生选择培训机会的能力；第二，限制了ICAP会员选择聘用受训人员的能力。竞争委员会利用其执法能力，处理由管辖巴基斯坦会计师职业的机构以自我监管方式施加的这一公共限制。

第六节　结　　论

任何贸易自由化的努力取得最终成功,无论是在服务贸易领域还是货物贸易领域,都是相关司法管辖权内有效的竞争体制的一项直接功效。本章关注的是可能妨碍贸易的公共限制,而不是私人反竞争做法。本章审查了巴基斯坦的五个案例,巴基斯坦通过倡导和(或)执法的形式采取新做法,纠正由于公共限制导致的市场扭曲。

第一个ICH案例公然违反GATS第四议定书《电信附件》下签署的国际义务,以及国内竞争和电信法律和政策。巴基斯坦竞争委员会利用其倡导和执法权力纠正这一公共限制。委员会的行动以最高法院的决定而宣告结束。第二个案例涉及巴基斯坦的一个国有企业——巴基斯坦国际航空公司。如果是在MRTPO体制下,不可能就国有企业采取行动。巴基斯坦通过《竞争法》的形式引入了现代竞争原则,取消了MRTPO给予国有企业的豁免,显示了政府开辟竞争中立新动态的意图。委员会的倡导努力给市场带来了两个新的参与者,因此改进了市场内部的竞争;改进了消费者选择,增强了消费者福利。第三个案例再次涉及国有企业和公共部门建筑公司,这些实体被给予优惠待遇,免于在竞标政府合同时提供绩效债券和担保。委员会发布了一项政策报告,呼吁取消豁免以创造对所有参加方都适用的公平竞争环境,并且改进政府合同的竞争。但是,竞争委员会的建议没有被听取,因为利益集团相比竞争中立的理念更加强势。如果是在此前的MRTRO下,竞争委员会不可能发布这份意见。《竞争法》拥有发布政策注释的具体授权,是抵制公共限制的一个有用工具。第四个和第五个案例涉及巴基斯坦注册会计师协会(ICAP),这是根据1961年《注册会计师指令》建立的一个注册会计师机构,其目标包括坚持职业标准和推进职业价值和道德。ICAP在1961年《注册会计师指令》第27段下有权力制定社团章程,并获得政府批准。在第四个案例中,ICAP声称利用权力制定章程,签发了一个指令,对其所有成员征收最低审计费。竞争委员会谴责这个指令,将其界定为固定价格的一个典型案例,损害了公共利益。ICAP的自我监管限制了市场竞争。委员会利用其执法权力,纠正了ICAP采取的这一扭曲竞争的措施。第五个也是最后一个案例涉及的是努力阻止外国竞争者参与会计服务市场。ICAP签署了一项指令,禁止其会员将非ICAP学生作为受训人员。指令反映了保护主义倾向,限制了会计服务市场的竞争。竞争委员会再次利用其执法权力，谴责这份指令，并且对ICAP进行了惩罚。

上述案例显示，单靠贸易自由化不会实现预期收益，除非竞争规则落实到位，并且有强劲的主管部门予以执行。竞争倡导是竞争执法机构可以采用的一项重要工具，推动竞争中立，并且为建立公平竞争环境铺平道路，是新进入者成长并与当地公司和老牌公司有效竞争的必要条件。竞争机构在取消经济增长的监管壁垒方面能够发挥一种极其重要、影响深远的作用。

注释

1. Kevin C. Kennedy, Foreign Direct Investment and Competition Policy at the World Trade Organization, 33, Geo. Wash. Int'l L. Rev. 585, 2001.

2. 1970 年《垄断和限制性贸易做法(控制和预防)法》(公布在巴基斯坦官报特刊上，1970 年 2 月 26 日)。关于这份法律的评论意见，参见 Joseph Wilson, *At the Crossroads: Making Competition Law Effective in Pakistan*, 26, NW. J. Int'l L. & Bus. 565, 2006。

3. 2007 年《竞争法》(公布在巴基斯坦官报特刊上，1970 年 10 月 2 日)。

4. 2007 年《竞争法》，第 12 节。

5. 1970 年《垄断和限制性贸易做法(控制和预防)法》，序言和第 3 节。

6. 2007 年《竞争法》，序言。

7. 2010 年《竞争法》(公布在《巴基斯坦官报特刊》上，2010 年 10 月 13 日)。

8. 滥用市场支配地位——

(1) 任何人不得滥用支配地位。

(2) 如果其包括阻挠、限制、减少或扭曲相关市场竞争的做法，应当被认定滥用支配地位的产生、维持或继续。

(3) 上面第(2)段提到的“做法”应当包括但不限于：

(a) 限制生产、销售和不合理地增加价格或其他不公平的贸易条件；

(b) 在不同消费者之间对相同货物或服务征收不同价格，构成价格歧视，但没有可以证明采取不同价格的理由；

(c) 搭售，货物或服务的销售以购买其他货物或服务为条件；

(d) 缔结合同取决于其他方接受补充性义务，而这些义务从其性质或商业用途上与合同主体没有关系；

(e) 对其他方施加相同交易的不同条件，让这些人处于不利地位；

(f) 通过掠夺性定价的方式将竞争对手赶出市场，防止新的参加方进入，并垄断市场；

(g) 抵制或排除其他企业参与任何货物的生产、分销或销售或任何服务的通过；

(h) 拒绝达成协议。

9. 禁止性协定——

(1) 任何企业或企业协会不得签署任何协议，就企业协会而言，不得作出一项关于货物的生产、供应、分销、采购或控制或服务提供的决定，只要这些决定具有妨碍、限制或降低相关市场竞争的目的或效果，除非第五部分另有规定。

(2) 此类协定应该包括但不限于：

(a) 固定购买或销售价格,或对施加于任何货物的销售或分销或服务提供相关的其他限制性贸易条件;

(b) 划分或分配货物或服务市场,不管其按照领土、销售额或购买额、销售的货物或服务类别或其他任何方式;

(c) 固定或设置关于任何货物的生产、分销或销售数量,或者关于任何服务提供方式的做法;

(d) 限制关于任何货物的生产、分销或销售或任何服务的提供的技术进展或投资;

(e) 关于任何货物或服务的销售、购买或采购的串通投标或报价;

(f) 对其他方施加相同交易的不同条件,让这些人处于不利地位;

(g) 缔结合同取决于其他方接受补充性义务,而这些义务从其性质或商业用途上与合同主体没有关系;

(3) 任何达成的违反分项(1)的协定应予无效。

10. 欺诈性营销做法——

(1) 任何企业不得开展欺诈性营销做法。

(2) 一企业应被认为从事或继续欺诈性营销做法,如其——

(a) 散布能够损害另一企业商业利益的错误或误导性信息;

(b) 对消费者散布错误或误导性信息,包括散布缺乏合理基础的与货物的价格、特征、方法或生产地点、性能、适用性或质量相关的信息;

(c) 在广告中对货物的错误或误导性对比;

(d) 欺骗性使用其他公司的商标、企业名称或产品标签或包装。

11. ICN 倡导工作组准备的 ICN 倡导工具箱,第一部分倡导进程和工具:"竞争倡导涉及竞争监管机构开展的与推进竞争环境相关的活动,主要通过与政府机构建立和谐关系的非执行机制方式,并增加公众对竞争益处的认知度。"

12. The World Bank, OECD, A Framework for the Design and Implementation of Competition Law and Policy, 1998, Chapter 6, p.93.

13. Timothy J. Muris, *Principles for a Successful Competition Agency*, 72 U. Chi. L. Rev. 165, 174, 2005, p.170.

14. http://www.oecd.org/eco/growth/reducing-regulatory-barriers-to-competition-2014.pdf.

15. WTO, Trade Policy Review—Report by the Secretariat: India, WTO Document No. WT/TPR/S/182, 2007, 96.

16. 信函主题:长途电话运营商之间签署国际清算中心协议,File No.2(291)/AGR/EXMP REG/CCP/11, http://www.cc.gov.pk/images/Downloads/mb_ptcl_final_amended_1.pdf。

17. 同上,第 8 段。

18. 同上。

19. MoIT letter No.9-1/2002 DT.

20. http://www.cc.gov.pk/images/Downloads/policy_notes/policy_note_ich_exchange_arrangement.pdf.

21. 同上。

22. "监管俘获"是一种政治腐败,为了公共利益行使而创建的一个监管机构被指令监管某产业或部门,当该监管机构执行该产业或部门中占据主导地位的利益集团的商业或特殊关切时,就会发生监管俘获。

23. 法洛可作为巴基斯坦电信局负责人的任命违法：LHC；2013WLNR 2243951，2013 年 1 月 29 日访问。

24. http://tribune.com.pk/story/517416/lahore-high-court-suspends-new-pta-member-finance/.

25. BrainTelecommunication Ltd v. MoIT etc.，WP No.26636/2012.

26. In Re：ICH matter，File No.5(114)/REG/ADG-SCP/LHC/CCP/13，http://www.cc.gov.pk/images/Downloads/ich_order_30_april_2013.pdf，quoted at para.84.

27. *ADG LDI Private Limited v. Brain Telecommunication Limited*，et al.，C.P.L.A. No.102-1/2013.

28. WP No.26636/2012.

29. http://www.cc.gov.pk/images/Downloads/ich_order_30_april_2013.pdf.

30. 同上文，第 116 段。

31. *Federation of Pakistan v. Redtone Telecommunications (Pvt) Ltd.*，CPLA No. 146，2015.

32. 由于反竞争做法导致的请愿保护并停止美国—巴基斯坦线路的清算支付命令，ID Docket No. 12—324，http://www.fcc.gov/document/stop-settlement-payment-order-uspakistan-route。

33. 同上。

34. 同上文，第 19 段。

35. 参见 http://visegadget.com/ustr-has-urged-government-of-pakistan-to-withdraw-international-clearing-house/。

36. 同上。

37. http://www.cc.gov.pk/images/Downloads/policy_notes/basa%20policy%20note%20-%2018%20may%202010.pdf.

38. http://awamtv.com/news/new-hajj-policy-2013-application-in-pakistan/.

39. 435 U.S. 679，98 S.Ct. 1355(1978).

40. 同上文，第 695 页。

41. 同上。

第十九章
发展中国家的服务贸易协定

克雷格·范格拉斯泰克、米娜·马沙耶赫

第一节　简　　介

发展中国家总体上在谈判优惠贸易协定的问题上采取了完全不同的方法，特别是在那些包含服务贸易实质性承诺的优惠贸易协定方面。一方面，数量较少但不断增加的国家已经热切地拥抱优惠贸易协定带来的机遇，其中很多国家似乎更愿意将这些协定视为多边自由化的补充而不是替代。另一方面，数量众多但不断减少的国家以一种更深层次的恐惧和勉强态度看待贸易自由化问题，无论谈判是在歧视性基础上进行，还是在最惠国待遇基础上进行。第一类成员已经与其大量的贸易伙伴(既包括发达国家也包括发展中国家)签署了优惠贸易协定，这些成员也愿意在这些协定中作出超过其在世贸组织内既有承诺的进一步开放。那些承诺可以是在世贸组织承诺基础上的额外承诺(即超过了其在世贸组织内已经作出的承诺，英文缩写 WTO+)，也可以是超越世贸组织的(即在世贸组织协定还没有涵盖的事项上作出承诺，英文缩写 WTO-X)，前者就包括了在服务领域的市场准入承诺。第二类成员通常将其优惠贸易协定谈判限于本地区的贸易伙伴，并且通常更喜欢签署那些只涵盖货物贸易的优惠贸易协定。在这两类成员之间，我们可以发现有折中目标和经验的其他一些国家，但其中很多国家签署的优惠贸易协定的数量由少变多，自由化水平正在由浅入深。

自世贸组织成立以来，每一份关于优惠贸易协定的分析报告都强调了这些协定快速增多的趋势。毫无疑问，这些协定的总体数量很多，但更重要的是注意哪些国家在谈判优惠贸易协定，以及这些国家同意将什么议题放在谈判桌上。20 世纪 60 年代和 70 年代的优惠贸易协定谈判主要是在邻国之间进行的，北北国家协定和南南国家协定都是如此。到了 20 世纪 80 年代和 90 年代，更大的一些发达国家开始转向与发展中国家和中等规模国家谈判优惠贸易协定。时至今日，优惠贸易协定几乎在我们能够想象的各种组合之间进行。其中，就包括了最大的经济体与世界其他经济体签署的协定，以及这些大型经济体之间的协定。

表 19.1 总结了很多最大的发达经济体和发展中经济体签署的优惠贸易协定情况，及其在不远的将来可能签署的协定。该表数据按照贸易伙伴类型，以四个最大经济体（中国、欧盟、日本和美国）为标准，按照地区进行区分。这两种划分都可以作为相关经济体商谈贸易协定的雄心水平指标：虽然雄心水平较低的发展中经济体只与相邻的发展中经济体商签优惠贸易协定，但最具雄心水平的发展中经济体与多个大陆的贸易伙伴和最大的几个经济体谈判优惠贸易协定。总体趋势是雄心水平在增加，这个可以从现有的和已规划的优惠贸易协定中体现出来。到 2013 年底，只有蒙古国没有签署任何优惠贸易协定，16 个经济体只与其本大陆的经济体签署优惠贸易协定。但是，假定所有谈判都能达成贸易协定，很快将没有抵制优惠贸易协定的经济体，只与本地区经济体商签优惠贸易协定的经济体也将减少一半。相比之下，最具雄心水平的经济体数量将有所增加，将从 11 个增加到 18 个。虽然智利是唯一与所有四大世界主要贸易经济体都签署了优惠贸易协定的国家，但在不远的将来，巴林、哥斯达黎加、韩国、马来西亚、阿曼、秘鲁、新加坡和越南都可能加入进来。

除了优惠贸易协定的数量和构成，我们还必须考虑这些协定的深度。在一国决定要谈判优惠贸易协定并选定与哪些国家进行谈判后，接下来必须选择谈判什么议题。其中，必须考虑的是服务议题是否涵盖在内。答案经常是否定的，但是在优惠贸易协定中纳入服务部门，是一个不断增长的趋势。表 19.2 显示涵盖服务部门和不涵盖服务部门的优惠贸易协定的情况。数据显示，就数值最高的概念而言，发达和发展中国家在选择倾向上几乎没有差别。发达国家签署的优惠贸易协定中，63%涵盖服务贸易，发展中国家的这一比例达到 60%，是基本相同的。但是如果再更近距离地观察这两者内部的情况，就能够发现很重要的差异。例如，相比其他发达国家，欧盟和欧洲自由贸易协会（EFTA）并不是很坚持纳入服务部门。就发展中国家而言，地区差异相当明显。拉美地区国家在大多数签署的优惠贸易协定中纳入服务贸易，并不怎么在意协定是与发达国家签署的，还是与发展中国家签署的。但是，这一特征对很多亚洲国家来说更加明显，它们愿意在几乎与发达国家签署的所有优惠贸易协定中都包含服务贸易，但是与发展中国家签署的优惠贸易协定中，只有三分之二包含服务。中东地区国家只有在与发达国家签署优惠贸易协定时才将服务纳入其中，而且这在贸易协定中只占极少数。非洲地区的情况差异明显，只有几个非洲国家已经或正在将服

表 19.1 部分经济体优惠贸易协定战略的不断变化的组合情况(2013 年及以后)

2013 年底生效的优惠贸易协定				
		与四大经济体签署的优惠贸易协定		
		一个都没有	与其中一个	两个以上
与除了四大经济体之外的其他贸易伙伴签署的优惠贸易协定	没有	蒙古国	阿尔及利亚、科威特	—
	只与同大陆的贸易伙伴签署	安哥拉、孟加拉国、玻利维亚、厄瓜多尔、格鲁吉亚、加纳、海地、伊拉克、哈萨克斯坦、肯尼亚、尼泊尔、尼日利亚、卡塔尔、沙特阿拉伯、斯里兰卡、委内瑞拉	古巴、圭亚那、牙买加、新西兰、阿曼、巴基斯坦、苏里兰、津巴布韦	柬埔寨、多米尼加、印度尼西亚、菲律宾、泰国、越南
	与两个大陆的贸易伙伴签署	阿根廷、巴西、巴拉圭、俄罗斯、乌克兰	澳大利亚、埃及、中国香港、印度、南非、突尼斯	以色列、马来西亚、摩洛哥
	与三个及以上大陆的贸易伙伴签署	中国、欧盟、日本、美国、乌拉圭	冰岛、挪威、土耳其	加拿大、智利、哥伦比亚、哥斯达黎加、约旦、韩国、墨西哥、巴拿马、秘鲁、新加坡、瑞士
如果 2013 年底正在进行或正在可研的谈判成功结束,将会生效的优惠贸易协定				
与除了四大经济体之外的其他贸易伙伴签署的优惠贸易协定	没有	—	阿尔及利亚,蒙古	—
	只与同大陆的贸易伙伴签署	孟加拉国、海地、伊拉克、哈萨克斯坦、尼泊尔、尼日利亚、斯里兰卡、委内瑞拉	安哥拉、玻利维亚、古巴、厄瓜多尔、圭亚那、格鲁吉亚、加纳、牙买加、肯尼亚、巴基斯坦、苏里兰、津巴布韦	文莱、柬埔寨、多米尼加、印度尼西亚、新西兰、阿曼、菲律宾
	与两个大陆的贸易伙伴签署	俄罗斯、乌克兰	埃及、中国香港、南非、突尼斯	以色列、科威特、马来西亚、摩洛哥、沙特阿拉伯、泰国
	与三个及以上大陆的贸易伙伴签署	—	阿根廷、巴西、中国、冰岛、挪威、巴拉圭、土耳其、乌拉圭	澳大利亚、加拿大、智利、哥伦比亚、哥斯达黎加、欧盟、印度、日本、约旦、韩国、墨西哥、巴拿马、秘鲁、卡塔尔、新加坡、瑞士、美国、越南

注:四大经济体是中国、欧盟、日本、美国。

资料来源:主要根据世贸组织区域贸易协定数据库(http://rtais. wto. org/UI/PublicMaintainRTAHome. aspx)。部分信息来自中国(http://fta. mofcom. gov. cn/english/index. shtml),欧盟(http://trade. ec. europa. eu/doclib/docs/2012/november/tradoc_150129. pdf),日本(http://www.mofa.go.jp/policy/economy/fta/index.html),美国(http://www.ustr.gov/trade-agreements/free-trade-agreements)。

表 19.2　1985 年以来部分经济体签署的优惠贸易协定涵盖服务的情况

1986—2014 年向 GATT 或世贸组织通报的优惠贸易协定(是否涵盖服务贸易)的数量和比例							
	与发达经济体			与发展中经济体			总体
	是	否	比例	是	否	比例	
发达经济体							
澳大利亚	2	0	100%	7	0	100%	100%
加拿大	1	1	50%	5	3	57%	56%
欧洲自由贸易协会*	1	1	50%	7	16	30%	32%
欧盟	0	3	0%	12	16	43%	39%
日本	2	0	100%	11	1	92%	93%
新西兰	1	0	100%	7	0	100%	100%
美国	2	0	100%	12	0	100%	100%
总体	*9*	*5*	*64%*	*61*	*36*	*63%*	*63%*
发展中经济体							
拉美	*23*	*2*	*92%*	*42*	*5*	*89%*	*90%*
智利	6	0	100%	12	3	80%	86%
哥伦比亚	4	0	100%	3	1	75%	88%
哥斯达黎加	3	1	75%	7	0	100%	91%
墨西哥	4	0	100%	8	1	88%	92%
巴拿马	3	0	100%	6	0	100%	100%
秘鲁	4	1	80%	6	0	100%	91%
亚洲	*20*	*1*	*95%*	*29*	*14*	*67%*	*77%*
中国	3	0	100%	7	0	100%	100%
印度	1	0	100%	3	7	30%	36%
印度尼西亚	1	0	100%	0	1	0%	50%
韩国	4	1	80%	5	1	83%	82%
马来西亚	3	0	100%	2	1	67%	83%
新加坡	5	0	100%	8	1	89%	93%
中国台湾	1	0	100%	4	1	80%	83%
泰国	3	0	100%	0	2	0%	60%
非洲和中东	*2*	*13*	*13%*	*0*	*21*	*0%*	*6%*
埃及	0	2	0%	0	1	0%	0%
以色列	0	3	0%	0	2	0%	0%
约旦	1	3	25%	0	1	0%	20%
摩洛哥	1	2	33%	0	1	0%	25%
南非	0	1	0%	0	0	NA	0%
土耳其	0	2	0%	0	16	0%	0%
苏联国家	*1*	*0*	*100%*	*1*	*31*	*3%*	*6%*
亚美尼亚	0	0	NA	0	7	0%	0%
俄罗斯	0	0	NA	1	13	7%	7%
乌克兰	1	0	100%	0	11	0%	8%
总体	*55*	*16*	*77%*	*72*	*70*	*51%*	*60%*

注：* 不包括单独欧洲自由贸易协会成员作为成员的优惠贸易协定。

资料来源：作者根据世贸组织数据测算，http://rtais.wto.org/UI/PublicSearchByCr.aspx。

务纳入其区域贸易协定中，例如东南非共同市场(COMESA)、东非共同体(EAC)、中部非洲国家经济共同体(ECCAS)、西非国家经济共同体(ECOWAS)和南部非洲发展共同体(SADC)。表格显示，苏联几乎专注于与其他发展中经济体或转型经济体达成优惠贸易协定，而且这些协定一般不包括服务部门。

服务部门对很多经济体的相关性进一步凸显了分析贸易谈判中服务部分的重要性。1980 年至 2012 年间，服务的 GDP 占比在所有各类经济体中都有所增长：发达经济体从 61%增长到 75%，发展中经济体从 41%增长到 51%(图 19.1)。而且，服务部门是就业的一个重要贡献方(图 19.2)。最近几年，服务在发达经济体货物和服务总体出口中的份额在 25%左右，发展中经济体的这一比例是 15%。

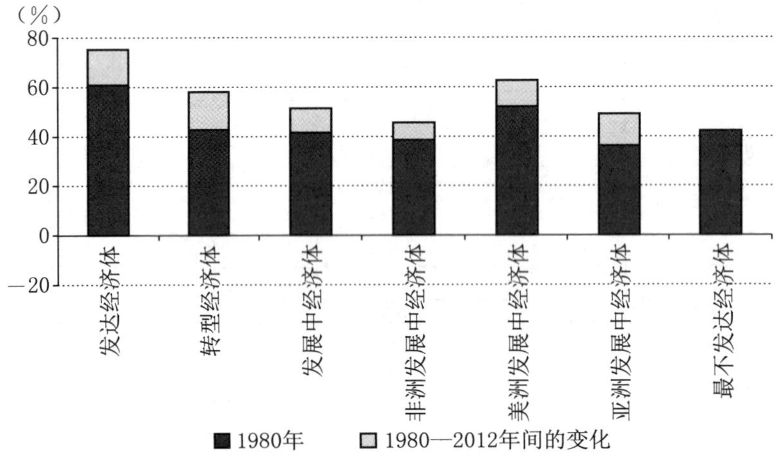

资料来源：联合国贸发会议数据库。

图 19.1　按地区划分的服务占 GDP 的比例(1980 年和 2012 年)

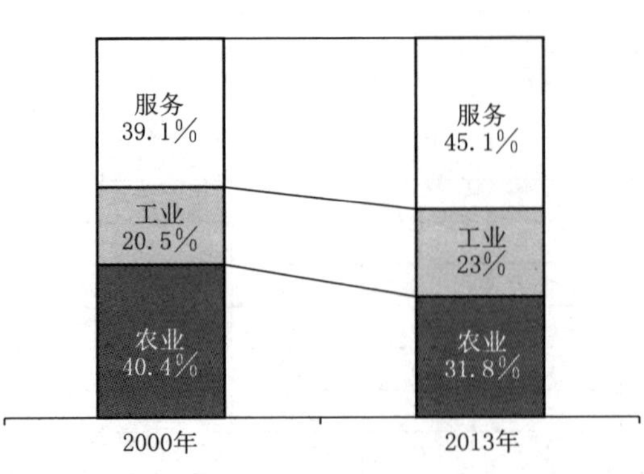

注：2013 年数值为预测值。

资料来源：《全球就业趋势 2014：无就业复苏的风险》，日内瓦，国际劳工组织，2014 年。

图 19.2　服务对全球就业的贡献(2000 年和 2013 年)

这一预测可能被低估了，因为服务可能代表体现在货物出口中的增加值的一个重要部分，但贸易统计还无法完全体现(联合国贸发会议，2015)。还需努力进一步开发由于商业存在和自然人移动带来的服务贸易数据。在经济体、区域和全球价值链中，服务化是一个重要特征，这些价值链也对贸易关系、多边和区域贸易合作协定和谈判产生了重要影响。[1]

图 19.1 和图 19.2 的数据放在一起，向我们展示了一个难题。无论是在谈判对象上还是谈判议题上，为什么一些发展中经济体相比其他一些经济体更加坚决地谈判有雄心水平的优惠贸易协定？这就是本章致力于回答的问题。我们在这里提出，看待发展中经济体在优惠贸易协定谈判总体立场方面的差异，特别是服务部门的谈判立场，不能孤立于其总体竞争力(即其积极参与国际经济竞争的能力)或政策取向。数据显示，各经济体在这些选项之间的选择上体现出的模式是相同的。作为一个群体，选择谈判数量更多、水平更高的优惠贸易协定的经济体往往人均收入更高，而且具备一些其他特质，帮助其更积极地参与全球市场(例如，这些经济体的贸易密集度更高)，并拥有更强的竞争能力(例如，服务部门规模更大更发达)。总体而言，很难说这些特质是那些经济体决定谈判服务部门的原因还是结果，但是在实践中很明显的是，这种不同的趋势进一步拉大了积极参与全球化的发展中经济体与其他发展中经济体之间的差距。这一差距现在不断扩大，一些发展中经济体在贸易方面的差异看似已超过发达经济体与发展中经济体之间的差异。这里的问题不仅在于各经济体对优惠贸易协定的渴望有所差异，还在于它们对多边自由化采取的方式。无论是从回顾历史(各经济体在乌拉圭回合谈判的实际承诺)的角度，还是从展望未来(各经济体在多哈回合中的联盟外交)的角度看，这一结论都是正确的。

第二节　为何一些国家谈判很多优惠贸易协定而很多只谈判一些优惠贸易协定

优惠贸易协定谈判越来越多，可能进一步扩大了商签较多优惠贸易协定国家与较少优惠贸易协定国家之间的差距，由此导致的结果将是一些发展中国家与众多的贸易伙伴享受并主动提供互惠市场准入机会，而其他一些发展中国家仍然处于相对封闭的状态。后者在数量上仍然多于前者，但趋势一直是越来越多的国家加入支持优惠贸易协定的阵营。

影响各国对优惠贸易协定看法的一个因素在于，其所参加的关税同盟或共同市场的规则是限制还是便利其谈判额外的优惠贸易协定。以拉美地区为例，该地区的绝大多数国家都是次区域集团的成员。一些此类协定，特别是加勒比地区国家的加勒比共同体（CARICOM）和南锥体国家形成的南方共同市场（MERCOSUR），在原则上都要求其成员国与第三国签署任何协定时，必须获得这一区域组织国家的批准；在实践中，除了这些集团整体签署的优惠贸易协定，这些集团的成员国很少单独谈判其他的优惠贸易协定。[2]建立安第斯共同体或中美洲一体化体系的条约中没有此类规则，这些集团的成员国总体上可以自由地与集团之外的其他国家谈判优惠贸易协定。智利、多米尼加、墨西哥和巴拿马是更加特殊的情形，它们的行动自由度更大，这些国家不是任何共同市场的完全成员国，因此没有受到相关区域规则的限制。

这些差别对解释拉美国家不同的优惠贸易协定策略很有帮助。绝大多数没有加入次区域集团的国家，以及安第斯共同体和中美洲一体化体系的一些成员国谈判多个优惠贸易协定，而南方共同市场和加勒比共同体成员国谈判的协定更少一些，即便不是说它们根本没有此类谈判。这些国家的不同偏好也导致其组成的集团更多以政治亲和力为基础，而不是地理相邻性。这些集团中，一方面有太平洋联盟，这是由谈判很多优惠贸易协定的、支持贸易的一组国家（如智利、哥伦比亚、墨西哥和秘鲁，哥斯达黎加和巴拿马也表达了加入联盟的意愿）构成的；另一方面还有美洲玻利瓦尔联盟，这是由很少谈判优惠贸易协定、对贸易持怀疑态度的国家构成。后者于 2001 年建立，一开始是由古巴和委内瑞拉组成，此后扩大到拉美地区（玻利维亚、厄瓜多尔和尼加拉瓜）和加勒比地区（安提瓜和巴布达、多米尼加、圣卢西亚、圣文森特和格林纳达）。

意识形态也发挥着作用。虽然本章考察的议题从某种程度上讲看似很新——因为这涉及技术和经济方略的最新变化，但关于服务和优惠贸易协定的辩论不过是围绕贸易与发展之间复杂关系的古老争议的最新展现而已。自从亚当·斯密和亚历山大·汉密尔顿时代以来，经济学家和决策者往往划分为两个对立阵容。推动贸易的阵营支持亚当·斯密，认为一国拥抱国际劳动分工能够比闭关自守实现更好发展，无论是发达还是发展中国家，都能从更紧密的经济联系和国际劳动分工中获得收益。就目前而言，贸易自由化的一般原理，特别是服务贸易自由化，已经超过一种重商主义的思维方式，即计算这将导致进口缩水还是出口扩大。贸易自由化的倡导者一直以来坚持认为，真正的目标是增加一国生产率（这就是亚当·斯密所说的“国民财富的性质”）而不是实现某个特定贸易结果。根据这种观点，相比对于某一时期贸易平衡是顺差还是赤字的过渡性担忧，在长期拥有一个竞争性的经济是更加重要的。

相比之下，对贸易持怀疑态度的国家支持汉密尔顿，非常悲观地看待自由市场对发展中国家可能的经济和政治影响。它们担心，支持国际贸易分工将永久性地让发展中国家处于经济阶梯的最下层。贸易怀疑派更喜欢的体系是在朝着贸易自由化方面采取有限举措，并且以各国、区域或全球国际组织发挥更大作用作为补充。这两类思想学派的分歧从18世纪初到20世纪末几乎没有变化。第三类国家以成本和收益证据为基础，更加小心地看待贸易自由化，其追求的目标是确保贸易与可持续和包容性发展相一致，而且为后者创造一种赋能的环境。

关于决策者到底在多大程度上坚持这些争议观点，发展中国家内部立场差异明显。发展中国家在多哈回合中坚持不同立场，能够证明这一点。一些发展中国家聚集起来，组成支持贸易的联盟，而另一些国家加入基本上或专门持保守观点的联盟。这里的证据更加聚集在这些国家采取的针对优惠贸易协定的不同方法上，这些国家在贸易协定的大致数量、贸易伙伴的地理范围和这些协定包含的承诺的宽度和深度上存在不同看法。那些差异可能部分通过参考区域模式进行解释，例如，在其他条件不变的情况下，拉美国家相比其他地区往往更愿意谈判数量更多、水平更高的协定。一些学者还注意到，亚洲国家相比其他地区更倾向于在优惠贸易协定中作出雄心水平较低的承诺。[3] 当然也有一些例外，例如马来西亚、巴基斯坦、韩国和新加坡。

非洲和拉美地区在有效执行优惠贸易协定条款上面临类似挑战。困难可以被归因于对协定没有归属感，在政治意愿、协调机制和不同政府部门的参与等方面存在不足。跨境贸易与各国监管机构的管辖权之间还存在不匹配现象。在区域一体化进程中放弃国家主权，以及执行优惠贸易协定条款方面，很多国家仍然面临困难。

法律和意识形态的解释只能告诉我们这些，而且不能脱离各类国家之间根本的经济差异来单独考虑。下面的分析中，主要关注的是最具雄心水平的国家在多大程度上有别于雄心水平最低的国家，以及决策者如何设想贸易协定在各自国家战略中的位置。

第三节　四类发展中国家的利益和协定

各国在优惠贸易协定谈判方面暴露出的偏好，反映了具有某些共同特征的各类国家的真实差异。这些共同特征包括收入水平的类似性（更加富裕而且具有竞争力的国家倾向于更多地谈判优惠贸易协定)、资源禀赋(石油出口国往往很少谈判优惠贸易协定)和政策取向(已经在本国采取很多市场导向型政策的国家往往愿意谈判更多的优惠贸易协定)。因此,那些谈判最多优惠贸易协定的国家经常是在全球经济中处于最好位置的国家,也经常是促进国内和国际竞争的政策措施已经落实到位的国家。绝大多数此类国家似乎将优惠贸易协定作为世贸组织多边贸易自由化的一种补充,而不是替代方案。与之相反的,那些最脆弱的国家(或自认最脆弱的国家)总体上谈判的优惠贸易协定最少,在朝着建立商业友好型政策环境方面采取的举措也最少。那些国家也是最不愿意参加多边贸易谈判的国家。因此,主要区别不是在各国寻求优惠市场准入的偏好上,而是在贸易友好型国家和贸易怀疑派国家的根本性差异上。这也反映了一个事实,谈判最少优惠贸易协定的国家,包括最不发达国家在内,通常生产能力薄弱,多元化经济发展不充分,服务部门不发达。

33 个发展中国家在谈判优惠贸易协定的问题上偏好不同,这些国家的经验充分证明了上面提到的这些观点。基于表 19.1 和表 19.2 的数据,我们可以按照优惠贸易协定的数量和质量,将这 33 个发展中国家划分为四类:

- 多个深层次的优惠贸易协定:9 个国家现在的优惠贸易协定具有如下效果:第一,至少与 4 个最大经济体中的两个签署协定;第二,其他协定伙伴至少在两个大陆上;第三,至少 75%的优惠贸易协定涵盖服务贸易。这些国家中,有 6 个来自拉美(智利、哥伦比亚、哥斯达黎加、墨西哥、巴拿马、秘鲁),有 3 个来自亚洲(韩国、马来西亚和新加坡)。

- 多个浅层次的优惠贸易协定:3 个国家现在的优惠贸易协定具有如下效果:第一,至少与 4 个最大经济体中的两个签署协定;第二,其他协定伙伴至少在两个大陆上;第三,涵盖服务贸易的优惠贸易协定比例不足 75%。所有这 3 个国家(以色列、约旦和摩洛哥)都位于中东地区,而发达国家有时候更多将这个地区的优惠贸易协定作为地缘政治的手段,而不是商业政策的工具,因此在寻求从其贸易伙伴那里获取开放承诺方面没有采取特别过分的要求。

- 多个有计划的优惠贸易协定:如果现在进行的所有谈判都能成功结束并实施,6 个国家拥有的自贸协定将:第一,至少与 4 个最大经济体中的两个签署;第二,其他协定伙伴至少在两个大陆上。这个小组包括两个可能被列入现在很少有优惠贸易协定的国家,当然前提是现在正在谈判的协定不被考虑,这两个国家是卡塔尔和沙特。此外,这个小组还包括早已经有几项优惠贸易协定的 4 个国家,分别是印度、科威特、泰国和越南。所有这些国家要么是在亚洲,要么是中东地区。

● 现在几乎没有优惠贸易协定的：15 个国家现在或者没有已经生效的优惠贸易协定（如蒙古），或者没有与四大经济体中任何一个签署优惠贸易协定，并且其他优惠贸易协定都是与本大洲的国家签署的。这个小组多样化程度很高，4 个国家来自非洲（即安哥拉、加纳、肯尼亚、尼日利亚），7 个来自亚洲或中东（即前面提到的蒙古国，以及孟加拉国、格鲁吉亚、伊拉克、哈萨克斯坦、尼泊尔和斯里兰卡），以及拉美和加勒比的 4 个国家（即玻利维亚、厄瓜多尔、海地和委内瑞拉）。

下面的分析以上述各类国家的描述性统计为基础。最重要的对比是在第一类国家和第四类国家，即拥有最多优惠贸易协定的国家与拥有最少优惠贸易协定的国家之间。在各种情形下，我们观察到的分歧确认，各国将其自己归为这两类群体中的任何一类，都反映了这些国家的条件或利益的真实差异。在很多情形下，两类中间群体的观测值可以非常紧密地沿着一个频谱排列，似乎这些中间群体国家是在两类极端群体的缓冲地带。

正如可以从表 19.3 观察到的，达成多个、深层次的优惠贸易协定的国家，在富裕程度上往往超过发展中国家的平均水平。它们的人均 GDP 几乎是现在只

表 19.3　部分国家的经济特征

	人均 GDP（美元）	出口的 GDP 占比（%）	服务的 GDP 占比（%）	服务贸易的 GDP 占比（%）	每百人互联网使用者（人）
多个深层次的优惠贸易协定	**15 893**	**63.5**	**62.0**	**26.7**	**56.0**
智利	15 356	34.2	58.3	10.3	61.4
哥伦比亚	7 752	18.9	56.0	4.3	49.0
哥斯达黎加	9 396	37.7	68.2	48.4	47.5
韩国	22 590	56.5	58.1	19.4	84.1
马来西亚	10 381	87.5	49.2	26.5	65.8
墨西哥	9 747	32.9	59.5	3.9	38.4
巴拿马	9 534	77.5	78.5	35.1	45.2
秘鲁	6 568	25.5	57.2	5.8	38.2
新加坡	51 709	200.7	73.2	86.6	74.2
多个浅层次的优惠贸易协定	**13 699**	**39.4**	**61.3**	**25.3**	**56.5**
以色列	33 250	36.2	NA	18.6	73.4
约旦	4 945	45.7	67.5	32.7	41.0
摩洛哥	2 902	36.2	55.1	24.5	55.0

续表

	人均 GDP（美元）	出口的 GDP 占比（%）	服务的 GDP 占比（%）	服务贸易的 GDP 占比（%）	每百人互联网使用者（人）
多个有计划的优惠贸易协定	**29 156**	**64.5**	**44.4**	**16.8**	**50.0**
印度	1 489	23.8	56.9	14.0	12.6
科威特	51 497	71.1	NA	17.2	79.2
卡塔尔	89 736	71.0	NA	14.1	88.1
沙特阿拉伯	25 136	56.2	35.2	11.9	54.0
泰国	5 480	75.0	46.5	28.0	26.5
越南	1 596	89.8	38.8	15.6	39.5
现在几乎没有优惠贸易协定的	**4 064**	**35.1**	**50.6**	**13.6**	**25.4**
安哥拉	5 485	65.0	28.6	20.1	16.9
孟加拉国	747	25.0	53.9	7.0	6.3
玻利维亚	2 576	47.3	48.5	11.3	34.2
厄瓜多尔	5 425	31.2	52.9	6.2	35.1
格鲁吉亚	3 508	38.4	67.4	25.3	45.5
加纳	1 605	45.9	50.0	14.0	17.1
海地	771	13.7	NA	18.2	10.9
伊拉克	6 455	NA	NA	7.7	7.1
哈萨克斯坦	11 935	48.4	54.3	8.8	53.3
肯尼亚	865	27.3	53.3	18.4	32.1
蒙古国	3 673	50.9	50.0	29.5	16.4
尼泊尔	707	9.8	48.6	9.4	11.1
尼日利亚	1 555	39.6	NA	10.1	32.9
斯里兰卡	2 923	23.1	58.0	12.0	18.3
委内瑞拉	12 729	26.2	42.1	5.4	44.0

资料来源：绝大多数数据是 2012 年数据，但一些国家的一些数据年份是 2010 年或 2011 年。世界银行数据库，人均 GDP（http://data.worldbank.org/indicator/NY.GDP.PCAP.CD），服务占 GDP 比例（http://data.worldbank.org/indicator/NV.SRV.TETC.ZS），货物和服务出口的 GDP 占比（http://data.worldbank.org/indicator/NE.EXP.GNFS.ZS），服务贸易的 GDP 占比（http://data.worldbank.org/indicator/BG.GSR.NFSV.GD.ZS）。

有几个优惠贸易协定的国家的平均水平的五倍多。即便是这个群体中最贫困的国家(秘鲁),其 GDP 也高于目前只有几个优惠贸易协定的 15 个国家中的 13 个。这不是说相对高的人均 GDP 从本质上说就可以与支持贸易的观点联系在一起。在刚刚开始谈判重要的优惠贸易协定的发展中国家中,有一些是石油国家,以至于多个有计划的优惠贸易协定的国家的人均 GDP 是 29 156 美元。将石油与贸易怀疑主义观点捆绑在一起是不正确的,因为大家可以发现,石油出口国既可能是最支持贸易的国家(例如马来西亚和墨西哥),也可能是对贸易持怀疑态度的国家(例如哈萨克斯坦和委内瑞拉)。

一项事实也许是最重要的,即有多个、深层次的优惠贸易协定的国家,更多地与全球经济联系在一起。贸易和服务部门在这些国家经济中的占比明显高于那些拥有最少优惠贸易协定的国家。谈判最多优惠贸易协定的国家与世界的联系程度是谈判最少优惠贸易协定的国家的两倍多,这些国家的互联网使用相对水平就可以证明这一点。互联网使用说明在这个国家中有很大的潜在人群就业需要具备能够使用计算机的能力,也可能说明这些国家有更好的物理基础设施网络来开展呼叫中心、远程办公等操作。

全球排名情况也能够反映出,拥有大量优惠贸易协定与更高水平的经济竞争力是联系在一起的。正如表 19.4 所显示的,通过几个指标可以看出,拥有更多优惠贸易协定的国家排名明显超过很少谈判优惠贸易协定的国家。在世界银行的营商指数数据库(DBI)排名中,拥有多个深层次的优惠贸易协定的国家的平

表 19.4　部分国家的排名

	世界银行营商指数	世界经济论坛全球竞争力指数	联合国人类发展指数	腐败看法	经济自由度
多个深层次的优惠贸易协定	**38**	**40**	**54**	**62**	**39**
智利	34	34	40	22	7
哥伦比亚	43	69	91	94	37
哥斯达黎加	102	54	62	49	49
韩国	7	25	12	46	34
马来西亚	6	24	64	53	56
墨西哥	53	55	61	106	50
巴拿马	55	40	59	102	71
秘鲁	42	61	77	83	44
新加坡	1	2	18	5	2

续表

	世界银行营商指数	世界经济论坛全球竞争力指数	联合国人类发展指数	腐败看法	经济自由度
多个浅层次的优惠贸易协定	**80**	**57**	**82**	**64**	**58**
以色列	35	27	16	36	51
约旦	119	68	100	66	33
摩洛哥	87	77	130	91	90
多个有计划的优惠贸易协定	**72**	**39**	**86**	**79**	**68**
印度	134	60	136	94	119
科威特	104	36	54	69	66
卡塔尔	48	13	36	28	27
沙特阿拉伯	28	20	57	63	82
泰国	18	37	103	102	61
越南	99	70	127	116	51
现在几乎没有优惠贸易协定的	**119**	**103**	**119**	**121**	**116**
安哥拉	179	142	148	153	158
孟加拉国	130	110	146	136	132
玻利维亚	162	98	108	102	156
厄瓜多尔	135	71	89	102	159
格鲁吉亚	8	72	72	55	21
加纳	67	114	135	63	77
海地	177	143	161	163	152
伊拉克	151	NA	131	171	NA
哈萨克斯坦	50	50	69	140	68
肯尼亚	129	96	145	136	114
蒙古国	76	107	108	83	75
尼泊尔	105	117	157	116	141
尼日利亚	147	120	153	144	120
斯里兰卡	85	65	92	91	81
委内瑞拉	181	134	71	160	174

资料来源：绝大多数数据是 2012 年数据，但一些国家的一些数据是 2010 年或 2011 年。世界银行数据（http://data.worldbank.org/indicator/IC.BUS.EASE.XQ），世界经济论坛（http://www.weforum.org/issues/global-competitiveness），联合国（http://hdr.undp.org/en/statistics/），国际透明度（http://www.transparency.org/country），传统基金会（http://www.heritage.org/index/ranking）。

均排名是第38位，而拥有最少优惠贸易协定的国家排名是第119位。也许最重要的一点评论在于，第一类国家的生活质量更高，联合国编制的人类发展指数(HDI)可以证明这一点。数据显示，9个拥有多个深层次优惠贸易协定的国家在这五类排名总共45个位置中，其中有7个排名在前10位，只有3项排名在100位以后。相比之下，15个拥有最少优惠贸易协定的国家占据的位置总和是173，[4]不少于48项排名在100位以后，只有1项排名在前10位。

表19.4中的数字代表了某种分析难题。经济复杂度水平和优惠贸易协定谈判之间的对应关系很清楚，但两者之间是否存在因果关系，这仍然是一个开放式的问题。哪个是原因，哪个是结果？有多个深层次的优惠贸易协定的国家选择谈判这些协定，是因为竞争力给予它们的自信心，还是说竞争力本身是它们达成的协定带来的结果？考虑到优惠贸易协定的增多是近期出现的现象，但该表格显示出随着时间推移，变化程度比较缓慢，因此我们可以推测，决定谈判优惠贸易协定，反映了竞争力大的国家的决策者有信心从开放经济中获益。绝大多数情形都能体现这种情况。但是，从长期看，因果关系可能朝着另外一个方向发展:随着这些期待变成现实，我们可能看见拥有优惠贸易协定的国家与没有优惠贸易协定的国家之间的竞争力鸿沟在扩大。

第四节 优惠贸易协定作为GATS+的文件

《服务贸易总协定》(GATS)可以说是乌拉圭回合谈判对贸易体系涵盖范围和开放水平方面的最重要扩展。其主要意义在于:确认服务贸易和货物贸易一样，都是多边贸易体制的组成部分；突出第4条(即发展中成员的更多参与)要求，承认发展中成员的服务部门还不够发达；[5]建立各成员在此领域做出约束性承诺的基本原则；将世贸组织成员的减让表并入GATS，这是一项非常重大的成就。看到这些成就的同时，还必须认识到，谈判在两个领域没有实现既定目标。其中之一就是没有成功完成关于补贴、紧急保障措施、政府采购和国内规制的规则谈判。GATS条款包括一个既定议程，呼吁进一步谈判上述各项议题，其中一些议题还设置了截止日期(虽然都没有按期完成)，另外一些谈判仍然是开放式的。

尽管所有世贸组织成员都将GATS承诺列入减让表，大多数此类承诺或者包括将措施约束在实施层面，或者在其减让表中包括“水分”，允许其在未来的一些监管倡议或紧急情况下采取更具限制作用的措施。毫无疑问，迄今为止，在

GATS下实现的贸易自由化水平已经被单边自由化和优惠市场开放带来的市场准入程度所反超。这一问题体现在，各成员的很多部门没有在GATS中作出承诺，或者作出的承诺相对于现有法律没有改进。根据阿德隆和罗伊（Adlung and Roy, 2005, 2）的研究，“就所有世贸组织成员的平均水平而言，只有三分之一的服务部门已经被纳入现有的（GATS）减让表；很多纳入的条目包含重要的市场准入和国民待遇限制，或者某些特定类型交易（提供方式）的完全例外”。但是，关于金融服务和电信服务的延长谈判代表了更深层次的承诺。此外，中国和俄罗斯等国家还在加入世贸组织过程中做出了重要的市场准入承诺。多哈回合服务谈判的进展基本上取决于农业和非农市场准入谈判的进展。一些学者提出，发展中国家在谈判中被要求做一些事情，例如使用基准或公式化的谈判方法以及约束实施体制，但是并没有从其贸易伙伴那里在其自身有出口利益的领域或提供方式上获得相同减让，例如模式4（联合国贸发会议，2014b, 11）。《巴厘部长宣言》提出就剩余的多哈发展议题制定一个后巴厘工作计划，特别是农业、发展和最不发达国家议题，以及在多哈回合授权下、对结束多哈回合至关重要的所有其他议题。在此背景下，世贸组织成员强调在后巴厘工作计划中平行处理三个市场准入议题（服务、农业和非农）的重要性。

这些批评对一些国家来说更加适用，因为一些世贸组织成员比其他一些成员更加愿意作出更深层次的开放承诺。表19.5总结了各成员在乌拉圭回合谈判中在关键部门作出的GATS承诺，以及在“既定议程”期间（即在乌拉圭回合谈判

表19.5　部分国家的GATS承诺

	商业服务	金融服务	通信服务	运输服务
多个深层次的优惠贸易协定	**100.00%**	**100.00%**	**100.00%**	**88.90%**
智利	●	●	●	●
哥伦比亚	●	●	●	
哥斯达黎加	●	●	●	●
韩国	●	●	●	●
马来西亚	●	●	●	●
墨西哥	●	●	●	●
巴拿马	●	●	●	●
秘鲁	●	●	●	●
新加坡	●	●	●	●

续表

	商业服务	金融服务	通信服务	运输服务
多个浅层次的优惠贸易协定	**100.00%**	**100.00%**	**100.00%**	**66.70%**
以色列	●	●	●	
约旦	●	●	●	●
摩洛哥	●	●	●	●
多个有计划的优惠贸易协定	**100.00%**	**100.00%**	**83.30%**	**50.00%**
印度	●	●	●	
科威特	●	●		
卡塔尔	●	●	●	
沙特阿拉伯	●	●	●	●
泰国	●	●	●	●
越南	●	●	●	●
现在几乎没有优惠贸易协定的	**46.20%**	**92.30%**	**84.60%**	**53.80%**
安哥拉		●		
孟加拉国			●	
玻利维亚		●	●	
厄瓜多尔	●	●	●	●
格鲁吉亚	●	●	●	●
加纳		●	●	●
海地	●	●		
伊拉克	NA	NA	NA	NA
哈萨克斯坦	NA	NA	NA	NA
肯尼亚		●	●	●
蒙古国	●	●	●	
尼泊尔	●	●	●	●
尼日利亚		●	●	●
斯里兰卡		●	●	
委内瑞拉	●	●	●	●

资料来源：根据世贸组织网站上的减让表总结，http://www.wto.org/english/tratop_e/serv_e/serv_commitments_e.htm。

结束后到多哈回合谈判启动前的这一段时间)作出的承诺。数据显示,这里使用的四个分组和各国作出的GATS承诺之间有清楚的联系。几乎所有拥有多个和深层次的优惠贸易协定的国家都在所有四个部门作出了开放承诺(在运输部门上有部分例外),但是很多几乎没有优惠贸易协定的国家拒绝在一个或多个部门上作出承诺(例如,在商业服务上作出承诺的国家还不到一半)。

数据显示,有多个深层次的优惠贸易协定的国家不仅最有可能在过去的多边谈判中作出更广泛的承诺,还更有可能在现在的谈判回合中倡导进一步自由化。多哈回合谈判的很多活动是由志同道合国家组成的联盟推动的,这些志同道合的国家有的是进攻型的(例如那些致力于实现在具体议题或具体部门上获得更深层次开放的国家),有的是防守型的(例如那些致力于抵制做出此类深层次开放的国家)。数据显示,有多个深层次的优惠贸易协定的发展中国家平均已经加入的进攻型联盟是防守型联盟数量的2.5倍,而现在几乎没有优惠贸易协定的国家通常更多加入的是防守型联盟,而不是进攻型联盟。我们考察世贸组织成员的具体活动时,这些数字就会证明一切。在所有拥有多个深层次的优惠贸易协定的国家中,只有两个没有加入更具进攻型的联盟。相比之下,现在几乎没有优惠贸易协定的国家中,只有两个加入了更具进攻型而不是防守型的联盟。

围绕多哈回合谈判其他议题的争吵似乎无休无止,导致对GATS体系的不满也开始增长起来。这种不满的一种体现就是目前进行的《服务贸易协定》(TiSA)谈判的倡议,这一倡议让很多世贸组织成员联合在一起,组成了众所周知的"服务贸易挚友"。这些成员包括10个发达成员(澳大利亚、加拿大、欧盟、冰岛、日本、列支敦士登、新西兰、挪威、瑞士和美国)及15个发展中成员(智利、中国台湾、哥伦比亚、哥斯达黎加、中国香港、以色列、韩国、毛里求斯、墨西哥、巴基斯坦、巴拿马、巴拉圭、秘鲁、土耳其、乌拉圭)。虽然现有预测显示TiSA谈判完成将导致双边出口增加780亿美元,此类评估还需要反映TiSA参加方之间的现有优惠贸易协定(例如,智利早已与至少17个TiSA参加方签署了服务领域的优惠贸易协定)。事实上,还需要确定这些成员在诸边谈判中能够走多远,TiSA承诺与GATS的关系是什么,以及TiSA实现的任何自由化,无论是在法律上还是在事实上,是否能够扩大到没有参加这一谈判的其他成员。就目前我们的研究而言,最重要的问题不是谈判能够取得什么成果,而是谁希望谈判取得成功。正如表19.6中的数据所显示的,拥有多个深层次的优惠贸易协定的国家都参与了这些谈判,只有两个例外(马来西亚和新加坡)。数据再次显示,一国谈判优惠贸易协定的偏好是与其支持多边贸易自由化的偏好密切相关的。

表 19.6　谈判集团中的部分国家成员资格

	世贸组织内的联盟			服务贸易挚友
	进攻型联盟	防守型联盟	90 国集团	
多个深层次的优惠贸易协定	**2.6**	**1.0**	**0.0%**	**77.8%**
智利	4	1		●
哥伦比亚	5	0		●
哥斯达黎加	3	1		●
韩国	1	3		●
马来西亚	1	0		●
墨西哥	2	1		●
巴拿马	1	2		●
秘鲁	5	1		●
新加坡	1	0		
多个浅层次的优惠贸易协定	**0.7**	**1.0**	**33.3%**	**33.3%**
以色列	1	2		●
约旦	0	1		
摩洛哥	1	0	●	
多个计划的优惠贸易协定	**1.0**	**0.7**	**0.0%**	**0.0%**
印度	2	2		
科威特	0	0		
卡塔尔	0	0		
沙特阿拉伯	0	1		
泰国	4	0		
越南	0	1		
现在几乎没有优惠贸易协定的	**1.1**	**1.5**	**53.8%**	**0.0%**
安哥拉	1	0	●	
孟加拉国	0	0	●	
玻利维亚	1	3		
厄瓜多尔	4	2		
格鲁吉亚	1	1		
加纳	1	1	●	

续表

	世贸组织内的联盟			服务贸易挚友
	进攻型联盟	防守型联盟	90 国集团	
海地	1	1	●	
伊拉克	NA	NA	NA	NA
哈萨克斯坦	NA	NA	NA	NA
肯尼亚	1	2	●	
蒙古国	0	4		
尼泊尔	0	0	●	
尼日利亚	2	2	●	
斯里兰卡	1	2		
委内瑞拉	1	2		

资料来源:根据范格拉斯泰克(VanGrasstek, 2013, 115—119)附录 3.2 调整。

对多哈回合谈判进展缓慢感到不满的国家仍然有实现多边贸易自由化的其他替代方案。替代方案之一是进行自主改革,有大量的证据证明这些国家一直都在这样做。根据《世界投资报告 2013 年》(联合国贸发会议,2013,第 94 页),"2003—2012 年,平均约 68%的所有具体部门的自由化和便利化政策都与服务部门相关"。另外一种替代方案是在优惠贸易协定中谈判承诺。自 1985 年以来通报的优惠贸易协定中,约 60%的发达国家签署的协定,以及 55%的发展中国家签署的协定都包括服务。虽然 2000 年之前只有 6 项服务优惠贸易协定向世贸组织通报,但此后通报的协定数量超过了 100 个(联合国贸发会议,2014a,第 13 页)。

优惠贸易协定提供了一种更进一步的机会,有证据显示这正是各国在做的事情。罗伊(2011, 14)发现,不仅"平均而言,各国在优惠贸易协定中作出的承诺远远超过其在 GATS 减让表中的承诺",而且这些承诺还超过了这些国家在多哈回合谈判中的出价。与之类似的,米鲁多等(2010)还在考察经合组织国家达成的 56 个优惠贸易协定中的服务承诺减让表时发现,平均而言,这些协定超过了这些国家在 GATS 中的承诺,就分部门而言超过约 72%, 42%的承诺是 GATS+承诺。[6]值得注意的是,近期的优惠贸易协定已经引入激发更深层次自由化的创新。例如,承诺可能在市场准入条件的实施水平上,包括通过"维持现状"的要求(要求各国不得降低措施符合相关义务的程度)和一种"棘轮条款"(规定自动并入未来的进一步自由化措施)。国民待遇可能在水平基础上适用于所有部门和模式。在优惠贸易协定中加入“(第三方)最惠国待遇”条款,目标是确保一方从其他贸易伙伴那里获得最好的可能优惠待遇。

GATS和优惠贸易协定承诺的水平在部门之间有所差异。计算机和电信服务似乎是在GATS下最开放的,并在优惠贸易协定中进一步自由化。三大运输分部门(海运、空运和陆运)总体上在所有基础设施服务中的GATS承诺水平特别低,但是在优惠贸易协定中看到了相对重要的改进。相比之下,金融服务在GATS下的承诺水平相对较高,但是在优惠贸易协定中的改进程度最小。这可能是因为优惠待遇的范围在运输服务上更大一些,因为地理临近性或特殊双边关系发挥作用,而金融服务的优惠待遇可能会出现监管套利行为。

在正式承诺的问题之外,关于GATS和优惠贸易协定是否以及在多大程度上带来了服务贸易壁垒实施水平的自由化,这个问题是难以定性分析的。在此方面,审查各国为实施优惠贸易协定而通过的法律,可以提供一些额外信息。例如,在《美国—中美洲优惠贸易协定》中,危地马拉对其服务相关法律作出16项修正,而美国没有修改任何法律。这就意味着美国的承诺实质上代表了约束其监管现状,而危地马拉的承诺则代表着真正的自由化(联合国贸发会议,2014a,第22页)。

表19.7更详细地提供了优惠贸易协定中的GATS+承诺情况。这些数据是以米鲁多等(2010)为基础的,相关数据的排列是为了便利比较不同组合的贸易伙伴产生的不同结果。平均而言,优惠贸易协定中参加方作出的承诺中,46.8%是GATS+。令人惊讶的是,无论是与何种发展水平的经济体签署贸易协定,结果并没有什么差异。在一个普通的南北国家优惠贸易协定中,发达经济体改进其承诺的情况是43.5%,发展中经济体是45.4%;在一个普通的南南国家优惠贸易协定中,参加方改进其承诺的比例是49.5%。平均承诺占比超过50%的唯一组合,是美国与澳大利亚和加拿大达成的北北国家优惠贸易协定,当然改进程度也是非常有限的。平均而言,GATS+承诺比例是54.7%。数据没有显示出清楚的模式,在与哪些类型的经济体签署优惠贸易协定时,各经济体更愿意作出GATS+承诺。美国从其贸易伙伴那里确保了最深层次的承诺,丝毫不令人惊讶,美国的优惠贸易协定伙伴平均作出的GATS+承诺是66.1%。但值得注意的是智利(52.2%的GATS+承诺)和新加坡(50.7%的GATS+承诺),它们从贸易伙伴那里获得更大承诺的能力并没有远远落在后面。同样令人吃惊的是,至少从其贸易伙伴提供的有限的数据来看,欧盟似乎是在优惠贸易协定中要价最少的经济体。虽然智利在其与欧盟的优惠贸易协定中作出的GATS+承诺多于其与美国的贸易协定,但相反的观点则对墨西哥适用。

表 19.7 部分优惠贸易协定中服务市场准入承诺的扩大情况

	与发达经济体的优惠贸易协定				与发展中经济体的优惠贸易协定				平均改进
	澳大利亚	欧盟	日本	美国	智利	韩国	墨西哥	新加坡	
发达经济体									
澳大利亚	—			57.4%	29.2%			57.4%	*
加拿大				56.0%	80.5%				68.3%
欧盟		—			24.0%		0.0%		*
日本			—		41.1%		48.7%	35.5%	*
美国	50.8%			—	49.7%		61.1%	50.7%	*
发展中经济体									
智利	47.7%	64.5%	73.5%	44.8%	—	68.1%	45.0%	47.6%	*
哥斯达黎加				90.5%	61.1%		81.8%		77.8%
韩国					58.1%	—		62.5%	*
马来西亚			9.0%			11.9%			10.5%
墨西哥		2.4%	66.6%	70.7%	69.4%		—		*
新加坡	49.8%		56.8%	76.9%	56.5%	61.5%		—	60.3%
泰国	7.1%		20.3%			20.3%			15.9%
越南			0.0%			0.0%			0.0%
平均改进	38.9%	33.5%	37.7%	66.1%	52.2%	32.4%	47.3%	50.7%	

注:一经济体在区域贸易协定中作出的 GATS+承诺的比例,表格横向是自己作出的承诺,纵向是获得的承诺。

*指该经济体或经济体类别在本列中所报告的数据涵盖更多贸易伙伴,因此数据上比本行中所提出的数据更加准确。

资料来源:根据米鲁多等(2010 年,第 36—38 页)附件 3 中的数据计算。

这些数据证明,关于优惠贸易协定泛滥是否从总体上损害多边贸易体制或特别是 GATS 的问题,经常得出混合或有条件的答案。例如,参见史蒂芬森和罗伯特(Stephenson and Robert, 2011)及埃斯特瓦德奥达尔等(Estevadeordal et al., 2012)的文章。其他文献明显表达了谴责观点。"多边贸易体制是以超大型贸易协定的协调和扩大为基础的",在英博登(Imboden, 2013, 5)看来,"这让更加贫困和弱小的发展中国家被边缘化,并且剥夺了其在谈判中努力进入世贸组织、希望在谈判桌前获得一席之地的权利。"考虑到其绝对规模和雄心水平,两个超大型优惠贸易协定(TPP 和 TTIP)的出现,是格外引人注目的。TPP 参加方的全球 GDP 占比是 40%，全球出口占比是 24%。一旦 TPP 生效，将等同于世界上最大的市场，代表着全球一半的 GDP 和三分之一的全球贸易。但是，关于本章的评论驳斥了一种观点，即谈判优惠贸易协定的发展中国家相比其他国家不愿意推动多边贸易自由化。这种观点所描述现象经常是体现在货物贸易上，因为享受进入主要市场的优惠准入机会的国家可能会认为多边自由化倡议是对其现有特惠幅度的威胁，而不是相互交换承诺的机遇。

第五节　贸易谈判和国内改革的关系

一些国家选择在优惠贸易协定中在服务贸易领域作出超过其在 GATS 减让表的进一步承诺，一个主要原因是它们希望借此推动国内经济改革，并提升该国对潜在外国投资者的吸引力。但是，从总体上讲，评估服务承诺与投资流动的因果关系，需要考虑更加广泛的因素。补充性的合作努力，包括官方发展援助、贸易保险和其他努力，对于改进商业和投资环境来说可能是有用的(联合国贸发会议，2014b，第 14、19 页)。一项优惠贸易协定的谈判与国内改革相关，可能有三种方式，从可取性的角度按降序排列如下：

已经完全准备好谈判优惠贸易协定的国家，是那些在与自己的贸易伙伴启动谈判之前，就已经通过颁布新的法律、公布新的法规，在自主基础上开展改革的国家。假设一国的改革已经足够广泛、深远，谈判可能更多是一个巩固国内已经取得的改革成果的进程，而不是一种在国际层面谈判新的承诺的方式。采取这种方法意味着更少的成本(无需作出完全新的承诺)，收获更多的利益(早已成为法律的改革，一旦在国际条约下获得法律约束力，可能对潜在的外国投资者更具吸引力)。智利就是最符合这种方法的范例国家。智利的军政府在 20 世纪 70 年代和 80 年代通过一系列改革措施，单边开放了本国市场。在恢复民主制度后，智利认为有必要让外国投资者消除疑虑，表明该国的经济改革是永久性的，其在世贸组织和优惠贸易协定中作出的承诺提供了一种有用的方式，将单边的国家行动转化为庄严的条约承诺。但是，虽然智利谈判人员希望在贸易协定中纳入现有改革，但他们不希望比改革模板更进一步。在智利的优惠贸易协定中，除了取消进口关税，大家很少能够发现由于贸易协定产生的全新的改革举措。

另外一种方法是一国将优惠贸易协定谈判作为获得国内改革支持的一种方式，国内领导层早就希望推动本国改革，但面临很多压力。将金融或电信部门改革和政府采购等此类措施与在优惠贸易协定项下主要外国市场提供的优惠准入机会挂钩，对于克服这些反对声音是比较容易的。行政部门可能利用这种方式，克服可能对市场开放持怀疑态度的立法部门或民间团体的反对意见。这种方式不仅限于优惠贸易协定，在中国加入世贸组织、韩国加入经合组织等不同情形中也能找到很多证据。这种方法的最大困难在于确保该国贸易伙伴对该国的要价与该国政府在贸易领域最希望实现的目标，以及该国议会认为可接受的贸易承诺是密切联系的。

最不可取的方法是一国毫无准备地参加谈判，并发现其谈判伙伴在确定改革的速度、特征和方向上发挥主要作用。如果说前两种方法是针对一个主动的、改革派政府的变量，而这种方法在本质上是更加应对性的。对一些国家来说，改进其出口货物进入主要外国市场的准入机会，或至少持一种重要改进的看法，能够使它们接受一些没有预期、在一些情形下或者可能没有充分考虑的承诺。这种现象不仅限于优惠贸易协定上。例如，很多发展中国家官员同意接受乌拉圭回合多边贸易谈判的最终一揽子协议，但似乎并没有完全理解其所接受的所有承诺的重要性。关于这一点，可以从一些发展中国家特别是最不发达国家身上看到，这些国家的GATS减让表似乎仓促拟就(经常是外国顾问起草的)，导致其承诺水平超出甚至是一些发达国家。对自世贸组织成立以来加入的发展中国家来说，这类问题尤其严重，因为它们面临特别强大的作出承诺的压力。但是，即便是在乌拉圭回合谈判期间就已经加入GATT的国家，其最后通过的减让表也超过了其决策者预想的程度，对其发展结果产生了潜在的不利影响。这种方法可能导致双方的不满，发展中国家的决策者后来认为其谈判人员走得太远，而工业化国家的决策者则对其贸易伙伴履行承诺的程度感到不满意。

新涌现的优惠贸易协定超越了贸易自由化的要求，正在将其注意力转向削减各国监管标准和做法中的分歧，这进一步增强了评估各国准备程度的重要性。关于各国监管框架的国际纪律是通过贸易自由化进程进行的，制定相关纪律已经引发了对各国监管主权带来种种不利影响的担忧。投资协定下投资者—主权国家争端的范围可以说给予外国投资者更大的权利，可能导致“监管冰冻”，因为东道国监管人员可能会避免采取某些监管行动。另外一个范例与确立国有企业和私营企业之间的“竞争中立”相关，这种观点没有考虑前者在追求公共政策目标方面的重要性，包括基础设施服务。这种背景强调了优惠贸易协定需要提供有可操作性的特殊和差别待遇条款，以及富有成效的能力建设承诺和合作机制。

监管合作处理跨境外溢效应的方式是各国层面框架无法实现的。合作安排能够发挥像贸易自由化那样的核心作用，例如，对基础设施建设和贸易产生影响。因为区域内贸易往往是技术密集型的，合作和区域一体化的努力增强了升级机遇。而且,它们允许贸易伙伴利用区域内的互补性朝着出口多元化的方向迈进。合作安排还可以扩大市场并创造投资方面的规模经济,包括在基础设施方面,并且建立合作伙伴之间的信心和信任,特别是在监管和商业圈内。这就创造了一种叠加效应,因为基础设施是生产和出口竞争力的一项重要决定因素。运输、通信、能源和其他基础设施服务便利并加深了融入价值链进程,并且便利了吸引外资的努力。

总体而言,如果区域自由化和合作与各国政策和监管进程进行充分协调并保持一致,能够对发展一体化发挥催化剂的作用,进而帮助实现包容性和可持续发展。

例如,在东盟,服务自由化逐步推进,注意力还特别放在自然人移动上,主要是通过缔结互认协定的方式进行。这些自由化的努力是与制定共同部门政策和合作措施平行开展的,旨在增强东盟的互联互通、基础设施和运输网络。另一范例是非洲的基础设施发展项目,这一倡议强调了区域一体化和合作对解决基础设施落后和投资短缺问题的重要性。[7]这一计划已经带来一些成功案例,包括通过实施“一站式”边境检查站和海关现代化工作,降低跨境时间并增加贸易额。

第六节　结　　论

发展中国家在准备好与哪些国家谈判新的贸易协定,特别是与最大的发达国家谈判优惠贸易协定问题上,存在明显差异。发展中国家可以沿着一个频谱排列,频谱一端是那些谈判达成了多个深层次的优惠贸易协定的国家,另外一端是那些即便是要谈判优惠贸易协定也只与其近邻谈判的国家。谈判很多深层次的优惠贸易协定的国家看似对贸易自由化总体更感兴趣,而不是获取进入大的(或更大的)市场的优惠准入机会,因为绝大多数此类国家同样积极地参与多边贸易自由化谈判。发展中国家的差异是区域性的,这也是合理的。一些地区(特别是拉美地区)的国家很明显比其他国家(特别是非洲)更热切地谈判优惠贸易协定;在同一个区域,更加富裕、更能参与竞争的国家经常比邻国更愿意谈判优惠贸易协定。

最后这个评论意见至关重要,也引发一些争议。虽然服务数据的匮乏使得评估贸易协定的发展内涵变得有些复杂,但大家可以想象竞争力与优惠贸易协定谈判这一组明显关系的三种理想化解读。那些对贸易持最怀疑态度的观点可能认为,只有最先进的发展中国家,才能够谈判此类协定,因为这些国家有相对庞大的、多元的、繁荣的经济，能够抵御与发达国家自由贸易带来的压力。对于最支持贸易的分析人士来说，竞争力不是谈判优惠贸易协定的一个前提条件，而是这些协定的一个副产品。根据这一观点，所有发展中国家都将从谈判很多优惠贸易协定的国家所树立的范例中受益。但是，第三种观点提出，竞争力既不是优惠贸易协定的前提条件，也不是副产品，而是一个贸易问题。这也是本章分析所支持的一种观点。只有当贸易谈判不被作为公共政策的一个独立领域，而是被作为国内经济改革的一种补充时，才最有可能实现预期结果。不是所有的发展中国家都同样地做好了进行此类改革的准备，将优惠贸易协定作为一种替代而不是补充，是一些国家的错误。国内改革与区域和多边自由化之间的恰当设计、有序节奏和合理步骤是确保政策和监管组合一致性的一项关键因素。

贸易政策必须被视为任何一国发展战略的关键要素，任何国家作出是否谈判优惠贸易协定以及谈判何种优惠贸易协定的决定，都不能孤立于其作出的更大的决定。关于市场和国家在确定生产什么和交易什么上能够发挥何种作用，一国的选择所产生的结果之一就是该国谈判的贸易协定。这些协定还通常能够暗示出一国经济发展中与国内和国外资本相关的优先领域。

参考文献

Adlung, Rudolf, and Sébastien Miroudot. 2012. "Poison in the Wine? Tracing GATS-Minus Commitments in Regional Trade Agreements", Staff Working Paper ERSD-2012-04. Geneva: WTO.

Adlung, Rudolf and Martin Roy. 2005. "Turning Hills into Mountains? Current Commitments Under the GATS and Prospects for Change", *Journal of World Trade* 39(6) 1161—1194.

Estevadeordal, Antoni, Kati Suominen, and Christian Volpe Martincus. 2012. *Regional Trade Agreements: Development Challenges and Policy Options*. Washington, D.C.: IADB.

Fink, Carsten and Martín Molinuevo. 2007. *East Asian Free Trade Agreements in Services: Roaring Tigers or Timid Pandas?* Washington, D.C.: The World Bank.

Fink, Carsten and Martín Molinuevo. 2008. "East Asian Preferential Trade Agreements in Services: Liberalization Content and WTO Rules", *World Trade Review* 7(4) 641—673.

Imboden, Nicolas. 2013. *GVCs, Inclusiveness, WTO and Poor Developing Countries: A Brainstorming Exercise*. Geneva: IDEAS Centre.

Mashayekhi, Mina. 2000. *GATS 2000 Negotiation Options for Developing Countries*, Geneva, South Centre.

Mashayekhi, Mina, Marcelo Olarreaga and Guido Porto, editors, 2012. "Services, Trade and Development", Geneva, UNCTAD.

Mashayekhi, Mina, Martine Julsaint-Kidane and Liping Zhang. 2012. *Promoting Sustainable Growth and Poverty Alleviation in Developing Countries through their Integration in the Global Services Economy, Services*, Trade and Development, Geneva, UNCTAD.

Miroudot，Sébastien，Jehan Sauvage and Marie Sudreau. 2010. "Multilateralising Regionalism：How Preferential Are Services Commitments in Regional Trade Agreements?"，OECD Trade Policy Papers No.106. Paris：OECD.

Roy，Martin. 2011. "Services Commitments in Preferential Trade Agreements：An Expanded Dataset"，Staff Working Paper ERSD-2011-18. Geneva：WTO.

Sauvé，Pierre and Natasha Ward. 2012. "The Preferential Liberalization of Trade in Services：African Perspectives and Challenges"，Working Paper No.2012/01，NCCR-Trade，Bern：World Trade Institute.

Schott，Jeffrey J.，Minsoo Lee，and Julia Muir. 2012. "Prospects for Services Trade Negotiations"，ADB Economics Working Paper Series No.319. Manila：Asian Development Bank.

Stephenson，Sherry，and Maryse Robert. 2011. "Evaluating the Contributions of Regional Trade Agreements to Governance of Services Trade"，ADBI Working Paper 307. Tokyo：Asian Development Bank Institute.

UNCTAD，2015. Services，development and trade：the regulatory and institutional dimension. Note by the UNCTAD Secretariat for the Third Session of the Multi-year Expert Meeting on Trade，Services and Development，UNCTAD.

UNCTAD，2014c. Towards an enabling multilateral trading system for inclusive and sustainable development，Geneva，UNCTAD.

UNCTAD，2014b. Report of the Multi-year Expert Meeting on Trade，Services and Development on its second session，UNCTAD.

UNCTAD，2014a. Services，development and trade：the regulatory and institutional dimension：Services Regional Trade Agreements. Note by the UNCTAD Secretariat for the Second Session of the Multi-year Expert Meeting on Trade，Services and Development，UNCTAD.

UNCTAD，2013. *Global Value Chains：Investment and Trade for Development*. World Investment Report 2013. Geneva：UNCTAD.

UNCTAD，2012c. Trade Liberalization，Investment and Economic Integration in African Regional Economic Communities Towards the African Common Market，Geneva，UNCTAD.

UNCTAD，2012b. Services，Development and Trade：The Regulatory and Institutional Dimension of Infrastructure Services，Vol.II，Geneva，UNCTAD.

UNCTAD，2012a. Services，Development and Trade：The Regulatory and Institutional Dimension of Infrastructure Services，Vol.I，Geneva，UNCTAD.

VanGrasstek，Craig. 2013. *The History and Future of the World Trade Organization*. Geneva：WTO.

Zhou，Nian-Li and Miao-Miao Zhang. 2013. *The Research on the GATS-Minus Characteristic under the Framework of the Regional Service Agreements*. NP.

注释

1. UNCTAD，2014c.
2. 例如，加勒比共同体(CARICOM)的成员国(作为加勒比论坛，CARIFORUM)与欧盟达成一项集体协定，南方共同市场(MERCOSUR)国家多年来与欧盟断断续续地谈判，但这两个集团的成员都没有各自与欧盟或其他贸易伙伴单独谈判贸易协定。这与中美洲国家集团和安第斯国家集团在与美国谈判优惠贸易协定方面的经验形成强烈反差。安第斯谈判最初是希望在区域基础上进行，但玻利维亚从来没有完全加入谈判，厄瓜多尔在政府变动后离开谈判，最终哥伦比亚和秘鲁达成的协定是纯粹的双边协定。事实上，美国与中美洲国家的谈判从一开始到结束都是在区域基础上的，但是这不是区域规则的绝对要求，此后，个别中美洲国家(特别是哥斯达黎加)与该次区域之外的贸易伙伴单独商签了贸易协定。

3. 例如参见 Schott et al., 2012; Fink and Molinuevo, 2007 and 2012; Sauvé and Ward, 2012。

4. 这考虑了一项事实，即一些国家并没有被这些指数纳入。

5. Mashayekhi, 2000; Mashayekhi et al., 2012.

6. 虽然优惠贸易协定中的绝大多数服务承诺匹配或超过了这些国家在 WTO 内的承诺，但也有些承诺是在 GATS 基础上后退。Adlung、Miroudot(2012，第 2 页)指出，那些在 GATS 基础上后退的承诺“可能影响优惠贸易协定经济体内第三国投资者的权利”，并且“他们引发了相关协定在 GATS 下法律地位的争议，并且可能对整个贸易体系产生严重影响”。Zhou、Zhang(2013)发现，优惠贸易协定中的四类 GATS 基础上后退承诺包括：第一，对最初的市场准入和国民待遇承诺施加更多限制措施；第二，对补贴相关义务寻求更多豁免和排除；第三，降低 GATS 承诺的部门涵盖范围。虽然这些世贸组织承诺对主张开放市场的人来说是某种关注，但相比总体原则来说仍然是很小的例外，因为优惠贸易协定中的几乎所有承诺都是 GATS 中立或 GATS＋的。

7. UNCTAD, 2012c.

第二十章

针对最不发达国家的服务贸易豁免：通向可行的提案

皮埃尔·绍韦、娜塔莎·沃德[1]

第一节 背景

2011年秋天，世贸组织成员在日内瓦举行的第八届部长级会议上达成决定，通过了一项豁免，允许发展中成员和发达成员免去遵守向所有贸易伙伴提供非歧视待遇（GATS第2条“最惠国待遇”）的法律义务。这一豁免被认为是最不发达国家的胜利。这一豁免向世贸组织成员提供法律庇护，允许其从该决定通过之日起的15年内，向最不发达国家成员提供优惠市场准入机会。这一决定通过已有五年时间，愈发明显的是，执行服务贸易领域的豁免涉及大量而复杂的考量，贸易政策群体也在苦心探索有意义的方式，将这一政策倡议转化为具有实际可操作性和商业价值的措施。世贸组织成员特别是最不发达国家成员面对的任务是实现多哈回合谈判的发展内涵，推进一系列市场开放和相关提案，通过更强的贸易机会帮助世界上最贫困的国家摆脱贫困，并且便利其融入当代全球商业链条。

最确切地说，发达国家不是唯一面对上述期待的国家群体。第八届部长级会议的部长宣言铺平了建立最不发达国家服务豁免机制的道路，呼吁所有非最不发达国家成员向世界上最贫困国家的服务和服务提供商提供进入其市场的非互惠准入机会。

关于服务豁免的讨论阐述了服务贸易在最不发达国家成员增长和发展前景方面的潜力，以及需要利用贸易作为杠杆更紧密地融入快速演变的贸易格局，但是需要关注的是避免对即将开始的讨论产生不恰当的期待。

最不发达国家成员的供给侧限制经常而且十分严重，阻挠这些成员利用进口国的出价实现本国商业(和发展)诉求的能力,如果不作出更多的努力来加强供给侧,豁免提案方可能对关于最不发达国家成员服务出口扩大提案的核心关注感到失望。

本章寻求为世贸组织成员关于最不发达国家成员服务豁免可操作性的非正式讨论作出贡献。本章一开始提醒那些负责设计具体豁免请求的官员,在推动下一步工作时应该注意大量概念性的政治经济学考量因素。本章希望通过这样做,缩小关于服务豁免的范围,以便找到可行的、彼此可接受的、具有商业价值的、发展友好型的提案,从而实现服务豁免机制的可操作性。

第二节　最不发达国家服务部门表现的突出趋势

关于最不发达国家,经常被重复提到的一个观点是,这些国家在资源、能力和条件方面是多样化的。绝大多数最不发达国家都在非洲大陆上(34 个),剩余的分散在亚洲(9 个)、太平洋地区(4 个)和加勒比地区(1 个)。在 48 个被列为最不发达国家的国家中,16 个是内陆发展中国家,9 个是小岛屿发展中国家。单是这种多样化,就足以让大家回忆起最不发达国家集团在提交一份满足所有成员联合特惠、需求和商业优先利益的服务豁免集体要价上面临的挑战。

近年来的几项研究记录了最不发达国家在参与全球服务贸易方面程度较低但不断增长的情况。2012 年,最不发达国家的商业服务出口额 371 亿美元,商业服务进口额 662.7 亿美元。[2]虽然最不发达国家的商业服务出口总份额仍然偏低,只有 0.73%,但是在 2007—2013 年间呈现大幅度增长(增幅超过 50%),反映出这一时期的经济增长充满活力,当然 2009 年和 2012 年是例外(见表 20.1)。

表 20.1　最不发达国家 2007—2013 年商业服务出口占比和增长情况

	2007 年	2008 年	2009 年	2010 年	2011 年	2012 年	2013 年
总出口占比(占全球商业服务贸易额比例,%)	0.47	0.53	0.60	0.64	0.68	0.69	0.73
服务出口增长(同比增长,%)	25.25	25.33	4.03	16.12	18.72	3.76	12.08

资料来源:联合国贸发会议,联合国贸发会议数据库,2014 年。

虽然服务贸易占绝大多数最不发达国家 GDP 的比例不足 30%,但 2013 年底最不发达国家的服务增加值占相关国家 GDP 的比例已经达到 46%。[3]图 20.1 显示,在能够获得服务增加值数据的 40 个最不发达国家中,最大的一组国家有

17 个,这些国家的服务增加值占 GDP 的比例超过 50%。

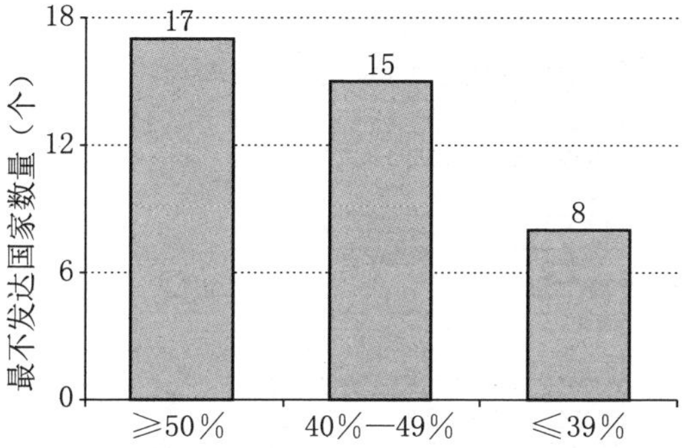

资料来源:世界银行,世界发展指数,2014 年。

图 20.1　最不发达国家服务增加值占 GDP 的比例(2007—2013 年)

最不发达国家服务出口的详细数据通常限于五个关键部门,具体是:金融和保险服务,旅游服务,通信和计算机服务,运输服务,创意产业。很明显,这不足以提供一个完整的基础,确认最不发达国家在服务生产和交换方面可能早已拥有竞争优势的新兴领域。但是,此类数据确实提供了一种有用的参考,了解最不发达国家的出口利益往往集中在服务领域的哪些方面。

图 20.2 显示,金融和保险服务是大多数最不发达国家获得相对较多出口收益的部门。海运服务是沿海的最不发达国家的一个重要税收来源,例如孟加拉国、吉布提、冈比亚、利比里亚、莫桑比克和塞拉利昂。

几个内陆国家,例如埃塞俄比亚和赞比亚,也出口了大量的运输服务,特别是公路和空运方面。通信服务在最不发达国家服务出口中占据重要份额。但是,对通信服务数据的进一步调查发现,更高水平的出口经常与最不发达国家电信运营商对国际通信征收更高的终端费相关,而不是因为其与生俱来的出口竞争力。

创意产业包括广告、市场调研和民意测验、研发及个人、文化和创意服务等服务部门。联合国贸发会议数据显示,一些最不发达国家在出口方面取得某些很小程度的成功。但是,在绝大多数最不发达国家,此类出口只代表了总体服务贸易中可以被忽视的一小部分。尽管如此,值得注意的是,2003 年至 2012 年间,相当一部分最不发达国家出口的服务部门中包括创新服务部门,例如孟加拉国、贝宁、布基纳法索、埃塞俄比亚、马里、莫桑比克、卢旺达、塞内加尔和多哥。

世界银行的服务贸易限制指数(STRI)和营商指数(DBI)数据对我们了解服务业在最不发达国家国内条件中的作用提供了有用的参考。虽然只有一部分最不发达国家被纳入 STRI 数据库,但图 20.3 显示,绝大多数最不发达国家的服务

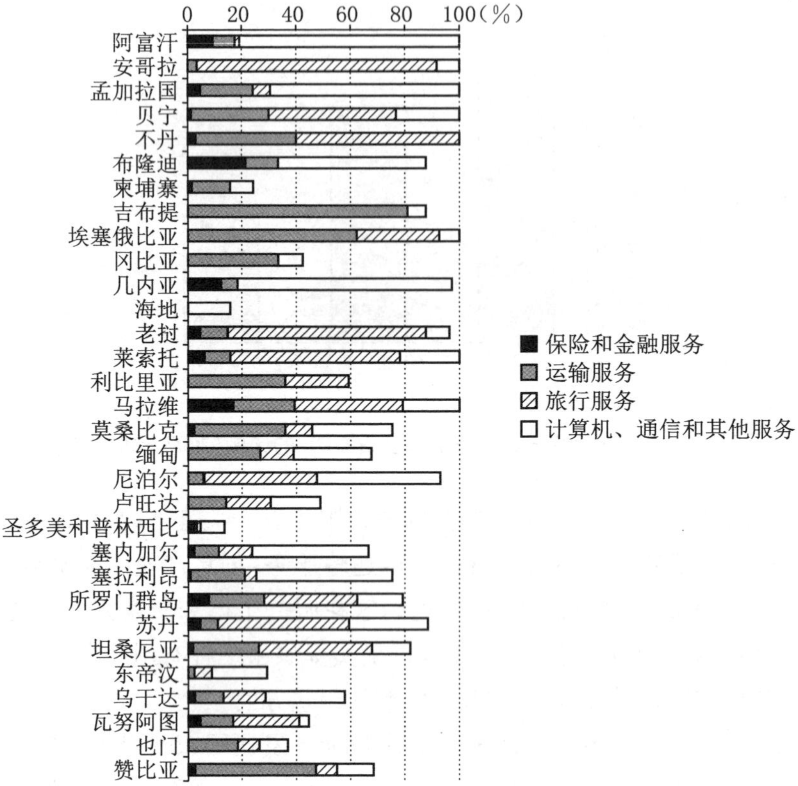

资料来源:世界银行,世界发展指数,2014 年。

图 20.2 最不发达国家商业服务出口的部分构成(2011 年)

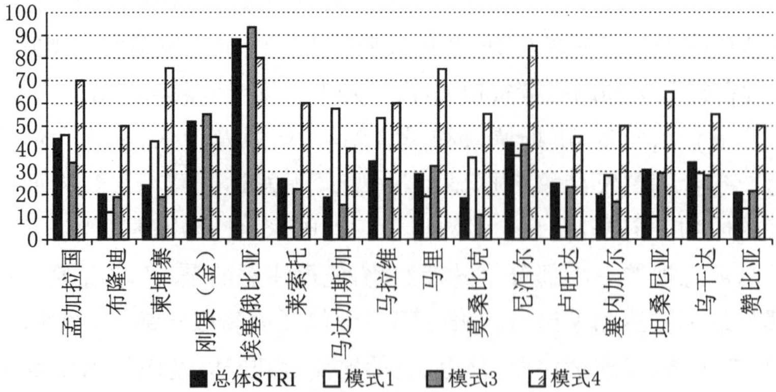

资料来源:世界银行,服务贸易限制指数,2014 年。

图 20.3 部分最不发达国家的服务贸易限制指数(2014 年)

表 20.2　最不发达国家的营商指数(2014 年)

国　家	营商指数排名	开办企业	办理施工许可证	获得电力	产权登记	获得信贷	保护投资者	纳税	跨境贸易	执行合同	办理破产
阿富汗	164	24	167	104	175	130	189	98	184	168	115
安哥拉	179	178	65	170	132	130	80	155	169	187	189
孟加拉国	130	74	93	189	177	86	22	100	130	185	119
贝　宁	174	139	95	160	137	130	157	179	119	181	140
不　丹	141	86	132	91	86	109	147	104	172	37	189
布基纳法索	154	125	60	141	123	130	147	160	174	108	117
布隆迪	140	27	126	161	52	170	34	143	175	177	164
柬埔寨	137	184	161	134	118	42	80	65	114	162	163
中　非	188	177	156	177	141	109	138	188	185	180	189
乍　得	19	183	139	149	146	130	157	189	183	171	189
科摩罗	158	163	44	109	79	159	138	123	146	159	189
刚果(金)	183	185	90	142	133	159	147	176	171	177	167
吉布提	160	127	157	144	133	180	182	66	60	163	147
赤道几内亚	166	185	125	99	109	109	147	177	137	50	189
埃立特里亚	184	188	189	95	184	186	115	150	170	67	189
埃塞俄比亚	125	166	55	91	113	109	157	109	166	44	75
冈比亚	150	130	104	120	117	165	178	184	99	60	108
几内亚	175	146	155	91	140	159	178	186	136	134	145
几内亚比绍	180	159	119	188	170	130	138	153	125	148	189
海　地	177	187	141	67	138	165	170	132	151	96	189
基里巴斯	122	156	133	159	73	165	52	10	77	74	189
老　挝	159	85	96	140	76	159	187	119	161	101	189
莱索托	136	59	145	136	88	159	98	101	144	144	104

续表

国　家	营商指数排名	开办企业	办理施工许可证	获得电力	产权登记	获得信贷	保护投资者	纳税	跨境贸易	执行合同	办理破产
利比里亚	144	31	129	142	181	86	147	42	142	165	161
马达加斯加	148	29	157	187	155	180	68	61	115	160	157
马拉维	171	149	173	173	85	130	80	81	176	145	150
马　里	155	136	113	118	99	130	147	157	160	140	131
莫桑比克	139	95	77	171	152	130	52	129	131	145	148
缅　甸	182	189	150	126	154	170	182	107	113	188	155
尼泊尔	105	97	105	98	24	55	80	126	177	139	125
尼日尔	176	159	164	123	80	130	157	162	178	143	154
卢旺达	32	9	85	53	8	13	22	22	162	40	137
圣多美和普林西比	169	98	103	73	165	186	157	156	102	183	166
塞内加尔	172	110	165	182	174	130	170	182	80	167	122
塞拉利昂	142	75	176	179	170	86	22	128	140	149	158
所罗门群岛	97	82	81	130	172	86	52	30	78	109	127
南苏丹	186	140	171	184	183	180	182	92	187	87	189
苏　丹	149	131	167	113	41	170	157	108	155	154	89
坦桑尼亚	145	119	177	102	146	130	98	141	139	42	134
东帝汶	172	154	128	44	189	165	115	55	92	189	189
多　哥	157	168	114	96	159	130	147	172	110	153	111
乌干达	132	151	143	178	126	42	115	98	164	117	79
瓦努阿图	74	126	50	129	110	55	80	30	119	72	57
也　门	133	114	101	116	61	170	138	129	128	85	126
赞比亚	83	45	57	152	102	13	80	68	163	120	73

资料来源:世界银行,《营商指数排名》,2014 年。

部门限制指数总体水平在低和适度之间，如果衡量标准是 0—100（100 代表最具限制性），则是在 18—35 之间。很自然会有一些例外，特别是在埃塞俄比亚，政策限制程度的测算值达到 90（在所有 STRI 样本中最高），孟加拉国、刚果（金）和尼泊尔略微低一些。

最不发达国家往往通过自然人临时移动（所谓模式 4）方式在提供服务方面施加更多限制，而不是通过其他方式。考虑到模式 4 贸易在最不发达国家 2014 年 7 月联合要价中的核心地位，这一点听起来让人感觉有些自相矛盾。虽然模式 4 贸易的服务贸易限制指数现在只限于专业服务，即会计、审计和法律服务，但管辖上述服务的监管体制在最不发达国家受到特别限制。

世界银行的营商指数数据库显示，尽管最不发达国家作出了开放贸易政策的积极姿态，但绝大多数最不发达国家国内充满各种限制，妨碍了商业活动的建立和运行。在营商指数数据库的 189 个国家样本中，最不发达国家排名主要集中在后半部分，只有个别例外（见表 20.2）。尽管整体排名很低，很多最不发达国家近年来采取了商业友好型的改革举措。绝大多数最不发达国家最经常出现的问题是电力供应不足和跨境贸易成本高昂。

第三节　按照服务提供方式进行的分析

一、跨境服务贸易：模式 1 贸易

要合理评估增强最不发达国家跨境提供服务的范围，需要考虑两项主要因素：第一，为便利跨境服务提供而需要的物理基础设施的质量和成本竞争力；第二，通过这一服务提供方式，以有竞争力的方式提供服务的能力。我们需要回忆一下，在探索最不发达国家跨境服务交付的扩大范围时能够发现，最不发达国家服务贸易的相当份额涉及其邻国，而这些国家（特别是撒哈拉以南非洲国家）中，有很多也是最不发达国家。因此，很多此类服务将指向那些不太可能提供特惠的贸易伙伴，而不是那些可能早已属于区域一体化计划的国家，因为在后者的情况下，即便是被授予世贸组织豁免，也将是重复性的。类似考虑也适用于模式 4 贸易，在此方面最不发达国家之间有大量贸易，其中很多是非正式和未报告的。

对世界银行物流绩效指数（LPI）中最不发达国家排名的审查为了解不同国家物理基础设施的状态提供了有用的参考，而近距离研究世界经济论坛的网络就绪指数（NRI）有助于了解现在可获得的数字基础设施。网络就绪指数、全球创

表 20.3　最不发达国家的物流绩效指数排名(2014 年)

	LPI排名	LPI得分	海关排名	海关得分	基础设施排名	基础设施得分	国际运输排名	国际运输得分	物流能力排名	物流能力得分	追踪追溯排名	追踪追溯得分	及时度排名	及时度得分
阿富汗	158	2.07	137	2.16	158	1.82	156	1.99	152	2.12	159	1.85	149	2.48
安哥拉	112	2.54	114	2.37	140	2.11	84	2.79	128	2.31	103	2.59	96	3.02
孟加拉国	108	2.56	138	2.09	138	2.11	80	2.82	93	2.64	122	2.45	75	3.18
贝　宁	109	2.56	73	2.64	109	2.35	99	2.69	123	2.35	123	2.45	115	2.85
布基纳法索	98	2.64	88	2.5	111	2.35	105	2.63	94	2.63	115	2.49	71	3.21
布隆迪	107	2.57	77	2.6	104	2.4	111	2.6	106	2.51	112	2.51	126	2.76
中　非	134	2.36	95	2.47	93	2.5	149	2.16	130	2.31	137	2.31	150	2.47
柬埔寨	83	2.74	71	2.67	79	2.58	78	2.83	89	2.67	71	2.92	129	2.75
乍　得	113	2.53	97	2.46	112	2.33	136	2.33	125	2.34	90	2.71	97	3.02
科摩罗	128	2.4	81	2.58	117	2.3	119	2.51	134	2.26	128	2.37	154	2.37
刚果(金)	159	1.88	158	1.78	156	1.83	160	1.7	158	1.84	151	2.1	159	2.04
吉布提	154	2.15	134	2.2	150	2	158	1.8	140	2.21	155	2	132	2.74
赤道几内亚	136	2.35	118	2.35	139	2.11	153	2.11	143	2.2	110	2.53	112	2.86
埃立特里亚	156	2.08	153	1.9	159	1.68	157	1.9	136	2.23	153	2.01	122	2.79
埃塞俄比亚	104	2.59	102	2.42	134	2.17	121	2.5	96	2.62	97	2.67	78	3.17
冈比亚	146	2.25	143	2.06	149	2	101	2.67	138	2.22	154	2	151	2.46
几内亚	122	2.46	119	2.34	141	2.1	125	2.47	124	2.35	126	2.41	86	3.1
几内亚比绍	127	2.43	101	2.43	121	2.29	141	2.29	101	2.57	139	2.29	136	2.71
海　地	144	2.27	127	2.25	151	2	142	2.27	148	2.14	135	2.32	138	2.63
老　挝	131	2.39	100	2.45	128	2.21	120	2.5	129	2.31	146	2.2	137	2.65

续表

	LPI 排名	LPI 得分	海关排名	海关得分	基础设施排名	基础设施得分	国际运输排名	国际运输得分	物流能力排名	物流能力得分	追踪追溯排名	追踪追溯得分	及时度排名	及时度得分
莱索托	133	2.37	129	2.22	110	2.35	122	2.48	137	2.23	132	2.35	139	2.6
利比里亚	102	2.62	83	2.57	80	2.57	114	2.57	71	2.86	105	2.57	144	2.57
马达加斯加	132	2.38	144	2.06	136	2.15	133	2.38	127	2.33	138	2.29	89	3.07
马拉维	73	2.81	62	2.79	48	3.04	108	2.63	70	2.86	100	2.63	100	2.99
马　里	119	2.5	141	2.08	129	2.2	82	2.8	142	2.2	91	2.7	106	2.9
毛里塔尼亚	148	2.23	152	1.92	103	2.4	155	2.07	157	2.06	142	2.22	130	2.75
莫桑比克	147	2.23	126	2.26	135	2.15	154	2.08	153	2.1	152	2.08	134	2.74
尼泊尔	105	2.59	123	2.31	122	2.26	104	2.64	107	2.5	87	2.72	92	3.06
尼日尔	130	2.39	93	2.49	143	2.08	130	2.38	132	2.28	129	2.36	127	2.76
卢旺达	80	2.76	89	2.5	113	2.32	88	2.78	92	2.64	68	2.94	63	3.34
塞内加尔	101	2.62	76	2.61	116	2.3	59	3.03	103	2.53	98	2.65	146	2.53
所罗门群岛	106	2.59	91	2.49	96	2.46	146	2.22	82	2.72	88	2.72	102	2.96
索马里	160	1.77	147	2	160	1.5	159	1.75	160	1.75	160	1.75	160	1.88
苏　丹	153	2.16	155	1.87	152	1.9	144	2.23	144	2.18	125	2.42	156	2.33
坦桑尼亚	138	2.33	135	2.19	114	2.32	137	2.32	145	2.18	150	2.11	107	2.89
多　哥	139	2.32	139	2.09	145	2.07	124	2.47	150	2.14	116	2.49	140	2.6
也　门	151	2.18	159	1.62	153	1.87	134	2.35	141	2.21	144	2.21	124	2.78
赞比亚	123	2.46	86	2.54	115	2.31	152	2.13	114	2.47	120	2.47	105	2.91

注:应当注意的是,LPI 指数得分从 0—5 不等,后者是最高得分。
资料来源:世界银行,国际物流绩效指数,2014 年。

新指数(GII)、知识经济指数(KEI)和知识指数(KI)提供了充足数据,帮助我们探索跨境服务提供的能力。[4]

(一) 基础设施

图 20.4 显示,影响最不发达国家物流表现的最明显不足之处与贸易和运输基础设施的质量,以及海关等边境机构的清关程序效率相关。

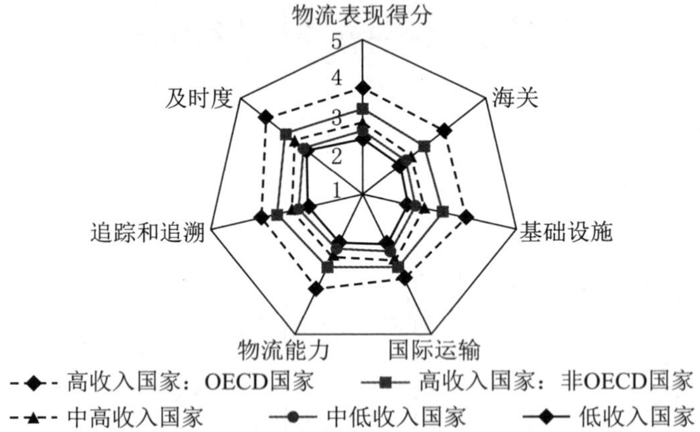

资料来源:世界银行,国际物流绩效指数,2014 年。

图 20.4 按照收入群体划分的物流表现(2014 年)

在世界银行 2014 年物流绩效指数排名评估的 38 个最不发达国家中,基础设施对 21 个国家来说是最大的挑战。对于样本中 13 个内陆发展中国家中的 7 个国家及 4 个小岛屿发展中国家中的 2 个国家来说,基础设施是这些国家的最大障碍。

虽然前面的讨论与物理基础设施相关,并且主要影响运输部门(海运、陆运和空运),但在考虑增加模式 1 的服务出口范围时,同样重要的是评估最不发达国家的数字基础设施。

在此方面,国际电信联盟每年公布的联通性最差国家(LCC)信息强调了不断增长且令人担忧的数字鸿沟问题,后者将各国在获取和使用信息通信技术知识方面隔离开来。国际电信联盟的信息通信技术发展指数(IDI)可以作为 157 个国家信息通信技术发展的基准,将 39 个国家确认为联通性最差国家,即得分在 2.33 及以下的国家(得分范围在 0—10 之间)。国际电信联盟数据显示,绝大多数联通性最差的国家位于非洲大陆,而且在总体上属于这个大陆的最不发达国家。联通性最差国家最主要的特征在于获取更先进信息通信技术服务的机会

表 20.4　最不发达国家的网络就绪指数排名(2014 年)

	总体网络就绪指数		商业和创新环境		基础设施和数字内容		可负担性		技能		商业使用		经济影响	
	排名	得分	排名	得分	排名	得分	排名	得分	排名	得分	排名	得分	排名	得分
阿富汗	144	2.52	147	2.65	146	1.55	110	4.07	141	2.26	143	2.64	133	2.44
孟加拉国	119	3.21	114	3.77	112	2.88	23	6.34	128	2.84	127	3.00	130	2.50
贝　宁	135	2.82	131	3.41	122	2.69	1	2.82	130	2.76	128	3.00	119	2.69
不　丹	94	3.68	123	3.57	67	4.22	45	5.89	114	3.63	130	2.99	112	2.78
布基纳法索	136	2.78	128	3.45	147	1.41	13	3.10	144	2.11	135	2.88	108	2.85
布隆迪	147	2.31	142	3.03	133	2.12	0	0.00	137	2.45	148	2.42	144	2.18
柬埔寨	108	3.36	98	3.90	97	3.35	1	4.50	119	3.34	78	3.48	117	2.70
乍　得	148	2.22	148	2.36	148	1.39	123	3.44	144	2.11	146	2.50	146	2.12
埃塞俄比亚	130	2.95	120	3.64	135	1.95	115	3.85	140	2.30	141	2.77	128	2.57
冈比亚	107	3.38	125	3.50	123	2.60	137	2.75	124	3.20	60	3.69	67	3.27
几内亚	145	2.48	144	2.89	134	2.01	122	3.69	142	2.17	138	2.85	148	2.04
海　地	143	2.52	141	3.09	142	1.63	108	4.09	143	2.11	140	2.77	138	2.39
老　挝	109	3.34	97	3.92	125	2.46	130	3.10	118	3.51	74	3.54	74	3.18
莱索托	133	2.88	1	3.84	131	2.37	138	2.66	103	3.95	136	2.88	147	2.08
利比里亚	121	3.19	75	4.15	145	1.57	5	6.78	131	2.75	123	3.10	134	2.43

续表

	总体网络就绪指数		商业和创新环境		基础设施和数字内容		可负担性		技能		商业使用		经济影响	
	排名	得分	排名	得分	排名	得分	排名	得分	排名	得分	排名	得分	排名	得分
马达加斯加	139	2.74	94	3.97	144	1.57	1	2.42	126	2.88	100	3.32	135	2.42
马拉维	132	2.90	130	3.43	126	2.43	139	2.62	125	3.03	121	3.12	110	2.79
马　里	127	3.00	119	3.65	140	1.69	135	2.78	139	2.41	114	3.19	69	3.25
毛里塔尼亚	142	2.61	143	2.95	139	1.72	104	4.53	145	2.08	139	2.85	142	2.32
莫桑比克	137	2.77	126	3.49	137	1.86	132	3.06	147	2.00	124	3.06	121	2.67
缅　甸	146	2.35	146	2.1	136	1.88	146	1.00	115	3.60	145	2.50	139	2.37
尼泊尔	123	3.09	113	3.78	141	1.65	9	6.46	121	3.32	132	2.95	141	2.32
卢旺达	85	3.78	55	4.45	108	3.05	128	3.13	123	3.25	76	3.52	53	3.45
塞内加尔	114	3.30	89	4.02	116	2.83	117	3.78	134	2.64	85	3.45	82	3.10
塞拉利昂	134	2.85	124	3.55	138	1.85	114	3.88	146	2.06	134	2.88	124	2.63
坦桑尼亚	125	3.04	132	3.39	120	2.70	111	4.03	129	2.77	120	3.13	132	2.45
东帝汶	141	2.69	134	3.33	111	2.97	133	2.83	135	2.61	142	2.66	143	2.30
乌干达	115	3.25	121	3.61	113	2.87	58	5.68	127	2.86	122	3.12	126	2.60
也　门	140	2.73	138	3.30	129	2.39	85	5.12	138	2.41	131	195	140	2.35
赞比亚	110	3.34	63	4.33	130	2.37	124	3.40	117	3.59	77	3.51	113	2.78

资料来源：世界经济论坛，《全球信息技术报告》，2014 年。

有限,只有少部分人群能够使用互联网服务,固定和移动宽带的占有率非常低。[5]

就世界经济论坛汇总的网络就绪指数而言,卢旺达和不丹在最不发达国家集团中的排名最高,在148个国别样本中排名分别是第85位和第94位(见表20.4)。但是,这些只是个别例外,最不发达国家在网络就绪指数的后半部分排名占据主导地位,再次说明了在绝大多数情况下环境并没有为通信信息技术成长和创新提供强劲动力。的确,绝大多数最不发达国家都饱受各方面困扰,例如先进信息通信技术基础设施不足、服务(特别是互联网准入)昂贵、创意和数字产业需要的知识型工人技能水平相对较低、中小企业融资困难、普遍缺乏创业技能、利用信息通信技术推动创新和在线交易的能力普遍较低。

近距离地考察构成网络就体现了从事数字贸易的基础设施质量,例如人均电力生产、移动网络范围、国际互联网带宽、安全的互联网服务器和数字内容的可获取性。不丹在最不发达国家中排名第一,在148个国家中位列第67位(最高分是7分的话,不丹得分4.22分)。柬埔寨仅次于不丹,排名第97位。最不发达国家在这个指数中的得分证明了其在数字基础设施、上传和使用在线内容方面的不足。但是,如果考虑数字基础设施的可负担性,结论可能稍微有些不同,甚至有点令人鼓舞。

除了与基础设施相关的议题,跨境提供服务的能力还受到很多因素的制约,例如商业和创新环境、技能劳动力的准备度、商业界利用信息通信技术并将其适用于新的商业模式的能力。

知识指数(KI)衡量一国生产、采用和扩散知识的能力,最低分是0分,最高分是10分。知识指数的结果强调了最不发达国家集团面临的发展挑战,其中任何一个成员得分都没有超过3分(见表20.5)。商业和创新环境指数及网络就绪指数的商业使用进一步确认了这一结果。网络就绪指数的技能指数和知识指数的教育指数说明,最不发达国家在提供技能工人,有效使用与信息技术相关的基础设施、知识和创新方面存在不足之处(见表20.6)。

表20.5　最不发达国家在知识指数方面的排名(2013年)

国　家	排名	知识经济指数	知识指数	经济激励体系	创新	教育	信息通信技术
安哥拉	142	1.08	0.95	1.48	1.17	0.32	1.38
孟加拉国	136	1.49	1.48	1.51	1.69	1.75	1.01
贝　宁	124	1.88	1.79	2.15	2.8	1.1	1.47
布基纳法索	123	1.91	1.06	4.46	2.14	0.28	0.76

续表

国　家	排名	知识经济指数	知识指数	经济激励体系	创新	教育	信息通信技术
柬埔寨	131	1.71	1.52	2.28	2.13	1.7	0.74
吉布提	138	1.34	1.17	1.85	1.44	0.73	1.33
厄立特尼亚	141	1.14	1.21	0.93	1.89	0.69	1.05
埃塞俄比亚	139	1.27	1.17	1.56	1.85	1.05	0.62
几内亚	140	1.22	1.44	0.53	1.32	1.75	1.26
海　地	145	n/a	n/a	1.85	1.66	n/a	2.36
老　挝	130	1.75	1.84	1.45	1.69	2.01	1.84
莱索托	120	1.95	1.69	2.72	1.82	1.71	1.54
马达加斯加	128	1.77	1.43	2.79	2.37	0.84	1.1
马拉维	122	1.92	1.45	3.33	2.65	0.54	1.15
马　里	125	1.86	1.31	3.49	1.82	1.05	1.05
毛里塔尼亚	133	1.65	1.52	2.05	1.68	0.71	2.18
莫桑比克	129	1.76	0.99	4.05	1.76	0.17	1.05
缅　甸	144	0.96	1.22	0.17	1.3	1.88	0.48
尼泊尔	134	1.58	1.66	1.33	2.23	1.73	1.01
卢旺达	126	1.83	1.14	3.89	1.73	0.77	0.92
塞内加尔	113	2.7	2.28	3.97	2.83	1.32	2.68
塞拉利昂	143	0.97	0.84	1.38	1.63	0.57	0.32
苏　丹	137	1.48	1.82	0.48	1.44	0.84	3.16
坦桑尼亚	127	1.79	1.36	3.07	1.98	0.83	1.26
乌干达	117	2.37	1.84	3.97	2.54	1.09	1.88
也　门	121	1.92	1.58	2.91	1.96	1.62	1.17
赞比亚	115	2.56	2.03	4.15	2.09	2.08	1.93

资料来源:世界银行,知识经济指数,2013年。

(二)最不发达国家在模式1贸易中的出口利益部门

1. 运输和物流服务。对主要的最不发达国家运输服务提供者来说,这一部门的关键模式1出口很可能是海运服务和陆运服务,因为最不发达国家(埃塞尔

表 20.6　部分最不发达国家的劳动力技能情况(2014 年)

	全球创新指数		高等教育		研究人员			科学和技术专业研究生			知识密集型服务就业			知识工作者	
	排名	得分	排名	得分	排名	得分	数值	排名	得分	数值	排名	得分	数值	排名	得分
安哥拉	135	23.8	132	6.8	93	1.3	148.4	—	—	—	—	—	—	116	22.2
孟加拉国	129	24.4	108	16	—	—	—	83	52.6	15.6	108	11.7	7.3	138	11.8
贝　宁	132	24.2	107	17.2	100	1	114.8	93	19.8	12.7	—	—	—	112	24.7
不　丹	86	31.8	125	8.8	—	—	—	—	—	—	85	27.9	16.5	91	31.1
布基纳法索	109	28.2	98	21.8	107	0.6	73.6	58	34.2	19.9	—	—	—	120	21.5
布隆迪	138	22.4	111	15.3	116	0.3	39.7	99	13.7	9.6	—	—	—	127	18.5
柬埔寨	106	28.7	117	13.7	—	—	—	95	19.5	12.5	109	3.1	2.5	108	25.3
埃塞俄比亚	126	25.4	106	17.3	105	0.7	83.6	85	24.9	15.2	87	26.8	15.9	128	18
冈比亚	104	29	91	24.1	117	0.2	34.6	57	34.3	20	—	—	—	104	27.2
几内亚	139	20.2	131	7	—	—	—	—	—	—	110	0	0.7	140	9.9
莱索托	117	27	118	13	118	0.1	20.7	97	19.6	12.6	—	—	—	42	49.3
马达加斯加	124	25.5	100	20.6	101	0.9	109	51	35.2	20.5	107	3.7	2.8	136	14.2
马拉维	113	27.6	136	2.8	98	1.1	122.8	—	—	—	—	—	—	64	40.8

续表

	全球创新指数		高等教育		研究人员			科学和技术专业研究生			知识密集型服务就业			知识工作者	
	排名	得分	排名	得分	排名	得分	数值	排名	得分	数值	排名	得分	数值	排名	得分
马　里	119	26.2	133	4.7	110	0.5	64.2	—	—	—	—	—	—	125	19.4
莫桑比克	107	28.5	128	7.6	109	0.5	66.3	101	12.4	8.9	—	—	—	133	15.6
缅　甸	140	19.6	51	38.9	—	—	—	5	71.2	38.7	—	—	—	143	3.3
尼泊尔	136	23.8	121	12.6	88	1.7	190.8	98	18.1	11.8	—	—	—	74	38.3
尼日尔	131	24.3	126	8.7	119	0	9.8	102	3.2	43				101	28.4
卢旺达	102	29.3	96	22.1	112	0.4	53.6	36	39.2	22.5	—	—	—	47	47.3
塞内加尔	98	30.1	130	7	67	5.8	630.9	—	—	—	—	—	—	139	11.7
苏　丹	143	12.7	—	—	75	3.2	354.8	—	—	—	—	—	—	135	14.6
坦桑尼亚	123	25.6	135	3.2	108	0.6	69	—	—	—	108	3.2	2.6	123	19.7
多　哥	142	17.6	127	8.4	104	0.8	90.1	—	—	—	—	—	—	100	28.6
乌干达	91	31.1	110	15.5	106	0.7	83.1	100	13.6	9.5	106	6.4	4.4	118	22.1
也　门	141	19.5	109	15.6	—	—	—	—	—	—	82	28.7	17	137	14.2
赞比亚	121	25.8	—	—	113	0.4	49.1	—	—	—	103	11.6	7.3	134	15.4

资料来源：世界经济论坛，全球创新指数，2014 年。

比亚例外）基本上没有在全球具有竞争力的国际航空公司。在这一类别中显示出拥有比较优势的国家包括吉布提、埃塞俄比亚、冈比亚、利比里亚、莫桑比克、赞比亚和也门。

在影响海运服务出口的供给侧限制中，最主要的是不友好的物流环境，此前讨论的较低的物流绩效指数得分已经证实这一点。在此方面，吉布提的经验是最有启发性的。埃塞俄比亚的内陆国家特征让其贸易高度依靠吉布提的港口相关基础设施，吸收了吉布提国际自治港处理的90%的吨位。[6]最近，世界银行开展的一项研究确认了吉布提海运部门发展的供给侧限制，主要包括：长期缺少熟练技术工人（机械师和物流服务提供者）；英语水平差（英语是国际航空和海运的工作语言）；缺乏发展运输和物流部门的一致战略，特别是在发展吉布提拥有的多模式价值链方面；港口的商业和物流管理持续薄弱。

从这个案例扩展开来，一个最不发达国家为推动运输和物流服务出口付出努力，更好的办法是在替代的政策框架内实施，特别是通过有针对性的促贸援助和贸易便利化倡议。这种观点有些说服力。这就让第一个关键问题浮出水面，贸易优惠在面对强大的供给侧限制时产生的影响很小。如果双边贸易主要是与另一个最不发达国家进行的，优惠被证明不会具有商业意义，很多最不发达国家的情况就是如此，特别是撒哈拉以南非洲的最不发达国家。

关于公路运输，最为严重的壁垒是总体薄弱的物流环境，特别是：低效率的边防运行；由于限制性的运输规则（确定最不发达国家的服务提供者是否能够将货物运输到特定目的地）而无法进入邻国市场；邻国更有效率的服务提供者无视双边运输协定；非正式（未申报的）贸易高发；邻国采取的政策有效地给予本国服务提供者相比其他最不发达国家服务提供者的强劲优势。关于最后一种情形，范例包括：购买设备的补贴；不承认未在进口国管辖权范围内注册的服务提供者开具的发票；相当于惩罚性技术贸易壁垒的各种技术规格要求，等等。另外一类障碍来自长期存在的信息不对称，例如，没有机制确认目的国的可用货物被运回最不发达国家，因为这种方式将允许服务提供者能够将服务成本摊到更高的酬劳中，进而让回程更有效率、更有利润。

从上面的讨论中可以得出几点。如同海运那样，在专门的促贸援助和贸易便利化框架下处理上面提到的一些挑战，要好于通过给惠机制处理。此外，对于提供的任何优惠，有可能体现强劲的邻国内涵。这有几个影响：第一，一些问题也可以通过区域运输机制（例如运输走廊管理安排）及区域和双边运输或贸易协定来有效处理。最不发达国家联合要价中提到的、更合适通过区域和双边运输机制处理的议题包括：影响驾驶员的国籍要求，小卡车的准入机会，以及关于公路运输和转运服务的限制性规则。虽然这些可能代表提供优惠待遇的最佳方法,但豁免可能被用于确保没有从最不发达国家成员身上要求互惠。要价中包括的其他议题,例如取消卡车数量限制、减少海运和公路运输的股权限制、简化船舶注册程序,都可以通过实施服务豁免的方式得到合理的解决。第二,考虑到最不发达国家的地理分布,33 个最不发达国家至少与一个最不发达国家毗邻,扭曲双边竞争的政策可能在事实上来自其他最不发达国家所采取的政策。在一项世贸组织豁免计划(计划的设计不是让最不发达国家作为给惠方,而是作为受惠方)下如何处理此类政策挑战,需要进行更多的政策审查。第三,与技术规格相关的问题,例如车辆尺寸和轴距,往往是在各国层面确定的,有明确的非贸易目标在内,例如确定最佳的车辆重量和尺寸以便保护基础设施免受过多损害,并且确保道路安全。在此情况下,较为合理的预期是世贸组织成员将拒绝各类打着推动最不发达国家服务出口的名义,暂停或降低此类标准和规则的呼吁。

2. 商业服务。此前展示的数据显示了最不发达国家参与大量商业服务分部门的程度不断增长。全球专业服务市场的参与方包括孟加拉国、贝宁、布基纳法索、埃塞俄比亚、莫桑比克、卢旺达和多哥。作为计算机和信息技术相关服务出口国并获得成功的国家包括孟加拉国、布隆迪、缅甸、尼泊尔、塞内加尔和塞拉利昂。正如前面所注意到的,为打入全球信息通信技术市场,最不发达国家服务提供者需要具备充足的人力资源(无论是质量还是数量),并且有机会获取融资以增加商业服务出口。除了支持信息通信技术服务交付需要的数字基础设施,这些方面也是很重要的。

最不发达国家专业服务提供者面临着一些限制。在供给侧方面,最有可能的限制包括:缺少合适的符合条件的工人——这常常被证明是东道国高等教育和职业教育体系的弱点;考虑到服务部门专长的不可触摸特征在抵押方面的体制性困难,融资方面的问题可能会经常出现。

在需求侧,迄今最大的障碍来自东道国职业许可主管部门对资质的承认;专业人员在出口市场上的强制认可或认证的要求;强制要求最不发达国家服务提供者和出口市场服务提供者之间分摊费用的规则;与出口市场专业人员一起工作的要求;在出口市场主管部门注册的需要;阻挠准入前的服务提供者在出口市场提供服务的法规(也就是所谓的"强制本地化"要求);对收入和利润实行代扣代缴和双重征税等税收问题。

就资质和许可的承认而言,虽然互认协定(MRAs)提供了一种潜在有用的方法处理这一非常复杂的领域,对于在职业机构方面存在短缺的最不发达国家来说,谈判此类协定成本昂贵且耗费时间。事实上,互认协定从本质上是互惠的,这也意味着其很难纳入豁免框架内。如同任何处理监管标准的豁免提案的讨论那样，在启动关于互认协定的讨论时，不可能发生的事情是选择性不执行或者降低对最不发达国家有利的具体技术或职业标准。

专业服务方面的绝大多数互认协定早已在优惠贸易协定的框架下处理，这一事实再次减少了提供对最不发达国家专业人员有利的单边优惠措施的范围，教育和实践环境可能让满足更加先进国家的职业许可体系的更大监管紧迫性的各种尝试进一步复杂化。

因此，关于专业服务豁免的要价可能需要更加聚焦，关注于许可进程的部分程序方面的内容，例如在非互惠基础上降低与费用相关的方面，而不是那些作为国内监管和职业许可或认证体系基础的实体性原则。关于税收相关事项，税收条约等传统工具能够提供一个（比贸易协定）更加坚定的基础，向最不发达国家服务提供者提供选择性的税收减免。

信息通信技术和计算机相关服务的提供商面临上面提到的一些困难，包括职业能力或经历的认证、数据保护体系薄弱，以及各种各样的需要信息通信技术服务的服务部门（例如医疗或金融服务）。最不发达国家供应商面临的其他限制还包括电力供应的高成本和不规律（将严重损害以及时和安全的方式提供远程服务）、知识产权保护不力、高级专业信息技术服务提供者技能短缺、低标准（和高成本的）的国际数字网络联系等。[7]

与出口市场上限制性数据保护相关的壁垒不太可能通过实施一项服务豁免的优惠来得到解决。在此方面，最不发达国家更有可能从有针对性的技术援助中受益，帮助其满足东道国的要求。此类技术援助可以包括支持最不发达国家，确保其法律和监管框架符合主要出口市场的数据保护标准，并且确保在相关市场运营的最不发达国家企业符合此类标准。上面确认的很多其他准入问题实质上属于与供给侧相关的软基础设施和硬基础设施问题，这些可以说最好通过获得国际发展其他支持的技术援助和物理基础设施升级倡议来解决，而不是通过一项贸易豁免。

3. 旅游服务。虽然最不发达国家在世界旅游行业中依然属于弱小参与者，但其总体市场份额不断增长，显示了其在这一领域的明显的比较优势。[8] 2014 年，最不发达国家在发展中国家总体旅行出口中占比 3.5%，仅超过全球旅游总出口的 1%。对大量发展中国家来说，旅游业是一个重要的经济活动部门，也是赚取外汇的一个重要来源，特别是对南部和东部非洲、东南亚和太平洋岛国来说。

考虑到内陆国家面临的更高的运输成本和更加薄弱的交通密度（特别是空运），从旅游业获得发展收益对内陆国家来说更加困难。旅游相关服务，例如旅行社服务、导游服务和空运，往往通过模式 1 提供，或者通过模式 1、模式 3 和模式 4 相结合的方式提供，而旅游价值链中更加体现特定位置的方面，特别是酒店、餐厅和相关娱乐服务（如赌博、文化相关活动、当地生产的工艺品零售或各种娱乐或体育相关活动），往往通过模式 3 在当地提供，或者由当地提供者提供。

旅游业对发展贸易和吸引外国直接投资具有重要意义，旅游业也是所有服务部门中最开放的部门之一，也是在贸易协定中承诺水平最高的部门，但是如同通过模式 2 提供的绝大多数境外消费服务一样，旅游业也是受到贸易政策措施影响最少的部门之一。诸多原因合并在一起，减弱了在此部门采取豁免措施的可能有效性。其中一个原因在于，空运是迄今将游客带到目的地市场的最重要方式，但被排除在贸易协定之外。空运服务是通过双边航空安排（在绝大多数情形下以一种限制性的方式）进行管理，这些安排经常维持航线的高费用或低密度。

贸易政策的有限影响可以从选择旅游目的地的根本动机中得到验证，很明显这种选择与贸易协定下的减让表承诺关系不大，而是与其他考虑相关，例如旅游相关推广活动的质量，旅游目的地气候，酒店和交通基础设施的质量和成本，个人安全，环境质量，自然、文化和传承相关禀赋的充裕度，烹饪传统及健康相关的考虑。提供相关服务或者是外源性的（有无沙滩或历史文化遗产），或者主要受到国内政策倡议的约束。

对于通过模式 1 贸易提供的旅游服务，相关贸易壁垒经常在本质上是区域性的，经常涉及导游和其他代理的国籍限制，这些限制的维持是因为充足的文化原因（期待当地公民更了解当地文化是很合理的思考），也是因为在这样一个以高劳动力密度为特征的服务部门中，实现就业机会的最大化。[9] 面临的障碍包括：参与在跨境基础上交付旅游相关服务的外国个人（旅行社人员）的签证和工作许可要求，以及关于交付服务所适用的车辆类型相关的限制（目的还是在于鼓励使用当地交通设备和司机）。考虑到上面提到的问题主要是在区域背景下，区域和双边旅游合作协定对于向服务提供者提供某些减免来说具有非常重要的潜力。

二、 境外消费：模式 2 贸易

服务豁免能够通过什么方式，有意义地适用于通过模式 2 提供的境外消费服务，这是一个大家很自然会问起的问题。重要的是要回忆一下模式 2 的定义，即“在一个成员领土范围内向任何其他成员的服务消费者提供服务”。从服务贸易角度看，涉及模式 2 的三个最重要的服务部门是旅游、教育和健康相关服务。

如同上面所讨论的,在所有受到贸易协定约束的部门中,旅游部门可以说是受贸易政策影响最小的部门。同时,教育和健康(经常通过健康相关旅游的角度审视)是作出最少承诺的部门之一,特别是在世界上最先进的经济体(从最不发达国家角度看,最有可能提供优惠的市场),强劲的游说和国家作为两类服务主要供应商的印记已经在贸易协定设计中增加了审慎监管的强劲成分。基于这一原因,与模式 2 贸易豁免要价相关的重大改进,前景似乎有些暗淡。

从服务豁免的背景下关注最不发达国家的消费者,最有可能的是意味着应该作出努力,减少或便利与签证相关的程序或成本,这对最不发达国家的游客、病人或学生有利。就教育和健康而言,这两个部门仍然坚定地被排除在绝大多数发达国家服务承诺减让表之外,对最不发达国家政府来说,也许最优策略是将非贸易工具和政策(如健康或教育学历)作为确保在主要通过模式 2 服务贸易的部门获得增强发展的目标的最佳方法。旨在推动增强模式 2 出口的其他要价可能与(在服务消费者东道国的)最不发达国家会议或会议相关费用的税收减免相关。

(一) 通过境外消费提供服务的能力

与通过模式 1 提供的服务类似,向出口市场的消费者提供服务的能力是由很多因素决定的,例如商业环境、声誉影响和技能劳动力的可获得性。由于消费者需要身处在服务提供者的市场内,因此安全因素等其他因素也自然将发挥作用。

除了前面通过对 KEI、KI 和 GII 指标的数字进行的讨论,关于某一特定产业的具体技能的存在,有可能是确定通过模式 2 提供具体服务能力的一个强大决定因素。关于酒店服务,有一支经过培训的酒店工人队伍是特别重要的。同样的,经过严格培训的学术和健康专业人员是有效提供教育和健康相关服务并体现声誉吸引力的前提条件。

在医务工作者的分布密度方面,很少几个国家超过最不发达国家收入群体的平均水平。对绝大多数最不发达国家来说,医务工作者的数量低于每 1 万人 23 个的微量允许水平,这清楚地说明了缺少服务最不发达国家人口的技能短缺情况,更不用说吸引大量的外国患者前来看病了。在医务工作者分布度超过最不发达国家平均水平的国家,往往是在护工和助产士教育行业(主要政策挑战是遏制强劲的永久移民压力,同时也出现了健康人才的外流现象),而不是药剂人员。

(二) 最不发达国家通过模式2贸易有出口利益的部门

1. 旅行和旅游。最不发达国家的旅行社面临的问题包括移民管制、安全问题、缺少受培训的人力资源、提供服务的监管框架过时而且无效、对出口市场的了解和接触不足、外国旅行社垄断价值链的高增加值部分、基础设施发展缓慢而且不充分(无论是物理基础设施,还是自然或文化风景)。如同上面所说的,很多问题对最不发达国家来说是内部问题,很难想象服务豁免如何能够解决这些不足。相反,其他机制可能提供更加可行的解决方案。

例如,经济一体化协定中的旅行和旅游服务有能力为区域参加方提供更好的资本注入住宿设施、基础设施和培训机会。此外,国际发展组织对该产业服务体制的援助有可能带来现代化的法律和监管体系。最后,与签证和工作许可相关的事项往往通过双边和区域层面或非贸易设定来更好地解决,而不是在世贸组织内。

2. 旅游服务。如同表20.7所显示的,大量最不发达国家正在接受大专学生,乌干达和也门吸引的外国学生最多。如果更加细致地看看相关数据可以发现,对最不发达国家教育服务的需求来自其所在的区域。例如,由于其领先的公立大学声誉极佳,乌干达在出口教育服务方面取得很大成功。东非共同体(EAC)和东南非洲共同市场(COMESA)是该国的主要出口市场,绝大多数学生来自肯尼亚、坦桑尼亚、苏丹、卢旺达和刚果(金)(国际贸易中心,2013年,第7页)。[10]与之类似的,赞比亚似乎在这个领域有一些出口潜力,卢旺达也表达了发展这一部门,作为本国成为东非地区服务中枢这一目标的核心要素。[11]

这一部门面临的供给侧限制包括:最不发达国家学历的承认和可携带性,向流动性受到损害的最不发达国家学生提供的财政资助,出境签证的流行程度,以及某些国家维持的对外国货币的管制。额外挑战还包括:缺少对教育体系的资助,特别是在教育和研究基础设施上;缺少资源妥善资助学术工资,以及无法充分遵守质量保证法,部门数据收集落后。[12]

关于进口市场的学历承认问题,一种有效工具可能是求助于互认安排,即便其与非互惠豁免的逻辑背道而驰。便利教育贸易的互认安排谈判可能在邻国之间更加可行,因为这些国家的教育机构可能更加相似,而且存在老师和学生交换项目的传统。与政府对其本国学生财政援助的便携性,离境签证和外汇管制相关的议题可能更加不容易解决,但是服务豁免似乎不太合适作为可能的解决方案。

3. 健康服务。卢旺达正在向其邻国出口保健服务,例如布隆迪、刚果(金)、乌干达和肯尼亚。[13]赞比亚也将这一部门作为出口增长的目标部门。健康服务提

表 20.7　最不发达国家接收的国际流动的大专学生数量

国　家	2002 年	2003 年	2004 年	2005 年	2006 年	2007 年	2008 年	2009 年	2010 年	2011 年	2012 年
孟加拉国	354	385	672	748	939	669	1 049	1 589	—	—	—
布基纳法索	—	—	—	880	—	—	—	—	—	2 187	2 040
布隆迪	509	—	—	—	—	—	—	1 813	—	—	—
柬埔寨	39	—	40	—	68	—	—	—	—	—	—
佛得角	—	—	—	—	—	—	—	—	—	159	133
中　非	—	—	—	—	485	—	—	—	—	—	1 800
乍　得	—	—	—	—	—	—	80	—	—	978	—
科摩罗	—	—	—	—	—	—	—	—	—	—	2
刚果(金)	—	—	—	—	—	—	914	—	—	2 242	—
冈比亚	—	—	—	—	—	—	—	1 767	3 312	5 358	—
几内亚	—	—	371	—	899	—	748	—	—	1 352	930
老　挝	129	95	215	174	174	254	332	680	725	786	588
莱索托	—	116	—	—	53	—	—	—	—	—	127
马达加斯加	1 199	—	1 219	1 226	1 182	1 080	1 066	1 237	1 313	1 432	1 567

续表

国　家	2002 年	2003 年	2004 年	2005 年	2006 年	2007 年	2008 年	2009 年	2010 年	2011 年	2012 年
马拉维	—	—	—	—	—	—	—	—	117	—	—
马　里	—	—	—	—	—	—	—	—	—	462	—
毛里塔尼亚	310	180	—	—	—	—	—	—	—	—	—
莫桑比克	—	—	—	—	—	—	—	—	—	396	—
缅　甸	—	—	—	—	—	57	—	—	—	65	—
尼泊尔	—	—	—	—	—	—	—	95	—	107	—
尼日尔	—	—	136	—	—	205	—	1 026	1 125	1 210	1 181
卢旺达	—	—	—	—	—	—	—	—	—	—	547
多　哥	—	—	—	—	—	459	—	—	—	—	—
乌干达	—	—	—	—	—	—	—	—	—	15 035	—
坦桑尼亚	—	396	275	—	—	—	—	—	—	—	—
也　门	—	—	—	—	—	—	—	—	—	—	—

资料来源:联合国教科文组织统计研究院,2014 年。

供者面临的挑战包括:与可获得的健康专业人员相关的质量关切,以及健康设施质量保证的标准落后;缺少专业人员资格证书的承认;跨境健康保险涵盖范围的不可携带性;医疗记录的电子记录的标准缺失;关于病人隐私的担忧以及长距离健康服务交付的保密;跨越管辖权的过失责任认定的困难。[14] 在此方面,在世界上资源最受限制的环境下的医疗机构,不太可能吸引大量的外国病人(除了在某些情况下吸引邻国病人),因此很难可以理解通过一项服务豁免的要求来解决上面提到的任何挑战。

三、 商业存在:模式3贸易

最不发达国家通过在外国市场上的商业存在方式来出口服务的能力,从逻辑上受到一项事实的限制,即最不发达国家通常缺少资本,在绝大多数情况下严重短缺。但是,最不发达国家在多大程度上愿意使用服务的这种提供方式,是由很多因素决定的,包括母国公司的战略目标、是否具备在海外提供服务的大量离散社区、在出口市场提供服务的最有效方式以及能够获得亟需的融资的情况。

能否获得融资,对所有最不发达国家服务提供者来说,是一个重要限制。利用银行贷款支持投资的企业占比在绝大多数最不发达国家都相对较低,在30%以下。在评估投资融资的不同来源的重要性时,银行可以说是仅次于自我融资的第二重要投资来源。对很多最不发达国家来说,服务提供者的信贷和股权或股票销售额代表着重要的融资替代资源,包括孟加拉国、中非、乍得和乌干达。

尽管金融机会有限,但有证据表明,最不发达国家正在进行对外直接投资(见表20.8)。2013年,最不发达国家的对外直接投资总额达到47.192亿美元。2013年,最不发达国家对外直接投资的前五大目的地是安哥拉、苏丹、刚果(金)、利比里亚和赞比亚。2013年也见证了来自最不发达国家的大量绿地投资项目,例如安哥拉、尼泊尔、缅甸、坦桑尼亚和塞内加尔。上面提到的这些投资都是区域内的,其中多数是指向了采掘产业。

在最不发达国家服务市场,外国直接投资活动的分解数据是普遍缺乏的,无论是流入资本还是外流资本。跨境投资的主要目标服务部门是运输、存储、通信、金融、保险和商业服务(见图20.5)。2012年和2013年,金融和保险服务部门吸引了最多的最不发达国家外国直接投资,分别是3.27亿美元和5.93亿美元。但是,需要区分一下大的机构投资者与经典的最不发达国家中小企业,前者在投资中占据较大份额,后者则面临前面提到的金融准入差距的挑战。

表 20.8　最不发达国家的外国直接投资(2011—2013 年,百万美元)

	流入资本			流出资本			流入资本存量			流出资本存量			跨境并购和兼并(净采购)	绿地投资(作为来源)
	2011 年	2012 年	2013 年	2011 年	2012 年	2013 年	2011 年	2012 年	2013 年	2011 年	2012 年	2013 年	2013 年	2013 年
阿富汗	83	94	69	—	—	—	1 475	1 569	1 638	—	—	—	—	15
安哥拉	−3 024	−6 898	−4 285	2 093	2 741	2 087	8 835	1 937	2 348	7 136	9 877	11 964	69*	112
孟加拉国	1 136	1 293	1 599	13	53	32	6 166	7 750	8 596	106	159	—	—	1
不　丹	26	22	21	—	—	—	88	142	163	—	—	—	—	—
贝　宁	161	282	320	60	40	46	675	977	1 354	76	97	—	—	—
布基纳法索	144	329	374	102	73	83	647	998	1 432	106	183	—	—	—
布隆迪	3	1	7	—	—	—	8	9	16	1	1	—	—	—
柬埔寨	815	1 447	1 396	29	36	42	6 556	8 003	9 399	383	423	—	—	—
中　非	37	71	1	—	—	—	548	619	620	43	43	—	—	—
乍　得	282	343	538	—	—	—	3 877	4 219	4 758	70	70	—	—	—
科摩罗	23	10	14	—	—	—	83	93	107	—	—	—	—	—
刚果(金)	1 687	3 312	2 098	91	421	401	4 528	3 532	5 631	315	736	1 136	19*	—
吉布提	78	110	286	—	—	—	956	1 066	1 352	—	—	—	—	—
赤道几内亚	1 975	2 015	1 914	—	—	—	11 388	13 403	15 317	3	3	3	—	12
厄立特里亚	39	41	44	—	—	—	705	747	791	—	—	—	—	—

续表

	流入资本			流出资本			流入资本存量			流出资本存量			跨境并购和兼并（净采购）	绿地投资（作为来源）
	2011 年	2012 年	2013 年	2011 年	2012 年	2013 年	2011 年	2012 年	2013 年	2011 年	2012 年	2013 年	2013 年	2013 年
埃塞俄比亚	627	279	953	—	—	—	4 833	5 111	6 064	—	—	—	—	70
冈比亚	36	25	25	—	—	—	703	728	754	—	—	—	—	—
几内亚	956	606	25	1	3	1	2 672	3 278	3 303	144	144	—	—	—
几内亚比绍	25	7	15	1	—	—	84	92	112	5	5	6	—	—
海　地	119	156	190	—	—	—	768	924	1114	2	2	2	—	10
基里巴斯	—	1	9	—	—	—	4	5	14	2	2	1	—	—
老　挝	301	294	296	—	−21	−7	2 188	2 483	2 779	12	−9	−16	—	—
莱索托	53	50	44	22	20	17	1 498	1 408	1 237	253	234	205	—	—
利比里亚	508	985	1 061	372	1 354	698	5 465	7 221	6 267	5 086	5 699	4 345	—	—
马达加斯加	810	812	838	—	—	—	4 915	5 650	6 488	6	6	6	—	—
马拉维	129	129	118	50	50	47	1 165	1 167	1 285	72	72	119	—	2*
马　里	556	398	410	4	16	9	2 419	2 875	3 432	21	38	49	2	11
毛里塔尼亚	589	1 383	1 154	4	4	4	2 961	4 344	5 499	35	39	43	—	—
莫桑比克	2 663	5 629	5 935	3	3	—	8 344	13 987	20 967	9	17	24	—	59*
缅　甸	2 200	2 243	2 621	—	—	—	9 667	11 910	14 171	—	—	—	—	160*
尼泊尔	95	92	74	—	—	—	348	440	514	—	—	—	—	232*

续表

	流入资本			流出资本			流入资本存量			流出资本存量			跨境并购和兼并（净采购）	绿地投资（作为来源）
	2011 年	2012 年	2013 年	2011 年	2012 年	2013 年	2011 年	2012 年	2013 年	2011 年	2012 年	2013 年	2013 年	2013 年
尼日尔	1 066	841	631	9	2	−7	3 172	4 098	4 940	17	20	14	—	—
卢旺达	106	160	111	—	—	14	583	743	854	13	−13	13	—	19*
圣多美和普林西比	32	23	30	—	—	—	292	315	345	—	—	—	—	—
塞内加尔	338	276	298	47	56	32	1 960	2 283	2 696	298	362	362	—	389
塞拉利昂	950	548	579	—	—	—	1 311	1 740	2 319	—	—	—	—	—
所罗门群岛	146	68	105	4	3	2	869	939	1 040	33	36	36	—	—
索马里	102	107	107	—	—	—	668	776	883	—	—	—	—	—
苏　丹	2 692	2 488	3 094	84	175	915	23 566	26 054	29 148	—	—	—	—	—
坦桑尼亚	1 229	1 800	1 872	—	—	—	9 278	10 842	12 715	—	—	—	—	138
多　哥	728	94	84	1 264	35	37	1 225	1 345	1 494	1 298	1 360	1 460	−5*	122
乌干达	894	1 205	1 146	−1	—	−1	6 470	7 675	8 821	3	3	2	—	—
瓦努阿图	52	38	35	1	—		527	575	578	23	24	23	—	—
也门	−518	−531	−134	77	71	73	4 339	3 808	3 675	589	660	733	—	20
赞比亚	1 108	1 732	1 811	−2	−702	181	10 917	12 449	14 260	2 530	1 409	1 590	—	33

注：* 用 2012 年数据。
资料来源：《2014 年世界投资报告》。

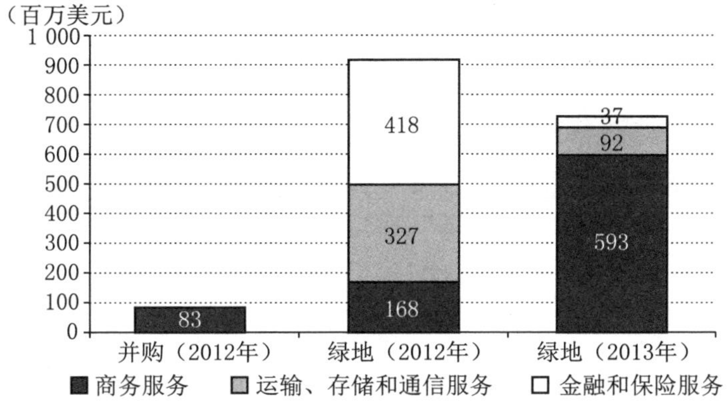

资料来源:《2014 年世界投资报告》。

图 20.5　最不发达国家的对外直接投资(2012—2013 年)

最不发达国家通过模式 3 的出口利益部门。

在前面提供的数据的基础上,很清楚的一点是,大量最不发达国家有兴趣利用模式 3 提供金融和保险服务、商业服务、运输、存储和通信服务。其他的兴趣部门还包括旅游和分销服务。

模式 3 贸易的出口壁垒包括商业注册程序、税费和税收问题、资本金要求以及外国股权限制和合资企业(强制合作伙伴)要求。虽然服务豁免提供了一种机制来处理一些此类壁垒,值得注意的是那些采用数量限制的(壁垒的发生率可以用数字调整),还可能需要其他工具来解决最不发达国家的关切。例如,面对商业注册程序繁琐、费用较高的情形,对世贸组织成员来说,更聪明的办法是进行有针对性的、惠及所有世贸组织成员的改革,而不是用普遍的限制出口能力,来取消对数量有限的投资者的一组此类无效行为。

世界银行的营商便利指数(DBI)提供了一个有力的基础,确定各国在何种程度上努力改进管辖外国商业建立和运营的国内环境。表 20.9 显示,经合组织的很多资本出口型国家在 DBI 上排名较高,这意味着给予最不发达国家的额外优惠幅度相对较少。但是,DBI 显示,大量新兴经济体还有重要的改进余地,例如巴西、印度、印度尼西亚、俄罗斯和中国。很多此类东道国在很多指标上排名相对较低,例如与创业相关的指标、获得建筑许可和支付税收方面。此外,和其他服务提供方式一样,对最不发达国家来说,模式 3 贸易有强劲的邻国内涵,在与最不发达国家相邻的国家和大的区域参与方放宽营商条件方面的改进,将最可能惠及最不发达国家群体。但是,一个最不发达国家设立的壁垒,影响了另一个最不发达国家的资本出口,这一问题在服务豁免机制下能够得到怎样的处理,尚未可知。

表 20.9　经济组织国家和部分新兴经济体的营商便利指数(2014 年)

经济体	营商便利指数排名	开办企业	办理施工许可	获得电力	登记财产	获得信贷	保护投资者	纳税	跨境贸易	执行合同	办理破产
新西兰	3	1	3	17	1	2	1	9	12	12	11
美　国	4	6	9	6	8	2	3	20	13	9	15
丹　麦	5	14	1	8	2	9	11	3	4	18	9
马来西亚	6	16	43	21	35	1	4	36	30	5	42
韩　国	7	10	5	2	24	6	14	10	1	2	14
挪　威	9	18	8	7	3	24	10	7	16	4	2
英　国	10	8	7	24	23	1	6	4	9	22	6
澳大利亚	11	3	2	13	15	2	19	16	24	10	16
芬　兰	12	19	10	9	9	15	19	8	5	8	3
冰　岛	13	17	13	1	5	15	14	13	27	3	10
瑞　典	14	20	6	5	14	15	11	15	2	15	17
爱尔兰	15	4	29	27	20	6	3	1	11	25	7
泰　国	18	91	14	12	29	73	12	70	22	24	58
加拿大	19	2	30	30	18	9	2	2	23	23	8
德　国	21	26	3	3	25	9	24	25	8	5	12
爱沙尼亚	22	20	12	18	6	15	19	12	3	16	29
日　本	27	28	21	10	22	9	8	31	14	19	1
荷　兰	28	5	24	23	16	24	28	11	7	17	4
瑞　士	29	24	15	4	7	9	31	6	19	13	27
奥地利	30	29	23	11	12	9	24	23	10	6	13
葡萄牙	31	9	18	14	10	28	14	24	15	14	19
斯洛文尼亚	33	13	16	12	26	28	7	19	25	20	25
智　利	34	7	27	16	18	20	11	14	21	26	31

续表

经济体	营商便利指数排名	开办企业	办理施工许可	获得电力	登记财产	获得信贷	保护投资者	纳税	跨境贸易	执行合同	办理破产
以色列	35	11	31	28	29	6	3	26	6	29	22
比利时	36	16	26	26	31	24	8	22	17	11	5
法　国	38	15	22	15	28	20	22	17	20	7	26
南　非	41	64	26	150	99	28	10	24	80	106	82
秘　鲁	42	63	117	79	22	28	16	73	105	55	110
哥伦比亚	43	79	24	101	53	73	6	104	155	94	25
波　兰	45	27	20	29	17	2	14	28	26	21	23
斯洛伐克	49	25	14	21	4	15	28	27	31	27	24
西班牙	52	30	25	20	21	20	24	21	18	24	18
匈牙利	54	59	47	112	45	55	128	124	15	70	70
卢森堡	60	23	11	22	27	31	30	5	22	1	28
意大利	65	22	28	25	11	28	14	30	29	31	21
土耳其	69	93	148	49	50	86	34	71	38	86	130
希　腊	72	12	17	19	30	27	22	18	28	30	30
捷　克	75	31	19	31	13	20	24	29	30	28	20
摩洛哥	87	39	83	97	156	109	115	78	83	37	69
俄罗斯	92	88	178	117	17	109	115	56	10	157	55
中　国	96	158	185	119	48	73	98	120	19	74	78
菲律宾	108	170	99	33	121	86	128	131	114	42	100
巴　西	116	123	130	14	107	109	80	159	121	124	135
印度尼西亚	120	175	88	121	101	86	52	137	147	54	144
印　度	134	179	182	111	92	28	34	158	186	132	121

资料来源：世界银行，营商便利指数排名，2014 年。

四、自然人移动：模式4贸易

通过自然人的临时存在来提供服务，是服务贸易的一种形式，发展中国家通常在此方面拥有比较优势。增强最不发达国家的模式4准入机会被积极提议，[15]并且构成乌干达政府代表最不发达国家集团联合要价的一个核心要素，联合要价是乌干达政府于2014年7月向世贸组织提交的。但是，模式4准入机会面对的是政治敏感性，世贸组织成员是否愿意在此领域作出有商业价值的承诺，可以通过一项事实得到形象阐述，即模式4下的承诺比其他模式下的承诺更少，而且模式4承诺严重偏向高技能工人、企业间流动和与较高收入水平相关的专业人员的流动。只有极个别指标显示这一现实将会发生变化，再考虑到模式4要价的核心地位，这一政治现实是最不发达国家服务豁免的提案方所面对的最重要的挑战。

相比之下，在其他政策框架下，增强劳动力流动性问题已经取得积极进展，例如优惠贸易安排、双边客工计划、双边和区域移民法。虽然很难想象任何此类机制能够在多边机制下实施，但还是值得细致研究导致此类机制在政治上更加有吸引力、更加可行的一些要素。

例如，大量的双边移民框架协定处理劳动力输入国的劳动力短缺问题，并且给劳动力输出国施加义务，以确保工人能够回去并且重新融入本国经济。此类一揽子协议的组成部分之一是发展合作援助以及能力建设项目。此类安排往往在更广泛的技能水平上，向工人提供有意义的临时准入机会，包括最不发达国家相对富足的低水平到中等水平劳动力资源，这与传统的贸易协定是不同的。[16]人员流动伙伴关系协定规定了循环式移民流动，通过劳动力输出国作出承诺重新接纳本国国民的方式，寻求解决人才外流问题。此外，此类伙伴关系协定还往往提出了短期签证的改进申请程序。

优惠贸易协定提供的具体性不可能很容易地在多边层面实现，而且为贸易伙伴之间提供了更大的灵活性，能够遏制由于最惠国待遇导致的免费搭车问题。例如，欧盟—加勒比论坛经济伙伴关系协定规定了高技能服务提供者的流动，以及那些要求相对较低的专业技能的职业，例如服装模特、厨师或见习生等不需要太多经历的职业。[17]此外，对于那些没有与商业存在（即模式3贸易）相联系的职业人士，该协定提供的进入欧盟市场的准入机会比通常可以在多边层面下获得的更大一些。为支持此类承诺，参加方已经承诺谈判关于高技能工人的（互惠的）互认安排。虽然经济伙伴协定中的很多发展合作条款不是针对模式4贸易的，但针对旅游服务提供者还是提供了语言和其他培训的出价。

最不发达国家通过模式4有出口利益的部门。

最不发达国家可能有兴趣通过模式4贸易出口各种不同的服务。这包括商业服务、健康服务、文化、休闲和娱乐服务业、旅游，以及很多低技能服务，例如环卫工人。作为总体承诺，值得回忆一下的是，最不发达国家之间在这种模式下进行的贸易是相当可观的，很多是非正式的和未报告的。与模式1贸易得出的结论相同，可以推断的是，服务豁免机制可能无法实现取消此类双边贸易壁垒的预期。

关键的模式4出口壁垒包括签证和工作许可问题、缺乏资质和技能的承认、此前工作经验要求、实施代扣代缴和对收入的双重征税、国籍和居住要求、缺少市场准入、要求与出口市场的专业人员合作工作、或非正式同意其接受任务、要求在获得工作许可前在出口市场上的实习和考试、互惠要求、复杂和昂贵的注册要求、东道国职业许可机构的强制会员资格、对东道国社会安全和失业保险计划作出强制和不可恢复的贡献、准入数量限制以及经济需求维持和劳工认证测试(ENTs)。

考虑到影响模式4供应的数量限制的高发率，豁免可能是一项有用的工具，用来解决上面提到的大量壁垒。在模式4贸易方面提出有商业意义的要价可能包括减少此前工作经历的年限要求、减少或逐步取消ENTS、选择性降低签证和工作许可相关费用以及简化行政程序。事实上，这样的几个议题已经在2014年7月最不发达国家联合要价中得到有效体现。关于豁免问题的讨论将进一步提供一个有用的平台，处理扩大最不发达国家工人类别的问题，这些工人可以被授予准入机会以及更加优惠的停留和逗留条件。

在欧盟—加勒比论坛经济伙伴协定中发现的一些模式4创新，可以说对最不发达国家简化其在服务豁免机制下的要价是有用的。[18]在与欧盟谈判时，加勒比论坛国家能够在增强扩大人员类别与商业存在脱钩方面取得成功，例如独立专业人员。推动独立专业人员相关的方面作出更高承诺，能够满足最不发达国家的利益，如果能够在广泛的技能和广泛的职业范围内提供此类准入，而不是贸易协定中涵盖的传统技能和职业。

在GATS下，毕业实习生可以从总部到分支机构，或者从一分支机构到另一分支机构。[19]欧盟—加勒比论坛经济伙伴关系协定将这一类别扩大，增加了毕业实习生从公司分支机构到总部的流动，这些内容在GATS中并没有涵盖。此外，经济伙伴关系协定还允许毕业实习生从一成员的公司调动到该成员在另一成员境内设立的公司，虽然这两家公司在法律上是不相关的。此类灵活性不仅可以扩大到毕业实习生，还可适用于那些已经获得职业和技术资质的工人，因为这为相关工人提供了改进其技能并且获得在其他世贸组织成员有意义工作机会的渠道。

在豁免之外，还应考虑关于便利模式4的服务贸易的拟议措施，这些措施包括简化签证、工作许可和注册程序，简化服务提供者在东道国的考试（能否工作取决于此前的能力为基础的认定）。

至于通过其他服务提供方式进行的贸易，总是有一些议题可以在双边基础上予以更方便的解决。这包括影响模式4提供者的税收和社会保障相关问题。关于低技能服务提供者，有帮助的机制是承认其工作经验，在此方面，移民法提供了一种范例，即在验证从事具体工作任务的能力时，如何将此前的工作经历考虑在内。这一领域，有学者研究了厄瓜多尔如何（在国际移民办公室区域办公室的协助下）使用此类机制，管理与西班牙之间的工人临时移动。[20] 此外，马里还与欧盟在巴马科建立了移民信息和管理中心，提供技能测试、培训和出发前信息。再次值得怀疑的是，此类有针对性的双边机制能否经过简单调整在多边框架下实施。

在服务豁免要价的具体背景下，与资质承认相关的最不发达国家的很多要价看似是可行的。这些包括：承认满足东道国的完全相同或最低要求的机构的资质；豁免互惠作为承认最不发达国家职业机构的一个条件；便利与许可程序相关的在线测试（并降低成本）。

第四节　结　　论

本章的分析提供了很多政策见解。第一，服务豁免是为了解决最不发达国家提供服务面临的大量重要壁垒，对最不发达国家来说是一种有用的政策工具。在处理植根于受GATS第16条（市场准入）条款约束的数量限制措施的贸易壁垒方面，豁免有可能更加有用，且有可操作性。但是，在处理本质上是明确歧视性的或者植根于非歧视性的国内法规措施方面（旨在解决市场失灵的合法来源），效果就没有那么明显了，因为即便是选择性降低标准、偏好最不发达国家服务提供者，也是完全不可能的，甚至无法证明是合理的。

与此同时，重要的是承认最不发达国家面临的绝大多数出口困难具备明显的区域特征，因此更适合与邻国寻求解决方案。绝大多数最不发达国家与其他最不发达国家之间进行贸易和投资活动，特别是在撒哈拉以南非洲国家。在考虑一项世贸组织豁免前，在辅助性原则基础上，有充足的理由确定是否存在有效的双边或区域政策解决方案，能够加速并调整以减轻根本性的准入问题。

在区域集团参加方之间存在一些技术援助活动，旨在帮助最不发达国家政府以更高的效率执行各种区域公共产品（无论其是有形的还是无形的）并推动更大的连通性，而这些公共产品依托正在进行的经济一体化计划。这些技术援助活动相比世贸组织豁免能够带来更大、更可持续的发展红利。

而且，多边贸易自由化和提供非互惠优惠，并不是"城里的唯一游戏"（不是全部任务）。各方必须对其他区域和双边框架的潜力给予应有的承认，包括非贸易工具，以处理最不发达国家服务贸易中的供给侧限制和出口关注。考虑到世贸组织成员不情愿对外国工人开放本国劳工市场，似乎世贸组织很难在模式 4 贸易上取得对发展有意义的成果，这就是一个恰当的例子。

参考文献

Benavides, David, *Trade Policies and Export of Health Services: A Development Perspective*, in Trade in Health Services: Global, Regional, and Country Perspectives(2002).

Cornell University et al., The Global Innovation Index 2014: The Human Factor in Innovation(2014).

Crosby, Daniel, Advancing Services Export Interests of Least-Developed Countries: Toward GATS Commitments on the Temporary Movement of Natural Persons for the Supply of Low-Skilled and Semi-Skilled Services(2009).

Herrmann, Keith, *Uganda: Moving Beyond Price to Recruit International Students*, Borderless Report(Apr. 19, 2012), http://www.obhe.ac.uk/newsletters/borderless_report_april_2012/uganda_moving_beyond_price_recruit_international_students.

International Finance Corporation, Enterprise Data Surveys(2014).

International Telecommunication Union, Measuring the Information Society(2013).

International Trade Centre, LDC Services Exports Trends and Success Stories(2013).

Panizzon, Marion, *Trade and Labour Migration: GATS Mode 4 and Migration Agreements*, 47 Friedrich Ebert Stiftung Occasional Paper(2010).

Sauvé, Pierre and Natasha Ward, *Services and Investment in the EC—CARIFORUM EPA: Innovation in Rule Design and Implications for Africa*, in The European Union's Economic Partnership Agreements with Africa: New Panacea for Development? (Gerrit Faber and Jan Orbie eds., 2009).

Sauvé, Pierre and Natasha Ward, *The EC—CARIFORUM Economic Partnership Agreement: Assessing the Outcome on Services and Investment*, ECIPE Discussion Paper(2009).

Stern, Matthew, and Natasha Ward, *Identifying the Offensive Interests of African Least Developed Countries(LDCs) in WTO Services Negotiations*, 1 LDC Issues(2013).

United Nations Conference on Trade and Development, Services Policy Review: Nepal (2011).

United Nations Conference on Trade and Development, Services Policy Review: Rwanda (2013).

United Nations Conference on Trade and Development, Services Policy Review: Uganda I (2011).

Ward, Natasha, *Facilitating the Temporary Movement of Natural Persons: Economic Partnership Agreements versus Bilateral Migration Agreements and Mobility Partnerships*, in Multilayered Migration Governance(Rahel Kunz et al. eds., 2011).

Ward, Natasha, *The CARIFORUM—EU Economic Partnership Agreement (EPA) Services and Investment Negotiations: Insights for Least Developed Countries (LDCs) in Operationalising the World Trade Organization's (WTO) Services Waiver*, 1 LDC Issues(2013).

World Bank, Data Catalogue(2014).

World Bank, Doing Business Indicators(2014).

World Bank, Knowledge Economy Indicators(2013).

World Bank, Knowledge Index(2013).

World Bank, Logistics Performance Index(2014).

World Bank, Services Trade Restrictiveness Index(2014).

World Bank, *Transport et Logistique à Djibouti: Contribution à la Création d'emplois et á la Diversification Economique: Note de Stratégie Sectorielle* Rapport 75145(2013).

World Bank, World Development Indicators(2014).

World Economic Forum, Global Information Technology Report(2014).

World Economic Forum, Network Readiness Index(2014).

World Trade Organization, *Market Access for Products and Services of Interest to LDCs: Note by the Secretariat*, WT/COMTD/LDC/W/48(2010).

注释

1. 作者感谢 Stefano Inama 的评论和指导,感谢 2013 年秋天在联合国贸发会议举行的最不发达国家专家组会议参加方。所有的错误或疏忽全部是作者的责任。

2. World Bank, Data Catalogue, 2013.

3. World Bank,同注 2。

4. World Economic Forum, Network Readiness Index, 2014; Cornell University et al., 2014; World Bank, Knowledge Economy Index, 2013; World Bank, Knowledge Index, 2013.

5. International Telecommunication Union, 2013.

6. World Bank, *Transport et Logistique à Djibouti: Contribution à la Création d'emplois et á la Diversification Economique: Note de Stratégie Sectorielle*, Rapport 75145, 2013.

7. UNCTAD, Services Policy Review: Nepal, 2011; UNCTAD, Services Policy Review: Uganda I, 2011; UNCTAD, Services Policy Review: Rwanda, 2013.

8. World Trade Organization, *Market Access for Products and Services of Interest to LDCs: Note by the Secretariat*, WT/COMTD/LDC/W/4, 2010.

9. Matthew Stern and Natasha Ward, *Identifying the Offensive Interests of African Least Developed Countries (LDCs) in WTO Services Negotiations*, LDC Issues, 2013, 1.

10. International Trade Centre, LDC Services Exports Trends and Success Stories, 2013.

11. Stern and Ward,同注 9。

12. Keith Herrmann, Uganda: Moving beyond price to recruit international students, Borderless Report, 2012.4.19, http://www.obhe.ac.uk/newsletters/borderless_report_april_2012/uganda_moving_beyond_price_recruit_international_students.

13. Stern and Ward,同注 9。

14. David Benavides, "Trade Policies and Export of Health Services: A Development Perspective", in *Trade in Health Services: Global, Regional, and Country Perspectives*, 2002.

15. Daniel Crosby, Advancing Services Export Interests of Least-Developed Countries: Toward GATS Commitments on the Temporary Movement of Natural Persons for the Supply of Low-Skilled and Semi-Skilled Services, 2009.

16. Natasha Ward, "Facilitating the Temporary Movement of Natural Persons: Economic Partnership Agreements versus Bilateral Migration Agreements and Mobility Partnerships", in Rahel Kunz et al., (eds.), *Multilayered Migration Governance*, 2011.

17. Pierre Sauvé and Natasha Ward, *The EC—CARIFORUM Economic Partnership Agreement: Assessing the Outcome on Services and Investment*, ECIPE Discussion Paper, 2009.

18. Natasha Ward, *The CARIFORUM—EU Economic Partnership Agreement (EPA) Services and Investment Negotiations: Insights for Least Developed Countries (LDCs) in Operationalising the World Trade Organization's (WTO) Services Waiver*, LDC ISSUES, 2013, 1.

19. Pierre Sauvé and Natasha Ward, "Services and Investment in the EC—CARIFORUM EPA: Innovation in Rule Design and Implications for Africa", in Gerrit Faber and Jan Orbie (eds.), *The European Union's Economic Partnership Agreements with Africa: New Panacea for Development?*, 2009.

20. Marion Panizzon, *Trade and Labour Migration: GATS Mode 4 and Migration Agreements*, Friedrich Ebert Stiftung Occasional Paper, 2010, 47.

第二十一章

服务贸易谈判:身处何方,去往何处

加布里埃尔·盖里[1]

第一节 简 介

我们为什么要关心服务贸易多边谈判呢?传统智慧告诉我们,技术的不断进步,以及各成员采取单边政策、选择向外国竞争者开放本国服务市场,这些混合在一起,带来了服务贸易事实上的自由化。主流观点还认为,依靠贸易外交为服务贸易自由化作出有意义贡献的空间和余地已非常有限。但是,如果能够超越对当前情况的粗略分析,便可以明显看出,目前还没有出现服务贸易多边谈判不相关性的迹象和证据。

第一,实施体制和约束体制之间在性质上存在差异。的确,技术和单边政策选项对开放市场作出的贡献远大于贸易外交,这是毫无疑问的。但是,在以约束性承诺的形式锁定前,这些变化仍然面临政策逆转的风险。服务贸易面临保护主义干预的威胁,这不仅仅是一个学术关注。[2]第二,虽然绝大多数成员的实施体制显示了相对开放的服务贸易政策,但在部门和提供方式上仍然存在重要差异。[3]运输和专业服务的现有壁垒非常明显地提醒大家,要实现服务贸易的有效自由化,还有多少工作需要完成。[4]第三,以优惠贸易协定方式推动贸易自由化,这一方式受到很多因素的约束,不是解决问题的万全之策。[5]最后,考虑到服务部门对经济的战略性作用、服务贸易不断增加的活力和市场一体化程度增强带来的潜在收益,[6]制定多边纪律,规定一个开放、透明和非歧视的服务贸易框架,显得比以往更加强烈而迫切。但是,服务贸易多边谈判排除了一些具体例外,还没有带来任何实质性超过实施体制的新的市场准入机会。[7]

本章的目的在于考察造成服务贸易多边谈判成果有限的基础性因素,并讨论解决问题的各种方法。必须在一开始说明的是,服务贸易多边谈判不是在真空中进行的。世贸组织成员自 2001 年底以来同意根据多哈发展议程授权谈判达成一揽子协议，而服务贸易是谈判的具体事项之一。[8]因此，服务谈判的进展不可能免受多哈回合谈判其他议题变化情况的影响，例如，农业和非农市场准入问题。而且，在农业和非农市场准入谈判中，成员首先尝试就进一步承诺的模式达成一致，模式内容将在很大程度上决定谈判成果，而服务谈判是通过一种出要价的渐进过程进行。[9]这就导致谈判的先后顺序问题。一些成员不愿意在无法预知其服务领域收益的情况下，同意农业和非农产品市场准入的谈判模式，而另外一些成员同样不愿意在还不了解农业和非农产品市场准入谈判模式的情况下，立即在服务贸易领域出价。[10]

但是，如果认为只要农业和非农市场准入谈判模式达成一致，就能够很自然地让服务贸易谈判毫无困难地结束，也是有些过于天真和幼稚了。本章提出，多边服务谈判缺乏进展，不可能仅仅通过与谈判正在发生的背景相关的要素予以完全解释。

第一，本章提出，服务贸易自由化面临着"特质性"挑战，这些挑战在多哈回合谈判启动前就已经影响服务贸易谈判，并将在多哈回合谈判之后继续存在，无论多哈回合谈判成功结束还是无可挽回地被放弃。本章还特别提出，服务贸易谈判寻求采用与货物贸易自由化相同的程序和做法，这忽视了一项事实，即服务贸易壁垒不可能以与货物贸易壁垒相同的方式进行谈判。

第二，本章提出，多边贸易体制在过去 30 年经历了结构性转型，引发了利用陈旧的《关税与贸易总协定》(GATT)规则管理多边贸易谈判的适宜性问题。尤其是现在越来越难以调和两组矛盾：其一，巴西、中国和印度等新兴贸易大国的崛起，与发展中成员享受的特殊与差别待遇条款提供的谈判灵活性之间的矛盾；其二，不断增长且情形各异的世贸组织成员，日趋复杂的贸易议程，与受到一揽子规则和协商一致做法约束的大型谈判回合之间的矛盾。

考虑到上述因素，本章就能够在世贸组织内外采取的各类行动提出了一些思考，以便利多哈回合谈判以外的服务贸易自由化进程。本章的剩余部分按照如下方式组织：第二节简要介绍《服务贸易总协定》(GATS)通过至今的服务贸易谈判情况；第三节讨论可能使谈判陷入僵局的原因；第四节考虑多哈谈判的盛衰变动之外，推进服务贸易自由化的几种方式。第五节是总结部分。

第二节　从马拉喀什到巴厘

乌拉圭回合谈判的注意力几乎全部被制定一套全新的管辖服务贸易的规章

和原则所吸引，留给谈判具体承诺的宝贵时间很少。[11]考虑到乌拉圭回合谈判期间出价所规定的最低程度的自由化水平，部长们决定在谈判结束后延长关键部门和提供方式（自然人移动、基础电信、金融服务和海运服务）的谈判。延长的海运服务谈判中止，没有取得任何成果，但一些成员改进了在自然人移动方面的承诺，很多成员在电信和金融服务方面作出了更大承诺。[12]

根据GATS第19.1条，GATS框架下的第一轮谈判于2000年初正式启动。2001年3月，服务贸易理事会通过了服务贸易谈判的指南和程序。[13]指南确认将出要价方法作为主要谈判方法。2001年11月，启动多哈回合谈判的部长宣言认可了服务贸易理事会通过的谈判指南和程序，并且设置了提交具体承诺最初出要价的截止日期，出价的截止日期是2003年3月31日，要价的截止日期是2002年6月30日。[14]2002年至2005年，成员根据多哈授权进行了相当数量的双边出要价交换。[15]但是，截至2005年7月，谈判很明显并没有取得进展。[16]

在《香港部长宣言》中，部长们同意在每种服务提供方式上都达成一份有雄心水平的谈判结果。[17]成员确认双边出要价方式作为主要谈判方法，但也同意在诸边基础上开展出要价的努力。[18]2006年上半年，成员举行了4轮诸边谈判。[19]被认可的一点是，诸边谈判帮助将服务谈判聚焦于具体部门和提供方式上，在了解技术问题、增加对不同参加方谈判立场的透明度上发挥了作用，但是并没有将这些转化为改进出价。[20]

到2006年晚些时候，由于农业和非农市场准入谈判无法向前迈进，服务贸易谈判被中断。只有在2008年7月，农业和非农市场准入谈判模式似乎一度触手可及，服务谈判也获得新的势头。2008年7月26日，一些成员通过“示意会”的方式，交换了自身新的和改进承诺的意向，以及从其他成员那里获得的贡献。[21]很多参加方暗示愿意改进所有服务提供方式的准入条件，并且缩小很多部门的实施体制与现有承诺之间的差距。[22]但是，印度和美国在农产品特殊保障机制问题上未能达成协议，这让整个多哈回合谈判被迫中止，包括服务贸易谈判。由此导致的结果是，成员给出的任何出价示意都没有被转化为具体的改进出价。自2008年7月以来，整个谈判进展乏善可陈，更谈不上取得重要进展了。

在2011年在日内瓦举行的第八届部长级会议上，部长们承认多哈回合谈判陷入僵局，同意“充分探索各种谈判方法，并且尊重透明度和包容性原则”，以打破谈判僵局。[23]一些成员认为，这一授权为探索诸边方式打破僵局开了绿灯，[24]并且整个2012年都在讨论服务贸易诸边谈判的可能性。[25]自2013年初以来，讨论逐步演变成为全面的《服务贸易协定》(TiSA)谈判。[26]

在2013年在巴厘举行的第九届部长级会议上，部长们通过了《贸易便利化协定》，这让各方对多哈回合的信心有所增加。2014 年年初，成员认识到多哈回合谈判旷日持久的谈判历史和避免再次错过结束谈判机遇的紧迫性，同意达成一套新的原则来推动今后谈判。这套新的规则，也被称为“后巴厘精神”，呼吁在现实主义与雄心水平之间寻找平衡，关注可行的领域；要求有创新性，保持开放心态；承认议题相互关联，需要一起处理；谈判需要包容、透明；需要保持紧迫感；并且将发展作为谈判努力的核心。[27]

本着这些原则，最初的讨论在所有相关谈判机构全面展开，以期到 2014 年底制定出结束多哈回合谈判的工作计划。但是，由于在粮食安全问题上的立场差异，讨论开局就不太顺利。[28]特别是服务贸易理事会的讨论暴露了一些“要价”核心小组成员[29]和一些“目标”成员[30]立场的显著差异，无论是在对谈判形势的判断，还是制定处理谈判形势的合适策略方面，都是如此。[31]

总之，在经过二十年谈判后，贸易外交没有完成 GATS 关于确保逐步实现更高水平自由化的目标。第三节将深入探究这一失败的可能原因。

第三节　谈判陷入僵局的原因

一、 对新的贸易版图适用老的谈判规则

乌拉圭回合谈判启动时，发达国家之间的贸易在全球贸易中占据主要位置，全球贸易中只有很少部分与发展中成员相关。过去 35 年间，全球贸易版图在每个可能的方面都发生了引人瞩目的变化。[32]一度由美国和欧盟驱动的两极贸易体系变成多极体系，巴西、中国和印度等大的新兴经济体成为重要的贸易国，在国际贸易中占据一席之地。此外，世贸组织的成员数量和多元化程度也有相当程度的增加。绝大多数的世贸组织成员现在都是发展中成员。尽管存在这些变化，多边谈判仍然是以以往的 GATT 时代的实质性和程序性规则为基础的。

第一，在乌拉圭回合谈判之前，多边谈判主要是在一小部分发达国家之间有效进行的，但是作为对特殊与差别待遇的对价交换，获得了其他成员的支持。[33]正是根据特殊与差别待遇原则，发展中成员有权享受发达国家在货物贸易上作出的减让，无需作出与其各自发展、金融和贸易需求不符的互惠承诺。[34] GATS 也受到特殊与差别待遇的影响，但是确实也缩小了有权不作出互惠承诺的发展中国家的范围。[35]

2001 年底，新一轮多边谈判回合启动。虽然贸易版图的变化早已发生，但是

谈判仍然是由特殊与差别待遇原则管辖的。[36]而且,成员将发展中成员的需求和利益“放于工作计划的核心”,并且承诺“作出积极努力,确保发展中国家特别是最不发达国家在国际贸易增长中获得与其经济发展需要相当的份额”。[37]

在多哈回合谈判启动的15年后,国际贸易版图的变化进一步加深,引发了当前关于特殊与差别待遇原则的范围和意义的困境。巴西、中国和印度等自我宣称的发展中成员应该被期待作出多少贡献,才能确保“谈判结果的总体平衡”?[38]在它们看来,《多哈部长宣言》清楚地提到特殊与差别待遇原则,这让这些国家期待从发达成员那里收获的东西多于其准备给予发达成员的东西。而且,那些参加过乌拉圭回合谈判的大的发展中成员认为,乌拉圭回合谈判是发达成员压迫发展中成员的“一边倒”的协定,将多哈回合谈判视为平衡乌拉圭回合谈判协定的一次机遇。[39]与之形成反差的是,发达国家认为,自从多哈回合谈判启动以来,大的新兴经济体经济增长令人瞩目,没有理由继续再要求其仅作出非互惠减让。发达成员声称,应该在这个体制内更加公平地分配权利和义务,大的新兴经济体被期待作出更多贡献,以期确保达成“互利结果”。[40]

世贸组织成员对如何分配多边谈判取得成功的贡献和责任存在不同看法,这就是包括服务谈判在内的多哈回合谈判陷入僵局的一个主要原因。只要特殊与差别待遇原则没有作出调整以适应新的贸易版图,此类不同看法就会继续存在。

第二,乌拉圭回合谈判是迄今已经结束的最大的贸易谈判回合。在经过七年半的谈判后,123个成员就议程达成一致。谈判议程涵盖15个不同议题,且受到“一揽子协议”规则的约束。[41]这一规则最初被理解为只涉及乌拉圭回合谈判的谈判组织:所有议题将同时进行谈判,在各方就所有议题都达成一致前,不应就任何一个议题达成一致。[42]但是,在乌拉圭回合谈判结束前的最后几年间,各方都同意的是,“一揽子协议”不仅涉及谈判的先后顺序问题,还涉及最终协议的不可分割性:所有缔约方都被要求接受这一谈判回合达成的所有协议。[43]

到多哈回合谈判启动时,世贸组织成员的数量已经由123个增加到143个,[44]而且谈判议程涵盖的议题由15个增加到21个。尽管参加方数量增加,谈判议程的涵盖范围和复杂性增加,但发展中成员仍然坚持一揽子协议方式,以获得必要的影响力来推动在农业领域的进一步改革,作为对其在服务和非农市场准入领域让步的交换。[45]让事态进一步复杂的是,《香港部长宣言》还含蓄地表示了农业和非农市场准入相比服务的优先性。[46]由此导致的结果是,阿根廷、巴西、印度和南非等大的新兴国家仍然固执己见,表示在农业领域没有看到真正进展前,不会全力参与服务谈判。[47]

但是，TiSA 谈判的出现，严重损害了达成一个宏大的、跨部门的互惠协议的可能性。因为发达成员正在世贸组织之外谈判服务议题，而且谈判成功存在相当的可能性，因此这些成员在世贸组织内在农业领域作出减让的压力就小了很多。出于相同的原因，发达成员在农业改革上作出承诺的可能性渐趋渺茫，也就让那些没有参加 TiSA 谈判的新兴大国不愿意在服务领域作出让步。最后，由于这种相互排斥的关系存在，这种规则本来是通过部门之间平衡减让来实现互利结果，结果反而让谈判陷入僵局。

不管多哈回合谈判的最终结果是什么，这一事例对在新的贸易版图下继续沿用陈旧谈判规则的正确性提出了挑战。毫无疑问，世贸组织成员数量越多、情况越多元，就越难以找到达成协议的共同点。继续坚持在一个极其宽泛、极具雄心水平的议程基础上组织多边谈判，并且将如此数量众多、情况多元的成员达成的协议限定为“要么全部接受，要么全盘否定”，注定将降低任何谈判回合取得成功的可能性。

二、 对新的贸易壁垒适用老的谈判方法

关税和配额是在边境实施的，不会对国内监管体系产生什么影响。即便从严格意义上讲，这些也是贸易政策措施，即除了限制具体货物进口外，并没有其他政策目标；这些措施很容易被确认，并且其贸易限制影响可以准确评估出来。评估这些措施贸易成本的能力使各国政府能够制定清楚而且具体的谈判授权，包括容易证实的最高和最低谈判目标。从机制角度讲，提高、降低或取消关税或配额的权力集中在为数不多的公共主管部门手里。因此，制定货物贸易政策并且在谈判桌前捍卫这些政策，并没有太大的内部协调难度。这些特征，以及某种程度上与重商主义观点的联系，为制定一种以“互惠交换市场准入承诺”为基础的谈判方法铺平了道路。[48]

1986 年，部长们首次启动服务贸易谈判时，他们授权贸易谈判人员，采用“GATT 的程序和实践”进行谈判。[49]但是，服务贸易壁垒不可能以与关税和配额相同的方式进行谈判。本节确认的一系列壁垒阻碍了对服务谈判适用一种模型，即以互惠交换市场准入减让为基础的模型。

（一）信息不足

就服务贸易而言，由于影响贸易流动的信息缺乏，互惠交换贸易减让的谈判受到严重限制。总体上讲，服务贸易统计数据是不完整的，而且过于笼统，这就

无法为贸易谈判官员提供有效谈判贸易减让所需要的信息。[50]而且，例如价格、质量和服务多样性等结果变量的数据有限，也使得很难评估具体政策干预对服务市场的限制度。[51]即便是确认限制来源这一简单任务，也不是很容易的事情。[52]

因此，贸易谈判人员艰难地寻找必要信息来准备出要价，就不是什么令人惊讶的事情了。在缺少准确信息的情况下，评估取消媒体公司的外国股比上限或者取消提供会计服务的商业存在要求产生的贸易效果，几乎就成了一项不可能完成的任务。在便利贸易减让的交换方面，没有共同的谈判筹码。

现在的情况大大好于乌拉圭回合谈判时期，这是不争的事实。最近几年，服务贸易的统计数据已经大幅度改进。[53]在已实施的贸易政策体系关于贸易限制度的定量预测方面，也有开创性的研究。[54]现在关于贸易自由化对经济福利影响的实证研究也在不断增加，包括国别具体分析、跨国分析、具体部门分析。[55]但是，信息缺乏仍然严重限制服务贸易互惠减让的有效开展。

（二）主题事项

与关税或配额相比，影响服务贸易"措施"的谈判难度更大。第一，这些措施属于"边境后措施"，通常规范服务的供应或消费，不考虑服务或服务提供者的来源。第二，很多此类措施追求各种合理的公共政策目标，与贸易政策目标没有关系，但事实上可能对贸易流动产生限制影响。[56]

考虑到国内法规追求的政策目标的重要性和多样性，有时难以确认那些具有保护主义意图的措施，并且不偏不倚地将其与那些具有限制贸易作用但却追求合理公共政策目标的措施分开。同时，也很难预测市场准入和国民待遇承诺对政府当局规范服务供应或消费的政策空间产生何种影响。

贸易自由化取得成功的经典法则之一是改革顺序要正确。但是，对贸易外交官来说，问题是要确定贸易自由化承诺中收益的所有监管前提条件是否已经落实到位。[57]很多评论人士已经注意到，贸易减让福利影响的不确定性导致了各国在服务谈判中采取保守方法。[58]

可以说，作出承诺前，将监管前提条件落实到位，以及更笼统地说，就贸易自由化的福利影响进行更多对话，有利于提高贸易官员的满意度，以便其更有意义地参与谈判进程，并提出更具雄心水平的具体承诺出价。[59]但是，贸易谈判的现有框架没有提供一个合适的平台来主持此类对话，而是从一个更加狭窄的市场准入的角度处理贸易自由化问题，这给更广泛的关于监管改革和相关议题的讨论留有很小余地。

（三）防守利益比例过高

与货物贸易自由化发生的事情类似，服务贸易自由化威胁更低效的进口竞争型企业的利益，而这些企业组织良好，能够大声、清楚地阐述自己的立场。事实上，证据显示，保护主义需求已经被成功地传递给贸易外交官。[60]但是，就服务贸易而言，进攻利益还不足以强劲到对冲保护主义需求的程度。

一开始，出口群体似乎对多边服务贸易谈判不感兴趣。[61]霍克曼和马图（Hoekman and Mattoo）注意到，很多服务供应商的观点是服务谈判不能为其带来可触摸到的成果，因为服务市场要么已经开放（如商业程序外包、旅游等），要么无可挽回地封闭（海运、视听服务部门和模式 4）。[62]他们还注意到，在确保进一步约束方面的利益在减少，因为日趋增加的相互依存减少了政策逆转的可能性。[63]对私营部门特别是中小企业参与谈判进程产生不利影响的另一因素是谈判进程的复杂性和低透明度，以及攫取谈判收益的困难。[64]而且，一些服务提供者甚至没有充分意识到其出口商的条件。[65]

在绝大多数服务部门，还没有实质性地存在积极支持贸易自由化的、积极发声的消费者群体。受到电信和金融服务等"基础设施服务"低效率影响的商业群体倾向于推动国内改革，而不考虑贸易谈判前景如何。[66]运输、卫生或教育等公共服务的消费者没有直接暴露于增加竞争带来的潜在收益中，因为这些部门的价格往往受到管制。[67]由此导致的结果是，他们缺乏推动贸易自由化措施的直接动力。[68]

与之相反的是，消费者驱动的日程在不断增加，呼吁采取保护主义政策，以支持非贸易价值，例如文化多样性、劳工标准或环境。[69]绍韦注意到，民间团体组织特别是发达国家的民间团体越来越积极地推动一项遏制进一步自由化的议程，因为自由化可能对成员规范公共利益的主权产生影响，并可能对具有公共产品特征的一些产业的市场竞争带来不便，如教育、健康、水资源分配或文化产业。[70]

面对非政府组织不断增加的保护主义压力，以及私营部门不断减少的市场准入和贸易自由化需求，贸易谈判人员在服务谈判中显示谨慎态度，也就是非常自然的事情了。

（四）协调和实施挑战

与货物贸易相比，服务贸易谈判面临更困难的协调和实施挑战。第一，考虑到不同部委、次中央政府部门和具体部门的监管者在影响服务贸易的措施上都负有直接责任，贸易主管部门在筹措和协调不同的公共机构解释出要价上面临的困难让人有些望而生畏。在实行联邦制的国家,问题更加复杂,因为很多议题是在州或省级政府的管辖范围内,这反过来也造成监管机关的分散化。[71]

第二,政府部门之间政策职权的垂直部分也给保护主义游说力量构建防守同盟提供了更多机会。很多在具体部门上拥有职权的公共机关可能自己参与提供服务,因此在保护自身作为监管者、提供者和雇佣者的角色上拥有直接利益。[72]特殊监管框架的技术特征可能强迫贸易外交官更加顺从部门监管者的意见,而后者不太可能支持在可能影响其监管政策空间的方面做出具体承诺。此外,部门监管者经常受到来自其监管产业的监管俘获的实质性压力,且这一现象有增加趋势。[73]因此,他们可能在追求海外市场准入机会方面拥有进攻利益,但是在保护国内法规方面处于防守地位。[74]

第三,服务具体承诺的执行比削减关税或取消配额更加具有挑战性。以实施旨在取消一项公共垄断的市场准入减让为例。单纯由贸易部发布一项行政令,不能保证此类承诺的实施。更有可能的是,议会需要参与其中,通过影响更加深远的法律改革确保此类市场准入承诺的实施。要确保改革取得成功,就需要在更长的时间段内,获得更多的时间、资源和更加一致的政治支持。[75]国内改革的时间周期与贸易谈判的时间周期巧合是非常罕见的。[76]

正如阿德隆(Adlung)所注意到的,世贸组织服务谈判授权不断加宽和深化,但还未找到一个相同的国内等值,这种国内等值的形式是成员重新组织不同服务部门和服务提供方式的权限分配。[77]虽然国际政策制定的范围已经扩大,但国内结构和进程仍然基本上没有变化。[78]

(五) 非歧视性限制

对货物贸易来说,取消关税和配额及针对进口产品的歧视性措施,是朝着自由贸易的巨大进步。但是,对服务贸易来说,壁垒更加多元、更加隐性,因此取消针对外国服务和服务提供者的数量限制和歧视性措施,代表着向更紧密的市场一体化迈进的、必要的但还远远不够的一步。

更广泛的其他政策措施虽然在性质上具有非歧视性,但也可能对服务贸易产生限制性影响,例如,关于人员跨境流动、金融稳定性、资本流动或消费者保护的政策措施。在受到监管的部门,希望进入外国市场的供应商被要求满足其希望运营的目的国的非歧视性的,但经常多样的监管要求。此外,国家对服务市场的干预程度越高,特别是监管者和产业运营者之间的密切和不断发展的关系,增加了政府做法扭曲当地和外国服务提供者竞争条件的风险,而这些不总是国民待遇标准所能制约的。[79]

GATS主要涉及市场准入和歧视性限制措施。假设成员不歧视或不采取与其具体承诺不符的数量限制措施，其仍有权对服务的提供和消费进行其认为合适的监管。成员建立了一个国内规制工作组来制定纪律，旨在简化国内监管做法，但谈判授权限于某些措施，谈判人员没有协调监管标准的意图。因此，即便是多哈回合谈判在服务上取得理想成果，包括在所有部门的提供方式上作出完整的市场准入和国民待遇承诺，并制定国内规制纪律，也不足以解决双重监管负担的问题。

以东道国和母国的监管人员合作为基础，建立更多超过具体市场准入和国民待遇承诺的先进法律机制，对于确保服务市场的更有效的自由化和更紧密的一体化来说是有必要的。

三、 协议

GATS已经被指责造成服务谈判的当前僵局。第一，一些评论人士将其批评集中在成员编制具体承诺的技巧上。[80]他们认为“自上而下的方法”或者“负面清单”方法的涵盖范围更为全面（市场准入和国民待遇自动适用于所有部门和提供方式，除非另有规定），这些方法更加透明（所有不符措施必须列明），确保了更深层次的自由化（例外必须在其监管实施的实际水平上写明，因此清单中没有“水分”），并且具有积极的政治经济学效果（远离重商主义的“减让”谈判，转而完成以例外清单的方式列明确认措施的任务）。[81]

可以确信的是，GATS仅仅要求每个成员“在减让表中规定其作出的具体承诺”，并且在相关部门“列明(a)市场准入的条款、限制和条款；(b)国民待遇的条件和限制……”。无论是GATS还是制作具体减让表的指南[82]都没有表达对减让表制作方法的特定偏好。此外，没有一种减让表方法能够从本质上确保实现比其他方法更深层次的自由化。一个负面列表方法可能伴随着冗长的例外清单。与之相反的是，一些加入成员的GATS减让表规定了深层次的自由化。[83]

第二，GATS的部门分类体系一直饱受批评，被认为过于严苛、落伍，而且没有充分考虑数字革命驱动的贸易本质特征的转型。[84]但是，重要的是牢记一点，GATS自身没有规定记录具体承诺的任何特定分类体系。绝大多数GATS成员迄今都在所谓《GATS服务部门分类清单》基础上记录其部门承诺。[85]但是，协定本身没有妨碍成员选择一种替代的部门分类体系，以更好地满足从一项贸易协定中获得的确定性和可预见性收益。事实上，这就是成员目前在具体承诺委员会的框架下开展讨论的原因。

最后，可以指出的是，围绕一些GATS条款或具体承诺范围解释的模糊性产生了成员之间观点的不确定性，反过来又阻挠了其作出进一步的承诺。[86]作出约束性承诺的偏好和法律不确定性并不是息息相关的。我们不能夸大与一些条款解释相关的模糊性，也不能夸大这些模糊性对服务谈判的影响。首先，条约文字中一定程度的“建设性模糊”是不可避免的，从某种程度上对允许文本适应不断变化的情况来说也是必要的。第二，对作出约束性承诺的某些担忧并不是来自真实解释方面的不确定性，而是来自对GATS限制成员监管主权的根本性错误理解和错误信息。[87]

总之，下面这种观点是不合理的：与管理多边谈判规则的不充分性，或者用于服务贸易壁垒谈判的程序和做法一样，GATS自身也是造成谈判陷入僵局的原因。

第四节　未来的道路

造成当前谈判陷入僵局的因素多种多样，这就意味着要打破僵局没有简单的解决方案。而且，考虑到多哈回合谈判成功结束的希望日趋渺茫，本节从长期视角提出了在世贸组织内外可以采取的一些行动，以便利在多哈回合之外的服务贸易自由化进程。

一、诸边谈判

我们所说的“诸边谈判”，指一小部分志同道合的成员在世贸组织内在最惠国待遇基础上进行的谈判，即从一开始谈判结果就旨在进行多边化，所有世贸组织成员都有权享受谈判成果，无论其是否参加谈判。[88]

从法律角度讲，世贸组织协定或谈判指南没有阻挠一小群志同道合的成员在善意和最惠国待遇基础上开展服务诸边谈判。[89]事实上，对多边贸易体制来说，诸边谈判不能算是异类。这种方式此前就已经被尝试过，无论是在货物领域还是服务领域。在乌拉圭回合谈判中，一小群成员在金融服务上作出具体承诺，它们达成的市场准入和国民待遇纪律超过了GATS第16条和第17条的规定，而且这些成员是在最惠国待遇基础上这样做的。[90]与之类似地，在乌拉圭回合谈判结束后，一小群成员继续在最惠国待遇基础上谈判关于自然人移动、金融服务和基础电信的承诺。[91]在货物领域，一小群成员在最惠国待遇基础上谈判了信息技术产品的关税减让。[92]现在，一小群成员还在谈判取消环境产品的贸易壁垒，而这也是在最惠国待遇基础上进行的。[93]

将诸边谈判结果并入世贸组织法律框架存在很多法律渠道，而且都不要求非参加方的同意。[94]例如，对金融服务承诺制定升级的市场准入和国民待遇纪律的谈判结果就纳入了GATS框架，各参加方通过自行作出决定的方式，在其具体承诺减让表中明确提及《关于金融服务的具体承诺谅解》。[95]相比之下，金融服务和电信服务扩大谈判的参加方则选择将谈判结果体现在一份议定书中，只有批准交存文件的成员达到贸易的关键多数，这份议定书才会正式生效。[96]

当然，诸边谈判的主要挑战在于确认一个一揽子协议谈判的内容具有足够的吸引力，能够获得世贸组织成员"关键多数"的支持。[97]下面的段落简要地就当前情况提出一些评论意见，表明获得成员"关键多数"支持的一揽子协议是在合理、可触及的范围之内的。

第一，有一项期待是合理的，即多哈回合谈判启动以来生产和贸易模式发生的深刻变化，将减少"要价方"的进攻利益和"目标方"的防守利益之间的严格对立。在这里，应该提到这一变化背后的两个驱动力。第一个就是数字技术革命及其对跨境商业和通讯服务增长的影响。沟通和提供跨境商业服务的成本降低，使发展中国家的大量小企业可以参与世界贸易，并且将其服务出口到很多目的地。[98]其次，全球价值链的崛起和世界经济的日趋"服务化"[99]已经对支持新的生产和贸易模式的服务增长产生了巨大影响。[100]

一些发展中成员一直认为，在服务领域作出减让，纯粹是向发达成员支付自己在其他领域收益的代价，考虑到前面提到的变化，这种传统立场似乎正在丧失其重要性。这种新的商业背景似乎为发达成员和类似的发展中成员都提供了机遇。要想利用这些机遇，迟早得开展改革，这将促使在越来越多的国家之间形成市场准入利益的合集。[101]

第二，自从多哈回合谈判启动以来，很多"目标方"已经采取了单边改革，扩大了其约束体制与实施体制之间的差距。[102]这一趋势最近还获得了额外的推动力，中国[103]和印度[104]等一些关键"目标方"正在进行广泛的国内改革，有可能将进一步扩大这种差距。这些成员早就能在无需作出额外努力的情况下，在大量部门作出重要的减让出价。

最后，谈判背景的最新变化允许适当乐观地产生一种期待，即至少一些"目标国"可能愿意审视其谈判立场。其一，所有利益相关方都知道，服务谈判现在是在《服务贸易协定》(TiSA)谈判的背景下进行，后者是一项整合的谈判倡议，参加成员数量不断增多，而且存在合理的成功机会。[105]不可避免的是，这一因素已经弱化世贸组织一些成员的谈判立场，那些成员一直将其参与服务谈判与农业谈判取得进展挂钩。其二，在经历了十多年令人失望的谈判后，世贸组织成员现在同意关注那些可行的东西，并且寻求通过一种创新、建设和有效的方式来推进服务谈判。[106]

总之，我们不能认为下面这项观点是不合理的：一项吸引关键多数世贸组织成员支持的一揽子协议谈判是触手可及的。

二、 其他谈判方法

GATS没有事先规定任何特定的谈判方法，仅规定必须为每轮谈判回合确定谈判指南和程序，[107]并且很清楚的一点是，无论是双边、诸边还是多边谈判，都是实现服务贸易逐步自由化的有效替代方案。[108]正如此前已经提到的，无论是双边方法还是诸边出要价方法，都没有取得积极成果。[109]下面的段落提出了出要价方法的一些替代方案，成员可以在未来谈判中利用这些方法，以抓住前文所确认的、由于贸易和政策变化创造的谈判机会。

第一，数字创新和全球价值链不断崛起，正在增加不同服务部门之间的联系。[110]迄今，谈判一直主要在逐个部门基础上进行，没有太多地关注承诺之间更广泛的一致性。很清楚的是，在部门集群基础上开展谈判，也就是不针对个别部门作出承诺，而是视情汇集在相关服务部门作出的令人钦佩的承诺，可以作为一个更好的替代方案，解决这种新的商业环境的市场准入需求。可以在集群基础上以更加有效的方式开展具体承诺谈判的相关服务部门包括物流服务、能源服务、旅游和环境服务。的确，集群方法[111]和集群要价[112]的提案早已经被提出来，但没有取得成功。但是，现在的机会在于，当前贸易模式的深入发展将进一步增加对此类谈判方法的需求。

第二，约束体制和实施体制之间的更广泛的差距，为那些早已开展服务部门单边改革的成员创造了很多好的谈判筹码。这些筹码可以通过适当模式计入谈判结果。成员在谈判早期就单边自由化措施的待遇问题达成模式，但还没有积极地予以利用。[113]似乎现在有必要重新审视这些模式并且更加充分地利用，特别是考虑到关键“目标方”最近开展的政策改革。

第三，市场准入承诺谈判可以辅之以规则纪律谈判，以便在“要价方”和“目标方”都共同拥有进攻利益的部门确保获得一个贸易友好型的监管环境。例如，在乌拉圭回合谈判的谈判延长期，一些成员谈判了一系列促进基础电信部门竞争的监管原则，也就是众所周知的“电信参考文件”。[114]此类原则反映了电信法规的“最佳做法”，并且作为这一部门改革的蓝图，随后被作为GATS第18条的额外承诺并入了参加方的减让表。再次要提及的是，GATS没有阻挠成员在其他以网络为基础的服务部门或者信息和通信技术服务部门，谈判类似的促进竞争的监管原则。[115]

最后，还有大量的补充性的减让表义务，可以被用于推动具体承诺的自由化效应。例如，维持现状的义务旨在锁定协定生效之时的实施体制，以及《金融服务承诺谅解》中包含的自动涵盖新服务的义务。这些义务的范围可以很轻易地被扩大到其他部门，当然前提是成员有这样做的政治意愿。[116]

总之，世贸组织成员没有必要坚持双边出要价方法。展望未来，重要的是成员要牢记一点，在推进服务贸易自由化方面，有许多种不同的替代谈判工具可供使用。

三、 加强世贸组织“缺失的中间环节”

除了互惠承诺的谈判，世贸组织还可以通过其他方式为服务贸易自由化作出贡献，而这经常被忽视。帕斯卡尔·拉米(Pascal Lamy)曾经将世贸组织的这些功能称之为“缺失的中间环节”，即在谈判和争端解决之间的活动范围，包括推进透明度、贸易政策监督和监测活动、澄清模糊之处，以及针对发展中成员的能力建设和技术援助。[117]

第一，在改进影响服务贸易的措施的透明度方面，有大量工作可以开展。透明度自身是便利贸易的一项非常有用的工具。对服务贸易来说，增加受到严格监管的市场的透明度是至关重要的。但是，GATS透明度义务限于作出具体承诺的部门。[118]没有列入减让表的部门、分部门或活动没有产生信息，而这些经常是那些限制和歧视性做法的最敏感领域。[119]此外，成员遵守透明度义务的情况也低于标准。[120]世贸组织成员不精确的减让表制作方法进一步恶化了这一问题。[121]

可以确信的是，世贸组织成员致力于改进其透明度记录，已经有一段时间。[122]但是，在改进影响服务贸易的措施透明度方面，在世贸组织内有大量工作可以开展。例如，绍韦已经提出一种可能性，世贸组织成员通过非约束性的、影响服务贸易和投资的不符措施清单，来补充其具体承诺减让表。[123]这可以帮助确认限制措施在哪些部门仍是一成员的政策必要选项；还可以帮助根据部门、成员、地区、提供方式，对那些限制措施进行排序以进行未来谈判。[124]

GATS机构可以更加积极地开展的另一“缺失的中间环节”活动，就是通过集体谅解来澄清大量的概念和解释方面的不确定性，因为这些不确定性与GATS条款和具体承诺减让表相关。通过集体谅解的方式澄清不确定性，其优势是众所周知的。这种方式允许通过一种更加全面和前瞻的方法，产生更有可能惠及整个体制而不是具体成员特定利益的结果。而且，讨论对所有成员开放这一事实，也增强了成果的合法性。相比之下，通过诉讼进行立法有可能是选择性的。[125]

对于那些被认为将确定该协定法律及/或商业影响的议题，在早期，GATS机构更习惯的一种做法是就这些议题达成集体谅解，并且取得积极结果。[126]但是，近年来，GATS机构没有能够达成任何可供比较的政治谅解。[127]例如，在国际金融危机后，大量提案被提交给金融服务贸易委员会讨论，其中就包括讨论该协定规定的、为采取救济措施捍卫金融体系稳定性的政策空间。[128]但是，关于讨论事项将集中在措施与GATS承诺一致性问题方面的关注，[129]以及对“相互指责游戏”的担忧，妨碍了就这些利害问题达成一项集体谅解。

总之，重要的是要牢记，GATS机构不仅仅是谈判平台。这些机构还可以为服务贸易自由化作出贡献，包括通过增加影响服务贸易措施的透明度，以及通过一种非谈判设置主持中立的讨论，最好是获得秘书处和专业国际机构的技术支持，从而推动就与GATS条款和具体承诺减让表相关的概念性和解释性不确定性问题达成集体谅解。

四、 规制合作

与货物贸易不同，仅仅通过一次性的决定取消数量限制或歧视性措施，不可能保证服务市场一体化的实现。要确保一体化服务市场的平稳运行，确有必要让某种形式的超国家机制落实到位，以便东道国和母国监管人员能够在永久基础上开展合作。

在最低层面，监管合作可以为东道国和母国监管人员提供平台，增进彼此了解，熟悉对方的监管体系，掌握其各自执行和实施策略的优势和劣势，交流最佳做法，事先了解彼此的监管倡议并且也有机会就此发表意见，等等。通过这些方式，监管合作推动相互监管信任，并且为监管标准的协调或互认铺平道路，这能够在不损害此类标准的情况下为贸易自由化作出重要贡献。

一些部门存在重复的、非歧视性监管要求，或者其他监管外溢效应具有重大贸易限制效果，在这些部门开展监管合作尤为重要。[130]

例如，金融监管机构之间开展合作，以确保遵守审慎标准，能够使财政要求重复问题最小化，便利金融部门贸易。[131]与之类似地，竞争机构之间开展合作，以确保自由化的收益没有因为国际垄断而被剥夺，能够便利运输和其他网络服务的贸易。[132]

东道国和母国在一个领域开展监管合作，是推动服务贸易的一项至关重要的条件，而这个特定领域就是模式 4。无论是各国担心丧失其对边境的控制权，还是纯粹地对成本更高的国内提供者的保护，这些考虑导致的现实情况是，贸易谈判非常遗憾地没有完成任务，没有实现任何有意义的模式 4 自由化。但是，边境机构之间的合作协定数不胜数，这些协定也便利了缔约方之间商业人员和服务提供者的流动。[133]

总之，解决非歧视性限制和其他监管外溢效应的最有效方法是通过临时的、量身定制的监管合作倡议，而且由相关监管者和其他有直接利益的利益相关方引领。[134]

五、 研究

如同前面提到的，服务贸易谈判是在对贸易自由化福利效应的知识和信息了解有限的基础上进行的。进一步研究能够为减少不确定性、提高政府满意度，以更加有意义的方式参与谈判进程，并提出更加具有雄心水平的具体承诺出价作出重要贡献。[135]

第一，现在急切地需要改进服务贸易和投资的统计数据。虽然有效的努力早已经在进行中，在此领域仍然需要开展大量工作。例如，关于贸易流动、进口原产地、出口目的地、提供方式、服务提供者和服务消费者等更详细的分解数据将惠及绝大多数国家的贸易外交官。

第二，还需要更多地研究政策措施对服务市场的影响。例如，政府为解决市场失灵问题而对服务市场采取政策干预，但相比干预措施对服务价格、质量或多样性等成果变量的影响，政策干预的效率或有效性是什么？政策干预如何影响服务贸易？取消限制贸易的政策干预对服务市场的福利影响（收益或损失）是什么，能否带来更多竞争？实现贸易自由化的收益最大化、成本最小化，应该设立什么监管前提条件？采取约束性承诺对外国投资者决定的影响是什么？

总之，在这些领域开展进一步研究，能够获得更多的必要知识，更好地评估服务贸易自由化带来的机遇和挑战，还可以针对服务贸易自由化的情形、形式和步伐，为在全国层面建立服务消费者、提供者、监管者、经济和贸易官员之间的协商一致奠定基础。

第五节 结　论

本章提出，多边服务谈判缺乏进展，不能仅仅通过与谈判正在发生的背景相关的要素予以完全解释。

第一，服务贸易自由化面临着特质性挑战。服务贸易壁垒不可能以与货物贸易壁垒相同的方式进行谈判，但是谈判人员继续依靠与货物贸易自由化相同的程序和做法。

第二，多边贸易体制在过去30年间经历了结构性转型，但多边谈判仍然由陈旧的GATT规则管辖。尤其是现在面临越来越难以调和的矛盾：其一，中国、巴西和印度等新兴贸易大国的崛起，与发展中成员享受的特殊与差别待遇提供的谈判灵活性之间的矛盾；其二，不断增长且情形各异的世贸组织成员，日趋复杂的贸易议程，与受到一揽子规则和协商一致做法约束的大型谈判回合之间的矛盾。

展望未来，本章提出，那些愿意推进服务贸易自由化的世贸组织成员应该能够在世贸组织内，通过一种开放和透明的方式进行谈判，并且在最惠国待遇基础上将谈判成果扩大到非参加方。这为利用GATS提供的各种法律渠道，缔结一项在最惠国待遇基础上的诸边协定提供重要启示，并且对当前形势提出了一些思考，认为能够达成一个吸引关键多数的世贸组织成员支持的谈判协议。

最后，本章提出，要确保服务贸易的有效自由化，就需要跳出狭隘的市场准入方法，并且利用世贸组织内外的各种非谈判活动，为贸易谈判提供补充。在世贸组织内，这些活动包括增强影响服务贸易措施的透明度、加强贸易监督和监测活动、澄清模糊方面以及针对发展中成员的能力建设和技术援助，等等。在世贸组织之外，这些活动包括执行相关部门监管合作的合适机制、就服务贸易自由化的福利影响开展进一步研究，等等。

注释

1. 本章得益于 Martin Roy、Pierre Sauvé、Hamid Mamdouh，以及2014年11月25—26日在WTO举行的“服务贸易治理新范围”会议参加方的评论。通常的附加说明适用于本章。

2. 反离岸法律、具有保护主义性质的后危机措施和对数字经济的政策干预凸显了这种风险的存在。关于反离岸法律，参见 Amar Gupta and Deth Sao, “Anti-Offshoring Legislation and United States Federalism: The Constitutionality of Federal and State Measures Against Global Outsourcing of Professional Services”, *Texas International Law Journal*, 2009, 44, 629；关于在金融危机以后通过的保护主义措施，参见 Martin Molinuevo, “The Global Crisis

and Protectionism in the Services Sector: Implications of Current Findings", ARTNeT Policy Brief, No.25, 2010.10;关于跨境数字贸易和互联网应用的政策干预,参见 Commerce 3.0 for Development, The promise of the Global Empowerment Network, ebay inc, 2013。

3. 参见 Ingo Borchert, Batshur Gootiiz and Aaditya Mattoo, "Policy Barriers to International Trade in Services Evidence from a New Database", World Bank Policy Research Working Paper 6109, 2012.6, pp.12—13。

4. 同上。

5. 主要贸易国之间没有优惠贸易协定(美国、欧盟与中国、印度、巴西之间),优惠贸易协定没有权利利用 WTO 争端解决机制,并且没有规定超过 GATS 的自由化,参见 Rudolf Adlung and Sébastien Miroudot, "Poison in the Wine? Tracing GATS-minus Commitments in Regional Trade Agreements", *Journal of World Trade*, 2012, 46(5), pp.1045—1082。

6. 关于服务国际化福利效应的文献,参见 J. Francois and B. Hoekman, "Services Trade and Policy", *Journal of Economic Literature*, 2010, 48(3), pp.642—692。

7. 参见第二节。

8. 参见 2001 年 11 月 14 日通过的《多哈部长宣言》,WT/MIN(01)/DEC/1, 2001 年 11 月 20 日。

9. 同上文,第 14、15、16 段。

10. 关于这一难题的证据,参见贸易谈判委员会会议纪要。最后可公开获得的一次会议纪要参见世贸组织文件 TN/C/M/35, 2014 年 12 月 1 日。

11. B. Hoekman, "Assessing the General Agreement on Trade in Services", in W. Martin and L. A. Winters(eds.), *The Uruguay Round and the Developing Countries*, CUP, 1996, 329.

12. 参见包含自然人移动方面新承诺的《GATS 第三议定书》(1995 年 7 月 21 日通过,S/L/12);包含金融服务新承诺的《GATS 第二议定书》和《GATS 第五议定书》(1995 年 7 月 21 日和 1997 年 11 月 14 日通过);包含基础电信方面新承诺的《GATS 第四议定书》(1997 年 4 月 30 日通过)。

13. 世贸组织文件 S/L/93, 2001 年 3 月 2 日。

14. 参见《多哈部长宣言》,第 7 页,第 15 段。

15. 到 2005 年 7 月,代表 92 个成员的 68 份最初出价被提交。这不包括最不发达国家,还有 24 份出价依然很突出。参见服务贸易理事会主席向贸易谈判委员会主席的报告,世贸组织文件 TN/S/20, 2005 年 7 月 11 日,第 2 段。

16. 同上文,第 4 段。

17. 参见世贸组织文件 WT/MIN(05)/DEC, 2005 年 12 月 22 日,附件 C。

18. 在具体部门或提供方式上有类似进攻利益的国家群体支持诸边要价。要价明确提出了在该部门和提供方式谈判中的预期目标(例如,一个特定部门或提供方式的模式减让表)。"目标"国家被邀请在集体会议上讨论要价,并且被期待根据这些要价调整其各自出价。

19. 主席报告(Report by the Chairman), "Elements Required for the completion of the services negotiations", 世贸组织文件 TN/S/34, 2008 年 7 月 28 日。诸边要价副本可在线获取。例如参见印度商工部网站(http://commerce.nic.in/trade/international_trade_tis_gaitis_requests_pr.asp)和欧洲服务论坛网站(http://www.esf.be/003/009.html), 2014 年 9 月 5 日访问。国际贸易与可持续发展中心(ICTSD)的《桥每周文摘》(Bridges Weekly Digest)也提供了诸边谈判的具体信息,特别是第 10 编第 6、10、13 期,http://www.ictsd.org/bridges-news/

bridges/issue-archive，2014 年 9 月 5 日访问。

20. 世贸组织文件 TN/S/27，2006 年 4 月 26 日。

21. 参见贸易谈判委员会主席报告，世贸组织文件 JOB(08)/93，2008 年 7 月 30 日。

22. 同上。

23. 第八届部长级会议，主席总结发言，WT/MIN(11)/11，2011 年 12 月 17 日。

24. 参见美国贸易代表 Ron Kirk 和日本经产大臣由纪夫枝野在 WTO 第八届部长级会议上的发言，http://www.wto.org/english/thewto_e/minist_e/min11_e/min11_statements_e.htm，2014 年 9 月 8 日访问。

25. 参见澳大利亚、加拿大、哥伦比亚、哥斯达黎加、欧盟、中国香港、瑞士、台澎金马单独关税区、土耳其和美国发布的联合新闻稿《推动服务贸易谈判》(Advancing Negotiations on Trade in Services)，http://eeas.europa.eu/delegations/wto/press_corner/all_news/news/2012/20120705_advancing_negotiations_services.htm，2015 年 1 月 24 日访问。

26. TiSA 现有参加方包括：澳大利亚、加拿大、智利、中国台湾、哥伦比亚、哥斯达黎加、欧盟、中国香港、冰岛、以色列、日本、列支敦士登、墨西哥、新西兰、挪威、巴基斯坦、巴拿马、巴拉圭、秘鲁、韩国、瑞士、土耳其和美国。这些成员一共占全球服务贸易的约 70%。参见 Juan Marchetti and Martin Roy，"The TiSA Initiative: An Overview of Market Access Issues"，WTO Staff Working Paper ERSD-2013-11，2013 年 11 月。

27. 贸易谈判委员会会议纪要，2014 年 4 月 7 日，世贸组织文件 TN/C/M/34，2014 年 4 月 16 日。

28. 参见 2014 年 11 月 27 日总理事会决定，世贸组织文件 WT/L/941，2014 年 11 月 28 日。决定将达成《大巴厘部长宣言》中工作计划的截止日期推迟到 2015 年 7 月。

29. 基于公开可获得的信息(GATS 机构会议纪要、成员提案、诸边出要价、在谈判之外的声明，等等)，从关键多数的角度和体制相关度的角度，WTO 成员可以被划分为两类：要价成员和目标成员。要价成员包括发达国家和地区(例如，澳大利亚、加拿大、日本、美国等)和"服务挚友"的一些中等收入国家和地区，以及/或者 TiSA 谈判现有参加方(例如，智利、中国台湾、哥伦比亚、中国香港、墨西哥、韩国、土耳其)。

30. 这组成员包括收到最大数量的诸边要价的中等收入国家，包括阿根廷、巴西、中国、埃及、印度、印度尼西亚、马来西亚、菲律宾、南非和泰国。哥伦比亚、秘鲁和巴基斯坦也收到了大量要价。但是，自从 2006 年的诸边回合以来，哥伦比亚、秘鲁与美国、欧盟都签署了经济一体化协定，这三个国家也参加了 TiSA 谈判，因此将它们作为目标国家是更加合理的。

31. 2014 年 3 月 14 日主席报告，世贸组织文件 TN/S/38，2014 年 3 月 21 日。还可参见服务贸易理事会特别会议 2014 年 4 月 1 日会议纪要(TN/S/M/43，2014 年 6 月 4 日)和 2014 年 6 月 19 日会议纪要(TN/S/M/44，2014 年 9 月 10 日)。

32. 参见 World Trade Report，WTO，2013。

33. Sylvia Ostry，"The Uruguay Round North—South Grand Bargain: Implications for Future Negotiations"，in L. Daniel，M. Kennedy，James D. Southwick(eds.)，*The Political Economy of International Trade Law Essays in Honor of Robert E. Hudec*，CUP，2002，285.

34. 参见 GATT 第 36.8 条，以及 1979 年 11 月 28 日《发展中国家特殊和更优惠待遇、互惠和更充分参与的决定》(Differential and More Favourable Treatment，Reciprocity and Fuller Participation of Developing Countries)(授权条款)，第 5 段。

35. 第 19.2 条规定："个别发展中国家应有适当的灵活性，以开放较少的部门，放开较少类型的交易，以符合其发展状况的方式逐步扩大市场准入……"这一表述在《服务贸易谈判的指南和程序》中得到重申(世贸组织文件 S/L/93, 2001 年 3 月 29 日，第 2 段)，反过来《多哈部长宣言》也认可了这一表述。

36. 参见《多哈部长宣言》(2001)，同注 7，第 13、14、16、44、50 段。

37. 同上文，第 2 段。

38. 同上文，第 49 段。

39. Sylvia Ostry, 2002，同注 33，第 288 页。

40. 例如，参见美国贸易代表 Ron Kirk 在 2011 年 12 月 15—17 日在日内瓦举行的 WTO 第八届部长级会议上的发言。

41. 1986 年 9 月 20 日启动乌拉圭回合谈判的 GATT 部长级宣言，第 I.B.2 段："谈判的启动、进行和结果的实施都将被认为是一揽子协议的组成部分。"

42. C. Van Grasstek, History of the WTO, WTO, 2013, 49.

43. 同上。

44. 2014 年 12 月，WTO 成员数量达到 161 个，还有 22 个国家正在加入进程中。

45. 参见《多哈部长宣言》，同注 8，第 47 段。

46. 参见《香港部长宣言》，第 24、25 段。

47. 参见服务贸易理事会特会报告，2014 年 6 月 19 日会议报告(世贸组织文件 TN/S/M/44, 2014 年 9 月 10 日)。

48. Joost Pauwelyn, "New Trade Politics for the 21st Century", *Journal of International Economic Law*, 2008, 11(3), pp.559—560.

49. 参见 1986 年 9 月 20 日启动乌拉圭回合谈判的 GATT 部长级宣言，同注 41，第 II 部分。

50. L.M. Schott, "Prospects for Services Negotiations", Peterson Institute for International Economics WP 12-17, 2012.10, 20.

51. 参见 Borchert, Gootiiz, and Mattoo(2012)，同注 3，第 3—4 页。

52. 对服务产业经营者调研最常见的服务贸易壁垒发现，在很多情形下，歧视性待遇没有被写入公开的法律和法规，但这是官方做法的问题，即"做事情的方式"或"一般的官僚主义倾向是不批准新的活动"。参见 Geza Feketekuty, *Internatonal Trade in Services, An overview and Blueprint for Negotiations*, American Enterprise Instittue and Ballinger, Cambridge Massachusetts, 1988, 141。

53. 例如，参见 OECD-WTO "增加值贸易"(TiVA)各国投入—产出(ICIO)表格(涵盖货物和服务)，以及 WTO《2013 年国际贸易统计》，后者涵盖了收支信息和国外分支机构统计数据。

54. 参见世界银行服务贸易限制数据库，http://iresearch.worldbank.org/ServiceTrade/aboutData.htm; OECD 服务贸易限制指数，http://qdd.oecd.org/subject.aspx?Subject=063bee63-475f-427c-8b50-c19bffa7392d，均为 2014 年 9 月 6 日访问。

55. 参见 Francois and Hoekman, 2010，同注 6。

56. 服务市场受到高度监管，以解决信息不对称、负面外溢、系统风险或不竞争做法等市场失灵。服务市场还可以在股权或分配基础上受到管制，例如，为保持价格人为的低以确保普遍地获取公共设施。

57. B. Hoekman and A. Mattoo, *Liberalizing Trade in Services: Lessons from Regional and WTO Negotiations*, World Bank, 2012.12, pp.16—17.

58. B. Hoekman, A. Mattoo and A. Sapir, "The Political Economy of Services Trade Liberalization: A Case for International Regulatory Cooperation?", *Oxford Review of Economic Policy*, 2007, 23(3), pp.367—391; M. Roy, "Democracy and the Political Economy of Multilateral Commitments on Trade in Services", *Journal of World Trade*, 2011, 45(6), pp.1157—1180.

59. 例如参见 Geza Feketekuty, "Needed: A new approach to reduce regulatory barriers to trade", VOX, 2010.6.19。

60. 世贸组织成员一直不愿意作出承诺的部门包括海运(美国)、视听服务(欧盟和加拿大)、会计和法律服务(印度)。

61. 参见 P. Sauvé, "Been There, Not Quite Yet Done That: Lessons and Challenges in Services Trade", NCCR Trade Regulation, WP No 2006/18, 2006.8), 8; A. Jara and M. del Carmen Domínguez, "Liberalization of Trade in Services and Trade Negotiations", 2006, 40(1), *Journal of World Trade*, pp.113—127。

62. B. Hoekman and A. Mattoo, "Services Trade Liberalization and Regulatory Reform Re-invigorating International Cooperation", World Bank Policy Research Working Paper 5517, 2011.1, p.9.

63. 同上文,第 12 页。

64. R. Adlung and M. Roy, "Turning Hills into Mountains? Current Commitments under the General Agreement on Trade in Services and Prospects for Change", *Journal of World Trade*, 2005, 39, pp.1161—1194.

65. 这种缺乏认识度在模式 2 的服务提供者之间最为寻常,即服务在其领土内向其他任何成员的消费者提供,例如医疗服务。

66. Hoekman and Mattoo, 2011,同注 62。

67. R. Adlung, "Services liberalization from a WTO/GATS perspective: in search of volunteers", WTO Staff Working Paper ERSD-2009-05, 2009.2, 10.

68. Adlung and Roy, 2005,同注 64。

69. Pauwleyn, 2008,同注 48。

70. Sauvé, 2006,同注 61,第 8 页。

71. Jara and Dominguez, 2006,同注 61,第 119—120 页。

72. R. Adlung, "Services Negotiations in the Doha Round: Lost in Flexibility?", *Journal of International Economic Law*, 2006, 9(4), pp.865, 874.

73. Sauvé, 2006,同注 61,第 6 页。

74. 同上。

75. R. Adlung, "From Marrakech(1994), to Doha(2001), to...(?)" in A. Narlikar, M. Daunton and R. Stern(eds.), *Oxford Handbook on the World Trade Organization*, OUP, 2012, p.8.

76. P. Sauvé, "Been There, Not Yet Done That: Lessons and Challenges in Services Trade", in M. Panizzon, N. Pohl and P. Sauvé(eds.), *GATS and the Regulation of International Trade in Services*, CUP, 2008, p.610.

77. Adlung, 2012, 同注 75,第 16 页。

78. 同上。

79. G. Gari, *The Liberalization of Trade in Services in Mercosur*, CMP Publishing, 2009.

80. 例如，Hubfauer、Stephenson 提到“按照部门和提供方式，在肯定列表基础上的传统 GATS 模板”存在的“不足和严重限制”。参见 G. Hufbauer, J. Bradford Jensen and S. Stephenson, “Framework for the International Services Agreement”, Peterson Institute for International Economics, Policy Brief, No. PB12-10, 2012.4, p.23。

81. 同上文，第 7 页。

82. 参见世贸组织文件 S/L/92，2001 年 3 月 28 日，服务贸易理事会 2001 年 3 月 23 日通过。

83. 例如参见亚美尼亚在 GATS 下的具体承诺减让表（世贸组织文件 WT/ACC/AR/23/Add.2, 2002 年 12 月）。

84. 例如参见 K. Lapid, “Outsourcing and Offshoring Under the General Agreement on Trade in Services”, *Journal of World Trade*, 2006, 40(2), pp.341—364。

85. 参见世贸组织文件 MTN.GNS/W/120, 1991 年 7 月 10 日。这是一种依据联合国中央产品分类的分类体系。

86. Adlung, 2012，同注 75，第 8 页。

87. 参见 Jara and Dominguez, 2006，同注 61，第 127 页。

88. 从理论上讲，一小群成员可以在非最惠国待遇基础上谈判一项诸边协定（例如《政府采购协定》）。但是要讲此类协定并入世贸组织法律框架（并且利用其争端解决机制），就需要获得非参加方的同意。例如，将一项诸边协定增加到附件 4 的决定，必须只能由部长级会议以协商一致的方式通过（《世贸组织协定》第 10.9 条）。寻求其他成员表达对一项非最惠国待遇基础上的服务诸边协定的政治支持，这种可能性可以忽略不计。

89. 可以认为，GATS 第 19 条允许成员在多哈回合之外开展服务谈判。

90. 参见《金融服务具体承诺的承诺谅解》。

91. 参见《服务贸易总协定第二议定书》，S/L/11, 1995 年 7 月 24 日，第 3 段；《服务贸易总协定第四议定书》，S/L/20, 1996 年 4 月 30 日，第 3 段。

92. 参见《关于信息技术产品贸易的部长宣言》，该宣言由 29 个成员在 1996 年 12 月新加坡部长级会议上缔结，WT/MIN(96)/16, 1996 年 12 月 13 日。《信息技术协定》规定参加方需要完全取消本协定涵盖的信息技术产品的关税。

93. 参见 http://www.wto.org/english/tratop_e/envir_e/envir_neg_serv_e.htm, 2014 年 12 月 2 日访问。

94. 参见 Hamid Mamdouh, “Legal Forms of Negotiated Outcomes”, unpublished, copy held by author, 2013。

95. 参见《世贸组织金融服务背景文件》，S/C/W/312 和 S/FIN/W/73，2010 年 2 月 3 日，第 35 段：《谅解》是 WTO 中的一份独特的法律文件，其被并入了《最终文件》，虽然其并不是 GATS 的组成部分。《谅解》中包含的规则和纪律因此不是对每个成员都具有约束力，而是对于那些自愿坚持该《谅解》的成员适用。根据《谅解》作出承诺的成员通常在其具体承诺减让表的金融服务部门增加了一项头注。由于减让表是 GATS 的一个组成部分，那些义务也就对相关成员具有约束力，并且在最惠国待遇基础上实施。

96. 这就是已经发生的事情。曾经那些交存了批准文件的参加方同意议定书在最惠国待遇基础上生效，尽管事实上不是所有参加方都这样做了。事实上，巴西就是诸边谈判的一个参加方，但巴西迄今还没有交存批准议定书的文件。

97. 没有准确的公式来确定何时能够达到关键多数。可以说的是，如果参加谈判的成员有信心其占全球贸易的比例大到足以忽略“免费搭车”问题，就达到了关键多数的水平。

98. 一份 eBay 报告将此现象描述为“全球赋权网络”，参见 Commerce 3.0 for Development，ebay inc，2013。

99. 参见 R. Baldwin，“Global Supply Chains：Why They Emerged，Why They Matter，and Where They Are Going”，Fung Global Institute Working Paper FGI-2012-1，2012.7。

100. 在全球价值链运行中发挥至关重要的作用的服务部门包括运输、物流、银行、保险、电信、计算机和相关服务以及其他商业服务。

101. 例如，全球价值链要求一个强劲的模式 4 部件，以推动个人的移动，来安装、维持或维修出口货物；以及一个强劲的模式 3 部件，以推动后台办公室、组装设施等商业存在。

102. 例如，根据世界银行统计，巴西关于固定电话和移动通信部门的模式 3STRI 得分是 0(完全开放)。但是，巴西迄今还没有在电信部门的任何提供方式上作出承诺。与之类似的，马来西亚和泰国关于零售服务的模式 3 的 STRI 得分是 25(实质上开放，但有很小的限制)。但是，无论是马来西亚还是泰国都没有在零售部门作出承诺。南非在固定电话和移动通信部门的模式 3 的 STRI 得分是 25，但南非没有在固定通信部门作出承诺，其关于移动通信服务的模式 3 承诺也受到外资股比不超过 30%的限制。

103. 最近的改革包括向外国提供者开放第三方强制汽车保险市场、建立中国(上海)自贸试验区、采取试点项目测试服务贸易和资本账户交易进一步自由化。关于这些和其他改革的更多细节，参见《中国贸易政策审议》(China Trade Policy Review)，秘书处报告，世贸组织文件 WT/TPR/S/300/Rev.1，2014 年 10 月 7 日。

104. 参见印度政府的 2014—2015 年联邦预算，http://india.gov.in/spotlight/union-budget-2014-2015，2014 年 12 月 2 日访问。计划的改革包括增加保险公司的外国持股比例、国家经营企业销售股份、销售移动电话和调频收音机频谱。

105. 自从成员在 2012 年 7 月启动了一项单独服务协定谈判后，新的国家已经加入谈判(智利、冰岛、列支敦士登、巴拿马、巴拉圭、乌拉圭)，还有国家申请加入(中国)并且仍然在等待现有参加方的回应。

106. 参见贸易谈判委员会记录，同注 31。

107. 第 19.3 条。

108. 第 19.4 条。

109. 参见本章第二节。

110. 参见 J. Drake-Brockman and S. Stephenson，“Implications for 21st Century Trade and Development of the Emergence of Services Value Chains”，ICTSD Working Paper，2012.10。

111. 参见欧共体及其成员国的提案“集群方法”，世贸组织文件 S/CSS/W/3，2000 年 5 月 22 日。

112. 例如参见，澳大利亚、智利、中国香港、日本、新西兰、瑞士和中国台湾联署的物流服务诸边要价；澳大利亚、加拿大、智利、吉布提、欧共体、中国香港、冰岛、日本、韩国、列支敦士登、毛里求斯、新西兰、尼加拉瓜、挪威、巴拿马、秘鲁、新加坡、瑞士、中国台澎金马单独关税区和美国签署的物流服务自由化联合声明(TN/S/W/34)。

113. 2003 年 3 月 6 日服务贸易理事会特会通过，TN/S/6，2003 年 3 月 10 日。

114. 参见电信服务参考文件，1994 年 4 月 24 日基础电信谈判组通过，http://www.wto.org/english/tratop_e/serv_e/telecom_e/tel23_e.htm，2014 年 12 月 2 日访问。

115. 例如参见《欧盟—美国信息通信技术服务贸易原则》(2011 年 4 月)，http://trade.ec.europa.eu/doclib/docs/2011/april/tradoc_147780.pdf，2014 年 12 月 2 日访问。

116. 参见 Adlung and Mamdouh，2013，第 15 章，注 7、注 9。

117. 参见 P. Lamy，"The Doha Round Marks a Transition from the Old Governance of the Old Trade Order to the New Governance of a New Trade Order"，2010，http://www.wto.org/english/news_e/sppl_e/sppl173_e.htm，2014 年 9 月 9 日。

118. GATS，第 3.1、3.3、3.4 条。

119. Hoekman，1996，同注 11，第 346 页。

120. 参见 2013 年 3 月 21 日举行的服务贸易理事会会议报告，S/C/M/113，2013 年 5 月 17 日，第 2.1—2.37 段。

121. 现有研究显示，现在 GATS 减让表中包括的承诺中，接近 20%没有完全符合 GATS 和减让表制作指南规定的减让表规范。参见 R. Adlung，P. Morrison，M. Roy and W. Zhang，"FOG in GATS Commitments—Why WTO Members Should Care"，*World Trade Review*，2013，12(1)，pp.1—27。

122.《香港部长宣言》规定的服务谈判授权明确呼吁付出更多努力，通过遵守《具体承诺减让表指南原则》的方式，确保在承诺减让表和分类中的清晰度、确定性、可比较性和一致性。具体承诺委员会一直在引领改进减让表做法的工作。

123. Sauvé，2006，同注 61，第 15 页。

124. 同上。

125. 例如，除去几项例外，WTO 服务案例法已经在大型跨国公司的唆使下，在与模式 3 限制相关的金融、电信和分销部门建立起来，一些最复杂的解释性不确定性因素与模式 1 和模式 2 的区别或关于模式 4 的具体承诺相关。

126. 参见《具体承诺减让表指南》《会计部门互认协定指南》以及会计部门的国内法规纪律。

127. 参见 Adlung，2009，同注 67，第 14—15 页。

128. 参见巴巴多斯提案，题目是"为纠正全球金融危机而采取的救济措施的意料之外的影响：遵守世贸组织规则的可能影响"(JOB/SERV/38)；厄瓜多尔提案(S/FIN/W/84，2012 年 6 月 26 日)，"回顾宏观审慎监管的讨论进展及其与 GATS 规则的关系"；阿根廷、印度和厄瓜多尔提案，"金融和经济危机以及世贸组织的作用"(WT/GC/W/617)。

129. 2009 年 10 月 8 日举行的金融服务贸易委员会会议，S/FIN/M/60，2009 年 12 月 23 日。

130. Hoekman and Mattoo，2012，同注 57，第 19 页。

131. 同上。

132. 同上。

133. 例如参见 APEC 商通卡，http://www.apec.org/About-Us/About-APEC/Business-Resources/APEC-Business-Travel-Card.aspx，2014 年 9 月 10 日访问。

134. Sauvé，2008，同脚注 76。

135. 例如，Feketekuty 强调了电信扩大谈判—多边谈判设法在市场准入上取得超过实施体制成果的为数不多的情形之一——电信部门解除管制和增加竞争给生产者和消费者带来的利益的实质性实证性证据的可获得性之间的巧合。参见 G. Feketekuty，"Improving the architecture of GATS"，in P. Sauvé and R. M. Stern(eds.)，*GATS 2000 New Directions in Services Trade Liberalization*，Brookings Institution，2000。

图书在版编目(CIP)数据

服务贸易研究手册/(加)皮埃尔·绍韦,(加)马丁·罗伊主编;王琛译.—上海:上海人民出版社,2022
(上海 WTO 事务咨询中心经典译丛/王新奎主编)
书名原文:Research Handbook on Trade in Services
ISBN 978-7-208-17002-5

Ⅰ.①服… Ⅱ.①皮… ②马… ③王… Ⅲ.①国际贸易-服务贸易-手册 Ⅳ.①F746.18-62

中国版本图书馆 CIP 数据核字(2021)第 045567 号

责任编辑 沈骁驰
封面设计 陈 楠

上海 WTO 事务咨询中心经典译丛
服务贸易研究手册
[加]皮埃尔·绍韦 马丁·罗伊 主编
王 琛 译

出 版 上海人民出版社
(201101 上海市闵行区号景路 159 弄 C 座)
发 行 上海人民出版社发行中心
印 刷 上海商务联西印刷有限公司
开 本 720×1000 1/16
印 张 31.5
插 页 2
字 数 554,000
版 次 2022 年 3 月第 1 版
印 次 2022 年 3 月第 1 次印刷
ISBN 978-7-208-17002-5/F·2687
定 价 128.00 元

RESEARCH HANDBOOK ON TRADE IN SERVICES

by

PIERRE SAUVE AND MARTIN ROY